현대의 개념에서 우울증에 접근하는 시각은 정신의학의 2대 사조인 기술정신의학(descriptive psychiatry)과 생물정신의학(biological psychiatry)을 대변하는 과학적 의학(scientific medicine)과 정신분석(psychoanalysis)을 대변하며 심리학과 철학을 아우르는 역동정신의학(dynamic psychiatry)으로 나눌 수 있다.

사실 정신의학은 초창기부터 생물학적 이론과 심리사회적 이론이 갈등하며 수정과 변화를 반복해 왔다. 해부학의 발달에 힘입어 19세기까지 정신의학 전반을 풍미했던 1세대 생물정신의학은 스스로의 한계와 정신분석 이론의 등장으로 급속히 수그러들었다. 그리고 Sigmund Freud 이후 아동기의 외상 경험과 무의식적 갈등, 환경적 스트레스로 인하여 정신질환이 발생한다는 패러다임이 반세기를 지배했다면, 그 이후부터 현재까지는 뇌 자체에 초점을 맞춘 생물학적 패러다임이 다시 정신의학계의 주류로 자리를 잡았다. 물론 현재도 아동기 경험과 스트레스, 사회 환경이 정신질환 발생에 중요하게 기여한다고 간주되지만, 여전히 생물학적 관점은 압도적인 지지를 받고 있다.

21세기에 들어 우울증의 원인론에 대한 다양한 학설이 새롭게 제기되고 진단 개념이 변화하였으며, 이와 동시에 전 인구의 10~25%가 경험할 정도로 우울증 환자가 급증하는 등 우울증을 좀 더 포괄적이고 체계적으로 이해하여야 할 필요성이 커졌다. 또한 새로운 항우울제의 개발과 우울증에 대하여 추가 적응증을 획득한 약물 처방 등 우울증의 약물치료 전략에 관한 임상 정보의 중요성도 증가하면서 우울증에 대한 전문적인 서적이 필요하다는 공감대가 형성되었다. 이에 국내 대부분의 우울증 전문가들이 저자로 참여하여 방대한 작업 끝에 2012년 국내 최초로 우울증 교과서(대표저자 가톨릭의대 박원명, 중앙의대 민경준 교수)를 발간하였다. 하지만 2013년 미국정신의학회에서 출간한 DSM-5 개정판에서 우울증 세부진단이 추가되거나 일부 변경되는 등 지속적으로 우울증에 대한 이론과 진단 개념은 수정되고 발전하고 있으며, 또한 신약들이 지속적으로 개발되고 표준 치료 지침들이 개정되고 있다. 이러한 최신 경향을 반영하고, 그 어느 때보다 빠르게 변화하고 있는 국내의 의료 환경에 발맞추기 위하여 교과서 개정작업의 필요성이 대두되었으며, 2017년 2월 개최된 대한우울·조울병학회 전체 이사회에서는 우울증 교과서 개정 작업을 진행하기로 결정하였다.

이번에 출간된 우울증, 제2판은 2012년 출간된 초판과 같이 크게 두 부분으로 구성하였다. 제1부는 전통적인 교과서 형식을 따라 우울증의 역사, 역학, 원인, 임상 양상, 치료 등에 관한 내용을 폭넓고 심도 있게 다루었으며, 제2부에서는 우울증에서 임상적으로 중요한 이슈가 되고 있는 관심 주제를 선정하여 가장 최근의 연구결과들을 집중적으로 소개하고자 하였다. 따라서 제2부의 내용 중 일부는 아직 정설로 자리 잡히지 않은 가설이나 의견일 수도 있지만 우울증을 넓게 조망한다는 점에 있어서 매우 유용할 것으로 생각한다. 특히 제2부는 초판 발간 후 많은 독자로부터 신선하고 매우 흥미로웠다는 평을 받은 바 있어 보다 다양한 주제와 함께 내용적인 측면도 보강하였다.

이 책의 가장 주된 목적은 정신건강의학과 전문의와 전공의들이 우울증을 폭넓고 깊이 있게 이해할 수 있도록 하는 것이다. 이런 이해를 바탕으로 냉철한 사고와 따뜻한 마음으로 우울증 환자들에게 최상의 치료를 제공하기를 기대한다. 또한 이 책은 우울증에 관심을 가진 의과대학생, 간호대학생 그리고 임상심리사, 간호사, 사회사업가 등 연관 분야의 전문가들에게도 매우 훌륭한 참고 서적이 될 것이다. 그뿐만 아니라 전문적인 지식을 원하는 환자, 보호자, 일반인에게도 도움이 될 것으로 생각한다.

바쁜 일정에도 불구하고 학술적 열정을 가지고 원고를 집필하여 주신 저자 분 모두에게 진심으로 감사를 드리며, 이 책의 출판을 도와주신 (주)시그마프레스 임직원 여러분께도 감사 드린다. 또한 처음부터 마지막까지 세세한 부분을 챙기는 편집 일을 해주신 전덕인(한림의대), 남범우(건국의대), 정종현(가톨릭의대), 이정구(인제의대), 임은성(신세계병원), 송후림(명지병원), 송민규(예산정신과의원) 출판위원과 대한우울·조울병학회 창립과 더불어 지금의 우울증 교과서 2판에 이르기까지 근 20년간 변함없이 학문적 길을 같이해 준 평생의 동료인 민경준(중앙의대) 공동 대표저자에게 나의 고마움을 보낸다. 특히 막중한 소명의식을 가지고 자신의 일처럼 많은 시간을 희생하며 교과서 작업의 모든 과정을 책임져 주신 손인기(계요병원) 실무간사와 박성용(계요병원) 출판위원에게 각별한 감사를 드린다. 두 분의 열정이 있었기에 어려운 작업을 끝마칠 수 있었다.

끝으로 우울증이라는 질환을 극복하고자 하는 모든 환자와 그 가족 분들에게 이 책을 바친다.

2018년 봄을 재촉하는 입춘에

대표저자 박원명

우울증 교과서가 처음 만들어졌을 때 그 차례와 내용을 보고 이 책이 정말 필요한가라는 질문은 할 필요가 없었다는 것을 확인하였다. 그러나 이번에도 누구를 위해 만드는가, 어떤 내용을 추가해야 하는가 하는 고민은 계속되었다. 이 책이 개정되는 동안 앞으로도 이런 질문은 반복될 것이다.

이 책은 초판과 동일하게 2개의 파트로 나누어져 있다. 제1부에서는 흔히 볼 수 있는 의학 교과서처럼 우울증에 대한 전반적인 내용을 심도 있게 다루고 있다. 제1부는 우울증의 개요, 원인, 임상 양상, 치료가 포함되어 있다. 우울증의 개요에서는 우울증의 기원과 개념의 변천 및 역학을 다루고 있으며, 우울증의 원인에서는 유전학적 원인, 신경생물학적 원인, 심리사회적 원인으로 구분하여 기술하였다. 그리고 우울증의 임상 양상에서는 우울증의 증상, 진단, 감별진단, 동반이환, 경과 및 예후에 대해 기술하였으며, 우울증의 치료에서는 약물학적 치료, 비약물학적 치료, 정신사회적 치료로 구분하였다.

제2부에서는 우울증에서 특히 관심을 끌고 있는 주제, 즉 임상적으로 중요한 의미가 있는 주제 또는 아직까지 논란이 되고 있는 주제에 대하여 제1부에서는 다루지 못한 부분까지 집중적으로 기술하고자 하였다. 제2부에서 다루고 있는 관심 주제는 총 16개로서 우울증은 진행성 질환인가, 단극성우울증과 양극성우울증, 여성의 우울증, 어머니의 우울증이 아동의 발달에 미치는 영향, 자살과 우울증, 혈관성 우울증, 한국인 특유의 '화병'에 대하여, 암환자에서의 우울증, 신체질환과 우울증, 새로운 항우울약물, 비정형 항정신병약물의 항우울효과, 성인과 구분되는 소아-청소년 우울증, 통증과 우울증은 어떤 관계에 있는가, 비만과 우울증은 서로 어떤 영향을 주는가, 병적애도와 우울증, 그리고 마지막으로 혼재성 양상이다. 이 주제들은 우울증 환자를 치료하는 의사가 마주하게 되는 흔한 임상 상황으로서 다양한 의문이 해결되지 않고 남아 있으며, 치료적 선택을 어렵게 하고 있는 것들이다.

따라서 제2부는 독자에게 질병에 대한 이해의 폭을 넓힐 뿐만 아니라 학문적 궁금증을 해소하는 데 도움이 될 수 있으며, 복잡한 임상 상황에서 적절한 치료를 제공하는 데 있어 좀 더 학문적인 바탕 위에 선택을 할 수 있게 해줄 것이다.

초판에서 언급한 대로 이번에 개정한 이 책이 우울증에 대해 모든 내용을 다루지는 못하더라도 우리는 이 책에 우울증에 대한 현재까지의 전문 지식을 최대한 담으려 노력하였다. 새로 나온 이 우울증 교과서가 우울증으로 고통받는 환자뿐 아니라 그들과 함께하는 모든 사람이 우울증을 이해하고 관리하는 데 도움이 되기를 바라며, 이를 통해 환자와 그 가족이 우울증을 극복해 나가기를 바란다.

2018년 1월
공동 대표저자 민경준

차례

제2부 우울증의 관심 주제

제1부

우울증의 개괄

01

DEPRESSION

우울증의
개요

기원과 개념의 변천
Historical perspectives

송후림*, 박원명**

명지병원 정신건강의학과*, 가톨릭대학교 의과대학 여의도성모병원 정신건강의학과**

오늘날 우울증은 가장 흔한 정신장애 중의 하나이다. 그런데 우울증이란 원래부터 존재했던 것일까? 아마도 두뇌에 변연계 피질이 형성된 이래 희로애락의 감정은 항상 인류와 함께해 왔으며, 감정과 활력의 저하 혹은 조절의 어려움과 연관된 다양한 모습들도 꾸준히 관찰되었을 것이다. 하지만 이러한 모습들은 시대의 조류, 지역과 문화, 그리고 학자의 관점에 따라 서로 다르게 표현되고 해석되었는데, 질병과 장애로서의 개념은 고대 그리스 시대에 처음 생겨나 현재의 **주요우울장애**(major depressive disorder)에 이르렀다. 사실 '우울증'이라는 말이 사용되기 시작한 것은 불과 200년 정도밖에 되지 않았으며, 그 전에 주로 통용되어 온 멜랑콜리아(melancholia)는 오늘날 이야기하는 우울증 개념과는 상당한 차이를 보였다. 동일한 용어라도 그 안에 담긴 함의는 변천하는 경향을 보였고, 현재의 DSM-5와 ICD-10의 우울증 진단기준도 서로 일치하지 않는다. 이는 현재의 우울증 용어와 개념 역시 고정된 것이 아니라 잠정적이고 변경될 수 있는 것임을 암시한다. 이 장에서는 지금 현재 우리가 '우울증'이라고 인식하는 것에 대한 과거 시각의 변화상과 개념의 정립과정을 이해함으로써 그 실체에 접근하고 보다 조작적인 진단기준을 정립할 수 있는 토대를 마련하고자 한다.

고대의 개념

고대 그리스 · 로마의 시각

고대에는 정신질환을 신과의 소통이나 징벌로 보는 시각과 신체적 질병으로 보는 시각이 공존하였다. 정신과 육체를 분리된 것으로 여기고, 정신질환을 신성한 것 혹은 관념적, 도덕적 차원에서 바라본 Plato 등의 철학자들과 달리 Hippocrates로 대표되는 의학자들은 자연과학적, 물질주의적 세계관으로 인간의 정신을 해석하였다.

특히 기원전 5세기경의 Hippocrates는 Alcmaeon의 이론을 계승하여 지성과 감정을 주관하는 장기가 뇌(brain)이며, 뇌의 작용은 몸을 구성하는 네 가지 체액―혈액(blood), 점액(phlegm), 황담즙(yellow bile), 흑담즙(black bile)의 영향을 받는다고 생각하였다. 또한 이 네 가지 체액은 각각 공기, 물, 불, 흙의 우주를 구성하고 있는 4대 원소에 대응하는 것으로 우세한 체액에 의해 개인의 기질(temperament)이 결정되고, 체액 간의 불균형이 각종 질병의 원인이 된다고 보았다. 그중 흑담즙은 차고 건조하여 사람을 성마르게 하고, 소심하게 하고, 무기력하게 하며, 늘 졸린 상태로 만들고 이로부터 근심과 걱정을 유발한다고 인식하였으며, 여기서 검은(melan) 담즙(chole)을 뜻하는 '멜랑콜리아(melancholia)'라는 용어가 생겨났다.[1] 이같은 이론을 토대로 Hippocrates는 정신질환을 크게 *mania*, *melancholia*, *phrenitis* 등으로 대별하였으며, "두려움이나 슬픔이 지속된다면 그때는 멜랑콜리아이다."라고 정상적인 슬픈 감정과 우울을 구분하였다.

이와는 달리 그리스의 철학자들은 조증의 측면을 부각하여 멜랑콜리아를 바라보았다. 기원전 4세기경의 Plato은 흑담즙이 넘치면 신성한 영감을 받을 수 있는 상태(frenzy)가 된다고 여겨 멜랑콜리아를 신의 선물이라고 받아들였으며, 그 뒤를 이은 Aristotele는 "철학이나 정치, 시와 예술에 출중한 사람들은 왜 하나같이 멜랑콜리아인가?"라면서 멜랑콜리아를 특출한 사람의 천재적, 영웅적 기질로 간주하는 한편, 성교가 멜랑콜리아를 유발한다고 생각하였다.[2] 한 개인이 환자이면서 동시에 위대한 존재라는 딜레마는 대중적으로 큰 호응을 얻었으며 긴 생명력을 획득하여 현재까지도 이어지고 있다. Plato과 Aristotele는 Hippocrates와 함께 멜랑콜리아를 해석하는 두 가지 서로 다른 시각의 원조라고 할 수 있다.

한편 그리스인들은 흑담즙이 횡격막 아래에 고이면 복통, 구토, 복부팽만감 등의 증상과 함께 멜랑콜리아가 유발된다고 보았는데, 이로부터 신체증상에 대한 걱정을 동반한 우울증을 가리키는 *hypochondrium*이라는 말이 유래되었다.[3] 또한 오늘날의 광기 혹은 정신착란을 가리키는 그리스어 *phrenitis*에서 *phren*은 뇌와 횡격막이라는 뜻을 함께 가지고 있어 그리스인들은 주요 정신증상의 유발부위가 횡격막이라고도 생각하고 있었음을 추정할 수 있다.[4] 이러한 흑담즙과 횡격막에 대한 이론은 해부학이 발달한 르네상스 시대 이후 종언을 고하지만, **4체액설**(four humon theory) 자체는 로마 시대의 Galen에 의해 더욱 체계화되어 19세기 초까지 통용되었으며, 멜랑콜리아뿐 아니라 다혈질(sanguine), 점액질(phlegmatic),

담즙질(choleric) 등 4체액설에서 기원한 용어들은 아직까지도 종종 회자되고 있다.

조증과 멜랑콜리아 사이의 관련성에 보다 주목한 이는 Galen과 가까운 시기의 인물인 카파도키아의 Aretaeus였다. 그는 멜랑콜리아를 만성적인 상태로 보고 멜랑콜리아가 악화되면 동일한 병리의 연장선상에서 조증이 나타난다고 기술하였다.[5] 또한 Aretaeus는 체액의 변화 외에도 심리사회적인 이유로 우울증이 나타날 수 있음을 파악하였으며, 멜랑콜리아보다 경한 형태의 우울증을 '기분의 저하(lowness of spirit)'를 뜻하는 기분저하증(dysthymia)이라는 용어로 기술하기도 하였다.[3]

그림 1 Albrecht Dürer의 Melencolia I

하지만 Aretaeus가 말한 당시의 조증(mania)은 오늘날의 조증 개념과는 다른 것으로 통속적 의미에서의 광기(madness)를 뜻하였다. 이는 조증 상태의 과대 망상이나 흥분성이 대중적으로 흔히 광기라고 받아들여진다는 점을 감안할 때 이해하기 어려운 것은 아니다. 이같은 Aretaeus의 견해는 기분장애를 바라보는 통합적인 시각을 제공한 것으로 인정되며, 이후 기분장애 분류의 근간이 되었다. 그러나 한편으로 멜랑콜리아가 우울증상뿐 아니라 온갖 형태의 정신증상들을 포괄하게 됨으로써 일반적인 정신이상을 지칭하는 용어로 자리 잡는 계기가 되기도 하였다.

고대 중국의 시각

기원전 3세기 이후 진한시대(秦漢時代)에 성립된 것으로 보이는 중의학 최고의 원전인 황제내경(黃帝內經)에서는 정신증상들을 전(癲, 멍한 상태), 광(狂, 흥분 상태), 사수(邪祟, 괴이한 행동) 등으로 나누고 있으며, 16세기에 국내에서 편찬된 동의보감(東醫寶鑑)에는 울증(鬱證), 전증(癲證), 탈영실정(脫營失精), 허로(虛勞), 불면(不眠), 기면(嗜眠), 불사식(不思食) 등의 증상에 대한 언급이 있는 것으로 보아 정신질환의 증상 자체로는 동서양에 큰 차이가 없었음을 알 수 있다.

다만 고대 이래 동양에서는 우주만물을 구성하는 근본원리로 상정한 음양오행(陰陽五

行)과 기(氣)의 형이상학적인 개념으로 대부분 질병의 병태생리를 설명해왔다. 특히 황제내경 이후 중국에서는 희(喜), 노(怒), 우(憂), 사(思), 비(悲), 공(恐), 경(驚) — 예기(禮記)에서는 희(喜), 노(怒), 애(哀), 구(懼), 애(愛), 오(惡), 욕(欲)이라고 하였고, 이를 다시 중용(中庸)에서 희노애락(喜怒哀樂)으로 압축하였다 — 으로 대별되는 일곱 가지 감정(七情)이 기의 순환을 좌우하며, 칠정의 부침지삭(浮沈遲數)에 의해 오장육부(五臟六腑)의 기 균형이 깨어지면 이로부터 각종 질병이 발생한다는 개념(七情九氣)이 형성되었다.[6] 그중 감정이 고르게 퍼지지 못하여(情志不舒) 기기(氣機)가 울체(鬱滯)되는 상태를 '기울(氣鬱)'이라 불렀는데, 기가 정체되는 부위별로 심울(心鬱), 간울(肝鬱), 비울(脾鬱), 폐울(肺鬱), 신울(腎鬱), 담울(膽鬱) — 이때 중의학에서의 장부개념은 추상적인 것으로 서양에서의 실증적인 해부병리학적인 구분과 일치하지 않는다 — 등으로 나누고 각 장부의 특성에 따라, 그리고 기가 울체된 상태가 얼마나 오래되었는가, 울화(鬱火)하여 상기(上氣)하는가 등에 따라 증상이 다르게 나타난다고 하였다.[6,7] 중의학은 진단을 확립하기보다는 증상 위주로 접근하는 경향(辨證)이었으며, 병태생리의 해석에 대해서는 고대의 전통을 현재까지 변함없이 유지하고 있다.

중세와 르네상스 시대의 개념

그리스-로마 의학의 전통은 중세에 아랍으로 계승되었다. 이 시기에 대표적인 과학자이자 철학자는 11세기의 Avicenna(Ibn Sīnā)였다. 그는 수백 년간 의학교과서로 통용된 의학의 원리(The Cannons of Medicine)를 저술하였으며, 이 책에서 그는 조증이 멜랑콜리아의 한 증상이라고 기술하였으나, 조증은 황담즙에 의해서만 유발된다고 보았다.[8]

또한 아랍 의학에서 중요하게 다루어진 주제 가운데 하나는 사랑병(lovesickness)이었는데, 아랍인들은 사랑할 대상에 대한 인식이 쾌락에 대한 기대와 집착을 낳아 판단력을 흐리며, 사랑할 대상의 상실이 정신질환과 멜랑콜리아를 초래한다는 해석을 내렸다.[9] 이러한 생각은 후대의 서양 문학에 큰 영향을 주어 William Shakespeare나 Johann Wolfgang von Goethe와 같은 작가들은 이를 작품의 주요한 테마로 사용하였다.

한편 서양의 중세는 강력한 기독교적 견해가 지배하던 시대로 우울이나 무기력과 연관된 모습들은 흔히 7대 죄악 중의 하나인 나태함으로 간주되어 비난과 징벌의 대상으로 여겨지곤 하였다. 13세기 스콜라철학의 대가인 Thomas Aquinas의 경우에는 슬픔을 악에서 기원한 영혼의 병으로 보고, 그 해결책으로서 과거보다 현재에 충실하고 타인보다 자신을 사랑할 것 등을 제시하였다.[10] 그러나 종교개혁을 주도한 Martin Luther와 인문주의자들은 이와는 상반되게 멜랑콜리아를 세계의 무의미에 대응해 나타나는 인간의 정서로 파악하였으며, 이 같은 견해는 이후 멜랑콜리아가 철학적, 예술적으로 고상한 이미지(melancholia generosa)를 갖게 되는 데 일조했다.[11]

1621년에는 옥스포드대학교의 신학교수인 Robert Burton의 멜랑콜리아의 해부학(*The Anatomy of melancholy*)이라는 책이 출간되어 널리 보급되었다. 이 책에서 Burton은 기존의 다양한 견해들을 종합하여 기술하였는데, 이 내용에 따르면 중세의 멜랑콜리아에 대한 이해는 고대의 그것으로부터 크게 진전되지 않았다.[12] 그러나 의학 속에 화학의 개념을 도입한 Philippus Paracelsus에 이어 17세기 후반의 Thomas Willis 이후에는 정신증상이 담즙에 의해 유발된 것이라기보다는 뇌의 화학적 변화 때문이라는 견해가 생겨나게 되었으며, 이와 더불어 멜랑콜리아가 혈액순환의 물리적 장애라는 이론, 전기생리학적인 장애라는 이론 등이 난립하게 되었다.[1,3]

근대의 개념

18세기는 근대적 정신의학이 태동하기 시작한 시기로 정신질환의 심인론과 함께 과학적 견지에서 바라본 새로운 형태의 신체론이 생겨났으며, 이는 곧 **신경증**(neurose)의 개념을 낳았다. 신경증이란 말을 처음으로 사용한 스코틀랜드의 William Cullen은 애초에 신경계의 장애에 의하여 일어나는 광범위한 질환군을 신경증이라고 지칭하였지만 신경성, 신경과민이라는 말은 정신질환에 대한 저항감을 낮추어 의사뿐 아니라 환자들에게 널리 환영받는 용어가 되었으며, 그 결과 19세기에는 대다수의 정신질환을 신경계 문제에서 비롯된 것이라고 하는 유행이 생겼다. 이후 신경병리학의 발달로 인해 기질적(sympathic)인 변화를 나타내는 질환은 점차 신경증에서 분리되어 나갔고 신경증군에는 비기질적, 즉 기능성(pathetic)으로 보이는 질환들만 남게 되어 오늘날의 신경증 개념으로 자리 잡았다.[13] 20세기 들어 기능성 장애로서의 신경증은 멜랑콜리아와 더불어 현재의 우울증 개념이 성립하는 데 중요한 요소가 된다.

수용소에 방치된 정신질환자들에게 치료 혜택을 제공하려는 노력으로 근대 정신의학의 아버지라 불리는 프랑스의 Philippe Pinnel은 멜랑콜리아를 다양한 정신병 증상을 포괄하는 고전적인 의미로 받아들였지만, 그의 제자 Jean Etienne Esquirol에 이르러서는 마침내 멜랑콜리아의 광범위하면서도 모호한 의미를 재정립하고자 하는 움직임이 생겨났다. Esquirol

은 멜랑콜리아 가운데 우울한 감정에만 몰두하는 모습
(monomania)을 가리켜 그리스어인 *lypémanie*라고 불
렀는데, 이는 슬픈 광기(sad-madness)란 뜻이다.[14] 또
한 1856년 프랑스의 Louis Delasiauve는 멜랑콜리아 대
신 우울증이라는 용어를 사용하였으며, 이는 '저하된
기분(low spirit)'이란 뜻을 담고 있었다.[11] 이후 우울증
은 Adolf Meyer를 거쳐 19세기 초부터 차츰 멜랑콜리
아를 대체하는 용어로 자리 잡게 된다. 또한 이 시기에
는 Jean-Pierre Farlet와 Jules Baillarger가 조증과 멜랑콜
리아가 한 사람에게서 연속적으로 나타나는 상태를 단
일한 질환으로 보고, 각각 순환성 광기(folie circulaire)와

그림 2 Emil Kraepelin

이중성 광기(folie a double forme)라는 용어로 기술하여 양극성장애의 독립된 개념을 최초로
제시하기도 하였다.[15]

19세기 독일에서는 신경정신의학의 창시자이자 심인론과 신체론을 절충하여 총체적으
로 바라본 Wilhelm Griesinger에 의해 우울증에 대한 개념이 보다 진전되었다. 그는 모든
정신질환이 근본적으로 뇌질환임을 단정하면서도 심리사회적인 요인이 병에 기여한다고
보았다. 그는 고전적 의미에서의 멜랑콜리아와 건강염려증, 그리고 우울증을 구분하였으
며 우울증을 'Schwermut(무거운 기분, heavy mood)'라고 지칭하여 이후 우울증이 단일한
질환으로 여겨지게 되는 단초를 제공했다.[16]

이후 정신질환의 분류는 Emil Kraepelin이 1883년 처음 출간하여 1920년까지 8차례에
걸쳐 개정을 거듭한 정신의학의 개요(*Kompendium der Psychiatrie*)에서 광대한 정신질환의 세
계를 크게 두 영역인 지속적으로 경과가 악화되는 조발성 치매(dementia praecox)와 평생
순환하는 조울광(manic-depressive insanity)으로 구별하면서 크나큰 전기를 맞게 된다. 이
는 정신질환을 정서적 요소와 지속적 악화의 유무를 따져 사고장애와 기분장애로 구분하
는 것으로 이때부터 멜랑콜리아는 기분장애의 영역에 속한 것으로 간주되기 시작했다.
Kraepelin은 조울광을 다시 'manic, hypomanic, depressive, mixed, basic states' 등의 유형으
로 나누고, 조증과 우울증을 단일 질환의 다른 표현형으로 생각하였다. 초기에 Kraepelin은
두려움, 불안초조, 자책감, 건강염려 등과 연관된 폐경기의 멜랑콜리아와 조울광에서의 가
라앉고 절망적인 멜랑콜리아를 구분하려는 시도를 하기도 하였으나, 최종적으로 조증과
우울증을 하나의 질병으로 간주하고 기분장애를 조울광으로 일괄 기술하여 기분장애 분류

만큼은 시대에 역행한 측면이 있다.[1,17]

다양한 반박에도 불구하고 조울광에 관한 Kraepelin의 견해는 1957년 Karl Leonhard에 의해 단극성우울증(unipolar depression)과 양극성우울증(bipolar depression)이 구분되기까지 반세기 이상 의학계에 큰 영향을 미쳤다. Kraepelin 이후 비로소 정신질환을 단면적이 아닌 종적인 경과에 근거해서 감별하는 시각이 확립되었으며, 이는 현대 기술정신의학의 기틀이 되어 결과적으로 우울증과 양극성장애를 구분하는 데 중요한 기여를 하였다.

현대의 개념

20세기 들어 우울증에 접근하는 시각은 정신의학을 관통하는 두 가지 사조, 다시 말해 기술정신의학과 생물정신의학으로 대변되는 **과학적 의학**, 그리고 정신분석으로 대변되면서 심리학과 철학을 아우르는 **역동정신의학**으로 나눌 수 있다.

사실 정신의학은 초창기부터 생물학적 이론과 심리사회적 이론이 갈등하며 수정과 변화를 반복해 왔다. 해부학의 발달에 힘입어 19세기까지 정신의학 전반을 풍미했던 1세대 생물정신의학은 스스로의 한계와 정신분석이론의 등장으로 급속히 사그라들었다. 그리고 Sigmund Freud 이후 아동기의 외상 경험과 무의식적 갈등, 환경적 스트레스로 인해 정신질환이 발생한다는 패러다임이 반세기를 지배했다면, 그 이후부터 현재까지는 뇌 자체에 초점을 맞춘 생물학적 패러다임이 다시 정신의학계의 주류로 자리 잡았다. 물론 현재는 뇌의 문제만큼 아동기 경험과 스트레스, 사회환경이 정신질환 발생에 중요하게 기여한다고 간주되지만, 여전히 생물학적 관점은 압도적으로 지지받고 있다.

기술정신의학의 시각

Kraepelin 이후 객관적 관찰을 통한 체계적 분류를 미덕으로 여기고 같은 경과를 밟는 환자들은 동일한 질병을 가진 것으로 가정하는 기술정신의학은 많은 사례들에 대한 연구를 기반으로 조증과 우울증, 그리고 조현병의 차이를 보다 정교하게 구분하고자 노력했다. 이는 제2차 세계대전을 거치며 전쟁 체험자들의 정신장애 분류에 대한 필요성이 제기되면서 본격화되기 시작했다. 1948년 세계보건기구는 **국제질병분류**(International Classification of Disease : ICD)의 제6판인 ICD-6에서 정신장애에 대한 별도의 장을 처음으로 삽입하였고, 이를 바탕으로 1952년에는 미국정신의학회(American Psychiatric Association)가 **정신질환의 진단 및 통계편람**(Diagnostic and Statistical manual of Mental Disorder : DSM)의 제1판인 DSM-I을 제작하였다.

이 당시에는 Kreapelin의 경직된 질병분류보다는 Adolf Meyer의 정신생물학적인 접근이 유행하여 모든 정신장애는 심리적·사회적·생물학적 요인에 대한 일종의 반응(reaction)이라고 이해되고 있었다. 따라서 DMS-I에서 우울증은 'psychoneurotic disorders'의 하위 범주에 속하는 'depressive reaction', 그리고 'psychotic disorder'의 하위 범주에 속하는 'manic-depressive reaction'과 'psychotic depressive reaction'으로 기술되었다.[18] 1968년에 출간된 DSM-II에서는 정신분석의 영향이 더욱 커져 반응이라는 용어가 신경증으로 대체되었으며, 우울증을 크게 'involutional melancholia', 'manic depressive illness'의 'depressed type', 'depressive neurosis'로 나누고 'depressive psychosis'와 정신역동적인 측면에서 구분하고자 하였다.[19]

하지만 사실상 용어사전의 범주를 벗어나지 못한 이전의 DSM 판과 달리 1980년에 출간된 DSM-III부터는 상세한 조작적 진단기준이 수록되기 시작했다. DSM-III는 ICD-9와 같은 시기에 출간되었지만 미국 연구자들의 기호가 강하게 반영되어, 이때부터 두 진단기준은 방향을 달리하게 된다. DSM-III는 다축 평가를 도입하는 동시에 병인과 질병 경과를 고려하고 알고리듬적 진단기준과 배제기준을 설정하여 진단의 신뢰도를 확립하고자 하였다.

우울증의 현대적 '우울장애'로서의 개념과 단극성-양극성 장애의 구분도 DSM-III에 이르러 비로소 확고해지는데, 이전의 'depressive reaction'과 'neurotic depression'이 삭제되고 주요우울장애와 양극성장애, 기분저하장애, 순환성기분장애, 그리고 우울한 기분의 적응장애 등의 진단들이 생겨났다.[20]

DSM-III의 가장 큰 변화 가운데 하나는 주요우울삽화와 경도/중등도/심도의 개념 도입으로, 이때 멜랑콜리아의 증상 일부는 '멜랑콜리아 양상을 띤'이라는 세부진단으로서 주요우울장애 진단기준에 포함되게 된다.[21] 이후 현재의 DSM-5와 ICD-10, 그리고 2018년에 배포될 예정인 ICD-11에 이르기까지 우울증은 우울한 기분과 흥미의 저하와 같이 기본적으로 기분을 경험하거나 표현하는 것이 주된 장애이지만, 실제로는 기분과 연관된 인지와 행동문제, 체성감각, 식사와 수면 등을 아우르는 전방위적인 증상군의 집합으로 설명되고 있다. 또한 정신증적인 인상이 강했던 과거의 멜랑콜리아와는 달리, 각종 스트레스가 늘어나고 기능과 웰빙을 중시하는 현대 사회의 조류를 반영하여 우울증은 전 인구의 10~25%가 일생 중 어느 시기에든 경험할 수 있는 것으로 인식되고 있으며 진단 역치는 계속 낮아지는 추세이다.[22]

사실 어떤 '장애'가 질병인지 아니면 심리사회적인 반응의 결과물인지는 진단의 타당도 및 신뢰도와 관련한 문제라고 할 수 있으나 DSM-III 이후 정신과의 모든 영역에서 현상학, 역학, 병태생리학적 연구 등이 크게 촉진되면서 의학적으로 우울증은 질병의 하나로 자리매김하게 된다.[21] 더욱이 이 시기에 폭발적으로 성장한 현대의학은 정신증상을 계량화하여 측정하도록 하였고, 신경생물학적인 측면에서 시행된 연구들이 축적됨에 따라 우울증은 충분한 근거를 갖고서 뇌질환의 하나로 간주되고 있다. 또한 1958년 최초의 삼환계 항우울제인 imipramine의 개발 이후 정신약물학의 발전과 이를 통한 신약 개발은 우울증의 치료에 있어 혁명적인 변화를 가져다주었으며, 급변하는 시대상과 맞물려 우울증에 대한 현대의학의 해석을 공고히 하는 데 일조하였다.

정신분석학의 시각

기술적인 질병 분류와 생물학적 관점보다 정신현상을 심층적으로 해석하고 심리사회적 맥락 속에서 우울증을 이해하고자 하는 움직임도 여전히 지속되고 있다. 이러한 입장은 애초에 우울이라는 정서가 인간이 존재하는 한 느껴질 수밖에 없는 근본적인 정서라는 시각에서 출발하였다. 따라서 멜랑콜리아는 오랜 기간 서양 예술과 철학의 핵심 정조(sentiment)를 일컫는 말이기도 했다. 특히 Søren Kierkegaard로부터 Martin Heidegger에 이르는 실존주의 철학자들은 인간이 자신의 존재와 인생의 의미에 대해 의문을 갖게 되면 존재론적인 성찰과 반성이 우러나오면서 우울이라는 감정이 시작된다고 보았다.[3,11]

이러한 견해는 정신분석학과의 교류를 통해 심인반응과 신경증의 개념이 추가되면서 변형·회귀되는데, 정통 정신분석학파인 Sigmund Freud와 그 후계자들은 우울한 감정이 사랑하는 대상의 상실과 연관되어 발생한다고 생각하면서 단순한 애도와 멜랑콜리아를 구분하였다. 다시 말해 애도는 상실을 의식적으로 인식하고 고통스럽게 상실의 대상과 자신을 분리하는 행위이지만, 멜랑콜리아는 상실한 것이 불분명하고 대상과 자신의 분리가 잘 이루어지지 않는 무의식으로부터 비롯되는 현상으로 생각하였다.[23] 이로 인해 과거에는 광기의 일종으로 치부되었던 증상들이 분석적 시각에서 신경증의 영역으로 편입되기 시작하였으며, Carl Gustav Jung에 의하면 이러한 신경증이란 '전체 정신'인 자기로부터 소외된 것(self-alienation)의 심화된 결과였다.[24] 그리고 마침내 전체로서의 인간과 주관적인 판단의 중요성을 강조한 Karl Jaspers 등의 인간학파, Ludwig Binswanger 등의 실존분석학파, 그리고 Jacques Lacan과 그의 동료들에 이르러서는 정신분석과 철학이 융합되는 면모를 갖추게 된다.[24,25]

이에 따라 일각에서는 우울증이란 숨겨진 내면의 진실과도 같은 것으로 단순히 겉으로 드러난 증상들의 모음만 가지고 질병으로 간주할 수 없으며, 치료가 아닌 수용의 대상일 뿐이라는 주장이 제기되기도 하였다. 실제로 현시대에 정신분석과 철학을 성공적으로 접목하였다고 평가받는 Slavoj Zizek의 경우 멜랑콜리아를 진정한 철학의 출발점으로까지 간주하고 있어[26] 우울증을 바라보는 상이한 관점들은 앞으로도 지속될 것으로 보인다.

고려해야 할 사항

아직까지 멜랑콜리아와 우울증의 개념이 방대한데다가 동일한 용어를 사용하더라도 전공 분야와 개인에 따라 의미하는 바가 서로 다른 경우가 많아 이에 대한 고려가 필요하다.

이러한 불일치는 각자가 처한 환경과 연구 대상의 이질성에서 기인하였을 수 있다.[27] 예를 들어 Kraepelin과 같이 정신병원에서 근무한 의사와 개인적인 공간에서 분석과 같은 정신치료를 전문으로 제공하는 치료자는 아무래도 서로 중증도가 다른 환자를 만났을 것이고 임상 영역 외부의 상담가는 임상적 견지에서 환자라 할 만한 사람을 많이 접해보지 않았을 가능성이 높을 것이다.

또한 정신분석은 정신의학의 현장을 열악한 환경의 정신병원에서 개인 진료소로 이동시켜 주었는데, 이는 의사와 환자를 모두 흡족하게 만들었고 정신질환을 지나치게 신경증의 관점으로 해석하고자 하는 경향을 초래했다. 게다가 정신분석이론은 근본적으로 직관과 상상에서 출발한 것으로 관찰에 의한 사실 축적을 추구한 Kraepelin 방식과 생물학적 치료에 비해 객관성이 떨어진다는 단점이 있다.

한편으로 우울증을 보편적인 것으로 개념화하기에는 사회문화, 성별, 개인적으로 차이가 큰 개별적인 상태라는 견해도 상당하다.[28] 우울한 감정 자체보다 신체적 호소가 많은 동양인, 그중에서도 여성의 경우 DSM 체계의 기준만으로는 설명이 어려운 대표적인 예로 거론되고 있다.[27]

향후 전망

지난 50여 년 동안 DSM 체계는 정신의학과 심리학 전반에 걸쳐 공신력을 획득하게 되었으나 항목마다 명확한 근거에 의해 일일이 뒷받침되기보다는 특정 전문가들로 구성된 위원회의 합의에 의해 결정된 것이라는 근본적인 한계를 안고 있기도 하다. DSM과 ICD의 진단기준에 차이가 있는 것도 여기에서 비롯된 문제이다. 그뿐 아니라 아직까지 진단이 현상학적인 증상의 개수와 기간, 몇몇 배제기준으로 구성되어 있다는 점에서 우울증상과 유발요인의 이질성과 정상-비정상 경계의 모호함은 극복해야 할 과제로 남아 있다.[28]

또한 현재의 진단기준은 큰 틀에서 주요우울장애와 양극성장애를 구분하는 데는 비교적 유효하다고 할 수 있지만, 정신병 증상이 가미된 정동증상과 조증의 병력이 없는 우울증상에 대해서는 명확한 구분을 제공하지 못한다. 원래 DSM 체계의 일차적인 목표는 연구자 간 의사소통을 도움으로써 정신의학 연구를 진전시키는 것으로서 의학의 발전에 따라 계속 수정될 수밖에 없으며, 현행의 DSM-5도 결국에는 과도기적인 체제라고 할 수 있다.

현재와 같은 속도로 연구들이 계속 축적된다면 그리 멀지 않은 미래에는 현상학적 진단기준에 원인과 병태생리적인 접근이 더해질 가능성이 높다. 이때는 질병 특이적이거나 우울증상과 연관된 특정 유전자의 역할이 강조될 것이며, 표현형질은 신경영상학적 소견이나 인지기능 변화와 같은 신경생물학적 표지자에 근거하여 규명될 것이다. 분자생물학의 발달은 우울증에서 나타나는 유전자와 세포 내외의 신호전달, 뇌신경회로의 변화에 대한 정보뿐 아니라 자아존중감이나 스트레스에 대한 취약성과 회복탄성력, 성격 등의 심리적 요인이 신체와 우울증에 대해 미치는 영향에 대해서도 많은 메시지를 줄 수 있다.[29,30] 그리고 이에 대한 이해가 깊어짐에 따라 우울증 진단체계는 원인과 병태생리, 약물반응을 종합적으로 아우르는 방향으로 진행할 것으로 전망된다. 더불어 2세기가 넘게 지속되고 있는 기능성 질환 대 기질성 질환의 이분법은 갈수록 퇴색될 것이며, 최근 인공지능에 대한 연구들은 유기체의 정신세계 역시 일종의 알고리듬으로서 이해하는 시각을 제시하여 정신의학은 새로운 국면으로 접어들 것이다.

그러나 한편으로 환자 내면의 삶과 관계적 맥락을 내버려둔 채 의학적 진단과 해결법을 우선시하는 경향에 대한 비판도 계속 높아질 가능성이 크다. 인문학적 시각에서 보면 인간이란 단순한 세포의 총합 그 이상이며, 우울증 역시 단지 신경전달물질의 교란이나 뇌기능의 저하로만 설명될 수 있는 성질의 것이 아니다. 그 이유는 정신증상이 많은 요인의 상호작용에 의해 발생하는 속성을 띠고 있으며, 인간의 생각과 감정, 행동을 평가하고 해석하기 위해서는 가치 체계의 개입이 들어갈 수밖에 없기 때문이다. 그리고 가치 체계는 개인을 둘러싼 시대와 사회 풍조의 영향력하에 있다. 결국 우울증의 진단과 치료에는 의학 외적인 요소가 함께 고려되어야 하며, 객관적 현상과 주관적 기준 사이의 간격을 어떻게 좁혀 나갈 것인지에 대해 지속적인 논의가 필요할 것이다.

요약

감정과 활력의 저하 혹은 조절의 어려움과 연관된 다양한 모습은 시대의 조류, 지역과 문화, 그리고 학자의 관점에 따라 서로 다르게 표현되고 해석되어 왔다. 고대 그리스에서 4체액설에 의거, 흑담즙이 과잉되면 이러한 증상들이 나타난다고 생각하여 '멜랑콜리아'라는 이름을 붙인 이래 멜랑콜리아는 긴 생명력을 가지고 현재까지도 통용되고 있다. 하지만 멜랑콜리아는 우울증상뿐 아니라 광기나 조증 등을 비롯하여 광범위한 정신증상을 포괄하는 용어로 사용되었으며, 현재의 우울증 개념과는 상당한 차이를 보인다.

근대 이후 복잡한 정신증상 사이에서 일관된 흐름을 추출하고 정제해내기 위한 노력들은 19세기와 20세기에 걸쳐 양극성장애와 우울증을 구분해내기에 이르렀으며, 한편으로 우울증의 외연을 계속 확장시켜 나갔다. 그동안 우울증을 설명하기 위한 다양한 이론들이 나름대로의 개연성을 가지고 존립해 왔다. 20세기 중반 이후 과학적 의학과 의료관리의 시대가 도래함에 따라 현재는 DSM으로 대표되는 기술정신의학과 뇌기능의 저하와 연관된 생물정신의학이 주류를 이루고 있으나, 현상학적 진단기준과 개인과 문화에 따른 증상, 요인의 이질성, 정상–비정상 경계의 모호함 등은 해결되어야 할 과제이다. 따라서 지금 우리가 '우울증'이라고 인식하는 일련의 상태에 대한 개념과 진단은 아직도 과도기적인 것이라 할 수 있으며, 향후 지속적인 논의를 거쳐 수정–통합되어 갈 것으로 생각된다.

참고문헌

1) Jackson SW. *Melancholia and Depression From Hippocratic Times to Modern Times*. New Haven and London:Yale University Press;1986.

2) Vestergaard P. Melancholia and depression—from madness to illness. *Dan Medicinhist Arbog*. 2010;38:81-92.

3) Lewis AJ. Melancholia: A Historical Review. *Br J Psychiatry* 1934;80:1-42.

4) Sedivec V. Mental disorders in the writings of Hippocrates. *Cesk Psychiatr* 1989;85:270-273.

5) Marneros A. Expanding the group of bipolar disorders. *J Affect Disord* 2001;62:39-44.

6) 龍伯堅. 黃帝內經槪論. 서울:논장;2010.

7) 許浚. 原本東醫寶鑑. 서울:남산당;1998.

8) Vakili N, Gorji A. Psychiatry and psychology in medieval Persia. *J Clin Psychiatry* 2006;67:1862-1869.

9) Hajal F. Diagnosis and treatment of lovesickness: an Islamic medieval case study. *Hosp*

Community Psychiatry 1994;45:647-650.

10) Alliez J, Huber JP. Acedia or the depressed between sin and illness. *Ann Med Psychol* 1987;145:393-408.

11) Knoff WF. Depression: A Historical overview. Am. *J. Psychoanal* 1975;35:41-46.

12) Hoepffner B. As a prelude: bringing melancholia to book. *Gesnerus* 2006;63:12-19.

13) Knoff WF. A history of the concept of neurosis, with a memoir of William Cullen. *Am J Psychiatry* 1970;127:80-84.

14) Lefebvre P. Esquirol's treatment of mental illness: one hundred and fifty years afterward. *Hist Sci Med* 1991;25:169-174.

15) Pichot P. The birth of the bipolar disorder. *Eur Psychiatry* 1995;10:1-10.

16) Berrios GE. Melancholia and depression during the 19th century: a conceptual history. *Br J Psychiatry* 1988;153:298-304.

17) Palm U, Möller HJ. Reception of Kraepelin's ideas 1900-1960. *Psychiatry Clin Neurosci* 2011;65:318-25.

18) American Psychiatric Association. Diagnostic and Statistical Manual: Mental Disorders. Washington, DC: American Psychiatric Association;1952.

19) American Psychiatric Association. Diagnostic and Statistical Manual of Mental Disorders, Second Edition. Washington, DC: American Psychiatric Association;1968.

20) American Psychiatric Association. Diagnostic and Statistical Manual of Mental Disorders, Third Edition. Washington, DC: American Psychiatric Association;1980.

21) Philipp M, Maier W, Delmo CD. The concept of major depression. I. Descriptive comparison of six competing operational definitions including ICD-10 and DSM-III-R. *Eur Arch Psychiatry Clin Neurosci* 1991;240:258-265.

22) Sadek N, Bona J. Subsyndromal symptomatic depression: a new concept. *Depress Anxiety* 2000;12:30-39.

23) Raphael B. Mourning and the prevention of melancholia. *Br J Med Psychol* 1978;51:303-310.

22) Capps D. Men, Religion, and Melancholia: James, Otto, Jung, and Erikson. New Haven and London:Yale University Press;1997.

24) Naudin J, Azorin JM, Stanghellini G, Bezzubova E, Kraus A, Dorr-Zegers O et al. An international perspective on the history and philosophy of psychiatry: the present day influence of Jaspers and Husserl. *Current Opinion in Psychiatry* 1997;10:390-394.

25) Keshen A. A new look at existential psychotherapy. *Am J Psychother* 2006;60:285-298.

26) Chung EY. An Apology for a Religion of the Melancholic. *Pastoral Psychology* 2010;59: 697-710.

27) Paykel ES. Basic concepts of depression. *Dialogues Clin Neurosci* 2008;10:279-289.

28) Radden J. *Moody minds distempered: essays on melancholy and depression*. London:Oxford University Press;2009.

29) Gruenberg AM, Goldstein RD, Pincus HA. Classification of Depression: Research and Diagnostic Criteria: DSM-IV and ICD-10, In: Licinio J, Wong ML, editors. Biology of Depression From Novel Insights to Therapeutic Strategies. New-York:John Wiley & Sons Inc;2005.

30) Benjamin J, Ebstein RP, Lesch KP, Genes for personality traits: implications for psychopathology. *Int. J. Neuropsychopharmacol* 1998;1:153-168.

역학
Epidemiology

김문두*, 윤보현**

제주대학교 병원 정신건강의학과*, 국립나주병원 정신건강의학과**

기분장애는 지역사회와 임상현장에서 가장 흔한 정신건강의학과 질병이다. 자주 재발하고 자살이나 물질사용장애와 같은 합병증이 잘 생기며, 당뇨병과 심장질환과 같은 심각한 만성 신체적 질환을 동반하여 각 개인의 일상생활 기능에 장애를 일으키고 안녕감을 손상시킨다. 특히 주요우울장애는 이런 문제가 매우 심각하여 세계보건기구는 우울증이 장애(disability)를 일으키는 질환 중 네 번째로 많은 원인이며,[1] 2020년에는 심혈관계 질환에 이어서 두 번째로 많은 질환이 될 것이라고 예측한다.[2]

외래환자나 입원환자 집단은 전체 환자 집단을 대표할 수 없어서 지역사회 역학연구는 유병률과 위험요인, 사회적 관련요인, 건강관리 서비스의 이용에 관한 것 등 임상 실제에서는 알 수 없는 다양한 정보를 줄 수 있다. 우울증은 개인적으로나 사회적으로 큰 부담이 되는 장애이므로 이러한 역학적 정보를 통해 1차 예방에서부터 3차 예방에 이르는 포괄적인 관리가 매우 중요하다.

주요우울장애의 평생유병률은 일반적으로 서양에서는 남성 5~12%, 여성 10~25%, 시점유병률은 남성 2~3%, 여성 5~9%, 한국에서는 3~5% 정도로 보고되며,[3] 시대, 사회, 민족에 상관없이 비슷한 정도로 발생한다고 알려져 있다. 하지만 실제 보고되고 있는 유병률과 발병률은 나라와 시대, 연구자에 따라 많은 차이를 보이는데, 이는 연구가 이루어지는 사회에서 가지고 있는 우울증에 대한 기준과 연구 방법 등의 차이 때문으로 생각된다. 즉, 사회마다 우울증을 표현하고 우울증상을 병적인 것으로 인정하는 기준에 따른 차이 때문에 결과가 달라지기도 하며, 진단도구들의 번안 과정에서의 차이 등을 그 이유로 들 수 있다.

정신의학적 역학에 대한 관심이 커지면서 역학연구 방법론도 많이 발전하고 있는데, **정신질환의 진단 및 통계편람(DSM)** 체계와 질병 및 건강 관련 문제의 **국제통계분류(ICD)** 같은 분류체계의 발전을 통해 대규모의 횡단·종단연구가 가능해지고, 언어와 표현방식 및 문화적 차이가 있는 국가끼리의 차이를 비교할 수 있는 연구도 가능해지고 있다. DSM과 ICD 진단체계에 따른 진단 도구들인 DIS(Diagnostic Interview Scale),[4] CIDI(Composite International Diagnostic Interview Schedule),[5] MINI(Mini International Diagnostic Interview)[6] 등이 개발되어 역학연구에 유용하게 사용되고 있다. 하지만 이러한 도구를 사용한 연구들의 단점도 있는데, 예를 들면 평생유병률 조사 시에는 대상자들의 기억에 의존하므로 부정확할 수 있으며, 이러한 진단도구들이 아직까지는 아증후군적(subsyndromal), 역치하(subthreshold) 증후군에 대한 민감도와 특이도가 높지 않다는 것이다.[7]

2016년 DSM-5가 발표되면서 진단분류 체계의 변화가 있지만 아직까지 새로운 체계에 의한 기분장애별 유병률은 조사된 바가 없다. 따라서 이 장에서는 DSM-IV 진단체계를 이용한 유병률 및 역학조사를 사용하고자 한다. DSM-IV 진단체계에서는 우울증을 크게 주요우울장애, 기분저하장애, 기타 우울장애로 나누고 있으나 기타 우울장애의 폭이 너무 광범위하여 진단을 혼란스럽게 한다는 단점이 있다. 따라서 임상현장과 역학연구에서는 임상상황과 연구 목적에 맞게, 이를 주요우울장애/경도우울장애/기분저하장애/반복성 단기우울장애, 역치하 우울증/아증후군적 우울증/우울증상 등으로 다시 분류하기도 한다. 주요우울증을 증후군적 수준이라고 정의한다면, 기분저하장애, 경도우울장애, 반복성 단기우울장애는 아증후군적 우울증으로 분류할 수 있다. 기분저하장애와 경도우울장애는 증상의 심각도, 반복성 단기우울장애는 기간이 주요우울장애의 진단기준에 미치지 못한다. 또한 역치하 우울증은 DSM-IV 진단기준에 근거한 변형된 진단기준을 이용하여 차원적으로 정의한(즉, 진단에 필요한 진단범주의 수가 부족한 것) 아증후군적 우울증, 다양한 우울증상 척도점수를 이용하여 범주적으로 정의한(즉, 우울증상의 척도점수를 구간별로 나누어 증상의 심각도를 구분한 것) 우울증상군으로 또한 나눌 수 있다.[7,8]

우울증은 사회문화적 요인이 우울증의 증상발현과 건강 추구 형태에 미치는 영향이 크기 때문에 국가별로 최적화된 정신보건정책을 비롯한 대책 수립이 필요하며, 이를 위해서는 무엇보다 정확하고 신뢰도 높은 역학조사 자료가 필수이다. 우리나라는 핵가족화, 개인화, 급속한 경제 성장, 빠른 고령화 등 많은 변화를 겪고 있고 자살률은 이미 OECD 국가 중 지속적으로 1위를 유지하고 있어 우울증의 중요성이 어느 때보다 강조되고 있다.[8]

유병률

미국

미국에서 전국적으로 시행한 대표적인 연구로는 세 가지 연구를 들 수 있다. 1981년 5개 지역에서 총 18,000명의 지역사회와 시설거주민을 대상으로 DIS를 사용한 Epidemiologic Catchment Area Study(ECA),[9] 1991년 전국 8,000명을 대상으로 CIDI를 사용한 National Comorbidity Study(NCS),[10] 2001년과 2002년 사이에 48개 지역에서 9,090명을 대상으로 CIDI를 사용한 National Comorbidity Study-Replication(NCS-R)[11]이 있다.

　ECA 연구에서는 평생유병률 4.9%, 1년유병률 2.7%였으며, NCS 연구에서는 평생유병률 17.1%, 1년유병률 10.3%, 현재유병률 4.9%였다. NCS 연구에서 ECA 연구보다 유병률이 높았던 것은 DIS를 사용하지 않고 사례 선별을 하기 위해 CIDI를 사용하여 좀 더 진단의 역치를 낮추어 사용하였기 때문이다. NCS-R에서는 주요우울장애의 유병률이 ECA와 NCS-R의 중간 정도로 나타나 평생유병률 16.9%, 1년유병률 6.6%였다.

국가 간 비교

국가 간의 유병률을 비교한 연구에서는 각국의 특성에 따라 다양한 결과를 보여준다. Weissman 등[12], Andrade 등[13], Bromet 등[14] 여러 연구자들은 각국의 평생유병률과 1년유병률을 다양한 방법으로 비교하였다(표 1 참조). 각 국가의 차이는 문화적 차이나 서로 다른 위험요인들의 영향인 것으로 보인다.

한국

서구사회와 한국의 우울장애 유병률 연구결과를 비교하기 위해서 표 2[15]에는 한국과 미국 등의 지역사회 정신질환 역학조사 결과를, 표 3[8]에는 한국의 대표적인 우울장애 유병률 연구결과를 기술하였다. 한국에서는 그동안 DSM-IV 진단기준에 의한 우울장애 역학조사는 그렇게 많지 않으며, DSM-IV 진단기준에 따랐다고 하더라도 대상자의 연령, 평가도구의 종류, 유병률의 측정 방법이 연구마다 달라 정확한 유병률이 보고되고 있지는 않다. 그러나 일반적으로 한국인의 성인 평생유병률은 3.3~5.6%, 시점유병률은 2% 안팎으로 파악되는 편이다. 통일된 도구를 사용하지 않아서 생기는 유병률의 차이를 극복하기 위해 완전히 구조화하여 비전문가가 사용할 수 있는 정신장애 진단도구인 DIS를 이용한 미국의 ECA 연구가 성공적으로 마무리되면서, 국내에서도 1984년에 한글판 DIS-III를 이용

표 1. 국가 간 평생유병률과 1년유병률 비교

저자	척도		평생유병률(%)			1년유병률(%)		
			최저	중앙	최고	최저	중앙	최고
Weissman 등 1996[12]	DIS		대만 1.5	서독 9.2	캐나다 9.6	대만 0.8	미국 3.0 프랑스 4.5	뉴질랜드 5.8
Andrade 등 2003[13]	CIDI		체코 1.0	캐나다 8.3 칠레 9.0	미국 16.9	체코 0.3	멕시코 4.5 서독 5.2	미국 10.0
Bromet 등 2011[14]	CIDI	고소득 국가	일본 6.6	스페인 10.6 벨기에 14.1	프랑스 21.0	일본 2.2	네덜란드 4.9 벨기에 5.0	미국 8.3
		저소득 국가	중국 6.5	남아프리카 공화국 9.8 레바논 10.9	브라질 18.4	중국 3.8	남아프리카 공화국 4.9 레바논 5.5	브라질 10.4

한 전국 단위 역학연구가 진행되어,[16] 한국 성인의 주요우울장애 평생유병률은 도시 3.3%, 농촌 3.5%, 기분부전장애의 평생유병률은 도시 2.4%, 농촌 1.9%로 보고된 바 있다.

또한 국가별 역학조사 결과를 비교할 수 있는 국제공용 평가도구의 개발이 강조되면서 WHO와 미국의 Alcohol, Drug Abuse and Mental Health Administration에 의해 1990년에 횡문화적 역학연구에 적합한 진단평가도구인 CIDI가 개발되었으며, 국내에서도 조맹제 등에 의해 한글판 CIDI를 이용한 Korean Epidemiologic Catchment Area 연구가 2001년[17], 2006년[18], 2011년[19], 2016년[15]에 진행되었다. 각 연구의 결과는 표 2에 있으며, 2016년의 경우 평생유병률은 5.0%, 1년유병률은 1.5%였다.

CIDI를 이용해 진단한 주요우울장애가 미국[13]에서는 평생유병률 16.9%, 1년유병률 10.0%, 고소득국가들은 평균 평생유병률 14.6%, 1년유병률 5.5%, 저소득국가들은 평생유병률 평균 11.1, 1년유병률이 5.9%[14]임을 참고할 때, 우리나라는 평생유병률과 1년유병률이 비교 대상국의 평균보다 모두 매우 낮았고 평생유병률이 3.35%인 중국, 6개월 유병률이 2.9%인 일본이 우리나라와 비슷하거나 좀 더 낮은 수준을 보였다.[20]

그러나 단순한 우울증상에 대한 설문지로 유병률을 조사한 연구들에서는 한국의 우울증상 유병률이 미국이나 유럽보다 높은 수준으로 보고된 바 있어,[20] 설문지를 통한 우울장애

표 2. 지역사회 역학조사에서 주요우울장애의 유병률

지역	유병률(%)		
	1개월	1년	평생
한국(2001)	1.3	1.8	4.0
한국(2006)	1.8	2.5	5.6
한국(2011)	2.4	3.1	6.7
한국(2016)	0.9	1.5	5.0
일본(2002)	2.9		
중국(2013)		2.3	3.35
미국 NCS-R(2002)		6.6	16.9
유럽 ESEMeD		3.9	12.8
이탈리아(2001)		3.0	10.1
프랑스(2001)		6.0	21.4
벨기에(2001)		4.6	13.6
뉴질랜드(2002)			16.0
호주(2007)		4.1	
영국(2014)		3.8	
레바논(2002)		4.9	
멕시코(2001)		3.7	
터키(2017)		8.2	

출처 : 김기웅[15], 2016년 정신질환실태 역학조사 보고서 232쪽에서 인용함.

진단은 사회문화적 특성의 영향을 크게 받는 것으로 추정된다. 최근의 한 횡문화적 연구[21]에서 한국 사람들이 미국 사람보다 DSM-IV에 진단기준에서 요구하는 우울장애 문항에 대해 '증상이 있다'고 응답하는 역치가 높았고, 사회적으로 바람직한 대답을 택하는 경향이 있어 한국에서 미국보다 주요우울장애가 덜 발견되는 경향이 있음을 밝혔다. 이러한 현상은 한국과 같은 아시아 문화권에서 서구의 DSM-IV 진단기준을 적용하는 경우 서구권에 비하여 우울증의 유병률이 공통적으로 낮게 나타나는 현상[12,18]과도 일치하고 있다.

노인의 경우 주요우울장애의 시점유병률이 5.4~7.5%로 보고되고 있어 성인보다 높았다.[3,22] 전 연령층을 동시에 조사한 연구에서도 주요우울장애의 유병률이 전 연령층 평균은 3.6%, 65세 이상 노인은 4.6%로 고령자에서 높게 보고되고 있다.[23] 이는 미국의 경우와는 상반된 결과이다.

미국에서는 노인의 주요우울증 유병률이 성인보다 낮게 보고되고 있는데, ECA 연구에서 전체 1%, 여성 1.4%, 남성 0.4%로 젊은 성인의 1/4 정도였다. 미국의 경우 연구자들은 노인에서의 이렇게 낮은 유병률이 노인들이 정신과적 증상을 신체증상으로 많이 표현한

표 3. 한국의 대표적인 우울장애 유병률 연구

저자	연령	표본수 (반응률%)	지역	척도	진단기준	유병률(%) 시점	유병률(%) 1년	유병률(%) 평생
주요우울장애								
Lee 등(1985)[17]	18~64	3,134(79.4) 1,966(85.9)	도시 농촌	DIS-III DIS-III	DIS-III DIS-III			3.3 3.5
Suh 등(2000)[3]	≥65	1,037(85.2)	농촌	DIS-for depression	DSM-III-R	7.5		
Cho 등(2004)[18]	18~64	6,275(79.8)	전국	K-CIDI	DSM-IV		1.7	4.3
Ohayon과 Hong (2006)[23]	15~90	3,719(91.4)	전국	Sleep-EVAL system	DSM-IV	3.6		
Cho 등(2009)[19]	≥65	6,510(81.7)	전국	K-CIDI	DSM-IV		2.5	5.6
Park 등 (2010)[22]	≥65	714(63.9)	도시	MINI	DSM-IV	5.4		
기분저하증								
Lee 등(1985)[17]	18~64	3,134(79.4) 1,966(85.9)	도시 농촌	DIS-III DIS-III	DIS-III DIS-III			2.4 1.9
Cho 등(2004)[18]	18~64	6,275(79.8)	전국	K-CIDI	DSM-IV		0.4	0.5
Cho 등(2009)[19]	18~64	6,510(81.7)	전국	K-CIDI	DSM-IV		0.3	0.5
소우울장애								
Park 등 (2010)[22]	≥65	714(63.9)	도시	MINI	DSM-IV	5.5		

* DIS : Diagnostic Interview Schedule, K-CIDI : Korean version of Composite International Diagnostic Interview, MINI : Mini International Neuropsychiatric Interview, DSM : Diagnostic and Statistical Manual of Mental Disorders.
출처 : 박준혁, 김기웅[8]에서 인용함.

다는 것, 정신과적 증상을 다시 떠올리거나 이야기하는 것을 싫어한다는 것, 임상의사들이 노인에 맞지 않는 진단범주를 사용하는 것과 우울증이 이전에 태어난 코호트보다 최근에 태어난 코호트에서 증가하는 코호트 효과가 영향을 주었기 때문이라고 주장한다.

노인에서는 또 신체질환이 있는 경우에 주요우울장애가 많이 발생한다. 미국에서 개인 의원에 다니는 신체질환이 있는 환자의 17~37%가 우울증이 있으며, 이 중 30%가 주요우울장애이다. 가정간호를 받는 노인의 14%, 입원한 노인의 11%에서 주요우울장애가 생기고, 장기요양시설에 있는 노인들에서는 12~30%에서 주요우울장애가 발생한다.[24]

한국의 노인 유병률은 다른 아시아권 국가들이나 서구의 2.4%보다 높았는데, 한국의 성인 대상 연구에서 DSM-IV 진단기준으로 주요우울장애를 진단할 때 진단적 역치가 높아 유병률이 서양에 비해서 낮게 나온다는 점까지 고려한다면, 우리나라 노인의 주요우울장애 유병률은 다른 나라보다 훨씬 높을 가능성이 있다. 한국의 급속한 고령화를 고려한다면 향후 우울장애 환자의 지속적 증가가 예상되며, 공공의료 및 사회경제적 측면에서 심각한 현안으로 부각될 가능성이 높다.[8]

아직 국내 청소년의 주요우울장애 유병률은 보고된 바 없다. 미국에서는 주요우울장애의 유병률은 소아에서 약 2%, 청소년기에는 4~8%로 보고되고 있다.

우울증상

앞에서도 기술하였지만 우울장애에서 증후군의 범주에 들지 못하는 역치하 증후군은 각 척도의 점수 범주를 기준으로 임상적인 장애까지는 아니지만 우울증상이 있는 경우도 향후 우울장애로 발전할 가능성이 높고, 이 또한 심각한 기능저하를 유발하므로[25] 대규모 역학연구에서는 중요한 변수로 다루고 있다. 미국은 ECA 연구결과 약 15%가 우울증상을 겪고 있는 것으로 보고되고 있다.

역학조사에서 모든 연령층에 가장 많이 사용하는 우울증상 평가도구는 Center for Epidemiologic Studies Depression Scale(CES-D)[26, 27]이다. CES-D는 자가보고형 우울증상 척도로, 문항이 매우 간결하고 증상의 존재 기간을 기준으로 심각도를 측정하기 때문에 역학연구에 사용하기 용이하다. CES-D는 임상적인 우울증 진단도구는 아니지만 지역사회 연구에서 우울증상의 정도를 잘 반영하여, 국가 간, 민족 간, 연령군별, 남녀 간의 우울증상 유병률을 비교하는 데 폭넓게 사용되고 있다. 노인에 대한 역학조사에서는 노인우울 척도(Geriatric Depression Scale : GDS)[28, 29]도 많이 사용되지만, 연령층별로 비교하기 위해서 CES-D를 중심으로 한 우리나라의 역학연구 결과를 정리한 결과를 제시하였다(표 4 참조).[8]

CES-D는 20문항, 총점 60점으로 점수가 높을수록 우울증상이 심한 상태를 의미한다. 국내에서도 CES-D는 1993년에 표준화가 이루어졌고[30] 절단점은 대체적으로 16점과 25점을 많이 이용하는데, 16점은 유력우울증(probable depression), 25점은 확실우울증(definite depression)을 의미한다. 한국에서 CES-D 점수로 정의된 우울증의 유병률은 연령에 따라서 유력우울증 15.9~38.9%, 확실우울증은 8.7~23.5%로 다양한 편차를 보인다. 시설에 입소한 노인을 대상으로 한 연구에서는 유력우울증이 51.6%, 확실우울증이 23.5%로 매우 높은 유병률을 보였다. 외국의 연구에서도 일반적으로 65세 이상 노인에서 우울증상의 유병률은 대상 인구의 특성에 따라서 많은 차이를 보이는데, 지역사회 거주자의 15%, 외래환자의 20%, 입원환자의 40%, 그리고 수용시설 거주자의 50%였다.[31] 초등학생을 대상으로 한 한국형 아동용 우울척도(Korean form of the Kovac's Children's Depression Inventory :

표 4. 한국의 우울증상 유병률 연구

저자	연령	표본수 (반응률, %)	지역	척도	절단점	우울증상	시점유병률 (%)
Cho 등 (1998)[20]	20~59	3,773(81.3)	전국	CES-D	≥16 ≥25	유력우울증 확실우울증	25.3 8.7
Cho 등 (1998)[35]	≥65	447(70)	농촌	CES-D	≥16 ≥25	유력우울증 확실우울증	30.9 18.1
Cho 등 (1998)[36]	≥60	169(90.5)	시설	CES-D	≥16 ≥25	유력우울증 확실우울증	51.6 23.5
Cho 등 (2001)[33]	13~18	1,972(89.5)	도시	CES-D	≥16 ≥25	유력우울증 확실우울증	38.9 21.2
Kim 등 (2005)[37]	18~92	4,897(97.7)	도시	CES-D	≥16 ≥24	유력우울증 확실우울증	38.3 10.0
Kwak 등 (2008)[32]	7~13	2,305(76.8)	지역	K-CDI	≥21 ≥29	유력우울증 확실우울증	17.3 5.2
Kim 등 (2007)[38]	≥20	981(93.4)	지역	CES-D	≥21 ≥25	유력우울증 확실우울증	15.9 9.9
Park 등 (2007)[34]	≥65	714(63.9)	도시	CES-D	≥16 ≥25	유력우울증 확실우울증	28.8 13.8

* CES-D : The Center for Epidemiologic Studies Depression Scale, K-CDI : Korean form of the Kovac's Children's Depression Inventory.
출처 : 박준혁, 김기웅[8]에서 인용함.

K-CDI)를 이용한 Kwak 등[32]의 역학연구에서, 국내의 초등학생 중 17.3%가 경도의 우울증상군, 5.2%가 심한 우울증상군으로 나타났고, CES-D를 사용하여 13~18세 청소년을 대상으로 한 연구[33]에서는 유력우울증이 38.9%, 확실우울증이 21.2%였다. 65세 이상 도시 인구를 대상으로 CES-D를 사용한 연구[34]에서 유력우울증은 28.8%, 확실우울증은 13.8%로, 농촌[35]의 유력우울증 30.9%, 확실우울증 18.1%보다 약간 높았다.

그림 1은 13~18세의 중·고등학생을 대상으로 한 Cho 등[33]의 연구, 20~69세 사이의 성인을 대상으로 한 Cho 등[20]의 연구, 65세 이상 노인을 대상으로 Park 등의 연구[22,34]의 연령별 유병률을 비교 정리한 것이다. 유력우울증과 확실우울증이 모두 고등학교 시절인 16~18세에서 46.8%, 22.7%로 가장 높았고, 이후 40대까지 감소하다가 다시 증가되는 양상을 보였다. CES-D의 연령별 평균점수도 유병률의 양상과 똑같은 양상을 보여서 13~18세에서 16.2점, 20~59세에서 10.6점, 65세 이상에서 13.2점으로 청장년층에서 가장 낮은 점수를 보였다.

우울장애의 유병률과 비슷하게 노인의 경우에는 연령이 증가하면서 우울증상의 유병률

그림 1 연령집단별 우울증상 유병률 비교

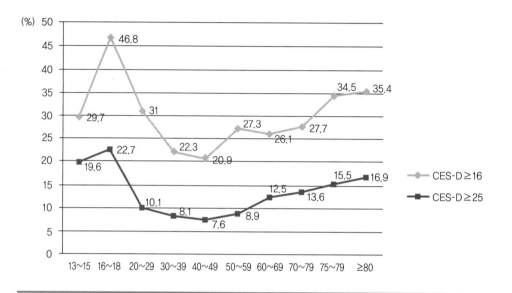

* CES-D : The Center for Epidemiologic Studies Depression Scale
출처 : 박준혁, 김기웅[8]에서 인용함.

도 완만하게 증가하였는데, 노인층에서 많이 사용하는 GDS를 이용한 여러 조사에서도 노인의 연령이 증가하면 우울증상의 유병률이 증가하는 소견과 일치한다. 노년기에는 신체적 질환, 배우자나 친지의 상실, 역할의 상실 등으로 인하여 우울증상의 유병률이 증가하는 경향이 많고, 주요우울장애와 마찬가지로 청장년층보다 노인층에서 높은 우울증상 유병률을 보였다. 청장년층을 대상으로 한 Cho 등[20]의 연구에서 CES-D의 평균점수는 일본, 중국과는 비슷하였지만 다른 서구에 비해서 높았고, 절단점 16점으로 기준의 우울증상 유병률 25.3%는 서구 대부분의 유병률 10~28%보다 높은 편이었다. 노인층에서 CES-D 16점 이상의 우울증상의 유병률은 30% 내외로 같은 동양권인 일본의 5.3%에 비해서 매우 높았고, 서양의 9.0~27.1%에 비해서도 높은 편이었다. 그러나 동양에서는 서구와는 달리 긍정적인 정동(positive affect)을 숨기고 억제하는 경우 또는 정동과 신체적인 문제의 구별이 안 되는 경우가 많아서 CES-D로 측정한 우울증상의 유병률이 높다는 연구도 있기 때문에, 정확한 횡문화 사이의 유병률 비교를 위해 문화적인 영향을 덜 받는 설문도구 개발이 필요하다.

기분저하증

미국에서 ECA에서는 평생유병률 3.1%, NCS에서는 평생유병률 6.4%, 1년유병률 2.5%, NCS-R에서는 평생유병률 2.5%, 1년유병률 1.5%였다. 미국과 유럽 그리고 뉴질랜드 등에서 기분저하증의 평생유병률은 대체로 2.1~7.9%로 보고되고 있으나, 한국이나 중국 같은 비서구권 국가에서는 1% 이하의 낮은 유병률을 보였다.[19] 국내에서는 전국 집단을 대상으로 한 연구에서 평생유병률이 2001년, 2006년, 2011년, 2016년에 각각 0.5%, 0.5%, 0.8%, 1.3%였으며, 1년유병률은 각각 0.4%, 0.3%, 0.4%, 0.2%였다[15,17~19](표 5 참조).

소아의 기분저하증은 0.6~4.6%, 청소년은 1.6~8.0%, 이 중 우울증의 6개월 유병률은 9.9%[39] 정도였다.

표 5. 지역사회 역학조사에서 기분저하증의 유병률

지역	유병률(%)		
	1개월	1년	평생
한국(2001)	0.3	0.4	0.5
한국(2006)	0.3	0.3	0.5
한국(2011)	0.3	0.4	0.8
한국(2016)	0.2	0.2	1.3
일본(2002)		0.7	
중국(2002)			0.1
미국 NCS-R(2002)		1.5	2.5
유럽 ESEMeD		1.1	4.1
이탈리아(2001)		1.0	3.4
프랑스(2001)		1.6	7.9
벨기에(2001)		1.1	4.6
캐나다(2003)			1.2
뉴질랜드(2002)			2.1
호주(2007)		1.3	
나이지리아(2002)		0.1	0.2
레바논(2002)		0.8	
멕시코(2001)		0.4	

출처 : 김기웅[15] 2016년 정신질환실태 역학조사 246쪽에서 인용함.

발병률

ECA 연구에서 1년간의 발병률은 1.59%(남성 1.10%, 여성 1.89%)였다. 한국에서 우울증 발병률의 연구는 1999년도에 노인을 대상으로 시행한 Hahm 등[40]에 의한 연구가 유일한데, 한국판 노인정신장애 평가척도(Korean version of Psychogeriatric Assessment Scale)[41]를 이용하여 우울증을 정의할 때 시점유병률은 8.4%였고, 1년 우울증상 발병률은 5.1%였다.

우울증의 위험인자

많은 역학연구를 통해서 우울증에 연관된 인구사회학적 생활습관, 질병력 등의 위험인자들이 보고되고 있는데, 우울장애, 우울증상의 위험인자로 비교적 일관되게 보고되는 것은 여성, 낮은 경제수준, 주요우울장애의 과거력, 뇌졸중, 치매 등이다.[3,20,22,42]

고령, 낮은 교육수준, 이혼 · 별거 · 사별, 미혼, 낮은 사회적 지지체계, 만성질환, 흡연 또한 많은 연구에서 우울장애 및 우울증상의 위험인자로 보고된 바 있지만 그렇지 않다고 보고하는 연구들도 있다.

초등학생을 대상으로 한 Kwak 등[32]의 연구에서는 연령이 높을수록, 어머니와 관계 형성을 위한 시간이 적을수록, 신체상의 만족도가 낮을수록 우울증의 위험이 높은 것으로 보고되었다.

청소년을 대상으로 한 Cho 등[33]의 연구에서는 성적 불만족(8.9배), 낮은 생활수준(2.0배), 여학생(1.3배)이 우울증의 위험과 관계 있는 것으로 보고되었고, 특히 고등학생의 경우 남녀 간 우울증 유병률의 차이가 없어지는 것으로 보아, 고등학교에 진학하면서 학업이나 입시 부담으로 인한 우울증상의 발생이 남학생에서 좀 더 많아지는 것으로 생각된다.

노인을 대상으로 한 Park 등[34]의 연구에서는 여성, 무학, 낮은 교육수준, 주요우울장애의 과거력, 뇌졸중, 치매 등이 주요우울장애의 위험인자로 평가되었고, 신체질환인 고혈압, 당뇨, 심장병은 주요우울장애와 유의한 연관성이 없다고 하였다. 서구의 경우 신체질환이 노인 우울증의 주요한 위험인자로 보고된 바 있지만,[42] 한국 노인을 대상으로 한 Cho 등[35]의 연구에서도 Park 등[34]의 연구에서와 마찬가지로 신체질환과 우울증 간의 연관성을 발견하지 못하였다.

인구학적 요인

성별

시기와 장소에 상관없이 모든 연구 가운데 가장 일정하게 나타나는 소견은 주요우울장애의 유병률이 여성이 남성보다 2배 정도 더 높다는 것이다. 이러한 성별의 차이는 소아에서는 나타나지 않다가 사춘기, 즉 초기 성인기부터 시작되어서 30세에서 45세 사이에 차이가 최고조에 이르고 이러한 차이는 노년기까지도 지속된다. 여성에게서 높은 이유는 여전히 정확히 알려진 바는 없다. 그러나 여성의 측면에서 스트레스에 대한 민감도의 증가, 부적응적인 대처전략의 선택, 다양한 사회적 역할과 남성의 측면에서 알코올과 같은 물질의 사용이 우울증상을 가릴 수 있기 때문이 아닌가 추측하며, 여성이 우울증상 발현 이전에 불안장애가 더 많기 때문에 이 불안 증상이 우울장애를 발현시키는 데 중요한 역할을 하게 되어서 여성이 많다는 것이 개략적인 설명이다. 이 외에도 문화마다 조금씩은 다르지만 여성이 사회문화적 스트레스가 더 많고, 해소할 방법이 제한적이라는 것도 가능성이 있다. 즉, 생물학적 · 정신사회학적 변인의 복잡한 상호 작용으로 인한 차이라는 것이 핵심적인 이유이다.[7]

최근 미국의 NCS-R 연구[11]에서는 여성의 평생유병률이 남성에 비하여 1.7배 높게 보고되었고, 한국에서도 2016년 정신질환 실태조사[15]에 의하면, 여성은 남성에 비하여 1.6배 주요우울장애의 위험이 높은 것으로 나타나 미국과 유사하였다. 2016년도 한국의 주요우울장애 1년유병률은 남성 1.8%, 여성 4.3%였다. 여러 나라를 비교한 최근의 연구[14]에 의하면, 고소득국가에서 여성이 남성에 비해 1.6배에서 2.7배까지 많았으며, 저소득국가에서는 1.9~2.6배 높았다

기분저하증의 유병률도 전 세계적으로 여성이 남성보다 더 높다. 한국에서는 2016년도 역학조사 결과[15] 1년유병률이 남성 0.2%, 여성 0.3%였다.

경도우울장애와 반복성 단기우울장애 또한 여성에게서 더 많지만 그 차이는 주요우울증보다는 크지 않은 것으로 알려져 있다.

소아의 경우 가족력이 있는 경우 3배 정도 더 많이 발생한다.[39]

연령

우울장애는 45세 이상에서 더 높은 평생유병률을 보인다. 재발성 단극성 주요우울삽화는 평균 발병연령이 30~35세 사이이며, 단일삽화의 주요우울장애는 조금 더 늦게 발병한다.

유전적 소인은 연령이 어릴수록 줄어들고, 사회적 스트레스가 젊은 사람에게 더 큰 위험인 자가 된다. 반면 나이가 들수록, 고립된 생활, 대인 접촉의 감소, 신체질환, 장애 등이 우울 증의 주요 위험인자가 된다. 조기에 발병하는 우울증(early-onset depression)은 여성의 비율이 더 높다. 나이가 들어도 재발의 가능성은 줄지 않는데, 이는 주요우울장애가 너무나 재발 을 많이 하는 질병이기 때문이다.

주요우울장애의 발병은 나이가 들수록 줄어들고, 경도우울장애의 발병은 그 반대이다.

기분저하증은 특징적으로 사춘기 후반이나 성인기 초기에 시작하고, 적절히 치료하지 않으면 대부분 주요우울장애로 발전한다. 노년기에서 처음 발병하는 경우도 흔하게 있지 만 이는 대부분 정신사회적 문제나 신체질환의 결과로 생긴다.

우리나라에서는 2016년 정신질환 실태 역학조사의 결과,[15] 남녀 모두 18~29세에서 주 요우울장애의 1년유병률이 가장 높으며, 남자의 경우 40대가 그 뒤를 이었으나, 여자의 경 우는 70대, 30대의 순서이고 40대의 경우 가장 낮았다. 발병연령은 남자의 경우 15~29세, 30~34세, 20~24세의 순이었으며, 여자의 경우 30~34세, 35~39세, 45~49세 순이었다. 기분부전 장애는 남녀모두 18~29세에서 일년유병률이 높았으나, 여성의 경우 50대의 일 년유병률도 거의 같은 정도로 높았다. 발병연령은 남자는 10대 후반이 21.4%, 여자는 30 대가 18.6%로 가장 많았다.

민족과 종족

미국의 여러 연구[9, 10]에서는 사회 계층, 교육 수준, 거주 형태 등을 보정한 후에는 종족 간 차이가 없는 것으로 일반적으로 보고되고 있다. 하지만 최근에는 아시아계 미국인과 히스 패닉계 미국인이 단극성우울장애의 유병률이 낮은 것으로 가끔 보고되고 있다.[12]

사회적 요인

결혼 상태와 거주 형태

결혼 상태와 기분장애 간의 관계는 매우 복잡하다. 같이 살다가 독신이 된 경우나, 이혼하 거나 별거하는 경우 우울증이 잘 생기기도 하지만 그 역의 관계도 가능하고 양쪽 모두인 경우도 있다.

결혼하지 않은 여성은 결혼한 여성보다 우울증이 적게 발생하고 남성의 경우는 반대이다.

최근에 남편이 사망한 경우에는 주요우울삽화의 위험성이 매우 높고, 노년에서는 특히 더 높다. 주요우울장애는 별거나 이혼의 위험성을 예측하는 강력한 지표이다. 그 이유는 우울증은 본인뿐만 아니라 배우자에게 극심한 스트레스를 줄 수도 있고, 자녀들에게 부정적인 경험을 하게 하기 때문이다. 초기의 부정적인 경험(예 : 청소년기 이전에 부모의 사망)이 성인이 되어 기분장애가 발생할 가능성을 높인다.

국가 간 비교연구[14]에서 독신, 별거, 사별 등이 모두 주요우울장애의 위험인자로 나타나기는 하지만, 고소득국가와 저소득국가 간의 차이가 있었다. 고소득국가는 별거와 독신이 우울증에 미치는 영향이 더 컸고, 저소득국가는 이혼과 사별이 주요우울삽화에 미치는 영향이 더 크다.

결혼 상태와는 달리 거주 형태는 그 자체가 주요우울삽화와 연관성이 많다. 배우자와 사는 경우보다 배우자 이외의 다른 사람과 사는 경우와 독신인 경우가 비슷하게 높은 위험도를 보였다. 저소득국가보다는 고소득국가에서 더 깊은 연관성을 보였는데, 이는 결혼하지 않고 다른 사람과 같이 사는 집단의 위험도가 고소득국가에서 더 높았기 때문이다.

국내[15]에서는 주요우울장애는 남자는 미혼 집단, 여자는 이혼/별거/사별한 집단에서 그렇지 않은 집단에 비해 1년유병률이 높았다. 기분저하증의 1년유병률은 남녀 모두 미혼 집단에서 각각 0.5%, 0.6%로 가장 높은 유병률을 보였다. 특히 기분저하증의 유일한 위험요인으로 미혼이라는 결과를 얻었다.

사회경제적 요인

우울증상과 낮은 사회 계층의 관계는 잘 알려져 있으나 주요우울장애와 낮은 사회경제적 수준과의 관계는 상관관계가 있기는 하지만 그 정도가 약한 것으로 꾸준히 보고되고 있다. 낮은 사회경제적 수준에 있는 사람이 교육을 적게 받고, 수입이 적으며, 삶의 환경 자체도 좋지 않고, 실업률이 높으며, 극단적으로는 부랑인도 여기에 속하기 때문이다.

하지만 결혼 상태와 마찬가지로 병의 결과로 인해 이렇게 낮은 사회경제적 수준에 이르기도 하므로 그 인과관계를 정확히 파악하기란 어렵다.

여러 국가 간의 비교연구[14]에서는 고소득국가에서는 수입이 적은 것과 주요우울삽화와 관련이 있으나 저소득국가에서는 이러한 관계가 없었다.

한국[15]에서는 남녀 모두 저소득층에서 높은 1년유병률을 보였고, 기분저하증에서는 남자는 월소득이 300만 원 이상의 인구군, 여자는 200만 원 미만의 인구군에서 상대적으로 1년유병률이 높았다. 직업의 경우 주요우울장애에서 학생과 무직, 기분저하증에서 남녀모두 미취업 집단의 1년유병률이 높았다.

교육 수준

교육 수준은 일관되지는 않지만 일부 연구들에서 주요우울삽화의 위험요인으로 판단되었다.

미국의 NCS-R[11]에서는 12년 이하의 교육 수준이 주요우울장애의 1년유병률과 관계가 있었다.

국가 간 비교[14]에서 일부 국가에서는 낮은 교육 수준이 주요우울삽화와 유의한 연관성이 있는 것으로 나타난 반면, 일본과 중국의 경우는 낮은 교육 수준이 주요우울삽화의 위험도가 낮은 것으로 나타났다. 고소득국가와 저소득국가 간의 교육과 주요우울삽화 간의 관련성 차이는 없었다. 한국[15]에서는 주요우울장애와 기분저하증 모두에서 교육 수준과는 관계없다는 연구결과가 많다.

거주지역

일반적으로 도시에 사는 사람이 농촌에 사는 사람보다 스트레스를 더 많이 받으므로, ECA[9]와 NCS[10]를 포함한 서양에서 연구된 대부분의 주요우울장애의 역학연구에서는 도시에 사는 사람에게서 주요우울장애가 더 흔한 것으로 보고되고 있다.

한국[15]에서는 주요우울장애와 기분저하증 모두 남자의 경우 도시지역에 거주할 때 1년유병률이 높았고, 여자의 경우 농촌에 거주할 때가 높았다.

위험인자

2016년 한국의 정신질환 실태조사[15]의 결과 위에 언급한 여러 가지 인자들을 포함하여 위험인자를 파악하였을 때, 주요우울장애의 1년유병률의 위험인자는 여자 18~29세, 이혼/별거/사별, 학생/주부, 무직, 농촌 거주, 200만 원 미만의 월소득인 경우였으며, 기분저하증의 1년유병률의 위험요인은 유일하게 미혼의 경우였다.

정신사회적 요인

사회적 스트레스

일반적으로 사회적 스트레스가 기분장애의 위험요인이라는 것을 매우 잘 알려진 사실이기는 하지만 스트레스 유형의 종류에 따라, 즉 급성인지 만성적인 스트레스인지, 좋은 일인지 나쁜 일인지 등의 종류에 따라 우울장애의 소인과 유발에 각각 다른 역할을 한다.

급성 스트레스와 우울증의 발병과의 연관성은 우울증이 재발할수록 떨어진다. 주요기분장애의 발병에는 만성적인 스트레스의 누적이 가장 강력한 예측인자이다. 하지만 유전적 소인이 매우 높다면 이런 사회적 스트레스가 없어도 발병할 수 있다.

이런 스트레스는 객관적인 것보다는 개인이 주관적으로 느끼는 정도가 더 중요하며, 부정적인 생활 사건뿐만 아니라 긍정적인 생활 사건도 취약한 환자에게는 주요우울장애를 촉발시킬 수도 있다. 부정적인 생활 사건은 단순히 소인이나 유발요인으로만 판단해서는 안 된다. 왜냐하면 이러한 부정적 생활 사건이 주요우울장애가 있는 환자의 행동의 결과일 수도 있기 때문이다.

사회적 지지체계

혼자 사는 것, 낮은 사회경제적 수준, 실업 상태 등은 사회적 지지체계를 잘 나타내는 변수이다. 이러한 변수들이 주요우울장애와 많은 관련이 있으므로 사회적 지지체계가 주요우울장애와 관련이 많다는 것은 쉽게 유추할 수 있다. 즉, 사회 연계망, 사회적 상호작용, 도구적 지지 등의 사회적 지지가 부족한 것이 위험인자이다. 특히 사회적 상호작용에는 상호작용의 양보다는 횟수가 더 중요하다.

기타 요인

계절적 요인

반복성 주요기분장애를 앓는 사람의 2/3가 불규칙한 계절성 패턴을 보이지만 봄과 가을이 우울증이 가장 많이 발생하는 계절이다. 약물치료를 통해 계절성 패턴이 바뀌기도 한다.

지리학적 경향성

아주 약하긴 하지만 우울증의 유병률이 적도가 가까우면 낮다는 경향성이 있다. 최소한 북반구에서는 겨울우울증(winter depression)이 지역사회의 약 1~6%에서 생기는데, 적도 부근보다는 극지방에서 더 많이 발생하는 것으로 보인다. 북미에서는 겨울우울증의 유병률과 위도가 아주 약한 양의 상관관계가 있다고 보고되고 있고, 유럽에서도 비슷한 경향성은 관찰된다. NCS-R[11]에서는 주요우울장애와 지리적 여건의 상관성은 발견되지 않았다.

극동지방이 서양지방보다 주요우울장애의 유병률이 낮은 것으로 보고되는데, 그 이유는 연구 방법이나 문화의 차이로 보고 있다. 하지만 최근에는 연구 방법이나 문화의 차이를 고려하여서도 실제로 유병률이 낮을 것이라고 제시하는 연구들이 조금씩 나타나고 있다.[12,19]

식이

혈청과 적혈구 내의 낮은 엽산의 농도와 오메가-3-지방산의 결핍이 어떤 역할을 할 것이라는 증거들이 적게나마 있다. 이 두 가지 물질이 세로토닌 합성과 우울증의 병태생리 및 치료와 연관되어 있으므로 어떻게든 관련이 있을 것으로 보인다.

홍콩, 한국, 대만과 같은 극동지방에서는 해산물을 많이 섭취하는데 이 지역의 주요우울장애의 유병률이 낮은 것과도 관련이 있는 것으로 보인다.

동반이환

가장 많이 동반되는 축 I 정신장애는 알코올사용장애, 공황장애, 사회불안장애이다. 남성은 물질사용장애가 더 많고, 여성은 불안장애와 섭식장애가 더 많다.

ECA[9] 연구에서 주요우울증에 상기 질환이 동반되는 비율은 각각 27%, 10%, 12%였다.

NCS-R 연구[11]에서는 평생유병률군에서는 불안장애 59.2%, 물질사용장애 24%, 충동조절장애 30%였고, 1년유병률군에서도 불안장애가 가장 많았고, 다음으로 물질사용장애, 충동조절장애순으로 나타났다.

주요우울장애가 다른 동반질환에 비해 시기적으로 먼저 일어나는 비율은 평생유병률군에서는 12.3%, 1년유병률군에서는 12.6%였다. 이런 주요우울장애가 선행을 가장 많이 하는 장애는 물질사용장애였다. 다음으로 충동조절장애, 불안장애순이었다.

한국에서는[15] 강박장애, 외상후스트레스장애, 공황장애, 광장공포증, 사회공포증, 범불안장애, 특정공포증과 같은 불안장애, 기분저하증, 조현병 및 관련장애, 니코틴사용장애, 알코올사용장애가 주요우울장애에 많이 동반되었고, 기분저하증은 강박장애, 외상후스트레스장애, 공황장애, 사회공포증, 범불안장애, 특정공포증, 주요우울장애, 양극성장애, 조현병 및 관련장애, 니코틴사용장애, 알코올사용장애가 많이 동반되었다.

동반되는 물질사용장애와 불안장애는 자살의 위험을 현저히 증가시키는 것으로 알려져 있다.

요약

기분장애는 매우 흔한 질병이며 재발, 자살, 물질사용장애와 같은 합병증과 신체적 질환의 악화 및 일상생활 기능의 장애를 일으켜 개인의 안녕감을 손상시킨다. 주요우울장애는 미국의 경우 2001~2002년에 걸쳐 시행된 가장 최근의 연구결과 평생유병률 16.9%, 1년유병률 6.6%이며, 2011년 국가 간 비교연구에서 평생유병률은 프랑스가 21.0%로 가장 높았으며, 중국이 6.5%로 가장 낮았고, 1년유병률은 브라질이 10.4%로 가장 높게 나타났으며, 일본이 2.2%로 가장 낮았다. 한국의 경우 2016년 조사결과, 평생유병률이 5.0%, 1년유병률 1.5%였다.

기분저하증의 경우 미국은 2001~2002년 조사결과 평생유병률 2.5%, 1년유병률 1.5%였으며, 유럽에서는 대체로 2.1~7.9%로 보고되고 있다. 한국의 경우 2016년 조사결과, 평생유병률이 1.3%, 1년유병률이 0.2%로 나타났다.

일관되게 우울장애와 우울증상의 위험인자로 보고되는 것은 여성 · 낮은 경제수준 · 주요우울장애의 과거력 · 뇌졸중 · 치매 등이며, 고령 · 낮은 교육수준 · 이혼 · 별거 · 사별, 미혼, 낮은 사회적 지지체계 · 만성질환 · 흡연 등도 자주 보고되는 위험인자이다.

참고문헌

1) Murray CJ, Lopez AD: Evidence-based health policy–lessons from the Global Burden of Disease Study. *Science* 1996, 274(5288):740-743.

2) Murray CJL, Lopez AD, (Eds.): *The Global Burden of Disease: A Comprehensive Assessment of Mortality and Disability from Diseases, Injuries, and Risk Factors in 1990 and Projected to 2020 Cambridge, MA.* Harvard University Press; 1996.

3) Suh GH, Kim JK, Yeon BK, Park SK, Yoo KY, Yang BK, Kim YS, Cho MJ. Prevalence and risk factors of dementia and depression in the elderly. *J Korean Neuropsychiatr Assoc* 2000; 39:809-824.

4) Robins LN, Helzer JE, Croughan JL, Ratcliff KS: National Institute of Mental Health Diagnostic Interview Schedule: its history, characteristics and validity. *Arch Gen Psychiatry* 1981, 38(4):381-389.

5) Kessler RC, Wittchen H-U, Abelson JM, McGonagle K, Schwarz N, Kendler KS, Knauper B, Zhao S: Methodological studies of the Composite International Diagnostic Interview (CIDI) in the US National Comorbidity Survey. *Int J Methods Psychiatr Res* 1998;7(1):33-55.

6)   Sheehan DV, Lecrubier Y, Sheehan KH, Amorim P, Janavs J, Weiller E, Hergueta T, Baker R, Dunbar GC.The Mini-International Neuropsychiatric Interview (M.I.N.I.): the development and validation of a structured diagnostic psychiatric interview for DSM-IV and ICD-10. *J Clin Psychiatry* 1998;59 Suppl 20:22-33;quiz 34-57.

7)   Rihmer Z, Angst J,. *Mood disorders: epidemiology.*(9th ed). In: Sadock BJ, Sadock VA, Ruiz P. Comprehensive Textbook of Psychiatry. Philadelphia: Wolters Kluwer/Lippincott Williams & Wilkins. 2009, p.1649.

8)   박준혁, 김기웅. 한국의 우울증 역학에 대한 고찰. *J Korean Med Assoc* 2011;54(4):362-369).

9)   Robins LN, Regier DA, eds. *Psychiatric Disorders in America: The Epidemiologic Catchment Area Study*. New York, NY: The Free Press; 1991.

10) Kessler RC, McGonagle KA, Zhao S, et al. Lifetime and 12-month prevalence of DSM-III-R psychiatric disorders in the United States. *Arch Gen Psychiatry* 1994;51:8-19.

11) Kessler RC, Berglund P, Demler O, Jin R, Koretz D, Merikangas KR, Rush AJ, Walters EE, Wang PS. The epidemiology of major depressive disorder: results from the National Comorbidity Survey Replication (NCS-R). *JAMA* 2003 Jun 18;289(23):3095-105.

12) Weissman MM, Bland RC, Canino GJ, Faravelli C, Greenwald S, Hwu HG, Joyce PR, Karam EG, Lee CK, Lellouch J, Lepine JP, Newman SC, Rubio-Stipec M, Wells JE, Wickramaratne PJ, Wittchen H, Yeh EK: Cross-national epidemiology of major depression and bipolar disorder. *JAMA* 1996, 276(4):293-299.

13) Andrade L, Caraveo-Anduaga JJ, Berglund P, Bijl RV, Dragomericka E, Kohn R, Keller MB, Kessler RC, Kawakami N, Kilic C, Offord D, Ustun TB, Vicente B, Wittchen H: The epidemiology of major depressive episodes: results from the International Consortium of Psychiatric Epidemiology (ICPE) Surveys. *Int J Methods Psychiatr Res* 2003;12(1):3-21.

14) Bromet E, Andrade LH, Hwang I, Sampson NA, Alonso J, de Girolamo G, de Graaf R, Demyttenaere K, Hu C, Iwata N, Karam AN, Kaur J, Kostyuchenko S, Lépine JP, Levinson D, Matschinger H, Mora ME, Browne MO, Posada-Villa J, Viana MC, Williams DR, Kessler RC. Cross-national epidemiology of DSM-IV major depressive episode. *BMC Med* 2011;Jul 26;9:90.

15) 김기웅. 정신질환실태 역학조사 보고서. 2016.

16) Lee CK, Kwak YS, Rhee H, Kim YS, Han JH, Choi JO, Lee YH. The epidemiological study of mental disorders in Korea: life-time prevalence of urban and rural area. *J Korean Med Assoc* 1985;28:1223-1244.

17) Cho MJ, Hahm BJ, Kim JK, Park KK, Chung EK, Suh TW, Kim SU, Cho SJ, Lee JY, Hong JP, Choi YS, Park JI, Lee DW, Lee GC, Bae JN, Shin JH, Chung IW, Park JH, Bae A, Lee CK. Korean Epidemiologic Catchment Area (KECA) Study for psychiatric disorders: prevalence

of specific psychiatric disorders. *J Korean Neuropsychiatr Assoc* 2004;43:470-480.

18) Cho MJ, Chang SM, Hahm BJ, Chung IW, Bae A, Lee YM, Ahn JH, Won SH, Son J, Hong JP, Bae JN, Lee DW, Cho SJ, Park JI, Lee JY, Kim JY, Jeon HJ, Lee HW. Prevalence and correlates of major mental disorders among Korean adults: a 2006 National Epidemiologic Survey. *J Korean Neuropsychiatr Assoc* 2009;48:143-152.

19) 조맹제. 정신질환실태 역학조사 보고서. 2011.

20) Cho MJ, Nam JJ, Suh GH. Prevalence of symptoms of depression in a nationwide sample of Korean adults. *Psychiatry Res* 1998;81:341-352.

21) Chang SM, Hahm BJ, Lee JY, Shin MS, Jeon HJ, Hong JP, Lee HB, Lee DW, Cho MJ. Cross-national difference in the prevalence of depression caused by the diagnostic threshold. *J Affect Disord* 2008;106:159-167.

22) Park JH, Lee JJ, Lee SB, Huh Y, Choi EA, Youn JC, Jhoo JH, Kim JS, Woo JI, Kim KW. Prevalence of major depressive disorder and minor depressive disorder in an elderly Korean population: results from the Korean Longitudinal Study on Health and Aging (KLoSHA). *J Affect Disord* 2010;125:234-240.

23) Ohayon MM, Hong SC. Prevalence of major depressive disorder in the general population of South Korea. *J Psychiatr Res* 2006;40:30-36.

24) Alexopoulos GS, Kelly RE Jr. *Geriatric Mood disorders: epidemiology.*(9th ed). In: Sadock BJ, Sadock VA, Ruiz P. Comprehensive Textbook of Psychiatry. Philadelphia: Wolters Kluwer/ Lippincott Williams & Wilkins. 2009, p. 4047.

25) Lyness JM, Kim J, Tang W, Tu X, Conwell Y, King DA, Caine ED. The clinical significance of subsyndromal depression in older primary care patients. *Am J Geriatr Psychiatry* 2007; 15:214-223.

26) Radloff LS. The CES-D scale: A self-report depression scale for research in the general populaltion. *Appl Psychol Meas.* 1977;1:385-401.

27) Weissman, MM, Myers JD, Ross CE. *Community survey of psychiatric disorders.* New Brunswick, NJ : Ruters University Press;1986.

28) 정인과, 곽동일, 신동균, 이민수, 이현수, 김진영. 노인우울척도(Geriatric Depression Scale)의 신뢰도 타당도 연구. 신경정신의학 1997;36(1):103-112.

29) Bae JN, Cho MJ. Development of the Korean version of the Geriatric Depression Scale and its short form among elderly psychiatric patients. *J Psychosom Res* 2004;57:297-305.

30) Cho MJ, Kim KH. Diagnostic validity of the CES-D (Korean version) in the assessment of DSM-III-R major depression. *J Korean Neuropsychiatr Assoc* 1993;32:381-399.

31) Koenig HG, Blazer DG. Epidemiology of geriatric affective disorders. *Clin Geriatr Med* 1992;8:235-251.

32) Kwak YS, Lee CI, Hong SC, Song YJ, Kim IC, Moon SH, Moon JH, Seok EM, Jang YH, Park MJ, Hong JY, Kim YB, Lee SH, Kim HJ, Kim MD. Depressive symptoms in elementary school children in Jeju Island, Korea: prevalence and correlates. *Eur Child Adolesc Psychiatry* 2008;17:343-351.

33) Cho SJ, Jeon HJ, Kim MJ, Kim JK, Kim US, Lyoo IK, Cho MJ. Prevalence and correlates of depressive symptoms among the adolescents in an urban area in Korea. *J Korean Neuropsychiatr Assoc* 2001;40:627-639.

34) Park JH, Lim S, Lim JY, Kim KI, Han MK, Yoon IY, Kim JM, Chang YS, Chang CB, Chin HJ, Choi EA, Lee SB, Park YJ, Paik NJ, Kim TK, Jang HC, Kim KW. An overview of the Korean longitudinal study on health and aging. *Psychiatry Investig* 2007;4:84-95.

35) Cho MJ, Hahm BJ, Jhoo JH, Bae JN, Kwon JS. Prevalence of cognitive impairment and depressive symptoms among the elderly in an urban community. *J Korean Neuropsychiatr Assoc* 1998;37:352-362.

36) Cho MJ, Hahm BJ, Rhi BY, Kim SY, Shin YM, Lee CI. Prevalence of cognitive impairment and depressive symptomatology of the elderly in a long-term institution. *J Korean Neuropsychiatr Assoc* 1998;37:913-920.

37) Kim E, Jo SA, Hwang JY, Shin C, Kim DK, Woo EK, Kim SS, Shin KR, Jo I. A survey of depressive symptoms among South Korean adults after the Korean financial crisis of late 1997: prevalence and correlates. *Ann Epidemiol* 2005;15:145-152.

38) Kim MD, Hong SC, Lee CI, Kwak YS, Shin TK, Jang YH, Oh EH, Lee JW, Jeon BH, Hwang SE. Prevalence of depression and correlates of depressive symptoms for residents in the urban part of Jeju Island, Korea. *Int J Soc Psychiatry* 2007; 53:123-134.

39) Wagner KD, Brent D. *Depressive disorders and suicide: epidemiology.*(9th ed). In: Sadock BJ, Sadock VA, Ruiz P. Comprehensive Textbook of Psychiatry. Philadelphia: Wolters Kluwer/ Lippincott Williams & Wilkins; 2009, p.3653.

40) Hahm BJ, Kim JK, Cho MJ. Prevalence, incidence, and risk factors of dementia and depressive disorders of the elderly residing in the community: a two stage one-year follow-up study. *J Korean Geriatr Psychiatry* 1999;3:140-148.

41) 조맹제, 박임순, 신영민, 김무진, 정희연, 정은기, 최용성, 조성진, 서국희, 함봉진. 노인정신 장애 평가척도(Psychogeriatric Assessment Scale)의 한국판 표준화 연구(A Validation Study for the Korean Version of Psychogeriatric Assessment Scale). 신경정신의학 2000;29(1):128-141.

42) Djernes JK. Prevalence and predictors of depression in populations of elderly: a review. *Acta Psychiatr Scand* 2006;113:372-387.

02

DEPRESSION

우울증의
원인

유전학
Genetic perspectives

이정구*, 김용구**

인제대학교 해운대백병원 정신건강의학과*, 고려대학교 의과대학 안산병원 정신건강의학과**

우 울증은 사망률과 유병률이 높은 흔한 정신질환이다. 세계보건기구의 발표에 의하면 일반 인구 중 약 10~15%가 일생에 한 번 이상의 우울증을 경험하며, 남성은 5%, 여성은 9%의 유병률을 가진다.[1] 가족연구, 쌍생아연구 그리고 입양연구들의 결과에 의하면 우울증의 발생에 유전학적 요인들이 중요한 역할을 차지한다고 알려져 있다. 쌍생아연구 결과에 의하면 우울증의 유전율은 40~50%에 이르며, 가족연구 결과에 의하면 직계가족들끼리 우울증의 평생유병률은 2~3배 정도 높다고 한다.

이러한 우울증의 높은 가족 내 군집성과 쌍생아연구에 의한 높은 유전율로 미루어볼 때 분자유전학적 기법을 통해서 우울증의 발생에 중요한 영향을 미칠 수 있는 유전자를 찾을 수 있다고 생각해볼 수 있다. 하지만 특정 유전자의 위치를 찾아내고 밝히는 것은 시간이 많이 소요되고 노력이 많이 소모되는 어려움이 있다. 그리고 우울증의 유전연구를 함에 있어서도 천식, 고혈압, 당뇨 등과 같은 복잡성을 가진 질환의 유전연구와 유사한 어려움들이 존재한다. 기분장애 유전자를 찾아내고 밝히려고 할 때 생기는 어려운 점들은 다음과 같다. 첫째, 우울증을 발생시키는 하나의 유전자는 존재하지 않으며, 둘째, 찾아낸 우울증의 취약 유전자들은 전체 유전학적 위험성에서 일부분만의 요인이 된다는 것이다. 그리고 여러 종류의 취약 유전자들이 상호 간에 영향을 주는 유전적인 복잡성에 의해서 우울증이 발생하고 유발 개인마다 서로 다른 우울증의 임상양상을 나타낸다는 것이다.[2] 그러므로 우울증의 유전학적 발생에는 환경적 요인, 유전자 다형성, 그리고 후성유전학적 요인이 상호작용을 하고 있다고 생각된다(그림 1 참조).

그림 1	우울증의 유전학적 발생요인의 상호작용

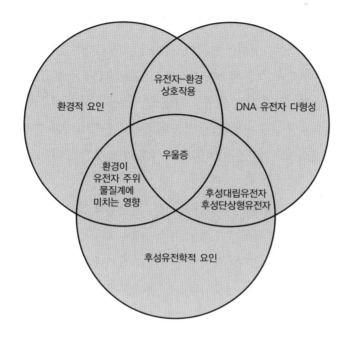

출처 : Lohoff[2)]에서 인용함.

쌍생아연구와 가족연구

기분장애의 발생에 유전적 요인이 있다는 것은 가족연구, 쌍생아연구, 그리고 입양연구를 통해서 알려져 왔다. 기분장애의 유전적 연구는 약 70여 년 전에 처음 이루어졌는데, 일란성 쌍생아와 이란성 쌍생아에서 기분장애 발생의 일치율에 대한 연구였다. 이러한 기분장애의 유전학에 대한 초창기 연구에서는 양극성우울증과 단극성우울증의 구분을 하지 않았다. 최근에 단극성우울증의 쌍생아 연구들에 의한 검토 결과에 의하면 쌍생아에서 유전율은 약 37%였으며 각각의 쌍생아가 처한 환경요인이 유전율에도 영향을 주는 것으로 나타났다.[3)] 가족연구에 의하면 우울증 환자의 직계가족들을 우울증이 없는 대상군의 직계가족들과 비교하였을 때 우울증 환자들의 직계가족들에게서 우울증의 유병률이 높았다. 우울증 환자들의 직계가족들에게서 우울증의 유병률이 2~3배 정도 높게 나타났다. 우울증의 양상 중에서 30세 이전과 같이 비교적 일찍 발생하는 경우와 재발을 자주 하는 경우에 좀 더 유전율이 높은 것으로 알려졌다. 가족연구에 의하면 우울증은 공존하는 정신질환에 의해서도 구분이 될 수 있는데 정신병적 증상, 공황장애, 불안장애, 알코올의존이 이에 해당한다.[4)]

연관분석 연구

우울증의 유전학적 요인에 대한 역학적인 증거들이 제시됨에 따라서 유전적 위험요인임을 직접적으로 밝히려는 시도들이 이루어져 왔다. 우울증의 유전학적 발생에 대한 최초의 포괄적인 연구는 연관분석 연구를 통해 이루어졌다. **연관분석 연구**는 상염색체 우성 유전을 하는 간질이나 낭포성 섬유증과 같은 희귀한 멘델리안 유전을 하는 질환에서 유전적 위험요인을 밝혀내는 데 유용한 연구 방법이다. 연관분석 연구를 통해 같은 염색체에 있는 2개의 유전자 좌(genetic locus)의 위치가 가까울수록 가족 간에 유전될 가능성이 높다는 것을 알 수 있다.

　이럴 때 2개의 염색체 좌는 연관이 되었다고 한다. 연관분석 연구의 주요 개념은 염색체의 일부분에 특정 질환의 취약 유전자가 있고 가족들에게 확률적으로 유전이 될 가능성이 더욱 높다는 것이다. 일부 연관연구에 의하면 인간의 유전체에서 몇몇 지역의 일부에 대립유전자가 있다고 한다. 하지만 이런 연구결과들은 대부분 후속 연구에서 그 결과가 일치하지 않으며 아직까지 우울증의 위험유전자나 유발유전자는 밝혀지지 않고 있다. 연관연구의 이런 결과들은 다소 실망스럽지만 해당 연구의 결과들은 우울증은 다양한 유전방식으로 이어지며, 작은 영향을 미치는 많은 유전자들이 관여하는 복잡한 질환이라는 것을 의미한다. 그리고 유전요인들을 밝히는 것이 유전자-환경 요인에 의해서 더욱 복잡해질 수 있음을 의미한다. 최근에 이루어진 우울증에 관한 연관연구 중 오직 몇몇의 연구만이 충분한 수의 대상자들로 이루어졌다. Holmans 등이 시행한 다기관 연구결과에 의하면 초발 연령은 18.5세였으며 평균 우울삽화의 이환 횟수는 7.3회였다. 즉, 우울증이 높은 재발 횟수를 갖는 것이 확인되었다.[5]

　연관분석 결과 염색체 15q25.3-26.2가 우울증과 통계적으로 의미 있는 것으로 밝혀졌다. 이 연관관계는 성별과 관련은 없었다. 우울증 환자 가족들의 분석을 통해서는 염색체 15q, 염색체 17p, 염색체 8p가 우울증과 연관이 있는 것으로 나타났다. Abkevich 등의 연구에 의하면 염색체 12q23이 우울증과 연관이 있는 것으로 밝혀졌다. 그런데 염색체 12q23은 양극성장애와도 연관성이 있는 것으로 알려져 있다.[6] 이러한 결과와 다른 쌍생아연구결과에 의하면 양극성장애와 우울증이 연관성이 있음을 생각할 수 있고, 염색체 12q23이 양극성장애나 우울증의 발생위험을 높이는 것은 이 두 질환이 유전학적으로 겹침을 뒷받침하는 증거가 될 수 있다. 그 외에 다른 연구결과들에 의하면 염색체 18q가 우울증과 불안과 연관이 있는 것으로 밝혀졌다. 재발성 우울증 환자들을 대상으로 실시한 연구들의 결과를 살펴보면 염색체 1p36, 염색체 12q23.3-q24.11, 염색체 13q31.1-q31.3이 우울증과 연관이 있는 것으로 나타났다. 이 중에서 염색체 12q는 양극성장애와도 연관이 있으며 염색체 13q는 공황장애와 연관성이 있는 것으로 밝혀졌다. 또한 염색체 17에는 세로토닌 운반체 SLC6A4를 만들어내는 유전자가 있는데, SLC6A4 촉진유전자(promoter)의 다형성이 우울증의 발현에 연관이 있는 것으로 알려져 있다.[7] 즉, SLC6A4 촉진유전자의 변형이나 다형성에 의해서 우울증 증상이 다르게 나타날 수 있는 것이다. 염색체 8도 우울증과 연관이 있다고 알려져 있는데, 염색체 8의 경우에는 성격 요인 중 하나인 위험회피, 신경증적 경향성과도 연관성이 있다고 알려져 있다.[8] 이와 같은 우울증에 대한 연관성 연구는 보편적인 위험 유전자들을 찾을 수는 없지만, 유전적으로 취약한 요인들이 위치하고 있는 유전체 지역을 찾게 한다는 의미가 있다.

후보유전자 연구

우울증의 후보유전자에 대한 연구는 양극성장애나 조현병에서 후보유전자를 찾는 연구보다는 관심을 많이 받지는 못하였다. 우울증의 후보유전자 연구가 관심을 받지 못한 이유는 효과 크기는 작은데 임상 표현형은 아주 다양하다는 제한점 때문이었다. 하지만 최근 들어서는 표본 숫자도 커지고 있고 연구 방법도 빠르게 발전하고 있다. 다른 정신질환과 마찬가지로 우울증을 유발하는 보편적인 단일 유전자는 아직 발견이 되고 있지 않다. 그러기에 우울증 발생에 큰 효과를 미치지 않는 다양한 유전자들이 우울증을 유발한다고 생각되고 있다. 선행 연구들에 의해서 몇몇의 유전자들이 우울증의 후보유전자로 가능성이 점쳐져 왔다. 대부분의 후보유전자들은 사례-대조군 상관연구에 의해서 밝혀졌다.

유전적 상관관계 연구의 일반적인 원칙은 사례군과 대조군의 상관관계 분석을 통해서 유전적 변형을 찾아내는 것이다. 통계적으로 대립유전자나 유전자형의 빈도를 비교하여서 다른 그룹에서보다 어느 한 그룹에서 유전적 다형성 발생의 빈도가 높음을 확률적으로 밝히는 것이다. 후보유전자 연구는 특정 유전자 변형이 어떤 표현형의 발현 빈도를 증가시키거나 낮출 수 있다는 가정을 근거로 하고 있는 개념이다. 이 연구에서 사용되는 유전자 변형은 일반적으로 신경생물학적 타당성이나 후보유전자의 유전체 위치 등의 기본의 가설들을 근거로 선정이 된다. 최근에는 이러한 가설을 사용하지 않는 **유전체-전장 연관분석**(genome-wide association study : GWAS)이 많이 이용되는데, 이는 전 유전체를 대상으로 연관 불균형 패턴을 조사하여 유전적 표식들을 밝히는 연구 방법이다. 그러나 유전체-전장 연관분석에는 많은 기술적 자원 및 임상적 자원의 소모가 필요하기 때문에 보편적으로 이용하기에는 어려운 점이 있다. 후보유전자 상관연구는 여러 가지 제한점이 있다. 임상적으로나 진단적인 다양성이 제한점이 될 수 있으며 만일 표본의 숫자가 작으면 통계적 검증력이 낮아질 수 있다. 후보유전자를 선택할 때 생물학적 근거가 부족한 경우도 많으며, 단일유전자변이(single nucleotide polymorphism : SNP)의 영향을 잘 알지 못한다는 점도 있다. 하지만 무엇보다도 대상군을 단층화시켜서 조사를 하기 때문에 위음성이나 위양성의 연관성이 나타날 수 있다. 이러한 제한점에도 불구하고 몇몇의 후보유전자들은 우울증의 발생에 연관이 있을 것이라고 여겨지고 있다.[2]

세로토닌 운반체와 세로토닌 수용체

세로토닌 운반체(serotonin transporter) 유전자는 세로토닌 시스템에 관여하는 우울증의 후보유전자이며 많은 항우울제가 세로토닌 시스템에서 작용을 한다. 몇몇의 연구에 의하면 세로토닌 운반체 유전자인 SLC6A4가 우울증과 연관이 있음을 밝혀냈다. 세로토닌 운반체 유전자의 촉진제 영역에 있는 5-HTTLPR의 다형성이 세로토닌 운반체의 발현에 영향을 주는 것으로 알려졌으며, 이러한 다형성이 우울증의 후보유전자를 찾는 연구에서 중요한 주제가 되었다. 이러한 다형성에 대한 연구는 정신의학의 유전연구에서 지금까지 많이 이루어져 왔다. 후보유전자 연구와 마찬가지로 유전적 다형성은 정신질환에서는 관련성이 있다는 연구결과도 있고 관련성이 없다는 연구결과도 있다. 그러므로 이러한 유전적 다형성이 우울증의 발생에 어떤 영향을 미치는지에 대한 추가적인 연구들이 필요하다.[9] 세로토닌 운반체 유전자는 항우울제 작용의 표적이 되는 단백질을 발현하기 때문에 유전적 다양성과 약물치료 반응성의 연관성에 대한 지속적인 관심을 받고 있으며, 이와 관련된 약물 유전체 연구가 급속하게 발전하고 있다. 하지만 지금까지의 연구결과들을 살펴보면 어떤 연구들은 유전적 다형성이 치료에 큰 영향을 미친다고 하였고 다른 연구들은 그렇지 않다고 하였다. 최근의 메타분석 연구결과에 의하면 5-HTTLPR 유전자가 L 대립유전자를 가지고 있는 경우가 **선택적 세로토닌 재흡수억제제**의 치료효과가 좀 더 좋다는 것이 알려졌다. 또한 L 대립유전자와 초기 항우울제 치료반응이 나타나는 것은 많은 연관이 있었으며, 5-HTTLPR 유전자가 우울증 치료 경과 과정에서의 반응과 관해와도 연관성이 있다고 알려졌다.

STAR*D(Sequenced Treatment Alternatives for Depression) 연구에 의하면 세로토닌 수용

체 2A 유전자와 치료반응과의 연관성이 있는 것으로 알려졌다.[10] 하지만 5-HTTLPR 유전자 연구결과와 마찬가지로 세로토닌 수용체의 다양성이 치료적 반응에 큰 영향을 미친다는 연구결과가 있었고 그렇지 않다는 연구결과도 있었다.[11] 세로토닌 수용체 2A 유전자와 우울증의 사례-대조군 연관연구에서도 일치하지 않은 결과들이 관찰되었다.[12] 이 외에도 단일 유전자 염기 변형과 특정 항우울제와의 치료적 반응에 대한 연관성을 밝힌 연구결과들도 있었다. 하지만 단일 DNA 표식자(DNA probe) 분석은 전체 변형의 아주 일부만 밝혀주기 때문에 앞으로 다양한 유전자 변형이 임상적으로 어떤 영향을 미치는지에 대해서는 추가적인 연구가 필요하다.

뇌유래 신경영양인자

우울증 환자에서 해마와 전뇌의 용적이 감소되어 있다는 연구결과들이 있다.[13] 이는 우울증 환자에게서 신경성장인자(nerve growth factor)의 발현이 감소되어 있다는 가설을 지지하는 결과이다. 이러한 연구들은 대부분 **뇌유래 신경영양인자**(brain-derived neurotrophic factor : BDNF)의 역할을 규명하는 데 중점을 두고 있으며 BDNF는 성인의 변연계에서 발현이 많이 이루어지는 단백질로 알려져 있다. 기분장애에서 BDNF의 Val66Met 유전자의 이형성과 양극성장애의 연관성은 비교적 밝혀져 있으나 최근에는 우울증과 BDNF의 Val66Met 단일염기다형성의 연관성에 대한 연구결과들이 발표되었다.[14] 우울증의 'BDNF 가설'은 몇몇의 스트레스들이 해마에서 BDNF 유발 신경전달을 감소시키는 반면에 항우울제가 감소된 BDNF 유발 신경전달을 다시 증가시킨다는 데에 근거를 두고 있다.[13] 이와 같은 BDNF의 변화는 우울증을 겪었던 환자의 사후 해마 조직검사를 통해서 관찰되었으며, 우울증 환자들의 혈장 BDNF 농도 변화에서도 관찰되었다. 설치류를 이용한 동물실험을 통해서 항우울제가 BDNF에 미치는 영향에 대한 더욱 일반적인 증거들이 관찰되었다. 쥐의 해마에 BDNF를 직접적으로 주입하거나 쥐의 전뇌에서 BDNF 발현이 이루어지지 않도록 형질 변형을 하여 BDNF의 영향을 확인할 수 있었다.[14] 그러나 최근의 연구결과들에 따르면 'BDNF 가설'의 수정이 불가피하다고 보인다. 첫째, 상당수의 전임상 연구들이 스트레스와 항우울제에 의한 BDNF의 변화를 검증하지 못하였고, 오히려 기존의 'BDNF 가설'과는 반대의 결과가 나타나기도 하였다.[15] 둘째, 수컷 생쥐를 이용한 동물실험에서 전뇌의 BDNF나 BDNF 수용체를 제거하였으나 우울증에서 나타나는 행동들과 유사한 점이 관찰되지 않았다.[16] 셋째, 복측피개영역(ventral tegmental area : VTA)과 측좌핵

(nucleus accumbens : NAc) 영역의 BDNF 증가는 오히려 우울증을 유발한다는 연구결과가 있었다. 만성 스트레스는 측좌핵에서 BDNF 발현을 증가시키고 복측피개영역-측좌핵 회로(VTA-NAc pathway)에 직접 BDNF를 주입한 경우는 우울증과 연관된 행동을 증가시킨 반면에 이 회로에서 BDNF 유전자를 선택적으로 발현을 억제시켰을 때는 항우울제와 유사한 효과가 관찰되었다.[17] BDNF를 코딩하고 있는 유전자의 단일염기다형성은 BDNF의 세포 내 이동과 분비에 심각한 지장을 주고 해마 용적의 감소를 일으키지만 우울증의 유전적 취약성에는 영향을 미치지 않는다고 한다.[18] 이 모든 연구결과를 종합하면 'BDNF 가설'에 대한 새로운 논의와 연구들이 필요하다고 할 수 있다. 즉, BDNF 신호전달이 스트레스나 항우울제에 반응하여 신경가소성 반응을 일으키지만, 이러한 반응들은 뇌의 특정 부위 및 항우울제에만 국한되어 있다.

몇몇의 항우울제가 뇌세포에 미치는 큰 영향 중 하나는 성인의 해마에서 신경세포생성을 유발하는 것이다. 이는 과립하 영역(subgranular zone)에서 세포분열을 통해 새로운 신경세포가 생성되고, 이것이 분화(differentiation)가 되어 치상회(dentate gyrus)로 이동하게 되는 과정이다.[19] 설치류 모델에서는 해마의 신경세포생성을 차단시키면 대부분의 항우울제는 치료효과가 억제되는 것으로 나타났다. 또한 항우울제 치료는 CREB(cAMP regulatory elementary binding protein)와 다른 전사조절인자(transcriptional regulatory factor)를 조절하여 해마에서 여러 종류의 성장인자 발현을 증가시키고 신경세포생성에 영향을 준다. 이러한 조절인자에는 BDNF, 혈관내피성장인자(vascular endothelial growth factor) 및 혈관성장인자들이 포함되는데, 이들은 설치류에서 항우울 효과를 나타내며 신경세포생성을 촉진시킨다.[16] 새로 생성된 신경세포가 어떻게 기분을 정상화하는가에 대해서는 거의 알려져 있지 않다. 활동의존성 신경세포생성이 증가함으로써 해마의 활동이 증가하고 해마 신경회로가 새로운 경험을 배우고 적응할 수 있도록 해준다.[20] 실제로 이러한 작용들은 부적응적 학습과 이로 인하여 우울증을 촉발하는 스트레스에 노출되었을 때, 정상적으로 신경세포생성을 유지할 가능성을 높여준다. 여러 종류의 스트레스들이 해마의 과립하 영역에서 신경세포생성을 억제하지만, 이것이 우울증을 유발하지는 않는다.[21]

설치류를 이용한 동물실험에서는 해마의 신경세포생성이 일어나지 않도록 처치하였으나 불안이나 우울증에 관련된 행동들이 관찰되지 않았다. 이러한 연구결과들을 종합하였을 때 유전적인 발생 원인을 규명하여 우울증의 발생에 대한 '하나의 이론'을 만들고자 하는 것이 어렵다는 것을 알 수 있다.[16] 스트레스를 받은 이후에 나타나는 우울증 증상들을 촉진하는 기전은 서로 다른 신경회로 사이에서 현저히 다를 수 있으며 외부 스트레스가 없는 우울증에서 나타나는 변화들과도 구분이 가능하다. 또한 항우울제의 효과와 관련된 신경가소성은 스트레스로 유발된 신경가소성 역변화에 의해 발생하는 것이 아니라 독립적으로 발생할 수도 있다.

그 밖의 유전자

트립토판 히드록실라제(tryptophan hydroxylase)는 뇌에서 세로토닌 합성에 중요한 역할을 한다. 그중에서 뇌에서만 발견되는 아형인 TPH2(tryptophan hydroxylase 2)가 세로토닌 시스템 및 우울증과 어떠한 연관성이 있는가에 대한 연구들이 이루어져 왔다.[22] TPH2 유전자는 12q 염색체에 위치하고 있으며, 이전까지는 양극성장애와 연관성이 있는 것으로 알려졌다. 하지만 TPH2 다형성과 우울증의 연관성에 대한 연구결과 사이에서 일치되지 않는 결과들이 나오고 있다. 그 밖에도 ApoE(apolipoprotein E), GNB3(guanine nucleotide-binding protein β-3), MTHFR(methylene tetrahydrofolate reductase) 유전자와 우울증의 연관성에 대한 연구들이 있었으나 강한 유전적 상관성을 찾지는 못하였다.

유전체-전장 연관분석

유전체학 연구 분야가 급속하게 기술적으로 발전되면서 이제는 한 개체에서 50만 개에서 100만 개의 단일염기다형성을 분석할 수 있게 되었다. 이러한 유전체-전장 연관분석은 연관분석을 하기 전에 후보유전자나 대상유전자를 미리 선택할 필요가 없으며, GWAS의 결과만으로 기분장애와 연관된 유전자를 알아낼 수 있다는 것이다. 하지만 GWAS는 엄청난 양의 데이터를 분석해야 하고, 비용이 많이 들며, 여러 번 분석해야 하는 제한점이 있다. 최근에 시행하고 있는 GWAS의 유의수준은 $P < 10^{-7}$에서 $P < 10^{-8}$ 정도이다. 이러한 제한점들에도 불구하고 GWAS는 크론병, 당뇨, 류머티스형 관절염과 관련된 연구들에서 이용되었고, 최근에는 몇몇의 정신질환 연구에서도 이용되었다.[23] 우울증 연구에서도 GWAS가 이용된 경우가 존재하는데, Sullivan 등이 435,291개의 SNP에 대한 GWAS를 시행하였으나 의미 있는 결과는 없었다.[24] 독일에서 재발한 우울증 환자들을 대상으로 494,678개의 SNP에 대한 GWAS를 시행하였으나 마찬가지로 의미 있는 결과는 없었다.[25] 최근에는 조기에 발병한 우울증 환자들을 대상으로도 671,424개의 SNP에 대한 GWAS를 시행하였으나 의미 있는 결과는 나오지 않았다.[26] 지금까지 우울증에 대한 GWAS 연구결과들이 의

미 있는 결과를 찾아내지는 못했지만 향후의 연구에서는 우울증의 후보유전자를 찾아낼 수 있을 것으로 기대되며, 특히 차세대 염기서열분석을 통해 좀 더 의미 있는 연구 성과들이 나올 수 있을 것으로 기대해볼 수 있다.

후생유전

단백질 발현과 기능의 변화를 유발할 수 있는 여러 가지 기전 중에서 최근에는 후생유전이 우울증과 항우울 작용의 병태생리에 미치는 영향에 대한 연구들이 이루어졌다.[27] 후생유전은 DNA 염기서열의 변화가 일어나지 않고도 환경적 영향이 유전자의 조절에 변화를 일으킬 수 있음을 의미한다. 후생 변화에는 DNA의 공유결합을 변화시키는 DNA 메틸화(DNA methylation), 히스톤 단백질의 아세틸화(histone protein acetylation) 또는 메틸화 후 번역 수정(post-transcriptional modification), 비전사적 유전자 발현 억제(gene silencing)가 있다.[27] 이러한 후생 변화는 지금까지 우울증에서 잘 설명되지 않던 현상들에 대한 해답을 제시해줄 수 있다. 일란성 쌍둥이 사이에서 우울증 발병률이 완전히 일치하지 않는 것, 근친 교배한 설치류의 우울증 동물 모델에서도 서로 다른 증상이 나타나는 것, 만성적으로 재발하는 경과를 나타내는 점, 여성에게서 우울증의 유병률이 높게 나타나는 것들이 후생 변화로 설명이 가능하다.[28] 또한 우울증의 유전학적 상관연구결과들이 서로 일치하지 않는 이유도 후생 변화로 설명이 가능하다. 오히려 DNA 염기서열의 다형태가 우울증의 병태생리에 미치는 영향은 그리 크지 않을 수도 있다. 후생 변화들이 많은 정신질환과 연관이 있다고는 하지만, 우울증 연구에서는 두 가지의 크로마틴 단백질 변형 과정에 초점을 맞춘다.[16] 그 두 가지는 DNA 메틸화 과정과 히스톤 아세틸화이다. DNA 메틸화 과정은 어머니의 행동이 자녀의 정서발달 과정에 영향을 미치는 데 중요한 작용을 한다. 어미 쥐에게서 젖을 잘 먹지 못하고 돌봄을 잘 받지 못한 새끼 쥐들은 충분한 모성행동을 받으면서 자란 새끼 쥐에 비해 성체가 되면, 불안 행동이 증가하고 해마에서 **글루코코르티코이드 수용체**(glucocorticoid receptor : GR)의 발현이 감소하는 것이 관찰되었다. 이러한 GR의 발현 감소는 GR 유전자 촉진제에 메틸화가 증가되어 유전자 발현이 감소되면서 나타난 결과이다. 그리고 이러한 메틸화의 증가는 히스톤 단백질 탈아세틸라제 억제제를 투여하면 감소됨을 확인하였다. 단백질 전사를 활성화시키고 크로마틴을 느슨하게 풀어주는 과정인 히스톤 아세틸화가 항우울제의 중요한 작용 기전일 것으로 생각된다.

해마에서 BDNF 유전자 촉진 부위에 히스톤 아세틸화를 증가시키는 것이 사회적 좌절

그림 2 후성유전학적 작용기전

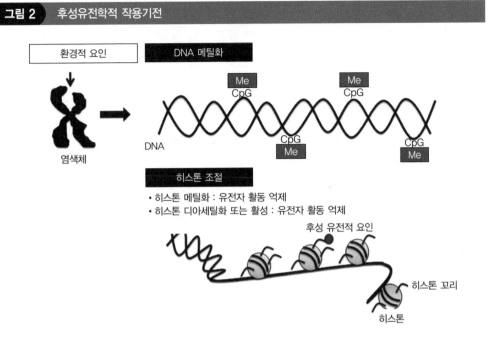

출처 : Lee, Seo, Park, Baek, Kim[30]에서 인용함.

에 의해서 발생하는 우울증의 증상을 유발한다고 한다. 사회적 좌절과 다른 행동 분석의 결과에 의하면 히스톤 아세틸화 억제제들이 항우울제와 유사한 효과를 보이는 것으로 나타났다.[29] 최근에는 크로마틴 조절 단백질의 다양성에 대한 정보와 유전 정보를 밝혀내려고 하고 있다. 이러한 연구결과들에 대해서 임상적으로 적용할 때 임상의가 주의를 해야할 점은 이 모든 연구결과가 생체 내 실험으로 이루어진 것이며 인체를 대상으로 시행한 연구가 아니라는 것이다. 하지만 이러한 연구결과들을 통해서 인체에서 지역 특성적인 크로마틴이 우울증 및 항우울제의 치료반응과 연관이 있다고 생각할 수 있게 되었다(그림 2 참조).

요약

정신의학 영역에서의 유전학은 아직까지는 기대만큼의 결과가 나오지 않았다. 대부분의 정신질환은 표현형이 매우 복잡하고 환자 코호트의 수가 적고, 일치된 결과들이 거의 재현되지 않는 특징이 있다. 이러한 특징은 우울증에서도 마찬가지이다. 이러한 어려움들이 있지만 정신유전학은 급속히 발전하고 있으며, 새로운 기법들도 정신유전학 연구에 도입되고 있다. 정신유전학을 통해서 복잡한 정신질환의 발병요인에 대한 새로운 사실들을 알게 되고, 이를 바탕으로 정신질환에 대한 이해를 높일 수 있게 될 것이다.

참고문헌

1) Tsuang MT, Taylor L, Faraone SV. An overview of the genetics of psychotic mood disorders. *J Psychiatr Res* 2004;38:3 – 15.

2) Lohoff FW. Overview of the genetics of major depressive disorder. *Curr Psychiatry Rep* 2010; 12:539-546.

3) Sullivan PF, Neale MC, Kendler KS. Genetic epidemiology of major depression: review and meta-analysis. *Am J Psychiatry* 2000;157:1552 – 1562.

4) Weissman MM, Wickramaratne P, Adams PB, Lish JD, Horwath E, Charney D, et al. The relationship between panic disorder and major depression. A new family study. *Arch Gen Psychiatry* 1993; 50:767 – 780.

5) Holmans P, Zubenko GS, Crowe RR, DePaulo JR Jr, Scheftner WA, Weissman MM, et al. Genomewide significant linkage to recurrent, early-onset major depressive disorder on chromosome 15q. *Am J Hum Genet* 2004; 74:1154 – 1167.

6) Abkevich V, Camp NJ, Hensel CH, Neff CD, Russell DL, Hughes DC, et al. Predisposition locus for major depression at chromosome 12q22-12q23.2. *Am J Hum Genet* 2003; 73:1271 – 1281.

7) Middeldorp CM, Sullivan PF, Wray NR, Hottenga JJ, de Geus EJ, van den Berg M, et al. Suggestive linkage on chromosome 2, 8, and 17 for lifetime major depression. *Am J Med Genet B Neuropsychiatr Genet* 2009; 150B:352 – 358.

8) Cloninger CR, Van Eerdewegh P, Goate A, Edenberg HJ, Blangero J, Hesselbrock V, et al. Anxiety proneness linked to epistatic loci in genome scan of human personality traits. *Am J Med Genet* 1998; 81:313 – 317.

9) Lesch KP, Bengel D, Heils A, Sabol SZ, Greenberg BD, Petri S, et al. Association of anxiety-related traits with a polymorphism in the serotonin transporter gene regulatory region. *Science* 1996; 274:1527 – 1531.

10) Anguelova M, Benkelfat C, Turecki G. A systematic review of association studies investigating genes coding for serotonin receptors and the serotonin transporter: I. Affective disorders. *Mol Psychiatry* 2003; 8:574 – 591.

11) Serretti A, Kato M, De Ronchi D, Kinoshita T. Meta-analysis of serotonin transporter gene promoter polymorphism (5-HTTLPR) association with selective serotonin reuptake inhibitor

efficacy in depressed patients. *Mol Psychiatry* 2007; 12:247 – 257.

12) McMahon FJ, Buervenich S, Charney D, Lipsky R, Rush AJ, Wilson AF, et al. Variation in the gene encoding the serotonin 2A receptor is associated with outcome of antidepressant treatment. *Am J Hum Genet* 2006; 78:804– 814.

13) Duman RS. and Monteggia LM. A neurotrophic model for stress–related mood disorders. *Biol. Psychiatry* 2006. 59;1116 – 1127.

14) Shirayama Y, Chen AC, Nakagawa S, Russell DS, Duman RS. Brain–derived neurotrophic factor produces antidepressant effects in behavioral models of depression. *J Neurosci* 2002. 22;3251 – 3261.

15) Groves JO. Is it time to reassess the BDNF hypothesis of depression? *Mol. Psychiatry* 2007. 12; 1079 – 1088.

16) Krishnan V, Nestler EJ. The molecular neurobiology of depression. *Nature* 2008. 16;455:894– 902.

17) Eisch AJ, Bolaños CA, de Wit J, Simonak RD, Pudiak CM, Barrot M, et al. Brain – derived neurotrophic factor in the ventral midbrain–nucleus accumbens pathway: a role in depression. *Biol. Psychiatry* 2003. 54;994 – 1005.

18) Egan MF, Kojima M, Callicott JH, Goldberg TE, Kolachana BS, Bertolino A, et al. The BDNF Val66Met polymorphism affects activity–dependent secretion of BDNF and human memory and hippocampal function. *Cell* 2003. 112;257 – 269.

19) Sahay A and Hen R. Adult hippocampal neurogenesis in depression. *Nature Neurosci* 2007. 10:1110 – 1115.

20) Kempermann, G. The neurogenic reserve hypothesis: what is adult hippocampal neurogenesis good for? *Trends Neurosci* 2008. 31;163 – 169.

21) Santarelli L, Saxe M, Gross C, Surget A, Battaglia F, Dulawa S, et al. Requirement of hippocampal neurogenesis for the behavioral effects of antidepressants. *Science* 2003. 301;805 – 809.

22) Walther DJ, Bader M. A unique central tryptophan hydroxylase isoform. *Biochem Pharmacol* 2003; 66:1673 – 1680.

23) Jorgenson E, Witte JS. A gene–centric approach to genome–wide association studies. *Nat Rev Genet* 2006; 7:885 – 891.

24) Sullivan PF, de Geus EJ, Willemsen G, James MR, Smit JH, Zandbelt T, et al. Genome–wide association for major depressive disorder: a possible role for the presynaptic protein piccolo. *Mol Psychiatry* 2009; 14:359 – 375.

25) Muglia P, Tozzi F, Galwey NW, Francks C, Upmanyu R, Kong XQ, et al. Genome–wide association study of recurrent major depressive disorder in two European case–control cohorts.

Mol Psychiatry 2010; 15:589－601.

26) Shi J, Potash JB, Knowles JA, Weissman MM, Coryell W, Scheftner WA, et al. Genome－wide association study of recurrent early－onset major depressive disorder. *Mol Psychiatry* 2011;16:193－201. .

27) Tsankova N, Renthal W, Kumar A, Nestler EJ. Epigenetic regulation in psychiatric disorders. Nature Rev. *Neurosci* 2007. 8;355－367.

28) Szyf M, Weaver I, Meaney M. Maternal care, the epigenome and phenotypic differences in behavior. *Reprod Toxicol* 2007. 24;9－19.

29) Tsankova NM, Berton O, Renthal W, Kumar A, Neve RL, Nestler EJ. Sustained hippocampal chromatin regulation in a mouse model of depression and antidepressant action. *Nature Neurosci* 2006. 9;519－525.

30) Lee JG, Seo MK, Park SW, Baek JH, Kim YH. Understanding the Molecular Biology in the Pathogenesis of Depression. *Korean J Psychopharmacol* 2012;23:147－154.

신경생물학
Neurobiological perspectives

나경세*, 함병주**

가천대학교 길병원 정신건강의학과*, 고려대학교 의과대학 안암병원 정신건강의학과**

단가아민

세로토닌, 노르에피네프린, 도파민 등과 같은 단가아민 시스템은 대뇌 전반에 작용하여 인간의 감정, 사고, 행동에 지대한 영향을 미친다.[1] 우울장애의 **단가아민 가설**(monoamine theory)은 뇌의 단가아민 결핍이 우울장애를을 발생시킨다는 이론으로서, 항우울제 작용 기전에서 유래하였다. 즉, imipramine이 시냅스전 뉴런에서 노르에피네프린과 세로토닌의 재흡수를 억제하여, 시냅스에서 이들의 생체 이용률을 증가시켜 시냅스후 뉴런을 자극한다는 사실과 iproniazid와 같은 단가아민 산화효소의 억제제가 항우울 효과를 낸다는 사실이 밝혀지면서 우울장애의 병인론에 있어서 가장 대표적인 이론인 단가아민 가설이 수립되었다.[2] 또한 노르에피네프린 효현제나 도파민, 코카인 중독에 의한 수면시간 감소나 유쾌한 기분 상태 등의 증상과 금단 시 우울증상이 발견되었으며, 이 모두가 단가아민 가설을 뒷받침하는 근거로 받아들여졌다.[3] 한편 1950년대부터 항고혈압제인 reserpine과 같은 약물이 뇌신경세포에서 단가아민의 저장을 고갈시킴으로써 환자에게 우울장애를 일으킨다는 결과들이 보고되기도 하였다.[4]

한편 우울장애의 단가아민 가설은 그 한계 또한 지니고 있다. 항우울제를 복용하기 시작하고 그 효과가 나타나기까지 대략 1~2주 이상이 소요되는 시간지연 현상이 나타나고,[5] 항우울제에 대한 초기 관해율이 기대만큼 높지 않기 때문이다.[6] 그러나 현재 임상현장에서 처방되고 있는 항우울제들의 기전이 대부분 단가아민의 작용을 조절하는 것임을 고려하면, 여전히 우울장애의 신경생물학적 기전에서 단가아민 시스템은 그 중심에 있다고 할 수 있다.

세로토닌

세로토닌은 필수 아미노산인 트립토판으로부터 합성되며, 단가아민산화효소에 의해서 5-히드록시인돌아세트산(5-HTTLPR)으로 대사된다. 시냅스에 있는 세로토닌은 전달체에 의해서 뉴런으로 다시 흡수된다. 세로토닌은 뇌간의 등솔기핵으로부터 뇌의 주요한 영역들로 투사되어 고유의 역할을 하게 된다. 대뇌피질로 투사된 세로토닌은 체온, 대사, 통증의 예민성, 성기능, 성욕 등의 신경생장기능을 조절한다. 시상하부의 시교차상핵으로 투사되어 수면-각성 주기와 같은 하루주기리듬을 조절하는 데도 영향을 미친다.[7] 중격의지핵 및 배측내측전전두엽 부위로 투사된 세로토닌은 노르에피네프린, 도파민과 함께 목적지향 운동 및 성취행동에 영향을 미치기도 한다. 세로토닌은 해마에도 직접적으로 작용하는데, 주로 글루타메이트 뉴런이나 GABA(gamma-aminobutyric acid) 뉴런에 존재하는 이종수용기에 결합하여 그 역할을 한다. 해마에서는 피라미드 세포에서 흥분성 신경전달을 담당하는 글루타메이트 뉴런이 존재한다. 그리고 억제성 GABA 개재뉴런이 글루타메이트 뉴런사이의 정보 전달을 연계해준다. 세로토닌은 바로 이러한 글루타메이트와 GABA 뉴런에 존재하는 세로토닌 이종수용기에 결합한다. 세로토닌이 결합하는 수용체가 시냅스전에 있는지 시냅스후에 있는지, 세로토닌이 결합하는 수용체가 억제성 GABA 뉴런에 있는지 흥분성 글루타메이트 뉴런에 있는지에 따라 세로토닌의 결합에 따른 해마의 신경전달과정이 복잡하게 조절된다. 한편 세로토닌의 신경전달은 유전적인 영향을 받으며, 이 중 세로토닌 전달체의 유전자 다형성은 우울장애의 발생에 영향을 준다.[8]

단가아민 중 세로토닌의 기능이상은 우울장애와 가장 연관성이 깊다. 우울장애 환자에게 있어서 세로토닌의 활성이 저하되어 있다는 것은 잘 알려져 있다. 현재 대표적인 항우울제인 선택적 세로토닌 재흡수억제제가 우울장애에 효과를 나타내는 것 역시 세로토닌의 저하가 우울장애와 관련되어 있다는 명확한 증거이다.[9]

세로토닌 수용체는 등솔기핵으로부터 투사된 세로토닌이 뇌의 주요 영역들에서 작용하는 데 주요한 역할을 한다. 세로토닌 수용체는 현재까지 세로토닌 1~7까지 총 7개의 종류가 알려져 있다. 세로토닌 1 수용체는 또다시 1A-1D로 나뉘는 등 각각의 계열로 더 세부적으로 분류가 되고 있다. 이 중 세로토닌 1A 수용체는 세로토닌에 대한 친화도가 가장 높으며, 치료적으로 매우 중요한 역할을 한다. 세로토닌 1A 수용체는 시냅스전, 시냅스후에 모두 위치하는 수용체로서 세로토닌의 기능을 조절한다. 세로토닌 1A 수용체가 시냅스전에 위치하는 경우에는 자가수용체로서 세로토닌의 분비를 억제하는 역할을 한다. 즉, 시냅스전 뉴런에서 분비된 세로토닌이 확산 등의 기전으로 다시 시냅스전 뉴런에 있는 세로토닌 1A 수용체에 결합할 수 있다. 세로토닌이 시냅스전 뉴런의 세로토닌 1A 수용체에 결합하면, 시냅스전 뉴런에서는 세로토닌의 분비를 억제하게 된다.

만성적인 스트레스는 세로토닌의 활성도를 떨어뜨리며 저장된 세로토닌을 고갈시키는데, 이는 만성적인 스트레스가 뇌간의 등솔기핵에 존재하는 세로토닌 1A 자가수용체의 합성을 증가시켜 궁극적으로는 세로토닌 전달을 감소시키기 때문이다.[10]

세로토닌 1B 수용체 역시 시냅스전 수용체로서의 역할을 많이 한다. 우울장애 환자에 대한 사후 부검에서 세로토닌 1B 수용체의 신호전달을 돕는 p11 단백질의 농도가 대뇌에서 감소되어 있다는 사실이 밝혀지기도 하였다.[11]

세로토닌 3 수용체는 시냅스후에 위치해 있으며, 주로 세로토닌 재흡수억제제 투여 후 발생하는 부작용과 상당한 관련성이 있다. 세로토닌 3 수용체가 과도하게 세로토닌과 결합되는 경우 구역, 구토, 성기능장애 등의 부작용이 나타날 수 있다.[12] 따라서 선택적 세로토닌 재흡수억제제 및 세로토닌-노르에피네프린 재흡수억제제를 복용한 이후에 구역, 구토, 성기능장애 등이 발생하는 경우에는 시냅스후 세로토닌 3 수용체가 세로토닌과 과도하게 결합하지 않을 수 있는 약물로 처방을 변경하는 것이 권장된다. 그 대표적인 약물로는 세로토닌계에 영향을 거의 끼치지 않는 bupropion이나, 세로토닌 3 수용체 길항제인 mirtazapine 등이 있다.

노르에피네프린

노르에피네프린은 시냅스전 뉴런에서 도파민이 도파민 베타-히드록실라제에 의해 분해되며 생성된다. 시냅스전 뉴런 안에서는 단가아민산화효소에 의해 분해되며, 뉴런 밖에서는 단가아민산화효소 및 카테콜-오-메틸트랜스퍼라제에 의해 분해된다. 노르에피네프린은 뇌간의 청반핵에서 생성되어 시상하부, 기저핵, 변연계 및 대뇌피질 등으로 투사된다. 노르에피네프린은 도파민과 더불어 대뇌피질에서 주의, 집중, 각성 등의 인지기능을 수행할 수 있도록 시냅스 기능을 조절한다.[13] 또한 편도체와 해마에 영향을 미쳐 정서적 기억과 스트레스에 대한 행동 감각에 영향을 끼친다.

우울장애에 대한 기존 가설이 초반에는 단가아민 중에서도 세로토닌 중심으로 제기되었다면, 현재는 노르에피네프린과 도파민 등의 카테콜아민의 중요성이 부각되고 있다. 청반핵에서 앞측 대뇌피질 부위로 향하는 노르에피네프린은 주로 목표 지향 행동 및 보상 추구 행동에 관여하게 된다. 지속적인 스트레스에 노출될 경우 이러한 경로의 노르에피네프린 신경전달이 감소하며, 이는 우울장애에서의 무기력, 무쾌감증, 성적 욕구의 감소 등과 관련된다.[14] reserpine과 같이 뉴런에서 노르에피네프린을 고갈시키는 물질들이 우울장애를을 일으키며, 노르에피네프린을 분해하는 단가아민산화효소를 억제하는 약물이 항우울 효과가 있음이 알려지면서 노르에피네프린의 기능적 저하가 우울장애와 깊은 관련성이 있다는 이론들이 주목받게 되었다.[3]

한편 노르에피네프린의 대사물질인 3-메톡시-4-히드록시페닐글리콜의 뇌척수액 및 말초 혈액 농도나 활성을 평가하는 연구들에서 우울장애 환자의 경우에 3-메톡시-4-히드록시페닐글리콜의 농도가 감소되어 있으며, 스트레스에 대한 반응으로 증가한다는 사실이 밝혀졌다.[15] 알파-2 노르에피네프린 수용체는 시냅스전 수용체로서 음성 피드백에 의해서 노르에피네프린의 분비를 조절하는 역할을 한다. 알파-2 노르에피네프린 수용체는 세로토닌 뉴런에도 이종수용체로 존재할 수 있다. 이 경우에도 역시 시냅스전 세로토닌 뉴런에 있는 알파-2 노르에피네프린 수용체에 노르에피네프린이 결합하게 되면 세로토닌의 분비를 억제하게 되고, 반대로 노르에피네프린의 결합이 감소하면 상대적으로 세로토닌의 분비가 증가하게 된다. 우울장애 환자들에게서 이 알파-2 노르에피네프린 수용체의 감수성이 높아져 있는 것으로 알려져 있으며, 그 결과 우울장애 환자에게서 노르에피네프린 분비가 감소한다.[16] 항우울제인 mirtazapine의 항우울 기전 중 대표적인 것이 바로 이러한 시냅스전 알파-2 노르에피네프린 수용체를 억제하여 시냅스 전에서 노르에피네프린의 분비를 활성화시키는 것이다. 반면에 시냅스 전 베타-2 노르에피네프린 수용체는 우울장애 환자에게서 과도하게 활성화되어 있는데, 이 역시 우울장애 환자에게서 노르에피네프린 분비 감소를 일으킨다.[17]

한편 노르에피네프린은 청반핵에서 척수로 내려가는 하향경로로 전달되기도 한다.[18] 청반핵에서 척수의 거대세포성핵을 거쳐 후근신경절 부위의 후각으로 투사된다. 상향경로는 그와 반대 방향으로 통증이 유발되는 자극이 주어졌을 때 후근신경절과 거대세포성핵을 거쳐 청반핵으로 전달된다. 이렇게 척수를 통한 하향 및 상향경로에서 노르에피네프린이 제대로 작용하지 못할 경우 통증을 비롯한 각종 신체증상이 발생하거나 혹은 심화된다. duloxetine 같은 노르에피네프린 세로토닌 재흡수억제제들은 이러한 하향경로에서 노르에피네프린의 작용을 조절함으로써 통증을 비롯한 신체증상들을 호전시키는 것으로 알려져 있다.[19]

도파민

도파민 뉴런은 복측피개부에서 전전두피질과 변연계 등 뇌의 주요한 영역들로 투사된다.

전전두피질의 도파민은 집중, 목표 지향적 행동 등의 실행기능과 더불어 동기부여, 쾌락, 의욕 등에 작용한다.[20] 우울장애에서는 주로 도파민의 생성과 분비가 부족하여 발생하는 무기력과 무쾌감증 등이 특징적으로 나타난다. 뇌 안에서 전전두피질에 도파민 수용체가 가장 많이 분포해 있으며, 이러한 신경해부학적 수용체 분포로 인해 도파민이 인지기능과 동기부여 등에 큰 영향을 끼치게 된다.

다만 노르에피네프린과 도파민과 같은 카테콜아민의 분비 및 활성도와 뇌기능은 정비례하지 않는다. 이들 카테콜아민 분비 및 활성도와 인지기능은 '거꾸로 된 U 모양 (∩)'을 보인다. 카테콜아민의 분비와 활성도가 매우 낮은 상태에서는 충분한 인지기능을 발휘하기 어렵고 결과적으로 기억력과 실행기능 등의 주요한 인지기능이 제대로 발휘되지 못한다. 그러나 카테콜아민의 분비와 활성도가 너무 높은 상태에서도 역시 이러한 인지기능은 제대로 발휘되지 못한다. 이러한 카테콜아민의 ∩ 모양 작용 패턴은 전전두엽피질을 중심으로 도파민을 활성화시키는 정신자극제의 작용에서도 동일하게 관찰된다.[21] 대개 카테콜아민의 분비와 활성도는 스트레스로 인한 교감신경계의 활성화를 매개하게 된다. 카테콜아민과 인지 및 정서 상태와의 ∩ 모양 패턴은 내외부적인 스트레스의 존재 자체가 나쁜 것이 아니며, 적절한 수준의 스트레스를 감당하며 이에 유연하게 대응해 나가는 것이야말로 건강한 상태를 유지하는 것이라는 현대 정신의학적 관점의 신경생물학적 근거로 활용되고 있다.

도파민과 노르에피네프린의 작용을 조절하는 주요한 효소로 카테콜-오-메틸트랜스퍼라제가 있다. 카테콜-오-메틸트랜스퍼라제는 대개 시냅스후 뉴런의 표면에 위치에 있거나, 아교세포 및 기타 뇌 부위에 존재한다. 시냅스에서 도파민의 가용성은 시냅스전 전달체에 의해 시냅스전 뉴런으로 회수되는 정도와 시냅스에서 분해되는 정도에 의해 결정된다.[22] 도파민 수용체가 가장 많은 전전두피질의 시냅스전 뉴런에는 도파민 전달체가 별로 없기 때문에 도파민을 분해하는 효소의 활성도가 도파민의 가용성에 큰 영향을 준다.[23] 카테콜-오-메틸트랜스퍼라제는 카테콜아민을 분해하지만 그중에서도 도파민의 분해에 깊이 관여한다.[24] 따라서 뇌에서 도파민의 실행기능과 동기부여, 활력 등과 같은 주요한 작용은 전전두피질의 COMT 활성도에 가장 큰 영향을 받는다고 할 수 있다.[25] 카테콜-오-메틸트랜스퍼라제의 활성도는 주로 유전자 다형성 연구를 통해서 보고되어 오고 있는데, 카테콜-오-메틸트랜스퍼라제 유전자의 다양한 단일염기다형성들이 카테콜-오-메틸트랜스퍼라제 기능조절에 관여하며, 이러한 영향이 종합적으로 우울장애의 병태생리와 병인론에 기여하고 있다.[26]

히스타민

히스타민은 세로토닌, 노르에피네프린, 도파민과 같은 다른 단가아민들에 비해서 상대적으로 크게 주목받지 못했었다. 히스타민은 주로 약물이 지니고 있는 히스타민 수용체 1 길항 효과로 인한 주간졸음 및 체중증가와 관련된 물질로 알려져 있다. 그러나 최근 항우울제에 대한 연구들을 통해 히스타민 수용체에 대한 효현 작용으로 인하여 인지기능이 개선되고, 약물로 인한 체중증가 효과가 미미하다는 연구결과들이 지속적으로 보고되고 있다. 특히 vortioxetine의 경우 다양한 세로토닌 수용체에 대한 작용으로 글루타메이트 신경전달을 증진시켜 결과적으로 히스타민 작용도 촉진시키는데, vortioxetine을 복용한 환자들에서 인지 기능 개선 효과가 우수하고 전신성 가려움증의 빈도가 높으며 체중증가 효과가 미미하다는 결과들이 일관되게 보고되고 있다.[27, 28] 이는 히스타민 수용체 효현 작용과 일치하는 임상적인 결과로 향후 히스타민과 그 수용체가 우울장애의 병인론에 기여하는 역할을 더 규명해 나갈 필요성을 높이고 있다.

아미노산

글루타메이트

글루타메이트는 우울장애의 신경생물학에서 최근에 가장 관심의 초점이 되고 있는 물질이다.[29] 글루타메이트는 뇌에서 가장 많이 분포하고 있는 신경전달물질이자 아교전달물질(gliotransmitter)이며, 글루타메이트와 관련된 활동은 뇌 대사량에서 가장 많은 비중을 차지하고 있다.[30] 글루타메이트는 뇌 안의 흥분성 신경전달을 하는 대표적인 물질이다.

글루타메이트 수용체는 크게 이온통로형 수용체와 대사형 수용체로 분류된다. 이온통로형 수용체에는 엔-메틸-디-아스파르테이트 수용체, 알파-아미노-3-히드록시-5-메틸-4-이속사졸레프로피온산 수용체, 그리고 카이네이트 수용체가 있다. 알파-아미노-3-히드록시-5-메틸-4-이속사졸레프로피온산 수용체는 소듐과 칼슘이 주로 활성화시키는 작용을 한다. 엔-메틸-디-아스파르트테이트 수용체에는 소듐과 칼슘과 더불어 글리신과 디-세린이 상호작용제로, 마그네슘과 아연이 상호작용제로서 중요한 역할을 한다. 특히 마그네슘 수용체는 엔-메틸-디-아스파르테이트 수용체 통로의 가운데에 있어서, 마그네슘이 결합된 상태에서는 엔-메틸-디-아스파르테이트 수용체를 통한 이온들의 이동이 원할하지 못하다. 알파-아미노-3-히드록시-5-메틸-4-이속사졸레프로피온산 수용체가 주로 소듐 유입으로 인한 빠른 정보전달을 담당하고 있다면, 엔-메틸-디-아스파르테이트 수용체와 카이네이트 수용체는 주로 칼슘 유입을 통한 지연성 정보전달에 관여한다. 대사형 수용체는 크게 세 가지 유형으로 분류된다. 이 중 유형 1과 유형 2가 현재까지 가장 많이 연구되어 왔고, 우울장애와 밀접한 관련성이 있다고 보고되고 있다. 유형 1은 대사형 수용체 1과 5가 속해 있다. 대사형 수용체 5는 주로 전전두엽과 변연계에 분포해 있다. 유형 1에 속한 수용체들은 시냅스전 뉴런에서 억제성 자가수용체로 기능하기도 하고, 시냅스후 뉴런에서 글루타메이트의 작용을 촉진시키는 작용을 하기도 한다. 따라서 유형 1 글루타메이트 수용체의 활성화 혹은 억제에 따른 글루타메이트 작용의 궁극적인 변화 및 임상적인 증상의 변화까지 단적으로 유추하기에는 어려움이 따른다. 유형 2에는 대사형 글루타메이트 수용체 1과 2가 속한다. 이들 수용체 역시 시냅스전 뉴런과 시냅스후 뉴런 모두에 분포해 있으나, 상대적으로 시냅스전 뉴런에 더 많이 분포해 있다. 따라서, 유형 2 대사형 글루타메이트 수용체의 활성화는 글루타메이트 자가수용체로서의 기능이 증진되어 결과적으로 글루타메이트 분비를 억제하는 결과를 초래할 수 있다. 알파-아미노-3-히드록시-5-메틸-4-이속사졸레프로피온산 수용체와 엔-메틸-디-아스파르테이트 수용체가 적절히 활성화되면 뉴런에서 시냅스 형성이 촉진되며, 해마에서 장기강화가 이루어지는데, 이는 기억이 공고화되는 대표적인 뇌신경학적 기전이다.

시냅스전 뉴런 및 시냅스후 뉴런의 양쪽에서 작용하는 단아가민들과 달리 글루타메이트의 분비와 작용, 회수는 시냅스전 뉴런, 시냅스후 뉴런, 그리고 시냅스 공간을 포괄하는 아교세포의 3각관계 내에서 이루어진다. 시냅스전 뉴런에서 분비된 글루타메이트는 시냅스후 뉴런의 수용체에 결합하는데, 시냅스 공간에 있는 글루타메이트들은 3각관계를 이루고 있는 아교세포 표면에 있는 흥분성 아미노산 전달체에 의해 아교세포 내로 운반된다. 글루타메이트는 뇌 안에 매우 많은 양이 분포해 있는 것과 달리 세포외 공간에는 극히 일부의 농도만 존재하고, 그 외에는 대부분 세포내 공간에 존재한다. 아교세포 표면의 흥분성 아미노산전달체가 글루타메이트에 매우 강력한 친화성을 지니고 활발히 작용하기 때문에 이러한 농도차가 유지될 수 있다.

만약 시냅스전 뉴런에서 과도하게 글루타메이트가 분비되고, 흥분성 아미노산 전달체가 제기능을 하지 못하게 되면, 시냅스후 뉴런으로 과도한 글루타메이트가 전달될 것이다. 시냅스후 글루타메이트 수용체들은 이렇게 과도하게 전달된 글루타메이트를 온전히 결합시키지 못하게 되고 일부를 시냅스외 공간으로 흘리게 된다. 이렇게 흘려진 글루타메이트는 시냅스외 글루타메이트 수용체에 결합하게 되는데, 바로 이 시냅스외 글루타메이트 수용체의 활성화가 신경퇴행 경로로 이어지는 세포내 과정을 촉진시켜 궁극적으로 치료저항성 우울장애를 유발하는 뇌신경학적인 기전으로 알려져 있다. 시냅스외 수용체가 활성화되면 고리형 AMP 유도유전자를 억제하는 등 세포내 신호전달과정을 저해한다. 따라서 시냅스외 엔-메틸-디-아스파르테이트 수용체 작용을 최소화하게 되면 시냅스 엔-메틸-디-아스파르테이트 수용체 중심의 뉴런 활성화 및 신호전달이 이어져 궁극적으로 우울장애와 같은 뇌신경학적 이상이 호전될 수 있는데, 이러한 시냅스외 글루타메이트 수용체의 활성화를 억제하는 대표적인 약물이 바로 ketamine이다. 우울장애에서 글루타메이트의 역할이 부각된 것도 바로 치료저항성 우울장애 환자들에서 ketamine이 매우 신속하게 우울증상을 크게 호전시킨 연구결과가 보고되면서부터이다.[31] ketamine의 정맥 주입 1회로 수 시간 이내에 치료저항성 우울장애 환자들의 우울증상이 호전되기 시작하였고, 이러한 항우울 효과는 대략 1주일 정도 지속된다는 임상연구결과가 보고되었고, 이후 많은 연구에서 ketamine이 치료저항성 우울장애를 빠르게 회복시킨다는 결과를 뒷받침하고 있다.

염증

염증은 우울장애, 조현병, 치매 등 주요 정신질환들에서 공통적으로 중요한 작용을 하고 있으며, 아교세포의 기능과 글루타메이트 신경전달, 단가아민 작용, 글루코코르티코이드 호르몬과 시상사부-뇌하수체-부신피질(HPA) 축의 작용 등 뇌 안에서 기분과 인지에 관련된 거의 전 부분에서 광범위한 영향을 끼친다. 염증반응을 매개하는 요인을 염증촉진인자라고 하며, 사이토카인이 대표적인 물질이다. 과거 수십 년 전에는 뇌 안의 구조와 환경은 염증과 면역반응에서 자유로운 속칭 면역특권지역으로 불리기도 하였다. 그러나 이후 연구들에서 사이토카인이 다양한 기전을 통해 혈액뇌장벽을 통과하여 뇌 안의 세포와 구조물들과 상호작용을 한다는 것이 밝혀졌다. 더 나아가 사이토카인은 일반적 의미의 염증이 아닌 뇌세포들의 재생과 성장, 신경가소성 등에 이르는 다양한 보호 작용을 한다.

뇌 안에서 가장 많은 비율을 차지하는 것은 별아교세포이지만, 사이토카인과 가장 밀접하게 상호작용하는 세포는 미세아교세포이다. 미세아교세포는 체내의 대식세포와 그 발생학적인 기원이 동일하다. 미세아교세포는 주로 인터루킨-1베타, 인터루킨-6, 그리고 종양괴사인자-알파 등의 작용을 촉진시키며, 또한 이들 사이토카인 역시 미세아교세포를 활성화시킨다. 평상시 뇌 안의 미세아교세포는 휴지기 또는 분기(ramified) 상태로 있다. 이러한 상태일 때 미세아교세포는 사이토카인의 작용을 매개하며 지속적으로 주변의 미세한 변화를 감지하는 활동을 한다. 평상시의 생리적인 수준의 사이토카인들은 다양한 뇌 영역들의 별아교세포와 해마의 피라미드 세포 등에서 글루타메이트, GABA 등과의 상호작용을 통해 신경가소성을 증진시키고 해마의 치상회에서 신경발생을 촉진한다. 외상, 감염, 스트레스 등 다양한 요인에 의해서 뇌 안의 항상성이 깨지게 되면 미세아교세포는 활동성 상태로 변환된다. 활동성 미세아교세포는 적극적으로 사이토카인의 분비와 작용을 촉진한다. 증가된 사이토카인은 손상된 조직을 복구하거나, 복구가 불가능한 경우 제거하는 데 큰 역할을 한다. 어떤 요인이든 항상성이 평형 상태를 회복하지 못하고 지속적으로 미세아교세포가 활동성 상태로 있거나, 혹은 사이토카인이 지속적으로 증가되는 상황에서는 더 이상 신경발생이나 신경가소성을 촉진시키는 역할을 하기보다는 반대로 신경세포 사멸 및 신경퇴행으로 이어진다.

미세아교세포가 활성화되고 사이토카인 분비가 증가되는 상황에서는 글루코코르티코이드 역시 증가되어 있을 때가 많은데, 이런 경우 해마를 비롯한 뇌의 주요 영역들에서 신경세포의 생존 및 기능에 악영향을 끼치게 된다. 특히 해마에서는 만성적으로 지속되는 사이토카인과 글루코코르티코이드 농도 상승이 직접적으로 신경발생을 억제하고 그로 인해 기분 및 인지기능을 저해할 수 있다.

염증성 지표인 사이토카인의 증가는 대개 상태-의존적인 경우가 많다. 즉, 급성 우울장애삽화 시기에 사이토카인 농도가 상승되어 있다가, 항우울제의 작용 및 임상증상의 호전으로 관해기에는 대조군과 별다른 차이가 없는 수준으로 내려가는 것이다. 이러한 사이토카인의 상태-의존적인 특성은 조현병 등 다른 정신질환에서도 비슷하게 관찰되기도 하여 우울장애에 특화된 소견으로 제시하기에는 무리가 있다. 우울장애의 많은 병태생리와 병인적 요인들에 염증이 관여하고, 염증반응을 통해 설명할 수 있는 부분이 많이 있지만, 그 반대로 오직 염증반응만으로 우울장애의 기전을 설명하지 못하는 이유이기도 하다.

글루코코르티코이드

스트레스에 대한 취약성은 우울장애와 밀접한 관련이 있다. 많은 동물 및 사람 연구들에서 스트레스에 대한 취약성을 우울장애의 주된 기전이나 모형으로 삼아 실험을 진행하고 연구결과를 우울장애에도 확대 적용하기도 한다. 시상하부-뇌하수체-부신피질(HPA) 축의 과활성과 글루코코르티코이드 농도 상승은 스트레스에 대한 취약성과 부정적인 순환 고리를 형성하고 있다.

뇌가 스트레스에 반응하는 기전 중 가장 잘 알려진 것이 HPA 축의 활성화이다. 이러한

HPA 축의 활성화는 스트레스 상황에서 가장 먼저 반응하는 신경내분비계통의 변화이기도 하다. 사람이 스트레스를 지각하게 되면, 해마에서 시상하부로 신호를 전달한다. 시상하부에서는 실방핵에 코르티코트로핀 분비호르몬을 분비하는 신경세포가 있는데, 여기에서 스트레스에 관련된 정보를 통합한다. 코르티코트로핀 분비호르몬은 뇌하수체 문맥계로 분비되어 뇌하수체 전엽에서 부신피질자극호르몬 분비를 촉진시킨다. 부신피질자극호르몬은 혈류를 타고 부신피질에 도달하여 글루코코르티코이드 분비를 촉진한다. 분비된 글루코코르티코이드의 약 90%는 코르티코스테론-결합 글로불린에 결합하고 비결합 상태의 글루코코르티코이드는 뇌 내의 해마 등에 분포되어 있는 수용체에 결합한다. 이렇게 글루코코르티코이드가 해마의 수용체에 결합하면서 해마에서는 시상하부에서 코르티코트로핀 분비호르몬 분비를 억제하는 신호를 내보낸다. 뒤이어 뇌하수체에서의 부신피질자극호르몬 분비와 부신피질에서의 글루코코르티코이드의 억제로 이어지는 **부정적 되먹임 고리**를 형성한다.[32] 이러한 부정적 되먹임 기전이 손상되는 경우 스트레스에 적절히 대응하지 못하고 HPA 축이 항시 활성화되고 결과적으로 글루코코르티코이드도 계속 상승되어 있는 상태가 유지된다. 계속되는 극심한 스트레스에 의한 글루코코르티코이드의 지속적인 증가는 해마의 신경세포의 증식과 생성을 억제한다.[33] 만성적으로 상승되어 있는 글루코코르티코이드는 또한 치상회에서 성인기 신경발생을 억제한다.[34,35] 이러한 글루코코르티코이드의 만성적인 상승과 그와 관련된 성인기 신경발생의 억제는 우울장애의 병인론에 핵심적인 역할을 하는 것으로 알려져 있다.[36]

　그러나 HPA 축의 지속적인 활성화가 모든 우울장애 환자에서 나타나는 것은 아니다. 대략 절반 정도의 주요우울장애 환자들에서 이러한 신경내분비계 활성화가 관찰되는데, 주로 중증우울장애와 정신병적 우울장애, 자살성향이 높은 군에서 더 자주 나타나는 것으로 보고되고 있다.[37] 정맥으로 주입된 코르티코트로핀 분비호르몬에 대한 부신피질자극호르몬 반응의 둔마, 뇌척수액내 코르티코트로핀 분비호르몬 농도의 증가 역시 발견되었다. 증가된 코르티코트로핀 분비호르몬 전달로 인한 코르티코트로핀 분비호르몬 수용체의 하향조절에도 불구하고, 우울장애 환자의 사후 부검연구에서는 시상하부 실방핵에서 코르티코트로핀 분비호르몬 증가가 관찰되었다.[38] 또한 인간의 스트레스 반응 및 극심한 우울장애는 중추적으로 투입된 코르티코트로핀 분비호르몬의 영향과 많은 유사점이 있다. 이것은 각성의 증가, 식욕과 성욕의 감소, 심박수의 증가와 혈압의 상승 등을 포함한다. 이는 과활성된 HPA 축이고 코르티솔혈증뿐 아니라 시상하부의 증가된 코르티코트로핀 분비호르몬 전달을 통하여 우울장애의 발생에 기여할 것이라는 가설을 뒷받침한다.[39]

수상돌기 말단 또는 새로운 신경세포생성의 감소와 같은 동물 모델에서 발견된 스트레스로 야기된 해마의 변화는 일부 우울장애 환자에게서 보고되는 해마 용적의 감소와 관련이 있다.[40] 그러나 이러한 해마 용적의 감소가 우울장애에 의한 것인지, 다른 선행 요인에 의한 결과인지는 밝혀지지 않았다. 동물 모델에서 항우울제 중 일부는 치상회에서의 신경발생을 증가시킬 뿐 아니라 스트레스로 인한 해마 피라미드 신경세포의 수상돌기 말단의 감소를 반전시킨다.[41] 최근 연구결과들은 항우울제들이 해마의 수상돌기에서 신경염증으로 인한 손상을 억제하고 신경발생을 촉진시키는 기전을 통해서 항우울 효과를 나타내고 있음을 보고하고 있다. 특히 단일 성분의 항우울제보다는 복합적인 작용 기전을 나타낼 수 있도록 다약제 항우울제 처치가 효과적이라는 결과들도 제시되고 있다.[42]

우울장애에서 HPA 축의 과활성과 코르티솔 투여에 대한 저항성이 학계에 보고된 지 수십 년 이상 경과하였지만, 여전히 신경내분비계 시스템의 장애가 우울장애를 유발하는 원인적 요소인지, 아니면 다른 우울장애 유발요인에 의해 수반되거나 그로 인한 결과를 상쇄시키기 위해 보상적으로 과활성화되어 있는 것인지에 대해서는 아직까지 뚜렷하게 규명된 바가 없다. 다만 이에 대한 두 가지 관점에서 유력한 가설들은 다음과 같다.

첫째, HPA 축의 이상이 우울장애를 유발하는 병인적 역할을 한다는 관점이다. 이에 대해서는 기존의 단일 뉴클레오티드 다형태 연구 및 최근의 후성유전학적 연구에서 많은 근거들을 뒷받침해주고 있다. 후성유전학적 연구결과들에 따르면, 생애 초기 학대와 방임 및 기타 외성적 경험들을 한 경우에는 글루코코르티코이드 수용체 유전자가 염기서열의 변화 없이 메틸화에 의해 발현이 억제된다. 이렇게 발현이 억제된 해마의 글루코코르티코이드는 온전히 글루코코르티코이드와 결합하여 시상하부에 되먹임 신호를 보낼 수 없게 되고, 이는 HPA 축의 과활성과 글루코코르티코이드 과다 분비로 이어지게 된다. 동물 모델에서는 생애 초기 고난과 이로 인한 후성유전학적 변화가 어떻게 우울장애로 이어질 수 있는지 단초를 제공해주었다. 어미 쥐에서 적절한 양육을 제공해주지 못하게 만들자, 새끼 쥐들이 생애 초기 고난과 역경을 경험하게 되면서, 이들 쥐에서의 글루코코르티코이드 유전자의 메틸화가 증가되었고, 이는 곧 글루코코르티코이드 수용체의 반응성 저하로 이어져, 스트레스 상황에서 HPA 축이 적절하게 반응하지 못하고 과활성되는 기전을 설명하였다.[43]

둘째, HPA 축의 과활성이 우울장애를 유발하는 다른 요인들의 작용에 수반되거나, 혹은 그 작용을 상쇄시키기 위한 보상적인 결과라는 견해이다. 이에 대해서는 염증반응과의 관련성이 대표적으로 거론된다. HPA 축과 코르티솔 분비는 염증반응 및 사이토카인 분비와 비슷한 작용을 한다. 사이토카인과 코르티솔 모두 평상시의 저농도에서는 신경발생 등과 같은 신경보호요인에 주로 관여하다가, 부정적 되먹임 작용이 제대로 작동하지 않아 만성적으로 그 분비가 증가되어 있는 상황에서는 신경발생을 억제하고 신경퇴행을 유발한다. 우울장애와 같은 심한 스트레스 상황에서는 염증반응과 HPA 축이 각각 활성화된다. 그리고 이렇게 활성화된 시스템은 상호 간의 활성화를 촉진하기도 한다. HPA 축은 해마의 글루코코르티코이드 수용체에서 체내에 분비되어 작용 중인 글루코코르티코이드를 제대로 인지하지 못하여 지속적으로 과활성 상태에 놓여 있다. 염증반응은 사이토카인을 비롯한 염증촉진인자들의 유전적 취약성과 미세아교세포의 이상 등으로 억제성 사이토카인의 활성도가 상대적으로 낮아지면서 지속적인 활성화 상태에 있다. 여러 동물실험에서 고농도의 코르티솔은 해마의 신경발생을 억제하고 신경퇴행을 촉진하는 것으로 보고되고 있다. 글루코코르티코이드가 해마의 신경발생을 저해하는 작용은 염증반응과 무관하게 일어날 수 있다. 따라서 우울장애에서 HPA 축이 과활성 상태의 유발원인 중 하나로 염증반응이 제기되기도 한다. 스테로이드 성분은 염증반응을 억제하기 때문에 우울장애에서 통제가 제대로 되지 않은 채 지속적으로 증가되어 있는 염증반응을 억제하기 위해 코르티솔을 많이 분비해야 하고, 이를 위해서는 어쩔 수 없이 HPA 축이 지속적으로 활성화되어야 한다는 논리이다.[44]

우울장애에서 HPA 축의 과활성과 염증은 각각의 개별적인 작용 및 상호 관련성에 대한 확실한 정립이 이뤄지지는 못하고 있으나, 우울장애의 병인론과 신경내분기계통과의 관련성을 연결하는 매우 중요한 시스템들이기 때문에 현재까지의 연구 성과들과 가설들을 숙지하고 있어야 하겠다.

해마

해마는 글루코코르티코이드, 사이토카인, 그리고 뇌유래 신경영양인자들이 모두 공통적으로 관여하며 핵심적인 작용을 하는 뇌 영역이다. 따라서 비록 뇌신경학적 분류에 속하는 부분이지만 본 장에서 간략히 해마와 우울장애의 관련성에 대해 논하고자 한다.

해마에서의 신경발생 억제와 이로 인한 기분 및 인지기능은 개별적인 기능저하뿐만 아니라 보다 더 복합적인 맥락도 함께 띠고 있다. 해마가 단순히 정보로서의 기억만을 공고화하는 것이 아니라 인접한 편도체에서 발생한 정서적 부하가 걸려 있는 속칭 '감정적인 기억'까지도 함께 처리하기 때문이다. 이는 아동기 학대 및 외상 등으로 인하여 심각한 부정적인 기억을 지니고 있는 사람들이 성인기가 되어서도 이러한 부정적 기억으로부터 자유로워지지 못하고 지속적으로 괴로워하고 있는 주된 신경해부학적인 근거 중의 하나이다.[45] 성인기에서의 해마에서 신경발생을 촉진하는 그 어떠한 치료적 개입도 우울장애의 회복에 도움이 된다.[46]

해마는 앞서 상세히 다룬 시상하부–뇌하수체–부신피질(HPA) 축의 활성화 및 글루코코르티코이드의 지속적인 상승에 중요한 원인을 제공함과 동시에, 그로 인하여 가장 크게 손상되는 뇌 영역 중의 하나이다. 글루코코르티코이드의 지속적인 상승은 해마, 그중에서도 CA1–3 영역 신경세포들을 손상시키고, 이는 궁극적으로 인지기능의 저하와 더불어 부정적인 감정기억을 새로운 중립적인 기억으로 대체하지 못하여 스트레스에 대한 대응 능력 및 회복탄력성의 저하로 이어지게 된다.[47~49]

해마와 우울장애의 이러한 밀접한 관련성으로 인하여 뇌구조적인 관점에서 해마의 부피와 우울장애와의 관련성에 대해서 많은 연구결과들이 진행되어 왔다. 대개 신경발생의 억제는 신경손상으로 이어지고, 이는 곧 해마의 구조적 결함으로 이어져 부피 감소를 초래하게 된다. 이러한 관점에 따라 과거에는 우울장애에서 해마의 부피가 감소되어 있을 것이라는 추정과 이를 뒷받침하는 연구결과들이 보고되어 왔다.[50,51] 일부 연구자들은 우울장애에서 해마의 부피가 이미 작아져 있었으며, 이러한 부피 감소가 곧 우울장애에 취약하게 만드는 위험요인 중 하나라고 제시하기도 하였다.[52,53] 그러나 이러한 견해를 뒷받침하는 연구결과들만 보고된 것은 아니다. 적지 않은 연구들에서 우울장애군과 대조군 사이의 해마 부피의 차이가 유의하게 나타나지 않음을 보고하였다.[54,55]

세포내 신호전달

앞서 언급한 신경전달물질들이 시냅스후 수용체에 부착된 뒤에는 세포내 2차 신호전달자라고 알려진 시스템에 의해서 세포내 연쇄과정이 이루어진다. 세포막에 있는 수용체와 결합한 신경전달물질은 수용체의 종류에 따라 G단백과 연계되어 세포 내의 여러 효소에 신호를 전달한다. 이 과정에서 2차 신호전달자로 알려진 고리형 AMP, 고리형 GMP, 포스파티딜이노시톨, 칼슘, 칼모듈린 등이 관여한다. 뒤이어 2차 신호전달자에 의해서 세포막 이온채널, 신경전달물질 생성과 방출이 조절되며 단백질 인산화효소의 활성도가 조절됨으로써 세포내 유전자의 전사와 번역에도 영향을 미치는 등 뉴런의 장기적인 변화를 일으킨다.[17] 최근에는 세로토닌과 노르에피네프린의 신경전달물질들과 관련한 세포내 2차 신호전달자가 우울장애 환자에게서는 제대로 기능을 못하는 것으로 밝혀졌으며, 이에 따라 고리형 AMP, 포스파티딜이노시톨 등에 대한 연구가 진행되고 있다.[56] 예를 들어 자살로 사망한 사람들의 사후 부검연구에서 뇌의 이노시톨 수치가 낮았으며 우울장애 환자들에 대한 자기공명분광법 연구에서는 전두엽피질에서 이노시톨 수치가 낮게 나타났다.[57,58] 한편 우울장애 진단을 받은 뒤 자살한 환자들의 뇌에 대한 사후 연구에서 자극에 대한 고리형 AMP의 반응이 둔화되어 있는 것이 밝혀졌다.[59] 이러한 2차 신호전달자의 기능 감소는 다른 단가아민이나 그 수용체에 대한 영향 없이 신경전달물질의 기능에 장애를 일으킨다. 한편 G단백은 수용체와 2차 신호전달자의 사이에서 신호를 매개하는 역할을 한다.[60] 고리형 AMP-반응요소 결합단백질은 고리형 AMP와 단백질 인산화효소 A에 의해 영향을 받는 유전자 전사인자이며, 우울장애의 동물 모델 연구에서 치상회에서 고리형 AMP-반응요소 결합단백질이 과잉 발현된 쥐는 항우울제 치료를 받은 쥐와 비슷하게 행동하였으며, 측좌핵에서 CREB가 과잉 발현된 쥐는 반대 효과가 나타났다.[61] 이는 우울장애에서 고리형 AMP-반응요소 결합단백질의 역할이 뇌의 특정 영역마다 다르게 나타난다는 것을 보여준다. 상당수의 연구에서 장기간의 항우울제 치료는 고리형 AMP-반응요소 결합단백질의 기능을 자극하는 것으로 알려졌으며, 이는 약물의 종류와 용량에 따라서 다르게 나타나는 것으로 보인다. 또한 우울장애를 가지고 있으면서도 항우울제를 투약받지 않은 환자들에 대한 사후 부검연구에서도 뇌의 고리형 AMP-반응요소 결합단백질과 인산화 고리형 AMP-반응요소 결합단백질이 정상군에 비해서 감소된 것으로 나타났다. 이러한 세포내 2차 신호전달자와 전사인자들에 대한 연구들은 항우울제를 투여받고 수 주가 지난 이후 효과가 나타나는 것을 지지해준다.

뇌유래 신경영양인자

신경가소성(neuroplasticity)이란 뇌를 구성하는 신경세포들의 연결망이 환경과 상호작용을 하며 각종 변화를 일으키는 것을 말하며, 여기에는 신경발생, 시냅스 리모델링, 축색발아, 장기강화 등이 모두 포함된다.[62] 이러한 신경가소성에는 다양한 요인이 촉진 혹은 저해 작용을 하는데, 그중에서도 뇌유래 신경영양인자가 주된 촉진 작용을 한다. 뇌유래 신경영양인자는 뉴런에 대한 성장인자 중 하나로, 뉴런의 생존과 유지에 필수적인 인자로 작용하고 타이로신 수용체 키나아제 B에 작용하여 미토겐 활성화단백질 키나아제 신호전달계를 활성화하며 bcl-2와 같은 신경 보호 단백질을 상향 조절한다.[63] 우울장애 환자에게는 해마와 전뇌영역의 용적 감소가 나타나는데, 이는 뇌유래 신경영양인자와 같은 신경영양인자의 감소가 신경가소성에 영향을 미치기 때문이다.[64] 뇌유래 신경영양인자는 염증반응을 조절하여 해마의 세포 사멸을 억제하는 기능을 한다.[65] 해마에서의 뇌유래 신경영양인자의 활성 저하는 곧 인지기능의 저하와 관련된다.[66] 뇌유래 신경영양인자의 분비 및 활성은 항우

울 효과가 나타나는 데 매우 중요한 역할을 한다.[67] 기준시점에서 뇌유래 신경영양인자는
항우울제의 치료반응을 예측할 수 있는 주요한 요인이기도 하다.[68] 항우울제 외에 전기경
련요법에 의해서도 뇌유래 신경영양인자가 상향 조절된다.[69] 전기경련요법을 받은 이후에
우울장애의 관해가 고농도의 뇌유래 신경영양인자와 관련되어 있기도 하다.

설치류를 대상으로 한 우울장애 실험에서 해마의 신경발생을 막으면 항우울제의 치료효
과가 저해된다는 사실도 밝혀졌다. 우울제는 고리형 AMP 유도유전자나 다른 전사조절인
자의 활동을 통하여 해마에서 일부 성장인자가 증가하도록 유도하며, 이것이 해마의 신경
발생을 촉진하는 데 관여한다.[70] 이러한 성장인자에는 앞서 설명한 뇌유래 신경영양인자 외
에도 혈관내피성장인자, 신경성장인자, 혈관성장인자 등이 있다. 그러나 해마의 신경발생에 이
러한 성장인자들만 관여하는 것은 아니다. 인터루킨-6과 종양괴사인자-알파와 같은 염증
촉진성 사이토카인들도 해마의 신경발생에 많은 영향을 끼친다. 설명한 바와 같이 사이토
카인은 주변 조직의 환경과 그 활성도에 따라 신경발생을 저해하기도 하고 촉진하기도 하
는 양면적인 작용을 한다.

뇌유래 신경영양인자의 직접적인 항우울 효과의 근거에 해당할 만한 실험결과들도 있
다. 설치류의 해마에 뇌유래 신경영양인자를 직접 주입했을 때 항우울제를 주입했을 때와
같은 행동의 변화가 관찰되었다.[71] 하지만 복측피개 부위와 측좌핵에 뇌유래 신경영양인
자를 주입하면 우울장애와 연관된 행동이 증가했다.[72] 또한 이들 회로에 뇌유래 신경영양
인자 유전자가 결핍된 쥐에게서는 항우울제를 주입한 것과 같은 효과가 나타났다. 따라서
뇌유래 신경영양인자에 의해 매개되는 신호전달이 신경가소성에 영향을 미치며 뇌유래 신
경영양인자가 스트레스나 항우울제에 반응하는 것은 사실이지만, 이러한 효과는 뇌의 특
정 영역이나 항우울제에 따라 다르게 나타난다.[73]

갑상선호르몬

우울장애 환자 중 일부에서 갑상선자극호르몬의 기저 수준이 상승되어 있거나, 갑상선자
극호르몬 방출호르몬에 대한 갑상선자극호르몬의 반응이 저하되어 있다. 이러한 이상은
항갑상선 항체 수준의 상승과 종종 연관되며, 호르몬 보충치료에도 불구하고 치료반응이
좋지 않을 수 있다.[74] 우울장애 환자의 20~30%에서 갑상선자극호르몬 자극 검사에 대한
갑상선자극호르몬 반응이 둔마되어 있음을 볼 수 있다.[75] 치료에 있어 둔마된 갑상선자극
호르몬 반응은 예방적 항우울제 치료에도 불구하고 재발할 위험성이 크다는 것을 시사하
기 때문에 중요하다. 갑상선자극호르몬 방출호르몬에 대한 둔마된 갑상선자극호르몬 반응

은 효과적인 치료에도 정상화가 잘 되지 않는다.[76]

성장호르몬

성장호르몬은 노르에피네프린과 도파민에 의한 자극 때문에 뇌하수체 전엽에서 분비된다. 성장호르몬의 분비는 소마토스타틴, 시상하부 신경 펩타이드, 코르티코트로핀 분비호르몬 등에 의해 억제된다. 우울장애에서는 뇌척수액에서의 소마토스타틴 수준의 저하가 보고 되었다.[77,78]

프로락틴

프로락틴은 세로토닌의 자극으로 인해 뇌하수체에서 유리되고, 이는 도파민에 의해 억제된다. 여러 세로토닌 효현제에 대한 프로락틴 반응의 저하가 발견된 바 있으나, 아직까지 우울장애에서의 기저 또는 하루주기 프로락틴 분비의 유의한 이상을 입증한 연구는 없다.[79]

옥시토신

옥시토신은 최근 들어 정신의학과 사회과학 사이를 연결해주는 중요한 고리로 떠오르고 있다.[80] 옥시토신은 두 갈래 길로 분비된다. 먼저 뇌실곁핵에서 분비되어 혈액을 통해 분비되는 경로가 있다. 이 경우 옥시토신은 호르몬과 같은 작용을 하게 된다. 한편 옥시토신은 소세포핵에서 합성 및 분비되기도 하는데, 이러한 경우 신경전달물질로 작용한다.[81,82] 옥시토신은 그 수용체에 결합함으로써 작용하는데, 옥시토신 수용체들은 대부분 전전두엽과 해마에 분포되어 있다.[83]

옥시토신은 사람들 사이의 신뢰, 애정, 공감 능력을 증진시키는 작용을 한다.[80,84] 초기에는 옥시토신 그 자체로 이와 같은 선하고, 긍정적인 작용을 하는 것으로 여겨졌었다. 그러나 이후 연구들에서는 옥시토신의 작용이 맥락과 상황에 밀접히 의존하고 있음이 밝혀졌다.[84,85] 옥시토신의 신뢰, 애정, 공감은 때로는 동일집단 내 구성원들끼리의 결집력만 높여 이질집단에 대해서는 배타적인 성향을 보이는 것과 관련되기도 한다. 한편 옥시토신의 작용은 한 사회 내의 규범과 문화에 의해서도 그 작용이 각기 다르게 나타날 수 있다. 옥시토신 작용이 더 많이 나타나는 사람은 무뚝뚝하고 감정 표현이 절제되어 있는 문화권에서는 오히려 더 거절감을 느끼거나, 반대로 다른 이들로부터 지나치게 감정표현을 많이 하는 것으로 비쳐져 오히려 적응에 어려움을 겪을 수도 있다. 이와 관련되어 한 가지 흥미

로운 사실이 있다. 옥시토신 유전자(rs53576)에서 A:G 비율이 동아시아권에서는 0.65:0.35
의 비율인 데 반해, 유럽과 미국에서는 그 반대로 0.35:0.65의 비율이라는 점이다. A에 비
해 G를 지니고 있는 사람이 더 옥시토신 작용이 활성화되는 경향이 높음을 고려할 때, 동
아시아와 유럽 문화권에서의 옥시토신 유전자의 이러한 차이는 진화유전학의 관점에서 고
려해봄직한 현상이다.

위와 같은 사회문화적인 맥락을 별도로 한다면, 현재까지는 옥시토신의 작용을 증진시
키는 것이 우울장애의 호전과 관련되어 있다고 보고되고 있다. 특히 옥시토신의 작용 및
치료효과가 산후우울장애와 관련성이 높다는 연구결과들이 다수 있다.[86,87] 옥시토신은 최
근 들어 많은 동물실험 및 사람 대상으로 임상연구가 진행되고 있는 물질로서, 앞으로 우
울장애와 관련하여 그 역할과 치료적 활용도를 예의주시할 필요가 있다.

수면생리

하루주기리듬의 장애가 우울장애의 발병과 관련 있다는 많은 증거가 있다. 하루주기리듬
의 장애를 야기하는 가장 중요한 두 가지 요소는 수면시간을 감소시키는 야간 활동의 증가
와 야간에 인공적인 빛에 과도하게 노출되는 것이다.[88]

이미 1970년대에 시상하부에 있는 시교차상핵에 병변이 있으면 하루주기리듬에 장애
가 생긴다는 사실이 밝혀졌다.[89] 시교차상핵은 수면-각성 주기, 신진대사 과정, 호르몬 방
출 등과 함께 몸 전체의 생리를 시간 순서에 맞게 조절한다. 하지만 이러한 시간 순서에 변
화가 오면 수면장애, 주의력감소, 소화기장애, 심혈관계 질환이 야기될 수 있다.[90] 행동·
생리·대사적 요인의 하루주기적 변화는 우울장애나 조울증 환자에게서 흔하게 발견된다.
가장 큰 하루주기리듬의 변화는 기분의 변화이다. 우울장애 환자는 대부분 저녁이 되면 그
기분이 호전된다고 보고한다.[91] 우울장애 환자에게서는 야간의 멜라토닌 분비가 감소하
며, 이는 우울장애 환자에게서 흔히 나타나는 수면장애와 연관이 깊다.[92]

수면장애는 기분장애에서 흔히 나타나는 증상이다. 우울장애는 불면이나 과다수면과
관계가 있고, 조증은 수면 욕구의 감소를 나타낸다.

우울장애는 깊은 수면이 조기 소실되고 야간 각성이 증가한다. 야간 각성은 다음과 같
은 네 가지 종류의 장애로 생각할 수 있다. (1) 야간각성의 증가, (2) 전체 수면시간의 감소,
(3) 급속안구운동 수면의 증가, (4) 심부 체온의 증가 등이다. 내인성 우울장애에서는 전체
수면시간이 감소하고, 잠들기 시작하는 시기와 급속안구운동이 출현하기 시작하는 시기

사이의 시간, 즉 급속안구운동 잠복기가 짧고, 급속안구운동 밀도의 증가와 비급속안구운동 수면(서파 수면)의 감소를 나타낸다. 우울장애로 입원한 환자의 80%, 외래환자의 40%에서 이러한 급속안구운동 잠복기의 감소, 급속안구운동 밀도의 증가, 수면지속의 감소 등의 양상이 보인다.

쌍생아연구에서 이러한 현상은 부분적으로 유전되는 것으로 밝혀졌으며, 그렇기 때문에 우울삽화가 회복된 이후에도 이러한 현상은 어느 정도 지속되는 경향을 보인다. 또한 수면이 시작된 이후에 성장호르몬의 분비가 원활하지 못한 것은 서파 수면의 감소와 관련이 있으며, 이러한 현상이 유전적 경향의 결과라는 것을 시사한다.[93] 그러나 수면지속의 어려움이나 REM 수면의 증가는 고코르티솔혈증, 변연계의 혈류량과 당대사율의 증가와 관련이 있으며, 항우울제 복용 등으로 인해 우울장애가 회복되면 이러한 수면생리의 이상들은 부분적으로는 회복된다.[94]

나이가 어리고 과수면 양상을 보이는 우울장애 환자는 우울삽화 동안 오히려 서파 수면이 증가하기도 한다. 건강한 사람의 약 10%는 우울장애 환자에게서 보이는 비정상적인 수면양상을 보인다. 우울장애 환자 중에서 수면 양상이 비정상적인 사람은 정신치료에 대한 효과도 떨어지고 재발의 위험도 높은 것으로 알려졌다. 그러나 이러한 환자는 약물치료로 효과를 볼 수 있다. bupropion, nefazodone, agomelatine 등을 제외하고 대부분의 항우울제는 시냅스후 세로토닌 1A 수용체를 활성화하여 급속안구운동 수면을 억제한다.[95] 또한 항우울제는 항히스타민 효과 및 멜라토닌 수용체, 세로토닌 2 수용체 길항 효과를 통하여 수면을 유지하고 서파 수면을 증가시킨다.

요약

그동안 우울장애의 신경생물학적인 요인에는 세로토닌과 노르에피네프린, 도파민 등으로 대표되는 단가아민 이상이 가장 중요한 요인으로 여겨져 왔다. 그러나 시간이 갈수록 이러한 단가아민 자체의 작용만으로 우울장애를 설명하는 데 한계에 부딪혀 왔으며, 다양한 신경전달물질들과 신경해부학 및 분자생물학적 관점에서의 연구가 가속화되어 왔다. 비록 현재 사용되고 있는 대부분의 항우울제들의 핵심 작용기전은 단가아민의 분비와 가용성을 조절하는 것이지만, 그 작용기전 효과의 기저에는 염증, 신경영양인자, 해마의 신경발생, 시상하부-뇌하수체-부신피질(HPA) 축과 글루코코르티코이드의 작용 등이 매우 복잡하게 얽힌 상호작용이 있음을 알게 되었다. 특히 신경전달물질 중 새로운 항우울제의 후보로 각광받고 있는 ketamine과 엔-메틸-디-아스파르테이트 수용체는 우울장애의 병인론 및 치료적인 기전을 규명하는 데 획기적인 전환을 가져왔다. 글루타메이트를 비롯한 다양한 신경전달물질들은 세포 내의 신호전달과정 중 고리형 AMP-반응요소 결합단백질로 이어지는 세포내 신호전달 체계를 통해 시냅스 생성 및 뇌가소성 등의 구조적인 변화를 유발한다. 한편 뇌유래 신경영양인자 등 신경가소성에 영향을 미치는 인자 또한 항우울제에 대한 반응성을 비롯한 우울장애의 발현 및 치료에 영향을 준다. 또한 전통적으로 우울장애와 관련되어 있을 것이라고 제기되어 온 갑상선호르몬, 성장호르몬, 프로락틴 등과 더불어 옥시토신 등이 새로이 관심의 초점이 되고 있다. 우울장애 환자의 대부분이 불면을 호소하는데, 이는 하루주기리듬의 장애가 우울장애의 발병과 관련되어 있다는 증거이다. 우울장애 환자는 야간각성이 증가하고 전체 수면시간이 감소하며, 급속안구운동 수면이 증가하고 심부 체온이 증가하는 등의 이상소견을 보인다.

이상의 우울장애의 신경생물학은 현재까지의 연구 성과들을 극히 압축적으로 정리한 것인데, 이러한 단편만을 봐도 우울장애가 매우 복합적인 뇌신경-내분비-면역학적 체계의 기능조절 이상에서 비롯된 것임을 알 수 있다. 향후에는 우울장애의 신경생물학을 더욱 폭넓은 관점에서 아우르며 포섭할 수 있는 관점과 연구결과가 필요할 것이다.

참고문헌

1) Petty F, Davis LL, Kabel D, Kramer GL. Serotonin dysfunction disorders: a behavioral neurochemistry perspective. *J Clin Psychiatry* 1996;57 Suppl 8:11-16.

2) Berton O, Nestler EJ. New approaches to antidepressant drug discovery: beyond monoamines. *Nat Rev Neurosci* 2006;7:137-151.

3) Nutt DJ. The role of dopamine and norepinephrine in depression and antidepressant treatment. *J Clin Psychiatry* 2006;67 Suppl 6:3-8.

4) Freis ED. Mental depression in hypertensive patients treated for long periods with large doses of reserpine. *N Engl J Med* 1954;251:1006-1008.

5) Nutt DJ. The neuropharmacology of serotonin and noradrenaline in depression. *Int Clin Psychopharmacol* 2002;17 Suppl 1:S1-12.

6) Trivedi MH, Rush AJ, Wisniewski SR, Nierenberg AA, Warden D, Ritz L, et al. Evaluation of outcomes with citalopram for depression using measurement-based care in STAR*D: implications for clinical practice. *Am J Psychiatry* 2006;163:28-40.

7) Cavalcante JS, de Pontes AL, Engelberth RC, Cavalcante JC, Nascimento ES, Jr., Borda JS, et al.

5-HT(1B) receptor in the suprachiasmatic nucleus of the common marmoset (Callithrix jacchus). *Neurosci Lett* 2011;488:6-10.

8) Caspi A, Sugden K, Moffitt TE, Taylor A, Craig IW, Harrington H, et al. Influence of life stress on depression: moderation by a polymorphism in the 5-HTT gene. *Science* 2003;301:386-389.

9) Hieronymus F, Emilsson JF, Nilsson S, Eriksson E. Consistent superiority of selective serotonin reuptake inhibitors over placebo in reducing depressed mood in patients with major depression. *Mol Psychiatry* 2016;21:523-530.

10) Boldrini M, Underwood MD, Mann JJ, Arango V. Serotonin-1A autoreceptor binding in the dorsal raphe nucleus of depressed suicides. *J Psychiatr Res* 2008;42:433-442.

11) Svenningsson P, Chergui K, Rachleff I, Flajolet M, Zhang X, El Yacoubi M, et al. Alterations in 5-HT1B receptor function by p11 in depression-like states. *Science* 2006;311:77-80.

12) Smith HS, Cox LR, Smith EJ. 5-HT3 receptor antagonists for the treatment of nausea/vomiting. *Ann Palliat Med* 2012;1:115-120.

13) Xing B, Li YC, Gao WJ. Norepinephrine versus dopamine and their interaction in modulating synaptic function in the prefrontal cortex. *Brain Res* 2016;1641:217-233.

14) Espana RA, Schmeichel BE, Berridge CW. Norepinephrine at the nexus of arousal, motivation and relapse. *Brain Res* 2016;1641:207-216.

15) Galfalvy H, Currier D, Oquendo MA, Sullivan G, Huang YY, John Mann J. Lower CSF MHPG predicts short-term risk for suicide attempt. *Int J Neuropsychopharmacol* 2009;12:1327-1335.

16) Maletic V, Eramo A, Gwin K, Offord SJ, Duffy RA. The Role of Norepinephrine and Its alpha-Adrenergic Receptors in the Pathophysiology and Treatment of Major Depressive Disorder and Schizophrenia: A Systematic Review. *Front Psychiatry* 2017;8:42.

17) Krishnan V, Nestler EJ. The molecular neurobiology of depression. *Nature* 2008;455:894-902.

18) Llorca-Torralba M, Borges G, Neto F, Mico JA, Berrocoso E. Noradrenergic Locus Coeruleus pathways in pain modulation. *Neuroscience* 2016;338:93-113.

19) Brown JP, Boulay LJ. Clinical experience with duloxetine in the management of chronic musculoskeletal pain. A focus on osteoarthritis of the knee. *Ther Adv Musculoskelet Dis* 2013;5:291-304.

20) Haber SN, Knutson B. The reward circuit: linking primate anatomy and human imaging. *Neuropsychopharmacology* 2010;35:4-26.

21) Berridge CW, Arnsten AF. Psychostimulants and motivated behavior: arousal and cognition. *Neurosci Biobehav Rev* 2013;37:1976-1984.

22) Huotari M, Gogos JA, Karayiorgou M, Koponen O, Forsberg M, Raasmaja A, et al. Brain catecholamine metabolism in catechol-O-methyltransferase (COMT)-deficient mice. *Eur J Neurosci* 2002;15:246-256.

23) Sesack SR, Hawrylak VA, Matus C, Guido MA, Levey AI. Dopamine axon varicosities in the prelimbic division of the rat prefrontal cortex exhibit sparse immunoreactivity for the dopamine transporter. J *Neurosci* 1998;18:2697-2708.

24) Mier D, Kirsch P, Meyer-Lindenberg A. Neural substrates of pleiotropic action of genetic variation in COMT: a meta-analysis. *Mol Psychiatry* 2010;15:918-927.

25) Whitton AE, Treadway MT, Pizzagalli DA. Reward processing dysfunction in major depression, bipolar disorder and schizophrenia. *Curr Opin Psychiatry* 2015;28:7-12.

26) Gong L, He C, Yin Y, Ye Q, Bai F, Yuan Y, et al. Nonlinear modulation of interacting between COMT and depression on brain function. *Eur Psychiatry* 2017;45:6-13.

27) Smagin GN, Song D, Budac DP, Waller JA, Li Y, Pehrson AL, et al. Histamine may contribute to vortioxetine's procognitive effects; possibly through an orexigenic mechanism. *Prog Neuropsychopharmacol Biol Psychiatry* 2016;68:25-30.

28) Stahl SM. Modes and nodes explain the mechanism of action of vortioxetine, a multimodal agent (MMA): actions at serotonin receptors may enhance downstream release of four pro-cognitive neurotransmitters. *CNS Spectr* 2015;20:515-519.

29) Hillhouse TM, Porter JH. A brief history of the development of antidepressant drugs: from monoamines to glutamate. *Exp Clin Psychopharmacol* 2015;23:1-21.

30) Schousboe A. A Tribute to Mary C. McKenna: Glutamate as Energy Substrate and Neurotransmitter-Functional Interaction Between Neurons and Astrocytes. *Neurochem Res* 2017;42:4-9.

31) Zarate CA, Jr., Singh JB, Carlson PJ, Brutsche NE, Ameli R, Luckenbaugh DA, et al. A randomized trial of an N-methyl-D-aspartate antagonist in treatment-resistant major depression. *Arch Gen Psychiatry* 2006;63:856-864.

32) Kim YK, Na KS, Myint AM, Leonard BE. The role of pro-inflammatory cytokines in neuroinflammation, neurogenesis and the neuroendocrine system in major depression. *Prog Neuropsychopharmacol Biol Psychiatry* 2016;64:277-284.

33) Brummelte S, Galea LA. Chronic high corticosterone reduces neurogenesis in the dentate gyrus of adult male and female rats. *Neuroscience* 2010;168:680-690.

34) Sousa N, Lukoyanov NV, Madeira MD, Almeida OF, Paula-Barbosa MM. Reorganization of the morphology of hippocampal neurites and synapses after stress-induced damage correlates with behavioral improvement. *Neuroscience* 2000;97:253-266.

35) Clark AS, Mitre MC, Brinck-Johnsen T. Anabolic-androgenic steroid and adrenal steroid effects on hippocampal plasticity. *Brain research* 1995;679:64-71.

36) Anacker C. Adult hippocampal neurogenesis in depression: behavioral implications and regulation by the stress system. *Curr Top Behav Neurosci* 2014;18:25-43.

37) Schatzberg AF, Keller J, Tennakoon L, Lembke A, Williams G, Kraemer FB, et al. HPA axis genetic variation, cortisol and psychosis in major depression. *Mol Psychiatry* 2014;19:220−227.

38) Plotsky PM, Owens MJ, Nemeroff CB. Psychoneuroendocrinology of depression. Hypothalamic−pituitary−adrenal axis. *Psychiatr Clin North Am* 1998;21:293−307.

39) Arborelius L, Owens MJ, Plotsky PM, Nemeroff CB. The role of corticotropin−releasing factor in depression and anxiety disorders. *J Endocrinol* 1999;160:1−12.

40) Sheline YI, Sanghavi M, Mintun MA, Gado MH. Depression duration but not age predicts hippocampal volume loss in medically healthy women with recurrent major depression. *J Neurosci* 1999;19:5034−5043.

41) Kuroda Y, McEwen BS. Effect of chronic restraint stress and tianeptine on growth factors, growth−associated protein−43 and microtubule−associated protein 2 mRNA expression in the rat hippocampus. *Brain Res Mol Brain Res* 1998;59:35−39.

42) Ma M, Ren Q, Yang C, Zhang JC, Yao W, Dong C, et al. Antidepressant effects of combination of brexpiprazole and fluoxetine on depression−like behavior and dendritic changes in mice after inflammation. *Psychopharmacology* (Berl) 2017;234:525−533.

43) Weaver IC, Cervoni N, Champagne FA, D'Alessio AC, Sharma S, Seckl JR, et al. Epigenetic programming by maternal behavior. *Nature Neuroscience* 2004;7:847−854.

44) Pariante CM. Why are depressed patients inflamed? A reflection on 20 years of research on depression, glucocorticoid resistance and inflammation. *Eur Neuropsychopharmacol* 2017;27:554−559.

45) Egeland M, Zunszain PA, Pariante CM. Molecular mechanisms in the regulation of adult neurogenesis during stress. *Nat Rev Neurosci* 2015;16:189−200.

46) Sahay A, Scobie KN, Hill AS, O'Carroll CM, Kheirbek MA, Burghardt NS, et al. Increasing adult hippocampal neurogenesis is sufficient to improve pattern separation. Nature 2011;472:466−470.

47) Travis SG, Coupland NJ, Hegadoren K, Silverstone PH, Huang Y, Carter R, et al. Effects of cortisol on hippocampal subfields volumes and memory performance in healthy control subjects and patients with major depressive disorder. *J Affect Disord* 2016;201:34−41.

48) Chan SW, Harmer CJ, Norbury R, O'Sullivan U, Goodwin GM, Portella MJ. Hippocampal volume in vulnerability and resilience to depression. J Affect Disord 2016;189:199−202.

49) Malykhin NV, Coupland NJ. Hippocampal neuroplasticity in major depressive disorder. *Neuroscience* 2015;309:200−213.

50) Lee AL, Ogle WO, Sapolsky RM. Stress and depression: possible links to neuron death in the hippocampus. *Bipolar disorders* 2002;4:117−128.

51) Videbech P, Ravnkilde B. Hippocampal volume and depression: a meta−analysis of MRI studies. *The American Journal of Psychiatry* 2004;161:1957−1966.

52) Chen MC, Hamilton JP, Gotlib IH. Decreased hippocampal volume in healthy girls at risk of depression. *Archives of General Psychiatry* 2010;67:270−276.

53) Baare WF, Vinberg M, Knudsen GM, Paulson OB, Langkilde AR, Jernigan TL, et al. Hippocampal volume changes in healthy subjects at risk of unipolar depression. *J Psychiatr Res* 2010;44:655−662.

54) Vakili K, Pillay SS, Lafer B, Fava M, Renshaw PF, Bonello−Cintron CM, et al. Hippocampal volume in primary unipolar major depression: a magnetic resonance imaging study. *Biological Psychiatry* 2000;47:1087−1090.

55) Na KS, Chang HS, Won E, Han KM, Choi S, Tae WS, et al. Association between glucocorticoid receptor methylation and hippocampal subfields in major depressive disorder. PLoS One 2014;9:e85425.

56) Belmaker RH, Agam G. Major depressive disorder. *N Engl J Med* 2008;358:55−68.

57) Shimon H, Agam G, Belmaker RH, Hyde TM, Kleinman JE. Reduced frontal cortex inositol levels in postmortem brain of suicide victims and patients with bipolar disorder. *Am J Psychiatry* 1997;154:1148−1150.

58) Coupland NJ, Ogilvie CJ, Hegadoren KM, Seres P, Hanstock CC, Allen PS. Decreased prefrontal Myo−inositol in major depressive disorder. *Biol Psychiatry* 2005;57:1526−1534.

59) Valdizan EM, Gutierrez O, Pazos A. Adenylate cyclase activity in postmortem brain of suicide subjects: reduced response to beta−adrenergic stimulation. *Biol Psychiatry* 2003;54:1457−1464.

60) Avissar S, Nechamkin Y, Roitman G, Schreiber G. Reduced G protein functions and immunoreactive levels in mononuclear leukocytes of patients with depression. *Am J Psychiatry* 1997;154:211−217.

61) Blendy JA. The role of CREB in depression and antidepressant treatment. *Biol Psychiatry* 2006;59:1144−1150.

62) Mesulam MM. Neuroplasticity failure in Alzheimer's disease: bridging the gap between plaques and tangles. *Neuron* 1999;24:521−529.

63) Manji HK, Moore GJ, Rajkowska G, Chen G. Neuroplasticity and cellular resilience in mood disorders. *Mol Psychiatry* 2000;5:578−593.

64) Duman RS, Monteggia LM. A neurotrophic model for stress−related mood disorders. *Biol Psychiatry* 2006;59:1116−1127.

65) Xu D, Lian D, Wu J, Liu Y, Zhu M, Sun J, et al. Brain−derived neurotrophic factor reduces inflammation and hippocampal apoptosis in experimental Streptococcus pneumoniae meningitis. *J Neuroinflammation* 2017;14:156.

66) Kim D, Chung S, Lee SH, Choi SY, Kim SM, Koo J, et al. Decreased hippocampal brain−derived neurotrophic factor and impaired cognitive function by hypoglossal nerve transection in rats. *J Cell*

Mol Med 2017.

67) Ghosal S, Bang E, Yue W, Hare BD, Lepack AE, Girgenti MJ, et al. Activity−Dependent Brain−Derived Neurotrophic Factor Release Is Required for the Rapid Antidepressant Actions of Scopolamine. *Biol Psychiatry* 2017.

68) Mikoteit T, Beck J, Hemmeter UM, Brand S, Schmitt K, Bischof R, et al. Mature brain−derived neurotrophic factor (BDNF) is the major player of total BDNF in serum regarding prediction of antidepressant treatment outcome. *Psychopharmacology* (Berl) 2016;233:153−155.

69) Freire TF, Fleck MP, da Rocha NS. Remission of depression following electroconvulsive therapy (ECT) is associated with higher levels of brain−derived neurotrophic factor (BDNF). *Brain Res Bull* 2016;121:263−269.

70) Pittenger C, Duman RS. Stress, depression, and neuroplasticity: a convergence of mechanisms. *Neuropsychopharmacology* 2008;33:88−109.

71) Shirayama Y, Chen AC, Nakagawa S, Russell DS, Duman RS. Brain−derived neurotrophic factor produces antidepressant effects in behavioral models of depression. *J Neurosci* 2002;22:3251−3261.

72) Berton O, McClung CA, Dileone RJ, Krishnan V, Renthal W, Russo SJ, et al. Essential role of BDNF in the mesolimbic dopamine pathway in social defeat stress. *Science* 2006;311:864−868.

73) Nestler EJ, Carlezon WA, Jr. The mesolimbic dopamine reward circuit in depression. *Biol Psychiatry* 2006;59:1151−1159.

74) Fountoulakis KN, Kantartzis S, Siamouli M, Panagiotidis P, Kaprinis S, Iacovides A, et al. Peripheral thyroid dysfunction in depression. *World J Biol Psychiatry* 2006;7:131−137.

75) Hickie I, Bennett B, Mitchell P, Wilhelm K, Orlay W. Clinical and subclinical hypothyroidism in patients with chronic and treatment−resistant depression. *Aust N Z J Psychiatry* 1996;30:246−252.

76) Loosen PT. The TRH−induced TSH response in psychiatric patients: a possible neuroendocrine marker. *Psychoneuroendocrinology* 1985;10:237−260.

77) Rubinow DR, Gold PW, Post RM, Ballenger JC, Cowdry R, Bollinger J, et al. CSF somatostatin in affective illness. *Arch Gen Psychiatry* 1983;40:409−412.

78) Banki CM, Karmacsi L, Bissette G, Nemeroff CB. CSF corticotropin−releasing hormone and somatostatin in major depression: response to antidepressant treatment and relapse. Eur *Neuropsychopharmacol* 1992;2:107−113.

79) Heninger GR, Charney DS, Sternberg DE. Serotonergic function in depression. Prolactin response to intravenous tryptophan in depressed patients and healthy subjects. *Arch Gen Psychiatry* 1984;41:398−402.

80) Zik JB, Roberts DL. The many faces of oxytocin: implications for psychiatry. *Psychiatry Res* 2015;226:31−37.

81) Schulkin J. Hormonal regulation of food selection. In: Schulkin J, ed. The Neuroendocrine

Regulation of Behavior. London: Cambridge University Press 1999. pp.123-130.

82) Ludwig M, Leng G. Dendritic peptide release and peptide-dependent behaviours. *Nat Rev Neurosci* 2006;7:126-136.

83) Mitre M, Marlin BJ, Schiavo JK, Morina E, Norden SE, Hackett TA, et al. A Distributed Network for Social Cognition Enriched for Oxytocin Receptors. *J Neurosci* 2016;36:2517-2535.

84) Feldman R, Monakhov M, Pratt M, Ebstein RP. Oxytocin Pathway Genes: Evolutionary Ancient System Impacting on Human Affiliation, Sociality, and Psychopathology. *Biological Psychiatry* 2016;79:174-184.

85) Shamay-Tsoory SG, Abu-Akel A. The Social Salience Hypothesis of Oxytocin. *Biological Psychiatry* 2016;79:194-202.

86) Kimmel M, Clive M, Gispen F, Guintivano J, Brown T, Cox O, et al. Oxytocin receptor DNA methylation in postpartum depression. *Psychoneuroendocrinology* 2016;69:150-160.

87) Mah BL. Oxytocin, Postnatal Depression, and Parenting: A Systematic Review. *Harv Rev Psychiatry* 2016;24:1-13.

88) Salgado-Delgado R, Tapia Osorio A, Saderi N, Escobar C. Disruption of circadian rhythms: a crucial factor in the etiology of depression. *Depress Res Treat* 2011;2011:839743.

89) Stephan FK, Zucker I. Circadian rhythms in drinking behavior and locomotor activity of rats are eliminated by hypothalamic lesions. *Proc Natl Acad Sci USA* 1972;69:1583-1586.

90) Hastings MH, Reddy AB, Maywood ES. A clockwork web: circadian timing in brain and periphery, in health and disease. *Nat Rev Neurosci* 2003;4:649-661.

91) Wulff K, Gatti S, Wettstein JG, Foster RG. Sleep and circadian rhythm disruption in psychiatric and neurodegenerative disease. *Nat Rev Neurosci* 2010;11:589-599.

92) Souetre E, Salvati E, Belugou JL, Pringuey D, Candito M, Krebs B, et al. Circadian rhythms in depression and recovery: evidence for blunted amplitude as the main chronobiological abnormality. *Psychiatry Res* 1989;28:263-278.

93) Pillai V, Kalmbach DA, Ciesla JA. A meta-analysis of electroencephalographic sleep in depression: evidence for genetic biomarkers. *Biol Psychiatry* 2011;70:912-919.

94) Reus VI, Miner C. Evidence for physiological effects of hypercortisolemia in psychiatric patients. *Psychiatry Res* 1985;14:47-56.

95) Mayers AG, Baldwin DS. Antidepressants and their effect on sleep. *Hum Psychopharmacol* 2005;20:533-559.

심리사회적 원인
Psychosocial perspectives

김원*, 황태연**

인제대학교 의과대학 서울백병원 정신건강의학과*, 국립정신건강센터 정신건강사업부**

우울장애의 심리사회적 원인

일시적인 우울은 인간에게 매우 흔하게 일상적으로 일어나는 감정인 반면, 우울장애는 지속적이고 복잡한 우울 감정과 더불어 기력 및 행동저하가 나타나 임상적인 관심이 필요한 상태를 말한다. 모든 일상 스트레스 상황과 모든 부정적 감정이 우울장애의 원인 중 한 가지로 꼽힐 수 있으며, 수많은 생물학적 · 심리적 · 사회환경적 요인이 우울장애의 발생에 관여할 수 있다. 그러므로 우울증의 원인은 한 가지로 특정되기 매우 어려우며, 여러 요인이 상호작용하고 반복적으로 개인의 심신에 영향을 미쳐 일어나는 것이 우울장애의 본질일 것이다. 그러므로 이 장에서 소개하는 우울장애의 심리사회적 이론과 모델이 각각 이것 하나로 우울장애를 모두 설명할 수 있다고 주장할 수는 없다고 생각한다. 다만 여러 이론이 우울장애의 다양하고 복잡한 측면을 이해하는 데 각각 도움을 줄 수 있을 것이다.

고전적 정신분석이 보는 우울장애

고전적 정신분석에서는 리비도가 부여된 대상에 대한 공격 욕동을 자아가 위험한 것으로 받아들임으로써 오는 내적 갈등에서 우울증이 비롯된다고 보았다. Freud는 애도(grief)가 사랑하던 사람의 죽음 이후에 일어나는 반면, 멜랑콜리아(우울증)는 대상의 사랑을 상실함으로써 발생한다고 하였다.[1] 애도와 멜랑콜리아는 비슷한 임상 양상을 보이지만 멜랑콜리아에서는 자존감의 상실이 동반되어 대상뿐 아니라 자아의 일부도 상실되는 것이므로 더 큰 고통을 받는다고 하였다. 멜랑콜리아의 개인은 상실을 견디지 못한 결과, 상실한 대상을 자신의 자아 속으로 구강 함입하며, 이로 인해 초자아의 공격을 받을 수 있다.

Klein은 우울적 자리(depressive position)로 우울을 설명하였다.[2] 좋은 내적 대상에 대한 공격성은 대상의 상실을 경험하면서 좋은 대상을 자신이 파괴해버렸다는 죄책감을 유발하고, 이런 죄책감으로 인해 우울적 자리에 놓이게 된다고 하였다.

Karl Abraham은 애도와 멜랑콜리아의 관계를 언급하면서, 멜랑콜리아는 개인의 리비도적 증오심이 외부로 투사되었다가 자신에 대한 혐오감 및 죄책감으로 돌아옴으로써 발생되는 것이라고 하였고, 이는 신경증적 우울증―무의식적 요소의 억압으로 인한 욕구 충족 실패에서 오는―과는 다른 것이라고 하였다.[3] 또한 다섯 가지 요소가 상호작용을 통해 멜랑콜리아를 유발한다고 하였는데, (1) 선천적으로 강한 구강적 성애, (2) 리비도의 구강기 고착, (3) 어머니 대상에 대한 사랑의 좌절로 인한 유아기적 자기애의 손상, (4) 이런 손상의 극복이 전성기에 일어남, (5) 이런 초기 실망이 생애에 걸쳐 반복되는 것이 그것이다.

그는 또한 우울증에서의 양가감정을 강조하여 멜랑콜리아가 발생하려면 대상관계가 반드시 양가적이어야 한다고 하였다. 자기애적 동일시를 해오던 대상으로부터 사랑을 거부당하게 되면, 대상과 동일시되던 자아 부분에 대해 증오가 작동하기 시작하여 가학적인 만족을 추구해 나간다. 이로써 대상에 대한 증오심은 동시에 자기에게로 향한다. 대상에 대한 사랑은 의식적인 자아 쪽으로 옮겨 가고 무의식 속에는 대상에 대한 미움만이 남게 되고, 이로 인해 멜랑콜리아의 임상 양상들이 나타난다. 이런 상실한 대상과의 투쟁은 고갈 상태에 이를 때까지 지속된다고 하였다.

정신분석적 이론에서 본 우울장애의 두 아형

Frued는 '애도와 멜랑콜리아'에서 멜랑콜리아, 즉 우울증을 정신성적 발달단계 중 대상 선택 이전에 나타나는 구강-함입 단계와 연관지어 설명하였지만, 동시에 초자아의 형성이나 오이디푸스 콤플렉스 해소 초기에서 비롯되는 더 복잡한 심리발달 단계와 연관된 죄책감, 자기비하, 자기처벌로 설명하기도 하였다.[1] 즉 '애도와 멜랑콜리아'의 앞부분에서는 프로이트도 멜랑콜리아의 정의가 다양하고 멜랑콜리아의 여러 형태를 하나의 질병 단위로 규정할 수 없다는 듯이 조심스럽게 말하고 있다. 그러나 이 책의 전반에 걸쳐 프로이트는 이 두 가지의 전혀 다른 발달단계 기전을 통합한 하나의 멜랑콜리아 개념을 만들기 위해 무던히 노력하였다.[4]

현재의 임상가나 이론가들은 이런 두 가지 기전을 일부분 받아들여 우울장애를 크게 두 가지 다른 형태로 구분하는 경향이 있다. 하나는 대인관계 문제를 중심으로 한 우울장애이고 다른 하나는 냉혹하고 처벌적인 초자아로 비롯된 우울장애가 그것이다. 대인관계 문제로는 의존성, 절망감, 대상의 상실, 대상으로부터 거부와 같은 문제로 우울장애가 발생한다는 것이고, 냉혹한 초자아 문제는 자기 비난, 자기 가치에 대한 불신, 실패와 죄책감 등에 의해 우울장애가 발생한다는 설명이다.[4]

애착이론을 발달시킨 Bowlby는 대상관계와 생태학적 관점에서 볼 때 불안한 애착관계와 강박적인 자기 관계를 가진 사람이 우울장애에 취약하다고 하였다. 불안한 애착을 가진 사람은 대인관계 과정에서 과도하게 타인에게 의존적이 되고, 강박적인 자기 관계를 가진 사람은 과도한 자율성을 추구하여 친밀한 대인관계를 회피하기 때문에 우울장애에 취약성을 가지게 된다고 설명하였다.[5]

Arieti와 Bemporad는 대인관계이론의 관점에서 우울장애를 주도적 타인 아형과 주도적 목표 달성 아형의 두 가지 아형으로 구분하였다. 주도적 타인 아형의 환자는 자신이 의존적·요구적·유아적 관계를 원하는 타인으로부터 관계 욕구를 충족 받으려 하는데, 이런 주도적 타인을 상실하면 우울장애가 발생하게 된다. 주도적 목표달성 아형의 환자는 목표달성을 통해 자신의 가치를 확인하고 죄책감으로부터 자유로워지려는 시도를 하는데, 이런 목표가 달성되지 않을 때 우울장애가 발생한다고 하였다.[6]

Blatt 등은 대상관계이론, 자아심리학, 인지발달이론의 관점에서 아나클리시스 아형(anaclitic subtype)과 인트로젝션 아형(introjective subtype)으로 구분하였다.[7] 아나클리시스 아형은 '의존성 우울증'으로, 고독감, 무력감, 무능한 느낌으로 특징지어지는데, 이 환자들은 타인으로부터 버림받아 보살핌을 받지 못하고 홀로 남게 되는 것에 대한 강하고 지속적인 두려움을 지니고 있다. 이들은 이별이나 대상의 상실로 인해 큰 고통을 겪게 되고, 이를 방어하기 위해 부정과 같은 원시적 방어기제를 이용하고, 이 상실을 대체할 새로운 대상을 필사적으로 찾게 된다. 인트로젝션 아형은 '자기 비난형 우울증'으로 무가치감, 열등감, 실패감, 죄책감 등으로 특징지어진다. 이들은 지속적이고 냉혹한 자기 평가를 하고 있고, 중요한 타인으로부터 인정을 받지 못하거나 비판을 받을 것에 대한 두려움을 지니고 있다. 그래서 성취나 완벽함을 지나칠 정도로 추구하고 매우 경쟁적이고 열심히 일을 하면서 항상 자신을 다그치기 때문에 업무에서 상당한 성취를 이루지만, 정작 자신은 이에 만족하지 못한다. 과도한 경쟁심 때문에 자신뿐 아니라 동료들에게도 비판적, 공격적이 되기 쉽다.

지금까지 살펴본 몇 가지 이론은 기본 가정이나 배경에서 서로 많은 차이를 가지고 있지만, 우울장애의 심리사회적 원인을 크게 두 가지, 대인관계의 충족 실패와 자기의 능력과 가치에 대한 만족 실패로 본다는 면에서 공통점이 발견된다. 또한 Blatt는 자기심리학을 발전시킨 Kohut이 자기애를 이상화된 부모 이마고와 과대한 자기의 두 가지 경로로 설명한 것도 우울장애의 두 가지 아형과 상응하는 면이 있다며, 자기애를 우울증에 대한 방어로 제시하기도 하였다.[8]

자살과 관련한 몇 연구에서는 **의존성 우울증**에서 우울감 호소와 함께 신체증상의 호소가 많고, 다른 사람의 관심과 보살핌을 추구하다가 이런 대상이 상실될 때 자살행동을 자주 보이는데, 이런 경우 약물 과다 복용을 많이 한다고 하였다. 이에 비해 **자기 비난형 우울증**은 훨씬 심각한 방법의 자살행동을 하는 경향이 있는데, 능력이 뛰어나고 야망이 커서 사회적으로 성공한 유명인사가 사회적 사건에 휘말려 대중의 비난을 받고 자존심에 큰 상처를 입어 갑작스러운 자살을 하는 경우가 이에 해당할 수 있다고 하였다.[9]

인지행동이론에서 보는 우울장애

Beck의 인지모델

우울장애의 심리학적 이론 중에서 현재 가장 많은 연구가 된 것은 Beck이 처음 제시하고 많은 학자들에 의해 발전된 **인지이론(cognitive theory)**이라 할 수 있다. Beck은 정신분석 수련을 받고 우울증 환자들을 만나던 중 많은 환자들의 부정적 생각에 부딪히게 되었다. 환자들은 자기를 비난하고 불행을 과장했으며 자신의 무능함과 무가치함에 대한 믿음을 지니고 있었고, Beck은 이런 믿음이 역기능적으로 작용하여, 현실을 왜곡하고 우울증 증상을 더 나쁘게 만들거나 지속시키고 있음을 발견하였다. 그래서 그는 우울장애의 인지모델로 세 가지 핵심 요소를 설정했는데, 인지삼제(cognitive triad), 정보처리 오류, 부정적 자기-스키마가 그것이다.[10]

인지삼제란 첫째 자신에 대해, 둘째 세상에 대해, 셋째 미래에 대해 가지는 부정적인 인식과 해석 · 기대 · 기억을 말한다. 이런 부정적인 생각이 우울장애의 기분, 행동, 신체증상에 영향을 미친다는 것이 기본적인 개념이다. 이런 부정적인 생각은 환자의 정보처리 오류에 의해 형성되거나 강화되는데, 실제로 긍정적인 부분이 있는 사건도 부정적인 측면만을 선택적으로 받아들이는 선택적 집중, 특정한 나쁜 측면을 일반화하는 과일반화, 나쁜 정보는 과장하고 좋은 정보는 축소시키는 과장 및 축소와 같은 것이 대표적인 정보처리 오류라고 할 수 있다. 이런 **정보처리 오류**는 환자가 의도적으로 하는 것이 아니라 자동적으로 부지불식간에 일어난다. 자기-스키마는 자신에 관해 견고하게 조직화된 믿음과 가정을 뜻한다. 우울증에 취약한 사람은 **부정적 자기-스키마**를 가지고 있다고 할 수 있는데, 이런 스키마는 어린 시절에 부모로부터 거부되거나 비난받거나 인정되지 못한 결과로 형성되었을 수 있다. 스키마는 개인의 경험과 상황에서 오는 정보 중에서 부정적인 정보만 선택적으로 채택하기 때문에 개인이 긍정적 경험을 계속하여도 부정적 믿음이 깨지지 않고 계속 지속된다. 즉, 오래전 형성된 견고한 스키마가 현실의 정보 중에서 부정적 정보만 자신의 것으로 채택하고 긍정적 정보는 무시하고 버리는 것이다. 우울장애의 발생은 환자가 스트레스 상황에 놓였을 때 잠재해 있던 부정적 자기-스키마가 활성화되어 지속적으로 왜곡된 정보처리를 유도하고 이에 따라 부정적 인지가 쌓여 우울장애의 여러 증상을 유발한다고 볼 수 있다.

Beck은 처음 인지모델을 제시한 이후 시간이 지남에 따라 자신의 견해를 여러 번 보완 · 발전시켰다. 그중 중요한 것은 개인의 성격 차이에 따라 부정적 사건이나 우울증 유발요인이 다를 수 있고, 이런 성격 차이에 따라 우울증의 증상 아형도 다를 수 있다는 가설이다. 이에 따라 Beck은 **사회지향형**(sociotropic) 성격과 **자율형**(autonomous) 성격을 나누었는데, 사회지향형 성격은 타인의 인정이나 대인관계로부터 자신의 가치를 느끼는 성격을 말하며, 자율형 성격은 자신의 독립성이나 성취로부터 자신의 가치를 느끼는 성격을 말한다.[11] 그러므로 이 두 성격은 심리적 충격을 겪게 되는 사건의 유형이 다르고 각각 지니고 있는 역기능적 사고나 믿음도 다르다고 할 수 있다. 또한 이런 성격 유형의 구분은 위에서 제시한 정신분석적 모델에서 우울증의 아형을 나눈 것과도 상응하는 부분이 있다. 이후 Beck이 제시한 인지모델은 여러 학자에 의해 보완되었고, 우울증에 대한 여러 다른 인지모델도 제기되었으며, 이들은 행동주의 전통의 여러 이론과도 통합 발전되어 현대의 인지행동이론 및 치료의 기반을 이루고 있다. 아래에는 기타 여러 인지행동이론들을 간략하게 소개하겠다.

학습된 무력감 모델과 귀인 모델

Seligman 등은 유명한 동물실험을 통해 우울증의 **학습된 무력감 모델**(learned helplessness model)을 제시하였다. 쥐를 물이 담긴 수조에 빠트리고 스스로 빠져나올 수 있는 방안을 마련해주지 않으면 쥐는 처음에는 빠져나오려는 노력을 하다가 이 노력이 계속 실패할 경우 더 이상 탈출 노력을 하지 않는다는 것을 발견한 것이다. 이를 통해 조절 불가능한 혐오 자극에 오래 노출된 동물은 자극을 조절할 수 있게 되어도 더 이상 탈출 시도를 하지 않고, 이는 무기력을 학습한 때문이라고 주장하였다. Seligman은 이 가설을 사람의 우울증에 적용하여 개인이 여러 번 원하는 결과를 얻지 못하고 힘든 일을 계속 피하지 못하면, 조절이 불가능하다는 생각을 갖게 되고, 이는 아무 행동도 못하고 우울증상을 경험하게 되는 결과

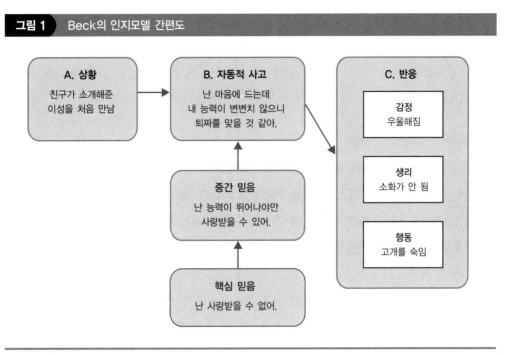

그림 1 Beck의 인지모델 간편도

출처 : Beck[10]에서 인용함.

를 초래한다고 하였다. 이 가설은 이후에 조절 불가능 결과를 초래하는 원인에 대한 개인의 인지를 포함시켜 더 정제되었다.

Abramson은 Seligman과 Teasdale과 함께 우울증의 **귀인이론**(attributional model)을 제시하였는데, 이는 부정적 사건의 원인을 자기 자신의 변치 않는 특질 때문으로 돌리는 경향이 우울증과 연관이 있다는 주장이다.[12] 어떤 사람들은 특징적으로 **부정적 해석 성향**(negative explanatory style)을 지니고 있어서 부정적 사건의 원인으로 자기 내부 원인을 지목하고 이런 원인을 전체적이고 견고한 특징으로 생각하는 것이다. 이 성향의 사람들은 또한 긍정적 사건이 일어나면, 이는 자기 외부의 원인 때문에 좋은 일이 일어난 것이고 이것은 일시적이고 국소적인 일로 생각한다. 이와 반대되는 성향은 **자기 지지 성향**(self-serving attributional style)인데, 이들은 부정적 사건보다 긍정적 사건일 때 자기 내부에서 원인을 찾는 경향이 훨씬 많은 특성을 보인다. Abramson은 귀인모델을 변형하여 우울증의 절망감 모델을 제시하기도 하였는데, 나쁜 결과가 있을 것이고 앞으로도 계속 나쁜 일이 있을 것이라는 절망감이 우울반응을 유발하는 핵심인자라는 주장이다.

문제해결 모델
우울증을 문제해결 능력의 부족으로 말미암은 것으로 바라보는 모델도 있다. Nezu 등은 지속적으로 스트레스 상황에서 문제해결에 필요한 기술이 부족하고 비효율적인 경우 우울증이 발생할 수 있다고 주장하였다.[13] 문제해결 기술에는 상당 부분 인지적인 요소가 있을 뿐 아니라 현재의 문제해결 방식을 파악하고, 그 방식의 효과를 검증하여 더 효과적인 새로운 문제해결 방식을 만드는 과정이 인지행동치료의 모델과 일치하는 부분이 매우 많다.

자기집중 모델과 반추 모델

어떤 연구자들은 우울장애 환자들이 자기에 대한 의식(self-awareness)이 높아진 상태 혹은 자기에게 과도하게 집중된 상태를 보인다고 보고하면서 **자기집중 모델**(self-focused model)을 제시하였다.[14] 대부분의 경우 자기 내부에 집중을 하고 있으면 자연스럽게 자신에 대한 부정적 평가가 늘어나게 된다. 결국 자기집중 성향은 부정적인 정서와 자기 비판을 증가시키고, 생활 사건들의 부정적 측면들을 과도하게 받아들이게 되어 적절한 외부 활동과 적응을 방해한다. 이런 악순환이 반복되면 우울증이 발생할 수 있다는 모델이다.

또 하나의 모델은 Nolen-Hoeksema가 제시한 **반추 모델**(rumination model)이다.[15] 반추란 간단히 말해 반복적으로 생각하는 것을 뜻하는 것인데, 반추적 반응을 주로 보이는 사람들은 자신의 감정이나 증상, 이 증상의 원인과 의미, 이로 인한 여러 결과를 끊임없이 생각하고 반복하는 경우가 많다. 그러므로 반추란 일종의 인지 반응 패턴이라고 말할 수 있는데, 반추적 반응의 반대 개념으로 그는 주의 전환적 반응(distraction)을 제시하고 있다. 반추적 반응은 부정적 정서를 증가시키고 문제해결을 방해하며 행동 동기를 저해한다는 것이 여러 연구를 통해 보고되었다.

그러나 최근 연구에서는 반추가 정상적인 정서를 가진 사람에게는 별다른 영향을 주지 못하고, 이미 부정적 정서 상태에 있거나 스트레스 반응에 어려움이 있는 사람에게서 이런 부정적 결과를 증폭시킨다고 하였다. 즉, 반추는 우울증에 취약한 위험군에서 임상적 우울증을 발생시키고 지속시키는 역할을 한다고 할 수 있다.

우울장애와 자존감

위에 제시한 대부분의 우울장애의 인지행동모델에서 자신에 대한 부정적인 견해가 우울 환자의 인지에 핵심적인 요소로 설명되고 있다. 하지만 어떤 학자는 평소의 전반적인 의식적 자존감이 낮다고 해서 우울증을 예측할 수는 없다고 하였고, 보다 다차원적인 자존감의 기능부전이 우울증에 대한 취약성과 관계가 있다고 하였다.[16] 이런 다차원적인 자존감의 기능부전은 (1) 자기 가치의 근거를 자기 외부에서 찾는 경향이나 한두 가지 기준으로만 자기 가치를 평가하는 경향, (2) 작은 스트레스 상황이나 조금 우울한 상황에서도 자존감 저하가 강한 경향, (3) 자존감의 변화 폭이 큰 경향으로 설명되었다. 특히 여러 연구에서 자존감의 일반적 수준에 비해, 자존감의 변화도나 불안정성이 훨씬 향후 우울증을 잘 예측 했다는 결과로 미루어보아 자존감과 우울장애의 관계는 보다 복잡한 양상을 띠고 있다는 것을 시사한다.

새로운 행동주의 이론에서 보는 우울장애

인지행동이론은 20세기 초에 비롯된 행동이론에 1970년대에 정리된 인지이론이 합쳐진 이론이라 할 수 있다. 기존의 행동이론에 새로운 인지이론이 합쳐진 것이고 인지과학이 급 격히 발전하던 당시 분위기에 따라 행동이론보다는 인지이론이 더 강조되는 측면이 있었 다. 하지만 인지이론도 시간이 지남에 따라 그 한계에 대한 비판을 많이 받고 있다. 고전적 인 인지이론의 핵심은 인지가 감정에 우선하는 요소이고 인지의 부정적 내용이 여러 정신 건강문제를 일으킨다는 주장인데, 이에 대한 반론이 만만치 않다. 우울장애의 인지모델에 대해서도 과연 우울장애의 발생에 특이하게 적용되는 인지의 내용이 있는 것인지, 인지의 내용을 바꾸는 것이 치료를 위해 반드시 필요한 것인지, 인지의 변화가 치료를 위해 필요 한 요소가 아니라 치료의 결과가 아닌지 등에 대한 의문과 도전이 많았다.[17]

최근에는 인지의 내용보다는 상황, 인지, 행동, 감정의 관계와 맥락이 중요하다는 주장 이 큰 호응을 얻고 있으며, 이것이 새로운 행동주의 이론으로 주목을 받고 있다. 새로운 행 동주의에 기반한 심리치료에는 일반적으로 **행동활성화 치료**(Behavioral Activation : BA), 마 음챙김인지치료(Mindfulness-Based Cognitive Therapy : MBCT), 변증법적 행동치료(Dialectical Behavior Therapy : DBT), 수용전념치료(Acceptance Commitment Therapy : ACT) 등이 포함 된다. 각 치료가 우울장애의 발생과 유지에 대한 모델을 가지고 있고, 이에 따라 치료법을 구성했다고 할 수 있어서 이들 중 몇 가지를 간단히 살펴보겠다.

행동활성화 치료에서 보는 우울장애의 발생 및 유지 기전

행동활성화 치료(BA)에서는 건강하고 즐거워지는 행동에 대한 강화가 너무 적고 우울해지 는 행동에 대한 강화가 너무 많을 때를 우울장애의 상태로 본다. 삶의 역경들을 반복적으 로 거치면서 긍정적 보상을 경험할 수 있는 능력이 떨어질 수 있고, 이로 인해 즐거워지는 행동이 점차 줄고 우울해지는 행동이 늘어나면 우울장애에 빠지게 되는 것이다. 이런 모델 하에서 행동활성화 치료는 즐거워지는 활동, 생산적인 활동, 긍정적 보상을 주는 행동에 대한 참여를 높임으로써 우울장애를 치료하고자 한다.

마음챙김인지치료에서 보는 우울장애의 기전

마음챙김인지치료(MBCT)는 우울증의 재발 방지에 효과가 있다고 보고된 치료이고 마음 챙김 명상을 치료의 전반에 적극적으로 활용하는 치료이다.[18] 새로운 행동주의에 기반한 치료들이 모두 마음챙김의 태도와 실천을 도입하고 있지만 마음챙김인지치료는 마음챙김 명상을 치료의 근본 요소로 삼고 직접 환자에게 명상을 가르치고 실천하도록 하기 때문에 여러 치료 중 가장 마음챙김 명상과 가까운 치료라 할 수 있다. 마음챙김 명상에서는 인간 의 고통이 판단 혹은 생각에 사로잡혀 있는 것에서 비롯된다는 태도를 견지하고 있고, 마 음챙김인지치료는 우울증의 핵심적인 병리로 우울한 생각의 반추(depressive rumination)를 꼽는다. 반추되는 우울한 생각의 내용을 바꾸기보다는 마음챙김 수련을 통해 반추를 비판 단적으로 바라보도록 하는 것이다. 이로써 우울한 생각의 내용이 아닌 우울한 생각의 과정 혹은 우울한 생각과 그 환자와의 관계를 변화시키려 하는 것이다.

수용전념치료에서 보는 우울장애의 기전

수용전념치료(ACT)에서도 마음챙김에서 말하는 것처럼 판단적인 생각이 인간의 고통을 유발하는 데 크게 작용한다고 본다. 그리고 이에 덧붙여 나름의 언어학적 이론을 바탕으 로 판단적인 언어, 규칙처럼 사람을 제어하는 언어의 폐해로 인해 많은 정신건강문제가 생 긴다고 주장한다.[19] 언어에 사로잡혀서 실제 체험을 많이 하지 못하는 체험 회피도 고통을 유지시키는 주요 요소이다. 특히 우울장애에 있어서는 자신의 가치에 부합하는 활동에 전 념하라는 수용전념치료의 주요지침이 중요하다. 환자가 자신의 인생에서 추구하는 가치를 아직 명확히 모르고 있어서 방황을 하거나, 자신이 추구할 가치를 알지만 이 가치를 실현 하기에 주변 현실이 큰 장애가 되고 있거나, 여러 가치가 충돌하고 있어서 고통스러울 때 우울장애가 생길 수 있다고 말한다. 결국 가치에 부합하는 활동이 적을 때 우울한 상태가 될 수 밖에 없다는 것이다. 이런 모델에 따라 수용전념치료에서는 언어의 덫에서 벗어나 현실을 수용하고 가치에 부합하는 행동에 전념할 수 있도록 돕는 치료를 한다.

삶의 스트레스와 우울장애의 관계

'스트레스를 많이 오래 받으면 우울해진다.', '우울해질 만한 충격적인 일을 겪으면 우울해 진다.'라는 말은 너무나 당연하고 상식처럼 받아들여진다. 그러나 일상 스트레스와 우울증의 관계는 이렇게 단순하지 않다. 우울해질 만한 스트레스가 어느 정도인지 어떤 사건이 그 정도의 스트레스를 유발하는지 등 명확하지 않은 부분이 매우 많다. 이런 스트레스 상황에 대처하는 개인의 대처방식이나 성격, 행동패턴에 따라서도 결과는 매우 다를 것이다. 다만 많은 우울삽화의 발생을 관찰해보면 스트레스가 우울삽화의 발생을 시작하게 하는 방아쇠 역할을 한다는 점은 어느 정도 명확해 보인다.

스트레스 생활 사건과 우울장애에 대한 연구

인간의 스트레스 경험은 다양해서 최근의 사건일 수도 있고, 지속되는 만성적 환경일 수도 있으며, 어린 시절에 경험한 트라우마 경험이 남아 있는 것일 수도 있다. 이들 스트레스 경험이 대부분 우울증과 연관이 있는 것으로 알려져 있지만, 최근의 스트레스 사건과 우울장애와의 연관에 대한 연구가 가장 많다. 연구들은 대부분 우울삽화가 발생하기 얼마 전에 주요한 스트레스 생활 사건을 겪는 경우가 대조군과 비교하여 유의하게 많다고 보고한다. 보통 대조군에 비해 우울삽화를 겪는 사람이 스트레스가 있었을 확률이 2.5배 높다고 하고, 우울장애의 80%가 주요 인생 사건 후에 나타났다는 보고가 있다.[20] 유전자나 가족환경 등이 동등한 쌍생아연구에서도 최근 스트레스 사건이 우울증 유발에 역할을 한다고 나타났고, 사별이나 자연재해와 같은 사건을 경험한 집단의 자연연구에서도 이 사건들이 우울장애 발생에 기여한다고 보고되었다.[21] 하지만 부정적 일상 사건을 경험하는 모든 사람이 우울장애에 걸리지는 않는다는 점도 기억해야 한다.

스트레스의 종류에 따라 우울장애에 미치는 영향을 살펴보면, 어린 시절의 방임이나 학대는 사회적 유대감 형성을 방해하고 지속적인 스트레스 상황에 있게 하여 생물학적 발달과 심리사회적 발달에 악영향을 준다. 건강문제나 가족의 간병부담, 사회적 차별, 부부갈등 등의 만성적인 스트레스 상황도 우울장애에 쉽게 빠지게 한다. 사별이나 결별, 이혼과 같은 대인관계의 상실도 자존감을 상당히 떨어트리는데, 이는 실제의 대인관계 상실뿐 아니라 떠나겠다는 위협도 비슷한 결과를 초래한다고 한다. 특히 여성의 우울장애에서 이런 관계 스트레스인 대인관계 상실이나 상실 위협이 큰 비중을 차지한다고 하고, 친한 사람의 상실뿐 아니라 자존감의 상실, 자신의 역할 상실, 사회적 지위 상실 등도 비슷한 작용을 할 수 있다고 한다.[22,23]

스트레스와 우울장애와의 관계가 시간에 따라 어떻게 변화하는지도 중요한 의문 중 하나이다. 우울장애삽화가 반복될 때마다 더 심하게 더 자주 재발된다는 관찰이 있고, 동물실험에서 킨들링 이론이 제시된 후, 우울삽화가 반복되면서 우울과 스트레스와의 연관은 점차로 적어지고 생물학적인 감작화에 의해 스트레스와 무관하게 자연발생하는 우울삽화가 많아진다는 주장이 있다. 그러나 이에 대해서는 여러 반론과 연구의 제한점이 있어서 아직 확실한 결론은 없다. 다만 Kendler(2000b) 등[24]이 비교적 많은 대상자와 엄격한 디자인으로 시행한 연구에서는 6~8번째 삽화까지는 스트레스와 우울과의 연관이 적어지는 킨들링 현상이 관찰되는데, 그 이후에는 이런 킨들링이 적어지거나 없어지는 것 같다고 하였고, 이 킨들링 현상이 생물학적인 것인지 심리적인 것인지는 확실치 않다고 하였다.

가족과 우울장애의 관계

어린 시절 부모의 영향

많은 연구들이 어린 시절 부모의 상실과 우울증과의 관계를 보고하였지만, 최근에는 어린 시절 부모의 죽음과 우울증 간에 약간의 연관 관계만 있다는 쪽으로 정리되고 있다.[25] 오히려 부모의 죽음과 같은 상실보다는 상실 이후에 보살핌의 질에 따라 이후 우울증 발생이 높아질 수 있다고 한다. 부모 상실 이후에 경제적 어려움, 가족 간의 불안정 같은 요소들이 우울증의 위험도를 높일 수도 있다. 다양한 위험요소들의 상호작용으로 인해 우울증 발생이 높아질 수 있지만, 어린 시절 부모의 상실은 상대적으로 작은 위험요소인 것으로 보인다.

어린 시절 좋지 않은 양육 환경은 향후 우울증 발생에 영향을 준다. 특히 어린 시절의 성적 · 신체적 학대는 성인이 된 후 우울증 발생과 강한 연관이 있고, 특히 만성 반복성 우울증과 연관이 있다는 보고가 있다.[26] 그러나 몇 연구들은 성적 · 신체적 학대가 우울증에만 연관이 있는 것이 아니고 다양한 정신적 문제들과 연관이 있으므로 학대는 전반적인 정신건강과 연관이 있는 것이지 우울증을 특별히 발생시키는 원인은 아니라고 주장하기도 한다. 한 연구에서는 학대를 성적 · 신체적 · 정서적 학대로 나누어 살펴본 결과 정서적 학대가 성적 · 신체적 학대보다 향후 우울증 발생에 더 큰 영향이 있다고 보고하였으나, 결론을 내리기 위해선 추후 연구가 더 필요하다.

대규모의 지역사회 역학연구에서 우울증 환자들의 어린 시절을 후향적으로 조사해보면 몇몇 어린 시절의 경험과 우울증 사이에 연관이 발견된다고 한다.[27] 이 중에는 부모의 음주, 부모의 정신질환, 가정폭력, 부모의 이혼, 부모의 죽음 등이 포함된다. 하지만 이들 요소를 우울증 발생의 원인이라고 결론내리기는 아직 어렵다. 우울증 이외의 다른 정신적 문제에도 이런 요소들이 연관이 있고, 많은 공통 연관 요소들이 혼재되어 있을 가능성이 높기 때문이다. 그러므로 앞으로 다각적인 연구를 통해 조금씩 이 관계들이 밝혀져야 하는 과제가 남아 있다. 어린 시절의 나쁜 경험이 어떻게 나중의 우울증에 영향을 주는지, 그 기전에 대해서는 아직 명확하게 밝혀지지는 않았지만 몇 가지 가설이 있다. 나쁜 경험이 역기능적 사고나 잘못된 대처기술을 형성한다는 가설도 있고, 어린 시절 심한 스트레스가 뇌의 신경조절에 영향을 주어 우울증에 대한 취약성이 높아진다는 가설도 있다. 또한 어린 시절의 나쁜 경험이 항원처럼 스트레스에 대한 감작도를 높여 작은 스트레스 상황에서도 큰 우울 반응이 나타난다는 가설도 있다. 우울증 환자들의 보고에 따르면 이들의 부모는 자식들을 더 조종하려고 하고, 거부적으로 반응하는 경향이 있고, 보살핌이나 따뜻함, 수용적 태도 같은 것은 부족한 경향이 있다. 여러 연구를 종합하면 부모의 양육 방식이 더 조종적(과보호적)일수록, 감정 교류가 적을수록 나중의 우울증과 연관이 많다고 보고하고 있다. 특히 이 중에서도 조종적일 때보다는 감정적 돌봄이 낮은 경우에 더 우울증 유발을 예측할 수 있고, 이런 부적응적 관계가 동성 간의 부모-자식 간에 나타날 때 우울증의 유발 위험이 더 크다고 한다.[29]

우울증이 가족관계에 미치는 영향

가정환경의 여러 문제가 우울증 발생에 영향을 주는 것뿐 아니라, 반대로 우울증도 가족관계에 영향을 미치는데, 대개는 대인관계를 망치는 쪽으로 작용을 한다. 우울증의 증상 중 에너지의 상실, 비관적 생각, 과흥분성 등은 가족 구성원과의 관계를 나쁘게 만든다.

부부관계에서도 우울증과 나쁜 부부관계 사이에 연관이 있다는 연구는 아주 많다. 일반적으로 부부관계에서의 갈등과 불만족은 우울장애를 발생시키고 지속되게 하는 데에 기여하는 것으로 보인다. 반대로 우울증은 부부관계를 상당히 악화시킬 수 있을 뿐 아니라 우울증 치료를 받고 더 이상 우울삽화가 아니더라도 많은 우울했던 사람들은 지속적인 대인관계 문제를 가지는 경우가 많다는 보고들이 있다.

부모의 우울증이 아이들에 미치는 영향

최근 많은 연구에서 부모의 우울증이 아이들의 우울증이나 기타 정신병리를 일으키는 강한 위험요인이라고 보고되었다. 엄마가 우울증인 아이들의 거의 반수가 평생 우울증을 비롯한 정신병리 문제를 겪는다는 보고도 있다. 영유아의 경우에도 엄마가 우울증일 경우 인지, 행동, 사회적응 능력에서 많은 문제를 보인다고 한다.

대부분의 부모 우울증 연구들은 엄마의 우울증에 대해 조사를 하였지만, 아빠의 우울증도 아이에게 부정적인 영향을 준다고 생각된다.

　부모의 우울증이 아이들에게 나쁜 영향을 미치는 기전에는 환경적인 경로를 통한 것도 있지만, 유전적·생물학적인 경로도 중요하다. 우울증의 발생에 유전적인 요소가 적지 않게 작용한다는 것이 여러 연구에 의해 밝혀졌고, 현재에는 이런 유전적 요소와 환경적 스트레스, 인지적 요소, 대인관계 요소가 복잡한 상호작용을 한다는 것이 가장 널리 받아들여지는 가설이다.

우울증과 사회지지 체계

다른 사람과의 지지적 관계는 개인의 정신건강에 매우 중요하다. 친밀한 관계와 인정받음과 같은 지지적 관계는 자존감과 자기효능감을 높여서 우울증을 방지하는 데에 도움이 된다는 것은 이미 널리 알려져 있다. 대규모 지역사회 연구에서 우울증의 발생은 낮은 사회적 지지와 연관이 있다고 보고되었고, 환자들을 대상으로 한 연구에서도 사회적 지지를 받으면 새롭게 우울삽화가 발생할 확률이 낮아진다고 보고되었다. 또한 남자보다 여자에서 우울증과 사회적 지지 사이의 연관이 높았다는 보고도 있었다. 사회적 지지체계는 나쁜 생활 사건이 일어났을 때 이를 중화시켜 우울증을 덜 발생시킨다고 가설을 세울 수 있지만 이런 기전에 대한 근거는 충분치 않다.

요약

우울증의 심리학적 원인론은 심리치료의 전통에서와 마찬가지로 크게 두 조류로 발전해 왔다. 정신분석이론을 기반으로 한 것과 인지행동이론을 기반으로 한 것이 그것이다. 고전적 정신분석에서는 리비도가 부여된 대상에 대한 공격 욕동을 자아가 위험한 것으로 받아들임으로써 오는 내적 갈등에서 우울증이 비롯된다고 보았고, 이후의 학자들에 의해 많은 이론들이 덧붙여졌다. 인지행동이론에서는 개인의 취약성과 외부의 자극, 외부 자극에 대한 개인의 인지 반응과 행동 반응이 상호작용을 거쳐 우울증이 발생한다고 보았고, 이 중 어떤 부분에 강조를 두느냐에 따라 여러 모델과 이론이 제시되었다. 우울증의 심리학적 원인론은 이렇게 다양하게 전개되어 왔으나 최근 정신의학계 전체에 생물학적 연구가 심리학적 연구를 압도하면서 그 발전이 더딘 상황이다. 그러나 우울증이 한 가지 원인이 아닌 다양한 요소가 상호작용하여 일어난다는 것은 아무도 부인하지 못하는 사실이기 때문에 앞으로 심리학적 원인론에 대한 탐구는 더 필요할 것이다. 현재 우울증의 분류와 아형은 지나치게 증상 양상의 기술적인 측면에만 치우쳐 있는데, 심리학적 원인론이 발달한다면 지금보다 더 타당하고 치료에 도움이 되는 분류와 아형 제시에 결정적인 역할을 할 것이다.

참고문헌

1) Freud S. *Mourning and melancholia.* Standard Edition. 1917;14:237-258.

2) Klein M. Mourning and its relation to manic-depressive states. *Int J Psychoanalys* 1940;21-125-153.

3) Abraham K. Notes on the psychoanalytical investigation and treatment of manic-depressive insanity and allied conditions. In Selected papers of Karl Abraham MD. London, Hogarth 1927. pp. 137-156.

4) Blatt SJ. Contributions of psychoanalysis to the understanding and treatment of depression. *J Am Psychoanal Assoc* 1998;46:723-752

5) Bowlby J. Attachment and loss: Vol 3. *Loss, separations and depression.* New York: Basic Books; 1980.

6) Arieti S & Bemporad JR. The psychological organization of depression. *Am J Psychiatry* 1980;137:1360-1365.

7) Blatt SJ, Quinlan DM, Chevron E, McDonald C, Zuroff D. Dependency and self-criticism: psychological dimensions of depression. *J Consult Clin Psychol* 1982;50:113-124.

8) Blatt SJ. Narcissism and egocentrism as concepts in individual and cultural development. *Psychoanal Contemporary Thought* 1983;6:291-303.

9) Beck AT. *Cognitive therapy of depression: new perspectives.* In Treatment of Depression: Old Controversies and New Approaches ed. PJ Clayton & JE Barrett. New York: Raven; 1983. pp. 265-290.

10) Beck AT. *Cognitive therapy and emotional disorders.* New York, Meridian. 1976.

11) Clark DA, Beck AT, Alford BA. *Scientific foundations of cognitive theory and therapy of depression.* New York. Wiley; 1999.

12) Abramson LY, Seligman MEP, Teasdale JD. Learned helplessness in humans: Critique and reformulation. *J Abnormal Psychol* 1978;87:49-74.

13) Nezu AM. A problem-solving formulation of depression: A literature review and proposal of a pluralistic model. *Clin Psychol Rev* 1987;7:121-144.

14) Ingram RE. Self-focused attention in clinical disorders: Review and a conceptual model. *Psychol Bull* 1990;107:156-176.

15) Nolen-Hoeksema SN, Morrow J, Fredrickson BL. Response styles and the duration of episodes

of depressed mood. *J Abnorm Psychol* 1993;102:20-28.

16) Roberts JE & Monroe SM. A multidimensional model of self-esteem in depression. *Clin Psychol Rev* 1994;14:161-181.

17) 김원. 우울증의 인지행동치료: 개요와 현실, 그리고 전망. 대한우울조울병학회지 2008;6:67-72

18) Segal ZV, Williams JMG, Teasdale JD. *Mindfulness-Based Cognitive Therapy for Depression: A New Approach to Preventing Relapse.* The Guilford Press. 2001.

19) Hayes SC, Strosahl KD, Wilson KG. *Acceptance and Commitment Therapy: An Experiential Approach to Behavior Change.* The Guilford Press; 2003.

20) Mazure CM. Life stressors as risk factors in depression. *Clinical Psychology: Science and Practice* 1998;5:291-313.

21) Kessler RC. The effects of stressful life events on depression. *Annual Review of Psychology* 1997;48:191-214.

22) Brown GW, Harris TO, Hepworth C. Loss, humiliation and entrapment among women developing depression: A patient and non-patient comparison. *Psychological Medicine* 1995;25:7-21.

23) Tennant C. Life events, stress and depression: A review of the findings. *Australian and New Zealand Journal of Psychiatry* 2002;36:173-182.

24) Kendler KS, Thornton LM, Gardner CO. Stressful life events and previous episodes in the etiology of major depression in women: An evaluation of the "Kindling" hypothesis. *Am J Psychiatry* 2000;157:1243-1251.

25) Maier EH & Lachman ME. Consequences of early parental loss and separation for health and well-being in midlife. *Intern J Behav Development* 2000;24:183-189.

26) Bilfulco AT, Moran P, Baines R, Bunn A, Stanford K. Exploring psychological abuse in childhood: II Association with other abuse and adult clinical depression. *Bull Meninger Clin* 2002;66:241-258.

28) Kessler RC & Magee WJ. Childhood adversities and adult depression: Basic patterns of association in a US national survey. *Psychol Med* 1993;23:679-690.

29) Alloy LB, Abramson LY, Smith JM, Gibb BE, Neeren AM. Role of parenting and maltreatment histories in unipolar and bipolar mood disorders: Mediation by cognitive vulnerability to depression. *Clin Child Family Psychol Rev* 2006;9:23-64.

03

DEPRESSION

우울증의
임상 양상

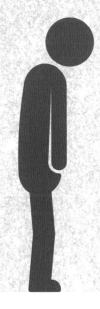

증상
Symptoms

임은성*, 우영섭**, 홍진표***

전북 신세계병원 정신건강의학과*, 가톨릭대학교 의과대학 여의도성모병원 정신건강의학과**,
성균관대학교 의과대학 삼성서울병원 정신건강의학과***

우울증은 우울한 기분 또는 흥미나 즐거움의 상실을 중심으로 한 다양한 증상을 동시에 보이는 증후군이다. 우울증상을 평가할 때는 관찰되는 우울증상뿐만 아니라 증상의 중증도, 기간, 과거력 등을 모두 고려해야 하기 때문에 우울증은 한 가지 질환으로 분류하기 힘들 정도의 다양한 양상으로 나타난다. 또한 우울증상의 중증도는 연속선상에 놓여 있는 것으로 생각되기 때문에 임상적으로 유의한 수준과 정상적인 정도의 우울감을 분명하게 구분할 수 있는 경계선을 명확히 하기 어렵다는 점에서 우울증의 증상 평가에는 많은 어려움이 있다.[1]

우울증의 증상을 평가할 때에는 다양한 영역에서 나타나는 증상들을 고려해야 하는데, 일반적으로 우울 또는 불안한 기분과 정동, 사회적 위축 및 통증과 같은 행동 및 신체증상, 또한 수면과 식욕의 변화, 비관적 사고 및 정신운동 속도 변화와 같은 인지적 증상 등을 주의 깊게 평가해야 한다.

우울증의 주요 증상

정신질환의 진단 및 통계편람, 제5판(DSM-5)이 발표되면서 우울증의 진단기준에도 변화가 있었으나, 진단기준에 포함된 증상 자체의 변화보다는 증상에 따른 분류가 바뀌었다고 할 수 있다. DSM-5에서는 우울장애를 주요우울장애(major depressive disorder), 지속성 우울장애(persistent depressive disorder : PDD), 파괴적 기분조절부전장애(disruptive mood dysregulation disorder : DMDD), 월경전불쾌감장애(premenstrual dysphoric disorder :

PMDD), 물질/약물치료로 유발된 우울장애(substance/medication-induced depressive disorder), 다른 의학적 상태로 인한 우울장애(depressive disorder due to another medical condition), 달리 명시된 우울장애(other specified depressive disorder), 명시되지 않는 우울장애(unspecified depressive disorder) 등으로 구분하였다. 이 중 월경전불쾌감장애는 DSM-IV에서는 연구를 위한 진단기준이었으나 DSM-5에서는 정식 진단명으로 승격되었으며, 파괴적 기분조절부전장애는 새롭게 추가되었고, 지속성 우울장애는 기존의 기분저하증에서 세부적인 진단기준이 일부 변경되며 명칭이 바뀌었다. 이들 우울증은 상당 부분에서 공통적인 증상을 보이나 증상의 중증도, 만성화 및 지속성 등에 근거하여 구별된다.

기분증상

우울증의 가장 핵심적인 증상은 기분의 부정적인 변화이다. 우울감이 대표적인 예이나 우울증에서의 기분 변화는 단순한 우울감으로 나타나지 않는 경우도 많으며 고통스러운 기억의 회상, 불쾌한 사건에 대한 감수성의 증가, 즐거운 사건에 대한 감수성의 감소, 무쾌감증(anhedonia), 무감동(apathy), 감정적 둔마 등의 형태로 나타나기도 한다.

우울감은 지속되는 감정적 상태로 부정적인 기분을 느끼는 것을 의미한다. 우울감은 불행감, 마음이 괴로움, 슬픔, 낙담, 공허감 등의 형태로 표현되기도 한다. 우울감은 최악의 신체적 통증보다 더욱 고통스럽게 느껴질 수도 있을 만큼 매우 고통스러운 감정이다. 하지만 일부 환자들에게서는 면담 초기 슬픔을 부인하지만 면담이 지속되면서 슬픔이나 우울한 기분이 드러나게 되는 경우도 있다.

우울감만을 개별적으로 평가한다면 이는 모든 사람이 어려운 상황에 처했을 때 경험하는 감정적 상태와 구분하기 어려울 수 있다. 그러나 우울감은 양적으로나 질적으로 정상적 감정 반응과 큰 차이를 보인다. 우울감이 정상 감정 반응과 다른 특징은 고통의 강도와 심도가 참기 어려울 정도로 심하여 죽고 싶은 생각이 들거나 무엇인가 편하게 해줄 방법을 찾게 한다. 이때 자살은 호전되지 않는 정신적 고통으로부터의 해방을 의미하며 죽음은 위안으로 느껴질 수 있다. 또한 슬픈 감정 및 이와 관련된 느낌은 개인의 일상 전반에 파고들어 사회적 수행능력에 영향을 준다. 이러한 우울감은 장기간 지속되며 이는 환자에게 불변의 감정적 상태라는 느낌이 들게 한다. 우울감은 저절로 발생하기도 하며, 만약 스트레스 상황에 의하여 촉발되는 경우라도 결국에는 저절로 더욱 심해져 스트레스 사건과는 분리되어 존재하게 되며, 타당한 논리적 설득과 격려로도 호전되지 않는다.[2]

1차 의료기관에서 흔하게 접할 수 있는 비교적 증상이 가벼운 환자들은 슬픈 기분보다는 신체적 질환의 증거가 없음에도 두통, 복통, 흉통 등을 호소하기도 한다. 이러한 경우를 우울감 없는 우울증(depressio sine depressione) 혹은 **가면우울증**이라고 한다. 가면우울증은 노인 환자에게서 자주 관찰되며, 원인을 알 수 없는 다양한 신체증상을 보여 신체화장애, 전환장애, 건강염려증 등으로 진단되기도 한다.[3] 일부 연구자들은 우울감은 항상 동반되며 단지 이를 발견하지 못할 뿐이어서 가면우울증이란 존재하지 않는다고 주장하기도 한다.[4] 따라서 의사는 반드시 환자의 표정, 어조, 전반적인 외양 등에서 우울정동의 근거를 찾고 기분장애의 여부에 대하여 평가해야 한다.

우울감 이외의 기분증상으로는 무감동, 흥미나 즐거움의 상실 등이 있다. 우울증 환자는 고통스러운 감정을 심하게 느낄수록 정상적인 감정을 느끼는 능력이 저하된다. 또한 우울증 환자는 감정을 표현하는 능력 또한 저하된다. 일부 환자들은 울 수도 없다는 표현을 하는데, 우울감이 호전되면 울 수 있게 되는 역설적 상황이 나타나기도 한다. 환자들은 이전에 즐거움을 느꼈던 활동에서 흥미, 즐거움 등의 감정을 얻지 못한다. 무감동을 평가하기 위해서는 환자가 즐거움을 느끼는 감정이 무뎌졌는지를 물어보아야 한다. 의사는 환자가 과거에 실제로 즐기던 활동들을 그만두었는지를 기록해야 한다. 경미한 경우에는 단지 삶에 대한 흥미가 줄어들었다는 정도로 무감동이 표현될 수도 있다. 그러나 극단적인 경우에 환자는 자녀나 배우자와 같이 한때는 즐거움의 원천이었던 사람과의 관계에서도 아무런 감정을 느끼지 못하게 된다. 심한 우울증 환자는 마치 감정이 잘려 나간 것 같고, 자신이 무엇인가 달라진 것 같으며, 세상도 무엇인가 낯설게 보이는 듯한 이인증, 비현실감 등을 경험하기도 한다.

우울증 환자는 자신이 더 이상 정상적인 감정을 경험할 수 없다는 것을 느끼며, 이로 인하여 더욱 고통스러워한다. 감정적 공명의 상실은 환자로 하여금 과거에 삶의 의미를 준 가치나 신념을 버리게 할 정도로 심각할 수 있다. 우울증 환자가 경험하는 무감동은 감정의 상실 자체가 고통스럽게 느껴진다는 점에서 조현병 환자에게서 나타나는 둔마정동과는 다르다.

인지증상

집중력과 주의력 저하, 부정적 사고, 죄책감, 자살사고 등이 우울증에서 흔하게 나타나는 인지증상들이다. 인지적 관점에서 우울증은 자신, 세상, 그리고 미래에 대한 부정적 평가를 특징으로 하며 이를 우울증의 인지삼제라고 한다. 이러한 왜곡된 사고는 환자로 하여금 자신이 무엇인가를 상실하였다는 생각, 낮은 자존감과 자신감, 자책감, 병적 죄책감, 무력감, 무망감, 그리고 비관적 생각 등을 갖게 하며 반복적인 죽음과 자살에 대한 생각에까지 이를 수 있다.[5] 대부분의 우울증 환자는 자신이 혼자만의 부정적 생각의 감옥에 갇혔다는 생각을 하고, 그 결과 적절한 치료를 받지 않은 채 회복에 대한 희망을 포기하고 자살시도를 하게 된다.

우울사고의 핵심 특징은 모든 부분에 대한 환자의 관점이 극단적으로 부정적이라는 것이다. 환자가 느끼는 자책감에는 타당성과 균형감이 없어 모든 일을 환자 자신의 책임으로 돌린다. Kraepelin은 정신운동 증상이 호전되었지만 아직 기분과 사고가 부정적인 상태는 자살행동을 실행하는 데 필요한 에너지와 용기를 낼 수 있게 하기 때문에 가장 위험하다고 하였고, Aaron Beck 역시 회복 중인 우울증 환자의 정신상태 검사에서 무망감이 발견된다면 자살위험성에 주의해야 한다고 하였다.

우울사고가 매우 심하면 망상적 상태에 이를 수도 있는데, 무가치감, 자신이 죄를 지었다는 생각, 개인적 무능력이나 질병에 걸렸다는 생각 등 우울감과 관련된 부정적 사고의 내용들이 명백한 반박의 증거에도 변하지 않고 지속된다면 기분과 조화되는 망상이 있는 것으로 보아야 한다. 흔히 환자들은 자신이 과거에 저지른 잘못 때문에 고립되었고, 다른 사람들이 자신의 잘못을 모두 알고 있다는 등의 망상을 한다. 또한 자신이 과거의 죄 때문에 징벌을 받아야 하고 현재 자신이 벌을 받는 중이라고 생각하는 피해망상도 자주 관찰된다. 심한 우울증은 대인관계나 성기능의 장애가 동반되기 때문에 자신의 배우자가 외도를 한다는 부정망상이 나타날 수도 있다. 자신이 재산을 모두 잃었거나 이 때문에 가족이 어렵다는 빈곤망상, 암이나 후천성면역결핍증과 같은 불치의 질환에 걸렸다는 질병망상, 자신이 이미 죽었다거나, 뇌가 없다는 등의 신체의 일부가 상실되었다는 허무망상 등이 나타나기도 하며, 드물지만 세상이 곧 파멸할 것이라는 망상에 사로잡혀 가족의 도덕적 · 신체적 파멸을 막기 위하여 가족을 살해하고 자신도 자살하는 경우도 있다. 증상이 심각한 일부 환자는 망상과 일치하는 불쾌한 내용의 환청이나 환시를 경험하기도 한다. 이러한 기분 일치 망상은 환자를 지배하는 병적 기분의 측면에서는 이해할 수 있다는 특징이 있다. 그러나 다른 환자들은 우울감과 배치되는 망상을 경험하기도 한다. 이를 기분과 조화되지 않는 망상이라고 하는데, 우울한 기분과 관계없는 피해망상, 사고주입, 사고전파와 같은 망상이 나타나기도 한다. 하지만 이러한 경우 장기간에 걸친 추적관찰에서 양극성장애나 분열정동장애로 진단되는 경우가 있으니 주의해야 한다.[6]

정신운동증상

정신운동증상은 관찰하기 용이하고 객관적으로 평가할 수도 있다는 점에서 우울증상의 평가에 중요한 부분이다. 정신운동증상은 신체 활동 및 정신적·감정적 활성의 변화로 나타난다. 정신운동증상은 정신운동초조(활동과잉)와 정신운동지연(활동과소)으로 구분할 수 있다.

　정신운동초조는 흔히 불안, 자극과민성, 안절부절증과 동반되며 우울증에서 흔하다. 말이 빨라지거나, 안절부절못하며, 머리카락을 잡아당기는 등의 형태로 나타나 관찰하기는 쉬우나 우울증의 특이한 증상은 아니다. 반면 정신운동지연은 비교적 우울증의 특이한 증상으로, 신체 움직임의 속도 저하, 자발적인 운동의 중단, 가면과 같은 표정, 구부정한 자세와 아래를 향하는 시선, 자극에 대한 반응시간의 지체, 말할 때 소리 크기 및 어조의 감소와 멈추는 시간의 증가 등으로 나타난다. 또한 사소한 일에도 노력이 필요할 정도의 극도의 피로감, 마치 시간이 멈추거나 천천히 흐르는 듯한 주관적인 느낌, 주의력과 기억력의 저하, 몇 가지 불쾌한 주제에 대한 반복적이고 고통스러운 생각의 반추 등 역시 정신운동지연의 증상이다. **정신운동지연**은 특히 멜랑콜리아의 핵심적 증상으로 생각하며 거의 모든 멜랑콜리아 환자에게서 정신운동지연이 관찰된다.[7] 정신운동지연이 심하면, 특히 젊은 환자에게서는 신체적으로 움직이지 못하거나 정신적·감정적 활성이 저하되어 식사와 같은 기본적인 생물학적 기능조차 할 수 없게 되는 마비(우울성 혼미)에 이르기도 한다.

　일부 연구자는 정신운동지연이야말로 우울증의 핵심증상이라고 주장하기도 한다. 환자는 무력감을 느끼고 신체적·정신적으로 무엇인가를 하기가 힘들다고 느낀다. 또한 정신적 기능의 감소 때문에 사소한 결정을 내리는 데에도 어려움이 있을 수 있다. 예를 들면 집안일을 할 때에도 무엇을 해야 할지 알 수 없어 어려움을 느끼거나 집중하기 힘들어 공부를 할 수 없다는 등의 증상을 호소한다. 우울증 환자가 일상생활에서 느끼는 능력 저하의 상당 부분은 정신운동지연에 의한 것일 수 있다. 일부 연구자는 정신운동증상의 정도와 우울증상의 중증도 사이에 유의한 양적 상관관계가 있다고 주장한다.[8] 노인에게서 정신운동지연이 심한 경우 기억력 저하, 지남력장애, 혼동 등을 경험하는데, 이는 가성치매의 형태로 나타날 수 있다. 여성 우울증 환자에게서는 정신운동지연이 주로 나타나며 남성 우울증 환자에게서는 주로 정신운동초조가 나타난다는 연구결과도 있었지만, 정반대의 결과를 보고한 연구도 있어 성별에 따른 차이는 아직 불분명하다.[9]

생장증상

생장증상은 우울증의 증상 중 가장 생물학적인 증상이며, 증상의 중증도를 나타내는 지표와 같은 역할을 해왔다. 생장증상으로는 식사의 장애, 성기능장애, 동기, 에너지, 생명력의 저하 등이 있다. 또한 통증, 피로감, 신체적 불편감 등 신체감각의 이상도 여기에 포함될 수 있다. 수면 패턴의 변화로 대표되는 생체리듬의 교란 역시 생장증상에 포함된다.

우울증에서 가장 일관되는 신체적 표지는 식욕저하와 체중감소이다. 우울증에서는 흔히 식욕이 감소하고 많은 환자가 억지로 먹어야 한다고 느낀다. 우울증에서 시상하부 기능의 이상이 관찰된다는 측면에서 식욕저하는 후각 및 미각의 저하와 음식을 먹는 데 대한 즐거움의 감소에 따른 2차적 증상일 수 있으며, 또한 음식에 독이 들었다는 망상에 따른 것일 수도 있다. 반면 일부 환자들은 식욕이 증가하거나 탄수화물, 달콤한 음식과 같은 특정한 음식을 갈망하기도 한다. 과식과 활동의 감소는 체중증가를 유발하기도 하며, 이는 중년 이후의 환자에게서는 이전부터 존재하던 당뇨, 고혈압, 심혈관질환 등을 악화시킬 수 있다.

수면장애 역시 우울증의 주요 증상 중 하나이다. 우울증 환자는 흔히 야간 수면 중, 특히 새벽에 자주 깨며 이는 우울증에서 고통스러운 각성을 반영하는 것일 수 있다. 우울증 환자에게서는 3 · 4기의 깊은 수면이 감소하며, 그 결과로 인한 야간의 얕은 수면은 우울로 인한 고통을 온종일 지속되게 한다. 환자들은 흔히 수면으로 인한 고통을 피하기 위하여 음주를 하는 경우가 많으나, 이는 단지 일시적으로 도움이 될 뿐이며 결국 수면 패턴과 불면증을 악화시킨다. 또한 우울증상을 충분히 평가하지 않고 처방되는 수면제 역시 수면 패턴과 불면증을 악화시킬 수 있다. 알코올을 포함한 수면 유도 약물은 단기적으로는 야간각성을 감소시켜 더 오랜 시간 수면을 유지시키기도 하지만, 3 · 4기 깊은 수면을 감소시키기 때문에 적절한 치료가 될 수 없다. 과수면은 젊은 환자에게서, 특히 양극성장애의 경향이 있는 경우에 흔하다. 과수면은 수면시간의 증가와 아침에 일어나기 힘든 증상으로 나타난다.

수면리듬의 장애뿐만 아니라 체온조절, 코르티솔 분비리듬과 같은 다른 하루주기리듬의 조절이상 역시 우울증에서 흔하다. 특히 주목을 받는 것은 수면리듬의 이상인데, 우울증 환자에게서는 4기 수면 혹은 델타수면이 감소하고 REM 수면이 수면 초기에 강하게 나타난다. 우울증에서 특이한 양상으로는 환자 중 약 2/3에서 REM 잠복기가 감소되어 있다는 것이다. 이러한 이상 소견은 대부분의 우울삽화뿐만 아니라 반복성 우울증 환자에게서 관해된 정상기분 상태에서도 관찰된다. 하루주기의 변화뿐만 아니라 계절성 역시 생체리듬의 이상을 반영한다. 상당수의 우울증 환자가 봄에 에너지와 활동성이 증가하고 가을과 겨울에는 피로감을 호소하며 당분 섭취가 많아지고, 과식이나 과수면 증상을 보인다.

가을-겨울에 심해지는 우울증이 가장 관심을 많이 받기는 하지만, 여름에 심해지는 우울증 역시 존재한다. 전자는 일조량의 감소와 관련된 것으로 보이고, 후자는 기온 상승과 관련된 것으로 해석될 수 있다.

성욕 감소는 우울증을 겪는 남녀 모두에게서 나타난다. 일부 여성 환자는 월경이 일시적으로 중단될 수도 있다. 여성 우울증 환자는 성행위에 관심과 반응이 없어져 부부갈등의 원인이 되기도 한다. 남성 우울증 환자는 성욕 감소가 발기부전으로 나타나며, 이 때문에 비뇨기과를 방문하기도 한다. 소수의 우울증 환자에게서는 성욕과 성적 활동이 강박적으로 증가하기도 한다. 이러한 환자는 다른 비정형적 우울증을 동반하는 경우가 많기 때문에 우울증 환자에게서 증가된 성욕은 '다섯 번째 역생체 징후'라고 하기도 한다.

피로감, 불안과 관련된 신체증상을 포함하는 신체증상은 우울증 환자의 약 80%에서 나타난다. 신체증상은 입원·외래환자 모두가 가장 흔하게 호소하는 증상 중 하나이며, 특히 1차 의료기관을 방문하는 우울증 환자들은 우울감보다는 신체증상을 호소하는 경우가 많기 때문에 더욱 주의를 기울여야 한다. 외국의 대규모 연구에 의하면 우울삽화로 의료기관을 방문한 환자들이 가장 흔하게 호소하는 세 가지 증상 중 두 가지가 신체 및 생장증상(피곤함·에너지가 없음 : 73%, 수면장애 : 63%)이었다.[10] 또한 다른 연구에서도 전체 우울증 환자 중 2/3가 우울증상을 신체증상만으로 보고하였고, 전체 우울증 환자 중 절반 이상이 의학적으로 설명되지 않는 여러 개의 신체증상이 있었다.[11] 한 연구에서는 우울증 환자의 증상을 해밀턴 우울평가척도로 평가하였을 때 93%에서 사지의 무기력감, 통증, 피로감 등 다양한 신체증상을 호소하였다.[12]

우울장애의 분류에 따른 우울증상

파괴적 기분조절부전장애

파괴적 기분조절부전장애는 DSM-5에서 새롭게 제시된 진단명이다. 1990년대 이후 소아 양극성장애의 진단율이 급격히 증가하였고,[13] 그 결과 기분조절제 및 항정신병약물의 사용이 늘게 되면서 우려의 목소리가 높아졌다.[14] 이에 따라 아동의 양극성장애를 과잉 진단하거나 과잉 치료하는 것을 제한하기 위하여 이 진단이 도입되었다. 파괴적 기분조절부전 장애는 반복적인 발작적 감정폭발과 만성적이고 심하며 지속적인 과민함이 핵심증상인 질 환이다. 심하고 반복적인 분노발작이 상황이나 자극 정도보다도 현저하게 강한 수준의 강 도와 지속기간을 보이는데, 이러한 발작증상이 없는 상태에서도 기분은 지속적으로 과민 하거나 화가 나 있는 상태를 보인다. 증상적 측면에서는 양극성장애의 조증 증상과 비슷한 측면이 있으나, 양극성장애와 같이 주기성을 보이지 않고 일관된 증상을 보인다.[15] 적대적 반항장애와 증상적으로 비슷한 부분이 많으나, 특정 대상이 정해져 있지 않다는 측면에서 구분할 수 있다.[16] 하지만 현재까지 독립적인 질환으로 진단되기 어려운 측면이 많아 개념 적 정립이 조금 더 필요한 상태이다. 아동기에 파괴적 기분조절부전장애를 가지고 있을 경 우 성인기에 우울 및 불안장애가 발병할 위험이 높다.

월경전불쾌감장애

DSM-IV에서 연구를 위한 진단기준으로 부록에 포함되었던 월경전불쾌감장애는 DSM-5 가 발표되면서 정식 진단명에 포함되었다. 이 질환의 가장 큰 특징은 우울증상의 발생에 주기성이 있다는 점으로 인지적, 정서적, 신체적 증상을 포괄하는 우울증상이 월경 1주일 전 발생하여 월경이 끝나면서 소실 또는 최소화된다. 특히 우울증상은 월경 시작 전 3일부 터 월경 시작 후 3일이 가장 심하다고 알려져 있다.[17] 주된 증상으로는 우울 · 절망감 · 불 안 · 긴장 · 급격한 감정기복 · 짜증 · 신경질 등이 있으며, 이 외에도 무기력감 · 식탐 · 수 면장애 · 집중력 저하 · 각종 신체 통증 등의 증상이 있을 수 있다. 증상 중에서 기분증상이 주된 증상으로, 이 질환을 가지고 있는 여성은 86%에서 다른 정신건강의학과적 질환을 가 지고 있으며, 그중 주요우울장애가 가장 많이 동반된다.[18]

많은 여성들이 월경전불쾌감장애 정도로 심한 수준은 아니지만 월경 전 다양한 증상을 보이는 경우가 많다. 여기에는 불쾌하고 원치 않는 신체적 · 정서적 · 행동상의 증상들이 포함되는데, 이를 **월경전증후군**으로 진단하기도 한다.[19]

지속성 우울장애

DSM-5에서의 지속성 우울장애는 우울증상이 2년 이상 지속적으로 나타나고, 식욕부진이 나 과식, 지속적 과다수면, 활력의 저하, 피로감, 자존감의 저하, 집중력 감소, 결정곤란, 절망감 등의 증상이 동반될 때를 말한다. 이는 DSM-IV에서의 기분저하증과 만성 주요우 울장애를 결합한 진단이라 할 수 있겠다. 여러 연구에서 만성 주요우울장애와 기분저하증은 인구학적 특징이나 증상의 양상, 가족력, 치료반응에서 차이를 보이지 않았으며,[20, 21] 최근의 연구결과에서 지속성 우울장애 환자가 주요우울장애에 비해 치료가 더 어려우며, 우울삽화가 더 자주 발생하고, 자살사고도 더욱 심하며, 다른 정신질환과의 공존율이 더 높게 나타나는 등 증상의 심각성보다는 지속기간이 중요한 것으로 나타났다.[22]

명시자에 따른 우울증상

멜랑콜리아 양상 동반

DSM-III 진단기준부터 신경증우울증과 내인성우울증의 이분법적 분류가 삭제되었다. 신경증우울증은 대부분 기분저하증에 포함되었고, 내인성우울증은 주요우울증 중 멜랑콜리아 양상으로 변경되었다. 과거의 신경증우울증은 스트레스요인 등에 의하여 촉발된 반응성의, 비정신병, 경도 혹은 중등도의 우울증으로 불안증상이 두드러지며 성격적인 병리가 동반되는 등의 특성을 지닌 진단이었는데, 이후 연구들에서는 멜랑콜리아 양상이나 정신병우울증도 일부 포함되는 등 이질적인 양상을 보여 별도의 질병으로 분류할 만한 특성을 지니지 않은 것으로 나타났다.[23] 또한 우울증을 촉발한 스트레스는 진단적으로 큰 의미가 없다는 점[24]에서 이러한 분류는 폐기되었다. 따라서 현재 우울증의 개념은 비록 스트레스가 부분적으로 우울증을 촉발하는 역할을 할 수는 있지만, 우울증 자체는 독립적이며 자발적으로 발생하여 환경적인 요인에는 일반적으로 영향을 받지 않는다는 것이다

멜랑콜리아 양상에서 필수적인 증상은 모든 활동이나 거의 모든 활동에서 흥미나 즐거움의 상실 또는 통상적으로 쾌감을 주는 자극에 대한 반응의 결여이다. 또한 질적으로 뚜렷한 우울한 기분, 아침마다 악화되는 우울증, 아침에 일찍 깸, 정신운동지연 혹은 초조, 뚜렷한 식욕부진이나 체중감소, 과도하거나 부적절한 죄책감 중에서 세 가지 이상의 증상이 동반되는 경우 멜랑콜리아 양상으로 진단할 수 있다. 기분의 반응성 저하를 평가하기 위한 지침은 대단히 열망하던 사건이 일어났을 때에도 우울한 기분이 전혀 밝아지지 않거나, 단지 수 분간 정상인 기분의 20~40% 수준 이내로 부분적으로만 밝아지는 수준을 의미한다. 즉, 즐거움을 받아들이는 능력이 거의 완전하게 없어지는 정도를 의미한다. 멜랑콜리아 양상에서는 정신운동 증상이 거의 항상 있으며 노인환자 및 입원환자에게서 더 빈번하고, 심한 정도의 주요우울증과 정신병 증상을 동반한 경우에 더욱 흔하다.

비정형적 양상 동반

비정형적 양상의 진단을 위해서는 기분의 반응성이 있어야 하고, 이 외에 뚜렷한 체중증가나 식욕증가, 수면과다, 연마비, 배척에 대한 민감성 중 2개 이상의 증상을 만족해야 한다. 이때 긴장증 양상, 멜랑콜리아 양상의 진단기준을 만족하는 경우는 제외된다. 식욕증가는 음식섭취의 분명한 증가나 체중증가로 드러난다. 수면과다는 적어도 하루에 10시간, 혹은 우울하지 않은 기간에 비하여 적어도 2시간 이상 많이 자는 경우를 의미하며, 연마비는 흔히 팔이나 다리가 무겁고 둔하며 밑으로 꺼질 것 같은 느낌으로 정의된다. 이는 일반적으로 하루에 한 시간 이상 존재하지만 가끔은 한 번에 오랜 시간 지속되기도 한다. 배척에 대한 민감성은 우울할 때와 그렇지 않을 때 모두 발생하지만 우울 동안 악화될 수 있다. 이때 배척감으로 초래되는 문제가 대인관계의 유지를 어렵게 하고 파국을 유발하여 기능적인 장애를 일으킬 정도로 심해야 한다. 다른 비전형적 증상과는 달리 배척감에 대한 민감성은 조기에 발병하여 대부분의 성인기 동안 지속하는 경향이 있다. 비정형적 양상은 여성에게 흔하며 우울증이 조기에 발병한다.

일반적으로 주요우울증의 스펙트럼은 크게 멜랑콜리아 양상과 비멜랑콜리아 양상으로 구분하였는데, 비정형적 우울증은 비멜랑콜리아 양상의 일종으로 구분한다. 최근에는 기분의 반응성이 비정형적 우울증의 다른 증상의 발생률과는 상관관계가 없다는 결과[25]가 보고되어서 비정형적 우울증의 진단에서 핵심적인 증상인 기분의 반응성이라는 개념이 적절한지에 대한 의문이 제기되고 있다. 또한 비정형적 우울증과 정형적 우울증 간에 기분의 반응성에는 차이가 없다는 결과[26] 역시 이러한 주장을 지지한다.

불안증 양상 동반

과거에는 불안장애와 동반된 우울증을 불안우울증(anxious depression)으로 진단하였으나, DSM-5에서는 **불안증 양상 동반**(with anxious distress)이라는 세부항목을 추가하였다. 우울증 환자 중 약 50% 이상에서 한 가지 이상의 불안증상을 호소하며 40% 이상의 환자가 한 가지 이상의 불안장애를 동반한다.[27,28] STAR*D 연구에 의하면 주요우울증 환자 중 46%가 불안우울증으로 나타났다.[27] 긴장된 상태나 안절부절못함, 걱정 때문에 집중에 어려움을 겪으며, 안 좋은 일이 일어날 것 같은 두려움과 자신을 통제하지 못할 것 같은 느낌 등의 증상을 보일 수 있고, 심하면 정신운동초조를 보이기도 한다.[29] 불안증 양상 동반 환자는 일반적으로 교육 수준이 낮고, 연령대가 높으며, 직업이 없는 경우가 흔하다. 불안증 양상 동반의 경우 당연히 공황장애 및 범불안장애 등의 불안장애, 신체화장애, 건강염려증 등과의 동반이환율이 높다.[30] 불안증 동반 환자는 좋지 않은 경과를 보이게 되는데, 더 만성적이고 우울증상이 더 심한 경우가 흔하며 우울증상의 심각도를 통제한 경우에도 자살사고, 자살행동 역시 흔하다. 기능적 · 직업적 손상의 정도도 불안증상이 동반되지 않은 환자에 비하여 심각하며 치료에 대한 반응도 좋지 않다. 이 외에도 의료 이용이 증가하여 사회경제적 비용 및 사회적 부담이 증가한다는 측면에서도 문제가 될 수 있다.

혼재성 양상 동반

혼재성 양상 동반(with mixed feature)은 DSM-IV에서 제시한 혼재성삽화(mixed episode)가 진단기준—주요우울삽화와 (경)조증삽화가 동시에 만족되어야 한다—이 지나치게 엄격하여 임상현장에서 사용될 여지가 낮아 DSM-5에서 새롭게 추가된 진단 세부항목이다. 주요우울장애에서의 혼재성 양상 동반은 주의산만, 정신운동초조, 자극과민성을 제외한 (경)조증 증상들을 동반하는데, 이러한 환자들은 자살의 위험성이 높고, 약물의 오남용이 많으며, 치료저항성을 보이는 경우가 많아 주의를 요한다.[31] 주의산만, 자극과민성은 DSM-IV의 혼재성삽화에서의 핵심증상이어서, 혼재성삽화로 진단되지 않기 위해 제외되었지만, 이에 대해 핵심적 증상이 배제된 상태에서 혼재성이라고 할 수 있는지 논란의 여지가 있다. 혼재성 양상 동반은 추후 양극성장애로의 발전가능성에 대한 경고 및 진단적 예측의 의미를 담고 있으나,[29] 역설적으로 우울증과 조울병의 진단적 불명확성을 증가시켰다는 주장 및 우울증에서 고양된 기분이나 과대망상 등은 극히 드문 증상이므로 우울증에서 혼재성 양상은 잘못된 진단이라고 주장하는 연구도 있다.[32]

특정 집단에서의 우울증 증상

소아-청소년 우울증의 증상

소아-청소년기 우울증의 핵심적인 증상은 지속적이고 전반적인 슬픔 · 무감동 · 따분함 · 자극과민성 등이며, 이러한 증상에 의하여 기능장애가 유발되고 위안이나 즐거움을 줄 수 있는 활동에 대한 관심과 반응이 저하되는 것이다. 그러나 성인기 이전의 경우 인지적 · 신체적 변화가 진행되고 있기 때문에 정상 범위의 감정 반응과 우울증의 증상을 구분하기가 특히 어렵다. 청소년은 성인에 비해 사소한 일에도 깊은 느낌을 받고, 감정기복이 심한 특징이 있다. 또한 아동은 자신의 느낌을 적절히 표현하는 데 어려움을 느끼며 슬픔과 분노의 감정을 혼동하기도 한다. 특히 무망감, 자책감과 같은 우울증의 인지적 증상을 표현하기가 어렵다. 예를 들어 7~9세경의 아동은 자기(self)가 외부적 · 신체적 요인으로 표현된다. 만약 자신에 대하여 말해달라는 요청을 받으면 이 연령대의 아동은 외모상의 특징이나 그들이 무엇을 하는지를 통하여 설명한다. 청소년기에 이르러서야 자신의 심리적 특징을 설명할 수 있게 된다. 따라서 우울증상이 의심되는 소아-청소년 환자를 평가할 때는 진단적 불확실성을 염두에 두어야 한다. 부모를 통하여 정보를 얻는 경우 부모는 자녀가 자살 시도를 한 경우에도 우울증일 것이라고 생각하지 못하기 때문에 가능한 한 다양한 방법으로 정보를 얻는 것이 중요하다. 오히려 아동이 자신 내부의 경험과 관련된 증상을 더욱 잘 설명하는 경우가 많으며, 보호자는 주로 행동상의 문제에 대한 정보를 잘 제공한다. 이 외에도 교사로부터의 정보, 직접 관찰한 정보 등을 종합하여 판단해야 한다.

소아-청소년기 우울증상은 성인기의 우울증에 비하여 그 양상이 전후 관계의 맥락에 잘 맞는 특성을 보인다. 즉, 정신사회적 요인이 우울증의 발생과 유지에 영향을 주며, 반대로 우울증 자체가 정신사회적 문제를 증대시킨다. 따라서 우울증의 전구요인과 결과를 구분하는 것이 중요하나, 이는 매우 어려운 일이다.

소아기에 흔한 증상으로는 자극과민성, 활동과다, 공격적 행동, 친구관계의 악화, 무단결석, 등교 거부, 가출, 학교성적 저하, 신체증상, 분노발작, 공포증 등으로 위장되어 나타나는 경우가 있다. 그러나 연령대별 우울증상을 비교한 한 연구에 의하면 우울감, 주의력 및 집중력의 감소, 수면장애, 자살사고 등 주요 증상은 연령 집단별로 차이가 없었다. 그러나 즐거움의 감소, 하루주기리듬, 절망, 정신운동지연, 망상적 사고 등은 연령에 따라 증가하며, 낮은 자존감과 신체증상은 연령이 증가함에 따라 감소하는 등 일부 증상에 차이는 있었다.[33]

또한 다른 연구들에서도 젊은 성인과 청소년을 비교한 결과, 젊은 성인에게서는 과수면이 적고, 식욕 및 체중증가가 흔하며, 망상이 흔한 것 외에는 차이가 없었다.[34] 학령 전기 소아에게서도 무감동, 슬픔, 자극과민성 등 정형 증상이 흔하며 수면장애, 식욕 변화와 같은 가면성 우울증상은 드물다고 하여[35] 우울증의 근본적인 증상 면에서는 연령에 따라 큰 차이가 없음을 시사하였다. 여러 연구를 종합해보면 소아-청소년기의 우울증은 인지적 · 신체적 발달단계에 따른 차이에 의하여 임상 양상이 결정된다.

노인 우울증의 증상

노인과 성인의 우울증상을 비교한 연구들의 결과는 일관되지 못하다. 많은 연구자가 핵심적인 우울증의 양상은 일치한다고 주장한다.[36] 그러나 많은 연구에서는 노인에게서 더욱 자주 나타나는 특징적인 우울증상이 있다고 밝혔다.

노인 우울증의 특징으로는 기분의 저하를 덜 호소하며, 신체적 호소가 많다.[37] 우울한 기분을 묻는 경우 '우울하지 않다.'라고 부정하는 경우가 많으면서 식욕저하, 수면장애, 활력의 상실 등 신체증상을 주로 호소하는 것이 전형적인 노인 우울증 환자라고 할 수 있다. 노인 우울증 환자에게서는 수면, 성기능, 식욕의 변화가 반드시 우울증을 의미하지는 않는데, 그 이유는 이러한 기능은 정상적인 노화나 신체질환, 혹은 신체질환의 치료약물에 의해서 영향을 받을 수 있기 때문이다.

또한 노인 우울증 환자에게서는 내인성우울증, 멜랑콜리아의 양상이 두드러진다. 노인 우울증 환자들은 초조가 심하고, 새벽에 일찍 깨 다시 잠들기 어려워하는 증상과 건강염려증 호소가 흔하다. 무기력, 흥미의 소실 또한 자주 나타난다. 자살사고는 적으나 체중감소와 변비, 망상이 흔하다는 등의 결과 역시 보고된 바 있다.[38] 망상 중에서는 죄책망상, 건강염려증, 허무망상, 피해망상, 질투망상 등이 나타날 수 있다. 그러나 상기 연구결과들은 대부분 입원환자를 대상으로 한 것이라는 점에서 제한점이 있으며, 이에 지역사회 조사연구를 시행한 결과에서는 자극과민성, 흥미의 저하, 어떤 일을 해야 할 것 같은 쫓기는 느낌이 연령과 관련 있었다고 하였다.[39] 특히 노인 남성에게서는 초기 및 중기 불면, 우울감과 흥미의 저하가 두드러졌으며 노인 여성에게서는 불안감, 신체증상, 초기 불면, 우울감과 흥미의 저하가 두드러졌다는 보고도 있었다.[40] 다른 연구에 의하면 노인 우울증 환자의 기분증상으로는 과도한 걱정, 울음, 인생은 살 가치가 없다는 느낌, 미래가 위태롭다는 느낌 등이 주로 나타났고, 신체증상으로는 주관적 속도 저하, 안절부절증, 건강염려집착 등이 있었다.[41]

노인 우울증 환자에게서 흔한 다른 증상으로는 **인지기능장애**가 있다. 인지기능장애는 치매로 오인되기 쉬워 가성치매라고도 한다. 과거에는 우울증에 의한 인지기능장애가 우울증의 치료 및 호전에 따라 호전되거나 완전히 소실된다는 점에서 치매와 구분될 수 있다고 하였다. 그러나 최근 연구들에 의하면 많은 노인 우울증 환자에게서 인지기능장애가 우울증상이 호전된 이후에도 지속되며, 일부 환자의 경우에는 치매의 경과 초기에 우울증상이 나타나는 것일 수도 있다.[42] 특히 정신운동지연, 혹은 정신병 증상과 동반되어 나타나는 심한 우울증은 치매와 관련이 있을 수 있다.[43]

요약

우울증은 매우 다양한 스펙트럼으로 나타나는 이질적인 질환으로 기분, 인지, 정신운동, 수면, 식욕 등 다양한 영역에서 증상이 나타난다. 또한 이러한 우울증상은 임상 경과와 동반이환, 개인적 특징, 인구 집단 등에 따라 다양한 양상으로 나타난다. 임상의는 우울증의 이런 다양한 측면을 정확히 이해하고, 각 환자의 특성에 따른 적절한 접근을 통하여 증상을 평가해야 한다. 이후의 진단 및 치료 결정에 매우 중요한 역할을 한다는 점에서 우울증상의 적절한 평가는 매우 중요하다.

참고문헌

1) Timothy AB, David HB. A Proposal for a Dimensional Classification System Based on the Shared Features of the DSM-IV Anxiety and Mood Disorders: Implications for Assessment and Treatment. *Psychol Assess* 2009; 21: 256-271.

2) Andrews G, Jenkins R. Management of Mental Disorders 3. UK ed, vol. 1. Sydney: WHO Collaborating Centre for Mental Health and Substance Misuse; 1999.

3) Miodek A, Szemraj P, Kocur J, Ryś A. Masked depression. *Polish Merkur Lekarski* 2007;23: 78-80.

4) Maj M, Sartorius N. *WPA series: Evidence and Experience in Psychiatry: Depressive Disorders*. 2nd ed. England: John Wiley & Sons; 2003.

5) Cassano P, Fava M. Depression and public health: an overview. *J Psychosom Res* 2002; 53: 849-857.

6) Salvatore P, Baldessarini RJ, Khalsa HM, Amore M, Di Vittorio C, Ferraro G, Maggini C, Tohen M. Predicting diagnostic change among patients diagnosed with first-episode DSM-IV-TR major depressive disorder with psychotic features. *J Clin Psychiatry* 2013; 74:723-31.

7) Zaninotto L, Solmi M, Veronese N, Guglielmo R, Ioime L, Camardese G, Serretti A. A meta-analysis of cognitive performance in melancholic versus non-melancholic unipolar depression. *J Affect Disord* 2016; 201: 15-24.

8) Iverson GL. Objective assessment of psychomotor retardation in primary care patients with depression. J Behav Med 2004; 27: 31-37.

9) Sobin C, Sackeim HA. Psychomotor symptoms of depression. Am J Psychiatry 1997; 154: 4-17.

10) Tylee A, Gastpar M, Lepine JP, Mendlewicz J. DEPRES II (Depression research in European

society II): a patient survey of the symptoms, disability, and current management of depression in the community. DEPRES Steering Commitee. *Int Clin Psychopharmacol* 1999; 14: 139-151.

11) Simon GE, VonKorff M, Piccinelli M, Fullerton C, Ormel J. An international study of the relation between somatic symptoms and depression. *N Engl J Med* 1999; 341: 1329-1335.

12) Seemüller F, Riedel M, Wickelmaier F, et al. Atypical symptoms in hospitalised patients with major depressive episode: frequency, clinical characteristics, and internal validity. *J Affect Disord* 2008; 108: 271-278.

13) Moreno C, Laje G, Blanco C, Jiang H, Schmidt AB, Olfson M. National trends in the outpatient diagnosis and treatment of bipolar disorder in youth. *Arch Gen Psychiatry* 2007; 64: 1032-1039.

14) Correll CU, Blader JC. Antipsychotic use in youth without psychosis: a double-edged sword. *JAMA Psychiatry* 2015; 72: 859-860.

15) Towbin K, Axelson D, Leibenluft E, Birmaher B. Differentiating bipolar disorder-not otherwise specified and severe mood dysregulation. *J Am Acad Child Adolesc Psychiatry* 2013; 52: 466-481.

16) Lochman JE, Evans SC, Burke JD, et al. An empirically based alterna—tive to DSM-5's disruptive mood dysregulation disorder for ICD-11. *World Psychiatry* 2015; 14: 30-33.

17) Hartlage SA, Freels S, Gotman N, Yonkers K. Criteria for premenstrual dysphoric disorder: secondary analyses of relevant data sets. *Arch Gen Psychiatry* 2012; 69: 300-5.

18) Hsiao MC, Liu CY, Chen KC, Hsieh TT. Characteristics of women using a mental health clinic in a gynecologic out-patient setting. *Psychiatry Clin Neurosci* 2002; 56: 459-63.

19) ACOG: ACOG Practice Bulletin. Premenstrual syndrome. Clinical management guidelines for obsetrician-gynecologists. *Int J Obstet Gynecol* 2001; 73: 183-91.

20) McCullough JP Jr, Klein DN, Keller MB, Holzer CE 3rd, Davis SM, Kornstein SG, Howland RH, Thase ME, Harrison WM. Comparison of DSM-III-R chronic major depression and major depression superimposed on dysthymia (double depression): validity of the distinction. *J Abnorm Psychol* 2000; 109: 419-27.

21) McCullough JP Jr1, Klein DN, Borian FE, Howland RH, Riso LP, Keller MB, Banks PL. Group comparisons of DSM-IV subtypes of chronic depression: validity of the distinctions, part 2. *J Abnorm Psychol* 2003; 112: 614-22.

22) Rhebergen D, Graham R. The re-labelling of dysthymic disorder to persistent depressive disorder in DSM-5: old wine in new bottles? *Curr Opin Psychiatry* 2014; 27: 27-31.

23) Paykel ES. Classification of depressed patients: A cluster analysis derived grouping. *Br J Psychiat* 1971; 118: 275-288.

24) Kessing LV. Endogenous, reactive and neurotic depression-diagnostic stability and long-term outcome. *Psychopathology* 2004; 124-130.

25) Parker G, Roy K, Mitchell P, Wilhelm K, Malhi G, Hadzi-Pavlovic D. Atypical depression: a reappraisal. *Am J Psychiatry* 2002; 159: 1470-1479.

26) Novick JS, Stewart JW, Wisniewski SR, Cook IA, Manev R, Nierenberg AA, et al. Clinical and demographic features of atypical depression in outpatients with major depressive disorder: preliminary findings from STAR*D. *J Clin Psychiatry* 2005; 66: 1002-1011.

27) Fava M, Rush AJ, Alpert JE, Carmin CN, Balasubramani GK, Wisniewski SR, et al. What clinical and symptom features and comorbid disorders characterize outpatients with anxious major depressive disorder: a replication and extension. *Can J Psychiatry* 2006; 51: 823-835.

28) Melartin TK, Rytsala HJ, Leskela US, Lestela-Mielonen PS, Sokero TP, Isometsa ET. Current comorbidity of psychiatric disorders among DSM-IV major depressive disorder patients in psychiatric care in the Vantaa Depression Study. *J Clin Psychiatry* 2002; 63: 126-134.

29) Uher R, Payne JL, Pavlova B, Perlis RH. Major depressive disorder in DSM-5: implications for clinical practice and research of changes from DSM-IV. *Depress Anxiety* 2014; 31: 459-71.

30) Hasin DS, Goodwin RD, Stinson FS, Grant BF. Epidemiology of major depressive disorder: results from the National Epidemiologic Survey on Alcoholism and Related Conditions. *Arch Gen Psychiatry* 2005; 62: 1097-1106.

31) Weibel S, Bertschy G. Mixed depression and DSM-5: A critical review. *Encephale* 2016; 42: 90-8.

32) Koukopoulos A, Sani G. DSM-5 criteria for depression with mixed features: a farewell to mixed depression. *Acta Psychiatr Scand* 2014; 129: 4 - 16.

33) Kashani JH, Carlson GA. Seriously depressed preschollers. *Am J Psychiatry* 1987; 144: 348-350.

34) Kovacs M. Presentation and course of major depressive disorder during childhood and later years of the life span. *J Am Acad Child Adolesc Psychiatry* 1996; 35: 705-715.

35) Luby J, Heffelfinger AK, Mrakotsky C, Brown KM, Hessler MJ, Wallis JM, Spitznagel EL. The clinical picture of depression in preschool children. *J Am Acad Child Adolesc Psychiatry* 2003; 42: 340-348.

36) Brodaty H, Peters K, Boyce P, Hickie I, Parker G, Mitchell P, Wilhelm K. Age and depression. *J Affect Disord* 1991; 23: 137-149.

37) Georgotas A. Affective disorders in the elderly: diagnostic and research considerations. *Age Ageing* 1983; 12: 1-10.

38) Meyers BS, Greenberg R. Late-life delusional depression. *J Affect Disord* 1986; 11: 133-137.

39) Oxman TE, Barrett JE, Barrett J, Gerber P. Symptomatology of late-life minor depression

among primary care patients. *Psychosomatics* 1990; 31: 174−180.

40) Kivelä SL, Pahkala K. Clinician−rated symptoms and signs of depression in aged Finns. *Int J Soc Psychiatry* 1988; 34: 274−284.

41) Downes JJ, Davis ADM, Copeland JRM. Organisation of depressive symptoms in the elderly population; hierarchal patterns and Guttman scales. *Psychol Ageing* 1988; 3: 367−374.

42) Chen P, Ganguli M, Mulsant B, DeKosky S. The temporal relationship between depressive symptoms and dementia: a community−based prospective study. *Arch Gen Psychiatry* 1999; 56: 568−575.

43) Alexopoulos GS, Meyers BS, Young RC, Mattis S, Kakuma T. The course of geriatric depression with "reversible dementia": a controlled study. *Am J Psychiatry* 1993; 150: 1693−1699.

진단
Diagnosis

정종현*, 민경준**

가톨릭대학교 의과대학 성빈센트병원 정신건강의학과*, 중앙대학교 의과대학 중앙대학교병원 정신건강의학과**

우울이라는 단어는 일상생활에서 사용하는 기분에 대한 단어 중 가장 흔하게 사용하는 단어 중 하나일 것이다. 여기에는 우리가 주변에서 흔히 접할 수 있는 일시적인 기분의 저하에서부터 일상생활의 큰 지장을 초래하거나 자살에 이르게 할 수도 있는 심각한 질환에까지 광범위하게 사용된다. 한편 우울한 기분이라는 단어에는 일시적인 불행감—짧은 순간이나 수 시간 혹은 3~4일 정도까지도 지속될 수 있는—과 관련된 의미를 내포하고 있다. 여기에는 실연을 당한 후 며칠간 느끼는 슬픈 감정이나 취직에 실패하고 느끼는 좌절감, 화가 나거나 슬픈 일에 대한 정상적인 간혹 비정상적인 감정적 반응이 포함되지만, 이 장에서 논의하는 우울은 이러한 단순한 기분 변화뿐만 아니라 신체적 및 정신적, 행동적인 변화나 어려움이 더 지속적이고 심한 경우를 의미한다고 할 수 있다.

우울증에 해당하는 여러 질환의 병태생리나 증상, 경과 및 예후가 아직 명확하게 밝혀지지 않았기 때문에 모두에게 받아들여질 수 있는 진단분류체계는 아직 없다고 볼 수 있다. 실제로 각 진단분류체계도 개정이 될 때마다 여러 가지 변화된 개념을 반영하여 조금씩 변화하고 있다.

현재 가장 널리 사용되는 우울증의 진단분류체계는 **정신질환의 진단 및 통계편람, 제5판(DSM-5)**[1]과 **국제질병분류(ICD-10)**[2]인데, 우울증상 유무 및 강도와 더불어 우울증상의 경과를 고려하여 진단하고 있다(표 1 참조). 또한 두 가지 진단체계는 모두 우울증의 핵심적인 증상을 포함하면서 개인차를 허용하고 있다. DSM-5에서의 주요우울증을 진단하기 위한 핵심증상은 지속적인 우울감과 흥미상실/무관심이며, 4개 이상의 부가적인 인지·행동적·신체적 증상을 포함하며, 증상의 원인적인 측면을 고려하고 있다. 또한 DSM-5는 증

표 1. DSM-5와 ICD-10의 우울증 진단분류

DSM-5
파괴적 기분조절부전장애(disruptive mood dysregulation disorder)
주요우울장애(major depressive disorder)
지속성 우울장애(기분저하증)(persistent depressive disorder(dysthymia))
월경전불쾌감장애(premenstrual dysphoric disorder)
물질/약물치료로 유발된 우울장애(substance/medication-induced depressive disorder)
다른 의학적 상태로 인한 우울장애(depressive disorder due to another medical condition)
달리 명시된 우울장애(other specified depressive disorder)
명시되지 않는 우울장애(unspecified depressive disorder)

ICD-10
우울삽화(depressive episode)
반복성 우울삽화(recurrent depressive episode)
지속적 기분(정동)장애(persistent mood (affective) disorder)
기분저하증(dysthymia)
기타 기분장애(other mood disorder)

상으로 인한 개인 일상생활이나 직장활동의 영향을 진단 시 고려하고, 이의 임상적 정도에 따라 우울증의 정도를 설명하는 반면, ICD-10은 10개의 증상 중 4개 이상의 증상이 있는 경우는 경도, 6개 이상인 경우 중등도, 9개 이상인 경우는 고도로 하여 증상의 개수에 따라 질병의 정도를 분류하는 차이를 보이고 있다(표 2 참조). 이 장에서는 DSM-5 진단체계를

표 2. ICD-10의 우울삽화 진단기준

A. 증상은 최소 2주 지속되어야 하고, 조증/경조증의 진단기준에 맞은 적이 한 번도 없다.

B. a) 주변상황에 영향받지 않는 우울감이 거의 하루 종일, 매일 지속된다.
   b) 일반적으로 흥미로운 활동에 흥미나 재미를 못 느낀다.
   c) 피곤이 늘거나, 힘이 없다.

C. a) 자신감 감소
   b) 지나친 자기비난이나 과도하고 부적절한 죄책감
   c) 죽음이나 자살에 대한 반복적인 생각, 혹은 자살행동
   d) 집중력 저하
   e) 정신운동 활동의 변화(초조 혹은 지체)
   f) 수면장애
   g) 체중의 변화를 야기할 정도의 식욕변화(감소 혹은 증가)

주 : 우울삽화는 다음과 같이 진단될 수 있다: 경도(B항목에서 2개 이상의 증상이 해당되고 C항목에서 2개 이상 해당, 전체 해당 증상이 4개 이상인 경우), 중등도(B항목에서 2개 이상, C항목에서 3~4개 해당, 전체 해당 증상이 6개 이상인 경우), 정신증상이 없는 고도의 우울삽화(B항목에서 3개 모두, C항목에서 4개 이상 증상, 전체 해당 증상이 최소 9개 이상인 경우-환청, 망상, 우울성 혼미가 없다.)

중심으로 우울증의 진단기준을 설명하고 임상에서 우울증 진단 시 고려해야 할 점에 대한 기술하고자 한다.

파괴적 기분조절부전장애

소아 및 청소년 기분장애 환자에서 심한 이자극성을 지속적으로 보이는 경우가 있다. 이전에는 이런 양상을 심한 **기분조절부전**(severe mood dysregulation : SMD)으로 칭하기도 하였다. 그러나 소아 조증에서 흔히 나타나는 증상이 심한 이자극성과 공격적인 분노발작인 까닭으로 인해 지속적으로 과민한 기분과 극단적인 행동문제를 보이는 심한 기분조절부전 환아가 양극성장애로 진단되는 경우가 많아지고, 이들에게 비정형 항정신병약물의 사용이 증가한다는 논란이 있었다.[3] 이처럼 소아/청소년에서 양극성장애의 과잉 진단이나 과잉 치료라는 잠재적 위험을 낮추기 위해서 DSM-5에서 처음으로 **파괴적 기분조절부전장애**(disruptive mood dysregulation disorder)라는 진단이 도입되었다.[2] 특히 지속적인 심한 이자극성과 공격적인 분노발작이 특징임에도 불구하고 이 장애는 우울장애에 포함되어 있다. 이런 증상을 보이는 아동은 청소년기와 성인기를 거치면서 양극성장애보다는 우울장애나 불안장애가 발생하는 경우가 많기 때문이다.[4]

파괴적 기분조절부전장애의 핵심증상은 만성적이고 지속적인 심한 이자극성이며, 진단을 위해서는 DSM-5 진단기준을 충족해야 한다(표 3 참조).

진단을 위해서는 반복적인 고도의 분노발작이 만성적으로 있어야 하며, 발작과 발작 사이에는 지속적인 과민한 기분이나 화난 기분이 있어야 한다. 분노발작은 극도로 비정상적이며 언어적 또는 행동적으로 나타나는데, 정상적인 발달 수준에 맞지 않다. 이런 발작은 평균 주 3회 이상 나타나야 하며, 가정 및 학교와 같이 두 가지 이상의 환경에서 최소한 1년 이상 지속되어야 진단할 수 있다. 또한 과민한 기분이나 화난 기분은 거의 매일, 하루 대부분의 시간 동안 나타나며, 주위 사람들이 알 수 있을 정도여야 한다. 이런 상태는 10세 이전에 시작되어야 하지만, 6세 이전에는 진단하지 않는다. 또한 18세가 넘으면 이 장애를 처음으로 진단 내릴 수 없다.

파괴적 기분조절부전장애는 소아 양극성장애에서 나타나는 삽화성 증상과는 달리 만성적이고 지속적인 과민성을 보이는 아동에게 적합한 진단분류이다.

	표 3. 파괴적 기분조절부전장애의 DSM-5 진단기준
A	고도의 재발성 분노발작이 언어적(예 : 폭언) 또는 행동적(예 : 사람이나 사물에 대한 물리적 공격성)으로 나타나며, 상황이나 도발 자극에 비해 그 강도나 지속시간이 극도로 비정상적이다.
B	분노발작이 발달 수준에 부합하지 않는다.
C	분노발작이 평균적으로 일주일에 3회 이상 발생한다.
D	분노발작 사이의 기분이 지속적으로 과민하거나 거의 매일, 하루 중 대부분의 시간 동안 화가 나 있으며, 이것이 객관적으로 관찰될 수 있다(예 : 부모, 교사, 또래집단).
E	진단기준 A~D가 12개월 이상 지속되며, 진단기준 A~D에 해당하는 모든 증상이 없는 기간이 연속 3개월 이상 되지 않는다.
F	진단기준 A와 D가 세 환경(예 : 가정, 학교, 또래 집단) 중 최소 두 군데 이상에서 나타나며 최소 한 군데에서는 고도의 증상을 보인다.
G	이 진단은 6세 이전 또는 18세 이후에 처음으로 진단될 수 없다.
H	과거력 또는 객관적인 관찰에 의하면 진단기준 A~E의 발생이 10세 이전이다.
I	진단기준 A를 만족하는 기간을 제외하고 양극성장애의 조증 또는 경조증삽화의 모든 진단기준을 만족하는 뚜렷한 기간이 1일 이상 있지 않아야 한다. **주의점** : 매우 긍정적인 사건 또는 이에 대한 기대로 인해 전후 맥락에 맞게, 발달적으로 적절한 기분의 고조는 조증 또는 경조증의 증상으로 고려되지 않아야 한다.
J	이러한 행동이 주요우울삽화 중에만 나타나서는 안 되며, 다른 정신질환(예 : 자폐스펙트럼장애, 외상후스트레스장애, 분리불안장애, 지속성 우울장애[기분저하증])으로 더 잘 설명되지 않는다. **주의점** : 이 진단은 적대적 반항장애, 간헐적 폭발장애 또는 양극성장애와 동반이환할 수 없으나, 주요우울장애, 주의력결핍 과잉행동장애, 품행장애, 물질사용장애와는 동반이환할 수 있다. 파괴적 기분조절부전장애와 적대적 반항장애의 진단기준을 모두 만족시키는 증상을 가진 경우 파괴적 기분조절부전장애만 진단을 내려야 한다. 만일 조증 또는 경조증삽화를 경험했다면 파괴적 기분조절부전장애의 진단을 내려서는 안 된다.
K	증상이 물질의 생리적 효과나 다른 의학적 또는 신경학적 상태로 인한 것이 아니다.

주요우울장애

주요우울장애의 진단

우울증이 있는 환자는 우울감을 느끼거나 일상생활에 대한 흥미가 감소할 수 있다. 피로감을 쉽게 느끼고, 말이나 행동이 느려지거나 불안초조를 경험하게 된다. 식욕의 변화에 따른 체중 변화가 있을 수 있고, 수면의 문제와 함께 집중력의 저하를 경험하게 되며, 일상의 활력을 잃게 된다. 또한 적절하지 않은 죄책감과 무가치감으로 인해 심한 경우 자살을 시도하기도 한다. 이러한 주요우울장애의 핵심증상은 자살사고를 제외하고는 거의 매일 존재해야 한다

주요우울장애로 진단하기 위해 DSM-5 체계에서는 최소한 2주간 지속되는 핵심증상, 즉 우울감이나 흥미저하 중에서 한 가지는 반드시 있어야 한다. 또한 핵심증상을 포함하는

9개의 우울증상 항목 중에서 동시에 5개 이상이 2주 이상 존재해야 주요우울장애의 진단이 가능하다.

또한 이들 우울증상으로 인한 사회적·직업적 및 기타 중요한 기능 영역에서 심각한 고통이나 기능장애를 보여야 한다. 그리고 이들 우울증상은 다른 물질, 약물에 의해 유발되었거나 다른 의학적 상태로 인한 것이 아니어야 한다(표 4 참조).[1]

DSM-IV에서는 주요우울장애와 사별반응(bereavement)을 구별하였고, 사랑했던 사람과 사별한 후 2개월 이내에 증상이 시작되었고, 2개월을 넘기지 않았으며, 현저한 기능저하나 무가치감에 대한 병적 집착·자살생각·정신병적 증상 또는 정신운동지연을 동반하지 않는다면 주요우울장애로 진단하지 않았다. 그러나 DSM-5에서는 중요한 상실(사별, 재정적 파탄, 자연재해로 인한 상실, 심각한 질병이나 장애)에 대한 반응으로 우울삽화와

표 4. 주요우울장애의 DSM-5 진단기준

A. 다음 증상 가운데 5개(또는 그 이상) 증상이 연속 2주 동안 지속되며, 이러한 상태가 이전 기능으로부터의 변화를 나타내는 경우 위의 증상 가운데 적어도 하나는 (1) 우울 기분이거나, (2) 흥미나 즐거움의 상실이어야 한다.

주의점 : 명백한 다른 의학적 상태로 인한 증상은 포함되지 않아야 한다.

(1) 하루의 대부분, 그리고 거의 매일 지속되는 우울한 기분이 주관적인 보고(슬프거나 공허하다고 느낀다)나 객관적인 관찰(울 것처럼 보인다)에서 드러난다.

주의점 : 소아와 청소년의 경우는 과민한 기분으로 나타나기도 한다.

(2) 모든 또는 거의 모든 일상 활동에 대한 흥미나 즐거움이 하루의 대부분 또는 거의 매일같이 뚜렷하게 저하되어 있을 경우(주관적인 설명이나 타인에 의한 관찰에서 드러난다.)

(3) 체중조절을 하고 있지 않은 상태(예 : 1개월 동안 체중 5% 이상의 변화)에서 의미 있는 체중감소나 체중증가, 거의 매일 나타나는 식욕감소나 증가가 있을 때

주의점 : 소아의 경우 체중증가가 기대치에 미달되는 경우 주의할 것

(4) 거의 매일 나타나는 불면이나 과다수면

(5) 거의 매일 나타나는 정신운동초조나 지연(주관적인 좌불안석 또는 처진 느낌이 타인에 의해서도 관찰 가능하다)

(6) 거의 매일의 피로나 활력 상실

(7) 거의 매일 무가치감 또는 과도하거나 부적절한 죄책감을 느낌(망상적일 수도 있는)(단순히 병이 있다는 데 대한 자책이나 죄책감이 아님)

(8) 거의 매일 나타나는 사고력이나 집중력의 감소, 또는 우유부단함(주관적인 호소나 관찰에서)

(9) 반복되는 죽음에 대한 생각(단지 죽음에 대한 두려움뿐만 아니라), 특정한 계획 없이 반복되는 자살생각 또는 자살기도나 자살수행에 대한 특정 계획

B. 증상이 혼재성삽화의 기준을 충족시키지 않는다.

C. 증상이 사회적, 직업적, 기타 중요한 기능 영역에서 임상적으로 심각한 고통이나 장애를 일으킨다.

D. 증상이 물질(예 : 약물남용, 투약)이나 일반적인 의학적 상태(예 : 갑상선기능저하증)의 직접적인 생리적 효과로 인한 것이 아니다.

E. 증상이 사별에 의해 잘 설명되지 않는다. 즉, 사랑하는 사람의 상실 후에 증상이 2개월 이상 지속되거나, 현저한 기능장애, 무가치감에 대한 병적 집착, 자살생각, 정신병적 증상이나 정신운동지연이 특징적으로 나타날 경우에만 이 장애의 진단이 내려진다.

비슷한 증상이 정상적인 사별반응으로 나타날 수 있지만, 비록 이들 증상이 이해할 만하고 상실에 대해 적절하다고 판단되더라도 이들 정상적인 사별반응 동안에 주요우울삽화가 존재한다면 주요우울장애로 진단할 수 있다. 이때 개인의 과거력과 상실의 고통을 표현하는 각 문화적 특성을 고려해야 한다.

한편 양극성장애에서도 주요우울장애의 삽화가 있을 수 있다. 과거 및 현재에 경조증/조증삽화가 있는 경우 양극성우울증으로 진단할 수 있으며, 이 장에서 논의되고 있는 주요우울장애는 양극성우울증과는 상대적인 개념으로 단극성우울증으로 명칭 되기도 한다.

주요우울장애로 진단되려면 과거 및 현재에 경조증/조증삽화가 없어야 한다. 양극성우울증은 임상 양상이나 질환의 경과 면에서 단극성우울증과 구별이 가능한 점도 있기는 하지만 삽화의 증상, 생물학적 양상, 심리사회적 사건 등의 측면에서 단극성우울증과 구별이 쉽지 않을 수 있다.[5]

그러나 양극성우울증과 단극성우울증은 서로 다른 질병 경과를 보이는 원인적으로 다른 질환이며, 치료의 방법도 다를 수 있으므로 임상가는 현재의 우울증상과 함께 개인 및 가족의 기분장애 기왕력도 면밀하게 조사할 필요가 있다. 또한 처음에 주요우울장애로 진단된 경우에도 양극성장애로 발전할 수 있는 가능성을 항상 염두에 두고 있어야 한다.[6,7]

주요우울장애의 명시자

일차적으로 단일삽화인지 재발성인지를 평가한다. 단일삽화인 경우 이전에 주요우울삽화의 증거가 없는 경우가 해당된다. 그러나 단일삽화의 연속선상에서 증상이 호전되었다가 악화되는 경우와 2개 이상 삽화가 연속적으로 분리되어 나타나는 경우를 구별하는 것은 현실적으로 쉽지 않다. DSM-5에서는 최소 2개월 동안 주요우울삽화의 진단기준에 부합하지 않는 경우는 삽화가 끝난 것으로 간주한다.[1] 즉, 2개월 이상 동안 증상이 완전히 없어진 상태일 수도 있고 주요우울장애의 진단기준을 충족하지 않는 상태의 우울증상이 존재할 수도 있다. 재발성 여부의 판정을 병의 경과를 예측하는 데 유용할 수 있으며, 4회 이상의 재발일 경우 향후 양극성장애로 진행할 가능성을 시사하는 소견으로 생각할 수 있다.[8]

추가적으로 적용되는 현재 삽화의 **명시자**(specifier)로는 증상의 심각도/정신병적 증상 유무/관해 정도로 세분하며, 현재 삽화의 특정 임상양상에 따라서도 명시한다(표 5 참조).

증상의 심각도는 현재 혹은 최근의 삽화에 대하여 평가하며 증상의 수, 해당 증상의 심한 정도, 기능장애의 정도에 기초하여 경도/중등도/고도로 진단한다.

주요우울증삽화 동안 환청이나 망상이 있으면 정신병적 양상으로 평가한다. DSM-IV와

표 5. 주요우울삽화에 적용되는 DSM-5 명시자			
단일삽화/재발성 여부	주요우울장애		지속성 우울장애
	단일삽화	재발성	
증상의 심각도 경도	O	O	O
중등도	O	O	O
고도	O	O	O
정신병적 양상 동반 유무	O	O	O
기분과 일치하는 정신병적 증상	O	O	O
기분과 일치하지 않는 정신병적 증상	O	O	O
관해 정도	O	O	O
부분관해	O	O	O
완전관해			
불특정형	O	O	O
삽화의 특정 임상양상			
불안증 양상	O	O	O
혼재성 양상	O	O	O
멜랑콜리아 양상	O	O	O
비정형적 양상	O	O	O
정신병적 양상	O	O	O
긴장증	O	O	X
주산기 발병	O	O	O
계절성 양상	X	O	X

는 달리 DSM-5에서는 정신병적 증상이 동반되었다고 해서 반드시 해당 삽화의 심각도를 고도로 평가하지는 않는다.

관해(remission) 여부는 남아 있는 증상이 주요우울장애의 진단기준을 충족하지 않거나 삽화에서 회복된 후 2개월이 지나지 않은 경우는 부분관해(partial remission)로 진단할 수 있으며, 과거 2개월 동안 중요한 증상이나 징후가 나타나지 않았을 때 완전관해(full remission)로 분류할 수 있다.

한편 특정 임상 양상에 따라서 불안증, 혼재성 양상, 멜랑콜리아 양상, 비전형적 양상, 정신병적 양상, 긴장증, 주산기 발병, 계절성 양상으로 명시할 수 있는데, 이들 임상 양상이 뚜렷하거나 우세한 임상 양상을 보일 때, 혹은 임상 양상이 삽화의 기저에 깔려 있는 경우에 진단할 수 있다.

불안증 동반의 명시자의 경우 주요우울삽화 중 신경이 날카롭거나 긴장되는 느낌/매우 안절부절못함/걱정으로 인해 집중하기 어려움/무언가 끔찍한 일이 벌어질 것이라는 두려움/자신에 대한 통제력을 잃을 것 같은 느낌의 증상이 주요우울삽화 동안 대부분의 기간에 두 가지 이상의 증상이 있을 때 적용이 가능하다. 또한 불안증의 심각도를 증상의 개수에 따라 두 가지 증상이 해당될 경우 경도, 세 가지 증상일 경우 중등도, 네다섯 가지 증상일 경우 고도로 명시할 수 있다.

주요우울삽화 중 최소 세 가지 이상의 조증/경조증 증상을 보이는 경우는 **혼재성 양상** 동반으로 명시할 수 있다. 이런 증상 양상을 보이는 환자가 양극성장애로 발전한다는 증거는 없지만, 혼합 양상을 보이는 환자에서의 치료 및 원인은 연관성을 가질 수 있을 것이다. 그러나 이러한 양상이 조증/경조증삽화의 진단기준을 만족한다면 환자에게는 제1형 혹은 제2형 양극성장애로 진단해야 한다. 또한 주요우울삽화와 연관된 혼재성 양상은 제1형 또는 제2형 양극성장애 발생의 중요한 위험인자로 밝혀졌다. 그러므로 치료 계획 수립과 치료 반응에 대한 추적 관찰을 위해 혼재성 양상을 정확히 명시하는 것이 임상적으로 유용하다.

멜랑콜리아 양상은 거의 모든 활동에서 즐거움의 상실 혹은 일반적으로 쾌락을 주는 자극에 대한 반응이 결여되어 있으며, 세 가지 이상의 부가적인 증상(뚜렷한 우울감, 아침에 악화되는 우울증, 조기기상, 현저한 정신운동지연 혹은 초조, 식욕부진이나 체중감소, 과도한 죄책감)이 있을 때 진단한다. 이러한 양상은 주로 삽화의 가장 심한 단계에서 나타나며, 외래환자보다는 입원환자에서, 경도의 주요우울삽화보다는 고도의 삽화에서 더 많이 발생하며, 정신병적 양상을 동반하는 경우에서 더 많이 발생한다.

비정형적 양상은 기분의 반응성(긍정적인 사건에 반응하여 기분이 좋아진다)을 주요 특징으로 하며, 체중증가나 식욕증가, 과다수면, 연마비, 대인관계의 거절민감성 등의 증상이 2개 이상 삽화 기간 거의 대부분에 나타날 경우 진단하며, 이로 인한 사회적·직업적 장해의 증상이 있을 수 있다. 비정형 우울증은 역사적 의미가 있는 진단이다. 과거 우울증이 외래환자에서 드물고 청소년이나 초기 성인기에서 진단되는 일이 거의 없었던 시대에 일반적으로 나타났던 전형적인 초조함을 보이는 내인성우울증에 대비하여 비정형적이라고 명명하였으나 오늘날에는 용어의 의미처럼 드물거나 특이한 임상 양상을 의미하는 것은 아니다.

정신병적 양상의 경우 주요우울삽화 동안 망상 혹은 환청이 존재할 때 명시하며, 정신병적 증상의 내용이 죄책망상, 허무망상, 신체망상, 빈곤망상이나 자신의 결점이나 죄를 꾸짓는 내용의 환각과 같이 우울증의 주제와 조화되는 기분과 일치(mood congruent)하는 정신병적 양상과 우울한 기분과 일치하지 않는(mood incongruent) 정신병적 양상으로 구분한다. 심각도는 증상의 개수나 증상의 심각도를 기준으로 평가한다.

긴장증 양상은 강경증, 과도한 운동활동, 극도의 거부증, 부적절한 자세/상동증적 행동, 반향언어증/반향동작증 등의 증상 양상이 두 가지 이상 우세하게 있을 경우 진단이 가능하다. 주요우울삽화 대부분의 기간에 긴장증 양상을 동반한다면 명시한다.

주산기 발병 명시자의 경우, 기분증상이 임신 기간 중 또는 분만 후 4주 이내에 발병하는 경우에 적용할 수 있다. 주산기 발병 주요우울장애가 있는 여성들은 종종 심한 불안과 심한 경우 공황발작을 경험한다. 임신 중 기분 및 불안증상과 출산 후 우울감(postpartum blue)이 출산 후 주요우울삽화의 위험을 증가시킨다는 보고가 있었다. 주산기 발병 주요우울장애는 정신병적 증상이 동반되기도 한다. 출산 후 삽화는 산욕기에 발생하는 섬망과는 반드시 감별되어야 하며, 섬망은 자각이나 집중력이 감소된 정도에 의해 구별된다. 산후기는 신경내분비계 변화와 정신사회적 적응의 측면에서 특별한 의미를 지니며, 치료 계획이 모유 수유에 미칠 잠재적인 영향 및 가족 계획에 있어 산후 기분장애 병력이 미치는 장기적인 영향이 고려되어야 한다.

계절성 동반 명시자의 경우, 재발성 주요우울장애 환자에서 그 발병이 일정 기간 사이에 규칙적인 시간관계가 있을 때 내려질 수 있다. 즉, 해마다 일정한 시기에 주요우울삽화가 시작되고 회복되는 것이다. 대부분의 경우에서 삽화는 가을 또는 겨울에 시작되고 봄에 회복된다. 드물게는 여름에 재발하는 주요우울삽화가 있다. 이러한 삽화의 시작과 회복 양상이 지난 2년 동안 지속되었어야 하며, 중간에 어떤 비계절성 삽화도 없어야 진단이 가능하다. 또한 평생 발생한 비계절성 삽화보다 계절성 삽화가 더 많았을 경우 계절성 동반으로 명시한다. 그러나 특정 계절과 관련된 명백한 정신사회적 스트레스가 주요우울장애의 발병에 영향을 미친다고 판단될 때에는 진단할 수 없다. 계절성으로 발생하는 주요우울삽화는 현저한 무력감, 과다수면, 과식, 체중증가, 탄수화물 갈망이 특징이다. 계절성 양상이 재발성 주요우울장애에서 더 흔한지, 양극성장애에서 더 흔한지는 분명하지 않다. 그러나 양극성장애 환자군 내에서는 제2형 양극성장애에서 제1형 양극성장애보다 계절성 양상이 더 흔한 편이다. 또한 일부에서는 조증이나 경조증삽화의 발병이 특정 계절과 관련되기도 한다. 겨울형 계절성 양상의 주요우울장애의 유병률은 위도 및 연령, 성별에 따라 다양하다. 고위도 지방에 거주할수록 유병률이 증가하는 것으로 알려져 있다. 나이 역시 계절성의 강한 예측인자로서, 연령이 어릴수록 겨울형 계절성 우울삽화의 위험도가 높다. 계절성 동반 명시자의 경우, 직전 2개월 동안 주요우울장애의 중요한 증상이나 증후가 없을 경우 완전 관해 상태로, 그렇지 않은 경우 부분관해 상태로 추가 명시한다.

주요우울삽화에 적용되는 여러 명시자는 우울증 진단의 정확도를 높이고, 동질적인 하위진단을 구별, 치료 선택, 예후에 대한 예측에 도움이 될 수 있다.[1]

지속성 우울장애(기분저하증)

특정 기간에 뚜렷한 우울증상이 있는 경우와 달리 어떤 환자들은 가볍지만 만성적인 우울증상을 보이기도 한다. 이런 우울증상이 2년 이상 지속될 때 기분저하증의 진단이 가능하다(표 6 참조).

환자들은 기분이 슬프다거나 울적하다고 이야기하는 경우가 많으며, 소아에서는 우울한 기분보다는 과민한 기분 상태에 있고 진단에 요구되는 기간도 1년으로 성인보다 짧다. DSM-5에서 정의되는 지속성 우울장애는 DSM-IV에서 만성 주요우울장애와 기분저하증으로 분리되어 있던 개념을 지속성 우울장애로 통합한 것이다. 지속성 우울장애의 진단을 위해서는 거의 하루 종일 우울한 기분이 있고, 우울한 기분이 있는 날이 없는 날보다 많으며, 이러한 우울한 기분을 주관적으로 느끼거나 혹은 객관적으로 관찰되어야 한다는 것이다. 이들 우울한 기분은 아동·청소년에서는 과민한 상태로 나타날 수도 있다. 또한 식욕부진이나 과식, 불면 혹은 수면과다, 기력의 저하 혹은 피로감, 자존심 저하, 집중력 감소혹은 우유부단, 절망감 등이 우울한 기분이 느껴지는 동안 최소 두 가지 이상 있어야 한다. 또한 이러한 증상들은 최근 2년 동안 연속적으로 2개월 이상 증상이 존재하지 않았던 경우가 없어야 한다. 지속성 우울장애의 증상들은 주요우울삽화의 우울증상들과 유사하나 부적절감, 흥미의 전반적 상실, 사회적 위축, 죄책감이나 과거에 대한 후회, 주관적인 과민한 느낌이나 지나친 분노감, 활동성의 감소 등이 더 흔하며, 수면, 식욕, 체중변화, 정신운동 증상 등은 주요우울장애에 비해 덜 흔하게 나타난다. 지속성 우울장애는 주요우울장애 진단 전이나 후에 진단이 가능하다. 조증삽화, 경조증삽화가 없어야 하고, 순환성 장애의 진단기준을 충족하지 않아야 한다. 만성 정신병적 장애로 인한 경우 혹은 물질이나 일반적 신체질환으로 인해 유발되는 경우에는 진단하지 않는다. DSM-IV에서의 첫 발병 2년 동안 주요우울삽화가 없어야 하고, 순환기분장애에도 해당되지 않아야 기분저하증의 진단이 가능하였으나, DSM-5에서의 지속우울장애에서는 이러한 기준들이 삭제되었다. 이는 이들 정보가 부정확한 환자나 가족의 기억에 크게 의존해야만 하기 때문에 충분하고 분명한 기

표 6. 지속성 우울장애(기분저하증)의 DSM-5 진단기준	
A	적어도 2년 동안 하루의 대부분 우울 기분이 있고, 우울 기분이 없는 날보다 있는 날이 더 많으며, 이는 주관적으로 보고하거나 객관적으로 관찰된다. **주의점** : 아동, 청소년에서는 기분이 과민한 상태로 나타나기도 하며, 기간은 적어도 1년이 되어야 한다.
B	우울 기간에 다음 두 가지(또는 그 이상)의 증상이 나타난다. 1. 식욕부진 또는 과식 2. 불면 또는 과다수면 3. 기력의 저하 또는 피로감 4. 자존감 저하 5. 집중력 감소 또는 우유부단 6. 절망감
C	장애가 있는 2년 동안(아동, 청소년에게는 1년) 연속적으로 2개월 이상, 진단기준 A와 B의 증상이 존재하지 않았던 경우가 없었다.
D	주요우울장애의 진단기준을 만족하는 증상이 2년간 지속적으로 나타날 수 있다.
E	조증삽화, 경조증삽화가 없어야 하고, 순환성 장애의 진단기준을 충족하지 않아야 한다.
F	장애가 지속적인 조현정동장애, 조현병, 망상장애, 달리 명시된, 또는 명시되지 않는 조현병 스펙트럼 및 기타 정신병적 장애와 겹쳐져서 나타나는 것이 아니다.
G	증상이 물질(예, 남용약물, 치료약물)의 생리적 효과나 다른 의학적 상태(예 : 갑상선기능저하증)로 인한 것이 아니다.
H	증상이 사회적, 직업적, 또는 다른 중요한 기능 영역에서 임상적으로 현저한 고통이나 손상을 초래한다. **주의점** : 주요우울삽화의 진단기준은 지속성 우울장애(기분저하증)에는 없는 네 가지 증상이 포함되어 있기 때문에, 극소수가 2년 이상 지속되는 우울증상들을 가지게 되며, 지속성 우울장애의 진단기준을 만족하지 못한다. 만약 질환의 현 삽화 동안 어느 시점에서든 주요우울장애의 진단기준을 모두 만족한다면 주요우울장애로 진단해야 한다. 그러나 만약 그렇지 않다면 달리 명시된 우울장애 또는 달리 명시되지 않는 우울장애를 진단할 수 있는 근거가 된다.

준이 되기에는 적절하지 않기 때문인 것으로 보인다. 이 외에도 우울증상이 사회적, 직업적, 또는 다른 중요한 기능 영역에서 임상적으로 현저한 고통이나 손상을 초래하는 상태여야 진단이 가능하다.

지속성 우울장애는 주요우울장애와 같이 임상증상 및 양상에 따라 불안증 동반, 혼재성 양상 동반, 멜랑콜리아 양상 동반, 비전형적 양상 동반, 기분과 일치하는 정신병적 양상 동반, 기분과 일치하지 않는 정신병적 양상 동반, 주산기 발병 동반의 명시자의 사용이 가능하나 주요우울장애와는 달리 긴장증 동반 및 계절성 양상의 명시자는 없다.

지속성 우울장애에서는 관해 여부에 대한 명시를 하며, 직전 주요우울삽화의 증상이 나타나지만 진단기준을 완전히 충족하지 않거나, 주요우울삽화가 회복된 후 해당 삽화의 주요 증상이 없는 기간이 2개월 미만일 경우는 부분관해 상태로 명시하며, 과거 2개월 동안 장애의 중요한 징후나 증상이 나타나지 않았던 경우는 완전관해 상태로 명시하는 데 이러한 기준은 주요우울장애의 관해 여부에 따른 명시자와 동일하다(표 5 참조).

지속성 우울장애는 발병연령에 따라 20세 이전 발병인 경우 조발성(early-onset)으로 21세 이후에 발병한 경우는 만발성(late-onset)으로 명시할 수 있는데, 조발성인 경우가 전체의 약 2/3를 차지하며 조금 더 심한 형태의 질환인 것으로 보인다. 조발성 환자의 경우 인격장애나 물질관련장애가 동반되는 경우가 많고, 주요우울장애가 동반된 경우 주요우울장애의 기간 및 과거력이 더 많다고 알려졌다.[9]

지속성 우울장애는 진단기준상 최소 2년의 유병기간이 필요한데, 최소 유병기간의 임상 양상에 따라 다음과 같이 명시한다. 최근 2년 이내에 주요우울장애 진단기준에 해당하는 삽화가 없었던 경우는 순수한 기분저하증후군 동반(with pure dysthymic syndrome)으로, 최근 2년 동안 계속해서 주요우울장애 진단기준에 해당되는 경우는 지속적 주요우울삽화 동반(with major depressive episode)(DSM-IV에서의 만성 주요우울장애에 해당), 현재 주요우울장애 진단기준에 해당하나, 최근 2년 내 주요우울장애의 기준보다는 경한 우울증상이 최소 8주 이상 있었던 경우는 간헐적 주요우울삽화 동반, 현재 주요우울삽화 동반(with intermittent major depressive episode, with current episode)으로, 현재 주요우울장애 진단기준에 해당되지는 않으나, 최근 2년 내에 주요우울장애 진단기준에 맞는 삽화가 1회 이상 있는 경우는 간헐적 주요우울삽화 동반, 현재 주요우울삽화 동반되지 않음(with intermittent major depressive episode, without current episode)으로 구분한다.

지속성 우울장애 진단기준에 해당하는 증상의 개수, 증상의 강도, 사회적 또는 직업적 기능의 손상 정도에 따라 경도 · 중등도 · 고도로 명시한다.

월경전불쾌감장애

가임기 여성의 70~80%는 월경 전에 유방압통 혹은 복부팽만, 오심, 두통 등의 월경 전 징후(premenstrual molimina)를 경험한다. 대부분은 경미하여 특별한 치료가 필요하지 않지만 이 중 20~40%는 월경 전 징후의 정도가 심하여 일상생활에 지장을 받는다. 이를 **월경전증후군**(premenstrual syndrome : PMS)이라고 하며, 신체증상뿐 아니라 행동변화, 다양한 정서반응을 포함한다. 특히 우울감, 흥미감소, 불안, 집중력 저하, 스스로 통제하기 어려운 느낌, 지속적이고 뚜렷한 분노감, 과민함 등의 기분증상이 일상생활에 심각한 기능저하를 초래할 정도에 이르면 이를 **월경전불쾌감장애**(premenstrual dysphoric disorder, PMDD)라고 하며, 가임기 여성의 2~8% 정도가 이에 해당한다.[10,11]

월경전불쾌감장애의 임상증상들은 DSM-III-R에서 황체후기불쾌감장애(late luteal phase dysphoric disorder)로 최초 기술되었고, 나중에 DSM-IV에서 월경전불쾌감장애로 진단명이 변경되었다.

DSM-5에 정의된 월경전불쾌감장애의 진단기준은 대부분의 증상이 월경 시작 1주 전에 시작되고, 월경이 시작되고 수일 안에 증상이 호전되며 월경이 끝난 주에는 증상이 경미하거나 없어져야 한다고 기술되어 있다. 불안정한 기분, 과민성이나 분노, 우울감이나 절망감, 불안이나 긴장 중에 한 가지 이상의 증상이 있어야 하고, 흥미저하, 주의집중 곤란, 무기력, 식욕 변화, 수면 변화, 자제력을 잃을 것 같은 느낌, 신체증상 중에서 한 가지 이상의 증상이 포함되어 총 5개 이상의 증상이 있으면 진단이 가능하다. 또한 이러한 증상들로 인해 직업이나 학교, 일상적인 사회활동과 대인관계가 현저하게 저하되고, 단순히 기분장애

표 7. 월경전불쾌감장애의 DSM-5 진단기준

A	대부분의 월경 주기에서 월경 시작 1주 전에 다음의 증상 가운데 다섯 가지(또는 그 이상)가 시작되어 월경이 시작되고 수일 안에 증상이 호전되며 월경이 끝난 주에는 증상이 경미하거나 없어져야 한다.
B	다음 증상 중 적어도 한 가지(또는 그 이상)는 포함되어야 한다. 1. 현저하게 불안정한 기분(예 : 갑자기 울고 싶거나 슬퍼진다거나 거절에 대해 민감해지는 것) 2. 현저한 과민성, 분노 또는 대인관계에서의 갈등 증가 3. 현저한 우울 기분, 절망감 또는 자기비난의 사고 4. 현저한 불안, 긴장, 신경이 곤두섬 또는 과도한 긴장감
C	다음 증상 중 적어도 한 가지(또는 그 이상)는 추가적으로 존재해야 하며, 진단기준 B에 해당하는 증상과 더해져 총 다섯 가지의 증상이 포함되어야 한다. 1. 일상 활동에서의 흥미의 저하(예 : 직업, 학교, 또래집단, 취미) 2. 집중하기 곤란하다는 주관적 느낌 3. 기면, 쉽게 피곤함 혹은 현저한 무기력 4. 식욕의 현저한 변화, 즉 과식 또는 특정 음식의 탐닉 5. 과다수면 또는 불면 6. 압도되거나 자제력을 잃을 것 같은 주관적 느낌 7. 유방의 압통이나 부종, 두통, 관절통, 혹은 근육통, 부풀어 오르거나 체중이 증가된 느낌과 같은 다른 신체적 증상 **주의점 :** 진단기준 A~C에 해당하는 증상이 전년도 대부분의 월경 주기에 있어야 한다.
D	증상이 직업이나 학교, 일상적인 사회활동과 대인관계를 현저하게 저해한다(예 : 사회활동의 회피, 직장이나 학교에서의 생산성과 효율성의 감소)
E	증상은 주요우울장애나 공황장애, 지속성 우울장애(기분저하증) 혹은 인격장애와 같은 다른 장애로 인해 증상이 단순히 악화된 것이 아니다(이러한 장애 중 어느 것에도 중첩되어 나타날 수는 있다).
F	진단기준 A는 적어도 연속적인 2회의 주기 동안 전향적인 일일 평가에 의해 확인되어야 한다(주의점 : 진단은 이러한 확인이 있기 이전에는 잠정적으로 내려질 수 있다).
G	증상은 물질(예 : 남용약물, 치료약물, 기타 치료)의 생리적 효과나 다른 의학적 상태(예 : 갑상선기능항진증)로 인한 것이 아니다.

나 불안장애, 인격장애 등이 악화된 것이 아니어야 하며, 물질이나 다른 의학적 상태에 의한 것이 아니어야 한다. 또한 이들 임상 양상이 연속적인 2회 동안 전향적인 일일평가에 의해 확인되어야 월경전불쾌감장애의 진단이 가능하다(표 7 참조).

한편 임상가는 임상현장에서 병력청취 이외에도 증상 평정척도를 이용할 수 있으며, 자가보고식 및 객관적 평정척도로 **월경전긴장증후군 평정척도**(premenstrual tension syndrome rating scale)가 유용할 수 있다.[12]

물질/약물치료로 유발된 우울장애

물질/약물치료로 유발된 우울장애는 DSM-5로 개정되면서도 그 진단기준 등에는 비교적 큰 변화가 없었다. 즉, 우울증상의 양상이 주요우울장애의 진단기준에 합당하며, 알코올이나 환각제 등의 물질이나 정신자극제, 스테로이드, 엘도파, 항생제, 중추신경계 약물, 피부과 약물, 항암제, 면역억제제 등의 약제가 직접적으로 우울증을 유발에 관여한다고 판단될 때 진단이 가능하다. 물질로 인한 기분의 변화는 현저하고 지속적이어야 하며, 기분 변화와 관련된 물질의 직접적인 생리적 효과로 인한 것이어야 한다.

우울증상은 물질/약물의 예상되는 생리적 효과, 중독 혹은 금단 기간 이상으로 지속된다. 병력 및 신체검진, 실험실 검사 소견에 근거하여 우울장애를 유발할 수 있는 물질사용 후 1개월 이내에 발병하여야 한다. 또한 진단은 다른 독립적인 우울장애로 잘 설명되지 않아야 한다. 우울장애가 물질사용을 중단한 이후에도 상당 기간 지속되는 경우, 혹은 물질 유발기분장애가 독립적으로 존재할 경우에는 진단하지 않는다. 또한 물질의 사용, 중독, 금단과 관련된 우울장애는 사회적·직업적 혹은 다른 중요한 기능 영역에서 임상적으로 현저한 고통이나 손상을 초래하여야 한다.

여러 가지 약제, 흡입제나 환각제, 중금속과 독성물질이 이들 기분장애를 유발할 수 있는 것으로 보고되며, 중독 중 발병(with onset during intoxication) 혹은 금단 중 발병(with onset during withdrawal)으로 명시할 수 있다.

다른 의학적 상태로 인한 우울장애

다른 의학적 상태로 인한 우울장애의 진단을 위해서는 우울증이 다른 의학적 상태의 직접적인 생리적 효과라고 판단되는 현저하고 지속적인 기분의 변화가 있어야 한다. 우울증의 양상이 주요우울장애의 진단기준에 부합하는 경우에는 다른 의학적 상태로 인한 우울증, 주요우울유사삽화 동반(depressive disorder due to another medical condition, with major depressive-like episode)으로 진단되며, 주요우울장애의 진단기준을 충족하지 못하는 경우에는 우울 양상 동반(with depressive features)으로 진단하고, 조증이나 경조증 증상을 보이나 임상적으로 두드러지지 않고 우울증상이 주된 증상일 경우 혼재성 양상 동반(with mixed features)으로 진단할 수 있다. 우울증상이 일반적인 의학적 상태로 인한 것으로 판단하기 위해서는 일반적 의학상태의 존재, 생리적 기전을 통한 연관성을 확인해야 한다. 광범위한 요인에 대한 주의 깊은 평가가 진단에 필수적이며, 두 질환의 발병 · 악화 · 관해 사이에 시간적인 연관성이 있는지 여부와 주요우울장애나 기분저하증의 전형적인 양상과의 유사성을 확인하는 것도 도움이 될 수 있다.

달리 명시된 또는 명시되지 않는 우울장애

달리 명시된 우울장애와 명시되지 않는 우울장애는 우울증의 임상증상을 가지고 있으나 우울증의 진단기준에 부합하지 않는 경우에 사용될 수 있는 진단범주이다. 다른 우울증과 마찬가지로 이들의 정신병리는 물질/약물이나 다른 의학적 상태의 직접적인 생리적 작용에 의해 발생하지 않아야 한다. 이들 진단범주가 과도하게 사용되지 않기 위해서, 우울증상이 환자에게 심각한 고통을 유발하거나 손상이 있어 치료가 필요한 경우에 한하여 엄격하고 제한적으로 사용하여야 한다.

달리 명시된 우울장애와 명시되지 않는 우울장애는 DSM-IV에서는 달리 분류되지 않는 우울장애(depressive disorder not otherwise specified, NOS)의 진단범주에 들어 있었다. 이들 진단범주는 분주한 응급실이나 1차 진료현장처럼 임상가가 시간적 압박을 받는 상황에서 흔히 사용되며, 이들 진단 후에는 해당 정신병리에 대한 추적관찰과 함께 증상에 대한 객관적 평가 및 추가적 확정 진단이 필요하다.

달리 명시된 우울장애

달리 명시된 우울장애는 사회적, 직업적 또는 다른 중요한 기능 영역에서 임상적으로 현저한 고통이나 손상을 일으키는 우울증의 특징적 증상들이 두드러지지만 우울증의 진단 부류에 속한 장애 중 어느 것에도 완전한 기준을 만족하지 않는 경우에 적용한다. 이 진단범주는 발현된 징후가 우울증의 기준에 맞지 않은 특정한 이유에 대해 교감하기 위해 임상의가 선택한 상황들에서 사용된다. 달리 특정된 우울증으로 진단하고, 특정한 상태를 기술한다. 반복성 단기우울증(recurrent brief depression), 단기우울삽화(short-duration depressive episode), 불충분한 증상이 동반된 우울삽화(depressive episode with insufficient symptoms)가 여기에 해당하는 달리 특정된 상태이다.[1]

반복성 단기우울증은 2~13일간 지속되는 우울한 기분양상이 최소한 4개 이상의 다른 우울증상과 함께 매달 1회 이상, 연속적으로 12개월 이상 반복될 때 진단이 가능하며, 이들 임상증상은 월경주기와는 연관이 없어야 한다. 단기우울삽화는 우울한 정동과 함께 주요우울삽화 증상 중 최소 4개 이상의 증상이 4일 이상 14일 미만으로 지속되고, 이들 증상이 임상적으로 환자에게 현저한 고통이나 손상과 연관되어 나타날 때 진단한다. 불충분한 증상이 동반된 우울삽화는 우울한 정동과 함께 주요우울삽화 증상 중 최소 1개의 증상이 최소 2주 이상 지속되고, 이들 임상증상이 환자에게 현저한 고통이나 손상과 연관되어 나타날 때 진단한다. 또한 달리 명시된 우울증은 모두 해당 증상이 다른 우울증 또는 양극성 장애의 진단을 단 1회도 만족시키지 않아야 하며 현재 어떠한 정신병적 장애를 만족시키지 않아야 진단이 가능하다.

명시되지 않는 우울장애

우울증상이 사회적, 직업적 또는 다른 중요한 기능 영역에서 임상적으로 현저한 고통이나 손상을 일으키는 우울장애의 특징적인 증상들이 두드러지지만, 우울증의 진단 부류에 속한 장애 중 어느 것에도 완전한 진단기준을 만족하지 못하는 경우에 진단한다. 또한 현재의 우울증상에 대하여 특정한 진단을 내리기에는 정보가 부족한 경우에서도 명시되지 않는 우울장애로 진단할 수 있다.

우울증 환자 진단을 위한 면담

우울증 환자의 진단과 평가를 위하여 주의 깊은 면담이 필수적이다. 우울증 환자에서 나타날 수 있는 주의집중력 저하와 기억력장애, 증상의 부인, 증상에 대해 변명하려는 양상은 우울증 진단의 정확성을 떨어뜨릴 수 있다. 가족 등의 보호자나 주변 인물로부터 얻을 수 있는 2차적인 정보가 현재나 과거의 주요우울장애의 유무나 경과를 명확히 하고, 조증삽화나 경조증삽화의 유무를 평가하는 데 도움이 될 수 있다. 주요우울장애는 점진적으로 시작될 수 있기 때문에 현재 삽화의 최악의 시점에 초점을 맞추어 임상적 정보를 검토하는 것이 우울증상의 여부를 확인하는 데 좋은 방법이다. 우울증상이 암, 뇌졸중, 심근경색, 당뇨병 등과 같은 내외과적 신체질환이 있는 개인에게 발생될 때 특히 평가가 어렵다. 주요우울장애의 임상증상은 내외과적 질병의 특징적 징후나 증상과 동일할 수 있다. 내외과적 신체질환의 생리적 효과로 명확하고 충분하게 설명되는 경우는 다른 의학적 상태로 인한 우울증으로 진단하며, 이를 제외할 수 있다면 주요우울장애로 간주되어야 한다. 즉, 거의 음식을 섭취할 수 없는 신체질환을 가진 환자에게 나타나는 체중감소는 주요우울증의 증상으로 간주되어서는 안 되지만, 최근 심근경색을 겪은 환자에게 나타나는 슬픔, 죄책감, 불면증, 체중감소 등의 증상은 심근경색의 생리적 효과라고 명백하고 충분하게 설명되지 않기 때문에 이들 증상은 주요우울장애에 의한 것으로 간주되어야 한다. 또한 우울증상과 유사한 증상이 기분과 조화되지 않는 정신병적 증상(망상이나 환각 때문에 음식을 먹지 않아서 생기는 체중감소 등)으로 인한 경우 이를 주요우울장애의 증상으로 간주하지 않는다.

이 외에도 증상으로 인해 야기될 수 있는 일상생활, 사회생활, 직업적 기능의 저하 여부도 확인해야 한다.

우울증의 선별이나 우울증상의 심각도 및 치료효과를 알아보기 위해서 다양한 평가척도가 사용될 수 있다. 이때 평가도구의 선택은 평가의 목적, 평가대상의 범위, 평가대상자의 교육수준, 신체적 상태, 인지능력 등을 고려해야 한다. 일반적으로 자가보고 척도인 역학용 우울척도(Center for Epidemiological Study for Depression), 쭝 우울척도(Zung Self-Rating Depression Scale), 한국우울증척도(Korea depression scale), 벡 우울척도(Beck depression inventory), 노인 우울척도(Geriatric depression scale) 등과 증상의 심각도를 알 수 있는 해밀턴 우울평가척도(Hamilton rating scale for depression), 몽고메리−아스버그 우울평가척도(Mongomery−Asberg depression rating scale) 등이 많이 사용된다.[13~19]

이러한 과정을 통하여 우울증상이 있다고 판단되면, 과거의 조증 혹은 경조증삽화 유무를 확인하고, 우울증상을 흔히 동반할 수 있는 다른 정신장애 여부도 확인해야 한다. 또한 갑상선호르몬 검사와 같은 실험실 검사와 뇌파, MRI 등 뇌기능적/뇌영상학적 검사 등을 통하여 기질성 기분장애도 배제해야 하며, 내외과적 신체질환의 치료를 위해 사용하는 약물 중 상당수가 우울증상을 초래할 수 있으므로 약물에 의한 우울증상의 가능성도 배제하여야 한다.[20]

요약

우울증은 단순한 기분변화뿐만 아니라 신체적 및 정신적, 행동적인 변화나 어려움이 지속적으로 나타나는 질환이다. 현재 사용되는 우울증의 진단분류체계는 DSM-5와 ICD-10인데, 우울증상 유무 및 강도와 더불어 우울증상의 경과를 고려하여 진단하고 있다. DSM-5에서 우울증은 파괴적 기분조절부전장애, 주요우울장애, 지속성 우울장애, 월경전불쾌감장애, 물질/약물치료로 유발된 우울장애, 다른 의학적 상태로 인한 우울장애, 달리 명시된 우울장애, 명시되지 않는 우울장애 등으로 진단된다. 우울증의 진단을 위해서는 정신과적 면담을 통한 우울증상의 확인 및 평가척도를 통한 증상 심각도의 평가, 실험실 검사, 뇌기능적 검사 및 뇌영상학적 검사를 통한 평가가 필요하다.

참고문헌

1) American Psychiatric Association. *Diagnostic and statistical manual of mental disorders*. 5th ed. Washington, DC: American Psychiatric Association; 2013.

2) WHO. *The ICD-10 international classification of mental and behavioral disorders*. UK : WHO; 1992.

3) Rich BA, Carver FW, Holroyd T, Rosen HR, Mendoza JK, Cornwell BR, Fox NA, Pine DS, Coppola R, Leibenluft E. Different neural pathways to negative affect in youth with pediatric bipolar disorder and severe mood dysregulation. *J Psychiat res* 2011;45:1283–1294.

4) Althoff RR, Crehan ET, He JP, Burstein M, Hudziak JJ, Merikangas KR. Disruptive Mood Dysregulation Disorder at Ages 13–18: Results from the National Comorbidity Survey–Adolescent Supplement. *J Child Adolesc Psychopharmacol* 2016 Mar;26(2):107–13.

5) Cuellar AK, Johnson SL, Winters R. Distinctions between bipolar and unipolar depression. *Clin Psychol rev* 2005;185:145–150.

6) Angst K, Sellaro R, Stassen HH, Gamma A. Diagnostic concersion from depression to bipolar disorder: results of a long-term prospective study of hospital admission. *J Affect dis* 2005;84:149–157.

7) Goldberg JF, Harrow M, Whiteside JE. Risk of bipolar illness in patients initially hospitalized for unipolar depression. *Am J psychiatry* 2001;158:1265–1270.

8) Ghaemi SN, Ko JY, Goodwin FK. The bipolar spectrum and the antidepressant view of the world. *J Psychiatr Pract* 2001;7:287–297.

9) Klein DN, Schatzberg AF, McCullough JP, Keller MB, Dowling F, Goodman D, et al. Early–

versus onset-onset dysthymic disorder: Comparison in out-patients with superimposed major depressive episode. *J Affect Dis* 1999;52:187-196.

10) Wittchen HU, Becker E, Lieb R, Krause P. Prevalence, incidence and stability of premenstrual dysphoric disorder in the community. *Psychol Med* 2002;32:119-132.

11) Gehlert S, Song IH, Chang CH, Hartlage SA. The prevalence of premenstrual dysphoric disorder in a randomly selected group of urban and rural women. *Psychol Med* 2009;39:129-136.

12) Steiner M, Peer M, Macdougall M, Haskett R. The premenstrual tension syndrome rating scales: an updated version. *J Affect Disord* 2011;135:82-88.

13) 조맹제, 김계희. 우울증 환자 예비평가에서 the Center for Epidemiologic Studies Depression Scale (CES-D)의 진단적 타당성 연구. 신경정신의학 1993;32;381-399.

14) Zung WW, Richards CB, Short MJ(1965) : Selfrating depression scale in an outpatient clinic : further validation of the SDS. *Arch Gen Psychiatry* 13:508-515.

15) 이민수, 이민규. 한국우울증척도의 개발. 신경정신의학 2003:42;492-506.

16) 한홍무, 염태호, 신영우, 김교현, 윤도준, 정근재. Beck Depression Inventory의 표준화 연구-정상 집단을 중심으로(I). 신경정신의학 1986:25;487-502.

17) 조맹제, 배재남, 서국희, 함봉진, 김장규, 이동우, 강민희. DSM-III-R 주요우울증에 대한 한국어판 Geriatric Depression Scale(GDS)의 진단적 타당성 연구. 신경정신의학 1999;38;48-63.

18) 이중서, 배승오, 안용민, 박두병, 노경선, 신현균, 우행원, 이홍식, 한상익, 김용식. 한국판 Hamilton 우울증 평가 척도의 신뢰도, 타당도 연구. 신경정신의학 2005;44;456-465.

19) 안용민, 이규영, 이중서, 강민희, 김도훈, 김정란, 신정호, 신현균, 연병길, 이종훈, 정상근, 조인희, 표경식, 한선호, 김용식. 한글판 Montgomery-Åsberg 우울증 평가 척도의 표준화 연구. 신경정신의학 2005:44;466-476.

20) Bahk WM, Min KJ. *Textbook of depressive disorders*. Seoul, Korea: Sigma Press; 2012.

감별진단
Differential Diagnosis

이황빈*, 이상열**

미시건 정신분석연구소*, 원광대학교 의과대학 원광대학교병원 정신건강의학과**

우울장애로 진단되는 경우 외에 우울장애와 비슷한 증상을 보이는 다른 질환군을 어떻게 구분할 것인지에 대한 논의, 즉 감별진단은 진단적 혼돈의 폭을 좁힘으로써 임상의가 환자에게 가장 잘 맞는 치료법을 선택하도록 하는 데 도움을 준다. 우울증상의 감별진단이 제대로 이루어지지 않은 경우 효과적이지 못한 치료를 받게 되기도 하고, 적절한 치료 시기를 지연시킬 수 있으며, 이는 증상의 악화 및 예후에 안 좋은 영향을 미칠 수 있다. 또한 주요우울장애 명시자의 감별진단은 임상의가 현재 또는 가장 최근의 우울 삽화를 기술하고 환자의 임상 경과 및 예후에 대한 정보를 제공하는 데 유용하게 사용될 수 있다.

2013년 미국 정신의학협회(APA)의 분류인 정신질환의 진단 및 통계편람(DSM-5)[1]이 새로 개정되면서 우울장애는 주요우울장애, 파괴적 기분조절부전장애, 지속성 우울장애(기분저하증), 월경전불쾌감장애, 물질유발기분장애, 다른 의학적 상태로 인한 우울장애를 비롯한 여덟 가지 하위장애로 분류되었다. 현재 감별진단의 기준이 되는 DSM-5의 우울장애에 대한 진단적 접근은 임상적 관찰을 토대로 한 진단기준이다. 이러한 기술적 진단이 현재 병인 및 병리연구의 임상 기반을 제공하고 있으며, 많은 연구를 통해 궁극적으로는 진단적 분류, 병인, 경과 및 치료에 대한 이해를 넓혀가는 과정에 있다. 그럼에도 불구하고 우울장애는 아직 모호하고 복잡한 병인에 의한 이질적 진단으로 남아 있다. 우울장애는 의지, 정서적 심리적 기능, 인지적 기능이 관련된 복잡한 상태이다. 진단의 현실적 한계로 인해 감별진단의 구체적인 기준이 모호한 경우가 있고, 감별진단을 통한 치료법의 선택에 영향이 미흡한 경우도 있다. 우울장애의 감별진단 시 사회적·환경적 및 생물학적 요소에 대한 고

려가 포함되는 것이 바람직하다.[2]

주요우울장애의 감별진단

DSM-5가 새로 개정되면서 주요우울장애의 진단기준은 큰 변화가 없으나 혼재성 양상 동반과 불안증 동반 명시자가 추가되었다. 주요우울장애는 지속적인 우울한 기분 또는 무쾌감증과 함께 의미 있는 체중증가 또는 감소, 불면 또는 과다수면, 정신운동초조 또는 지체, 거의 매일 나타나는 피로나 활력의 상실, 무가치한 느낌 또는 과도한 죄책감, 사고력 및 집중력 감소 또는 우유부단함, 죽음에 대한 반복적 생각 또는 자살시도 등의 증상이 연속적으로 2주 이상 거의 매일 나타나며, 사회적 · 직업적 또는 다른 중요한 기능 영역에서 임상적으로 현저한 고통이나 손상을 초래할 때 진단되고 있다. 위와 같은 주요우울장애에서 나타나는 우울증상은 다른 정신과 질환 또는 신체질환에서 나타날 수 있으며, 각종 약물에 의해서도 나타날 수 있다. 주요우울장애와 감별진단을 요하는 다른 정신과적 질환 및 상태는 혼재성 양상을 동반한 조증삽화, 양극성장애의 우울삽화, 우울기분을 동반하는 적응장애, 불안장애, 신체화장애, 주의력결핍 과잉행동장애, 인격장애, 조현병, 조현정동장애 및 슬픔 등이 있다. 또한 뇌혈관장애, 심근경색, 암, 갑상선기능저하증, 쿠싱증후군, 파킨슨병, 알츠하이머병 등 신체적 질환에 의한 우울장애와 알코올, 마약, 환각제, 호르몬제 등 물질 오 · 남용에 의한 우울장애와의 감별이 필요하다.

혼재성 양상을 동반한 조증삽화

과민성 기분이 두드러지는 주요우울삽화는 혼재성 양상을 동반한 조증삽화와의 구별이 어렵다. 이 상황에서는 양극성장애에서 나타나는 것과 매우 비슷한 과민 반응 또는 기분을 보이므로 조증삽화 증상의 면밀한 임상적 평가를 필요로 한다.

양극성장애 우울삽화

주요우울장애의 우울삽화는 양극성장애 우울삽화와의 감별이 중요하다. 양극성장애는 일반적으로 주요우울삽화를 거치므로 양극성장애를 주요우울장애로 잘못 진단하는 경우는 빈번하다.[3,4] 특히 외래 환경에서는 양극성장애 환자가 임상의를 방문 시 우울삽화로 방문할 확률이 훨씬 높다.[5] 주요우울삽화로 방문한 환자의 조증 및 경조증의 과거력에 대한 철저한 조사에도 불구하고 이러한 오진이 흔히 나타나는 이유는, 우울삽화로 시작하여 아직

조증 또는 경조증을 경험하지 않은 경우, 즉 우울삽화로 시작하는 양극성장애의 경우 조증, 또는 경조증삽화가 나타나기까지는 주요우울장애로 진단하게 되는 현 진단체계의 한계 때문이다. 양극성장애가 우울삽화로 발병하는 경우가 더 빈번하다는 점에서 이는 주요우울삽화로 내원한 환자를 진단할 때 항상 염두에 두어야 하는 부분이다. 다른 이유로는 우울삽화로 방문한 양극성장애 환자들이 자신이 경험한 조증 또는 경조증삽화를 병이라고 생각하지 않아 자발적으로 보고하지 않는 경향과 경조증삽화의 경우 의사가 적극적으로 조사하지 않는 경우 탐지가 어려운 경향 때문이기도 하다.[6]

양극성장애와의 정확한 감별진단이 이루어지지 않은 경우 일반적으로 표준 항우울제 치료는 양극성장애 환자의 우울증 치료에 효과적이지 않은 것으로 나타났으며, 치료 지침에서는 양극성우울증의 기분안정제에 대한 보조요법으로만 항우울제를 사용할 것을 권하고 있다.[7] 특히 삼환계 항우울제를 사용한 경우 조증 또는 경조증을 유발할 수 있으며 질환의 장기적인 경과에 좋지 않은 영향을 끼치게 된다.[8,9] 따라서 주요우울삽화로 방문한 환자에서 조증 또는 경조증삽화의 과거력 유무를 조사하는 것이 양극성장애를 감별하는 데 있어 매우 중요하다.

감별진단 시 경조증삽화의 과거력을 진단하는 데 있어 유효성이 검증된 기분장애설문지(Mood Disorder Questionnaire : MDQ) 또는 Hypomania Symptom Checklist-32(HCL-32)와 같은 설문을 이용할 수 있다. MDQ는 1986명의 정신과 외래환자에 대한 유효성 확인 연구에서 73%의 민감도와 90%의 특이도를 나타냈다.[10] 한국형 MDQ의 경우 7점을 분기점으로 하였을 때 민감도 75%, 특이도 69%로 경조증 선별도구로 유용하다.[11] 또 다른 검증된 자기보고 선별도구인 HCL-32에서 14점 이상의 점수는 양극성장애 양성으로 간주된다. 14점 이상을 분기점으로 할 경우 민감도 80%, 특이도 51%, 20점 이상을 분기점으로 할 경우 민감도 68%, 특이도 83%로 양극성장애와 주요우울장애를 구분하는 데 유용하다.[12,13] 짧은 시간 내 빨리 수행할 수 있는 자체보고도구로 Patient Health Questionnaire(PHQ-9)가 있는데, 우울증의 심각도 검사, 진단, 모니터링 및 측정하는 데 사용되는 다목적 도구이다.[14] PHQ-9와 MDQ 및 HCL-32 사이의 가장 중요한 차이점은 평가된 증상과 이러한 증상이 발생한 시기이다. PHQ-9가 현재의 우울증상을 평가하는 반면, MDQ와 HCL-32는 조증과 경조증의 평생 증상을 평가하는 데 초점을 맞추고 있다.[10,12,14] PHQ-9는 주요 우울증 발작에 대해 88%의 민감도와 88%의 특이도를 가지고 있지만, 양극성장애와 주요우울장애를 구별하는 문제를 해결하지는 못한다. DSM-5는 현재의 임상 상태 및 중증도를 지정하고 있는데, 정신병적 양상이 없는 주요우울삽화의 중증도를 측정하는 평

표 1. 주요우울삽화 시 향후 양극성을 예측할 수 있는 소견

양극성장애의 가족력
조기발병
계절성 동반
잦은 단기간의 주요우울삽화
비전형적 양상, 혼재성 양상 동반
기분반응성
치료저항성 우울증
자살시도 과거력

출처 : Goodwin & Jamison[6], Benazzi & Akiskal[16], Akiskal & Benazzi[17], Winokur et al.[18], Goldberg et al.[19], Ghaemi et al.[20]에서 인용함.

가도구로 PHQ-9를 사용한다.[15]

우울삽화로 시작한 기분장애가 장기적인 경과를 거치면서 조증 또는 경조증삽화를 나타내고 양극성장애로 진단이 바뀌는 경우, 첫 우울삽화에서부터 양극성장애를 예측하고 구별해내기란 매우 어렵다. 이런 경우 양극성 경향을 예측할 수 있는 몇 가지 임상 소견들이 감별에 도움이 된다. 조기발병, 양극성장애의 가족력, 반복적인 우울삽화는 양극성장애 경향을 시사하는 중요한 소견이다(표 1).[16,17] 비정형 우울삽화와 같은 양극성우울증의 특징을 보이는 경우 정신병적 우울삽화, 치료저항성 우울증의 경우에도 양극성장애의 가능성을 염두에 두어야 한다.[18-20]

우울 기분을 동반하는 적응장애

이 진단은 주요우울장애의 모든 진단기준을 충족하지 않는 우울삽화(subsyndromal depression)가 죽음이나 이혼과 같은 다른 사람들과 관련한 스트레스가 많은 사건에 대한 반응으로 발생할 때 적절하다. 우울증상과 관련된 뚜렷한 정신사회적인 스트레스가 유발인자로 밝혀지고, 원인적 사건이 해소된 후 비적응적 반응이 6개월 이상 지속되지 않는 경우는 우울한 기분을 동반하는 적응장애로 진단하는 것이 타당하다.[1] 그러나 우울장애도 정신사회적인 스트레스 의해 유발될 수 있어 우울장애의 초기에는 적응장애와 감별이 쉽지 않다. 하루주기리듬, 조조각성과 같은 전형적인 멜랑콜리아 양상 동반은 적응장애보다는 주요우울장애를 시사한다.[21,22]

신체증상 및 관련장애

신체화 증후군 장애(somatic symptom disorder)는 다양한 신체증상을 보이는데, 특히 신경계 증상, 위장과 심폐 및 여성 생식기의 기능장애 그리고 전신증상 등을 호소한다. 만성화된 경우 흔히 우울한 기분을 호소한다. 우울장애 또한 일반적으로 신체증상을 동반한다. 우울장애는 우울삽화에 신체증상을 주로 호소하는 반면, 신체화장애(somatization disorder)의 신체증상은 지속적인 경향을 나타낸다. 그러나 우울장애의 특징적인 불쾌 감정과 무쾌감증 증상은 신체증상 관련장애와 구별된다. 단면적 비교보다는 경과 등을 고려하는 것이 감별에 중요하다. 주요우울삽화가 있는 일부 사람들은 건강에 대해 반추하며 질병에 대해 과도하게 걱정한다. 이러한 우려가 우울삽화 동안에만 발생한다면 질병불안장애(illness anxiety disorder)의 별도 진단이 이루어지지 않는다. 그러나 심각한 우울장애의 증상이 완화된 후에 과도한 질병에 대한 걱정이 계속된다면, 질병불안장애의 진단을 고려한다.

불안장애

불안장애는 우울증과 동반된 것으로 간주될 수도 있고, 주요우울장애 단독 진단이 될 수도 있다. National Institute of Mental Health(NIMH) 역학연구에 따르면 기분장애 환자의 43%에서 불안장애를 동반하고 불안장애 환자 25%에서 기분장애를 동반한다고 한다.[23] 두 질환은 공존하는 경우가 많고 임상 양상의 공통된 점이 많아 감별이 쉽지 않다. 공황장애, 강박장애, 범불안장애, 외상후스트레스장애, 공포증은 우울증상이 흔히 동반된다.[24] 불안증상이 동반된 우울장애의 경우 불량한 예후를 보이나, 동반된 불안증상이 저절로 불안장애로 이어지지는 않는다고 보고되고 있다.[25] 조조각성, 정신운동지연, 자기비난, 무망감, 자살사고 증상은 주요우울장애를 시사하는 소견으로 감별진단에 유용하다. 반면 불안장애는 우울증상이 호전되면서 과도한 긴장, 공포, 공황발작, 혈관운동 신경의 불안정성, 비현실감, 지각장애 등의 불안 요소가 두드러지는 것을 관찰할 수 있다. 불안장애는 늦은 발병이 드물어 40세 이후 초발인 경우 우울장애를 먼저 고려할 수 있다. 발병연령, 가족력, 특징적인 정신병리와 연관된 인격특성이 두 질환을 감별하는 데 비교적 유용하다고 보고된 바 있다.[26]

인격장애

인격장애에서 우울증상은 흔히 관찰되는 증상이며, 종종 우울장애 진단을 동반한다. 우울장애 환자에서 인격장애의 유병률에 대한 보고는 18%에서부터 86%까지 광범위하다.[28] 특히 경계성 인격장애의 경우 69%에서 주요우울장애가 공존한다고 보고된 바 있다.[29] 기분변화가 주된 증상 중 하나인 경계성 인격장애와 주요우울장애 간에 공통적인 영역이 있으

| 그림 1 | 주요우울장애 환자군과 경계성 인격장애를 동반한 주요우울장애 환자군(MDD/BPD)에서 충동성과 적개심 비교 |

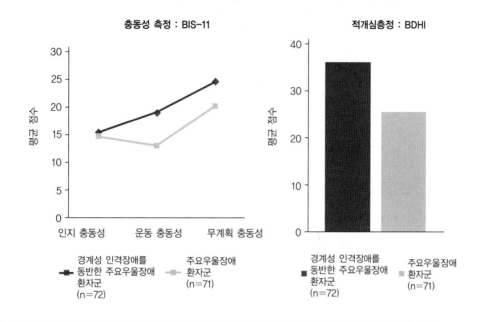

약어 : BHI-11=Barratt Impulsiveness Scale, BDHI=Buss-Durkee Hostility Inventory
출처 : Wilson ST[27])에서 인용함.

리라는 의견이 많으며, 두 질환의 뚜렷한 감별이 가능할 것인가에 대해서는 이견이 분분하다.[30,31)] 최근에는 양극성 스펙트럼장애에 대한 관심이 증가하면서 경계성 인격장애의 정동증상에 대해 단극성우울증보다는 양극성 스펙트럼장애로 이해하려는 경향이 있다.[32-34)] 경계성 인격장애의 불안정한 정동(affective lability), 자극과민성(irritability), 충동적인 행동(impulsive behavior)을 설명하기에는 양극성 스펙트럼장애의 개념이 유용하다.

특히 정동장애 급성기에는 경계성 인격장애의 성격적 우울과 우울장애를 구분하기 어렵다. 두 질환 모두 조기발병과 만성적인 경과, 무망감과 무가치함 호소, 자살의 위험성, 기분장애 가족력을 나타낸다.[30,35)] 두 질환을 구분하는 특징들은 다음과 같다. 정동장애의 경우 불안정하고, 지나치게 요구적이며, 병적으로 의존적인 성향이 우울삽화의 호전과 더불어 급격히 좋아지는 양상을 보이는 반면, 경계성 인격장애의 경우 이러한 성향이 지속적인 경향을 보인다.[30)] 주요우울장애의 경우 비교적 안정된 인간관계를 보이는 반면 경계성 인격장애는 대인관계 상실과 이별에 대한 염려 및 적대적이고 만족할 줄 모르는 의존적인 대인관계 성향을 보인다. 경계성 인격장애 환자는 우울과 함께 만성적인 공허함과 외로움을 표현하며 상대적으로 주요우울증에서 보이는 자율신경계증상은 없다. 경계성 인격장애에서 나타나는 불안정한 기분삽화는 반응성을 나타내며, 불안·자극과민성·불쾌한 기분 등은 강렬한 분노 감정에 동반되어 나타난다.

주요우울장애와 경계성 인격장애를 구분짓는 또 하나의 특징은 충동성이다.[32,36] 주요우울장애 환자군과 경계성 인격장애를 동반한 주요우울장애 환자군에서 충동성과 적개심을 비교한 연구에 따르면, 경계성 인격장애를 동반한 주요우울장애 환자군에서 충동성과 적개심의 점수가 높게 나타났다(그림 1 참조). 이러한 충동적인 경향은 경계성 인격장애 환자에서 나타나는 자해와 자살의 위험성과도 연관이 있다.

조현병 및 조현정동장애

조현병 환자에서 종종 우울한 정동이 관찰되며, 주요우울장애 환자에서도 정신병적 양상이 나타날 수 있다. 감별진단은 우울장애와 정신병적 증상 사이의 시간적인 선후관계 및 우울증상의 심각성에 달려 있다. 망상 또는 환각이 주요우울삽화 중에만 발생하면 진단은 정신병적 양상을 동반한 주요우울장애로 진단한다. 정신병적 우울증 환자의 경우, 정신병적 증상보다 기분의 장애가 먼저 나타나는 경향이, 역으로 조현병 환자에서는 정신병적 증상이 나타나고 나서 정동의 변화가 나타나는 경향이 있다. 또한 정신병적 증상이 체계화되고 기이한 양상을 특징으로 하는 경우, 조현병 스펙트럼 질환의 가능성이 크다. 조현병은 정동증상 기간이 정신병적 증상 기간보다 짧다. 두드러지는 기분 변화 없이 정신병적 증상이 6개월 이상 지속적으로 나타나는 경우 조현병으로 진단한다. 감별진단 시 조현병 후 우울증도 고려하여야 한다.[1]

조현정동장애는 뚜렷한 기분증상이 없는 상태에서 최소 2주 이상 망상이나 환각 등의 정신병적 증상이 지속된다. 정신병적 증상과 우울증상이 동시에 존재하는 경우 단면적 비교로는 조현정동장애와 정신병적 양상을 동반한 주요우울장애를 감별하기는 어렵다. 경과 관찰을 통해 정동증상이 삽화적으로 나타나면서 정신병적 증상이 지속적인 경우 조현정동장애로 진단할 수 있다. 정신병적 증상에 대한 기분증상의 상대적 비율은 시간이 지남에 따라 변할 수 있기 때문에, 적절한 진단은 시간이 지남에 따라 변할 수 있다.[2,37]

슬픔

슬픈 느낌은 인간이라면 누구나 느끼는 감정으로 모든 사람은 슬픈 느낌을 갖는다. 주요우울장애의 DSM-5 진단기준이 충족되고 그 사람이 슬픔 때문에 사회적, 직업적 기능을 수행할 수 없는 경우가 아닌 이상은 주요우울장애로 진단해서는 안 된다.

상실로 인한 슬픔은 두드러지는 정동이 공허함과 상실감으로 며칠에서 수 주일에 걸쳐 강도가 감소하는 반면, 주요우울삽화에서는 지속적인 우울한 기분과 행복이나 쾌감을 기대할 수 없는 정동이 특징적이라고 한다. 슬픔은 고통 속에서도 긍정적인 감정 및 기억을 동반하며 자존감을 손상시키지 않는 반면 주요우울삽화는 일관된 부정적인 감정과 사고가 지속적이고 자기 비판적이며 무가치함과 자기 혐오감이 특징적이다.[1,2]

중요한 상실(예 : 사별, 재정적 손실, 자연재해로 인한 상실, 심각한 질병이나 장애)에 대한 반응으로 나타나는 슬픔의 경우 주요우울삽화의 임상 증상과 비슷한 극도의 슬픔, 상실에 대한 반추, 불면, 식욕부진, 체중감소가 나타날 수 있다. 살아남은 배우자를 조사한 결과에 따르면 배우자 사망 1개월 후 주요우울장애의 진단을 만족하는 경우가 약 1/3, 7개월 후에는 약 1/4에 달하고, 1~2년이 지난 후에는 약 15%에 달한다고 하며, 그중 약 10%는 평생 우울증상을 보인다고 한다.[38,39] 상실에 따른 슬픔에 통상의 애도로 그치지 않고 상실이라는 스트레스로 인하여 주요우울장애가 발병하는 경우도 적지 않다. DSM-5가 새로 개정되면서 애도반응(bereavement)에 의한 우울이 주요우울장애에 포함되었다. 과거 진단체계에서는 상실 경험 후 2개월까지는 우울증상을 보인다고 해도 주요우울장애를 진단을 보류하는 경향이 있었으나, DSM-5에서는 주요우울장애의 진단을 만족할 만큼 심각한 증상을 나타내는 경우 주요우울장애로 진단하고 있다.[40,41]

파괴적 기분조절부전장애의 감별진단

파괴적 기분조절부전장애(disruptive mood dysregulation disorder : DMDD)는 DSM-5의 새로운 질환으로 주요 특징은 만성적인 고도의 지속적 과민성이다. 과거 소아기 양극성장애와 중복되는 심한 기분조절장애 및 과민성에 대한 연구에서 비롯된 진단명으로, 연령 특이적 양상을 반영하여 6~10세 사이에 첫 진단을 내린다.[42,43] 이들은 좌절에 대한 내성이 매우 낮아, 이에 대한 반응으로서 통제되지 않는 부정적 감정을 표출하게 된다. 학교, 가정, 또래 활동 중 매주 3회 이상 심한 반복적인 분노폭발을 보이며, 분노폭발 사이에 거의 매일 만성적으로 화가 나 있고 짜증을 낸다. DMDD는 소아 양극성장애, 적대적 반항장애, 자폐스펙트럼장애 및 간헐적 폭발장애(intermittent explosive disorder)와는 다른 질환으로, 아동기의 만성적인 짜증과 분노의 폭발은 추후 다른 종류의 우울장애 또는 불안장애로 진행되는 경향이 있다.

DMDD는 양극성장애 및 적대적 반항장애와의 구분을 위해 신중한 평가가 필요하다.

양극성장애와는 신경학적 요인, 치료약물에 대한 반응 등에 있어서 다른 질환으로 이해되며 양극성장애를 진단받는 경우 DMDD 진단을 하지 않는다. 양극성장애와 감별되는 주요 특징은 장기적인 경과에서 조증의 삽화적 재발과는 달리 만성적인 과민성이 지속되는 가운데 급성 분노폭발이 나타난다는 점이다.

적대적 반항장애의 증상은 DMDD 소아에서 흔히 발견된다. DMDD로 설명되는 경우 적대적 반항장애를 진단하지 않는다. 만성적인 불행한 과민성이 없는 경우 적대적 반항장애 진단이 적절하다. 적대적 반항장애는 6세 이전에 진단될 수 있으며, 그 이후에 어떤 진단범주가 임상 경과에 가장 적합한지는 논란이 있을 수 있다.

간헐적 폭발장애의 심각한 분노폭발은 파탄적 기분조절곤란장애와 비슷하다. 그러나 DMDD와는 달리, 간헐적 폭발장애는 분노폭발 사이의 지속적인 화나 짜증의 증상을 요구하지 않으며, 3개월의 활성 증상기만을 요구한다. 분노폭발 사이의 정상적인 기분을 가진 경우는 간헐적 폭발장애로 분노폭발과 만성적인 과민성이 있는 경우는 DMDD로 진단하는 것이 적절하다.

DMDD는 많은 동반 진단이 있을 것으로 예상된다. 주의력결핍 과잉행동장애, 품행장애, 물질사용장애와의 동반이환이 잦은 것으로 알려져 있다. 주의력결핍 과잉행동장애는 종종 DMDD와 공존할 수 있으나, 두 질환의 감별 시 주의력결핍 과잉행동장애의 충동성은 DMDD의 분노폭발과 구분이 가능하다.

주요우울장애와 지속성 우울장애(기분저하증)도 DMDD와 같이 종종 과민성을 나타낸다. 분노폭발이 1년 이상 매주 3회 이상의 기간과 빈도를 만족하지 않는 경우는 지속성 우울장애의 진단이 적절하다. DMDD가 주요우울장애로 진행할 수 있어 주요우울장애 진단 기준이 충족되면 이를 진단하는 것이 적절하다.

지속성 우울장애의 감별진단

DSM-5 개편으로 이전의 만성우울증(chronic major depressive disorder)과 **기분저하증**(dysthymia)을 통합한 **지속성 우울장애**(persistent depressive disorder : PDD) 진단이 새로 만들어졌다. 적어도 2년 이상 동안 하루 대부분 만성적인 우울한 기분을 경험한다. 아동·청소년에서는 기분이 과민한 상태로 나타나기도 하며, 이때 기간은 적어도 1년이 되어야 한다. 식욕의 변화, 수면 변화, 활력저하 또는 피로감, 자존감 저하, 집중력 저하 및 의사결정의 어려움, 절망감 등 주요우울장애의 여섯 가지 전형적인 증상 중 두 가지 이상을 경험한다. 일찍부터 이러한 증후를 경험하기 시작한 경우 성격의 일부로 인식되어 진단이 어려워진다. 장기적인 유병기간의 특성으로 인하여 인격장애 및 약물사용장애로 발생할 확률이 크다.

감별진단을 위해서는 먼저 신체질환의 영향을 배제하여야 한다. 많은 의학적 상태가 기분저하 증상을 나타낼 수 있다. 특히 이전의 정신과 병력이 없는 사람의 경우 신체건강의 변화에 의한 경우일 수 있다. 이 상태는 종종 다른 정신건강문제, 특히 불안장애 및 약물사용장애와 함께 공존한다. 의학적 상태를 비롯하여 동반된 물질사용, 불안장애, 경계성 인격장애 등은 지속성 우울장애의 위험을 증가시키거나 상태를 악화시킬 수 있다.

지속성 우울장애는 치료에도 불구하고 종종 지속되는 만성질환이다. 개인은 증상의 장기간의 변동성을 경험할 수 있으며, 이는 시간이 지남에 따라 점진적으로 변화하여 지속적인 스트레스가 많은 환경조건에서 안 좋은 영향을 받는다. 언뜻 보기에는 증상이 주요우울증의 증상보다 덜 심각하지만 직업, 개인 및 사회 기능에 미치는 영향은 개인 수준에서 파괴적일 수 있다. 지속성 우울장애의 위험인자는 주요우울장애와 동일하다. 여기에는 사람의 성격·기질, 환경 또는 유전적 조합이 포함된다. 이 두 질환의 관계는 복잡하며 서로 중복되어 **이중 우울증**(double depression)으로 나타나기도 한다.

우울증상은 만성 정신병 장애의 공통된 관련 특징이다. 따라서 우울증상이 정신병 장애 기간에만 발생하는 경우라면 지속성 우울장애의 개별 진단은 하지 않는다. 지속성 우울장애는 다른 의학적 상태로 인한 우울장애 또는 양극성장애로 설명되는 경우 물질·약물에 의한 우울증상으로 인과관계가 설명되는 경우 진단하지 않는다. 인격장애는 종종 공존한다는 증거가 있으며, 지속적 우울장애와 인격장애 둘 다에 대한 기준을 충족하면 두 진단 모두 가능하다.

월경전불쾌감장애의 감별진단

월경전불쾌감장애(premenstrual dysphoric disorder : PMDD)는 정서적 불안, 분노감, 일상생활에 대한 흥미감소, 무기력, 집중곤란 등의 증상이 월경 시작 전 주기적으로 나타나서 월경 후 사라지는 질환이며, 차별적인 생물학적 표지자로 임상적으로 중요한 의미를 갖는 정신장애이다. PMDD는 정서적인 불안정성뿐만 아니라 의지, 에너지, 집중력 및 자기 지각의 변화 등 생리주기에 특정한 변화를 포함한다. 지난 1년 동안 대부분(>50 %)의 월경주기에 증상이 나타나야 하며 직장이나 사회 기능에 악영향을 미쳐야 한다.[44,45]

월경전증후군(premenstrual syndrome : PMS)과 PMDD는 종종 상호 교환적인 용어로 사용되고 유사점은 있지만, 임상적으로는 감별이 필요하다. PMS는 최소한의 다섯 가지 주증상이 필수적이지 않으며, 정동증상의 조건이 없다는 점에서 임계치 이하 PMDD를 나타낸다. 월경 중인 여성의 대부분은 PMS 증상을 나타내지만 이 상태에 의해 기능이 손상되지는 않는다. 개인이 특정 기분, 불안 또는 행동장애로 고통받고 있는지를 판단할 때 신중하게 조사해야 한다. 월경통은 통증이 있는 PMS이지만, 이는 정서 변화가 특징인 증후군과는 다르다. 또한 생리통의 증상은 월경이 시작됨에 따라 시작되는 반면 PMDD의 증상은 월경이 시작되기 전에 시작된다. 중등도 이상 PMS를 보이는 일부 여성들은 호르몬 피임약을 포함한 호르몬 사용의 영향을 고려해야 한다. 외인성 호르몬 사용 후 이러한 증상이 나타나면 PMDD의 상태보다는 호르몬 사용의 영향이 의심되며, 여성이 호르몬 사용 중지 후 증상이 사라지면 물질·약물에 의한 우울장애와 같다.

양극성장애 또는 주요우울장애 또는 지속성 우울장애를 겪는 많은 여성에서 PMDD가 있다고 여기기 쉽다. 그러나 주요우울장애나 공황장애, 지속성 우울장애 혹은 인격장애와 같은 다른 장애로 인해 증상이 단순히 악화된 것과 구분해야 한다. 우울과 불안증상은 생리 동안 악화될 수 있고, 모든 정신과 질환은 월경 중에 더 문제가 될 수 있다. PMS는 주요우울증과 같은 기존 질병을 악화시킬 수 있다. 이 경우 생리 동안 기분증상의 경험을 증폭시키고 월경 시작 일주일 이내에 증상의 빠른 완화는 없다. PMDD에서는 이 기간에 상당한 기분 변화가 특징적이다.

다른 의학적 상태로 인한 우울장애

다른 의학적 상태로 인한 우울장애는 일반적으로 의학적 장애 및 증상의 맥락에서 고려된다. 만성쇠약 및 신체질환의 존재는 단순히 우울증의 위험을 증가시킬 뿐 우울장애를 진단하고 신체질환과의 연관성을 평가하는 것은 임상의의 몫이다. 신체질환을 가지고 있는 환자에서 나타나는 우울증이 의학적 상태로 인한 우울증상인지 여부를 이해하는 것은 치료옵션이 매우 다를 수 있어 중요하다. 그러나 우울증상을 수반할 수 있는 의학적 질환의 범위가 광범위하여 대부분의 신체 장기의 질환이 연루되고, 이들 우울증상의 임상 양상이 크게 다르지 않아 감별이 쉽지 않다. 당뇨 등 만성질환을 치료받지 않은 상태에서 나타나는 체중감소, 암환자에서 흔히 관찰되는 피로나 활력의 상실 등은 주요우울장애의 진단기준에 속하는 의미 있는 체중감소, 식욕의 감소 및 거의 매일 나타나는 피로나 활력의 상실과

임상적으로 구분할 수 없는 증상들이다.[2]

주요우울증상이 명백히 신체질환에 의한 것이라고 평가되는 경우를 제외하고는 주요우울장애를 진단하는 것이 권유된다.[1,2] 우울삽화가 갑상선기능저하증의 신체질환에 따른 생리적 결과로 나타난 것이 확실할 때에는 주요우울장애가 아닌 신체질환(갑상선기능저하증)에 의한 우울장애로 진단하는 것이 타당하다. 최근의 암 또는 류머티스성, 염증성 또는 내분비장애와 관련하여 새로운 우울삽화 발병은 의학적 상태에 기인한다고 볼 수 있다. 신체질환이 존재하나 환자가 보이는 우울삽화와 신체질환 사이에 인과론적인 관계가 없는 경우는 주요우울장애를 진단한다. 과거에 주요우울증 진단을 받은 환자의 경우, 현재의 건강 상태가 우울증의 유일한 직접적인 생리적 원인일 가능성이 낮다면, 다른 의학적 상태로 인한 우울장애의 진단은 부적절하다. 감별진단을 위해서는 정신과적 면담 외에 이학적 검사를 비롯한 특수 검사를 필요로 하는 경우도 있다. 개인의 병력, 신체 검사 및 검사 소견에 근거하여 특정 질환 상태의 직접적인 생리학적 결과인지 아닌지 판단하기 어려운 경우 주요우울삽화는 신체장애에 주요우울장애가 동반된 것으로 진단하는 것이 적절하다.

암, 뇌졸중, 심근경색, 당뇨 등의 신체적 질환에 흔히 동반되는 주요우울장애의 증상은 상호 간에 영향을 미치고 있어 감별하기가 매우 어렵다. 신체질환의 심리적 또는 생리적인 영향으로 우울증상이 나타날 수 있고, 역으로 우울장애 자체가 특정 신체질환의 위험성을 증가시키기도 한다. 최근 연구결과에 따르면 우울장애는 관상동맥질환의 발병 위험성을 높이고 경과에 악영향을 미치는 것으로 보고되고 있다.[46,47] 또한 고혈압 치료제나 호르몬제 같은 신체질환의 치료를 위해 쓰는 약물이 우울장애를 유발하기도 하며, 우울장애가 신체질환의 회복을 지연시키기도 한다. 특히 우울장애가 동반된 심혈관질환과 뇌경색의 경우, 그 회복이 더디고 우울장애가 동반되지 않은 경우에 비해 2년 이상 지연되는 것으로 보고되고 있다.[48]

신체질환을 앓고 있는 환자들은 질병의 심리적인 영향으로 사람에 따라 정도의 차이는 있으나 불안과 우울증상과 같은 스트레스 반응을 나타낸다. 신체질환의 초기에는 우울증상보다는 질병이 앞으로 자신의 삶에 미칠 영향에 대해 걱정하고 불안해하는 반응을 흔히 나타낸다. 우울증상은 신체질환이 진행되고 장기화되면서 나타나는데, 특히 질병으로 인하여 신체기능의 상실을 경험하거나, 치료효과가 좋지 않고, 예후가 불량한 경우 흔하게 나타난다. 신체질환의 생리적인 영향은 그 자체로 우울증상을 유발하기도 하고 신체 감각의 역치를 낮추어 이전에는 느끼지 못했던 증상을 새롭게 느끼면서 다양한 신체증상을 호

표 2. 우울증상을 동반하는 신체질환	
내분비 – 대사성	갑상선기능항진증, 갑상선기능저하증
	부갑상선기능항진증, 부갑상선기능저하증
	뇌하수체저하증
	애디슨병
	쿠싱증후군
	당뇨병
전염성	전신불완전마비(3차 매독)
	톡소포자충증
	인플루엔자, 바이러스성 폐렴
	바이러스성 간염
	전염성 단핵구증
	후천성 면역결핍증후군
아교성	류머티스 관절염
	홍반루푸스
영양계	펠라그라
	비타민 B12 결핍
신경학적	다발성 경화증
	파킨슨병
	두부손상
	복합부분발작
	수면무호흡증
	대뇌종양
	뇌혈관 경색(질환)
	복부 악성종양
신생물	파종 암종증
	폐쇄성 수면무호흡(OSA)

출처 : Benjamin et al.[51]에서 인용함.

소하기도 한다. 파킨슨병, 뇌졸중, 췌장암, 폐암, 갑상선질환 등은 우울증상을 잘 유발하는 질환으로 다양한 생리적인 변화가 관여한다.[49,50] 우울증의 치료는 우울증뿐만 아니라 근본적인 의학적 장애의 관리를 포함하는데, 근본적인 건강 상태, 특히 신경장애는 우울증의 개선 속도를 저해하고 늦출 수 있다. 많은 내분비 질환(예 : 갑상선, 부갑상선 또는 부신병)은 주로 정신과 기분불안정이 적절하게 해결되기 전에 우울증 치료 결과에 유리하게 영향을 미친다.

신경계 질환

우울증상과 함께 신경학적 징후를 나타내는 경우는 먼저 기질적인 기저질환에 대한 평가가 필요하다. 신경계 질환에 의한 우울증의 경우 기분의 변화뿐만 아니라 인지기능과 행동의 변화를 초래할 수 있다. 주요우울장애 또한 인지기능 저하가 두드러져, 마치 치매 환자처럼 보일 수 있다. 그러나 주요우울장애 환자에서는 집중력 저하와 의욕 저하의 영향을 고려하여야 한다. 이들은 인지기능 검사 시 쉽게 포기하고 모른다는 대답을 일관하는 경우가 많고 우울증상이 호전된 후에는 인지기능이 회복되는 소견을 나타낸다. 이러한 우울증으로 인한 가성치매는 기존의 인지기능 저하 징후가 없이 갑작스럽게 발병한다. 정동장애의 개인력 또는 가족력을 가지고 있는 경우, 사회적 위축과 함께 정신운동지연이 두드러지는 경우, 자기비하, 인지기능의 하루주기리듬을 보이고 아침에 악화되는 양상, 수면 박탈후 호전되는 양상, 항우울제 치료에 좋은 반응 등은 우울장애로 인한 가성치매를 의심케하는 소견들이다.[52]

뇌졸중 후에 우울증상의 빈도는 매우 높다. 최근 메타분석 연구에서 주요우울장애의 유병률은 17.7%로 기타 소우울장애까지 포함한 우울장애의 유병률은 33.5%로 보고되었다.[53] 많은 환자에서 다양한 우울, 불안증상을 경험하며, 우울장애의 경과 또한 다양하다. 치료받지 않는 경우 주요우울장애는 1년 정도, 소우울장애는 2년까지 지속된다고 하며, 최근 연구결과는 뇌졸중 후 7년까지도 지속된다고 한다. 정동장애의 개인력 또는 가족력이 존재하는 경우, 기능의 손상이 큰 경우, 사회적 고립 및 지지체계 취약은 뇌졸중 후 우울장애의 상대위험도를 높인다.[53-56] 뇌졸중 직후 기능손상에 미치는 우울증의 직접적인 연관성은 없으나, 치료받지 않은 우울증은 기능회복을 지연시킬 수 있다. 초기에 적극적인 우울증 치료는 회복시기에 영향을 미쳐 인지기능 및 수행기능 결핍을 최소화하는 데 도움이 된다.

뇌혈관질환과 우울증이 밀접하게 연관되어 있다는 것은 수많은 연구에서 보고되고 있다. 뇌혈관질환이 우울증을 증가시키고, 역으로 우울증 자체도 심혈관질환이나 뇌졸중 위험인자와는 별개로 뇌혈관질환의 증가에 영향을 미친다. 이 두 질환 사이의 연관성에 관해서는 양방향성으로 보는 경향이 있다. 이는 우울증 자체가 뇌혈관질환을 악화시킬 수 있음을 강조하는 개념이다.[57] 또한 뇌졸중 후 우울증의 유병률, 현상학 및 병소 위치 같은 위험인자에만 초점을 맞춘 과거의 생물학적 설명 모델의 한계를 보완하고, 무시되어 온 심리사회적 요인의 역할을 강조한 생물정신사회적 접근이 대두되고 있다. 뇌혈관질환에서의 우울증이 비단 뇌질환의 영향이 아니고 뇌졸중 후 상실감, 자존감 저하, 기능의 변화, 사회적 고립 등 심리사회적 요인에 의한 2차적인 부분임이 강조되며, 이는 치료적 접근에도 중요한 개념이다. 사회적 고립 등 중재 가능한 장애요인을 예방하고 정신의학과적 진찰을 통한

우울증 조기중재 등 정신사회적 치료가 뇌혈관질환 후 우울증에서 매우 중요하다.[56,58]

혈관성 치매에서는 우울증상이 흔히 나타나며, 알츠하이머병과 같은 퇴행성 질환도 정동증상이 나타날 수 있다.[59,60] 파킨슨병은 우울한 기분과 함께 무감동, 불안, 인지기능 저하가 흔히 동반된다. 그 밖에 기분장애 증상이 두드러지는 신경계 질환으로는 헌팅턴병, 다발경화증, 간질장애 등이 있다. 중추신경계의 종양은 신경학적 징후를 나타내기 이전에 기분과 행동의 변화를 먼저 초래할 수 있다.

내분비계 질환

내분비계 질환으로 인한 기분 변화는 행동, 인지기능 등 전반적인 변화를 같이 나타내며, 서서히 나타나는 경향이 있다. 사상하부-뇌하수체-부신피질(HPA) 축 또는 갑상선과 연관된 질환들이 주로 기분 변화를 초래한다. 갑상선기능저하증은 만성피로, 식욕부진, 체중증가, 추위를 타는 것, 변비, 정신운동지연을 나타내며 지체성 우울삽화와 감별을 요하고, 갑상선기능항진증은 진전, 초조, 발한, 심계항진 등의 증상을 나타내며 초조성 우울삽화와 감별을 요한다. 과체중 또는 저체중인 청소년의 경우 부신과 갑상선 기능 평가가 필요하다.

감염성 또는 염증성 질환

매독, 인체면역결핍바이러스 뇌병증 등 감염성 질환은 경과에 따라 기분과 행동의 변화를 초래할 수 있다. 동성애자, 양성애자, 정맥주사로 마약을 사용한 환자들에서는 후천성면역결핍증에 대한 검사가 필요하다.[61] 전신홍반성루푸스 경우 광범위한 신경정신 증상이 나타날 수 있고, 우울, 불안, 주의력결핍, 집중력 저하, 기억력장애, 두통 등이 나타날 수 있다. 노인 환자에서는 바이러스성 폐렴 같은 질환에 대한 평가가 필요하다. 청소년의 경우 전염성 단핵증에 대한 검사가 요구된다.[62]

물질/약물치료로 유발된 우울장애

물질/약물치료로 유발된 우울장애(substance/medication-induced depressive disorder : SMIDD)는 우울증상이 약물의 사용과 관련이 있을 때 사용된다. SMIDD는 물질의 생리학적 효과에 의해 야기될 수 있는 우울장애로 본질적으로는 주요우울장애이다. DSM-5는 그 물질이 우울장애를 일으킬 수 있다는 증거가 있어야 한다고 규정하고 있다. 진단기준은 명확하지만 향정신성물질과 우울 효과 사이의 인과관계는 복잡하다. 알코올 및 관련 조건에 대한 역학조사의 결과에 따르면 물질/약물치료로 유발된 우울장애(SMIDD)의 평생유병률은 0.26%이다. 유사한 합병증 및 위험요소들은 물질남용과 공존하는 우울증이 인과관계보다는 근본적인 원인을 공유한다고 볼 수 있다.[63]

우울증과 약물사용 시작 사이의 시간적 연관성은 약물사용과 우울증 발병 사이의 인과적 연관성에서 가장 유력한 증거이다. 물질사용에 앞선 우울삽화의 존재는 독립적인 우울장애를 시사하지만 물질사용으로 인해 그 질환이 악화될 가능성이 있다. 또한 우울한 기분이 금단 1개월 후에도 남아 있다면, 그것은 물질사용과는 독립적인 진단으로 간주된다. 만성적인 알코올 남용에 의한 우울장애는 매우 흔한데, 알코올에 의한 우울장애는 금주 후 수 일 내지 수 주일 만에 호전된다고 보고되었다.[64,66] 알코올 문제로 입원하는 환자의 상당수가 우울증상을 보이나 보통 특별한 치료 없이 4주 이내에 호전이 된다.[67] 이 점은 알코올 사용장애 환자에서 동반될 수 있는 주요우울장애와 알코올로 인한 기분장애와의 감별점이다. 알코올사용장애와 동시에 우울증상을 나타내는 경우, 임상 양상만으로 주요우울장애가 동반된 것과 알코올에 의한 2차적인 우울장애를 구분하기는 쉽지 않다. 주요우울장애의 가족력이나 과거력이 있는 사람에서 주요우울장애가 더 호발하는 경향이 있다.[68] 우울증을 포함한 정신장애의 비율은 일반적으로 치료를 원하는 약물남용군에서 높다.

SMIDD와 연관된 오 · 남용 물질은 알코올, 코카인, 암페타민, 마리화나 펜사이클리딘, 기타 환각제, 흡입제, 아편 유사물질, 진정제, 최면제 또는 항불안제 등이다. 이때 약물사용으로 인한 정신운동지연이나 진정작용을 우울증상으로 잘못 평가하지 않도록 주의하여야 한다. 과거력 청취, 이학적 검사, 실험실 검사를 통해 우울증상의 원인이 되는 약물 및 우울증상과의 시간적 연관성을 찾아낼 수 있다.

기분을 불안정하게 만들 수 있는 임상 약물은 인터페론, 베타 차단제 및 고혈압 치료제, 세포독성제, 항암제, 스테로이드, 성호르몬에 영향을 미치는 약물, 진정제, 근육이완제, 식욕억제제 등이 포함된다. 스테로이드 사용과 우울증을 포함한 정신과적 증상과의 연관성이 보고된 바 있으며,[69] 스테로이드 사용은 우울증뿐만 아니라 조증, 정신증을 유발한다고도 알려져 있다.[56,70] 인터페론이나 스테로이드와 같은 약물을 복용 중인 경우는 면밀히 모니터링하여야 한다. SMIDD 징후가 나타나고 임상의가 치료 필요성을 예상할 때, 적극적인 치료가 시행되어야 하며 원인물질의 중단 후 적어도 1개월 동안 지속되어야 한다.

65세 이상 일반 인구를 대상으로 조사한 결과 여성의 57%, 남성의 44%에서 매주 다섯 가지 이상의 약물을 복용한다는 보고와 같이, 나이가 들면서 약물복용의 빈도는 높아지

표 3. 우울증을 유발할 수 있는 약물

항암제
- amphotericin B
- L-asparaginase
- interferon
- procarbazine
- vinblastine
- Vincristine

향정신성 약물
- barbiturates
- benzodiazepine
- neuroleptics

항생제 · 항진균제
- ampiciline
- cycloseline
- dapsone
- griseofulvin
- isoniazid
- metronidazole
- nitrofurantoin
- procane penicillin
- streptomycine
- sulfonamides
- tetracycline

신경계 약물
- amantadine
- bromocriptine
- levodopa
- ethosuximide
- phenobarbital
- phenytoin
- primidone

진정제 · 수면제
정신자극제 · 식욕억제제
항콜린에스테라제

순환기제 및 항고혈압 약물
- beta Blockers (Propranolol)
- reserpine (Depletes Catecholamines)
- methyldopa (Depletes Catecholamines)
- clonidine
- thiazide Diuretics
- guanethidine
- prazosin
- hydralazine

스테로이드제제 · 호르몬제제
- corticosteroids
- estrogen
- progesterone
- testosterone
- gonadotropin-releasing hormone [GnRH]
- antagonists

진통제 및 항염증제제
- ibuprofen
- indomethacin
- opiates
- pentazocine
- phenylbutazone

불법약물
- alcohol abuse
- anabolic Steroid use
- amphetamine withdrawal
- caffeine
- cocaine withdrawal
- fenfluramine
- LSD
- marijuana
- narcotic or opiate intoxication
- phencyclidine (PCP)

출처 : Robert et al.[2], Benjamin et al.[74], Lazare[75]에서 인용함.

고, 약물에 의한 우울증상은 특히 노인에서 문제되는 경우가 많다.[71] 고혈압치료제는 우울증을 흔히 유발하는데, 치료제 중 reserpine, alpha-methydopa 사용 시 흔히 우울증을 유발하는 약물이다. 이들 약물이 우울장애의 원인 중 하나인 생체아민 고갈에 관여할 것으로 추정된다. 상대적으로 guanethidine, clonidine, hydralazine, prazosin은 우울증을 유발하는 위험도가 낮다. 이뇨제, 칼슘통로차단제, ACE 억제제(angiotensin converting enzyme inhibitors)가 우울증을 일으킬 위험이 가장 낮은 것으로 보고된다.[72,73] propranolol과 우울증 연관성은 논란이 있었으나 여전히 가능성이 높은 것으로 알려져 있다. 대부분 고혈압 치료제에 의한 우울증상은 용량에 비례하지는 않는다. 그러나 propranolol은 고용량일수록 우울증상을 야기하는 경향이 있다.

요약

우울장애로 진단되는 경우 외에 우울장애와 비슷한 증상을 보이는 다른 질환들을 감별하여 정확한 진단을 하는 것은, 진단적 혼돈의 폭을 좁힘으로써 임상의가 환자에게 가장 잘 맞는 치료법을 선택하는 데 도움을 준다. 우울증상의 감별진단이 제대로 이루어지지 않은 경우 효과적이지 못한 치료를 받게 되기도 하고, 적절한 치료 시기를 지연시킬 수 있으며, 이는 증상의 악화 및 예후에 영향을 미칠 수 있다. 또한 주요우울장애 명시자의 감별진단은 임상의가 현재 또는 가장 최근의 우울삽화를 기술하고 환자의 임상 경과 및 예후에 대한 정보를 제공하는 데 유용하게 사용할 수 있다.

우울장애는 우울삽화를 나타내는 다른 정신과적 상태, 즉 혼재성 양상을 동반한 조증삽화, 양극성장애의 우울삽화, 우울기분을 동반하는 적응장애, 불안장애, 신체화장애, 주의력결핍증후군, 인격장애, 조현병, 조현정동장애 및 일반적 슬픔과의 감별을 요한다. 주요우울삽화를 나타내는 경우 조증 또는 경조증의 과거력을 면밀히 조사하고 양극성 스펙트럼의 경향을 살펴보는 것이 양극성장애와의 감별에서 중요하다. 적응장애 또는 신체화장애와의 감별을 위해서는 특징적인 증상과 더불어 최근의 스트레스와 장기적인 경과를 살피는 것이 도움이 된다. 불안장애, 인격장애 및 섭식장애는 우울장애와 중복되는 증상이 많고 두 질환이 공존하는 경우가 흔하여 감별이 어렵다. 정신병적 양상을 동반한 주요우울삽화는 조현병 및 조현정동장애와의 감별이 필요하다. 다른 정신과 질환과의 감별은 장기적인 경과를 지켜보아야 가능한 경우가 많다.

또한 우울장애는 신체질환에 의한 우울증상과 감별이 필요하다. 그러나 이들 우울증상의 양상이 크게 다르지 않고, 상호 간에 영향을 미치고 있어 감별이 매우 복잡하고 쉽지 않다. 신체질환의 심리적 또는 생리적인 영향으로 우울증상이 나타날 수 있고, 역으로 우울장애 자체가 특정 신체질환의 위험성을 증가시키기도 한다. 신체질환과 우울장애는 양방향성의 연관성을 나타낸다. 주요우울증상이 명백히 신체질환에 의한 것이라고 평가되는 경우를 제외하고는 주요우울장애를 진단하는 것이 적절하다. 특히 뇌혈관질환에서 우울증은 단순히 뇌의 질환의 영향이 아니고 뇌졸중 후 상실감, 자존감 저하, 기능의 변화, 사회적 고립 등 심리사회적 요인에 의한 영향이 크다. 이는 치료적 접근에도 중요한 개념으로 정신사회적 치료가 매우 중요함을 시사한다. 약물의 영향으로 인한 우울증은 원인을 차단해주는 것이 중요하다.

참고문헌

1) American psychiatric Association WD, USA. *Diagnostic and Statistical Manual of Mental Disorders*: DSM-5. 2013.

2) Robert E. Hales SCY, Laura Weiss Roberts. *The American Psychiatric Publishing Textbook of Psychiatry*, Sixth Edition American Psychiatric Association 2014.

3) Akiskal HS, Walker P, Puzantian VR, King D, Rosenthal TL, Dranon M. Bipolar outcome in the course of depressive illness. Phenomenologic, familial, and pharmacologic predictors. *J Affect Disord* 1983;5:115-128.

4) Coryell W, Endicott J, Maser JD, Keller MB, Leon AC, Akiskal HS. Long-term stability of polarity distinctions in the affective disorders. *Am J Psychiatry* 1995;152:385-390.

5) Hirschfeld RM. Differential diagnosis of bipolar disorder and major depressive disorder. *J Affect Disord* 2014;169 Suppl 1:S12-16.

6) Goodwin FK, Jamison KR. *Manic-Depressive Illness: Bipolar Disorders and Recurrent Depression*, 2nd Edition Oxford University Press;2007.

7) Yatham LN, Kennedy SH, Parikh SV, Schaffer A, Beaulieu S, Alda M, et al. Canadian Network for Mood and Anxiety Treatments (CANMAT) and International Society for Bipolar Disorders (ISBD) collaborative update of CANMAT guidelines for the management of patients with bipolar disorder: update 2013. *Bipolar Disord* 2013;15:1-44.

8) Quitkin FM, Rabkin JG, Stewart JW, McGrath PJ, Harrison W. Study duration in antidepressant research: advantages of a 12-week trial. *J Psychiatr Res* 1986;20:211-216.

9) Wehr TA, Sack DA, Rosenthal NE, Cowdry RW. Rapid cycling affective disorder: contributing factors and treatment responses in 51 patients. *Am J Psychiatry* 1988;145:179-184.

10) Hirschfeld RM, Williams JB, Spitzer RL, Calabrese JR, Flynn L, Keck PE, Jr., et al. Development and validation of a screening instrument for bipolar spectrum disorder: the Mood Disorder Questionnaire. *Am J Psychiatry* 2000;157:1873-1875.

11) Jon DI, Hong N, Yoon BH, Jung HY, Ha K, Shin YC, et al. Validity and reliability of the Korean version of the Mood Disorder Questionnaire. *Compr Psychiatry* 2009;50:286-291.

12) Angst J, Adolfsson R, Benazzi F, Gamma A, Hantouche E, Meyer TD, et al. The HCL-

32: towards a self-assessment tool for hypomanic symptoms in outpatients. *J Affect Disord* 2005;88:217-233.

13) Forty L, Smith D, Jones L, Jones I, Caesar S, Fraser C, et al. Identifying hypomanic features in major depressive disorder using the hypomania checklist (HCL-32). *J Affect Disord* 2009;114:68-73.

14) Spitzer RL, Kroenke K, Williams JB. Validation and utility of a self-report version of PRIME-MD: the PHQ primary care study. Primary Care Evaluation of Mental Disorders. Patient Health Questionnaire. *JAMA* 1999;282:1737-1744.

15) Kroenke K, Spitzer RL, Williams JB. The PHQ-9: validity of a brief depression severity measure. *J Gen Intern Med* 2001;16:606-613.

16) Benazzi F, Akiskal HS. How best to identify a bipolar-related subtype among major depressive patients without spontaneous hypomania: superiority of age at onset criterion over recurrence and polarity? *J Affect Disord* 2008;107:77-88.

17) Akiskal HS, Benazzi F. Optimizing the detection of bipolar II disorder in outpatient private practice: toward a systematization of clinical diagnostic wisdom. *J Clin Psychiatry* 2005;66:914-921.

18) Winokur G, Coryell W, Keller M, Endicott J, Leon A. A family study of manic-depressive (bipolar I) disease. Is it a distinct illness separable from primary unipolar depression? *Arch Gen Psychiatry* 1995;52:367-373.

19) Goldberg JF, Harrow M, Whiteside JE. Risk for bipolar illness in patients initially hospitalized for unipolar depression. *Am J Psychiatry* 2001;158:1265-1270.

20) Ghaemi SN, Hsu DJ, Ko JY, Baldassano CF, Kontos NJ, Goodwin FK. Bipolar spectrum disorder: a pilot study. *Psychopathology* 2004;37:222-226.

21) Casey P. Diagnosing adjustment disorder with depressive features. *Expert Rev Neurother* 2008;8:1203-1208.

22) Casey P. Adjustment disorder: epidemiology, diagnosis and treatment. *CNS Drugs* 2009;23:927-938.

23) Regier DA BJJ, Christie-Burke K, ed. Comorbidity of affective and anxiety disorders in the NIMH Epidemiological Catchment Area Program. Washington, DC: American Psychiatric Press;1990.

24) Fava M, Rankin MA, Wright EC, Alpert JE, Nierenberg AA, Pava J, et al. Anxiety disorders in major depression. *Compr Psychiatry* 2000;41:97-102.

25) Coryell W, Endicott J, Winokur G. Anxiety syndromes as epiphenomena of primary major depression: outcome and familial psychopathology. *Am J Psychiatry* 1992;149:100-107.

26) Cloninger CR. Comorbidity of anxiety and depression. *J Clin Psychopharmacol*

1990;10:43S-46S.

27) Wilson ST, Stanley B, Oquendo MA, Goldberg P, Zalsman G, Mann JJ. Comparing impulsiveness, hostility, and depression in borderline personality disorder and bipolar II disorder. *J Clin Psychiatry* 2007;68:1533-1539.

28) Melartin TK, Rytsala HJ, Leskela US, Lestela-Mielonen PS, Sokero TP, Isometsa ET. Current comorbidity of psychiatric disorders among DSM-IV major depressive disorder patients in psychiatric care in the Vantaa Depression Study. *J Clin Psychiatry* 2002;63:126-134.

29) Stone MH, Stone DK, Hurt SW. Natural history of borderline patients treated by intensive hospitalization. *Psychiatr Clin North Am* 1987;10:185-206.

30) Gunderson JG, Phillips KA. A current view of the interface between borderline personality disorder and depression. *Am J Psychiatry* 1991;148:967-975.

31) Fava M, Farabaugh AH, Sickinger AH, Wright E, Alpert JE, Sonawalla S, et al. Personality disorders and depression. *Psychol Med* 2002;32:1049-1057.

32) Henry C, Mitropoulou V, New AS, Koenigsberg HW, Silverman J, Siever LJ. Affective instability and impulsivity in borderline personality and bipolar II disorders: similarities and differences. *J Psychiatr Res* 2001;35:307-312.

33) Perugi G, Toni C, Travierso MC, Akiskal HS. The role of cyclothymia in atypical depression: toward a data-based reconceptualization of the borderline-bipolar II connection. *J Affect Disord* 2003;73:87-98.

34) Mackinnon DF, Pies R. Affective instability as rapid cycling: theoretical and clinical implications for borderline personality and bipolar spectrum disorders. *Bipolar Disord* 2006;8:1-14.

35) Akiskal HS, Chen SE, Davis GC, Puzantian VR, Kashgarian M, Bolinger JM. Borderline: an adjective in search of a noun. *J Clin Psychiatry* 1985;46:41-48.

36) Paris J, Zweig-Frank H, Kin NM, Schwartz G, Steiger H, Nair NP. Neurobiological correlates of diagnosis and underlying traits in patients with borderline personality disorder compared with normal controls. *Psychiatry Res* 2004;121:239-252.

37) Pope HG, Jr., Lipinski JF, Cohen BM, Axelrod DT. "Schizoaffective disorder": an invalid diagnosis? A comparison of schizoaffective disorder, schizophrenia, and affective disorder. *Am J Psychiatry* 1980;137:921-927.

38) Zisook S, Kendler KS. Is bereavement-related depression different than non-bereavement-related depression? *Psychol Med* 2007;37:779-794.

39) Clayton P, Desmarais L, Winokur G. A study of normal bereavement. *Am J Psychiatry* 1968;125:168-178.

40) Zisook S, Reynolds CF, 3rd, Pies R, Simon N, Lebowitz B, Madowitz J, et al. Bereavement, complicated grief, and DSM, part 1: depression. *J Clin Psychiatry* 2010;71:955-956.

41) Shear MK, Simon N, Wall M, Zisook S, Neimeyer R, Duan N, et al. Complicated grief and related bereavement issues for DSM-5. *Depress Anxiety* 2011;28:103-117.

42) Leibenluft E, Charney DS, Towbin KE, Bhangoo RK, Pine DS. Defining clinical phenotypes of juvenile mania. *Am J Psychiatry* 2003;160:430-437.

43) Leibenluft E. Severe mood dysregulation, irritability, and the diagnostic boundaries of bipolar disorder in youths. *Am J Psychiatry* 2011;168:129-142.

44) Epperson CN, Steiner M, Hartlage SA, Eriksson E, Schmidt PJ, Jones I, et al. Premenstrual dysphoric disorder: evidence for a new category for DSM-5. *Am J Psychiatry* 2012;169:465-475.

45) Matsumoto T, Asakura H, Hayashi T. Biopsychosocial aspects of premenstrual syndrome and premenstrual dysphoric disorder. *Gynecol Endocrinol* 2013;29:67-73.

46) Frasure-Smith N, Lesperance F. Depression and coronary artery disease. *Herz* 2006;31 Suppl 3:64-68.

47) Carney RM, Freedland KE, Steinmeyer B, Blumenthal JA, Berkman LF, Watkins LL, et al. Depression and five year survival following acute myocardial infarction: a prospective study. *J Affect Disord* 2008;109:133-138.

48) Pan A, Sun Q, Okereke OI, Rexrode KM, Hu FB. Depression and risk of stroke morbidity and mortality: a meta-analysis and systematic review. *JAMA* 2011;306:1241-1249.

49) Fava GA. Diagnosis and treatment of depression in the medically ill. *Prog Neuropsychopharmacol Biol Psychiatry* 1986;10:1-9.

50) Cassem EH. Depression and anxiety secondary to medical illness. *Psychiatr Clin North Am* 1990;13:597-612.

51) Benjamin J. Sadock VAS, Pedro Ruiz. Kaplan & Sadock's *Comprehensive Textbook of Psychiatry*, 10th Edition: Lippincott Williams & Wilkins;2017.

52) Reynolds CF, 3rd, Hoch CC, Kupfer DJ, Buysse DJ, Houck PR, Stack JA, et al. Bedside differentiation of depressive pseudodementia from dementia. *Am J Psychiatry* 1988;145:1099-1103.

53) Mitchell AJ, Sheth B, Gill J, Yadegarfar M, Stubbs B, Yadegarfar M, et al. Prevalence and predictors of post-stroke mood disorders: A meta-analysis and meta-regression of depression, anxiety and adjustment disorder. *Gen Hosp Psychiatry* 2017;47:48-60.

54) Robinson RG, Bolduc PL, Price TR. Two-year longitudinal study of poststroke mood disorders: diagnosis and outcome at one and two years. *Stroke* 1987;18:837-843.

55) Ross ED, Rush AJ. Diagnosis and neuroanatomical correlates of depression in brain-damaged patients. Implications for a neurology of depression. *Arch Gen Psychiatry* 1981;38:1344-1354.

56) Ouimet MA, Primeau F, Cole MG. Psychosocial risk factors in poststroke depression: a

systematic review. *Can J Psychiatry* 2001;46:819-828.

57) Thomas AJ, Kalaria RN, O'Brien JT. Depression and vascular disease: what is the relationship? *J Affect Disord* 2004;79:81-95.

58) Aben I, Verhey F. Depression after a cerebrovascular accident. The importance of the integration of neurobiological and psychosocial pathogenic models. *Panminerva Med* 2006;48:49-57.

59) Hachinski VC, Iliff LD, Zilhka E, Du Boulay GH, McAllister VL, Marshall J, et al. Cerebral blood flow in dementia. *Arch Neurol* 1975;32:632-637.

60) Zubenko GS, Moossy J. Major depression in primary dementia. Clinical and neuropathologic correlates. *Arch Neurol* 1988;45:1182-1186.

61) Atkinson JH, Jr., Grant I, Kennedy CJ, Richman DD, Spector SA, McCutchan JA. Prevalence of psychiatric disorders among men infected with human immunodeficiency virus. A controlled study. *Arch Gen Psychiatry* 1988;45:859-864.

62) Katon W, Russo J, Ashley RL, Buchwald D. Infectious mononucleosis: psychological symptoms during acute and subacute phases of illness. *Gen Hosp Psychiatry* 1999;21:21-29.

63) Blanco C, Alegria AA, Liu SM, Secades-Villa R, Sugaya L, Davies C, et al. Differences among major depressive disorder with and without co-occurring substance use disorders and substance-induced depressive disorder: results from the National Epidemiologic Survey on Alcohol and Related Conditions. *J Clin Psychiatry* 2012;73:865-873.

64) Isbell H, Fraser HF, Wikler A, Belleville RE, Eisenman AJ. An experimental study of the etiology of rum fits and delirium tremens. *Q J Stud Alcohol* 1955;16:1-33.

65) Gibson S, Becker J. Changes in alcoholics' self-reported depression. *Q J Stud Alcohol* 1973;34:829-836.

66) Tamerin JS, Weiner S, Mendelson JH. Alcoholics' expectancies and recall of experiences during intoxication. *Am J Psychiatry* 1970;126:1697-1704.

67) Brown SA, Schuckit MA. Changes in depression among abstinent alcoholics. *J Stud Alcohol* 1988;49:412-417.

68) Schuckit MA, Tipp JE, Bergman M, Reich W, Hesselbrock VM, Smith TL. Comparison of induced and independent major depressive disorders in 2,945 alcoholics. *Am J Psychiatry* 1997;154:948-957.

69) Rome HP, Braceland FJ. Psychological response to corticotropin, cortisone, and related steroid substances; psychotic reaction types. *J Am Med Assoc* 1951;148:27-30.

70) Patten SB, Neutel CI. Corticosteroid-induced adverse psychiatric effects: incidence, diagnosis and management. *Drug Saf* 2000;22:111-122.

71) Kaufman DW, Kelly JP, Rosenberg L, Anderson TE, Mitchell AA. Recent patterns of medication use in the ambulatory adult population of the United States: the Slone survey.

JAMA 2002;287:337−344.

72) Beers MH, Passman LJ. Antihypertensive medications and depression. *Drugs* 1990;40:792−799.

73) Long TD, Kathol RG. Critical review of data supporting affective disorder caused by nonpsychotropic medication. *Ann Clin Psychiatry* 1993;5:259−270.

74) Benjamin J. Sadock VAS, Pedro Ruiz. Kaplan & Sadock's *Synopsis of Psychiatry: Behavioral Sciences/Clinical Psychiatry*. 2015;11th Edition.

75) Lazare A. *Outpatient Psychiatry: Diagnosis and Treatment*, 2nd edition. 1989.

동반이환
Comorbidity

양종철*, 김성곤**

전북대학교 의과대학 전북대학교병원 정신건강의학과*, 부산대학교 의과대학 양산부산대학교병원 정신건강의학과**

우울증은 다른 질환들과 동반이환이 많다. 동반이환은 한정된 기간에 한 가지 이상의 질환이 공존하는 것이다.[1] 동반질환의 발생에 대한 지식은 임상진료, 보건의료 계획, 연구에 대한 새로운 가설을 만드는 데에 중요하다. 임상적으로 동반이환 발생에 대한 자료는 보건의료 제공자에게 환자군의 잠재적인 동반이환에 대한 인식을 증가시켜 주며, 이로써 동반이환 상태에 대한 조기진단과 치료를 촉진할 수 있다. 다양한 환자군에서의 동반이환 양상에 관한 정보는 보건의료의 필요성에 대한 중요한 지표로 작용할 수 있고, 그래서 적절한 계획을 세우고 보건의료 서비스를 구성할 수 있게 해준다. 또한 동반이환 분석은 공동 발생하는 근원적인 건강상태의 표면적인 기전에 대한 가설기반 연구의 기초가 될 수 있다.[2,3]

동반이환율에 대한 결과는 몇 가지 방법론적인 요소의 영향을 받기 때문에 연구마다 다를 수 있다. 평가할 질환의 개수, 평가 방법(반구조적인 면담 및 임상적인 평가), 적용되는 기간(현 시점 및 평생), 연구되는 집단의 종류(병원을 내원한 환자 및 일반 인구집단), 부분 관해에 대한 취급, 미분류(not elsewhere classified : NEC) 범주의 포함 등에 따라서 연구마다 동반이환율은 달라질 수 있다.[4]

우울증에서의 동반이환은 개인적·사회적 부담을 증가시킨다. 주요우울장애가 있는 개개인은 한 가지 혹은 그 이상의 정신장애가 동반되어 있을 위험도가 증가한다. 지역사회와 1차 보건의료 상황의 연구에서 우울증과 불안증이 동반된 환자는 좀 더 심한 증상, 나쁜 예후, 만성화와 재발의 높은 비율, 자살위험의 증가, 더 많은 기능적인 장애, 삶의 질의 큰 저하, 정신과 입원의 증가 등이 나타난다.[5-9] 또한 우울증의 치료에서 환자가 나타내는 동반이환 상태를 인식하는 것은 다른 질환이 치료 계획에 영향을 미칠 수 있기 때문에 중요하다. 동반이환의 이러한 임상적 중요성 때문에 임상의는 우울증 환자에서 동반된 특정 상태의 빈도를 잘 알고 있어야 한다.[4] 우울증에서 동반이환하는 가장 흔한 질환들은 알코올남용이나 의존, 공황장애, 강박장애, 사회불안장애이다. 반대로 물질사용장애 및 불안장애를 가진 개개인은 평생 또는 현재 기분장애가 동반될 위험도가 증가한다. 주요우울장애 및 양극성장애 양쪽에서, 남자는 물질사용장애가 더 흔하게 존재하고 여자에서는 불안장애와 섭식장애가 더 흔하게 존재한다. 동반된 물질사용장애 및 불안장애는 주요우울장애와 양극성장애를 가진 환자에서 병의 예후를 악화시키고 자살의 위험도를 증가시킨다.[10]

우울증의 동반이환율에서 한 가지 1축 질환이 동반된 경우가 64.1%, 두 가지 이상의 1축 질환이 동반된 경우 36.7% 정도이다. 불안장애(56.8%)가 질환군 중에서 가장 흔하게 동반되어 있었고, 개별적인 질환에서는 사회공포증(32.4%)이 가장 흔하였다.[4] 일반 인구집단을 대상으로 시행된 미국동반이환조사(National Comorbidity Survey : NCS)에서는 주요우울장애로 진단받은 환자들에서 평생 최소한 한 가지 이상의 동반질환이 있는 경우가 72.1%였고, 불안장애는 59.2%, 물질사용장애는 24%, 충동조절장애는 30%였다.[11] 평가일

표 1. 우울증 외래환자에게서 나타나는 DSM-IV 1축 질환의 현재유병률과 평생유병률

질환	현재유병률(%)	평생유병률(%)
기분장애		
기분저하장애	8.4	9.4
불안장애		
공황장애 및 광장공포증	17.5	24.7
사회공포증	32.4	36.1
특정공포증	11.9	12.9
외상후스트레스장애	12.9	21.5
범불안장애	16.1	16.1
강박장애	9.0	11.7
모든 불안장애	56.8	64.9
물질사용장애		
알코올남용/의존	6.1	37.8
약물남용/의존	4.6	22.3
니코틴 의존	27.3	38.2
모든 약물/알코올사용장애	9.0	42.8
섭식장애	0.8	4.0
신체형장애	4.8	5.2
충동조절장애	4.0	9.0

출처 : Zimmerman et al.[4]에서 인용함.

로부터 12개월 안에 주요우울장애와 동반질환이 있는 경우는 64.0%였다.[11] 표 1에서는 우울증 환자에서의 1축 질환의 현재와 평생유병률을 기술하였다.

불안장애

불안장애와 기분장애의 동반이환은 매우 흔하다. 우울증이 있는 개개인의 대략 50%에서 불안장애가 발생한다. 불안장애는 종종 주요우울장애의 시작보다 선행하는 경우가 많다. 이 결과에 대하여 몇몇 설명이 가능하지만 정확한 결론에는 좀 더 많은 연구가 필요하다. 다른 경우에서 우울증과 불안증상은 같은 증후군의 일부로 나타나며, DSM-IV TR 진단에서는 불안우울혼합장애(mixed anxiety-depressive disorder)로 수록되었다.[12] 불안과 우울 양쪽 모두의 증상이 명확한 환자는 두 가지 질병 모두에 영향을 받았거나, 한 가지 질환이 양쪽의 증상군을 만들고 아직 해소가 되지 않은 것이다. 양쪽 형태의 환자들이 불안우울혼합장애의 환자군을 구성할 수 있다.[10] DSM-5에서는 우울장애의 명시자 중 하나로 불안 동반 유형을 따로 명시할 수 있도록 하였는데, 이는 우울삽화 동안 신경이 날카롭거나 긴장되는 느낌, 매우 안절부절못함, 염려로 인해 집중하기 어려움, 무언가 끔찍한 일이 벌어질 것이라는 두려움, 자신에 대한 통제력을 잃을 것 같은 느낌 중 두 가지 이상의 증상을 보이는 경우에 해당된다. 불안장애와 주요우울장애는 가장 감별이 어려우며 많은 특성을 공유한다. 지역사회에 거주 중인 주요우울장애를 가진 성인의 3/4이 적어도 한 가지의 다른 DSM 진단을 받으며, 가장 많은 것이 불안장애다(59.2%).[11] 불안장애를 가진 86%의 성인에서 주요우울장애의 진단기준을 만족시킨다.[11] 불안장애가 동반이환되는 경우 증상 심각도의 증가, 더 낮은 사회적 기능, 더 복잡한 병의 경과, 치료반응의 감소 및 지연, 높은 수준의 자살 경향, 시간이 지나는 동안의 재발의 증가와 연관된다고 보고되고 있다.[13]

범불안장애

우울증과 범불안장애의 동반이환율은 38.6%다.[14] 주요우울장애와 범불안장애는 구분하기 힘들고 유전적인 경향이 비슷하며 피로감, 집중의 어려움, 수면장애, 초조 등 많은 공유 증상이 있다.

우울증과 범불안장애의 동반이환 기전으로 자가 조절 모형이 있다. 촉진체계(promotion system)와 방지체계(prevention system)로 구성된 2개의 동기부여체계(motivational system) 가 있는데, 촉진체계는 좋은 일을 희망하고 갈망이 생기게 하며 긍정적인 결과에 초점을 맞춘 상태이고, 방지체계는 갈망이 끝난 상태로 안전, 보호, 책임에 대해 걱정하는 것을 포함하여 나쁜 일이 일어나는 것을 경계하는 것이다. 어느 한쪽 체계의 이상이 생기면 상호작용이 맞물려 있기 때문에 범불안장애와 우울증 간의 동반이환이 발생될 수 있다는 설명이다. 범불안장애와 연관된 만성적인 체계 이상은 과다경계를 만들고 열망을 감소시킨다. 감소된 열망은 부적합한 촉진을 만들고, 이득이나 발전에 대한 매력을 감소시켜 우울증의 주요 증상인 흥미저하를 만든다. 반대로 우울증과 연관된 만성적인 촉진 부전은 열망을 감소시키고 범불안장애와 연관된 과다경계를 만들 수 있다는 이론이다.[15] 최근 시행된 기능성 자기공명영상 연구에서는 주요우울장애와 범불안장애에서 복측대상회와 편도체에 공통된 이상이 존재하며, 이는 유전적 병인의 공유와 연관되어 있을 것이라고 하였다.[16]

외상후스트레스장애

우울증과 외상후스트레스장애의 동반이환율은 남자에서 48%, 여자에서 49% 정도로 알려지고 있다.[17] 주요우울장애와 외상후스트레스장애 사이에는 수면장애, 집중력 저하, 회피와 위축, 활동에 대한 즐거움 및 흥미의 감소, 고립감과 다른 사람들로부터 멀어짐 등의 공통되는 증상이 많이 존재한다.[18]

우울증과 외상후스트레스장애의 동반이환 기전은 다각도로 생각해볼 수 있다. 물리적 외상과 정신적 외상은 서로 다른 방법으로 우울증상을 유발할 수 있다. 주요우울장애는 종종 다양한 신체적인 외상 이후에 발생하며 주로 신경계와 관련된다. 외상후 주요우울장애의 유병률은 25~50%이다. 평균 발생 시기는 4개월 정도로 추산되며 평균 지속기간은 3~6개월 정도이다. 외상후스트레스장애와 연관되거나 동반된 우울증 에피소드의 임상 양상은 외상 사건의 종류에 따라 무기력, 신체증상 등과 같이 개별화되어 다양한 형태로 나타난다. 이전 연구에 따르면 비록 감별진단은 때때로 어렵지만 주요우울장애와 외상후스트레스장애의 공존은 높은 편이다.[19] 외상후스트레스장애와 주요우울장애 모두에서 스트레스 반응에 관여하는 주요 신경 호르몬계인 시상하부-뇌하수체-부신피질(hypothalamic-pituitary-adrenal : HPA) 축의 조절 곤란을 특징으로 한다. 양쪽 질환 모두에서 부신피질자극호르몬 방출인자(corticotropin-releasing factor : CRF)의 분비가 증가되어 있지만, 뇌하수체와 이하 수준에서의 반응은 다르다. 외상후스트레스장애에서는 증가된 CRF에도 불구하고 낮은 순환 코르티솔 수준을 나타낸다. 이것은 HPA 축에서 코르티솔의 정상보다 강한 부정적 되먹임 때문인 것으로 생각된다. 우울증에서는 순환 코르티솔이 증가되어 있고 HPA 축에 대한 코르티솔의 부정적 되먹임 억제가 약화되어 있다. 주요우울장애와 외상후스트레스장애가 동반된 개개인에서의 HPA 축의 기능은 정확하게 특성화되어 있지는 않지만, 각각의 질환에서의 개별화된 조사결과 때문에 흥미로울 것이다.[20] 주요우울장애가 동반된 외상후스트레스장애군과 동반되지 않은 외상후스트레스장애군에서 세로토닌성 표지자와 아드레날린성 표지자를 조사한 연구에서, 외상후스트레스장애는 세로토닌 시스템의 결함을 시사하는 파록세틴 결합부위가 낮은 것과 연관이 있었고 외상후스트레스 장애와 주요우울장애가 동반된 경우에는 카테콜아민성 기능부전과 연관이 있었다. 이러한 신경생리적 특성은 동반이환 인구에서의 치료 적용에 중요할 수 있다.[18]

강박장애

우울증과 강박장애 환자의 동반이환율은 모든 강박장애 환자의 1/3~2/3 정도로 추산되고 있으며, 결과적으로 주요우울장애는 강박장애에서 가장 많은 정신과적 동반이환으로 종종 생각된다.[21,22] 과도한 우유부단함, 걱정, 자기비난, 죄책감과 같은 어떤 특성들은 강박장애와 주요우울장애에서 공통적이다. 게다가 강박장애와 주요우울장애는 공통된 정신병리 특성뿐만 아니라 몇 가지 항우울제에 대한 치료반응도 비슷하다. 강박장애와 주요우울장애의 동반이환에 대한 전향적 연구들에서 대부분의 환자들이 강박장애 증상이 주요우울장애 증상보다 선행하였다. 이 결과는 강박장애의 심각도와 연관된 만성적인 고통과 기능적인 장애의 결과로 이에 상응하는 기분변화가 발생할 수 있음을 시사하고, 또한 삶의 질에 대한 부정적인 영향, 낮은 치료에 대한 반응, 부적절한 경과 등을 시사한다. 강박장애와 주요우울장애가 동반된 환자들은 주요우울장애가 동반되지 않은 강박장애 환자들에 비하여 일반적으로 더 심한 불안증상들, 낮은 수준의 강박장애에 대한 병식, 높은 실직 비율, 자살 시도 위험도의 증가, 더 큰 기능장애 등을 나타낸다.[23]

공황장애

주요우울장애 환자에서 공황장애의 평생유병률은 미국 역학집단영역(Epidemiologic Catchment Area : ECA) 연구에 따르면 10% 정도로 나타나며, 이는 기분장애가 없는 공황장애 환자의 유병률이 0.8%임에 비하여 높은 수치이다.[24] 3,021명을 대상으로 한 전향적 장기연구에서 공황발작의 존재, 회피의 존재, 불안과 연관된 심각한 장애는 새로운 주요우울장애 삽화의 발생을 각각 두 배씩 증가시키는 것으로 나타났다.[25]

우울증과 공황장애의 동반이환 기전으로는 증상 진행 모형이 있다. 혐오스러운 사건의 경험에 대한 취약성은 소아기에 분리불안으로 나타날 수 있고, 이후에 현재의 생활 스트레스나 주요한 문제들과 결합되어 첫 번째 공황발작을 일으킬 수 있다. 순차적으로 이것은 이후에 오는 공황발작의 경험에 민감해지게 만들 수 있고, 그 결과로써 공황발작의 발생을 이끌 수 있다. 다수의 공황발작을 경험한 사람은 그들이 공황발작을 경험할 것으로 예상되는 상황에 대한 회피가 생기고, 이 회피는 광장공포증으로 나타난다. 다음으로 이것은 주요우울장애를 유발하는 의욕 저하를 일으킨다. 우울증, 공황장애, 광장공포증 등이 있는 사람들은 부적절한 도움추구 행위를 하여 결국 물질남용이나 의존을 일으킨다.[26] 다른 기전으로 생활 스트레스가 공통된 유발인자로 작용한다는 주장이 있다.[27] 공황장애와 주요우울장애가 동반된 환자는 불안장애 증상의 심각도의 증가 및 만성화, 환자의 기능장애의 악화, 알코올남용이나 물질남용과 같은 다른 동반이환의 증가를 나타낸다. 또한 두 질환이 동반되어 있는 경우 자살의 위험도가 증가한다.[27]

사회불안장애

우울증과 사회불안장애의 동반이환율은 임상연구에서 17% 정도로 나타난다.[28] 단면연구들의 결과에서 사회불안장애과 주요우울장애의 높은 동반이환율이 나타나며, 사회불안장애가 있는 많은 환자들이 주요우울장애나 기분부전증의 진단기준을 만족시킨다.[29]

우울증과 사회불안장애의 동반이환 기전은 명확하지 않다. 우울증이 사회적 위축을 일으킬 수 있고, 반대로 사회적 위축이 우울증을 일으킬 수 있다. 또한 질환들이 유전이나 양육에서 공통된 원인을 가질 수 있다.[30] 발병연령에 대한 후향적인 연구에서 사회불안장애는 일반적으로 1차적인 상태이며 주요우울장애와 기분부전증이 2차적인 질환으로 나타난다.[29] 대인관계의 영역과 같은 사회불안장애와 관계된 높은 정도의 장애는 2차적인 주요우울장애를 유발한다. 반면에 사회불안장애와 주요우울장애는 공통된 취약성에서 발병할 수 있다. 비난이나 거절에 과민한 비전형 우울증은 사회불안장애와 공통성을 가지는 것으로 알려져 있다.[31] 사회불안장애와 우울증이 동반한 경우 사회불안장애만 있는 경우에 비하여 증상의 심각도, 사회적인 장애, 자살률이 더 심각한 것으로 나타난다.[30]

물질사용장애

주요우울장애와 물질사용장애는 일반 인구에서 높은 유병률을 보이며 종종 서로 동반이환된다. 정신의학 영역에서는 이러한 상황이 공통된 병인과 취약요소가 얽혀 있어 부분적으로 겹쳐지는 질환인지 아니면 서로 독립적으로 발생하는 질환인지에 대하여 오랫동안 논란이 있어 왔다. 최근 Sequential Treatment Alternative to Relieve Depression(STAR*D) 연구에 따르면 4,010명의 주요우울장애 환자 중 대략 1/3이 기저상태에서 동반된 물질사용장애가 있는 것으로 평가되었다.[32,33] 이전의 연구에서는 치료 받기를 원하는 주요우울장애 환자에서 동반된 물질사용장애의 현재유병률이 8.6~25%의 범위 안에 있었고, 평생유병률은 30~42.8%였다. 일반 인구집단에서 주요우울장애와 동반된 물질사용장애의 현재유병률은 8.5~21.4%이며 평생유병률은 27~40%였다.[34]

주요우울장애와 물질사용장애의 사회인구학적, 임상적 연구들에 따르면 주요우울장애와 동반된 물질사용장애가 있는 사람은 보다 더 젊고, 남성이며, 이혼하였거나 결혼을 하지 않았고 히스패닉이 아닌 경향이 있음이 나타났다.[33] STAR*D 연구에서 주요우울장애 환자 중 물질사용장애가 동반된 경우에는 우울증이 더 이른 나이에 발생하고, 우울증 증상이 더 심하고, 불안장애의 동반이환이 더 빈번하며, 기능장애가 더 큰 것으로 나타났다. 현재 물질사용장애가 동반된 경우 전반적인 우울증 증상에서 기분 변화가 심하고 부정적인 자아관을 나타내는 등 동반되지 않은 경우와 비교했을 때와는 다른 양상을 보였다. 또한 물질사용장애가 동반된 군에서 수면과다, 불안, 자살사고 등이 동반되지 않은 군에 비하여 높게 나타났다. 물질사용장애가 동반된 군에서 이전의 자살시도가 더 높게 나타났고 현재의 자살위험도가 높게 나타났다.[32,33] 다른 연구에서는 알코올사용장애가 동반된 경우 공격적인 행동이 높은 비율로 나타났다.[35]

동반이환된 우울증은 물질사용장애의 경과에 부정적인 영향을 미친다. 현재의 우울증은 낮은 치료반응과 높은 재발률을 예측할 수 있게 한다.[36-38] 반대로 평생 물질사용장애와 주요우울장애가 있는 환자들 사이의 역학조사에서, 과거의 물질의존 관해가 우울증의 위험도의 감소와 연관이 있는 것으로 나타났다.[29] 이 연구결과들은 적절한 주요우울장애에 대한 치료가 물질사용장애를 감소시키고 그 반대도 가능하다는 것을 입증한다.[34]

우울증과 물질사용장애의 동반이환 기전에 대한 2개의 기본적인 종류는 표면적인 설명과 공유되는 병인론적인 설명으로 구분된다.[39] Kessler와 Price는 동반이환의 표면적인 원인을 직접적인 것과 간접적인 것으로 구분하였고, 전자는 1차질환에 의해 2차질환이 도출된다는 설명(예 : 알코올의 약물학적인 효과에 의해 우울증이 유발됨)이고, 후자는 1차질환의 2차적인 효과(예 : 우울증의 자기치료의 결과로 인한 알코올중독)에 대한 설명이다. 세번째로 가능한 동반이환에 대한 표면적인 설명은 1차질환의 결과로 동반질환의 위험도가 증가한다는 간접적인 표면적 모델의 확장이다. 예를 들면 알코올중독으로 인한 직업의 상실이 주요우울장애의 발생을 유발한다는 것이다.[40] 위와 같은 표면적인 관계가 두 정신질환의 연관에 대한 충분한 설명이 될 수 있지만, 동반이환에 대한 추가적인 설명은 공통되는 병인을 공유한다는 것이다. 이 개념은 공통된 유전적 성향의 역할이 있다는 것이며, 태아기의 환경적 요인에의 공통된 노출, 생물학적이고 환경적인 위험요소, 붕괴된 가정환경과 같은 비생물학적이고 환경적인 위험요소를 포함한다.[41] 서로 다른 표현형(알코올중독과 우울증의 동반이환, 알코올중독이나 우울증, 주요우울장애)의 유전자 범위의 형제-쌍 연관분석에서, 알코올중독이나 우울증의 표현형의 1번 염색체 근위부에서 연관의 증거가 발견되었다. 중추신경계의 기능에 잠재적으로 중요한 많은 유전자들이 1번 염색체에 포함되어 있다. 이 연구의 결과는 우울증과 알코올중독이 유전적 위험요소를 공유한다는 것을 나타낸다.[36]

알코올의존

알코올의존은 기분장애와 빈번하게 공존한다. 주요우울장애와 양극성장애 모두 알코올 사용장애의 진단기준을 만족시키는 경향이 있다. 유용한 자료들에서 알코올의존은 남자보다 여자에서 우울증 진단의 공존과 더 강한 연관이 있는 것으로 나타났다.[10] Kessler 등은 주요우울장애와 알코올의존 사이의 교차비가 2.0이라고 발표하였다.[42] Spaner 등은 정동장애가 없는 사람의 16.8%에서 알코올의존의 진단기준에 부합하는 반면 정동장애 환자의 30.5%의 알코올의존의 진단기준에 부합하는 등 주요우울장애와 알코올의존 사이에 유의미한 연관이 있다고 보고하였다.[43] Grant와 Harford는 미국장기알코올역학연구(National Longitudinal Alcohol Epidemiology Study)에서 42,862명의 성인군에서 DSM-IV로 평가된 알코올의존과 주요우울장애의 동반이환을 분석하였다. 주요우울장애의 32.5%가 평생 알코올의존으로 진단받았다.[44] 온타리오 건강조사(Ontario Health Survey)의 자료에 기초하여 Ross는 알코올의존이 없는 사람의 8.6%에서 정동장애가 발생하는 반면 알코올의존이 있는 환자의 28.1%에서 정동장애가 동반이환한다고 보고하였다.[45] 위 4개의 연구결과에서 총 62,334명을 인터뷰하였고, 알코올의존이 1.8~4.2의 위험비로 정동장애의 위험도를 증가시켰다.

인격장애

인격장애는 기분장애에서 흔하게 동반된다. B군 인격장애, 특히 경계성 인격장애는 때때로 가라앉거나 증가된 정동 양쪽 모두가 있는 핵심적인 감정의 장애를 특성으로 한다. A군

과 C군 인격은 조증보다는 우울증에서 많다.[12)]

　우울증과 인격장애의 동반이환 기전은 다음 세 가지 방법과 연관될 수 있다. 첫 번째는 인격장애가 우울증의 발생에 선행하고 개개인을 우울증에 취약하게 한다. 회피성, 경계성, 히스테리성 인격장애가 있는 환자들은 개인적인 모욕이나 좌절에 극단적으로 민감할 것이며, 상당히 쉽게 과민하거나 우울해질 것이다. 두 번째는 우울증이 인격장애에 선행하고 인격장애의 발달을 촉진한다. 이 개념은 우울증이 있는 환자에서의 인격 경향과 연관이 있다. 특히 우울증이 있는 환자는 다른 사람의 관심, 지지, 확신에 대한 요구가 증가하는 등 대인관계의 의존성이 증가한다. 만성우울증은 대인관계에 장해를 초래하고 생활환경이나 직업에 어려움을 만든다. 이런 상황에서는 인격장애의 진단기준에 부합할 수 있다. 마지막으로 우울증과 인격장애에 공유되는 경계가 있고, 이것은 우울성 인격장애로 생각되고 있다. 우울성 인격장애는 DSM-5의 부록에 포함되어 있다. 우울성 인격장애의 핵심증상은 본인이나 다른 사람에 대한 과도하고 부정적이고 비관적인 믿음이다. 진단기준에는 평상적인 기분은 낙담·침울함·즐거움이 없음·기쁨이 없음·불행감에 의해 지배되고, 자아개념은 부적절감에 대한 믿음·무가치감·낮은 자존심으로 이루어지며, 자신에 대해 비판적이거나 과소평가하고, 곰곰이 생각하며 걱정을 잘하며 타인에 대해 부정적·비판적·판단적인가 하면 비관적·죄책감·후회감을 쉽게 느낌 등이 포함된다.[46)]

　인격장애는 주요우울장애에 비하여 덜 흔하기는 하지만 높은 유병률을 보인다. 일반적인 인구에서 10~20%가 한 가지나 그 이상의 인격장애의 진단기준에 만족한다.[47)] 주요 병원에서 평가된 2,462명의 환자의 의무기록을 조사한 연구에서 36%의 환자가 인격장애를 가지고 있었고, 인격장애의 진단기준을 만족하는 환자의 82%가 동반된 1축 장애가 있었다.[48)] Charney와 동료들은 멜랑콜리아가 아닌 우울증 입원환자의 61%에서 인격장애의 진단기준을 만족시킴을 발견하였고,[49)] Shea와 동료들은 239명의 주요우울장애로 진단받은 외래환자의 74%에서 인격장애를 만족시킨다고 하였으며,[50)] Fava와 동료들은 278명의 주요우울장애 외래환자의 64%에서 적어도 한 가지의 인격장애의 진단기준에 해당한다고 하였다.[51)] Keller는 635명의 우울증 환자를 대상으로 한 연구에서 51%에서 우울증과 인격장애가 동반되어 있고, 만성우울증과 가장 흔하게 동반되는 인격장애는 회피성(25%)과 강박성(18%) 인격장애라고 하였다.[52)]

신체질환의 공존

우울증은 특히 노인에서 흔하게 신체질환과 공존한다. 우울증과 신체질환이 공존할 때, 임상의는 기본이 되는 신체질환이 병리생리학적으로 우울증과 연관되어 있는지 또는 환자가 신체질환 때문에 복용하는 약이 우울증의 원인이 되지는 않았는지를 결정하도록 해야만 한다. 많은 연구에서 공존하는 우울증의 치료가 암을 포함한 기본이 되는 신체질환의 경과를 호전시킬 수 있다고 보고한다.[10] 특정 신체질환과 우울증상과의 관련성에 대해서는 오래전부터 알려져 있었지만 신체질환 환자에서 엄밀하게 진단된 주요우울장애의 위험이 증가됨은 비교적 최근에 보고되었다. 하지만 신체질환과 우울장애의 병발증을 어떻게 이해할지에 대해서는 아직 연구가 미진하다.[53] 역학집단영역 연구에서 8개 중 한 개의 신체질환이 있는 사람들은 근시일 내에 정신과적 질환에 걸릴 확률이 41% 정도 높게 나타났다.[54] 심근경색, 당뇨병, 인간면역결핍바이러스 관련질환, 파킨슨병과 같은 특정 질환에 대한 연구들에서 이러한 질환이 없는 사람들에 비하여 주요우울장애가 높은 비율로 관찰되었다.[55]

당뇨병 환자의 11~15%가 구조화된 정신과적 면담을 사용한 연구에서 주요우울장애의 진단기준에 만족한다고 하였다. 우울증은 직접적으로 혈당조절을 악화시키고, 당뇨병의 이환율과 사망률의 근원인 당뇨병 합병증의 발생을 촉진한다. 게다가 우울증은 혈당조절을 위하여 처방된 약물과 식사처방의 유지를 명확하게 감소시킨다.[56] 우울증은 1형 당뇨병에서 다른 위험요소와 별개로 관상동맥질환의 발생을 예측할 수 있게 하며 망막병증의 위험도를 증가시킨다.[57,58] 우울증은 교감신경계와 HPA 축의 활성과 연관되어 있고, 두 경로의 활성은 증가된 혈당치와 감소된 인슐린 민감도의 결과로 알려져 있다.[59-61]

심혈관질환이 있는 환자의 16~23%에서 우울증이 발생하며, 급성 심근경색에서 회복된 환자의 1/5에서 우울증이 발생한다.[62,63] 우울증이 있는 환자는 심혈관계 질환의 이환율과 사망률을 증가시킨다.[64] 또한 심혈관질환 환자의 장애와 그들의 의료시설 이용을 증가시킨다.[65] 우울증이 있는 환자들은 건강한 사람과는 다르게 혈소판 응집이 증가되어 있고, 이것은 동맥경화, 불안정 협심증, 심근경색의 중추적인 병인요소이다. 우울증과 연관된 코르티솔의 신경호르몬 조절이상과 카테콜아민 방출은 혈관내피의 반복적인 기능부전을 촉진하여 결국 심혈관질환의 발생에 중요한 요소인 만성염증을 야기한다. 또한 우울증은 흡연의 부정적인 효과, 증가된 저밀도 지질단백질 콜레스테롤, 섬유소원 수치를 증가시킨다.[66,67]

신경학적인 질환이 있는 환자에서도 다른 인구에 비하여 확연하게 높은 주요우울장애의 유병률을 나타낸다. 뇌졸중이 발생한 뒤 3~4개월 후의 환자에서 주요우울장애의 유병률은 9~31%이다.[68] 파킨슨병 환자에서의 유병률은 20~30%로 나타나며,[69,70] 다발성 경화증 환자에서의 유병률은 16~30%로 나타난다.[71,72] 이러한 신경학적 질환들은 기분조절과 연관되는 신경회로에 직접적인 영향을 미치는 것으로 생각된다.[68] 게다가 허혈성 뇌질환은 노인인구에서 뇌졸중, 치매, 주요우울장애의 발생에 중요할 수 있다.[73]

암과 주요우울장애와의 관련성은 어느 정도 일관되게 보고되고 있다. 특히 췌장암, 유방암, 자궁경부암에서 높아서 11~50%까지 보고되고 있다. 이런 연관성의 심리적, 신경생물학적 기전에 대해서는 아직 논란이 있다. 특히 암으로 인한 통증의 영향, 약물의 관련성에 대한 분석이 필요하다. 하지만 암환자에서 우울증이 합병된 경우 경과나 치료 경과에 영향을 주는 것은 사실이다.[53]

참고문헌

1) Wittchen HU. Critical issues in the evaluation of comorbidity of psychiatric disorders. *Br J Psychiatry Suppl* 1996;30:9-16.

2) Gaitatzis, A., Carroll, K., Majeed, A., et al. The epidemiology of the comorbidity of epilepsy in the general population. *Epilepsia* 2004;45:1613-1622.

3) Patten SB, Beck CA, Kassam A, et al. Long-term medical conditions and major depression: strength of association for specific conditions in the general population. *Canadian Journal of Psychiatry* 2005;50:195-202.

4) Zimmerman M, Chelminski I, McDermut W. Major depressive disorder and axis I diagnostic comorbidity. *J Clin Psychiatry* 2002;63:187-93.

5) Wittchen HU, Lieb R., Wunderlich U, et al. Comorbidity in primary care: presentation and consequences. *Journal of Clinical Psychiatry* 1999;60(Suppl.7):29-36.

6) Hirschfeld RM. The comorbidity of major depression and anxiety disorders: recognition and management in primary care. *Primary Care Companion to the Journal of Clinical Psychiatry* 2001;3:244-254.

7) Alexopoulos GS, Katz IR, Bruce ML, et al. Remission in depressed geriatric primary care patients: a report from the PROSPECT study. *American Journal of Psychiatry* 2005;162:718-724.

8) Stein MB, Roy-Byrne PP, Craske MG, et al. Functional impact and health utility of anxiety

disorders in primary care outpatients. *Medical Care* 2005;43:1164−1170.

9) Mittal D, Fortney JC, Pyne JM, et al. Impact of comorbid anxiety disorders on health−related quality of life among patients with major depressive disorder. *Psychiatric Services* 2006;57:1731−1737.

10) Sadock BJ, Sadock VA. Kaplan & Sadock's *Synopsis of Psychiatry: Behavioral Sciences/Clinical Psychiatry*,10th Edition. Philadelphia Lippincott. Williams & Wilkins.

11) Kessler RC, Berglund P, Demler O, Jin R, Koretz D, Merikangas KR, Rush AJ, Walters EE, Wang PS; National Comorbidity Survey Replication. The epidemiology of major depressive disorder: results from the National Comorbidity Survey Replication (NCS−R). *JAMA* 2003 Jun 18;289:3095−105.

12) Hales RE, Yodofsky SC, Gabbard GO, Schatzberg AF. *American Psychiatric Publishing Textbook of Psychiatry* 5th ed. American Psychiatric Publishing, Inc. 2008.

13) McIntyre J, Cheal K, Bartels S, Durai UN, Herr BM, Quijano L, Llorente M, Ware JH, Costantino G, Miller C, Kirchner J, Levkoff SE. Anxiety and Depressive Disorders in Older Primary Care Patients Defining a Clinical Severity Gradient Corresponding to Differences in Health Status, Functioning, and Health Service Use. *Ageing Int* 2008;32:93 − 107.

14) Wittchen HU, Zhao S, Kessler RC, Eaton WW. DSM−III−R generalized anxiety disorder in the National Comorbidity Survey. *Arch. Gen. Psychiatry* 1994;51: 355−364.

15) Klenk MM, Strauman TJ, Higgins ET. Regulatory Focus and Anxiety: A Self−Regulatory Model of GAD−Depression Comorbidity. *Pers Individ Dif* 2011;50:935−943.

16) Etkin A, Schatzberg AF. Common Abnormalities and Disorder−Specific Compensation During Implicit Regulation of Emotional Processing in Generalized Anxiety and Major Depressive Disorders. *Am J Psychiatry* 2011;168:968−78.

17) Brady KT, Killeen TK, Brewerton T, Lucerini S. Comorbidity of psychiatric disorders and posttraumatic stress disorder. *J Clin Psychiatry* 2000;61(Suppl 7):22−32.

18) Maes M, Lin AH, Verkerk R, Delmeire L, Van Gastel A, Van der Planken M, Scharpé S. Serotonergic and noradrenergic markers of post−traumatic stress disorder with and without major depression. *Neuropsychopharmacology* 1999;20:188−97.

19) Ducrocq F, Vaiva G, Cottencin O, Molenda S, Bailly D. Post−traumatic stress, post−traumatic depression and major depressive episode: literature. *Encephale* 2001;27:159−68.

20) Brady KT, Killeen TK, Brewerton T, Lucerini S. Comorbidity of psychiatric disorders and posttraumatic stress disorder. *J Clin Psychiatry* 2000;61(Suppl 7):22−32.

21) Cardoner N, Soriano−Mas C, Pujol J, Alonso P, Harrison BJ, Deus J, Hernández−Ribas R, Menchón JM, Vallejo J. Brain structural correlates of depressive comorbidity in obsessive − compulsive disorder. *Neuroimage* 2007;38:413−21.

22) Pigott TA, L'Heureux F, Dubbert B, Bernstein S, Murphy DL. Obsessive compulsive disorder: comorbid conditions. *J Clin Psychiatry* 1994;55:15−27.

23) Quarantini LC, Torres AR, Sampaio AS, Fossaluza V, Mathis MA, do Rosário MC, Fontenelle LF, Ferrão YA, Cordioli AV, Petribu K, Hounie AG, Miguel EC, Shavitt RG, Koenen KC. Comorbid major depression in obsessive−compulsive disorder patients. *Comprehensive Psychiatry* 2011;52:386−393.

24) Chen YW, Dilsaver SC. Comorbidity of panic disorder in bipolar illness: evidence from the Epidemiologic Catchment Area Survey. *Am J Psychiatry* 1995;152:280−2.

25) Wittchen HU, Kessler RC, Pfister H, Lieb M. Why do people with anxiety disorders become depressed? A prospective−longitudinal community study. *Acta Psychiatr Scand Suppl* 2000;406:14−23.

26) Wittchen HU. Critical issues in the evaluation of comorbidity of psychiatric disorders. *Br J Psychiatry Suppl* 1996;30:9−16.

27) Simon NM, Fischmann D. The implications of medical and psychiatric comorbidity with panic disorder. *J Clin Psychiatry* 2005;66(Suppl 4):8−15. Review.

28) Schatzberg AF, Samson JA, Rothschild AJ, Bond TC, Regier DA. McLean Hospital depression research facility: early−onset phobic disorders and adult−onset major depression. *Br J Psychiatry Suppl* 1998;34:29−34.

29) Wittchen HU, Fehm L. Epidemiology, patterns of comorbidity, and associated disabilities of social phobia. *Psychiatr Clin North Am* 2001;24:617−41. Review.

30) Lecrubier Y, Weiller E. Comorbidities in social phobia. *Int Clin Psychopharmacol* 1997;12(Suppl 6):S17−21.

31) Liebowitz MR, Gorman JM, Fyer AJ, Klein DF. Social phobia. Review of a neglected anxiety disorder. *Arch Gen Psychiatry* 1985;42:729−36. Review.

32) Davis LL, Rush JA, Wisniewski SR, Rice K, Cassano P, Jewell ME, Biggs MM, Shores−Wilson K, Balasubramani GK, Husain MM, Quitkin FM, McGrath PJ. Substance use disorder comorbidity in major depressive disorder: an exploratory analysis of the Sequenced Treatment Alternatives to Relieve Depression cohort. *Compr Psychiatry* 2005;46:81−9.

33) Davis LL, Frazier E, Husain MM, Warden D, Trivedi M, Fava M, Cassano P, McGrath PJ, Balasubramani GK, Wisniewski SR, Rush AJ. Substance use disorder comorbidity in major depressive disorder: a confirmatory analysis of the STAR*D cohort. *Am J Addict* 2006 Jul−Aug;15(4):278−85.

34) Davis L, Uezato A, Newell JM, Frazier E. Major depression and comorbid substance use disorders. *Curr Opin Psychiatry* 2008;21:14−8. Review.

35) Salloum IM, Mezzich JE, Cornelius J, Day NL, Daley D, Kirisci L. Clinical profile of comorbid

major depression and alcohol use disorders in an initial psychiatric evaluation. *Compr Psychiatry* 1995;36:260-6.

36) Compton WM 3rd, Cottler LB, Ben Abdallah A, Phelps DL, Spitznagel EL, Horton JC. Substance dependence and other psychiatric disorders among drug dependent subjects: race and gender correlates. *Am J Addict* 2000;9:113-25.

37) Hasin D, Liu X, Nunes E, McCloud S, Samet S, Endicott J. Effects of major depression on remission and relapse of substance dependence. *Arch Gen Psychiatry* 2002;59:375-80.

38) Agosti V, Levin FR. The effects of alcohol and drug dependence on the course of depression. *Am J Addict* 2006;15:71-5.

39) Merikangas KR. The genetic epidemiology of alcoholism. *Psychol Med* 1990;20:11-22. Review.

40) Kessler RC, Price RH. Primary prevention of secondary disorders: a proposal and agenda. Am J *Community Psychol* 1993;21:607-33. Review.

41) Merikangas KR, Risch NJ, Weissman MM. Comorbidity and co-transmission of alcoholism, anxiety and depression. *Psychol Med* 1994;24:69-80.

42) Kessler RC, McGonagle KA, Zhao S, Nelson CB, Hughes M, Eshleman S, Wittchen HU, Kendler KS. Lifetime and 12-month prevalence of DSM-III-R psychiatric disorders in the US: results from the national comorbidity study. *Arch Gen Psychiatry* 1994;51:8-19.

43) Spaner D, Bland RC, Newman SC. Major depressive disorder. *Acta Psychiatr Scand* 1994;77(Suppl. 376):7-15.

44) Grant BF, Harford TC. Comorbidity between DSM-IV alcohol use disorders and major depression: results of a national survey. *Drug Alcohol Depend* 1995;39:197-206.

45) Ross HE. Dsm-III-R alcohol abuse and dependence and psychiatric comorbidity in Ontario: results from the mental health supplement to the Ontario Health Survey. *Drug Alcohol Depend* 1995;39:111-128.

46) Hirschfeld RM. Personality disorders and depression: comorbidity. *Depress Anxiety* 1999;10:142-6.

47) Andressen NC, Black DW. *Introductory textbook of psychiatry.* Washington DC: American Psychiatric Association Press; 1995.

48) Koenigsberg HW, Kaplan RD, Gilmore MM, Cooper AM. The relationship between syndrome and personality disorder in DSM-III: experience with 2,462 patients. *Am J Psychiatry* 1985;142:207-12.

49) Charney DS, Nelson JC, Quinlan DM. Personality traits and disorder in depression. *Am J Psychiatry* 1981;138:1601-4.

50) Shea MT, Pilkonis PA, Beckham E, Collins JF, Elkin I, Sotsky SM, Docherty JP. Personality disorders and treatment outcome in the NIMH Treatment of Depression Collaborative Research

Program. *Am J Psychiatry* 1990;147:711-8.

51) Fava M, Farabaugh AH, Sickinger AH, Wright E, Alpert JE, Sonawalla S, Nierenberg AA, Worthington JJ 3rd. Personality disorders and depression. *Psychol Med* 2002;32:1049-57.

52) Keller MB, Gelenberg AJ, Hirschfeld RM, Rush AJ, Thase ME, Kocsis JH, Markowitz JC, Fawcett JA, Koran LM, Klein DN, Russell JM, Kornstein SG, McCullough JP, Davis SM, Harrison WM. The treatment of chronic depression, part 2: a double-blind, randomized trial of sertraline and imipramine. *J Clin Psychiatry* 1998;59:598-607.

53) 홍진표. 정신질환의 병발성 -우울장애를 중심으로-. 대한정신약물학회지 2001;12:271-276.

54) Wells KB, Golding JM, Burnham MA. Psychiatric disorder in a sample of the general population with and without medical disorder. *Am J Psychiatry* 1988;145:976-981.

55) Katon WJ. Clinical and health services relationships between major depression, depressive symptoms, and general medical illness. *Biol Psychiatry* 2003;54:216-26.

56) Ciechanowski PS, Katon WY, Russo JE. Depression and diabetes: Impact of depressive symptoms on adherence, function, and costs. *Arch Intern Med* 2000;160:3278-3285.

57) Forrest KY, Becker DY, Juller JH, Wolfson SK, Orchard TJ. Are predictors of coronary heart disease and lower-extremity arterial disease in type 1 diabetes the same? A prospective study. *Atherosclerosis* 2000;148:159-169.

58) Kovacs M, Mukerji P, Drash A, Iyengar S. Biomedical and psychiatric risk factors for retinopathy among children with IDDM. *Diabetes Care* 1995;18:1592-1599.

59) Björntorp P. Do stress reactions cause abdominal obesity and comorbidities? *Obes Revs* 2001;2:73-86.

60) Goodnick PJ. Use of antidepressants in treatment of comorbid diabetes mellitus and depression as well as in diabetic neuropathy. *Ann Clin Psychiatry* 2001;13:31-41.

61) Grandinetti A, Kaholokula JK, Chang HK. Delineating the relationship between stress, depressive symptoms, and glucose intolerance. [letter]. *Diabetes Care* 2000;23:1443-1444.

62) Musselman DL, Evans DL, Nemeroff CB. The relationship of depression to cardiovascular disease. *Arch Gen Psychiatry* 1998;55:580-592.

63) Schleifer SJ, Macari-Hinson MM, Coyle DA, Slater WR, Kahn M, Gorlin R, et al. The nature and course of depression following myocardial infarction. *Arch Intern Med* 1989;149:1785-1789.

64) Frasure-Smith N, Lesperance F, Talajic M. Depression following myocardial infarction. Impact on 6-month survival. *JAMA* 1993;270:1819-1825.

65) Hlatky MA, Haney T, Barefoot JC, Califf RM, Mark DB, Pryor DB, et al. Medical, psychological, and social correlates of work disability among men with coronary artery disease. *Am J Cardiol* 1986;58:911-915.

66) Carney RM, Freedland KE, Miller GE, Jaffe AS. Depression as a risk factor for cardiac mortality and morbidity. A review of potential mechanisms. J Psychosomatic Res. 2002;53:897−902.

67) Ross R. Atherosclerosis—an inflammatory disease. *N Engl J Med* 1999;340:115−126.

68) Whyte E, Mulsant B. Post−stroke depression: Epidemiology, pathophysiology and biological treatment. *Biol Psychiatry* 2002;52:253−264.

69) Mayeux R, Williams J, Stern Y, Cote L. Depression and Parkinson's disease. *Adv Neurol* 1984;40:241−251.

70) Schrag A, Jahanshahi M, Quinn N. What contributes to depression in Parkinson's disease? *Psychol Med* 2001;31:65−73.

71) Hakim EA, Bakheit AM, Bryant TN, Roberts MW, McIntosh−Michaelis S, Spackman AJ, et al. The social impact of multiple sclerosis—a study of 305 patients and their relatives. *Disabil Rehabil* 2000;22:288−293.

72) Patten SB, Metz LM, Reimer MA. Biopsychosocial correlates of lifetime major depression in a multiple sclerosis population. *Mult Scler* 2000;6:115−120.

73) Thomas A, O'Brien J, Davis S, Ballard C, Barber R, Kalaria R, Perry R. Ischemic basis for deep white matter hyperintensities in major depression. *Arch Gen Psychiatry* 2002;59:785−792.

경과 및 예후
Course and prognosis

박성용*, 손인기**, 신영철***

계요병원 정신건강의학과*, 계요병원 정신건강의학과**, 성균관대학교 의과대학 강북삼성병원 정신건강의학과***

우울증은 정신질환 중 흔한 편에 속하며, 비교적 치료가 잘되고 예후가 좋다는 의미에서 '마음의 감기'라고 비유하기도 한다. 그러나 이러한 표현으로 인해 대중은 물론 일부 전문가들조차 우울증을 가벼운 질환으로 오해하기도 한다. 실제 우울증은 개인의 발달, 대인관계, 직업, 학업, 부부관계 등 인생의 광범위한 영역에 영향을 주는 심각한 질환이다. 또한 우울증은 완전히 호전되지 못하는 경우가 적지 않고, 재발을 잘하는 질환이며 드물지 않게 만성적인 경과를 보이기도 한다. 이 장에서는 삽화의 형태 및 발병연령에 따른 경과의 차이 등 여러 형태의 우울증 경과를 알아볼 것이다. 또한 개인의 신체적·심리적·사회적 영역에서 우울증이 어떤 영향을 주는지에 대해서 알아볼 것이다.

먼저 본론에 들어가기 전에 우울증의 경과를 연구한 대표적인 연구들을 소개한다. 각 연구의 세부적인 내용은 본문 중에 설명할 것이다.

우울증 경과에 대한 중요한 연구

우선 우울증의 경과에 대한 세 가지 대표적인 연구를 소개하고자 한다(표 1). 이 연구들은 장기간 추적조사를 한 연구들로서 각각 다음과 같은 특징이 있다. NIMH Collaborative Depression Study[1]는 우울증의 자연적 경과를 장기간 추적조사한 연구로, 여러 병원에 우울증을 치료 받으러 온 환자들을 대상으로 하였다. 생물학적 연구와 임상연구 프로그램으로 구성되었는데, 임상연구 프로그램에는 555명이 참여하였다. 5년 동안은 6개월 간격으로 평가하였고, 이후로는 최소 18년간 매년 평가하였다. Angst가 주도한 Zurich Study[2]는

| 표 1. 우울증 경과에 대한 주요 연구 |

NIMH Collaborative Depression Study[1]
이 연구는 우울증의 자연적 경과를 장기간 추적조사한 연구로, 여러 병원에 우울증을 치료 받으러 온 환자들을 대상으로 하였다. 생물학적 연구와 임상연구 프로그램으로 구성되었는데, 임상연구 프로그램에는 555명이 참여하였다. 5년 동안은 6개월 간격으로 평가하였고, 이후로는 최소 18년간 매년 평가하였다.

Zurich Study[2]
Angst가 주도한 연구로 우울증으로 입원한 173명의 환자를 대상으로 21년 동안 5년마다 평가하였다.

Medical Outcome Study[3]
Medical Outcome Study는 다양한 임상 환경(대형병원, 의원 등)에서 여러 질환(심근경색, 심부전, 고혈압, 당뇨, 우울증)의 경과를 조사한 연구이다. 대략 2만 명 이상의 환자가 참여하였고, 3년마다 평가하였다.

우울증으로 입원한 173명의 환자를 대상으로 21년 동안 5년마다 평가하였다. 마지막으로 소개할 연구는 Medical Outcome Study[3]이다. 이 연구는 다양한 임상 환경(대형병원, 의원 등)에서 여러 질환(심근경색, 심부전, 고혈압, 당뇨, 우울증)의 경과를 조사한 연구이다. 대략 2만 명 이상의 환자가 참여하였고, 3년마다 평가하였다.

우울증의 경과

대개 우울증은 급성질환으로 시간이 경과함에 따라 자연 호전되며, 평균 6개월에서 9개월이 지나면 완전히 회복되는 질환이라고 생각하는 것이 전통적인 관점이다. 그러나 실제 임상에서는 이런 전통적인 모델을 따르지 않는 환자가 적지 않아서, 완전히 회복하는 데 많은 시간이 걸리거나, 완전히 회복하지 못하고 잔류증상이 만성적으로 지속되는 경우도 있다.

일반적으로 우울증의 경과는 다음과 같은 특징이 있다. 첫째, 우울증은 흔하게 재발하는 질환이다. 실제 주요우울장애로 치료를 받으러 오는 사람 중 50~85%가 최소한 1회 이상의 재발을 경험한다.[5] 첫 발병을 포함한 삽화의 중앙값은 4회였다.[6] 둘째, 우울증의 삽화가 반복될수록 재발의 위험은 증가하고, 회복기는 짧아진다. 이를테면 우울증 환자에 대한 10년 추적조사 연구에 따르면 삽화마다 재발의 확률은 16%씩 증가하며, 삽화 사이의 기간은 점점 짧아지는 것으로 확인되었다.[7] 셋째, 우울증은 치료에도 불구하고 적지 않은 경우에서 만성화 경과를 보인다. 우울증은 6개월간 치료 이후에도 최대 50%에서 회복을 하지 못하고, 약 10%에서 결국 만성적인 경과를 보인다.[8]

과거에는 우울증 증상 변화의 단계를 정의하는 일관된 기준이 없어서 연구결과를 상호 비교하는 데 곤란이 있었다. 표 2와 같은 기준을 정한 이후에는 대부분의 연구에서 동일한

표 2. 증상 변화에 따른 단계별 정의

삽화(episode)
특정 기간, 특정 숫자 이상의 증상을 보이는 경우를 의미한다.

관해(remmision)
부분관해는 더 이상 진단을 충족할 정도의 증상을 보이지는 않지만, 최소 요구 이상의 증상을 보이는 상태이다. 완전관해는 일정 기간(2~8주) 최소 요구 이상의 증상을 보이지 않는 무증상 상태이다.

회복(recovery)
완전관해 상태가 특정 기간(8주) 이상 동안 지속되면 삽화에서 회복되었다고 한다.

재발(relapse)
관해 동안 치료반응을 보였던 증상이 다시 나타나는 것으로, 진단기준을 충족할 정도의 증상을 보인다.

재발(recurrence)
회복 동안에 새로운 삽화가 나타나는 것이다.

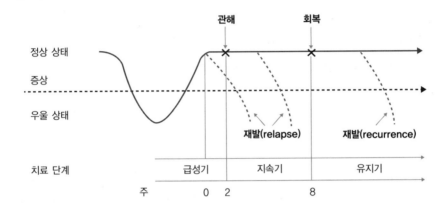

용어 기준에 따라 우울증의 증상 변화를 설명하고자 한다.

관해와 회복

앞에서 언급한 것처럼 우울증에서 관해(remission)되거나 회복(recovery)되는 정도는 다양하다는 의견은 오래전부터 있었다. 초창기 한 연구에서는 연구에 처음 참여했던 환자의 60%가 회복하거나 호전을 보였지만, 4년 후 추적조사에서도 여전히 6%의 환자들은 우울증을 보였다고 보고하였다.[9] 이 연구의 결과는 이후 여러 대규모 연구에서도 확인되었는데, 일부 환자는 관해나 회복을 하지 못하고, 수년 동안 만성화의 과정을 밟는다고 한다. 한 예로 Zurich 연구에서는 13%의 환자가 회복되지 못했고, 다른 연구에서도 16개월 후에도 여전히 12%의 환자가 우울한 상태였다.[10] 그러므로 우울증은 비교적 좋은 경과를 밟는 질환이지만, 증상이 완전히 소실되는 경우는 소수에 국한된다고 본다.[10] 이런 결과들은 여러 연구에서 관찰되었다. 먼저 NIMH Collaborative Depression Study에서는 우울증 환자들을

15년간 추적조사하였는데, 추적조사 5년 후에도 약 8%의 환자가 회복하지 못했으며, 특히 첫해에 회복되지 못한 환자의 상당수가 5년 안에 회복하지 못했다. 세부적으로 살펴보면, 우울삽화 후 첫 1년이 지난 무렵에는 대부분의 환자(70%)가 회복하지만, 2년째에서는 20%, 5년째에는 12%의 환자가 회복하지 못한 상태가 지속되었다.[11] 10년째에도 7%의 환자들은 완전 회복 상태가 아니었으며,[12] 15년째에는 6%의 환자들이 아직 회복하지 못한 상태였다.[13] 이 연구를 통해 지표 삽화 동안 회복 비율은 이후 새로운 삽화가 나타났을 때, 그 삽화 동안의 회복 비율과 동일하다는 것을 알게 되었다. 즉, 두 번째 삽화에서도 다음 5년 안에 회복되지 않을 비율이 8%이며, 그다음 삽화에도 같은 비율이 유지된다. 다섯 번째 삽화에서는 그 비율이 감소하지만 의미 있는 정도는 아니었다. 간단히 말하자면 각 삽화에서 약 10%의 환자는 최소 5년 동안 우울한 상태가 지속된다는 것이다.

회복의 속도는 삽화 기간의 영향을 받아서 삽화의 기간이 길수록 회복 가능성은 줄어든다. Medical Outcome Study에서는 우울증의 심각도에 따라 회복되는 정도를 비교하였는데, 경한 경우에는 2년 안에 65%가 회복하였지만 심한 경우에는 54%에서만 회복하였다.[3] 이 연구는 임상환자들을 대상으로 하였기 때문에 만성화의 정도를 과도하게 추정하였을 가능성이 있지만, 일반 인구를 대상으로 한 연구에서도 비슷한 결과를 보였다. 한 예로 Baltimore Epidemiological Catchment Area Survey에서는 일반 인구를 대상으로 조사하였는데, 첫 삽화의 50%에서 추가적인 삽화 없이 회복되었고, 15%에서는 관해 없이 만성화되는 과정을 보였으며, 35%에서는 반복되는 삽화를 보였다고 조사되었다.[14]

재발

재발(relapse)은 관해 기간 중에 치료에 반응을 보였던 증상이 다시 나타나는 것이다. 우울증의 재발은 비교적 높은 편이어서 한 연구에 따르면 회복을 한 환자 중 2년 경과 시 재발 위험이 40% 이상이었으며 15년 경과 시 80% 이상으로 높았다는 보고가 있다.[15] 사실 우울증 환자 대부분은 회복 후에 재발한다.[15] 연구에 따라서 다르지만 대체로 60~70%에서 결국에는 재발한다고 보고한다.[16] NIMH Collaborative Depression Study에 따르면, 삽화가 반복될수록 재발 가능성은 커져서 2년 후 최초 재발률은 25~40%이지만, 5년이 지나면 60%에 다다르고, 10년 후에는 75%, 15년 후에는 85%에 이르는 것으로 보고하였다.[13] 또한 NIMH Collaborative Depression Study에서는 회복되어서 5년 동안 안정 상태로 지낸 환자들도 이후 58%에서 재발하였다.[16] 그러나 모든 환자가 회복된 후 반드시 재발하는 것도 아니어서, 15년 전향조사 연구에서 일부 환자는 추가적인 삽화를 경험하지 않았다.[16]

다른 연구에서도 6년간 추적조사에서 첫 우울삽화의 기간과 재발 위험 사이에 유의미한 상관관계는 없었다.[17] 재발의 가능성은 처음 삽화 후 5년부터 10년 사이에는 안정된 추세를 보이며, 처음 삽화가 있은 후 10년의 기간에 평균 2번의 재발을 경험한다.[18] 또한 여러 번의 재발을 경험할수록 다음번 재발까지의 시간은 점점 짧아져서 NIMH Collaborative Depression Study에서는 첫 재발까지 소요시간의 중앙값이 150주였지만, 두 번째는 83주, 세 번째는 77주, 네 번째는 68주, 다섯 번째는 57주였다.[18]

처음 삽화와 재발 삽화의 비교

대부분의 우울증이 재발하는 질환이어서 연구들도 대부분 최초 우울삽화를 보이는 환자보다는 재발한 환자를 대상으로 한 경우가 대부분이다. 실제 처음 삽화군과 재발한 삽화군은 다른 임상적 특징을 보일 수 있는데, 스트레스는 재발 삽화군보다는 처음 삽화군에서 관련성이 더 있다.[19] 이는 다른 연구들에서도 확인되고 있다. 지역사회 청소년을 대상으로 시행한 연구에서도 부정적인 인지 형태는 처음 삽화와 재발 삽화를 구분하지 못했지만, 스트레스 여부는 구분할 수 있는 모델이라고 하였다.[16] 5년간 여학생들을 추적조사한 연구에서는 스트레스와 부모의 정신병리가 첫 삽화와는 관련 있지만, 재발과는 관련 없는 위험인자라고 보고한다.[20] 이는 감작화(sensitization)에 따른 결과일 수 있는 것으로, 우울증이 진행성 질환이어서 반복되는 삽화에 따라 심리적인 취약성과 신경생물학적 취약성이 변화한 결과일 수 있다는 견해도 있다.

회복의 기준 : 증상의 관해 또는 기능회복

우울증 치료의 목표는 크게 증상의 관해 달성과 기능적 회복이라는 두 가지 측면으로 나누어볼 수 있다. 과거 우울증의 치료는 증상의 관해에 중점을 두었으나 최근 들어 삶의 질 향상 등 기능회복에 대한 관심이 높아지고 있다.

우선 증상의 관해 달성의 측면에서 살펴보면, 임상 상황에서 관해 상태를 규정하는 기준은 모호하다. 이런 문제 때문에 주요우울장애의 경과에 대한 연구들은 대부분 관해 상태를 정의할 때, 객관적으로 평가하기 위하여 심리 척도 등을 이용한다. 예를 들어 해밀턴 우울평가척도(HRSD17) 점수가 7점 이하, 몽고메리-아스버그 우울평가척도(MADRS) 점수가 10점 이하, 간이 우울증상평가척도(QIDS) 점수가 5점 이하인 경우를 관해 상태로 정의한다. 이러한 척도들이 증상의 심각도를 평가하는 효과적인 도구임은 분명하지만, 관해에 대한 절단점이 너무 높다는 지적이 있다. 즉, 임상적인 상황에서 관해 상태라고 생각하는 상태와는 달리 실제로는 잔류증상이 있는 상태를 관해 상태로 규정지을 위험이 있다는 것이다. 어떤 경우에는 DSM-IV 진단기준을 충족할 가능성이 있을 때에도 관해 상태로 정의할 가능성이 있다.

관해 상태에 도달하지 못하면 재발 가능성이 커지고 재발까지 걸리는 시간이 짧아진다. 반대로 심리사회적 손상이 남아 있으면, 우울증 증상의 심각도가 높고, 회복 가능성은 작아진다.[21] 실제로 심리사회적 손상이 1 표준편차만큼 증가하면, 주요우울장애에서 회복할 가능성이 22% 감소한다는 연구도 있다.[21]

최근 우울증 치료의 목표로 또 다른 측면에서 기능회복과 관련된 연구들이 많이 이루어지고 있다. 우울증은 심각한 기능손상 및 삶의 질 저하와 관련이 있다. 예를 들어 업무능력, 대인관계 및 인지기능과 같은 특정 기능 영역뿐만 아니라 전반적 기능손상을 초래할 수도 있다. 따라서 관해 상태를 평가할 때 증상의 심각도 평가와 함께 삶의 질 척도와 같은 기준을 이용한 기능회복의 기준을 같이 사용하는 것이 임상적 상황에서 더 유용할 수 있다. 우울증의 이상적인 치료결과를 얻기 위해서 증상의 관해와 더불어 기능회복이 이루어지는 것이 매우 중요하다.[22] 기분장애 환자를 대상으로 4년간 치료 경과를 추적조사한 연구에서 관해 기준에 도달한 환자들이 관해 이후 1년간 지속적으로 기능을 회복하는 과정을 거쳤으며, 잔류증상이 있을 시 기능회복에 악영향을 미치는 것으로 나타났다.[23] 또한 기능회복은 우울증의 만성화 경과를 줄일 수 있어 그 의미는 매우 크다고 할 수 있다.[24]

이러한 기능회복의 결과를 적절하게 평가하기 위해 먼저 기능손상을 적절한 도구로 평가하고, 기능손상을 유발하는 우울증 관련 증상을 목표로 치료 계획을 세운 후, 치료 과정 전반에 있어서 이를 지속적으로 모니터링하는 것이 중요하다.[25] 또한 증상의 관해가 빨리 이루어질수록 치료 예후가 좋은 것과 마찬가지로 기능회복 역시 빠른 회복이 기능손상을 최소화하고 삶의 질을 높이는 데 상당한 영향을 미치기 때문에 치료 초기부터 기능회복을 적절하게 평가하여 관리하는 것이 필요하다.[22]

사실 우울증 치료에 있어 증상의 관해와 기능회복은 따로 구분된 기준은 아니다. 과거 우울증의 치료에서 주된 관심은 증상의 관해였기 때문에 이를 기준으로 진단, 평가, 치료 등이 이루어져 왔다. 하지만 환자들은 관해 이후에도 잔류증상(residual symptoms) 또는 아임상증상(subclinical symptoms) 등으로 인하여 일상 및 사회생활 전반에 부정적인 영향을 끼치며 결국 우울증의 재발원인이 된다는 것을 알게 되었다.[22] 따라서 우울증의 치료목표는 증상의 관해와 더불어 기능회복을 포함하는 기준으로 진단, 평가, 치료 등이 정립되어야 한다는 측면에서 치료의 범위가 확장된 것으로 해석하는 것이 바람직하다. 하지만 아직까지 삶의 질에 대한 개념이 모호하고, 우울증과 관련된 기능평가도구 역시 잘 정립되어 있지 않다.[25] 향후 이러한 제한점이 개선이 된다면, 우울증 회복에 대한 새로운 기준이 만들어질 것이다.

우울증 재발 예측인자

우울증 재발의 가장 강력한 예측인자는 과거의 우울증이다. 즉, 이전의 삽화가 많을수록 재발의 가능성이 커진다. 이전 삽화의 횟수가 많을수록 회복 후 다음 재발까지의 시간이 짧아지고, 항우울제를 중단할 경우에 재발의 위험은 매우 높아서 6개월 안에 70%에서 재발한다.[26] 재발의 위험은 최소 2년 이상 우울증상이 지속하는 만성적인 우울증이 기저에 존재하는 경우에 증가한다. 특히 우울증에서 완전히 회복하지 못하고, 잔류증상이 지속되는 경우에는 우울증이 잘 재발하고, 증상도 더 심하며, 만성적인 경과를 밟을 가능성이 큰데, 치료 7개월 전 잔류증상이 있고 우울삽화의 과거력이 있으면, 재발의 위험이 3배 증가한다는 보고도 있다.[27] NIMH Collaborative Depression Study에서는 심리사회적 기능의 손상이 있는 경우에 우울증에서 쉽게 회복되지 못하는 특성이 있다고 보고하였다.[21] 또한 회복에까지 걸리는 시간이 연장되는 것을 예측할 수 있는 인자로는 지표 삽화의 기간이 긴 것, 높은 연령, 적은 수입 등이다. 조기발병한 우울증의 경우 우울증 가족력, 부모의 반사회적 행동, 높은 부정적 정서와 불안, 아동기 성적·신체적 학대가 재발을 예측할 수 있는 위험인자라는 보고도 있다.[28]

주요우울장애에 기왕의 기분저하증이 동반된 이중우울증은 전체 우울증의 1/4 정도를 차지하는데, 이런 경우에도 주요우울장애의 재발 위험이 증가한다.[29] 이중우울증 환자들은 주요우울장애에서 더 빨리 회복하는 것으로 보이지만, 더 빨리 재발하고, 재발률 역시 높다.

재발(recurrence)의 속도와 시기를 결정짓는 중요인자는 회복의 질이다. NIMH Collaborative Depression Study에서도 일부 증상이 잔존한 경우에는 87%에서 재발하였지만, 증상 없이 완전히 회복한 경우에는 66%에서만 재발하였다.[15] 즉, 회복 시기의 잔류증상은 조기재발을 예측한다.[30] 이어지는 재발마다 재발의 위험성은 16%씩 증가하는 반면에 회복하여 지내는 기간은 감소한다.[18]

'relapse'처럼 'recurrence'도 몇 가지 위험요인의 영향을 받을 수 있다. 위험요인으로는 자신이나 가족의 우울삽화력, 우울삽화의 기간, 공존질환(특히 기분저하증), 높은 연령, 치료반응이 좋지 않는 경우 등이다. 첫 삽화는 여자가 더 많지만, 재발을 경험하는 비율은 남자와 여자가 동일하다.[31]

추가적으로 스트레스, 인격 유형, 인지적 취약성과 사회적 지지체계의 결핍과 같은 심리사회적 요인 역시 우울증 재발의 예측인자가 될 수도 있다.

우울증의 만성화

DSM 진단체계에서는 만성우울증을 규정하기 위하여 몇 가지 진단분류를 시도하였다. **지속성 우울장애**(persistent depressive disorder, dysthymia)는 최소한 2년 이상의 경도 우울증 증상이 지속해야 하고, 만성 주요우울장애는 2년 이상의 기간이 필요하며, 지속성 우울장애에 중복된 주요우울장애(이중우울증)와 불완전하게 회복된 주요우울장애라는 개념을 정의한다. 그러나 임상 양상, 역학적 측면, 가족력, 심리사회적 기능과 치료에 대한 반응 등에서 명확히 구분되는 진단명은 아니라는 견해도 있다.

만성우울증은 여러 가지 부정적인 임상 양상을 지닌다. 예를 들어 지역사회 젊은 성인을 대상으로 20년간 추적조사를 한 코호트 연구는 삽화성우울증과 비교하여 만성우울증의 특징을 조사하였다.[32] 이 연구에 따르면 만성우울증은 삽화성우울증에 비하여 기억력장애, 열등감, 절망감, 일상적인 일에 대한 두려움, 자살사고, 외로움 등을 유의미하게 호소하는 것으로 조사되었다. 또한 만성우울증은 미혼, 실직, 비정규직 종사, 사회적 복지를 더 지원받는 특징을 보였다고 한다. 만성우울증의 경과에서는 좀 더 이른 발병을 하는 특징을 보이고, 82%에서 평생 치료를 받는 양상을 보였다. 임상환자를 대상으로 한 연구와 지역사회를 대상으로 한 연구 모두에서 우울증 환자의 상당수가 만성화의 경향을 보였다.[11] Medical Outcome Study에서도 비슷한 결과를 보여서 상당수 환자가 1년 내에 회복되지 않았고, 6~15%의 환자는 수년 동안 증상이 지속되는 만성 경과를 보였다.[3]

만성화는 회복에 걸리는 시간에도 영향을 준다. NIMH Collaborative Depression Study에서 비만성화 집단은 75%가 1년 안에 호전되었지만, 만성화 집단은 75%가 회복되는데 4년의 시간이 걸렸다.[33] 이중우울증이 있을 때에는 주요우울장애가 있을 때보다 더 빨리 회복하는 것으로 보인다.[34] 그러나 실제로는 주요우울장애에서 회복하여 기분저하증으로 돌아간 것이지 증상이 완전히 소실된 상태는 아니다. 그러므로 이들은 더 낮은 회복률을 보이고, 더 낮은 기능수준을 보인다고 보는 것이 타당하다. 실제로 회복률은 급성우울증에서 회복하는 것으로 보면 89%에서 회복을 보이지만, 급성우울증과 만성우울증 모두에서 회복되는 것을 기준으로 할 때는 31%에 불과하였다.[35] 결국 이중우울증의 경과는 만성의 과정을 보인다.

우울삽화의 기간

DSM 진단기준에서 주요우울삽화는 최소 2주 이상 지속되어야 한다고 정의한다. 실제 우울삽화 기간은 다양한데, 대부분의 주요우울장애는 3~6개월 사이에 회복된다. 그러나 상당수의 환자가 완전히 회복하지 못하여 잔류증상이 지속된다. 우울증의 경과에 대한 연구는 대상이 임상환자군인지 지역사회 집단인지에 따라 다르지만 비교적 일관성이 있는데, 장기간 추적조사한 임상환자군 연구에서는 6개월 안에 55~66%가 회복하였다.[36,37] 대규모 지역사회 집단을 대상으로 한 연구에서는 연구별로 차이가 있다. Netherlands Mental Health Survey에서는 중앙값이 3개월이었고[38] 미국 National Comorbidity Survey-Replication에서는 평균 4개월 지속되는 것으로 보고한[39] 반면, 미국 내 다른 대규모 조사에서는 평균 지속기간이 6개월인 것으로 보고하였다.[40] 주요우울장애의 삽화기간을 예측하는 가장 중요한 인자는 우울증상의 심각도이다. 즉, 증상이 심할수록 삽화기간이 더 길었다. 또한 첫 삽화는 이후 삽화보다 더 길었다.[41] 한 연구에 따르면 12년 추적조사 동안 오직 41%의 기간에만 증상이 없었다고 한다.[42] 이런 경향은 반복성우울증이나 이중우울증을 겪는 환자에게서는 당연한 것이지만, 놀랍게도 첫 우울삽화를 경험한 사람들도 전체 기간의 54%에서만 증상 없이 지냈다. 따라서 대부분에서 우울삽화 후에 정상적인 기분이 장기간 지속되는 형태보다는 어느 정도의 증상이 지속되면서 호전과 악화의 굴곡을 보이는 경과를 밟으므로, 우울증을 만성질환으로 보는 것이 더 타당하다는 견해도 있다.

아역치 우울증의 경과

7,000명을 대상으로 하여 한 시점에서의 기분을 평가한 뒤 16년간 추적조사한 연구에서 우울증상은 정신과 질환을 이유로 입원하게 될 것을 예측하는 요인이었으며, 우울증 진단군과 비우울증 진단군 모두에서 아임상증상(subclinical symptoms)의 정도가 높은 것은 이후의 입원과 강한 상관을 보였다고 한다.[43] 이 결과는 Baltimore Epidemiological Catchment Area Study에서도 재현되었다. 이 연구에서는 1,634명을 15년간 추적조사하였다. 경도의 우울증은 주요우울장애의 첫 삽화를 예측하였다.[44] 아임상증상이나 기분저하증이 있는 사람은 그렇지 않은 경우보다 4~5배 더 주요우울장애가 발생하였다.[44] 534명을 12년간 추적한 연구에서도 주요우울장애, 경도우울증과 아임상증상은 동일한 환자에게서 다른 시점에 발견되는 경우가 흔했다.[42] 즉, 한 사람이 각 시점의 상황에 따라서 심한 우울 증상을 보일 수도 있고, 가벼운 우울증상을 보일 수도 있다는 것을 의미하는 것으로, 현재의 아임상증

상은 미래의 진단기준을 충족할 정도로 심한 우울증의 가능성을 의미하는 것이다.

우울증의 발병연령에 따른 경과의 차이

우울증은 전형적으로는 중년의 질환이라는 견해가 있었지만, 최근의 연구들을 통하여 청소년기나 초기 성인기에 발병하는 경우도 적지 않다고 알려졌다. 미국에서는 주요우울장애의 발병연령의 중앙값이 30세이지만[45] 다국가간 연구에서는 20세에서 25세에 분포하는 것으로 조사되었다.[46] 우울증의 발병 시기별로 원인과 임상경과가 다른 것으로 밝혀지고 있다. 예를 들어 우울증의 발병연령이 낮을수록 경과가 좋지 않아서 재발, 만성화와 기능장애의 위험성이 더 크다.[6] 예후가 나쁜 것에 대해서는 두 가지 설명이 가능하다. 일찍 발병할수록 우울증이 더 심하고 유전적 경향이 강하기 때문이거나, 우울증의 결과로 중요한 사회 적응 기술을 습득하는 데 방해를 받고, 인생의 전환기에 필요한 대처가 제대로 이루어지지 않았기 때문이라는 가설이 있다.

생물학적 원인과 유전적 원인은 아동기와 청소년기 우울증에 영향을 더 많이 줄 것으로 생각하는데, 이런 경향은 특히 여성에게서 두드러진다.[47] 또한 아동기에 우울증이 있는 경우에 성인기 우울증으로 이행되는 것으로 생각했지만, 청소년기의 우울증에 비해서는 성인기 우울증으로의 이행이 적은 것으로 보고되고 있다.[48]

발병연령별 우울증의 경과는 다음과 같다.

아동기 발병 우울증에 대한 장기간 추적조사 연구를 통하여 세 가지 상이한 경과를 보이는 집단이 있다는 것을 알게 되었다.[49] 첫째는 아동기에 발병한 우울증이 성인기에 재발하는 집단, 둘째는 우울증으로 재발하지는 않지만, 품행장애와 물질남용과 같은 다른 정신병리로 이행되는 집단, 셋째는 양극성장애로 이행되는 집단이다.

첫째의 경우는 상대적으로 드물지만 재발되는 우울증과 연관이 있다. 상당수는 일찍 발병한 기분저하증 후에 주요우울삽화가 중복되는 이중우울증의 형태를 띠며, 환자의 친척에서도 높은 우울증 발병률을 보인다.[50] 또한 아동기 불안증상과 억제된 행동은 성인기의 불안과 우울증상과 깊은 연관이 있으므로, 이런 아동기 우울증은 인생 전반에 걸친 우울증의 위험이 있다고 할 수 있다.[51] 두 번째 경우는 아동기에 우울증으로 진단되지만, 아동기학대 등 정신사회적 불리함에 대한 반응의 형태로 나타나는 상태이다. 이 경우 우울증으로 재발하지 않고, 대신 청소년기와 성인기에 다양한 정신과적 문제-물질남용, 품행장애 등으로 표출된다.[42] 세 번째 경우는 성인기에 양극성장애로 진단되는 경우이다. 연구에 따라서 정도의 차이는 있지만, 아동기 우울증의 13~49% 정도에서 성인기에 양극성장애로 진단된다.[52] 어떤 환자가 성인기에 양극성장애로 진단되는지에 대한 연구는 아직 부족하지만, 대체로 양극성장애의 가족력이 있는 것으로 생각한다. 이러한 이유로 청소년 우울증은 경과 관찰이 중요하다.

청소년기 발병 우울증에 대한 연구는 비교적 최근에 이루어지고 있다. 이 시기에 시작하는 우울증은 몇 가지 측면에서 관심의 대상이 된다. 이 시기는 성인기 형태의 우울증이 처음 발병하는 시기로서, 아동기에는 남녀 간의 성비 차이를 보이지 않지만, 청소년기에는 소녀의 비율이 급속히 증가한다. 주요우울장애의 비율 역시 최근 들어 증가하는 추세로, 19세에 주요우울삽화의 생애유병률(lifetime rate)은 15~30% 정도이다.[53] 대개 청소년기 우울증의 약 절반이 성인기에도 우울증을 경험하지만, 나머지 반은 재발하지 않기 때문에 발달 과정에서 나타나는 일시적 현상으로도 보인다.

노년기 우울증 역시 성인기 우울증과는 다른 임상적 특징을 보인다. 노년기 우울증은 과소 진단되는 경우가 흔하다. 노년기의 식욕저하, 수면장애, 의욕저하, 기억력저하 등의 문제가 신체질환에 따른 증상과 유사하기 때문이다. 또한 가족도 질병이라는 생각을 하지 못하고 나이가 들어서 오는 당연한 현상으로 여기는 경우가 많다. 물론 가성치매의 경우 노년기 우울증이 치매로 오인되는 것도 원인일 수 있고, 우울증을 신체질환보다 중요하지 않게 보기 때문에 과소 진단되기도 한다. 65세 이후 주요우울장애의 유병률이 낮은 것으로 보고한 연구들이 있었지만, 최근에는 80세 이후 유병률이 증가하는 것으로 보고한다.[54] 이는 과거 연구들이 병원이나 요양시설 등에 장기간 입원한 환자들을 배제한 결과일 수 있는데, 실상 이 집단에서는 우울증이 일반 인구보다 상대적으로 높다.[54] 노년기에 처음 발병한 우울증과 성인기에 발병하였다가 노년기에 재발한 우울증은 원인이 다를 수 있다. 노년기에 처음 발병한 우울증은 뇌혈관의 변화나 치매를 유발하는 다른 질환이나 뇌경색과 같은 뇌질환의 결과일 수 있다 노년기 발병이나 성인기 발병의 여부와 상관없이 노년기 우울증은 공존 신체질환에 동반되는 경우가 흔하고, 그 결과 의료이용률이 증가한다. 또한 노인은 자살의 고위험군으로, 특히 남성에게서 자살률이 높은데, 이는 우울증의 영향일 수 있다.[55]

우울증의 영향

우울증의 심리사회적 영향

우울증의 증상인 저하된 기분, 감소된 에너지, 동기 결여 등은 직업능력과 대인관계 등에 부정적인 영향을 준다. 우울증이 매우 악화된 상태에서는 잠자리에 계속 누워 있거나, 멍하니 있으면서 기본적인 자기돌봄 행위조차 유지하지 못하게 된다. 이들은 우울증의 증상을 자신의 성격 결함으로 오인하기도 하고, 다른 사람을 믿지 못하며, 심한 경우에는 자주 짜증을 내기 때문에 우울증 자체에 따른 기능의 저하 외에도 인간관계의 발달과 유지에 어려움을 겪는다.

일반적으로 정신사회적 기능장애의 심각도는 우울증의 심각도에 따라 달라지고, 우울증이 관해되면 사라진다. 그러나 비교적 가벼운 우울증도 정상적인 기능에 장애를 초래할 수 있는데, 지역사회 집단을 연구한 조사에 따르면 우울증이 없는 집단에 비해서 경도의 우울증이 있는 집단은 여러 가지 측면의 부정적인 양상이 있다고 한다. 이를테면 정서적 문제로 받는 응급처치, 신경안정제의 사용, 신체건강 수준, 정서적 문제로 직장을 결근한 빈도, 자살시도의 영역에서 더 빈번한 문제가 있는 것으로 조사되었다. 이처럼 직업, 가족과 대인관계/결혼관계의 문제 외 신체건강에도 영향을 준다. WHO의 The Global Burden of Disease 연구에서는 여러 나라에서 disability-adjusted life-years(DALYs)를 기준으로 여러 질환의 비용을 조사하였다. 그 연구결과 우울증이 중년 성인에서 다른 질환보다 장애를 더 많이 초래한다고 하였다.[56] 미국 내 여러 지역의 주요 신체질환(당뇨, 고혈압, 관상동맥질환, 요통, 협심증, 관절염, 폐질환, 위장관질환)과 우울증에 대한 역학조사를 한 Medical Outcome Study 연구에서는 삶의 질과 기능 수준을 평가하기 위하여 36개 항목의 Short-Form Health Survey(SF-36)를 사용하였는데, 이 연구에서도 우울증 환자들이 다른 8개 질환의 환자보다 사회적 기능이 더 나빴고, 삶의 중요 영역 역할의 저하는 6개 질환보다 나빴으며, 침대에서 보내는 시간은 더 많았다.[57] 심지어 신체기능에서도 4개의 만성 신체질환의 경우보다 나빴다. 우울증상(우울증 진단을 받지 않은 집단)이 있는 경우에서도 기능의 저하는 관찰되었다. 기분저하장애에 주요우울장애가 중복된 경우에는 비용이 더욱 증가한다. 이는 우울증이 단순히 정서적인 문제가 아니라 개인의 인생 전반에 영향을 주며, 결국 사회적 비용이 증가하는 등 사회적 영역에도 영향을 주는 질환이라는 것을 의미한다.

우울증이 직장에서의 결근과 연관되어 있다는 것은 잘 알려진 사실이다.[39] 이 외에도 출근은 하지만 제대로 역할을 수행하지 못하는 프리젠티즘(presenteeism)도 초래한다. 한 조사에 따르면 우울증이 있는 집단은 직장에서 집중력이 떨어지거나 같은 일을 반복하거나 천천히 하는 '비생산적인 시간(lost productive time)'이 주당 8.4시간으로 우울증이 없는 집단의 1.5시간보다 길었다.[58] 또한 일에 대한 집중도와 업무 수행 능력을 조사하였을 때, 한 달에 2~3일 결근하는 것과 마찬가지의 손실이 초래된다고 한다.[59] 이런 문제는 학생의 학업 효율성에서도 같은 양상으로 나타난다. 그 결과 고등학교 중퇴율이 높고, 대학교 진학률이 떨어지며, 대학교 중퇴율이 높아진다.[60]

우울증이 있는 부모는 전형적으로 좋은 부모가 되기를 원하지만, 우울증은 에너지, 인내심과 기분의 저하를 초래하기 때문에 자녀와 긍정적이고, 지지적이며, 돌봐주는 태도를 맺지 못하게 된다. 우울증에 걸린 엄마는 부정적이고 방임적인 태도를 더 많이 보이며, 긍정적인 태도를 적게 보인다.[61] 또한 부모의 우울증은 여러 가지 형태로 자녀에게 비적응적 행동양식을 유발시키며 이로 인해 아동의 정서조절과 후기 아동발달을 지연시킨다.[62]

우울증은 결혼 관계에도 영향을 준다. 원만하지 못한 결혼생활은 우울증의 원인이 될 수도 있고, 우울증으로 인해 결혼생활이 영향을 받기도 한다. 원만하지 못한 결혼생활이 우울증의 원인이 되는 경우가 더 흔하며,[63] 특히 부부관계에서의 신체적 학대가 우울증의 가장 큰 원인으로 조사되었다.[64] 지역사회 집단을 대상으로 한 연구에서 우울증이 있는 경우에 그렇지 않은 경우보다 이혼율이 2배 높았다.[65]

우울증과 신체질환

우울증이 있는 경우에는 그렇지 않은 집단에 비하여 의료비가 증가한다. 비용의 증가는 1차진료비용, 전문진료비용, 검사비용, 약제비용과 입원치료비용 모두에서 높았다. 미국은 HMO(Health Maintenance Organization) 이용자에 대한 조사에서 우울증이 있는 경우에는 연간 4,246달러의 비용이 지출되었는 데 비해, 우울증이 없는 경우에는 2,371달러로 적게 지출되었다.[66] 다른 만성질환의 효과를 보정하였을 때도 이런 차이는 지속되었다. 같은 신체질환에 대해서도 우울증이나 우울증상 여부에 따라 의료비용이 다를 수 있어서, 당뇨병은 우울증상의 정도에 따라 비용이 차이가 났다.[67] 반대로 의료기관 이용률이 높은 집단의 2/3에서 반복되는 주요우울장애가 관찰되었고, 1/3은 기분저하장애를 진단할 수 있었다.[62] 우울증이 있는 경우에는 그렇지 않은 경우보다 신체질환을 치료하기 위한 입원기간 역시 더 길었다.[68] 대규모 역학연구들은 주요우울장애의 과거 삽화는 관상동맥질환과 당뇨병의 중요한 위험인자일 수 있다고 보고한다.[69] 이 두 질환은 수명에 직접적인 영향을 줄 수 있는 질환이다. 우선 지역사회 성인을 대상으로 21년간 추적조사를 한 연구에서 심한 정도의 우울증상이 있는 경우 그렇지 않은 군에 비하여 당뇨병이 발생할 위험이 3배 높았다고 보고하였다.[70] 주요우울장애는 관상동맥질환의 위험성을 높일 뿐 아니라 심장질환으로 인한 사망률도 높이는 등[71] 신체질환의 치명률도 높이는 것으로 알려졌는데, 주요우울장애가 있으면서 심근경색으로 입원한 환자는 주요우울장애가 없는 경우보다 사망률이

4배 더 높다.[72] 10년간 시행된 National Health and Nutrition Survey에서는 우울한 남자는 심장질환에 걸린 위험이 71% 더 높았으며, 그로 인하여 사망할 확률이 2.34배 더 높았다고 한다.[73] 여성은 73%로 위험이 더 컸지만, 사망률은 더 높지 않았다. 이런 경향은 8,000명을 대상으로 6년간 추적조사한 핀란드 연구에서도 확인되는데, 조사 시작 시점에 심혈관계 질환이 있는 경우와 없는 경우 모두에서 우울한 경우에는 관상동맥질환으로 인한 사망률이 증가하였다.[74] 이 외에도 파킨슨병과 알츠하이머병, 뇌졸중도 우울증과 상호연관성이 있어서, 우울증은 이 질환들의 발병과 경과에 영향을 주며, 동시에 이 질환들은 우울증의 위험요인이 된다.[75] 최근에는 비만과 우울증 역시 상호연관성이 있다는 보고가 증가하고 있다.[76]

이러한 근거들을 두 가지로 정리해볼 수 있다.[77] 첫째, 우울증이 여러 가지 신체질환의 유병률을 높일 수 있으며 이로 인해 재정적인 부담, 기능의 손상, 사망률까지 증가시킨다. 둘째, 앞서 언급했듯이 우울증이 만성 신체질환의 원인이기도 하지만, 우울증이 동반이환되었을 때 만성 신체질환의 경과를 악화시킨다. 이에 대한 여러 가지 많은 이유들이 제시되고 있지만 그 중 가장 일관되게 관찰되는 이유는 우울증이 전반적인 치료과정에 비순응을 유발하며 조기 사망률을 증가시킨다는 것이다.

요약

우울증은 급성질환이라고 생각하지만, 실제 임상에서는 완전히 회복되지 않거나 회복하는데 오랜 시간이 걸리는 만성화 과정을 보이는 경우도 적지 않다. 또한 우울증은 재발을 잘 하는 질환으로, 삽화가 반복될수록 재발의 위험은 증가하고, 회복하여 지내는 회복기는 짧아진다. 처음 발병한 우울증과 재발한 우울증은 다른 임상적 특징을 보일 수 있는데, 스트레스는 재발군보다는 처음 발병군에서 관련성이 더 있다.

우울증 재발의 가장 강력한 예측인자는 과거의 우울증이며, 특히 우울증에서 완전히 회복되지 못하고 잔류증상이 지속되는 경우에는 우울증이 재발을 잘하고, 증상도 더 심하며, 만성적인 경과를 밟을 가능성이 크다. 주요우울장애에 기왕의 기분저하증이 중복된 소위 이중우울증은 전체 우울증의 1/4 정도를 차지하는데, 이중우울증이 있는 경우에도 주요우울장애의 재발 위험이 증가한다. 이중우울증 환자들은 주요우울장애에서 더 빨리 회복하는 것으로 보이지만, 더 빨리 재발하고, 재발률 역시 높으며, 만성화의 경과를 보인다. 경도의 우울증은 미래 어느 시점의 주요우울장애를 예견하는 것이기 때문에 소홀히 다루어서는 안 되고, 경도의 우울증의 정신적·사회적 비용 역시 적지 않다는 점을 고려해야 한다.

우울증은 인생의 다양한 시점에서 출현할 수 있는데, 우울증의 발병연령이 낮을수록 경과가 좋지 않아서 재발, 만성화와 기능장애의 위험성이 더 높다. 또한 아동청소년기 우울증 중에는 성인기 우울증으로 재발하는 경우도 있지만, 다른 정신과적 질환으로 이행되는 경우도 있다. 노년기에 처음 발병한 우울증은 뇌기능 변화를 반영한 결과일 수 있음을 유념해야 한다.

우울증은 증상 자체의 영향과 사회적 관계, 직업적 관계, 부부관계와 자녀관계 등에 부정적 영향을 줌으로써 정신적·사회적 비용을 초래한다. 그뿐만 아니라 신체질환의 발병과 경과 등에도 영향을 준다.

참고문헌

1) Katz M, Klerman GL. Introduction: overview of the clinical studies program. *Am J Psychiatry* 1979; 136: 49-51.

2) Angst J. The course of major depression, atypical bipolar disorder, and bipolar disorder. In: Hippius H, et al., editors. New results in depression research. Berlin/Heidelberg: Springer-Verlag;1986, p. 26-35.

3) Wells KB, Burnam A, Rogers B, et al. The course of depression in adult outpatients: results from the Medical Outcomes Study. *Arch Gen Psychiatry* 1992; 49: 788-794.

4) Stephen MS. *Stahl`s Essential Psychopharmacology*, 4th edition. 2013; 287.

5) Keller MB. Chronic and recurrent affective disorders: incidence, course, and influencing factors. *Advances in Biochemical Psychopharmacology* 1985; 40: 111-120.

6) Judd LL. The clinical course of unipolar major depressive disorders. *Arch Gen Psychiatry* 1997; 54: 989-991.

7) Solomon DA, Keller M B, Lepn AC, Mueller TI, Lavori PW, Shea MT, et al. Multiple recurrences of major depressive disorder. *Am J Psychiatry* 2000; 157: 229-233.

8) Lin EH, Katon WJ, VonKorff M, Russo JE, Simon GE, Bush TM, et al. Relapse and recurrence of depression in primary care: rate and clinical predictors. *Arch Fam Med* 1998; 7(5): 443‒449.

9) Kerr TA, Roth M, Schapira K, Gurney C. The assessment and prediction of outcome in affective disorders. *Br J Psychiatry* 1972; 121(561): 167-174.

10) Rounsaville BJ, Prusoff BA, Padian N. The course of nonbipolar, primary major depression. A prospective 16-month study of ambulatory patients. *J Nervous and Mental Disease* 1980;168(7):

406-411.

11) Keller MB, Lavori PW, Mueller TI, Endicott J, Coryell W, Hirschfeld RMA. et al. Time to recovery, chronicity, and levels of psychopathology in major depression: A 5-year prospective follow-up of 431 subjects. *Arch Gen Psychiatry* 1992; 49(10): 809-816.

12) Mueller TI, Keller MB, Leon AC, Solomon DA, Shea MT, Coryell W, et al. Recovery after 5 years of unremitting major depressive disorder. *Arch Gen Psychiatry* 1996; 53(9): 794-799.

13) Keller MB, Boland RJ. Implications of failing to achieve successful longterm maintenance treatment of recurrent unipolar major depression. *Biological Psychiatry* 1998; 44(5): 348-360.

14) Eaton WW, Shao H, Nestadt G, Lee BH, Bienvenu OJ, Zandi P. Population-based study of first onset and chronicity in major depressive disorder. *Arch Gen Psychiatry* 2008; 65(5): 513-520.

15) Mueller TI, Leon AC, Keller MB, Solomon DA, Endicott J, Coryell W, et al. Recurrence after recovery from major depressive disorder during 15 years of observational follow-up. *Am J Psychiatry* 1999; 156(7): 1000-1006.

16) Lewinsohn PM, Allen NB, Seeley JR, Gotlib IH. First onset versus recurrence of depression: Differential processes of psychosocial risk. *J Abnormal Psychology* 1999; 108: 483-489.

17) Kaminski KM, Garber J. Depressive spectrum disorders in high-risk adolescents: episode duration and predictors of time to recovery. *J Am Acad Child Adolesc Psychiatry*. 2002; 41(4): 410-8.

18) Solomon DA, Keller MB, Leon AC, Mueller TI, Lavori PW, Shea MT, et al. Multiple recurrences of major depressive disorder. *Am J Psychiatry* 2000; 157(2): 229-233.

19) Monroe SM, Harkness KL. Life stress, the "kindling" hypothesis, and the recurrence of depression: considerations from a life stress perspective. *Psychol Rev*. 2005; 112(2): 417-45.

20) Daley SE, Hammen C, Rao U. Predictors of first onset and recurrence of major depression in young women during the 5 years following high school graduation. *J Abnormal Psychology* 2000; 109: 525-533.

21) Frank E, Kupfer DJ, Perel JM. Early recurrence in unipolar depression. *Arch Gen Psychiatry* 1989; 46: 397-400.

22) Habert J, Katzman MA, Oluboka OJ, McIntyre RS, McIntosh D, MacQueen GM. Functional Recovery in Major Depressive Disorder: Focus on Early Optimized Treatment. *Prim Care Companion CNS Disord* 2016; 1: 18(5).

23) van der Voort TY, Seldenrijk A, van Meijel B, Goossens PJ, Beekman AT, Penninx BW, Kupka RW, et al. Functional versus syndromal recovery in patients with major depressive disorder and bipolar disorder. *J Clin Psychiatry* 2015; 76(6): e809-14.

24) Trivedi MH, Morris DW, Wisniewski SR, Lesser I, Nierenberg AA, Daly E, et al. Increase in

work productivity of depressed individuals with improvement in depressive symptom severity. *Am J Psychiatry* 2013; 170(6): 633 – 641.

25) Greer TL, Kurian BT, Trivedi MH. Defining and measuring functional recovery from depression. *CNS Drugs* 2010; 24(4): 267–84.

26) Solomon DA, Leon AC, Coryell W, et al. Predicting recovery from episodes of major depression. *J Affect Disord* 2008; 107: 285–291.

27) Lin EHB, Katon WJ, VonKorff M, Russo JE, Simon GE, Bush TM, et al. Relapse of depression in primary care: Rate and clinical predictors. *Arch Family Medicine* 1998; 7(5): 443–449.

28) Sylia W. Premorbid Risk Factors for Major Depressive Disorder: Are They Associated With Early Onset and Recurrent Course? *Dev Psychopathol* 2014; 26(0): 1477 – 1493

29) Keller MB, Lavori PW, Endicott J, Coryell W, Klerman GL. "Double depression": Two-year follow-up. *Am J Psychiatry* 1983; 140(6): 689–694.

30) Kanai T, Takeuchi H, Furukawa TA, Yoshimura R, Imaizumi T, Kitamura T, et al. Time to recurrence after recovery from major depressive episodes and its predictors. *Psychol Med* 2003; 33: 839–845.

31) Kessing LV, Hansen MG, Andersen PK, Angst J. The predictive effect of episodes on the risk of recurrence in depressive and bipolar disorders: A life-long prerspective. *Acta Psychiatrica Scandinavica* 2004; 109: 339–344.

32) Jules Angst. Long-term depression versus episodic major depression: Results from the prospective Zurich study of a community sample. *J Affect Disord.* 2009; 115(1–2): 112–21.

33) Coryell W, Endicott J, Keller M. Outcome of patients with chronic affective disorder: A five year follow-up. *Am J Psychiatry* 1990; 147(12): 1627–1633.

34) Riso LP, Miyatake RK, Thase ME. The search for determinants of chronic depression: A review of six factors. *J Affect Disord* 2002; 70: 103–115.

35) Kessler RC, Berglund P, Demler O, Jin R, Koretz D, Merikangas KR, et al. The epidemiology of major depressive disorder. *JAMA* 2003; 289: 3095–3105.

36) Keller MB, Shapiro RW, Lavori PW, Wolfe N. Recovery in major depressive disorder. Analysis with the life table and regression models. *Arch Gen Psychiatry* 1982; 39: 905–910.

37) Coryell W, Akiskal H, Leon A, Winokur G, Maser J, Mueller T, et al. The time course of nonchronic major depressive disorder: uniformity across episodes and samples. *Arch Gen Psychiatry* 1994; 51: 405–410.

38) Spijker J, de Graaf R, Bijl RV, Beekman AT, Ormel J, Nolen WA. Duration of major depressive episodes in the general population: Results from the Netherlands Mental Health Survey and Incidence Study (NEMESIS). *Br J Psychiatry* 2002; 181: 208–213.

39) Kessler RC, Berglund P, Demler O, Jin R, Koretz D, Merikangas KR, et al. The epidemiology of major depressive disorder. *JAMA* 2003; 289: 3095−3105.

40) Hasin DS, Goodwin RD, Stinson FS, Grant BF. Epidemiology of major depressive disorder: Results from the National Epidemiologic survey on Alcoholism and Related Conditions. *Arch Gen Psychiatry* 2005; 62: 1097−1106.

41) Hollon SD, Shelton RC, Wisniewski S, Warden D, Biggs MM, Friedman ES, et al. Presenting characteristics of depressed outpatients as a function of recurrence: Preliminary finding from the STAR*D clinical trial. *J Psychiatric Research* 2006; 40: 59−69.

42) Hofstra MB, van der Ende J, Verhulst FC. Continuity and change of psychopathology from childhood into adulthood: A 14−year follow−up study. *J Am Academy of Child and Adolescent Psychiatry* 2000; 39: 850−858.

43) Zinderman AB, Herbst JH, Schmidt C, Costa PT, McCrae RR. Depressive symptoms as a nonspecific graded risk for psychiatric diagnoses. *J Abnormal Psychology* 1993; 102: 544−552.

44) Fogel J, Eaton WW, Ford DE. Minor depression as a predictor of the first onset of major depressive disorder over a 15−year follow−up. *Acta Psychiatrica Scandinavica* 2006; 113: 36−43.

45) Kessler RC, Berglund P, Demler O, Jin R, Merikangas KR, Walters EE. Lifetime prevalence and age−of−onset distributions of DSM−IV disorders in the National Comorbidity Survey Replication. *Arch Gen Psychiatry* 2005; 62: 593−602.

46) Andrade L, Caraveo−Anduaga JJ, Berglund P, Bijl RV, DeGraaf R, Vollebergh W. et al. The epidemiology of major depressive episodes: Results from the International Consortium of Psychiatric Epidemiology(ICPE)Surveys. *International Journal of Methods in Psychiatric Research* 2003; 12: 3−21.

47) Silberg JL, Rutter M, Eaves L. Genetic and environmental influences on the temporal association between earlier anxiety and later depression in girls. *Biol Psychiatry* 2001; 49: 1040−1049.

48) Harrington R, Fudge H, Rutter M, Pickles A, Hill J. Adult outcomes of childhood and adolescent depression. *Arch Gen Psychiatry* 1990; 47: 465−473.

49) Weissman MM, Wolk S, Goldstein RB, Moreau D, Adams P, Greewald S, et al. Depressed adolescents grown up. *JAMA* 1999; 281: 1707−1713.

50) Birmaher B, Williamson DE, Dahl RE, Axelson DA, Kaufman J, Dorn LD. Clinical presentation and course of depression in youth: Does onset in childhood differ from onset in adolescence? *J Am Academy of Child and Adolescent Psychiatry* 2004; 43: 63−70.

51) Goodwin RD, Fergusson DM, Horwood IJ. Early anxious/withdrawn behaviors predict later internalizing disorders. *Journal of Child Psychology and Psychiatry* 2004; 45: 874−883.

52) Kovacs M, Akiskal HS, Gatsonis C, Parrone PL. Childhood−onset dysthymic disorder: Clinical

features and prospective naturalistic outcome. *Arch Gen Psychiatry* 1994; 51: 365-374.

53) Kessler RC, Walters EE. Epidemiology of DSM-III-R major depression and minor depression among adolescents and young adults in the National Comorbidity Survey. *Depression and Anxiety* 1988; 7: 3-14.

54) Blazer DG. Depression in late life: Review and commentary. *J Gerontology* 2003; 58A: 249-265.

55) Husain MM, Rush AJ, Sackeim HA, Wisniewski SR, McClintock SM, Craven N, et al. Agerelated characteristics of depression: A preliminary STAR*D report. *Am J Geriatric Psychiatry* 2005; 13: 852-860.

56) Murray C J, Lopez AD. *The global burden of disease*. Cambridge MA: Harvard University Press;1996.

57) Wells KB, Stewart A, Hays RD, Burnam A, Rogers W, Daniels M, et al. The functioning and well-being of depressed patients. *JAMA* 1989; 262: 914-919.

58) Stewart WF, Ricci A, Chee E, Hahn SR, Morganstein D. Cost of lost productive work time among US workers with depression. *JAMA* 2003; 289: 3135-3144.

59) Wang PS, Beck AL, Berglund P, McKenas DK, Pronk NP, Simon GE et al. Effects of major depression on moment-in-time work performance. *Am J Psychiatry* 2004; 161: 1885-1891.

60) Kessler RC, Foster CL, Saunders WB, Stang PE. Social consequences of psychiatric disorders: I Educational attainment. *Am J Psychiatry* 1995; 152: 1026-1032.

61) Lovejoy CM, Graczyk PA, O'Hare E, Neuman G. Maternal depression and parenting behavior: A meta-analytic review. *Clinical Psychol Review* 2000; 20: 561-592.

62) Tronick E, Reck C. Infants of depressed mothers. Harv Rev Psychiatry. 2009; 17: 147-56.

63) Proulx CM, Helms HM, Buehler C. Marital quality and personal well-being: a meta-analysis. *J Marriage Fam.* 2007; 69: 576-93.

64) Stith SM, Smith DB, Penn CE, Ward DB, Tritt D. Intimate partner physical abuse perpetration and victimization risk factors: A meta-analytic review. *Aggress Viol Behav* 2004; 10: 65-98.

65) Kessler RC, Walters EE, Forthofer MS. The social consequences of psychiatric disorders: III. Probability of marital stability. *Am J Psychiatry* 1998; 155: 1092-1096.

66) Simon GE, Von Korff M, Barlow W. Health care costs of primary care patients with recognized depression. *Arch Gen Psychiatry* 1995; 52: 850-6.

67) Ciechanowski P, Katon W, Russo J. Depression and diabetes: impact of depressive symptoms on adherence, function and costs. *Arch Intern Med* 2000; 160: 3278-85.

68) Levenson J, Hamer RM, Rossiter LF. Relation of psychopathology in general medical inpatients to use and cost of services. *Am J Psychiatry* 1990; 147: 1498-503.

69) Pratt LA, Ford DE, Crum RM, Armenian HK, Gallo JJ, Eaton WW. Depression, psychotropic

medication and risk of myocardial infarction. Prospective data from the Baltimore ECT follow-up. *Circulation* 1996; 94: 3123-69.

70) Carnethon MR, Kinder LS, Fair JM, Stafford RS, Fortmann SP. Symptoms of depression as a risk factor for incident diabetes: findings from the National Health and Nutrition Examination Epidemiologic Follow-up Study, 1971-1992. *Am J Epidemiol* 2003; 158(5): 416-23.

71) Katon WJ. Clinical and health services relationships between major depression, depressive symptoms, and general medical illness. *Biological Psychiatry* 2003; 54: 216-226.

72) Frasure-Smith N, Lesperance F, Talajic M. Depression following myocardial infarction: Impact on 6-month survival. *JAMA* 1993; 270: 1819-1825.

73) Ferketich A, Schwartzbaum J, Frid D, Moeschberger M. Depression as an antecedent to heart disease among women and men in the WHANES I study. National Health and Nutrition Survey. *Arch Intern Med* 2000; 160: 1261-1268.

74) Aromaa A, Raitasalo R, Reunanen A, Impivaara O, Heliovaara M, Knekt L, et al. Depression and cardiovascular disease. *Acta Psychiatr Scand Suppl* 1994; 377: 77-82.

75) Evans DL, Charney DS, Lewis L, Golden RN, Gorman JM, Krishnan KRR, et al. Mood disorders in the medically ill: Scientific review and recommendations. *Biological Psychiatry* 2005; 58: 175-189.

76) Chapman DP, Perry GS, Strine TW. The vital link between chronic disease and depressive disorders. *Preventing Chronic Disease* 2005; 2(1): 1-10.

77) Ronald CK. The Costs of Depression. *Psychiatr Clin North Am* 2012; 35(1): 1-14.

04

DEPRESSION

우울증의
치료

생물학적 치료 : 약물학적 치료
Somatic interventions : pharmacological treatments

배치운*, 전덕인**

가톨릭대학교 의과대학 부천성모병원 정신건강의학과*, 한림대학교 의과대학 성심병원 정신건강의학과**

우울장애의 생물학적 치료는 병태생리학적 원인론에 기인한 현재까지 제시된 다양한 신경생물학적 가설에 근거하여 개발된 약물을 근간으로 한다. 삼환계 항우울제를 필두로 하여 현재까지 지속적으로 새로운 차세대 항우울제들이 개발되어 이들은 이전의 항우울제들에 비하여 개선된 효과와 내약성을 보이고 있다.[1,2]

우울장애는 유전적 요인, 신경생화학적 요인, 환경적 요인 등 다원인에 복합적인 질환이므로 적절한 항우울제를 개인의 특정한 증상과 여러 임상적 요인을 감안하여 선택하는 것을 일반적으로 권고한다. 항우울제를 사용하면서 일정 기간 후에 항우울제의 효과와 내약성을 주기적으로 추적하는 것이 정확한 치료적 평가가 되며 동시에 약물 순응도를 향상시킬 수 있다. 또한 가족 지지 체계, 환자 간 지지 그룹, 치료자들과의 적절한 관계 형성과 네트워크가 생물학적 치료효과를 증진시킬 수 있으므로 생물학적 치료를 시행하면서 다른 치료적 요소에도 주의를 기울여야 한다.[3]

생물학적 치료에서는 무엇보다도 치료자가 사용하고자 하는 항우울제의 약물학적 특성을 숙지하고 개별 환자가 지니고 있는 임상적 요인을 감안하여 가장 적절한 항우울제를 선택하여야 한다.[4]

이 장은 우울장애의 현대 생물학적 치료 중 가장 근간이 되고 있는 약물학적 치료, 즉 항우울제 치료에 중점을 두게 되므로 우울장애의 증상, 진단, 감별진단, 동반이환, 원인, 예후, 비생물학적 치료 등은 다루지 않거나 기술 내용에 따라 최소한으로 언급하게 될 것이지만 우울장애의 포괄적이고 가장 적절한 치료 방법은 약물학적인 치료와 더불어 심리사회적인 치료가 가미되어야 함을 미리 밝혀둔다.[5]

우울장애의 병태생리

우울장애의 진단은 미국정신의학회 발간 정신질환의 진단 및 통계편람(DSM)에 의거한다.[6] 평생유병률은 양극성장애나 조현병 등에 비하여 높은 편으로, 연구에 따라 약간의 차이가 있어서 10~20% 정도의 범위를 보이고 있으며 평균적으로 약 15% 정도가 된다. 남성에 비하여 여성에 이환되는 비율이 높아서 남성:여성의 비가 2:3 정도이다. 첫 발병 나이는 이른 성인기에 주로 호발한다.[6]

우울장애는 일반적으로 만성적이고 재발성 삽화를 보이게 되므로 여러 우울장애 치료 가이드라인에서 급성기 치료 이후에도 지속기 및 유지기 치료, 혹은 예방적 치료를 권고하고 있다. 언제 재발할지 혹은 그 재발의 정도가 어느 정도일지는 아직 연구 설계상의 제한점과 우울장애 자체의 복합성 등으로 예측이 거의 불가능한 실정이다.[7-9] 실제 스트레스가 되는 생활사건 등이 우울증상들이 관해된 환자들의 증상을 재발시키는 위험인자로 작용하기도 하지만 그 기전은 정확히 알려져 있지 않다.[10,11]

우울장애의 원인론은 정확히 밝혀진 것이 많지 않지만, 유전적인 요소가 우울장애의 발생 및 재발에 일부 관여함은 명확하다.[12] 쌍생아 및 가계연구결과들을 보면 유전적 전달성이 약 37% 정도이다.[13] 인간게놈 프로젝트를 기점으로 발달된 유전적 연구기법 등을 통하여 우울장애의 원인 후보유전자들이 제시되고 있지만 현재까지의 유력한 후보유전자는 세로토닌 수송체 유전자로 생각된다. 특히 이 후보유전자의 특정 유전자형과 항우울제의 치료반응 및 내약성에 관한 약물 유전체연구들이 활발히 시행되고 있어 향후 상용화에 이를 수 있는 유전치료 및 진단기법이 제시되고, 비용 측면이 해결되면 일상적인 진료에서도 개별 환자에 따른 항우울제의 적절한 선택이 가능해질 것이다.[14-16]

한편 우울장애의 생화학적 가설은 간뇌, 뇌간 및 변연계 등 기분을 조절하는 두뇌의 중추에서 신경전달물질의 대사가 장애를 받거나 전달체계에 장애가 있기 때문이라고 추정한다. 특히 세로토닌(serotonin : 5-HT), 노르에피네프린(norepinephrine : NE) 그리고 도파민(dopamine : DA) 등의 신경전달물질들의 교란이 우울장애의 주요 원인으로 받아들여지고 있으며 항우울제 개발의 근간이 되고 있다.[17] 각 신경전달물질은 우울증상의 여러 특이 증상들과 직간접적인 관련성이 밝혀져 있으나 정확하게 그 관련성들을 입증하기는 어려워 오히려 다양한 신경전달물질 간 상호작용 및 다른 분자생물화학적 요인에 대한 통합적인 접근이 요구된다(그림 1 참조).[17,18] 신경전달물질 중 5-HT는 자살과 강한 관련성이, NE는 활력/각성 부분 그리고 DA는 동기부여와 쾌감 등의 증상군과 관련되고 있으며, 이러한 관

그림 1	신경전달물질과 우울장애의 관련성

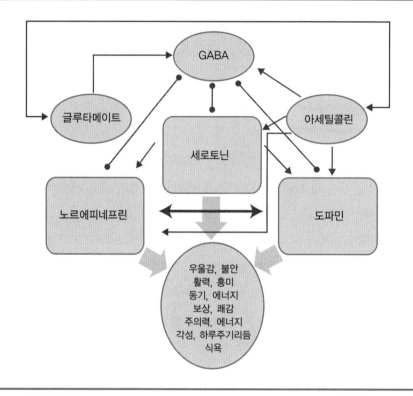

출처 : Kato et al.[19]에서 인용함.

점으로 삼중흡수억제제제(triple reuptake inhibitors : TRIs) 등의 개발도 시도되고 있다.

대부분의 항우울제는 신경원의 전연접부위(presynapse)에서 5-HT, NE 또는 DA의 재흡수를 억제함으로써 혹은 후연접부(postsynapse)의 5-HT 수용체들에 작용하면서 항우울효과를 나타내게 되며, 이들 신경전달물질에 대한 작용기전에 따라 분류할 수 있다(표 1 참조).

일반적으로 항우울제 간에 항우울 효과는 큰 차이가 없는 것으로 여겨지고 있지만, 항우울제 간 약리적 특성에 따라 항우울 효과 및 약물 부작용에 다양한 특성을 보이는 것으로 알려져 있다(표 2 참조). 예를 들면 DA/NE의 재흡수를 동시에 차단하는 효과가 있는 bupropion의 경우 정신운동기능지체 및 피로가 동반된 우울장애의 치료에 효과적이라는 보고가 있으며, 이 약물은 부작용 측면에서도 선택적 세로토닌 재흡수억제제(SSRI)에 비하여 성기능장애가 적은 것으로 알려져 있다.[31] 또한 경제적 비용의 차이도 일부 존재하는 것으로 보인다.[32,33] 따라서 개별 우울장애 환자의 다양한 임상적 특성에 따른 항우울제의

표 1. 항우울제의 종류

작용기전에 의한 분류	항우울제	응용 제제
Tricyclic antidepressants (TCA): Serotonin and norepinephrine reuptake inhibition	Amitriptyline Imipramine Trimipramine Doxepin Nortriptyline Amoxapine Protriptyline	
Serotonin selective reuptake inhibitors (SSRI)	Fluoxetine Fluvoxamine Paroxetine Sertraline Citalopram	Dispersible Controlled release Escitalopram
Norepinephrine selective reuptake inhibitors (NRI)	Desipramine	
Serotonin and norepinephrine reuptake inhibitors (SNRI)	Venlafaxine Duloxetine Milnacipran	Extended release/ desvenlafaxine
Serotonin(5–HT2A) blockade and serotonin reuptake inhibitor (SARI) or serotonin modulator	Nefazodone Trazodone	
Serotonin(5–HT2A and 5–HT2C) and norepinephrine(α 2) receptor blockade (NaSSA)	Mirtazapine	orally disintegrating
Dopamine and norepinephrine reuptake inhibitors (DNRI)	Bupropion	Sustained release Extended release
Monoamine oxidase inhibitors	Tranylcypromine Phnelzine Selegiline	 Transdermal patch
Serotonin reuptake receptor inhibition with partial agonist activity for 5HT1A	Vilazodone	
Serotonin reuptake enhancers/ Glutamate modulator	Tianeptine	
Melatonin receptor agonist	Agomelatine	
Multimodal neurotransmitter	Vortioxetine	
Triple reuptake inhibitors	상용화 제품에 이르지 못함	

출처 : Rakesh et al.[1], Wang et al.[2], Kennedy et al.[4], Preskorn[20], Antidepressant Medicine[21], Pae[22~28], Patkar et al.[29], Koesters et al.[30]
에서 인용함.

표 2. 항우울제의 특징적인 임상 효과 및 부작용

항우울제	장점	단점
Serotonin selective reuptake inhibitors(SSRI)	• 폭넓은 적응증 : 우울장애, 강박장애, 섭식장애, 불안장애, 외상후스트레스장애, 월경전불쾌감장애 • 가장 많은 임상 경험과 데이터 축적 • 상대적으로 낮은 비용	• 성기능장애 • 이차적 효능 저하 (예 : 장기 사용 시 효능의 저하 관찰) • 근경련 • 불면 및 초조 • 위장관 부작용
Dopamine and norepinephrine reuptake inhibitors(DNRI)	• 지체성 우울장애 • 과수면 • 성기능장애 • 인지 저하	• 고용량에서의 경련 발생 • 두부손상 환자에 사용 제한 • 초조 및 불면
Serotonin and norepinephrine reuptake inhibitors(SNRI)	• 심한 혹은 치료저항성 우울장애 • 비정형 우울장애 • 지체성 우울장애 • 과수면 • 비만/과체중	• 초조 • 불면 • 체중감소 • 성기능 저하 • 고혈압
Serotonin(5-HT2A and 5-HT2C) and norepinephrine(α 2) receptor blockade(NaSSA)	• 불면 • 성기능장애 • 구역/구토 등 위장관장애 • 체중감소 • 심한 우울장애	• 과수면 • 과다 진정 • 정신운동기능 저하 • 인지 저하 • 과식/체중증가
Tricyclic Antidepressants(TCA)	• 통증 관련 장애 • 편두통 • 심한 우울장애	• 진정/구갈/뇨저류/변비 • 체중증가 • 약물 상호작용 • 자살사고 환자의 과량 복용 시 치사율 증가 • 심장 전도 이상
Monoamine Oxidase Inhibitors	• 비정형 우울장애 • 치료저항성 우울장애	• 음식물-약물 상호작용 (고혈압성 위기) • 약물 상호작용
Multimodal neurotransmitter(vortioxetine)	• 인지기능장애 • 불안장애 • 성기능장애	• 대조군 연구에서 효능의 효과 크기 제한

출처 : Koesters et al.[30], Stahl[34, 35], Jacobsen et al.[36]에서 인용함.

선택은 결과적으로 우울장애 환자의 우울증상에 대한 치료효과를 높이고, 부작용을 최소화하여 약물 순응도를 증가시켜 장기간 관해 상태를 유지하여 재발을 최소화하는 이점이 있다. 즉, 치료 초기에 개별 우울장애 환자에 대한 세심한 현재력/가족력/과거력 등에 대한 문진 및 병력 청취가 우울장애 환자의 치료에 있어서 근간이 될 수 있음을 주지하여야 한다.

항우울제의 선택

현재 시판되고 있는 항우울제는 약 25종 이상으로 개별 항우울제들은 항우울 효과 면에서
유의한 차이를 보이지 않는 것으로 알려져 있다.[37,38] 따라서 대부분의 우울장애치료 가이
드라인에서는 항우울제 선택 시 우선적인 고려사항으로 몇 가지 임상적 변수들을 고려하
기를 권한다.[7,8] 즉, 항우울제의 선택 시 목표 증상, 우울장애의 아형, 일반적인 효능, 약물
의 부작용, 임상가의 경험, 과거 약물치료 반응도, 가족의 약물치료 반응도, 항우울제 비용,
반감기 약물 상호작용 등 약물학적인 특성 등을 반드시 고려하여 처방하도록 한다.[39-41] 표
3은 개별 항우울제의 약리학적 및 임상적 특성에 따른 치료 예를 제시하고 있다.

표 3. 개별 항우울제의 특성에 따른 치료

주요 임상증상	항우울제
불면 등 수면장애 증상	Mirtazapine, TCAs
식욕 저하	Mirtazapine
통증 및 신체증상	SNRIs / TCAs
체중증가	DNRI / tianeptine / SNRIs / SSRIs
병용 약물이 많은 경우	Sertraline, escitalopram
성기능장애 우려	DNRI / mirtazapine / tianeptine / vortioxetine

우울증상의 치료에 있어서 고려할 점

주요 우울장애의 치료에 인가된 항우울제들은 충분한 환자수를 대상으로 잘 계획된 연구
디자인으로 시행된 환자-대조군 이중맹검 임상연구에 의하여 그 효능과 안전성이 입증되
어 있다. 그러나 이러한 임상연구들은 잘 통제된 장점이 있기는 하지만, 선택적인 환자들
의 참여로 인해 실제 임상에서 흔히 접하는 환자가 제외되는 대표성 문제, 주요 임상적 특
성들의 차이점, 단기간의 치료 기간, 참여 연구기관 사이의 연구 수행능력의 편차, 항우울
제 용량 차이 등의 여러 제한 사항으로 인하여 이런 연구결과들을 실제 임상에서 적용하기
에는 상당한 어려움이 있다.

실제 임상에서는 매우 다양한 우울장애 환자들을 접하게 되므로 다음에 제시된 여러 사
항을 미리 고려하여 항우울제를 선택하고 환자들의 증상 변화를 추적 관찰하면서 최적의
치료를 제공해야 할 필요성이 있다(표 4 참조).

표 4. 항우울제 약물 치료 시의 일반적 고려사항

1. 초기 항우울제 선택 시 : 일반적 효능과 부작용 프로파일, 가족력, 과거력, 주요 증상 및 임상가의 경험 등을 고려

2. 초기 항우울제가 효능이 부족하거나 내약성이 적절하지 않아서 실패하는 경우 어떤 약물을 다음에 선택할 것인가? : 다른 기전 약물로의 치환 혹은 최소한의 반응이 존재하는 경우 부가요법 등도 고려

3. 최소한 혹은 최적의 효과를 볼 수 있는 치료 기간은 어느 정도이어야 할 것인가? : 6~8주

4. 약물 순응도를 증가시키기 위한 최선의 방책은 어떤 것인가? : 내약성 및 약물치료효과를 보이는 기간 등에 대한 교육으로 향상 가능

5. 이전에 약물 반응이 좋았던 환자가 재발하는 경우 어떤 치료 전략을 선택할 것인가? : 이전에 반응이 좋았던 항우울제의 선택 혹은 동일한 기전의 약물

6. 특정 타깃 우울증상/회피하여야 하는 부작용에 따른 항우울제의 선택 : 약물학적 성상에 따른 항우울제 선택 고려

7. 초기 치료에 실패 시 증강, 병합, 치환 요법 중 어떤 것이 가장 적절할 것인가? : 적절한 다음의 치료 전략을 선택 시에 어떤 약물을 선택할 것인가? 초기 반응과 내약성에 따른 치료 전략의 설정 필요

8. 부가요법 및 병용요법을 시행하는 경우 최적의 치료 기간과 중단 시기는 언제일 것인가? : 제한된 자료이나 최소 6개월 이상 12개월 이내까지, 12개월 이상의 자료는 없음

9. 만성적이거나, 심한 우울장애, 혹은 재발성 우울삽화를 가진 환자들의 경우 어떤 생물학적 치료적 접근을 시행할 것인가? : 임상적 요인과의 관련성/진단의 재평가 및 순응도 등 다양한 요소를 고려하여 단일요법과 부가/병행요법 등 다양한 치료 전략 구사가 요구

10. 동반 신체질환 혹은 정신질환이 있는 경우 어떤 치료적 접근법을 선택할 것인가? : 약물 상호작용 및 용량의 적정/동반 정신과적 증상에 따른 최적의 항우울제 선택이 요구

항우울제의 순응도

우울장애를 효과적으로 치료하기 위해서는 약물 자체의 효능도 필요하지만 이와 함께 환자들의 약물 순응도가 무엇보다 중요하기 때문에 임상현장에서 순응도를 높일 수 있는 방안들이 강구되어야 한다.

항우울제의 순응도는 환자의 임상적 효과와 직결되므로 치료적 임상 요인들의 고려 대상에서 무엇보다도 우선순위로 고려되어야 한다. 실제 연구사례를 보면 항우울제를 처음으로 투여받은 환자 중 약 30%가 치료 시작 후 1개월 이내에 항우울제 복용을 중단하며 거의 절반에 가까운 환자들이 치료 시작 후 3개월 이내가 되면 항우울제 복용을 중단한다.[42] 이 연구에서 보면 임상의로부터 약물 복용과 관련한 여러 임상적 요인에 대한 교육을 받은 경우에 그렇지 않은 환자군들에 비하여 월등히 좋은 복약 순응도를 보였다. 예를 들면 매일 약물을 복용해야 하고, 항우울제의 효과는 적어도 2~4주를 복용해야 나타나며, 증상이 좋아지는 느낌이 있어도 계속 복용을 해야 하며, 의사와 상의 없이 임의로 중단해서는 안되고, 항우울제 복용 시에 나타나는 여러 부작용 숙지 등 약물 처방 관련 문제에 대하여 의

표 5. 항우울제 순응도 증가 관련 임상적 요인

언제 어떻게 약물을 복용할 것인가를 교육

항우울제의 효과는 2~4주 정도 복용해야 나타남을 교육

호전되는 양상을 보여도 복용을 지속해야 함을 교육

약물 중단하기 전 반드시 임상의와 의논하도록 교육

항우울제 관련 가족 교육

간편한 복용법(하루 1회 등)

환자와 효과적인 의사소통 (부작용 발생 시 즉각적인 조치 등)

비용 최소화

부작용 교육 및 최소화

약물치료 전략 수립 시 환자 참여

주기적인 환자의 약물 반응 및 부작용 평가

출처 : Pae[28]에서 인용함.

표 6. 항우울제 중단과 관련된 임상적 요인

약물 부작용

약물치료에 대한 거부감

자연적인 증상 호전에 대한 기대감

약물의존에 대한 두려움

증상의 악화

항우울제 치료에 대한 부정적인 인식(주위 경험담 및 매스미디어)

항우울제 치료에 대한 정보 부재

임상의와 항우울제 치료 관련한 소통의 부재

약물에 의한 자기통제 상실에 대한 두려움

출처 : Pae[28]에서 인용함.

사가 교육을 미리 시행하는 경우 높은 순응도를 보였다. 즉, 의사들이 약물 복용과 관련하여 적극적으로 환자를 교육하고 이에 대한 상호작용이 궁극적으로 복약 순응도를 좌우하는 중요한 요소였다. 최근 연구에서도 약 25%의 환자들만이 80% 이상의 복약 순응도를 보였다(표 5, 6 참조).

치료 목표

주요우울장애는 만성적이고 반복적인 임상경과가 흔하기 때문에 증상의 호전 혹은 관해가 이루어진 후 증상이 다시 악화되거나 새로운 우울삽화가 반복되는 재발을 완전히 피할 수는 없다.

우울장애의 첫 삽화 이후 50%의 환자가 재발삽화를 경험하게 되며, 재발삽화를 경험한

경우에는 75%, 세 번 이상의 재발을 경험한 환자들은 약 90%의 재발률을 보인다.[43] 따라서 우울장애의 치료 목표는 궁극적으로 우울증상의 완전한 관해(주요우울증상의 완전한 소실이 2개월 이상 유지됨)와 기능의 회복 그리고 재발 방지를 우선으로 한다.[44] 완전관해에 이른 환자들은 우울증상이 남아 있던 환자들에 비하여 장기치료 결과가 우수함이 증명되고 있다. 예컨대 완전관해군에서는 약 25%에서 증상의 악화나 재발이 있었으나 우울증상들이 남아 있던 환자군에서는 약 76%에서 우울증상이 악화되거나 재발에 이르렀다.[45,46] 따라서 임상의들은 항우울제 치료반응과 관련된 여러 임상적 요소가 밝혀져 있으므로 이들을 고려하여 항우울제 치료에 도움이 되도록 고려하여야 한다(표 7 참조).

표 7. 항우울제 치료반응에 영향을 주는 임상적 요인

재발성 삽화
내인성 우울장애
항우울제에 초기반응 없음
심한 우울장애
조기발병
인격장애 등 동반 정신장애
자살사고
만성적 경과
과거 입원 병력

출처 : Gaynes et al.[48]에서 인용함.

치료 계획 및 전략

항우울제의 일반적 치료효과

임상연구들에 따르면 항우울제 투여에 따른 반응률(약물 최초 투여 시점에서 우울증상의 50% 이상 호전)은 약 50~70% 정도이며 관해율은 약 30% 정도이다.[37,47] 또한 항우울제의 치료반응률 및 관해율은 삽화를 거듭할수록 유의미하게 감소하며, 실제 다기관 임상연구(The Sequenced Treatment Alternatives to Relieve Depression : STAR*D)에서도 동일한 연구결과를 보였다.[48~50] 일반적으로 항우울제 투여에 따른 치료반응은 투여 직후가 아닌 약 2주가 경과된 이후에 관찰되며, 그 이유는 명확하게 밝혀지지 않았으나 일련의 전연접부와 후연접부의 5-HT 수용체의 화학적 변화 등이 관련된다고 생각된다.[51]

항우울제 용량 적정

일반적으로 항우울제는 약 2~3주간 최소 유효 용량 사용 후 증상 호전이 없으면 환자의 개별 반응 및 내약성에 근거하여 서서히 증량하고 경우에 따라 최대용량까지 높인다. 적정 용량 후에도 (환자의 약물 순응도가 좋은 상태를 가정하고) 수주간 효과가 미약하면 해당 항우울제에 대하여 비반응으로 본다.[43] 만약 약물 비순응이 의심되면 의사는 실제 약물 복용의 여부를 우선 평가하여야 한다.[52,53]

항우울제 투여 기간

항우울제의 적절한 효과를 알기 위해 얼마 동안 항우울제를 투여하는가는 임상의들에게 아주 오래된 난제 중의 하나이다. 대략 6주 정도의 항우울제 투여(적어도 2주간은 최고 권장용량 혹은 최고 내약용량으로 투여)가 적절한 기간으로 받아들여지고 있는데, 이는 대부분의 단기 항우울제 임상연구들의 치료 기간과 일치한다.[37,43] 약 4,000명의 우울장애 환자들을 대상으로 시행하였던 STAR*D 연구 기간은 약 14주 정도였으며, 항우울제 투여 후 약물 반응군 혹은 관해군의 30% 이상이 6주 이상의 치료 후에 동일한 임상 결과를 보였다. 따라서 6주 이상 적절한 항우울제로 치료하면 보다 나은 임상 결과를 기대할 수 있다.[54] 즉, 어떤 환자가 특정 항우울제에 대해 반응이 있는지 판단하기 위해서는 최소 6주의 항우울제 투여가 요구된다.[48]

우울장애 치료 기간별 계획

우울장애 환자의 치료단계를 기간별로 나눌 수 있다. 우울장애 치료 가이드라인에 따르면, 우울장애 환자가 단기간의 항우울제 사용에 의하여 호전을 보이는 경우(급성기)에 약물을 중단하지 말고 충분한 시간 동안 지속하도록 권고하고 있다(지속기).[4,7,8,43,54] 즉, 우울장애의 급성기의 치료 목표는 증상의 관해, 즉 증상의 최소화이며, 이후 재발을 방지하기 위해 평균 6~9개월 이상 지속 투여한다. 이 기간에는 재발 방지 이외에 잔여 증상의 제거와 기능회복을 목표로 한다. 특히 잔여 증상이 있을 경우에는 재발의 위험이 매우 높아지므로 이에 대한 철저한 평가와 치료가 필수적이다. 우울장애 기간이 장기화되거나 과거 재발삽화가 있었던 경우, 가족력이 있는 경우는 보다 장기간의 유지치료(유지기)가 필요하다. 유지치료는 대개 1~2년 이상의 기간이며 급성기 치료 용량을 유지한다. 과거 재발양상에 따라서 보다 오랜 기간 유지하기도 한다. 표 8은 여러 치료 가이드라인에 따른 우울장애의 급성기, 지속기 및 유지기의 치료 목표 및 전략을 요약하여 제시하고 있다. 치료 가이드라인

표 8. 급성기, 지속기 및 유지기의 치료 목표 및 전략

급성기

정확한 환자의 평가, 병력 청취 및 진단적 접근

자해 및 타해의 위험도 평가

현재의 스트레스와 일반 의학적 건강 상태 평가

개별 환자에 따른 치료적 접근

개별 환자의 임상적 변인을 고려하여 적절한 항우울제의 선택 및 최적의 사용(용량과 기간)

지속기 치료가 필요함을 환자에게 교육

치료 기간 : 6~8주(혹은 8~12주)

치료 목표 : 급성 증상의 관해

지속기

약물 순응도 평가와 재발 방지

급성기 관해에 도달하면 항우울제 용량을 동일하게 유지

정기적인 추적 관찰로 악화의 위험성 평가

치료 기간 : 6~9개월

치료 목표 : 관해 유지와 악화 방지

유지기

급성기 관해 시기의 항우울제 용량을 동일하게 유지

항우울제를 중단하는 경우에는 점진적으로 감량

정기적인 추적 관찰

치료 기간 : 1년 이상(환자에 맞춰 결정)

치료 목표 : 관해 유지와 재발 방지

출처 : American Psychiatric Association[43], Gelenberg[54]에서 인용함.

에 따른 약물학적 치료는 근거중심의학에 의한 것이며 과학적으로 최선의 치료 방법을 제시하고 있다.[43,54]

항우울제 선택 및 개별 항우울제 간 비교 효능 및 안전성

급성기에 항우울제의 선택은 임상의들에게 가장 난제로 다가오게 되는데, 우울장애의 치료에 허가된 모든 항우울제는 대규모 임상시험에서 유효성과 안전성이 입증된 약물들이고, 기타 다른 우울장애 및 정신과 질환에 그 효과가 증명되었다.[54] sertraline은 기분부전장애에도, fluoxetine, sertraline과 paroxetine은 월경전불쾌감장애에도, paroxetine과 sertraline은 외상후스트레스장애에도 그 효능과 안전성이 입증되었다.[21] 항우울제 간 직접 비교연구 및 메타분석 등 여러 연구에서 항우울제 사이에 효능과 안전성에 차이가 있는지 검증하려는 시도가 있었고, 항우울제 사이에 특정 증상에 대한 효과 및 이상반응에 대한 일부 차이가 있음이 보고되고 있으나 효과 크기가 적어 실제 임상에서 적용하기는 어렵다.[37] 117개의 임상연구를 조사한 메타분석의 결과에 따르면 mirtazapine, escitalopram, venlafaxine

과 sertraline은 duloxetine, fluvoxamine, paroxetine, 그리고 reboxetine에 비하여 우수한 효과를 보였다. 또한 reboxetine은 모든 다른 항우울제와 비교 시 효과 면에서 열등하였다. 결론적으로 sertraline과 escitalopram이 효과 및 안전성(치료 중단율 포함) 부분에서 다른 항우울제에 비하여 비교적 우수하다고 할 수 있으나, 연구의 제한점을 반드시 고려해야 한다.[37,55]

전술한 바와 같이 venlafaxine의 경우 범불안장애에도, paroxetine과 sertraline의 경우 PTSD에도, fluoxetine과 sertraline의 경우 강박장애에도, fluoxetine, paroxetine 그리고 sertraline의 경우 공황장애에도 그 효능과 안전성이 입증되었다.[21] 일부 우울장애의 아형에 특정 항우울제의 효능 차이는 잘 알려져 있어, 비정형 우울증상을 동반하면 단가아민흡수억제제(monoamine oxidase inhibitors : MAOI)가 TCA에 비하여 효과가 우수하고, 정신병적 증상을 동반하면 항우울제를 단독으로 사용하는 것에 비하여 항정신병약물을 병용하는 것이 낫다. 그러나 다른 우울장애의 아형군에 대한 항우울제 간 효능의 차이는 뚜렷하지 않다.[56]

즉, 일반적으로 개별 항우울제 간 전반적 효능의 차이는 없으며 약물학적 특성에 따른 이상반응 발현에는 차이가 있음을 주지하고, 항우울제의 1차 선택 시 목표 증상, 약물의 부작용, 임상의의 경험, 과거 약물치료 반응, 가족의 약물치료 반응, 경제적인 상태, 공존하는 질환 등을 고려하여 선택한다.

우울장애의 심각도에 따른 치료 접근법 선택

여러 우울장애 치료 가이드라인에서는 우울장애에 대한 시각 차이, 서로 다른 문화적 배경, 의료 시스템의 차이에 따라 치료 접근법이 일부 다르기도 하지만 근본적 원칙에 대하여는 거의 비슷하다.[54] 우울증상의 심각도에 따른 치료적 접근에도 우울장애 치료의 기간처럼 차이가 일부 있는데, 일반적으로 우울장애가 경하면 생물학적인 접근보다는 심리사회적인 접근에 무게를 두는 경향이 있고, 중등도 및 심한 우울장애에는 초기부터 생물학적인 치료를 우선시하고 있으나, 개별 환자의 다양성을 반드시 고려하여야 한다(표 9 참조).[54,57]

항우울제 치료반응의 시기

한편 항우울제 간 치료반응 시기에 대한 논란도 지속되고 있는데, 심한 우울장애의 경우 mirtazapine 혹은 venlafaxine이 SSRI보다 비교적 빠른 치료반응을 보인다는 연구가 있다. 그러나 비교 약물의 용량 적정방법, 치료 기간, 목표 용량 설정법 등 연구방법의 차이가 있어서 일반화하기에는 무리가 있다.[58]

표 9. 우울장애의 심각도에 따른 치료적 접근

경도 우울장애
- 비교적 저강도의 치료적 접근법 : 인지행동치료, 운동, 지도받는 자조
- 고도 우울장애 혹은 만성적 경과의 병력이 있는 경우 : 항우울제 단독요법 혹은 근거 중심의 정신치료

중등도 우울장애
- 항우울제 단독요법(SSRIs, SNRIs, bupropion, mirtazapine)
- 정신치료 : 인지행동치료, 대인관계치료, 인지치료, 행동치료
- 동반 정신장애나 심리사회적 요소가 있는 경우 : 항우울제 및 정신치료 병행요법

고도 우울장애
- 두 가지 이상의 항우울제 병합요법
- ECT
- 항우울제 및 항정신병약물 병합요법

출처 : Gelenberg[54], Kirsch et al.[57]에서 인용함.

또한 항우울제 간 급성기 치료효과에 대한 차이 부분에서도 논란이 있다. 신경전달물질의 이상 소견에 근거하여 대부분의 항우울제가 개발되었고 항우울제의 우울증상 호전에 대한 기전도 신경전달물질 관련 수용체 변화와 연관 있다고 보기 때문에, 하나의 신경전달물질보다는 두 가지 이상의 신경전달물질 차단 효과가 있는 항우울제가 더욱 강력할 것이라는 생각에서 이러한 점을 밝히기 위한 연구가 시행되었다.[51,59] 이런 연구들에서 venlafaxine, mirtazapine 그리고 duloxetine 등 동시에 두 가지 이상의 신경전달물질 차단과 관련된 항우울제들이 SSRI에 비하여 심한 우울장애에서 빠르고 효과적이라고 보고되었다. 그러나 급성기의 이러한 효능 차이가 지속기나 유지기에서는 사라짐을 유의해야 하고, 효과 크기의 차이가 미약해서 일반화에는 어려움이 있다.[59]

치료저항성 우울장애의 약물학적 치료 관점의 정의

항우울제 투여에 따른 반응도는 대개 50~70% 정도이며 관해율은 약 30% 정도이다. 또한 항우울제의 치료반응률 및 관해율은 삽화가 거듭될수록 감소하는 경향을 보인다. 일반적으로 항우울제와 위약 간의 효능 차이는 15~20% 정도이므로 실제 임상에서 **치료저항성**(treatment resistant depression : TRD) 환자를 예상보다 쉽게 접한다.[60,61]

치료저항성 우울장애의 정의는 확립되어 있지 않으나, 대체적으로 치료를 위하여 시도된 항우울제의 클래스나 치료 횟수 그리고 치료 기간으로 결정한다(예 : 두 가지 이상의 항우울제를 6~8주간 적극적인 치료에도 치료반응을 보이지 않는 경우).[54] 따라서 정확한 방법으로 TRD를 정의하려면 항우울제 치료병력일지 등을 사용하여 실제 임상요인(예 : 항우울제 종류, 용량, 치료 기간, 여러 의료기관에서 치료, 만성우울장애 등의 요인)들을 정

표 10. 치료저항성 우울장애의 임상요인

- 인격장애
- 과거 항우울제 치료 실패
- 망상 수준의 사고장애 동반
- 35세 이전 조기 입원
- 기준 우울삽화 기간
- 재발성
- 기분저하장애의 동반
- 2차성 우울장애
- 동반 내외과적 질환
- 동반 정신장애

출처 : Souery et al.[60], Keller[64]에서 인용함.

량화하여 TRD를 평가하는 것이 바람직하다.[62] TRD로 판단되면 항우울제의 용량 및 치료 기간의 증가, 다른 정신용제의 부가요법(예 : 리튬, 갑상선호르몬, 항정신병약물 등), 다른 항우울제로의 치환 혹은 다른 작용기전의 항우울제 병용, cytochrome P450(CYP450) 유전 자 검사 시행 등이 도움이 될 수 있다(표 10 참조).

항우울제 치료 시 환자의 임상 증상 추적 평가

임상의들이 우울장애 환자 치료를 위하여 우울증상의 변화를 추적 관찰하는 것은 이후 환 자의 임상적 경과에 중요하므로 임상에서 꼭 필요한 부분이다. 전술한 바와 같이 항우울제 투여 후 상당히 빠른 시일 이내에 약물 순응도가 떨어지고, 이는 향후 예후에 상당한 악영 향을 미치기에 객관적인 평가도구들을 이용하여 환자의 임상경과를 추적 관찰하는 것은 정확한 평가와 동시에 약물 순응도를 높일 수 있는 방법이기도 하다.[53]

일반적으로 첫 6주 동안에는 2주마다 적절한 평가도구들을 이용하여 환자의 임상적 상 태를 평가하고, 필요시 치료법을 변경하거나 부작용이 있다면 이를 반드시 해결하여야 한다. 가능하다면 환자의 정규 방문일이 아니더라도 응급 방문 혹은 응급 연결을 허용하 여 문제를 해결해주면 좋다.[53] 6주 이후 관해에 도달하거나 혹은 치료법을 변경하기 전까 지는 3주마다 증상 변화를 평가한다. 또한 환자의 증상이 관해에 도달한 이후부터는 3개 월마다 증상 변화를 평가한다.[52,53] 이렇게 객관적이고 과학적인 평가도구에 근거하여 우 울장애 환자의 임상 상태를 평가하고 적절한 치료 대응을 모색하는 것을 **평가기반치료법** (measurement-based care)이라고 하며 임상에서 언제나 적용하기를 권유한다.[53,63]

항우울제 치료 중 우울증상의 악화 및 재발 시의 치료 전략

지속기 혹은 유지기 치료 중 우울증상의 악화나 재발은 드물지 않다. 급성기 치료 이후 약 12~16개월에 걸쳐서 약 10~40% 정도의 환자들에서 항우울제의 종류와 상관없이 소위 symptomatic breakthrough가 발생할 수 있다.[64] 완전관해군에서는 약 25%에서 증상의 악화나 재발이 관찰된 반면, 잔류증상들이 있던 환자군에서는 약 76%가 악화되거나 재발되었다.[45] 이 외에도 급성기 치료에서 항우울제에 빠른 효과 혹은 광범위한 치료반응을 보이는 환자들은 지속기 혹은 유지기에서 symptomatic breakthrough가 적다고 보고되었다.[65,66] 이러한 symptomatic breakthrough 환자들에게는 경험적으로 항우울제 용량의 증가, 다른 약물의 부가요법, 다른 클래스의 항우울제로 치환요법, 다른 항우울제의 병합요법 등을 시도해볼 수 있다.[67]

항우울제 치료 시 비반응, 최소 반응 및 부분 반응 시의 치료 전략

완전하고 지속적인 관해와 병전 기능의 회복이 우울장애 치료의 목표인 점을 감안한다면 첫 항우울제 치료에서 기능적 회복을 이루는 것이 가장 이상적이겠지만 현재 시판 중인 항우울제의 관해율은 기대보다 떨어진다. 따라서 임상의들은 첫 항우울제 치료 후 객관적인 우울증상평가척도(예 : 17-item 해밀턴 우울평가척도 : HAM-D17) 혹은 몽고메리-아스버그 우울평가척도(MADRS) 등으로 정량적 평가를 시행하여 비반응(우울증상 호전이 없는 경우), 최소 반응(우울증상의 25% 이하 호전) 혹은 부분 반응(우울증상의 50% 이하 호전)을 보이는 경우마다 다양하게 치료 전략을 적용해야 한다.[54,68,69] 일반적으로 부가요법, 병용요법 및 치환요법이 선택 가능하고 더불어 정신치료 및 ECT 등 다른 생물학적 치료가 있지만 이 장의 목적상 항우울제 관련 치료만 소개한다.

부가요법

항우울제가 아닌 다른 정신용제(psychotropic agent)를 사용하던 항우울제에 부가하여 항우울 효과를 증진시키는 방법이다.[70,71] 주로 기존의 항우울제로 최소 혹은 부분 반응이 있는 환자들에 적당하나 약물 상호작용 및 비용 증가 부분에 대한 주의가 필요하다. 최근에는 항정신병약물(aripiprazole, brexpiprazole, quetiapine 등)들이 우울장애의 부가요법으로 허가되어 널리 사용되고 있다.[72,73] 이전부터 흔히 사용되던 약물로는 리튬, 갑상선호르몬, buspirone 등이 있다. 그러나 리튬은 신독성, 좁은 치료 지수, 농도 모니터링의 필요성 등의 제한점이 있고, buspirone은 항우울 효과의 발현을 앞당기는 점은 있으나 실제 부가요법으로서의 효능은 입증되지 않았다. 갑상선호르몬의 경우도 피로 등 특정 우울증상에는 효과적이지만 전반적 효능은 위약과 비교 시 차이가 거의 없었다.[71] 최근 각광받고 있는 부가요법 제제인 항정신병약물은 aripiprazole과 quetiapine인데 대규모 임상연구들이 시행되어 장단기 부가요법에서 그 효능 및 안정성이 보고되었다. 그러나 aripiprazole은 추체외로증상이 조현병 환자보다 유의하게 높게 나타났고, quetiapine은 과도한 진정이 보고되었다.[74] 최근에 허가된 brexpiprazole은 aripiprazole보다 내약성이 다소 나은 것으로 알려져 있다.[75] 항정신병약물을 부가요법에서 1년 이상의 장기간 연구는 아직 부족하므로 1년 이상 유지치료에는 제한이 따른다.[70]

부가요법 제제 간 효능에 대한 비교우위는 현재까지 확립되어 있지 않으며 동일한 비교효능을 보인다고 알려져 있다. 이러한 결과는 STAR*D 연구에서도 유사하게 나타났는데, buspirone, bupropion, 갑상선호르몬이나 리튬을 부가하였을 때 각 부가요법에 효능의 차이는 없었으며 부작용 발현에서 일부 차이를 보였을 뿐이다.[69,76-78]

병합요법

기존 항우울제에 다른 항우울제를 병용하여 사용하는 경우이며, 기존 항우울제의 치료효과를 유지하면서 다른 항우울제를 병용함으로써 효능을 더욱 증대시키는 것을 목적으로 한다.[71] 일반적으로 서로 다른 클래스의 항우울제를 병용하게 되므로 서로 다른 약물학적 특성에 의해 부작용 발현의 빈도가 증가할 수 있으나, 특정 부작용을 상쇄하는 효과도 기대할 수 있다(예 : 기존 SSRI에 bupropion 병용 시 성기능장애의 호전 가능). 이 방법은 치환요법에 비하여 우울증상 호전을 빠르게 하는 장점이 있는데, 이는 기존 항우울제를 새로운 항우울제로 치환하는 데 소요되는 시간을 줄일 수 있기 때문이다(기존 항우울제의 반감기가 짧은 경우 점진적으로 용량을 낮추면서 새로운 항우울제의 용량을 적정하여야 하기 때문이다). 동일한 항우울제 병합과 서로 다른 항우울제 병합의 비교우위는 확실하지 않으나 서로 다른 클래스의 항우울제를 병용하면 치료반응이 앞당겨지고 특정 증상에 더 효과적이라는 일부 연구결과도 있다. 그러나 대부분 제한적인 연구결과에 근거하고, 최근의 대규모 임상연구(combining medications to enhance depression outcomes : CO-MED trial)에서는 항우울제 병합요법이 단일요법에 비하여 더 우수한 효과를 보이지 못하였으므로 임상에서는 주의 깊게 시행하는 것이 좋다.[79,80]

치환요법

현재 사용 중인 항우울제를 다른 항우울제로 치환하여 우울증상의 호전을 기대하는 방법
이다.[81] 환자가 항우울제 치료에 반응이 전무하거나 최소 반응을 보이는 경우 혹은 내약성
이 나쁜 경우에 주로 선택한다. 부가요법 및 병합요법에 비하여 치료법이 단순하고, 부작
용 발현이 적으며, 비용 측면에서 유리하다. 그러나 기존 항우울제가 보인 부분 반응 등 이
미 호전되었던 우울증상이 다시 악화될 수 있다는 단점이 있다. 동일한 클래스 항우울제
로 혹은 서로 다른 클래스 항우울제로 치환 시 어느 방법이 나을지는 분명하지 않으나 동
일한 비교 효능을 보이는 것으로 알려져 있다. STAR*D 연구에서도 동일하게 나타났는데,
citalopram에서 bupropion, venlafaxine, sertraline으로 치환 시 세 군 모두 25% 정도의 비슷
한 관해율을 보였다.[76~78,82]

부가요법, 치환요법, 병합요법 간 효능 차이에 대한 연구는 매우 드물다. aripiprazole 부
가요법이 항우울제 치환보다 이로울 수 있다고 보고된 바 있으나 임상에 적용하기에는 아
직 제한적이다.[83,84] 한편 STAR*D 연구에서는 치료단계 수준 2에서 시행된 부가요법, 병
합요법 그리고 치환요법 간 관해율의 차이가 없었다. 따라서 개별 환자 간 다양한 임상요
인들을 고려하고 각 치료법의 장단점과 차이점을 감안하여 개별 맞춤치료를 시행하는 것

표 11. 항우울제 부가 · 병합 · 치환요법 요약

	부가요법	병합요법	치환요법
적용 기준	• 최소 혹은 부분 반응	• 최소 혹은 부분 반응	• 비반응 • 내약성 문제
기전	• 기존 항우울제의 효능 증가	• 두 가지 이상 항우울제 효과의 상승 작용(세로토닌, 노르에피네프린, 도파민, 예 : SSRIs+DNRI)	• 신경전달물질 체계의 변화
장점	• 조기 반응 및 관해 • 반응 및 관해 지속 • 특정 우울증상의 호전	• 조기 반응 및 관해 • 부분 반응 및 관해의 지속 • 서로 다른 신경전달물질계의 조절	• 약물 상호작용 최소화 • 비용 절감 • 단순한 치료 약물 구성
단점	• 부가비용 • 의료전달 체계상 제약 • 잠재적인 부작용 증가	• 부가비용 • 의료전달 체계상 제약 • 잠재적인 부작용 증가 • 약물 상호작용 위험성 증가 • 상대적으로 미비한 임상 데이터	• 치료반응 시기의 지연 • 기존 항우울제의 부분치료 반응의 유지 실패 • 새로운 항우울제에 대한 이상반응

출처 : Pae & Patkar[74]에서 인용함.

이 가장 적절하다(표 11 참조).

항우울제 중단 증후군

항우울제를 일정 기간(6주 이상) 사용하다가 중단하면 (특히 갑자기 중단하는 경우) 약 20% 정도에서 우울증상의 악화나 신체적인 불편감들이 나타날 수 있다. 항우울제의 사용 기간에 비례하여 발생하고, 특히 반감기가 짧은 항우울제들의 경우(예 : paroxetine) 이러한 증상들이 심하게 나타난다.[85] 또한 중증질환으로 입원한 환자들에서 더욱 이러한 중단 증후군이 위험하다고 보고되었다.[86] 일반적인 증상들로는 감기 유사 증상(flu-like symptoms), 불면, 구역, 두통, 불안, 어지러움, 감각이상(sensory disturbances), 과도각성 혹은 예민함(hyperarousal) 등이 주로 발현된다.[85] 대개 가벼운 형태로 약 1~2주 정도까지 지속되나 중단 후 3일 정도가 최고 정점이다. 복용 중이던 항우울제를 다시 복용하면 24시간 이내에 대부분 회복이 되는 편이다.[85] 따라서 항우울제를 투여하기 전에 환자들에게 미리 이러한 가능성을 설명하면, 약물 순응도도 높일 수 있고 환자-의사 치료관계에도 긍정적인 효과가 있다.

임신과 항우울제

임신한 여성의 약 10~20%가 우울장애에 이환되므로 이들에 대한 우울장애의 적절한 치료가 중요하다.[87] 임신 동안 약물의 사용은 태아에 대한 영향으로 가급적이면 피하는 것이 일반적이다. 그러나 대부분의 의사 및 임산부들이 항우울제의 악영향을 과대하게 평가하고서 적절한 치료를 하지 않아 더욱 좋지 못한 임상적 경과를 초래할 수도 있다.[88] 즉, 치료하지 않은 임신 중 우울장애는 신생아의 조산, 저체중, 예민함 등을 초래하여 궁극적으로 나쁜 결과를 맞을 수 있다.[89] 이는 치료되지 않은 임산부의 우울장애와 불안 등의 증상이 호르몬의 지속적인 변화를 야기하여 태아의 발달을 저해하는 것과 관련된다고 보고 있다. 항우울제를 복용하던 임산부가 임신 초기 혹은 임신 사실을 알고 난 직후 임의로 항우울제 복용을 중단하면 우울장애의 악화/재발의 위험이 출산 시까지 5배 정도로 증가하는 것으로 알려졌다.[90] 임신 시 항우울제를 복용하는 경우에 발생 가능한 출생 결손이나 이형성에 대한 위험도는 일반 인구의 출산에서 발생하는 약 2~3%와 비슷한 수준이다.[91] paroxetine을 임신 동안 사용하면 심장결손이 증가한다고 보고되기도 하였으나 후속 연구들에서 일치하지 않았다.[92] venlafaxine과 mirtazapine에서는 현재까지 출생 결손의 위험성이 증가한다는 증거는 없었다.[91] SSRI는 임신 첫 3개월 시기에 miscarriage와 prematurity를 일으키는 비율이 약 12%로 일반 비율 9%에 비하여 다소 증가되는 경향이다.[93] 증상이 경미하지만 항우울제를 복용한 임산부에서 출생한 신생아는 신생아 금단증상(적응 증후군)을 겪을 수 있다. 심한 경우에는 폐성 고혈압이 나타날 수도 있음을 명심해야 한다. 미국 식품의약국에서는 임신 시 태아에 미치는 약물의 위험성을 category A, B, C, D, X로 분류한다. 대부분의 항우울제는 category C에 해당하며 paroxetine은 C에서 D로 하향 조정되었다. bupropion은 category B에 해당한다. TCA는 이상반응 때문에 임산부에게 추천되지는 않는다.[91] 최근 2015년도에는 상기의 분류가 개정되어 임신과 수유에 대한 라벨링 룰(Labeling Final Rule)로 개정되어 기존의 임신과 관련된 위험성 분류는 2018년에 개별 약물 설명서에서 완전히 변경이 될 예정이다. 즉, 임신, 수유 및 여성/남성의 생식능력에 대한 관련성에 대한 기술적인 설명으로 대체되었다. 임신 동안 어떤 항우울제가 가장 적절한지는 논란의 여지가 있으며 의사-환자-가족 간 상의하여 이익/위험도에 따른 결정이 최선의 선택임을 명심해야 하며, 임신 초기에 항우울제를 사용한다면 주의 깊은 모니터링을 시행한다(표 12 참조).[94,95]

표 12. 임신과 항우울제 관련성

항우울제	관련성	임신 시 위험도 분류
Citalopram	폐고혈압 지속증, 심장판막결손, 선천성 결함(무뇌증, 두개골 유합증, 제대 탈출증)	C
Fluoxetine	폐고혈압 지속증	C
Paroxetine	태아심장결손, 폐고혈압 지속증, 무뇌증, 두개골 유합증, 제대 탈출증	D
Sertraline	폐고혈압 지속증, 심장판막결손, 제대 탈출증	C
Escitalopram	제한적 자료	C
Fluvoxamine	제한적 자료	C
Imipramine	제한적 자료	C
Amitriptyline	사지 변형	C
Nortriptyline	사지 변형	C
Bupropion	확립된 자료 없음	B
Mirtazapine	제한적 자료	C
Duloxetine	제한적 자료	C
Venlafaxine	제한적 자료	C

* 분류 A : 잘 통제된 연구에서 위험성이 입증되지 않음, B : 동물실험에서 위험성이 입증되지는 않으나 인간 대상 연구 자료가 없음, C : 동물실험에서 위험성이 입증되었으나 인간 대상 연구 자료가 없음, D : 인간 대상 연구에서 위험성이 입증됨, 단 이익이 위험성을 상회할 수 있음, 인간 대상 및 동물실험에서 명확하게 위험성이 입증됨

출처 : Patkar et al.[89], Venkatesh et al.[94]에서 인용함.

소아-청소년 우울장애의 항우울제 치료

대부분의 정신장애에서 조기발병은 임상적 경과가 좋지 않으므로 약물 선택에 있어 중요한 변수로 본다. 소아-청소년기의 정신장애 이환율이 점점 증가하면서 약물치료도 활발히 연구되고 있으나 성인들에 비하면 아직까지는 미흡하다.

미국 식품의약국에 의하여 8세 이상의 청소년기 우울장애의 치료에 허가된 항우울제는 fluoxetine이 유일하다. paroxetine은 미국 식품의약국에서 2003년도에 소아-청소년을 대상으로는 사용하지 못하도록 권고하였다. 2004년도에 미국 식품의약국에서 소아-청소년에 항우울제를 사용하는 경우에는 자살 및 자살 관련 행동들이 증가할 수 있다고 black-box warning으로 명시하였으나 최근 연구[96,97] 결과들에 따르면 이러한 상관관계는 아직도 불분명하다. 최근의 연계 메타분석 연구에서도 fluoxetine이 타 항우울제들에 비하여 소아-청소년 우울장애의 치료에 위험 대비 이익의 측면에서 가장 적합하였다.[98] 그러나 어떤 항우울제가 가장 적절한지는 현재까지 확립되어 있지 않으며, 임상의-환자-가족 간 상의하에 이익/위험도에 따라 가장 적절한 치료적 접근을 하는 것이 바람직하다.

노인성 우울장애의 항우울제 치료

우울장애는 노인 인구에도 흔한 정신장애로 65세 이상의 인구집단에서 주요 우울장애의 1년유병률은 약 1% 정도이고, 주요우울장애가 아닌 유의한 우울장애는 약 15% 정도로 보고된다.[99,100] 내외과적 질환으로 입원한 노인들에서는 약 40% 정도에서 우울장애가 나타난다.[100] 따라서 노인들의 우울장애에서 항우울제의 사용은 피할 수 없는 과제가 되고 있다. 노인들의 경우 약물 대사 관련하여 고연령에 따른 약물에 대한 취약성 증가(약물 흡수, 대사, 분포 및 배설률의 변화)로 부작용 발생의 위험도가 증가할 수 있다.[101]

전술한 바와 같이 모든 항우울제는 클래스에 관련 없이 효능이 크게 다르지 않으므로 신체적 조건이 취약하고 약력학 및 약동학상 약물 부작용에 민감한 노인 우울장애의 치료에 있어서는 내약성에 기초하여 항우울제를 선택하고 적절한 용량적정(낮은 용량에서 시작하여 천천히 최소 유효 용량으로 증량)을 통하여 안정성을 확보하도록 한다.[101,102] 연령이 증가함에 따라 소화관계 흡수, 간 및 신장의 대사능이 저하되며 알부민의 농도가 일반적으로 떨어지며, 지방-근육 비율이 증가하고, 약물 수용체 감수성이 증가하며 동반 내외과적 질환이 많으므로 약물 간 상호작용이 발생할 여지가 매우 높은 것에 기인한다.[102] 일반적인 용량의 적정법은 성인의 시작 용량의 절반 용량에서 시작하고, 1~2주 간격으로 약물 반응도와 내약성에 따라서 점진적으로 증량하여 4주 정도에 유효 치료 용량에 도달하도록 적정하는 것이 좋다.[103]

SSRI가 노인 우울장애에 효과적이며 TCA에 비하여 내약성 면에서 뛰어나다.[104] TCA에 비하여 기립성 저혈압, 진정 등이 적어 낙상의 위험도가 낮으며 복용 및 투여의 간편성이 장점으로 부각된다. TCA는 심장 독성이 가능하므로 과량 복용 시 치사율이 증가할수 있다.[101] SSRI 중 내약성 측면에서 추천할 약물로는 citalopram, escitalopram, sertraline 등이며, fluoxetine은 반감기가 길어서 부작용이 장기간 지속 가능하고, paroxetine은 TCA에 상응하는 항콜린성 부작용이 있으므로 주의한다. mirtazapine, vortioxetine, bupropion, nefazodone, venlafaxine 등도 효과적인 항우울제이나 개별 항우울제의 약물학적인 특징을 유념하여 노인 우울장애 환자에게 처방해야 한다.[101,105]

고전적 항우울제

TCA는 일반적으로 5-HT와 NE의 재흡수를 차단하여 항우울 효과를 나타내게 되지만, histamine, muscarine, acetylcholine 성 수용체에도 차단 효과를 함께 나타낸다. 따라서 과다한 진정, 식욕증가, 입마름, 구갈, 변비, 배뇨 곤란, 시력장애, 발기부전 등의 항콜린성 부작용이 있을 수 있다. α1 아드레날린 수용체 차단으로 인한 심혈관계 부작용 특히 기립성 저혈압은 특히 노인 환자들에서 낙상의 원인이 될 수 있어 문제가 되며, 과량 투여 시(보통 상용량으로 10일분) 심장 전도체계에 장애(quinidine like activity로 심장부정맥 초래)를 일으켜서 심한 경우 사망에 이를 수도 있다.[106] 따라서 노인 환자와 자살사고나 자살 과거력이 있는 환자들에게는 필요한 경우가 아니면 사용을 자제한다. 또한 TCA는 내인성 우울장애 및 통증 등의 조절에 효과가 좋은 것으로 알려져 있으나, 양극성 우울장애 환자에서는 조증/경조증을 쉽게 유발할 수 있다는 단점이 있다.[107]

MAOI는 5-HT, NE, DA, tyramine 등과 같은 생체아민의 분해를 차단하여 치료효과를 나타낸다. MAO는 A형과 B형이 있으며, 이 중 A형(MAO-A)이 5-HT와 NE에 선택적으로 작용하여 항우울 효과와 관련된다.[108] MAOI의 MAO 차단 효과는 비가역적이므로 이 약물을 투여할 때 tyramine 함유 음식물과 같이 섭취할 때 발생하는 고혈압 때문에 주의가 필요하며, 가역적 MAO-A 차단제인 moclobemide가 사용된다.[108] MAOI는 비정형 우울장애와 사회공포증 환자의 치료에 보다 유용한 것으로 알려져 있으며, 최근에는 미국에서 transdermal patch의 형태로 개발된 selegiline transdermal system(STS)이 우울장애의 치료에 허가되어서 활발히 사용되고 있다.[24,29,56,109] STS의 최대 특징은 이전 MAOI는 달리

tyramine 등을 포함한 음식물과 병용해도 고혈압위기(hypertensive crisis)가 미미하며, 정제가 아닌 패치 형태로 개발되어서 연하장애나 정제에 거부감을 가진 환자들에도 편리하다는 장점이 있다.

새로운 항우울제

selective serotonin reuptake inhibitor(SSRI)

SSRI는 현재 전세계적으로 가장 많이 사용되는 항우울제로 NE와 DA의 재흡수에는 영향을 주지 않고, 선택적으로 5-HT 수송체를 차단하여 연접부의 5-HT 전달을 증가시켜 항우울 효과를 나타낸다.[52] 이 외의 약리학적 작용은 최소화되어 무스카린성, 히스타민, 그리고 α1 아드레날린 수용체에 대하여는 차단작용이 약한 항우울제이다. 또한 이전 항우울제인 TCAs와 달리 SSRI는 심전도에도 큰 영향을 미치지 않으므로 심장 전도장애가 있는 환자에게 비교적 안전하다.[27] 위장관계에서 비교적 빨리 흡수가 되고 혈장단백질에 강하게 결합하는 성상을 가지고 있다. 흔한 부작용으로 오심, 구토, 초조, 불면, 성기능장애, 두통 등이 있다.[27] 이들 부작용은 주로 투여 후 3~7일 이내에 나타나 시간이 경과되면서 자연 호전되는 경우가 많으므로 일단 자연 소실을 기다리고, 증상이 심할 경우에는 용량을 다시 적정한다. 하지만 성기능장애는 장기 사용 시 발생하는 부작용이고 약 30~50% 정도에서 발생할 수 있으나, 환자들이 스스로 보고하지 않는 경향이 있어서 임상의가 직접적으로 묻지 않으면 알기 어렵다.[110,111] 그러나 약물 순응도에 직접적인 악영향을 미칠 수 있기 때문에 이에 대한 면밀한 평가가 꼭 필요하다. SSRI는 소아-청소년에서 자살사고와 행동을 증가시킬 수 있는 위험성이 보고되어 있다. 성인 환자군의 경우 최근의 메타분석 연구결과에 따르면(77개의 임상연구, 연구 대상 40,000명), 16건의 자살, 172건의 치명적이지 않은 자해, 177건의 자살사고가 보고되었으며, 이는 통계적으로 위약군과 차이가 없었다. 그럼에도 불구하고 소아-청소년 우울장애 환자군에게 SSRI를 처방할 때에는 자살사고 및 시도의 평가가 이루어져야 한다.[112] 한편 SSRI를 사용하는 경우에 특히 이뇨제 등 저나트륨혈증을 유발할 수 있는 약물들과 동반 투여 시 반드시 저나트륨혈증 발생 가능성에 대하여 주의하고 유사한 증상들(피곤, 근육통, 급성 의식 혼탁 등)이 발현되면 응급으로 확인하여야 한다. 일반적으로 SSRI를 투여하고 1개월이 지난 시점부터 정기적으로 평가하는 것이 좋다.[113]

SSRI는 마이크로솜 간효소에 의하여 대사되고 소변으로 배출된다. 따라서 간기능 및 신

표 13. 여러 항우울제와 CYP450 효소계의 관련성

CYP2D6	CYP3A4	CYP1A2	CYP2C19
대상약물	대상약물	대상약물	대상약물
tranylcypromine	amitriptyline	amitriptyline	amitriptyline
moclobemide	clomipramine	clomipramine	clomipramine
amitriptyline	doxepin	imipramine	imipramine
clomipramine	imipramine	fluvoxamine	citalopram
desipramine	citalopram	duloxetine	escitalopram
doxepin	escitalopram	mirtazapine	fluoxetine
imipramine	paroxetine		sertraline
nortriptyline	sertraline		venlafaxine
citalopram	mirtazapine		
fluoxetine	nefazodone		
escitalopram	trazodone		
paroxetine	venlafaxine		
nefazodone			
trazodone			
duloxetine			
venlafaxine			
억제제	억제제	억제제	억제제
fluoxetine	nefazodone	amitriptyline	amitriptyline
paroxetine	norfluoxetine	imipramine	imipramine
bupropion	fluoxetine	fluvoxamine	fluoxetine
sertraline (100–150mg)	fluvoxamine	duloxetine	fluvoxamine
duloxetine			paroxetine
fluvoxamine			
citalopram			
all TCAs			

출처 : Cupp & Tracy[114], Lagishetty et al.[115]에서 인용함.

기능 이상이 있는 환자들의 경우 상용량의 절반 정도의 용량으로 투여하여야 한다. 개별 SSRI마다 대사되는 사이토크롬 P-450 효소(CYP450)의 종류가 다르므로 약물 상호작용도 다르게 나타날 수 있다(표 13).[114]

Fluoxetine

fluoxetine은 우울장애, 강박장애, 섭식장애 및 공황장애의 치료에 허가되어 있다. 용량은 질환에 따라 차이가 있으며 일일 용량으로 20~80mg이 주로 사용된다. fluoxetine은 복용 시 활성 대사물인 norfluoxetine으로 빠르게 전환된다.[116] 반감기가 SSRI 중 가장 길어서 약 일주일가량이 된다. 따라서 일일 1회 복용으로 충분하여 간편한 복용법이 장점 중의 하나 이다. 또한 반감기가 길므로 약물 중단에 따른 이상반응이 적으므로 타 항우울제로 치환

시 유리하다. 임상에서 소아−청소년 등 젊은층의 치료에 선호되는 경향을 보이는데, 이는 fluoxetine이 5-HT2C 길항 작용을 가지고 있기 때문이다. 5-HT2C 수용체는 정상적인 상태에서는 NE와 DA 분비를 억제하는 작용을 나타내는데, fluoxetine의 차단 효과로 NE와 DA의 분비가 활성화되고, 이에 따른 효과로 활력이 증가되고 피로감이 줄며 집중력이 증가되는 효과를 볼 수 있다.[117] 또한 5-HT2C 수용체 차단 효과는 식욕 저하 및 항거식 (antibulimia) 작용을 나타낸다.[118] fluoxetine은 CYP2D6, 3A4 억제작용을 가지고 있어 다양한 약물과 약물 상호작용의 가능성이 있으므로 주의하여야 한다. 흔한 부작용으로는 구역, 설사, 식욕감소, 구갈, 소화장애 등이 있다.[116]

Sertraline

sertraline은 우울장애, 강박장애, 공황장애, 외상후스트레스장애, 월경전불쾌감장애, 사회불안장애의 치료에 허가되어 있다. 가장 강력한 5-HT 수송체 억제작용을 가지고, citalopram에 이어 두 번째로 5-HT에 선택적인 SSRI이다. 용량은 질환에 따라 차이가 있으며 일일 용량으로 50~200mg이 주로 사용된다. 각 질환에서 용량과 임상적 효능의 관련성은 완전히 확립되어 있지는 않다. sertraline은 CYP2D6, CYP2C9, CYP2B6, CYP2C19과 CYP3A4에 의하여 대사되고, CYP2D6와 CYP2B6에 미약한 억제작용을 가지고 있어 다른 SSRIs에 비하여 상대적으로 약물 상호작용이 적은 편이다. 활성 대사산물로 norsertraline이 생성된다. 반감기는 약 26시간 정도로 하루 1회 복용이 가능하다.[119]

다른 SSRIs와 달리 DA 수송체 억제작용을 나타내어 인지기능과 주의력에 문제가 있는 우울 환자에 보다 효과적일 수 있다. 하지만 DA 수송체 억제작용이 5-HT 수송체 억제작용보다 매우 미약하기 때문에 이 기전이 실제 우울장애 치료에 어느 정도의 관련성이 있는지는 아직 명확하지 않다. sertraline은 특히 심근경색이나 협심증 등의 심장질환이 있는 경우에 안전한 약물로 추천되며 약물 상호작용도 매우 적어 내과질환이 있는 경우나 노인들에게 처방하기에 적합하다. 흔한 부작용으로는 구역, 구갈, 설사, 현훈, 불면 등이다.

Paroxetine

paroxetine은 우울장애, 강박장애, 공황장애, 사회불안장애, 범불안장애의 치료에 허가받았다. 용량은 질환에 따라 차이가 있으며 일일 용량으로 20~60mg이 주로 사용된다. paroxetine은 특히 항콜린성 및 항히스타민성 작용도 가지고 있어 SSRIs 중 진정 효과가 크므로 불안증상을 보이는 환자에 선호되는 항우울제이다. 또한 약하지만 NE 수송체 억제작용을 가지고 있다. paroxetine은 강력한 CYP2D6 억제작용을 하므로 약물 상호작용에 유의해야 하며, 반감기가 21시간(3~26 시간) 정도로 짧기 때문에 갑작스러운 투약 중단은 금단증상이 발생할 수 있다. 활성 대사산물은 없다. 흔한 부작용으로는 구역, 졸림, 사정장애, 초조, 피로 등이다.[119]

Fluvoxamine

fluvoxamine은 전세계적으로 볼 때 미국 이외에서 우울장애의 치료에 허가되었으며, 미국에서는 강박장애의 치료에만 허가되어 있다. 1일 용량으로 50~100mg이 주로 사용된다. CYP1A2 억제작용이 있어 다른 약물과 상호작용이 있으므로 유의하여야 한다. 반감기가 16시간 정도로 짧아 1일 2회 투여한다. 활성 대사산물은 없다. 불안에 대한 효과는 시그마 1 수용체에 대한 효현 작용에 기인된 것으로 여겨진다. 흔한 부작용으로는 졸림, 불면, 두통, 초조, 구역, 소화장애 등이다.[119]

Citalopram

citalopram은 우울장애의 치료에만 허가되어 있다. 1일 용량으로 20~60mg이 주로 사용된다. citalopram은 5-HT에 가장 선택적인 SSRI로서 개발되었다. R-및 S-이성질체(enanthiomer)가 1:1 비율로 혼합된 racemic 제제로서 최소의 CYP2D6 억제작용을 지녀 약물 상호작용이 적어 여러 약물을 복용하고 있는 노인 우울장애 혹은 공존 내외과적 질환이 있는 환자에게 유리하다. citalopram은 반감기가 35시간 정도이고, 주로 CYP3A4와 CYP2C19에 의하여 대사된다. 활성 대사산물로 desmethyl-citalopram이 생성된다. 흔한 부작용으로는 구역, 졸림, 불면, 어지러움 등이다.[119] 이성질체인 escitalopram의 개발로 인해 임상에서 사용은 크게 줄어들고 있다.

Escitalopram

escitalopram은 우울장애와 범불안장애의 치료에 허가되어 있다. 1일 용량으로 10~20mg이 주로 사용된다. 반감기가 27~32시간 정도이다. 활성 대사산물로 desmethyl(es-)citalopram이 생성된다. 단일 S-이성질체로서 R-이성질체가 부착하여 방해 작용을 하던 5-HT 수송체의 알로스테리 결합 영역에 작용하여 약물과 수용체의 결합을 연장시키는 알로스테리 효과를 나타냄으로써 citalopram보다 더 효과적인 것으로 알려졌다. 따라서 escitalopram은 SSRI 중에서 가장 5-HTT에 특이적인 작용을 하는 항우울제라 할 수 있으며, 약물 순응도 및 약물 상호작용 면에서 우수한 편이다. 흔한 부작용으로는 구역, 불면, 사정장애, 설사,

구갈, 졸림, 발한 등이다.[119]

Serotonin-Norepinephrine Reuptake Inhibitor(SNRI)

venlafaxine은 우울장애, 공황장애, 사회불안장애, 범불안장애의 치료에 허가받았다. 1일 용량은 75~375mg이다. 최소 유효 치료용량은 150mg 정도이다. 활성 대사산물로 O-desmethylvenlafaxine이 생성된다. 반감기는 약 4시간 정도로 짧아서 1일 2회 복용하며 extended release 제제를 사용하면 1일 1회 복용이 가능하다.[119] venlafaxine은 주로 세로토닌과 노르에피네프린의 재흡수를 차단하는 최초의 SNRI로, 용량에 따라 5-HT(<75mg) 및 NE(150~225mg) 그리고 DA의 재흡수 차단율이 달라 고용량(225~350mg)이 되면 DA까지 차단하여 3개의 신경전달물질 모두를 차단하는 효과를 보인다. 그러나 α1 수용체, 콜린성 수용체, 그리고 히스타민 수용체 차단작용은 없다. 다른 SNRI인 duloxetine이 상대적으로 venlafaxine에 비하여 더 noradrenergic한 성상을 보인다. venlafaxine은 NE에 비하여 5-HT에 30배 정도의 친화성을 보이는 반면, duloxetine은 5-HT에 대하여 약 10 정도의 친화성을 보인다. venlafaxine이 이론적으로 세로토닌 재흡수 억제작용에 노르에피네프린 재흡수 억제작용까지 있는 것이므로 SSRI에 비해서 효과가 더 좋을 것으로 생각되지만 아직까지 다른 항우울제보다 효능이 더 우수한지는 불확실하며, 제한적인 연구결과에 따르면 치료저항성 우울장애 및 심한 우울장애에 효과적이었다.[59] 또한 venlafaxine은 β-아드레날린 수용체를 조기에 down-regulation시키는 것으로 밝혀진 유일한 약물로 조기에 빠른 효과를 기대할 수 있는 약물로 알려져 있다. CYP450 2D6 억제작용이 미미하여 약물 상호작용이 적고, duloxetine에 비하여 다른 약물과 병행 사용에 이점이 있다. 부작용 면에서 venlafaxine은 TCA에 비해 항콜린성 부작용이 매우 적고 심장 독성이 미미하며, 구역, 불안, 불면증, 성기능장애, 고혈압, 빈맥, 발한 등의 부작용을 보인다.[119] SSRI와 비교 시 불안이나 성기능장애의 빈도가 다소 적다. venlafaxine은 심각한 심혈관계 부작용을 일으키지 않으나 고용량에서 확장기 고혈압이 일부에서 나타나므로 정기적인 혈압 검사가 필요하며, 이전 고혈압 병력이 있거나 현증이 있다면 유의한다.[119]

　duloxetine은 우울장애, 범불안장애, 당뇨성 말초신경병증 및 섬유근통증후군의 치료에 허가되어 있다. 적응증에 따라 차이가 있지만 1일 용량으로 40~120mg이 주로 사용된다. 활성 대사산물로 5-hydroxy-duloxetine, 6-methoxy-duloxetine이 생성된다. 반감기는 약 12시간 정도로 1일 1~2회 복용한다.[119] venlafaxine과 비교 시 duloxetine은 5-HT에 대하여 약 10배 정도의 친화성을 보여 상대적으로 SE와 NE의 재흡수에 균형적인 작용을 한다. duloxetine은 혈장 단백질 결합성상이 강하고 CYP450 1A2와 2D6에 의하여 대사되고 CYP450 2D6 억제작용이 있으므로 다른 약물과 상호작용이 venlafaxine에 비해서는 높다. 흔한 부작용으로는 구역, 졸림, 두통, 구갈, 어지러움 등이다.[119]

milnacipran은 SNRIs 중의 하나로 유럽 및 아시아에서는 우울장애의 치료에 허가되어 있으나 미국에서는 섬유근통증후군의 치료에만 허가되었다.[25] milnacipran은 NE의 재흡수 차단 효과가 5-HT 재흡수에 비하여 약 3배 정도 높은 친화성을 보인다. 활성 대사산물은 없다. 1일 용량으로 50~200mg이 주로 사용된다. 반감기는 약 6~8시간 정도이다. milnacipran은 주로 CYP450 효소계를 통하여 대사되지 않고, 억제작용이 없어 약물 상호작용이 적다.[120] 흔한 부작용으로는 구역, 두통, 변비, 불면, 어지러움, 홍조 등이 있다.[25,119]

Norepinephrine and dopamine reuptake inhibitor(NDRI)

bupropion은 우울장애와 계절성 우울장애의 치료에 허가되어 있다. 1일 용량으로 300mg이 주로 사용된다. 활성 대사산물로 O-desmethylvenlafaxine이 생성된다. extended release 제제의 반감기는 약 21시간 정도로 1일 1회 복용한다.[119] bupropion은 주로 CYP450 2B6에 의하여 대사되고 약물 상호작용이 적다. Bupropion은 노르에피네프린과 도파민의 재흡수를 차단하는 약물로 활성 대사산물인 hydroxybupropion이 주된 항우울작용을 나타내는 것으로 생각된다. bupropion이 노르아드레날린 재흡수 억제작용을 통하여 주로 항우울 효과를 나타내며, 미약한 도파민 재흡수 억제작용으로 중추신경계 자극 효과와 항우울 효과를 나타낸다는 보고도 있다.[31]

bupropion은 항콜린성 부작용이 없고 심혈관계와 체중에 미치는 영향도 없으며 세로토닌 성분이 적기 때문에 성기능장애가 별로 나타나지 않는다. 따라서 SSRIs의 부작용에 민감하거나 치료효과가 없을 때 혹은 성기능장애가 문제되는 경우에 유용하게 사용할 수 있다.[110,111] 그러나 경련 또는 두부손상 등의 기왕력이 있다면 가급적 피하거나 적은 용량을 투여하는 등 주의가 필요하다. 정신운동 자극제처럼 활성 효과(activating effect)가 있어 정신운동지연, 피곤, 집중력 저하 등의 증상을 동반한 우울장애 환자에게 도움이 되나 불면증이나 불안을 일으키기도 한다.[31] 상용량에서도 도파민계와 관련된 정신병, 기질성 정신장애, 섬망, 그리고 긴장증 등이 보고되기도 하였다. 흔한 부작용으로는 두통, 구갈, 구역, 변비, 설사, 복통 등이다.[119]

Noradrenergic and specific serotonergic antidepressant(NaSSA)

mirtazapine은 우울장애의 치료에 허가되어 있다. 1일 용량으로 15~45mg이 주로 사용된다. 활성 대사산물로 desmethylmirtazapine이 생성된다. 반감기는 약 20~40시간 정도로 1일 1회 복용한다. mirtazapine은 주로 CYP450 1A1, 2D6, 그리고 2C19에 의하여 대사되고 이들 효소계를 억제하지는 않으므로 약물 상호작용이 적다.[119] mirtazapine은 세로토닌 신경말단의 α2 이종수용체(α2 heteroreceptor)를 차단함으로써 5-HT 방출을 증가시키고, NE 신경말단의 자가수용체(autoreceptor)를 차단함으로써 NE의 방출을 증가시킨다. 또한 NE 신경원에 존재하는 α2 자가수용체를 차단하면서 NE 신경원의 점화율이 증가되므로 5-HT 세포체의 α1 아드레날린 수용체를 자극하게 됨에 따라 5-HT 신경원의 점화율을 동시에 증가시키게 된다.[121] 한편 5-HT2 수용체에 대한 차단작용으로 불안, 불면증, 좌불안석증, 성기능장애 등의 부작용이 적으며, 5-HT3 수용체에 대한 차단작용으로 오심, 구토 등 소화기계 부작용이 적은 장점이 있다. 그러나 mirtazapine은 강력한 항히스타민 작용을 나타내어 식욕 및 체중증가나 진정작용이 있음을 유의해야 한다. 일반적으로 고용량에 비해 저용량에서 진정작용이 더 강하게 나타난다. 따라서 노인에서는 과도한 진정작용과 졸림 및 체위성 저혈압에 의한 낙상을 주의해야 한다.[122]

Serotonin antagonist/reuptake inhibitor(SARI) : serotonin modulator

trazodone과 nefazodone은 강력한 5-HT 수용체 차단작용과 재흡수 차단작용을 가지고 있어 SARI로 분류된다. 그러나 이들 약물의 5-HT 재흡수 차단작용은 TCA나 SSRI보다 훨씬 약하다. trazodone은 SARI 중 처음으로 발견된 약물로서 α1 수용체와 히스타민 수용체를 차단하여 기립성 저혈압과 진정작용을 나타낸다.[119] trazodone은 NE 수용체 재흡수 억제작용과 항콜린성 작용이 없으며, nefazodone은 trazodone과 달리 히스타민 수용체 차단작용, 5-HT 재흡수 차단작용, 그리고 NE 재흡수 차단작용이 적다.[123] mefazodone이 trazodone에 비해 히스타민 수용체 차단작용이 낮아 상대적으로 진정 등의 부작용이 적다. 또한 nefazodone은 NE 재흡수 억제작용이 있어 α 수용체 차단작용을 상쇄시켜 기립성 저혈압의 빈도가 적고 priapism도 거의 없다.[123] nefazodone은 5-HT 재흡수 억제작용을 통해 항우울 효과를 보이고, 5-HT2 수용체 차단작용을 통해 불면증, 성기능장애 등을 방지하는 장점이 있다.[123] nefazodone은 심장독성이 없으며 기립성 저혈압의 빈도가 적으며, 흔한 부작용으로 구갈, 기면, 어지러움, 구역, 변비 등이 있다. 그러나 현재 nefazodone은 간독성의 영향으로 시판이 중단되었다.[119]

기타 항우울제

Tianeptine(Serotonin reuptake enhancer/Glutamate modulator)

tianeptine은 변연계와 신경 내분비계의 상호작용에 특정 역할을 하는 것으로 알려져 있으나 정확한 기전은 알려져 있지 않다. 또한 tianeptine은 우울장애의 기전 중 하나인 신경가소성과 관련된 글루타메이트 이상을 조절하는 작용이 있는 것으로 알려져 있다.[124] tianeptine은 기존의 항우울제와 비슷한 항우울 효과를 나타내며, 특히 노인 우울장애와 알코올 금단 후의 우울장애에도 효과적이라는 보고도 있다.[47] 부작용이 적어서 항우울제의 부작용에 민감한 환자들에게 선택할 만하다. 하루에 3번 복용한다는 불편감은 있다.

Desvenlafaxine

desvenlafaxine은 venlafaxine의 활성 대사산물로, venlafaxine의 약점을 보완하여 후속 약물로 개발된 또 다른 SNRIs이다.[125,126] desvenlafaxine은 서방정의 형태로 개발되어 복용 시 빠르게 뇌신경계에 작용한다. Venlafaxine 등 다른 항우울제들과는 달리 CYP450 효소계를 통하여 대사되지 않고 억제작용이 없어 미약한 약물 상호작용을 보인다. desvenlafaxine은 우울장애의 치료에 허가되어 있고, 1일 용량 50~400mg을 사용한다. 일반적으로 추천되는 용량은 50~100mg이다.[119,127] 반감기는 약 11시간 정도이다. 흔한 부작용으로 구역, 어지러움, 불면, 발한, 변비, 졸림, 식욕감소 및 불안 등이다. 고혈압 발생의 빈도는 venlafaxine에 비하여 낮으나 마찬가지로 유의하여야 한다.[26]

Vortioxetine

vortioxetine은 가장 최근에 허가된 항우울제로 multimodal antidepressant로 불리기도 한다. 5-HT3, 5-HT1D, 그리고 5-HT7에 대한 길항작용을 하며 5-HT1A 및 5-HT1B(부분)효현작용이 있으며 5-HT 수송체를 차단하는 역할도 한다. CYP2D6가 주요 대사효소이다.[128] 따라서 CYP2D6 억제작용이 있는 약물과 병합 시에는 용량을 감량하여야 한다. 반감기는 약 66시간이다.[129] 일반적으로 추천되는 용량은 10mg이다. 불안장애에도 효과가 있으나 아직 허가되지는 않았다.[130] 성기능장애 및 체중증가 등의 부작용 측면에서 다소 유리한 약물학적 성상을 지니고 있다.[131,132] 또한 일부 연구결과들에 의하면 인지기능장애가 동반된 환자들에 더 좋다고 제시되고는 있으나 관련 자료들이 현재까지는 제한적이다.[133] 흔한 부작용으로는 구역, 두통, 구갈, 어지러움 등이다.

Agomelatine

agomelatine은 MT1과 MT2 멜라토닌 수용체에 효현작용을 하며 5-HT2c 수용체에는 길 항작용을 한다. 우울장애의 원인론으로 거론되기도 하는 일주기 장애에 적합한 작용기전을 가진 항우울제로 볼 수 있다.[134] CYP1A2가 주요 대사효소이다. 광범위한 초회통과효과(first pass metabolism)를 지녀 생체이용률이 적은 편이다. 반감기는 약 2.3시간이며 주로 소변으로 배출된다. 장단기 임상연구들에서 항우울효과가 입증되었으며,[135, 136] 다른 항우울제들과 효과가 비슷한 것으로 알려져 있으나 일부 메타연구들에서는 타 항우울제들과 비교 시 항우울 효과가 비교적 약한 것으로 보고되고 있기도 하다.[134] 일반적으로 추천되는 용량은 25mg이다. 불안장애에도 효과가 있음이 보고되었다.[137] 가장 흔한 부작용으로 신경계 증상으로 두통, 졸림, 어지러움 등이, 위장관 계통에서는 설사, 오심, 구갈 등이 보고되었다.[134] 한편 agomelatine 투여에 있어 가장 주의해야 할 부작용 중 하나는 간 효소 수치의 상승이다. 무증상 간효소 수치의 상승이 가장 흔하게 보고되었으나 약 10%에서는 독성 간염이 발현되기도 하였다. 여성, 고령, 다약제 사용(polypharmacy), 심혈관계 위험요인이 있는 경우에 특히 간독성 부작용 발현의 위험성이 증가할 수 있다.

참고문헌

1) Rakesh G, Pae CU, Masand PS. Beyond serotonin : newer antidepressants in the future. *Expert Rev Neurother* 2017;17:777-790.

2) Wang SM, Han C, Pae CU. Criticisms of drugs in early development for the treatment of depression : what can be improved? *Expert Opin Investig* Drugs 2015;24:445-453.

3) Lam RW, McIntosh D, Wang J, Enns MW, Kolivakis T, Michalak EE, et al. Canadian Network for Mood and Anxiety Treatments (CANMAT) 2016 Clinical Guidelines for the Management of Adults with Major Depressive Disorder: Section 1. Disease Burden and Principles of Care. *Can J Psychiatry* 2016;61:510-523.

4) Kennedy SH, Lam RW, McIntyre RS, Tourjman SV, Bhat V, Blier P, et al. Canadian Network for Mood and Anxiety Treatments (CANMAT) 2016 Clinical Guidelines for the Management of Adults with Major Depressive Disorder: Section 3. Pharmacological Treatments. *Can J Psychiatry* 2016;61:540-560.

5) Parikh SV, Quilty LC, Ravitz P, Rosenbluth M, Pavlova B, Grigoriadis S, et al. Canadian Network for Mood and Anxiety Treatments (CANMAT) 2016 Clinical Guidelines for the Management of Adults with Major Depressive Disorder: Section 2. Psychological Treatments.

Can J Psychiatry 2016;61:524-539.

6) Association AP, ed. *Diagnostic and Statistical Manual of Mental Disorders*, Fifth Edition. Washingto, D.C. 2013.

7) Bauer M, Pfennig A, Severus E, Whybrow PC, Angst J, Moller HJ, et al. World Federation of Societies of Biological Psychiatry (WFSBP) guidelines for biological treatment of unipolar depressive disorders, part 1: update 2013 on the acute and continuation treatment of unipolar depressive disorders. *World J Biol Psychiatry* 2013;14:334-385.

8) Bauer M, Severus E, Kohler S, Whybrow PC, Angst J, Moller HJ, et al. World Federation of Societies of Biological Psychiatry (WFSBP) guidelines for biological treatment of unipolar depressive disorders. part 2: maintenance treatment of major depressive disorder-update 2015. *World J Biol Psychiatry* 2015;16:76-95.

9) Lam RW, Kennedy SH, Parikh SV, MacQueen GM, Milev RV, Ravindran AV, et al. Canadian Network for Mood and Anxiety Treatments (CANMAT) 2016 Clinical Guidelines for the Management of Adults with Major Depressive Disorder: Introduction and Methods. *Can J Psychiatry* 2016;61:506-509.

10) Andrews JM, Nemeroff CB. Contemporary management of depression. *Am J Med* 1994;97:24S-32S.

11) Saveanu RV, Nemeroff CB. Etiology of depression: genetic and environmental factors. *Psychiatr Clin North Am* 2012;35:51-71.

12) Flint J, Kendler KS. The genetics of major depression. *Neuron* 2014;81:484-503.

13) Freeborough A, Kimpton J. Discovering new genetic and psychosocial pathways in Major Depressive Disorder: the NewMood project. *Psychiatr Danub* 2011;23 Suppl 1:S138-141.

14) Lett TA, Walter H, Brandl EJ. Pharmacogenetics and Imaging-Pharmacogenetics of Antidepressant Response: Towards Translational Strategies. *CNS Drugs* 2016;30:1169-1189.

15) Fabbri C, Crisafulli C, Calabro M, Spina E, Serretti A. Progress and prospects in pharmacogenetics of antidepressant drugs. Expert opinion on drug metabolism & toxicology 2016;12:1157-1168.

16) Rosenblat JD, Lee Y, McIntyre RS. Does Pharmacogenomic Testing Improve Clinical Outcomes for Major Depressive Disorder? A Systematic Review of Clinical Trials and Cost-Effectiveness Studies. *J Clin Psychiatry* 2017;78:720-729.

17) Willner P, Scheel-Kruger J, Belzung C. The neurobiology of depression and antidepressant action. *Neurosci Biobehav Rev* 2013;37:2331-2371.

18) Verduijn J, Milaneschi Y, Schoevers RA, van Hemert AM, Beekman AT, Penninx BW. Pathophysiology of major depressive disorder: mechanisms involved in etiology are not associated with clinical progression. *Translational Psychiatry* 2015;5:e649.

19) Kato TA, Yamauchi Y, Horikawa H, Monji A, Mizoguchi Y, Seki Y, et al. Neurotransmitters, psychotropic drugs and microglia: clinical implications for psychiatry. *Curr Med Chem* 2013;20:331-344.

20) Preskorn SH. Antidepressant drug selection: criteria and options. *J Clin Psychiatry* 1994;55 Suppl A:6-22; discussion 23-24, 98-100.

21) Antidepressant Medicines: A Guide for Adults with Depression. 2005.

22) Pae CU. Desvenlafaxine in the treatment of major depressive disorder. *Expert Opin Pharmacother* 2011;12:2923-2928.

23) Pae CU, Lim HK, Ajwani N, Lee C, Patkar AA. Extended-release formulation of venlafaxine in the treatment of post-traumatic stress disorder. *Expert Rev Neurother* 2007;7:603-615.

24) Pae CU, Lim HK, Han C, Neena A, Lee C, Patkar AA. Selegiline transdermal system: current awareness and promise. *Prog Neuropsychopharmacol Biol Psychiatry* 2007;31:1153-1163.

25) Pae CU, Marks DM, Shah M, Han C, Ham BJ, Patkar AA, et al. Milnacipran: beyond a role of antidepressant. *Clin Neuropharmacol* 2009;32:355-363.

26) Pae CU, Park MH, Marks DM, Han C, Patkar AA, Masand PS. Desvenlafaxine, a serotonin-norepinephrine uptake inhibitor for major depressive disorder, neuropathic pain and the vasomotor symptoms associated with menopause. Curr Opin Investig Drugs 2009;10:75-90.

27) Pae CU, Patkar AA. Paroxetine: current status in psychiatry. *Expert Rev Neurother* 2007;7:107-120.

28) Pae CU, Wang SM, Han C, Lee SJ, Patkar AA, Masand PS, et al. Vortioxetine: a meta-analysis of 12 short-term, randomized, placebo-controlled clinical trials for the treatment of major depressive disorder. *J Psychiatry Neurosci* 2015;40:174-186.

29) Patkar AA, Pae CU, Masand PS. Transdermal selegiline: the new generation of monoamine oxidase inhibitors. *CNS Spectr* 2006;11:363-375.

30) Koesters M, Ostuzzi G, Guaiana G, Breilmann J, Barbui C. Vortioxetine for depression in adults. *Cochrane Database Syst Rev* 2017;7:CD011520.

31) Pae CU, Lim HK, Han C, Patkar AA, Steffens DC, Masand PS, et al. Fatigue as a core symptom in major depressive disorder: overview and the role of bupropion. *Expert Rev Neurother* 2007;7:1251-1263.

32) von Wolff A, Holzel LP, Westphal A, Harter M, Kriston L. Selective serotonin reuptake inhibitors and tricyclic antidepressants in the acute treatment of chronic depression and dysthymia: a systematic review and meta-analysis. *J Affect Disord* 2013;144:7-15.

33) Khoo AL, Zhou HJ, Teng M, Lin L, Zhao YJ, Soh LB, et al. Network Meta-Analysis and Cost-Effectiveness Analysis of New Generation Antidepressants. *CNS Drugs* 2015;29:695-712.

34) Stahl SM, Grady MM. Differences in mechanism of action between current and future antidepressants. *J Clin Psychiatry* 2003;64 Suppl 13:13−17.

35) Stahl SM, Zhang L, Damatarca C, Grady M. Brain circuits determine destiny in depression: a novel approach to the psychopharmacology of wakefulness, fatigue, and executive dysfunction in major depressive disorder. *J Clin Psychiatry* 2003;64 Suppl 14:6−17.

36) Jacobsen PL, Mahableshwarkar AR, Palo WA, Chen Y, Dragheim M, Clayton AH. Treatment−emergent sexual dysfunction in randomized trials of vortioxetine for major depressive disorder or generalized anxiety disorder: a pooled analysis. *CNS Spectr* 2016;21:367−378.

37) Cipriani A, Furukawa TA, Salanti G, Geddes JR, Higgins JP, Churchill R, et al. Comparative efficacy and acceptability of 12 new−generation antidepressants: a multiple−treatments meta−analysis. *Lancet* 2009;373:746−758.

38) Ramsberg J, Asseburg C, Henriksson M. Effectiveness and cost−effectiveness of antidepressants in primary care: a multiple treatment comparison meta−analysis and cost−effectiveness model. *PLoS One* 2012;7:e42003.

39) Burke WJ. Selective versus multi−transmitter antidepressants: are two mechanisms better than one? *J Clin Psychiatry* 2004;65 Suppl 4:37−45.

40) Spina E, Trifiro G, Caraci F. Clinically significant drug interactions with newer antidepressants. *CNS Drugs* 2012;26:39−67.

41) Uppal A, Singh A, Gahtori P, Ghosh SK, Ahmad MZ. Antidepressants: current strategies and future opportunities. *Current pharmaceutical design* 2010;16:4243−4253.

42) Lin EH, Von Korff M, Katon W, Bush T, Simon GE, Walker E, et al. The role of the primary care physician in patients' adherence to antidepressant therapy. *Med Care* 1995;33:67−74.

43) American Psychiatric Association. *Practice Guideline for the Treatment of Patients With Major Depressive Disorder*, 3rd edition. American Psychiatric Association. 2010.

44) McIntyre RS, Lee Y, Mansur RB. Treating to target in major depressive disorder: response to remission to functional recovery. *CNS Spectr* 2015;20 Suppl 1:20−30; quiz 31.

45) Paykel ES, Ramana R, Cooper Z, Hayhurst H, Kerr J, Barocka A. Residual symptoms after partial remission: an important outcome in depression. *Psychol Med* 1995;25:1171−1180.

46) Culpepper L, Muskin PR, Stahl SM. Major Depressive Disorder: Understanding the Significance of Residual Symptoms and Balancing Efficacy with Tolerability. *Am J Med* 2015;128:S1−S15.

47) Witkin JM, Li X. New approaches to the pharmacological management of major depressive disorder. *Adv Pharmacol* 2009;57:347−379.

48) Gaynes BN, Warden D, Trivedi MH, Wisniewski SR, Fava M, Rush AJ. What did STAR*D teach us? Results from a large−scale, practical, clinical trial for patients with depression.

Psychiatr Serv 2009;60:1439-1445.

49) Fava M, Rush AJ, Trivedi MH, Nierenberg AA, Thase ME, Sackeim HA, et al. Background and rationale for the sequenced treatment alternatives to relieve depression (STAR*D) study. *Psychiatr Clin North Am* 2003;26:457-494, x.

50) Rush AJ, Trivedi M, Fava M. Depression, IV: STAR*D treatment trial for depression. *Am J Psychiatry* 2003;160:237.

51) Blier P. Pharmacology of rapid-onset antidepressant treatment strategies. J Clin Psychiatry 2001;62 Suppl 15:12-17.

52) Trivedi MH. Treating depression to full remission. *J Clin Psychiatry* 2009;70:e01.

53) Harding KJ, Rush AJ, Arbuckle M, Trivedi MH, Pincus HA. Measurement-based care in psychiatric practice: a policy framework for implementation. *J Clin Psychiatry* 2011;72:1136-1143.

54) Gelenberg AJ. A review of the current guidelines for depression treatment. *J Clin Psychiatry* 2010;71:e15.

55) Gaillard R. [Comparative efficacy and acceptability of new-generation antidepressants. Synthesis meta-analysis Cipriani]. *Encephale* 2009;35:499-504.

56) Pae CU, Tharwani H, Marks DM, Masand PS, Patkar AA. Atypical depression: a comprehensive review. *CNS Drugs* 2009;23:1023-1037.

57) Kirsch I, Deacon BJ, Huedo-Medina TB, Scoboria A, Moore TJ, Johnson BT. Initial severity and antidepressant benefits: a meta-analysis of data submitted to the Food and Drug Administration. *PLoS Medicine* 2008;5:e45.

58) Quitkin FM, McGrath PJ, Stewart JW, Taylor BP, Klein DF. Can the effects of antidepressants be observed in the first two weeks of treatment? *Neuropsychopharmacology* 1996;15:390-394.

59) Papakostas GI, Thase ME, Fava M, Nelson JC, Shelton RC. Are antidepressant drugs that combine serotonergic and noradrenergic mechanisms of action more effective than the selective serotonin reuptake inhibitors in treating major depressive disorder? A meta-analysis of studies of newer agents. *Biol Psychiatry* 2007;62:1217-1227.

60) Souery D, Oswald P, Massat I, Bailer U, Bollen J, Demyttenaere K, et al. Clinical factors associated with treatment resistance in major depressive disorder: results from a European multicenter study. *J Clin Psychiatry* 2007;68:1062-1070.

61) Shelton RC, Osuntokun O, Heinloth AN, Corya SA. Therapeutic options for treatment-resistant depression. *CNS Drugs* 2010;24:131-161.

62) Oquendo MA, Malone KM, Ellis SP, Sackeim HA, Mann JJ. Inadequacy of antidepressant treatment for patients with major depression who are at risk for suicidal behavior. *Am J Psychiatry* 1999;156:190-194.

63) McIntyre RS, Suppes T, Tandon R, Ostacher M. Florida Best Practice Psychotherapeutic Medication Guidelines for Adults With Major Depressive Disorder. *J Clin Psychiatry* 2017;78:703-713.

64) Keller MB. The long-term treatment of depression. *J Clin Psychiatry* 1999;60 Suppl 17:41-45; discussion 46-48.

65) Katz MM, Koslow SH, Maas JW, Frazer A, Bowden CL, Casper R, et al. The timing, specificity and clinical prediction of tricyclic drug effects in depression. *Psychol Med* 1987;17:297-309.

66) Koran LM, Hamilton SH, Hertzman M, Meyers BS, Halaris AE, Tollefson GD, et al. Predicting response to fluoxetine in geriatric patients with major depression. *J Clin Psychopharmacol* 1995;15:421-427.

67) Fredman SJ, Fava M, Kienke AS, White CN, Nierenberg AA, Rosenbaum JF. Partial response, nonresponse, and relapse with selective serotonin reuptake inhibitors in major depression: a survey of current "next-step" practices. *J Clin Psychiatry* 2000;61:403-408.

68) Preskorn SH. Treatment options for the patient who does not respond well to initial antidepressant therapy. *J Psychiatr Pract* 2009;15:202-210.

69) Huynh NN, McIntyre RS. What Are the Implications of the STAR*D Trial for Primary Care? A Review and Synthesis. *Prim Care Companion J Clin Psychiatry* 2008;10:91-96.

70) Pae CU, Forbes A, Patkar AA. Aripiprazole as adjunctive therapy for patients with major depressive disorder: overview and implications of clinical trial data. *CNS Drugs* 2011;25:109-127.

71) Fava M. Augmentation and combination strategies for complicated depression. *J Clin Psychiatry* 2009;70:e40.

72) Han C, Wang SM, Kato M, Lee SJ, Patkar AA, Masand PS, et al. Second-generation antipsychotics in the treatment of major depressive disorder: current evidence. *Expert Rev Neurother* 2013;13:851-870.

73) Wang SM, Han C, Lee SJ, Jun TY, Patkar AA, Masand PS, et al. Second Generation Antipsychotics in the Treatment of Major Depressive Disorder: An Update. *Chonnam Medical Journal* 2016;52:159-172.

74) Pae CU, Patkar AA. Clinical issues in use of atypical antipsychotics for depressed patients. *CNS Drugs* 2013;27 Suppl 1:S39-45.

75) Yoon S, Jeon SW, Ko YH, Patkar AA, Masand PS, Pae CU, et al. Adjunctive Brexpiprazole as a Novel Effective Strategy for Treating Major Depressive Disorder: A Systematic Review and Meta-Analysis. *J Clin Psychopharmacol* 2017;37:46-53.

76) Sinyor M, Schaffer A, Levitt A. The sequenced treatment alternatives to relieve depression

(STAR*D) trial: a review. *Can J Psychiatry* 2010;55:126-135.

77) Howland RH. Sequenced Treatment Alternatives to Relieve Depression (STAR*D). Part 2: Study outcomes. *J Psychosoc Nurs Ment Health Serv* 2008;46:21-24.

78) Warden D, Rush AJ, Trivedi MH, Fava M, Wisniewski SR. The STAR*D Project results: a comprehensive review of findings. *Curr Psychiatry Rep* 2007;9:449-459.

79) Thase ME. Antidepressant combinations: widely used, but far from empirically validated. *Can J Psychiatry* 2011;56:317-323.

80) Rush AJ, Trivedi MH, Stewart JW, Nierenberg AA, Fava M, Kurian BT, et al. Combining medications to enhance depression outcomes (CO-MED): acute and long-term outcomes of a single-blind randomized study. *Am J Psychiatry* 2011;168:689-701.

81) Fava M. Management of nonresponse and intolerance: switching strategies. *J Clin Psychiatry* 2000;61 Suppl 2:10-12.

82) Gaynes BN, Rush AJ, Trivedi MH, Wisniewski SR, Spencer D, Fava M. The STAR*D study: treating depression in the real world. *Cleve Clin J Med* 2008;75:57-66.

83) Mohamed S, Johnson GR, Chen P, Hicks PB, Davis LL, Yoon J, et al. Effect of Antidepressant Switching vs Augmentation on Remission Among Patients With Major Depressive Disorder Unresponsive to Antidepressant Treatment: The VAST-D Randomized Clinical Trial. *JAMA* 2017;318:132-145.

84) Han C, Wang SM, Kwak KP, Won WY, Lee H, Chang CM, et al. Aripiprazole augmentation versus antidepressant switching for patients with major depressive disorder: A 6-week, randomized, rater-blinded, prospective study. *J Psychiatr Res* 2015;66-67:84-94.

85) Warner CH, Bobo W, Warner C, Reid S, Rachal J. Antidepressant discontinuation syndrome. *Am Fam Physician* 2006;74:449-456.

86) Bainum TB, Fike DS, Mechelay D, Haase KK. Effect of Abrupt Discontinuation of Antidepressants in Critically Ill Hospitalized Adults. *Pharmacotherapy* 2017.

87) Marcus SM. Depression during pregnancy: rates, risks and consequences--Motherisk Update 2008. *Can J Clin Pharmacol* 2009;16:e15-22.

88) Angelotta C, Wisner KL. Treating Depression during Pregnancy: Are We Asking the Right Questions? *Birth Defects Research* 2017;109:879-887.

89) Patkar AA, Bilal L, Masand PS. Pharmacotherapy of depression in pregnancy. *Ann Clin Psychiatry* 2004;16:87-100.

90) Ververs T, Kaasenbrood H, Visser G, Schobben F, de Jong-van den Berg L, Egberts T. Prevalence and patterns of antidepressant drug use during pregnancy. *Eur J Clin Pharmacol* 2006;62:863-870.

91) Freeman MP. Antidepressant medication treatment during pregnancy: prevalence of use,

clinical implications, and alternatives. *J Clin Psychiatry* 2011;72:977−978.

92) Bar−Oz B, Einarson T, Einarson A, Boskovic R, O'Brien L, Malm H, et al. Paroxetine and congenital malformations: meta−Analysis and consideration of potential confounding factors. *Clin Ther* 2007;29:918−926.

93) Wisner KL. SSRI treatment during pregnancy: are we asking the right questions? *Depress Anxiety* 2010;27:695−698.

94) Venkatesh KK, Castro VM, Perlis RH, Kaimal AJ. Impact of antidepressant treatment during pregnancy on obstetric outcomes among women previously treated for depression: an observational cohort study. *Journal of Perinatology : Official Journal of the California Perinatal Association* 2017.

95) Alwan S, Friedman JM, Chambers C. Safety of Selective Serotonin Reuptake Inhibitors in Pregnancy: A Review of Current Evidence. *CNS Drugs* 2016;30:499−515.

96) Emslie G, Kratochvil C, Vitiello B, Silva S, Mayes T, McNulty S, et al. Treatment for Adolescents with Depression Study (TADS): safety results. *J Am Acad Child Adolesc Psychiatry* 2006;45:1440−1455.

97) March J, Silva S, Petrycki S, Curry J, Wells K, Fairbank J, et al. Fluoxetine, cognitive−behavioral therapy, and their combination for adolescents with depression: Treatment for Adolescents With Depression Study (TADS) randomized controlled trial. *JAMA* 2004;292:807−820.

98) Cipriani A, Zhou X, Del Giovane C, Hetrick SE, Qin B, Whittington C, et al. Comparative efficacy and tolerability of antidepressants for major depressive disorder in children and adolescents: a network meta−analysis. *Lancet* 2016;388:881−890.

99) Blazer DG. Depression in late life: review and commentary. *J Gerontol A Biol Sci Med Sci* 2003;58:249−265.

100) Beekman AT, Copeland JR, Prince MJ. Review of community prevalence of depression in later life. *Br J Psychiatry* 1999;174:307−311.

101) Nelson JC. Diagnosing and treating depression in the elderly. *J Clin Psychiatry* 2001;62 Suppl 24:18−22.

102) Rajji TK, Mulsant BH, Lotrich FE, Lokker C, Reynolds CF, 3rd. Use of antidepressants in late−life depression. *Drugs Aging* 2008;25:841−853.

103) Wiese B. Geriatric depression: The use of antidepressants in the elderly. *BC Medical Journal* 2011;53:341−347.

104) Wilson K, Mottram P. A comparison of side effects of selective serotonin reuptake inhibitors and tricyclic antidepressants in older depressed patients: a meta−analysis. *Int J Geriatr Psychiatry* 2004;19:754−762.

105) Nomikos GG, Tomori D, Zhong W, Affinito J, Palo W. Efficacy, safety, and tolerability of vortioxetine for the treatment of major depressive disorder in patients aged 55 years or older. *CNS Spectr* 2017;22:348−362.

106) Judd F, Boyce P. Tricyclic antidepressants in the treatment of depression. Do they still have a place? *Aust Fam Physician* 1999;28:809−813.

107) Boyce P, Judd F. The place for the tricyclic antidepressants in the treatment of depression. *Aust N Z J Psychiatry* 1999;33:323−327.

108) Wimbiscus M, Kostenko O, Malone D. MAO inhibitors: risks, benefits, and lore. *Cleve Clin J Med* 2010;77:859−882.

109) Patkar AA, Pae CU, Zarzar M. Transdermal selegiline. *Drugs Today* (Barc) 2007;43:361−377.

110) Rudkin L, Taylor MJ, Hawton K. Strategies for managing sexual dysfunction induced by antidepressant medication. *Cochrane Database Syst Rev* 2004:CD003382.

111) Taylor MJ, Rudkin L, Hawton K. Strategies for managing antidepressant−induced sexual dysfunction: systematic review of randomised controlled trials. *J Affect Disord* 2005;88:241−254.

112) Gunnell D, Saperia J, Ashby D. Selective serotonin reuptake inhibitors (SSRIs) and suicide in adults: meta−analysis of drug company data from placebo controlled, randomised controlled trials submitted to the MHRA's safety review. *BMJ* 2005;330:385.

113) Lane RM. SSRIs and hyponatraemia. *Br J Clin Pract* 1997;51:144−146.

114) Cupp MJ, Tracy TS. Cytochrome P450: new nomenclature and clinical implications. *Am Fam Physician* 1998;57:107−116.

115) Lagishetty CV, Deng J, Lesko LJ, Rogers H, Pacanowski M, Schmidt S. How Informative Are Drug−Drug Interactions of Gene−Drug Interactions? *J Clin Pharmacol* 2016;56:1221−1231.

116) Feighner JP. The new generation of antidepressants. *J Clin Psychiatry* 1983;44:49−55.

117) Giorgetti M, Tecott LH. Contributions of 5−HT(2C) receptors to multiple actions of central serotonin systems. *Eur J Pharmacol* 2004;488:1−9.

118) Halford JC, Harrold JA, Boyland EJ, Lawton CL, Blundell JE. Serotonergic drugs : effects on appetite expression and use for the treatment of obesity. *Drugs* 2007;67:27−55.

119) U.S. Food and Drug Administration. http://www.fda.gov/Drugs/default.htm.

120) Puozzo C, Panconi E, Deprez D. Pharmacology and pharmacokinetics of milnacipran. *Int Clin Psychopharmacol* 2002;17 Suppl 1:S25−35.

121) Blier P. Possible neurobiological mechanisms underlying faster onset of antidepressant action. *J Clin Psychiatry* 2001;62 Suppl 4:7−11; discussion 37−40.

122) Montgomery SA. Safety of mirtazapine: a review. *Int Clin Psychopharmacol* 1995;10 Suppl 4:37−45.

123) Fontaine R. Novel serotonergic mechanisms and clinical experience with nefazodone. *Clin Neuropharmacol* 1993;16 Suppl 3:S45-50.

124) McEwen BS, Chattarji S, Diamond DM, Jay TM, Reagan LP, Svenningsson P, et al. The neurobiological properties of tianeptine (Stablon): from monoamine hypothesis to glutamatergic modulation. *Mol Psychiatry*;15:237-249.

125) Pae CU. Desvenlafaxine in the treatment of major depressive disorder. *Expert Opin Pharmacother*;12:2923-2928.

126) Seo HJ, Sohi MS, Patkar AA, Masand PS, Pae CU. Desvenlafaxine succinate: a newer antidepressant for the treatment of depression and somatic symptoms. *Postgrad Med*;122:125-138.

127) Pae CU. Desvenlafaxine: a new antidepressant or just another one? *Expert Opin Pharmacother* 2009;10:875-887.

128) Stahl SM. Modes and nodes explain the mechanism of action of vortioxetine, a multimodal agent (MMA): enhancing serotonin release by combining serotonin (5HT) transporter inhibition with actions at 5HT receptors (5HT1A, 5HT1B, 5HT1D, 5HT7 receptors). *CNS Spectr* 2015;20:93-97.

129) Dubovsky SL. Pharmacokinetic evaluation of vortioxetine for the treatment of major depressive disorder. Expert opinion on drug metabolism & toxicology 2014;10:759-766.

130) Pae CU, Wang SM, Han C, Lee SJ, Patkar AA, Masand PS, et al. Vortioxetine, a multimodal antidepressant for generalized anxiety disorder: a systematic review and meta-analysis. *J Psychiatr Res* 2015;64:88-98.

131) Thase ME, Danchenko N, Brignone M, Florea I, Diamand F, Jacobsen PL, et al. Comparative evaluation of vortioxetine as a switch therapy in patients with major depressive disorder. *Eur Neuropsychopharmacol* 2017;27:773-781.

132) Baldwin DS, Chrones L, Florea I, Nielsen R, Nomikos GG, Palo W, et al. The safety and tolerability of vortioxetine: Analysis of data from randomized placebo-controlled trials and open-label extension studies. *J Psychopharmacol* 2016;30:242-252.

133) Smith J, Browning M, Conen S, Smallman R, Buchbjerg J, Larsen KG, et al. Vortioxetine reduces BOLD signal during performance of the N-back working memory task: a randomised neuroimaging trial in remitted depressed patients and healthy controls. *Mol Psychiatry* 2017.

134) Pae CU. Agomelatine: a new option for treatment of depression? *Expert Opin Pharmacother* 2014;15:443-447.

135) Loo H, Hale A, D'Haenen H. Determination of the dose of agomelatine, a melatoninergic agonist and selective 5-HT(2C) antagonist, in the treatment of major depressive disorder: a placebo-controlled dose range study. *Int Clin Psychopharmacol* 2002;17:239-247.

136) Kennedy SH, Avedisova A, Belaidi C, Picarel-Blanchot F, de Bodinat C. Sustained efficacy of agomelatine 10 mg, 25 mg, and 25-50 mg on depressive symptoms and functional outcomes in patients with major depressive disorder. A placebo-controlled study over 6 months. *Eur Neuropsychopharmacol* 2016;26:378-389.

137) Stein DJ, Ahokas A, Jarema M, Avedisova AS, Vavrusova L, Chaban O, et al. Efficacy and safety of agomelatine (10 or 25 mg/day) in non-depressed out-patients with generalized anxiety disorder: A 12-week, double-blind, placebo-controlled study. *Eur Neuropsychopharmacol* 2017;27:526-537.

생물학적 치료 : 비약물학적 치료
Somatic interventions: non-pharmacological treatments

서정석*, 이광헌**

건국대학교 충주병원 정신건강의학과*, 동국대학교 의과대학 동국대학교 경주병원 정신건강의학과**

우울증의 비약물학적인 치료는 신경 조절법(neuromodulating techniques), 기타 비생물학적 치료, 운동 및 영양요법으로 나눌 수 있다.

신경 조절법에는 전기경련요법(electroconvulsive therapy : ECT), 경두개자기자극술(transcranial magnetic stimulation : TMS), 심부 뇌자극술(deep brain stimulation : DBS), 미주신경 자극술(vagus nerve stimulation : VNS) 등이 있으며, **기타 생물학적 치료**에는 광치료 (phototherapy), 수면박탈(sleep deprivation) 등이 있고, 광치료와 수면박탈이나 부분적 수면 제한을 시간요법(chronotherapy)이라고도 한다. **영양요법**에는 s-adenosyl methionine (SAMe), 오메가-3 지방산(omega 3 fatty acid : O3FA)을 이용한 치료법들이 있다.

여기서 소개되는 치료 전략들은 2017년도 국내 전문가의 의견을 조사한 결과(KMAP-DD 2017)로서, 과거에 비해 선호도가 증가한 ECT를 제외하면, 나머지 치료법들은 초기 치료에 반응이 부적절한 경우에 약물의 최적화, 약물 교체 또는 병합요법 후에 고려하는 2차 또는 3차 치료 전략이었다.[1]

전기경련요법

전기경련요법(ECT)은 선입견이 많은 치료법임에도 불구하고 다양한 임상적 유용성과 안전성을 보인다. 특히 다음 상황에서 우선적으로 고려할 수 있는 안전한 치료방법이다. (1) 중증 우울증 환자에서 심각한 자살위험이 있는 상황, (2) 약물치료로 빠른 효과를 기대하기 어려울 때나, (3) 약물치료를 시행하기 어려운 심각한 내과적 질환이 있거나, (4) 노인, 임산부 등의 약물치료가 곤란한 임상상황, (5) 긴장형 정신분열병, 급성 조증환자, (5) 치료반응이 부적절한 파킨슨병, 신경이완제 악성증후군, 치료저항성 간질 등에서 효과적이다.

그러나 다음 같은 경우에는 주의 깊은 환자 평가가 필요하다. ECT가 일시적으로 뇌혈류 또는 두개 내압과 혈−뇌 장벽의 투과성을 증가시키므로 공간 점유성 두개 내 병변이 있는 환자들에게 ECT를 시행할 때에는 주의를 기울여야 한다. 대뇌 안 종괴가 있는 환자에서 ECT가 금기지만, 종괴 효과가 없는 경우에는 비교적 안전하게 ECT를 시행할 수 있다. 최근 심근경색을 겪은 환자 역시 심장 부담의 증가로 인한 추가적인 심근손상을 예방하기 위해 처치가 필요하지만 ECT가 악성 부정맥이나 심근 허혈을 일으키지는 않는 것으로 알려져 있다. 심박동 조율기를 장착한 환자도 안전하게 ECT를 시행할 수 있는데, 이때 박동수를 고정시켜 놓거나 심박동 조율기를 불활성화시키는 것이 좋다. 임신 중에도 ECT는 안전하게 사용될 수 있으나 산과적 진찰과 태아 감시가 이루어져야 하고, 태아에게 적절한 산소를 공급하기 위해 환자가 과호흡되지 않도록 하며, 왼쪽으로 누운 자세를 취하여 태아에게 적절한 혈류를 공급해야 한다. 절대적인 금기는 두개 내 압력 증가뿐이지만, 고혈압, 최근의 심근경색, 서맥, 심장박동기, 두개 내 질병, 동맥류, 경련장애, 골다공증, 두개골 결함, 망막박리, 공존하는 내과적 질환 등은 주의 깊은 평가를 필요로 하는 상황들이다.

역사적 배경

경련이 정신건강을 향상시킬 수 있다는 관찰은 수 세기 전부터 있었지만, 1934년 헝가리의 정신과 의사 Ladislas Meduna가 세운 경련과 조현병과의 연관성에 대한 가설 ― 조현병 환자에서 부족한 교세포가 간질환자에서는 과다하다는 가설 ― 이 ECT의 역사적 배경이 된다.

당시 경련 유발을 위해 장뇌(樟腦, camphor)를 사용하여 60초간 대발작을 일으켜서 근긴장성 조현병 환자를 치료했다. 그러나 경련 유발을 위해 사용했던 화학물질이 환자들에게 불쾌감을 주었기 때문에 다른 대체 방법을 찾던 중에 전기의 사용을 고려하게 되었다. 즉, 스위스의 과학자가 개의 뇌에 직접 전류를 이용하여 경련을 유발한 이후, 이탈리아의 과학자 Cerletti와 Bini가 사람의 두피에 직접 전류를 주어 경련을 유발에 성공하였으며, 1938년에 49세의 망상장애 환자에게 11차례의 ECT를 시행하여 부작용 없이 완전히 회복시켰다. 이것이 현대적인 치료법으로서 ECT의 탄생이다.[2]

기전 및 시행방법

기전

많은 이론이 제안되지만 아직 명확하지 않다. 일시적인 경련과 전기적 억제가 임상적 효과를 나타낸다는 항경련 가설, 해마의 신경발생 촉진 효과, 각종 호르몬 불균형 가설, 특히 증가된 코르티솔을 감소시켜 인지기능을 호전시킨다는 가설 등이 있다.[2] 그 외에도 ECT가 신경전달물질, 신경펩타이드, 신경성장인자 등에 영향을 미친다는 가설도 있다.

시행방법

1. 전처치

   활력 징후와 뇌파의 감시와 응급상황 발생 시에 처치가 가능한 공간에서 시행한다. 전처치에는 전신마취, 근육이완, 적절한 산소공급, 분비물 감소 등이 포함된다. 이러한 전처치로 ECT에 동반될 수 있는 인지기능 및 신체손상을 방지할 수 있다.

   (1) 흔히 사용되는 전신마취제로는 작용시간이 짧은 barbiturate인 methohexital 또는 thiopental 등을 사용하며 그 외에도 propofol, ketamine도 사용한다.

   (2) 골절과 같은 근골격계 손상을 예방하기 위하여 근이완제를 사용한다. 흔히 사용되는 근이완제는 작용시간이 빠른 succinylcholine이다. 부작용으로 근육통이 발생할 수 있다.

   (3) 산소 마스크를 통해 100% 산소를 공급하며 마취로 호흡이 중단되게 되면 양압하에 산소를 공급한다. 이러한 호흡 보조는 환자의 자발호흡이 돌아오고 헤모글로빈의 산소포화도가 실내 공기에서도 임상적으로 적절히 유지될 때 중단한다.

   (4) atropine, glycopyrrolate와 같은 항콜린성 약물로 호흡을 방해하는 분비물을 줄인다. 전기자극은 직접적으로 턱관절 근육을 수축시키기 때문에 ECT 시행 전에 구강 내부와 치아를 보호하기 위해 bite block을 사용한다.

2. 경련 유발

   (1) 두피의 편측 또는 양측에 부착된 전극을 통하여 발전기에서 발생된 전기자극을 뇌로 전달한다. 편측성 ECT인 경우 비우세 반구의 전두엽-두정엽에 위치를 정한다. 즉, 우측 귀의 외이도와 오른쪽 눈의 외측 안와열 사이의 중간에 부착한다. 양측성인 경우에는 전두엽-두정엽에 한 개를, 다른 하나는 머리마루(vertex)의 약간 우측에 부착한다.

이때 전신-강직성 경련이 유발될 정도의 강도로 전류를 보낸다. 전기자극의 강도, 양측 또는 편측의 전극 위치가 치료효과 또는 부작용에 중요한 영향을 미친다. 초기에는 양측으로 전기자극을 전달했지만 1949년 Goldman이 단측 자극을 소개한 이후, 무작위 대조군 연구결과 양측과 단측 자극 간에 효과의 차이가 없었으며, 단측 자극에서 치료 후 부작용이 적었다는 결과들이 보고되면서 단측 자극법을 선호하고 있다.[2]

(2) 자극강도는 보통 경련의 역치보다 낮은 수준부터 시작하여 양측성 ECT에서는 경련 역치보다 50%, 편측 ECT에서는 경련 역치의 100% 정도씩 증가시키면서 치료를 시작한다.

(3) 보통 턱과 안면의 근육 수축이 일어나면 발목 신전이 약 10~20초간 강직상태가 유지된다. 이어서 간대성 발작이 뒤따르고 그 빈도가 잦아들다가 소실되면 적절한 경련이 유발된 것이다.

(4) 전기자극은 보통 수십 초까지 가할 수 있지만, 일반적으로는 수 초만 자극한다. 적절한 경련 시간은 일반적으로 1분 이하로 한다. 경련이 육안, 또는 EEG상에서 3분 이상 발생하는 경우에는 단기 작용 barbiturate 또는 benzodiazepine과 같은 항경련제를 정맥주사하여 적극적으로 조절한다.

(5) 경련 유발 실패 시에는 전기자극 후 20~40초가 지나서도 경련이 유발될 수 있기 때문에 일단 기다려 본다. 그러나 경련 유도가 실패한 것이 확실하면 전극과 피부의 부착상태를 확인하거나, 전기자극 강도를 25~100% 정도 늘려서 다시 시도해보거나, 혹은 경련 역치를 낮추기 위하여 마취제를 교체해보거나, 과호흡을 시키거나, 500~2,000mg의 caffeine sodium benzoate를 정맥주사하고 다시 시도할 수 있다.

3. 회복 및 안정

의학적으로 안정될 때까지 심혈관 및 호흡기능에 대한 관찰을 하며 환자를 회복시킨다. 사인파(sine wave)를 사용하던 1930년대에는 회복에 수시간이 걸렸으나 과학 발달로 개인의 경련 역치를 찾아서 전기강도를 조절하고 전기자극 시간을 단축함으로써 우측 편측성 ECT는 30분 정도, 양측성에서는 45분 정도로 회복시간이 빨라졌다.[2] 만약 환자가 오랫동안 깨어나지 않으면 회복을 위해 마취과와의 협진 등 다른 방법을 모색한다. 환자가 처치실을 나서기 전에 완전한 보행이 가능할 때까지 안정이 필요하다.

부작용

두통과 지남력장애, 기억력 저하 등의 인지기능의 저하가 일어날 수 있다. ECT에 의한 인지기능 저하는 6개월 이내에 호전될 수도 있고[4,5], 더 오래 지속될 수도 있다.[6]

우울증과 ECT

현재 국내외에서 ECT를 심한 우울증에 대한 효과적인 생물학적 치료법으로 인정하고 있다. 2017년 한국형 우울장애 진료지침서에서 정신병적 양상을 동반한 자살위험이 있는 중증의 우울삽화 환자에게는 최우선 치료로, 정신병적 양상을 동반하지 않은 중증의 급성 자살위험 환자와, 약물치료에 반응을 보이지 않는 중등도의 우울삽화, 임산부에게 동반된 중증의 우울삽화에서는 1차로 치료할 것을 권고하여 과거에 비해 ECT의 선호도가 증가되었음을 보여주었다.[1]

또한 설문조사에 응답한 기분장애 전문가의 44%(35/79)가 우울증 치료로 ECT를 시행하고 있다고 답하였으며, 1년에 평균 5.6명을 시행하였고, 환자 1명당 1주일에 2.9회씩 총 9.6회를 시행했다고 답변하였다.[1]

최근에 미국의 9개 주의 종합병원에서 심한 기분장애로 입원한 환자의 ECT 시행도가 1.5%이지만 시행받은 군이 30일 이내 재입원할 가능성이 미시행군에 비해 절반으로 낮았음을 확인했고, 또한 2016년 미국의 대규모 노인 우울증에 대한 ECT 관해율이 62%였음을 강조면서 그 효능과 안정성에 비하여 항우울제의 폭발적인 사용으로 인하여 ECT 사용이 매우 낮음을 지적했다.[3]

전기경련요법 시행 후 유지치료를 하지 않는 경우 50%에서 90% 사이의 높은 재발률을 보이기 때문에 재발방지를 위한 유지치료가 필요하다. 사용하던 약물치료를 유지할 수 있으며, ECT를 주 1회 혹은 월 1회 시행할 수 있다. 특히 재발삽화를 보이는 환자 중에서 이전의 ECT의 효과가 좋았던 경우, 약물치료에 반응이 좋지 않거나 이상반응으로 내약성이 감소되는 경우, 재발을 자주하는 경우, 정신병적 양상을 동반한 경우, 환자가 ECT를 선호하는 경우 등에서는 ECT를 유지치료로 시행할 수 있다.

경두개자기자극술

역사적 배경

1831년 Faraday가 전류는 자기장을, 자기장은 전류를 유도할 수 있다는 것을 알아낸 후부터 생체에서 자기와 전기의 상호 관련성에 대한 많은 관심이 이어졌다.

1985년에 영국에서 Barker 등이 운동피질 부위를 전자기 코일로 자극하여 손가락과 발의 움직임을 유도했다. **경두개자기자극술**(TMS)은 운동 유발전위를 근전도로 쉽게 기록할 수 있기 때문에 주로 운동피질의 지도화에 사용되어 왔다. 특히 파킨슨병, 다발성 경화증 환자의 운동 전도 시간 측정과 특정 근육의 운동 역치를 측정하여 운동피질의 지도 작성 등 기초 생리조사 연구에 중요한 방법으로 활용되었다. 운동기능 이외에 시각, 언어 및 감각에도 영향을 미칠 수 있다는 것이 알려졌고, 작업기억에도 영향을 주어 이에 대하여 연구되어 왔다.[7]

임상적으로는 1902년에 Pollacsek과 Beer가 우울증 환자에게 처음 사용했다는 기록이 있으며, 1993년에 약물치료에 저항을 보이는 우울증 환자를 대상으로 한 증례 보고가 발표된 이후[8], Pascual-Leone 등[9]과 George 등[10]이 대조군 연구를 시행하여 의미 있는 우울증상의 호전을 보고하는 등 우울증에 대한 임상연구가 활발히 이루어지고 있다.

기전 및 시행방법

기전

TMS는 강력한 전기를 단속(on-off)하여 100~200ms 동안 지구장의 약 4만 배에 해당하는 약 2T의 자기장을 생성시킨다. 이러한 자기장을 머리 밖의 적절한 위치에 두고 그 자기장 파동의 변동 에너지를 두피와 두개를 통하여 뇌의 특정 부위로 전달하여 신경세포의 탈분극을 유도하여 특정 뇌회로의 기능변화를 유도하는 것이 그 원리이다(그림 1 참조).[11]

파동을 반복하여 주기적으로 주는 것을 반복적 경두개자기자극술(rTMS)이라 하며, 이 반복주기가 1Hz 이상일 때를 고빈도 rTMS라 한다. 일반적으로 고빈도는 대뇌피질에 대하여 흥분성으로, 저빈도는 억제성으로 작용한다.

뇌영상 연구결과 우울증은 좌측 전전두엽이 관련되어 있다고 여겨지기 때문에, 대부분의 고빈도 rTMS는 좌측 전전두엽을 목표 부위로 시행한다. 전기자극을 주는 ECT와는 달리 자기장을 발생시킨다는 점에서 MRI와 유사하다. 따라서 TMS를 시행하기 전에 신체 내에 자성의 영향을 받을 수 있는 금속성 물질이 있는지를 반드시 확인해야 한다. 동맥류

| 그림 1 | 경두개자기자극술 시연 모습(좌측 사진). 본체에서 발생한 전기는 코일(우측 사진)로 전달된다. |

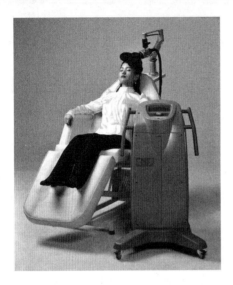 

출처 : 리메드 제공

클립은 자성에 영향을 받지 않지만, 전류에 의한 발열 가능성이 있기 때문에 TMS를 피하는 것이 좋다.

시행방법
1. 치료 시작 전에 운동 역치에 영향을 줄 수 있는 요인에 대한 평가를 한다. 이에는 수면시간, 복용 약물, 카페인 음료 등의 섭취 여부 등이 포함된다.
2. 자장의 영향을 받을 수 있는 장신구 또는 금속성 물질 등을 탈착하여 안전하게 보관한다.
3. 환자의 머리 움직임이 최소화할 수 있도록 의자에 안정적으로 앉게 하고, TMS 소음 차단을 위해 치료자와 환자는 귀마개를 착용한다.
4. 운동 역치 결정 : 우세 반구, 주로 좌측 운동피질을 자극했을 때, 우측 단무지 외전근(abductor pollicis brevis)의 수축에 필요한 최소한의 자장을 운동 역치로 결정한다.
5. 운동피질의 위치 결정: 정수리에서 양쪽 귀의 외이도를 연결한 가상의 선인 interauricular line을 따라 코일을 시상면에서 45도 되는 지점에 접선으로 위치시킨 후 그 위치에서 전방 5cm로 이동한다. 이 부분이 중앙구에 해당된다. 여기에서 외이도 사이선에 평행하게 움직이면서 단무지 외전근이 수축되는 가장 적절한 위치

를 찾는다.

6. 결정된 운동피질 부위에 코일을 대고 운동 역치 수준의 강도로 총 40분 정도 뇌를
   자극한다.

부작용

TMS는 국소적 두통과 기계적 소음으로 인한 난청을 발생시킬 수 있다. 또한 1차 운동영역
을 자극하다 보면 경련이 발생할 수 있지만 그 발생률은 수천 명 중 약 0.5% 미만으로 보고
되고 있다. 경련 위험성이 있는 환자에서는 short pulse series를 사용하고 inter-train interval
을 20초 이상으로 충분히 하면 발생위험성을 감소시킬 수 있다. 2013년 연구에 의하면 30
만 회기의 치료 중에 20례 정도에서만 경련이 보고되었다.

그 외 신경학적 이상 또는 인지기능과 심혈관계 등의 이상작용에 대한 보고는 없다. 비
교적 안전하고 부작용이 없는 것으로 알려져 있지만, TMS도 새로운 치료법인만큼 향후
지속적인 관찰이 필요하다.

우울증과 TMS

TMS는 비침습적이기 때문에 대부분의 정신과 임상 상황에서 다양하게 이용되고 있다. 단
극성 및 양극성우울증뿐만 아니라 강박장애, 파킨슨병 등의 운동장애, 투렛장애, 조현병,
인지기능 저하 및 치매 등에서의 치료효과가 연구되고 있다. 여기서는 우울증에 국한하여
살펴보겠다.

TMS가 항우울 작용을 갖거나 우울증에 효과적이라는 연구결과가 유럽[8,12,13]과 미국[10]
에서 발표되었다. 이후 이들 연구를 대상으로 한 메타분석 결과가 발표되었다. 19개 연구
중에서 68명을 대상으로 한 6개의 연구를 분석 결과, 유의한 효과가 없었다는 연구도 있지
만[14], 다른 메타분석에서는[15,16)에서는 TMS가 우울장애에서 적어도 표준 약물치료만큼 효
과적이라고 결론짓고 있다.

또 다른 메타연구가 1966년부터 2008년까지 34개의 sham-대조군 rTMS 연구를 대상
으로 이루어졌다. 우울증에 대하여 rTMS가 허위치료군(sham group)에 비하여 효과 크기
0.55로 유의한 차이를 보였으며, ECT와 직접 비교했을 때에는 ECT가 더 우월했지만, 전
반적으로 우울증에 rTMS가 효과적인 치료라는 결론을 내렸다.[17]

미국 FDA에서 주요 우울장애 치료 기계로 Neuronatics 사에서 개발한 기계를 첫 번째로,
2013년에 Brainsway에서 만든 기계를 두 번째로 인정한 이후로 이전의 항우울제에 반응이

좋지 않은 성인 우울증 환자에서 4~6주간 20~30회기의 rTMS를 치료로 허가하였다.

미국 TMS 협회에서는 그간의 근거와 전문가 합의과정을 거쳐 좌측 전두엽 TMS를 약물치료에 반응이 좋지 못하거나 부작용이 심한 급성기 우울증 환자에게 효과적이고 안정적인 치료로 권장하였다.[18]

2017년도 국내 전문가들은 TMS를 2차 치료 전략으로 권장하였다. 국내에서 TMS를 시행하고 있는 경우가 31.6%(79명 중 25명)였으며, TMS를 시행하는 경우 1년에 평균 12.7명을 시행하였고, 환자 1명에 대해서는 1주일에 4.1회씩 총 12.6회를 시행한다고 답변하였다.[1]

그러나 대부분의 TMS 연구가 약물치료에 효과가 부족한 환자군을 대상으로 하고 있기 때문에 표준적인 치료로 인정받기 위해서는 좀 더 근거가 필요할 것이며, 이를 위해 TMS 자극의 위치, 빈도, 강도 및 코일 형태, 치료기간, 횟수 등의 변수에 대한 향후 연구가 진행되고 있다.

심부 뇌자극술

뇌영상 연구를 비롯한 뇌 신경과학의 발전으로 정신질환에 대한 신경생물학적 이해가 깊어짐에 따라 직접적으로 뇌 활성을 변화시키는 방법으로 정신질환을 치료하는 연구가 진행되고 있다. 뇌수술을 통해 특정 부위의 직접 조율을 시도하는 치료법을 통틀어 기능적 뇌수술이라 부른다.

심부 뇌자극술(DBS)은 특정 피질하에 위치한 핵을 전기적으로 자극하는 새로운 수술적 치료방법이다. 미국 FDA에서는 파킨슨병, 본태성 손떨림, 근긴장이상증, 강박장애 치료로 인정하였으며, 그 외에도 간질, 우울증, 투렛장애, 만성통증 등에 대한 치료효과를 활발히 연구하고 있다.[19]

역사적 배경

정신 외과수술의 시작은 전두엽 절개술(frontal lobotomy)이 시행된 1935년으로 거슬러 올라간다. 1945년 미국에서 Freeman이 '얼음 송곳'으로 불리는 경안와 전두엽 절개술을 시행한 이래로 1950년대에 많은 환자들에게 전두엽 절개술이 행해졌다. 그러나 인격 변화와 같은 부작용과 무분별한 시행, 체계적인 효과의 연구 부족 등의 이유로 1960년대가 되면서 쇠퇴하게 되었다.[20]

이러한 쇠퇴기에도 뇌의 특정 부위를 손상시켜 얻을 수 있는 치료효과 연구는 계속되고 있었다. 전낭 절개술(anterior capsulotomy), 전대상회 절개술(anaterior cingulotomy)이 심한 강박장애 환자에게 효과적이었다. 이러한 결과들과 전기생리학의 발달 및 기구의 발달 등이 어우러져서 정신질환에서 DBS를 시행하게 되었다.

기전 및 시행방법

DBS의 기전은 명확하지 않다. 시상하부 절개술과 같은 정신외과 수술법이 DBS의 배경이 되었고, 이후에 전기생리적인 연구가 진행되면서 DBS의 효과를 입증하였다. DBS는 신경세포체 또는 신경말단을 자극한다. 기저핵 내에서 서로 연결되어 있는 신경원의 활동성과 신경화학 신호전달에 영향을 주어 결국 임상적인 효과를 내는 것으로 알려졌다.[21]

DBS 시행에는 정교한 뇌영상 유도하에서 시행되는 뇌정위 수술이 필수적이다. 보통 MRI와 뇌정위 기법으로 뇌 수술 위치를 결정한 후에 국소마취하에서 뇌수술을 시행한다. 결정한 수술 부위로 접근하기 위해 두개골에 1개 이상의 구멍을 뚫고, 미세 전극을 넣어서 특정 신경 활동을 확인하면서 적절한 뇌 부위에 이르렀는지를 확인한다. 확인 후 미세전극을 빼내고 건전지로 작동하는 전극을 삽입한다. 이때 의사와 환자가 서로 대화하면서 불편한 점이나 부작용이 없는지 확인한다.

우울증과 관련된 뇌 수술 부위는 뇌량하 대상피질(subcallosal cingulate), 복측선조체(ventral capsule/ventral striatum), 측좌핵(nucleus accumbens), 내측전뇌다발(median forebrain bundle) 등이다.[22]

부작용

전극 자체의 부작용과 수술 과정에서 발생할 수 있는 부작용으로 나누어볼 수 있다. 전극 자체의 감염, 기계의 위치가 가슴 쪽으로 움직여서 튀어 나와 보이는 미용상의 문제 등이 있을 수 있다. 그리고 미세전극으로 위치를 정하는 과정 중에 뇌출혈 가능성이 있으며, 전극을 잘못된 위치에 심으면 우울증이나 자살사고 등이 발생할 수 있다.

우울증과 DBS

다양한 연구결과 DBS는 만성적이고, 심각한, 치료저항성 우울증에 약물치료의 효과적인 대안이될 수 있다. 항우울 효과와 슬하대상피질(subgenual cingulate cortex) 간에는 밀접한 연관성이 있는 것으로 알려져 있다. 2004년에 치료저항성 우울증 환자의 슬하대상피질을 목표 부위로 정하여 DBS를 시행하여 6개월 후에 20명 중에 12명이 반응을 보였고, 7명이 관해를 보였다.[23] 또 다른 연구로 17명의 치료저항성 우울증 환자에서 DBS를 시행한 결과 12개월 반응률이 53%였으며, 관해율이 41%였다.[20]

국내 조사에서도 DBS를 치료저항성 우울증에 대한 2차 치료로 권장하였다.[1]

이상의 연구결과를 고려하면 DBS가 치료저항성 우울증에 대한 2차 전략으로 그 효과를 기대해볼 수 있을 것이다.

미주신경 자극술

미주신경 자극술(VNS)은 중추신경 및 말초신경계와 광범위하게 연결된 미주신경을 자극함으로써 대뇌와 신체 간의 불균형을 회복시키고자 시도하는 뇌수술 방법이다. VNS와 DBS는 현재 가장 활발하게 연구되고 있는 기능적 뇌수술 치료법이다.

역사적 배경

VNS는 1988년 간질환자에게 처음으로 시술되어 유럽에서 1994년, 미국에서 1997년에 간질치료로 승인되었다. VNS를 이용한 간질치료에서 환자의 우울한 기분도 함께 개선된다는 것을 경험하게 되면서 난치성 우울증 환자를 치료하기 위한 시도가 뒤따르게 되었다.

기전 및 시행방법

기전

약 50년 전 동물실험을 통해 VNS가 EEG상에서 안와 전두엽 활동의 동기화와 전두엽의 서파(ECT의 임상 효과의 표지자)를 유도할 수 있다는 것을 알게 되었다.[24,25] 한편 장기간 VNS를 시행한 간질환자에서 뇌척수액의 세로토닌 대사산물인 5-HIAA와 GABA 농도가 증가하였다.[26] 이것이 치료저항성 우울증에서 VNS를 시행하는 근거가 되었다.

시행방법

목에 위치한 구심성 미주신경을 자극하여 우울증과 관련된 뇌회로를 자극한다. 목 부위에 위치하는 뇌간에는 배측 봉선핵(dorsal raphe nucleus)과 청색반점(locus ceruleus)이 있다. 고립로핵(nucleus of solitary tract)도 배측 연수(dorsal medulla) 부근에 위치한다. 고립로핵은 피질과 피질하 구조물의 전반적인 신경조절에 관여한다. 해부학적으로는 감정을 처리하는

편도체와 직접 연결되어 있다.[27]

이 목 부분에 구심성 미주신경에 파장 발생기(pulse generator)와 연결된 전극을 삽입한다.

부작용

VNS를 시행받은 환자에서 아직까지 치명적인 부작용이나 이상반응이 보고되지는 않았지만, 수술에 따른 목소리 변화, 기침, 호흡곤란, 목 부위 통증, 연하곤란, 감각이상 등이 보고되고 있기 때문에 치료를 시행하기에 앞서 기대되는 치료효과와 부작용을 신중하게 고려하는 것이 필요하다.

우울증과 VNS

약물치료에 효과가 없는 30명의 단극성 또는 양극성우울증 환자를 대상으로 한 예비연구에서 VNS 삽입수술 후 2주간 회복기를 거치고 10주간 약물치료와 함께 미주신경을 자극하였다. 반응률은 47%였으며, 관해율은 17%였다.[28] 두 번째 예비연구는 첫 번째 연구 대상과 30명의 환자를 더 포함하여, 60명을 대상으로 같은 방법으로 치료했을 때 반응률이 30%, 관해율은 15%였다.[29]

다중기관에서 225명의 치료저항성 우울증 환자를 대상으로 한 연구결과에서는 VNS군과 허위치료군 간에 유의한 반응률의 차이가 없었다(15% 대 10%, p=0.238). 그러나 1년 후의 추적관찰에서 치료 반응률이 차이가 나타났다.[30] 이들 결과에 의해 미국 FDA는 치료저항성 우울증에 대한 새로운 치료법으로 VNS를 승인하였다.

광치료

생체시계의 활동성을 낮과 밤의 주기에 맞추어 재설정하도록 하는 치료법이다.

역사적 배경

계절성 기분장애 치료에 광치료를 이용한 지 20년이 넘었다. 계절성 기분장애 외에도 계절성을 보이지 않는 우울증, 월경전불쾌감장애, 산후우울증, 신경성 거식증에 동반된 우울증, 불면, 치매 등의 치료에 사용되고 있다.

기전 및 시행방법

기전

하루주기리듬은 약 24시간의 주기에 맞추어 스스로 유지되는 생물학적 활동을 말한다. 인간의 내부 생체시계의 주기는 24.2시간이며, 지구의 하루주기는 24시간이다. 따라서 자연적으로 인체 내에서 지연성 수면위상(phase delay)이 일어난다. 이 차이를 맞추기 위해 외부의 자극(zeitgebers)이 필요하다. 대표적인 외부 자극인 낮과 밤의 주기, 즉 빛이 망막의 수용체 세포에 닿게 되면 망막−시상하부 경로를 거쳐 내부 생체시계인 시교차상핵(SCN)에 도달하여 SCN의 내적 활동성을 24시간에 맞추게 한다. 즉, 빛이 망막에 닿으면 SCN을 자극하게 되고 SCN에서는 글루탐산을 분비하여 빛이 비치는 낮 시간대에 SCN의 활동성을 증가시킨다.

또한 SCN은 상부경추신경절(SCG)과 연결되어 있고 SCG는 최종적으로 송과체와 연결되어 있다. 밤이 되면 SCG의 아드레날린 섬유에서 분비되는 노르에피네프린은 송과체에서 멜라토닌의 분비를 촉진시킨다.

지연성 수면위상은 중심 체온이 최저가 되기 직전(주로 밤의 전반부)에 빛을 줄 때 최대로 이룰 수 있으며, 전진성 수면위상(phase advanced)은 중심 체온이 가장 최저인 순간을 지나서(주로 밤의 후반부) 빛을 줄 때 얻을 수 있다.[31]

빛의 파장과 강도

빛의 파장과 강도는 광치료에 중요 요소이다. 보통 인간의 가시광선의 파장은 380(보라색)~760(빨간색)nm이다. 최근 연구에 의하면 파란 가시광선(460nm)이 치료에 가장 효과적인 파장으로 알려져 있다. 빛의 세기는 룩스(lux)를 단위로 한다. 보통 동틀녘의 태양광선은 7,000~12,000lux이다. 초기 연구에는 10,000lux 정도의 빛이 효과적이라고 했지만, 최근 연구에서는 일반 전등(180lux)도 효과적으로 알려졌다.

이 두 가지 요소를 고려하여 강도와 투여시간을 조정하여 광치료를 시행한다. 즉, 10,000lux 30분 또는 2,500lux 2시간을 시행할 수 있다.

시행방법

위상지연은 늦게 자고 아침 일찍 일어나기 어려운 상태다. 주로 청소년이나 젊은 성인에서 흔하다. 이럴 때에는 2,500lux를 2시간 동안 중심 체온이 최저에 이른 직후인 이른 아침에 쬐게 한다. 전진성 수면위상은 초저녁에 잠들어서 새벽 일찍 깨는 상태다. 주로 노인에서

흔하다. 이럴 때에는 광치료를 오후에 하여 위상을 늦어지게 만든다.[32,33]

계절성 우울증에 광치료가 효과적이다. 전형적인 계절성 우울증은 위상이 지연되어 있으므로 5,000lux 1시간(10,000lux를 30분간 또는 2,500lux를 2시간 동안)의 광치료를 시행한다.

부작용

부작용으로는 안구 불편감, 시력저하, 두통, 초조, 피로감, 구역, 발한, 졸림 등이 나타날 수 있으나 일반적으로 심하지 않으며 빛을 쬐는 시간이나 밝기를 조절하면 없어질 수 있다. 심각한 안구손상이 보고된 바는 없으나 망막질환이나 당뇨 등과 같이 망막질환에 취약한 내과적 질환이 동반된 경우, 광과민성 부작용이 있는 약물을 사용하는 경우 등에서는 치료 전 안과적 평가와 추적관찰이 필요할 수 있다.

우울증과 광치료

광치료는 햇볕에 가까운 밝은 빛을 쬐는 치료방법으로 계절성 양상을 보이는 우울증 치료에 효과적이라고 보고되고 있다. 광치료의 효과는 2~3주 이내에 60~90%의 반응률을 보이는 것으로 보고되고 있으나 계절성이 아닌 우울증에서의 광치료효과는 계절성 우울증보다 적은 것으로 보인다.[34] 치료효과는 수 일에서 수 주에 걸쳐 나타날 수 있다. 광치료는 유지효과가 크지 않기 때문에 취약한 시기(예로 겨울철) 동안 지속적인 광치료를 하는 것이 필요할 수 있다.

2005년 미국 정신의학회에서는 광치료를 계절성 우울증과 주요우울장애에 1차 치료로 권장했다. 그러나 국내 전문가 의견으로는 계절성 양상이 없을 경우 2차 치료로 고려하였다.

수면박탈

1971년에 우울증의 치료효과가 연구된 이래로[35] 우울증 환자에게 잠을 자지 못하게 하는 **수면박탈** 요법이 우울증상을 일시적으로 호전시키거나 극적으로 변화시켜 준다는 연구결과들이 보고되었다. 하지만 연구의 특성상 무작위 대조군 연구가 어렵기 때문에 과학적 근거가 많지 않다.

기전

정확한 기전은 불명확하지만, 우울증 환자의 수면은 급속 안구운동(REM) 수면 잠복기가 짧아지고, REM density가 증가하는 양상을 보이며, 항우울제가 REM 수면을 억제한다는 점을 고려해보면, 선택적인 REM 수면의 억제가 항우울 효과를 가질 수 있다는 가설을 세워볼 수 있다.[36]

우울증에서 수면박탈

전형적인 항우울 반응은 수면박탈 24~28시간 만에 나타난다. 우울환자의 40~60%에서 수면박탈로 인하여 우울증상에 도움이 되는 것으로 보고하였으며 15%에서는 항우울 효과가 유지된다는 보고도 있다.[37]

부분 수면박탈 등 다양한 방법이 시도되었지만 환자에게 지속적으로 수면박탈을 시행하는 것은 어렵기 때문에 다른 치료방법과 함께 보조적으로 사용해야 한다. 그러나 빠른 치료효과가 필요할 때는 다른 치료법과 함께 사용할 수 있는 장점이 있다.

영양요법

S-adenosyl methionine

기전

엽산(folate) 또는 비타민 B12로부터 다단계의 합성단계를 거쳐서 메티오닌으로 되고, 메티오닌 아데노실 전달효소(methionine adenosyltransferase)에 의해 SAMe가 된다.

중추신경계에서의 SAMe의 역할은 아민성 신경전달물질 합성과 세포막의 인지질층 합성에 필요한 메틸기의 주요 공급원이다.[38-40] 우울증 환자의 뇌척수액에서 SAMe 저하가 보고되었으며, 경구 또는 비경구로 SAMe을 투여하면 저하된 뇌척수액의 SAMe 농도가 증가된다. 이는 SAMe가 뇌-혈관-장벽을 통과함을 의미한다. SAMe 농도와 우울증의 호전은 양적으로 상관관계가 있다.[41] SAMe은 엽산, 호모시스테인, 비타민 B12 등의 일탄소회로(one-carbon cycle)에서 생산된다.[42] 이를 바탕으로 한 가설은 일탄소회로 이상이 SAMe 농도의 저하를 유발하고, 이는 세로토닌, 노르에피네프린, 도파민과 같은 신경전달물질의 합성을 제한하고 이것이 우울증을 일으키거나 항우울제의 약물작용을 방해할 수 있다.

우울증과 SAMe

우울증에서의 효과적인 SAMe 용량은 800~1600mg/일이지만, 우울증에 대한 최고 용량 또는 최적 용량은 아직 명확하지 않다. 항우울제에 반응하지 않는 우울증 환자를 대상으로 한 첫 무작위 대조군 연구결과로 800mg을 하루 2회 6주간 기존의 항우울제와 함께 투여했을 때 SAMe군의 반응률이 36.1%로 위약군의 17.6%보다 유의하게 높았다.[43] 11개의 위약–대조군 연구를 체계적으로 검토한 결과 효과 크기가 0.65로 중등도의 의미 있는 효과를 보였다.[44]

이들 연구들은 주로 단기간 연구이므로 향후 장기 사용에 대한 연구가 이루어져야 하겠지만, 항우울제 치료에 부적절한 반응을 보이는 우울증 환자에서 SAMe의 단기적 추가요법은 효과적일 것으로 보인다.

오메가-3 지방산

해산물 섭취와 우울증 간의 상관 관계 연구에서 우울증 환자에서 오메가-3 지방산(Omega 3-fatty acid, O3FA)이 낮다는 것이 보고되면서 O3FA의 우울증에 대한 효과가 알려지게 되었다.

기전

오메가-6 지방산(Omega 6 fatty acid : O6FA)과 달리 O3FA는 이마닌유, 호두, 카놀라와 같은 식물과 해산물에서 볼 수 있는 긴 사슬의 불포화 지방산이다. 해산물에서 유래한 OFA는 EPA(eicosapentaenoic acid)와 DHA(docosahexaenoic acid)의 구성 성분이다.

불포화 지방산이 많이 함유된 생선, 해산물 대신에 포화 지방산이 많은 옥수수, 콩을 섭취하게 되면 인체 내의 O3FA는 감소하고 O6FA가 증가하게 되며, 이는 염증반응과 관련이 있는 아라키돈산(arachidonic acid)의 증가로 이어진다.[45] 이러한 식이습관의 변화는 심혈관질환[46], 우울증[47]을 증가시킬 수 있다는 연구결과로 나타났다.

우울증과 O3FA 간의 몇 가지 가설이 제안되었다. EPA와 DHA가 아라키돈산을 감소시키며, 따라서 아라키돈산으로부터 우울증과 관련이 있다고 여겨지는 다양한 사이토카인들의 생산이 저하된다는 가설이다.[48,49] 다른 가설로는 신경원의 세포막에 많이 존재하는 DHA를 증가시킴으로써 세포막의 통합과 유동성에 영향을 줄 것이라는 가설 등이 있다.[50]

우울증과 O3FA

부정적인 연구결과도 있지만[51] 1998년에 Hibblen이 생선 소비와 우울증 간의 부적 상관관계를 보고[52]한 이후에 우울증 환자에서 O3FA가 낮고, O3FA에 대한 O6FA의 비율이 높다는 것을 보고하였다.[53-55]

Parker 등(2006)[45]이 8개의 연구를 검토하였다. 이들 연구 중에서 한 가지 연구만 O3FA 단독치료 연구였으며, 나머지 연구는 기존의 표준치료에 O3FA를 부가요법의 효과를 검증한 연구들이다. 8개의 연구 중에서 2개 연구에서는 유의한 호전을 보이지 않았지만, 나머지 연구들에서는 치료에 저항하는 단극성 또는 양극성우울증 환자에게 기존의 치료약물에 O3FA를 추가했을 때 유의한 우울증상의 호전을 보였다. 요약하면 O3FA는 부가요법으로 우울증상 개선을 기대할 수 있다.

운동

우울증과 신체 활동

우울증에서는 신체 활동이나 흥미의 감소를 보인다. 또한 각종 사이토카인을 매개로 하여 심혈관계 질환, 비만, 당뇨, 고혈압, 고지혈증의 신체질환을 흔하게 동반하며, 이는 다시 신체 활동을 저하시키는 악순환을 유발한다.[55] 또한 신체 활동 저하는 사망률 증가와 관련이 있다.[56]

따라서 우울증 환자에게 운동의 증가는 증상의 호전과도 밀접한 관계가 있지만 운동 자체가 항우울 효과를 갖는 많은 연구들이 이루어져 왔다.

2003년에 Goodwin 등은 미국 인구의 대표성을 갖는 15~54세 성인 8,098명을 대상으로 National Comorbidity Survey 결과에서 규칙적 신체 활동과 주요우울장애의 유병률과 유의한 역상관관계를 확인했다.[58]

규칙적인 운동을 하던 사람이 신체 활동을 중단하면 1~2주 만에 우울해지고,[59] 장기적으로도 우울증 발병 위험을 증가시키는 것으로 알려졌다.[60,61] 이것은 신체 활동의 저하가 우울증을 유발하는 요인인 동시에 운동 치료적 개입이 우울증상의 치료에 효과적일 수 있음을 시사한다.

Dunn 등의 20~45세 사이의 경도 및 중등도 우울장애로 진단된 환자 80명을 대상으로 우울증에 대한 운동 효과를 연구하였다.[62] 4개의 유산소 운동 치료군과 1개의 대조군으로 무작위 배정하여, 운동의 용량에 따른 항우울증 효과를 비교하였다. 낮은 운동 용량 (7.0kcal/kg/주)과 일반 권고 높은 운동 용량(17.5kcal/kg/주), 그리고 각각의 운동을 주당 3일 또는 5일 시행한 경우로 분류하여 총 네 가지 운동치료효과를 스트레칭(일주일에 3회 15~20분간 시행)만을 시행한 대조군과 12주간 해밀턴 우울평가척도를 매주 비교하였다. 높은 운동 용량으로 주 5회 운동한 군에서는 44%, 높은 운동 용량으로 주 3회 운동한 군에서는 41%, 대조군에서는 23%의 치료반응을 보였다.

Standard Medical Intervention and Long-term Exercise Study에서는 202명의 우울증 환자에서 운동치료와 항우울제의 효과를 직접 비교하였다.[63] 연구 대상자를 지도감독이 있는 그룹운동, 재택운동, 항우울제 치료(sertraline, 50~200mg/d), 위약 투여군의 4군으로 무작위 배정하여 16주간 평가하였다. 해밀턴 우울평가척도 점수가 8점 미만인 경우를 관해로 정의했는데, 치료군에 따른 관해율은 각각 지도감독이 있는 그룹운동 45%, 재택운동 40%, 약물치료 47%, 위약군 31%로 운동치료효과가 항우울제 치료와 대등한 수준으로 나타났다.

2011년 13개 무작위 대조군 연구를 메타분석한 결과가 발표되었다.[64] 운동치료와 대조군 사이의 항우울 효과 차이는 SMD -0.40(95% CI $-0.66 \sim -0.14$)으로 중등도의 효과 크기를 보였다. 치료 순응도, 운동의 유형, 단독운동 또는 단체운동의 여부, 대조군에게 제공된 치료의 종류 등은 이러한 결과에 영향을 미치지 않은 것으로 나타났지만 운동치료의 효과 관찰기간(4~165주)과 우울증상의 호전 사이에는 역상관관계가 있는 것으로 나타났다. 이상의 단면적 연구, 전향성 추적연구, 무작위 대조군 연구와 그의 메타분석 결과를 살펴본 결과 운동의 항우울 효과는 중등도의 효과 크기를 미치는 것으로 요약할 수 있다.

기전

운동의 항우울 기전으로 엔도르핀 분비 촉진 가설,[65] 세로토닌과 노르에피네프린의 가용성을 증가시킨다는 단가아민가설,[66] 장기 운동에 의한 HPA 축의 안정화[69] 등의 가설들이 있다.

권장 운동 강도와 빈도 및 기간

2009년 영국 National Institute for Health and Clinical Excellence Guideline(NICE) 지침에서는 25개의 연구결과를 메타분석하여 다음과 같이 권고하였다. "역치 이하의 지속적인 우울증상, 또는 경도-중등도의 우울 환자를 위한 신체 활동 프로그램은 그룹 형태로 역량 있는 지도감독자하에 행해져야 한다." 구조화된 45~60분의 운동 프로그램을 주 3회,

10~14주간 시행하도록 권장하고 있다.

2010년 스코틀랜드의 SIGN 지침에서도 우울증 환자의 치료를 위해 구조화되고 개인의 선호에 맞춘 적절한 운동 프로그램을 주 3~5회, 한 번에 30분 동안의 신체 활동을 권고하였다.

미국 질병통제센터와 미국 스포츠의학회에서는 "적어도 30분 이상, 일주일의 대부분에 중등도 강도의 운동"을 우울증상 경감에 효과적이라고 권고하였다.[68]

지금까지 권장하고 있는 운동치료의 처방을 보면 최대 심박수 60~80%의 강도로, 주당 3회, 1회는 최소 30분간, 최소 8주 동안 지속하는 것이다. 일반적으로 효과적인 운동시간은 90~150분/주 정도지만, 이보다 적은 시간의 운동(20~60분/주)도 우울증에 효과적이라고 알려졌다.[69,70]

어떤 운동이 더 효과적이라고 알려진 것은 없다. 환자의 정신 및 신체 상태, 외적 요인 등을 고려하여 운동 종류, 강도, 빈도 및 기간을 정하는 것이 합리적이다.

요약

약물치료 외의 생물학적 우울증의 치료법들을 살펴보았다. 대부분의 치료법들에서 항우울 효과를 보고하고 있지만, 아직까지 2차 치료로 권장하고 있다. 그러나 ECT는 응급상황에서 득실비교를 통해 언제라고 시행할 수 있도록 권장하고 있다.

더 효율적인 적용 방식, 즉 각 치료법의 최적의 적용시간, 강도 또는 약물치료와의 병용요법의 효능 등 효과와 안정성에 대한 향후 연구가 필요하다.

참고문헌

1) Korean society of affective disorder, Korean college of neuropsychopharacology. Korean Medication algorithm for depressive disorder 2017, IMIS; 2017.

2) Payne NA, Prudic J. Electroconvulsive therapy: Part I. A perspective on the evolution and current practice of ECT. *J Psychiatr Pract* 2009 Sep;15(5):346-68.

3) Sackeim HA. Moderen electroconvulsive therapy. Vastly improved yet greatly underused. *JAMA Psychiatry* 2017. doi:10.1001/jamapsychiatry.2017.1670.

4) UK ECT Review Group. Efficacy and safety of electroconvulsive therapy in depressive disorders: a systematic review and meta-analysis. *Lancet* 2003;361:799-808.

5) Stoudemire A, Hill CD, Morris R, Martinosaltzman D, Markwalter H, Lewison B. Cognitive outcome following tricyclic and electroconvulsive treatment of major depression in the elderly. *Am J Psychiatry* 1991;148:1336−40.

6) Rose D, Wykes T, Leese M, Bindman J, Fleischmann P. Patients' perspectives on electroconvulsive therapy: systematic review. *BMJ* 2003;326:1363−5.

7) Jeong−Ho Chae, Taeyoun Jun. Transcranial Magnetic Stimulation in Neuropsychiatry. *J Korean Neuropsychiatr Assoc* 2001;40(1):3−11.

8) Hoflich G, Kasper S, Hufnagel A, Ruhrmann S, Moller HJ. Application of transcranial magnetic stimulation in treatment of drug−resistant major depression: a report of two cases. Hum Psychopharmacol 1993;8:361−5.

9) Pascual−Leone A, Rubio B, Pallardo F, Catale MD. Rapid−rate transcranial magnetic stimulation of the left dorsolateral prefrontal cortex in drug−resistant depression. *Lancet* 1996;348:233−7.

10) George MS, Wasserman EM, Kimbrell TA, Little JT, Williams WE, Danielson AL, et al. Mood improvement following daily left prefrontal repetitive magnetic stimulation in patients with depression: a placebo−controlled crossover trial. *Am J Psychiatry* 1997;154:1752−6.

11) George MS, Aston−Jones G. Noninvasive techniques for probing neurocircuitry and treating illness: vagus nerve stimulation (VNS), transcranial magnetic stimulation (TMS) and transcranial direct current stimulation (tDCS). *Neuropsychopharmacology* 2010;35(1):301−316.

12) Grisaru N, Yarovslavsky U, Abarbanel J, Lamberg T, Belmaker RH. Transcranial magnetic stimulation in depression and schizophrenia. *Eur Neuropsychopharmacol* 1994;4:287−288.

13) Kolbinger HM, Hoflich G, Hufnagel A, Moller H−J, Kasper S. Transcranial Magnetic Stimulation (TMS) in the treatment of major depression − pilot study. *Hum Psychopharmacol* 1995;10:305−310.

14) Couturier JL. Efficacy of rapid−rate repetitive transcranial magnetic stimulation in the treatment of depression: a systematic review and meta−analysis. *J Psychiatry Neurosci* 2005;30:83−90.

15) Lam RW, Chan P, Wilkins−Ho M, Yatham LN. Repetitive transcranial magnetic stimulation for treatment−resistant depression: a systematic review and metaanalysis. *Can J Psychiatry* 2008;53:621−631.

16) Schutter DJLG. Antidepressant efficacy of high−frequency transcranial magnetic stimulation over the left dorsolateral prefrontal cortex in double−blind sham−controlled designs: a meta−analysis. *Psychol Med* 2008;39: 65−75.

17) Slotema CW, Blom JD, Hoek HW, Sommer IE. Should we expand the toolbox of psychiatric treatment methods to include Repetitive Transcranial Magnetic Stimulation (rTMS)? A meta−analysis of the efficacy of rTMS in psychiatric disorders. *J Clin Psychiatry* 2010;71(7):873−884.

18) Perera T, George MS, Grammer G, Janicak PG, Pascual-Leone A, Wirecki TS. The Clinical TMS Society Consensus Review and Treatment Recommendations for TMS Therapy for Major Depressive Disorder. *Brain Stimul* 2016 May-Jun;9(3):336-46.

19) Shah RS, Chang SY, Min HK, Cho ZH, Blaha CD, Lee KH. Deep brain stimulation: technology at the cutting edge. *J Clin Neurol* 2010 Dec;6(4):167-82. Epub 2010 Dec 31.

20) Malone DA Jr. Use of deep brain stimulation in treatment-resistant depression. *Cleve Clin J Med* 2010 Jul;77 Suppl 3:S77-80.

21) McIntyre CC, Savasta M, Kerkerian-Le Goff L, Vitek JL. Uncovering the mechanism(s) of action of deep brain stimulation: activation, inhi—bition, or both. Clin Neurophysiol 2004;115:1239-1248.

22) Youngerman BE, Sheth SA. Deep brain stimulation for treatment-resistant depression: optimizing interventions while preserving valid trial design. *Ann Transl Med* 2017;5(Suppl 1):S1.

23) Lozano AM, Mayberg HS, Giacobbe P, Hamani C, Craddock RC, Ken—nedy SH. Subcallosal cingulate gyrus deep brain stimulation for treat—ment-resistant depression. *Biol Psychiatry* 2008;64:461-467.

24) O'Reardon JP, Cristancho P, Peshek AD. Vagus Nerve Stimulation (VNS) and Treatment of Depression: To the Brainstem and Beyond. *Psychiatry* (Edgmont) 2006 May;3(5):54-63.

25) Groves DA, Brown VJ. Vagal nerve stimulation: A review of its applications and potential mechanisms that mediate its clinical effects. *Neurosci Biobehav Rev* 2005;29:493-500.

26) Ben-Menachem E, Hamberger A, Hedner T, et al. Effects of vagus nerve stimulation on amino acids and other metabolites in the CSF of patients with partial seizures. *Epilepsy Res* 1995;20:221-7.

27) Nemeroff CB, Mayberg HS, Krahl SE, McNamara J, Frazer A, Henry TR, et al. VNS therapy in treatment-resistant depression: clinical evidence and putative neurobiological mechanisms. *Neuropsychopharmacology* 2006 Jul;31(7):1345-55.

28) Rush AJ, George MS, Sackeim HA, et al. Vagus nerve stimulation (VNS) for treatment-resistant depressions: A multicenter study. *Biologic Psychiatry* 2000;47:276-86.

29) Sackeim HA, Rush AJ, George MS, et al. Vagus nerve stimulation (VNS) for treatment-resistant depression: Efficacy, side effects, and predictors of outcome. *Neuropsychopharmacology* 2001;25:713-28.

30) Marangell LB, Rush AJ, George MS, et al. Vagus nerve stimulation (VNS) for major depressive episodes: one year outcomes. *Biologic Psychiatry* 2002;51:280-7.

31) Shirani A, St Louis EK. Illuminating rationale and uses for light therapy. *J Clin Sleep Med* 2009 Apr 15;5(2):155-63.

32) Czeisler CA, Duffy JF, Shanahan TL, et al. Stability, precision, 12. and near-24-hour period

of the human circadian pacemaker. *Science* 1999;284:2177−81.

33) Minors DS, Waterhouse JM, Wirz−Justice A. A human phase−re—sponse curve to light. *Neurosci Lett* 1991;133:36−40.

34) Thalen BE, Kjellman BF, Morkrid L, Wisom R, Wetterberg L. Light treatment in seasonal and nonseasonal depression. *Acta Psychiatr Scand* 1995;91:352−60.

35) Pflug B, Tolle R. Therapy of endogenous depressions using sleep deprivation. Practical and theoretical consequences. *Nervenarzt* 1971;42:117e24.

36) Vogel G, Thurmond A, Gibbons P, Sloan K,Walker M. REM sleep reduction effects on depression syndromes. *Archives of General Psychiatry* 1975;32:765e77.

37) Khalifeh AH. The effect of chronotherapy on depressive symptoms. Evidence−based practice. *Saudi Med J.* 2017;38(5):457−464.

38) Hardy M, Coulter I, Morton SC, Favreau J, Venuturupalli S, Chiappelli F, et al. S−Adenosyl−l−Methionine for Treatment of Depression, Osteoarthritis, and Liver Disease. *Evis Rep Technol Assess* 2003;64:1−3.

39) Lu SC. S−Adenosylmethionine. *Int J Biochem Cell Biol* 2000; 32:391−395.

40) Mischoulon D, Fava M. Role of S−adenosyl−l−methionine in the treatment of depression: a review of the evi—dence. *Am J Clin Nutr* 2002; 76(Nov suppl):1158S−1161S.

41) Nelson JC. S−adenosyl methionine (SAMe) augmentation in major depressive disorder. *Am J Psychiatry* 2010 Aug;167(8):889−91.

42) Alpert JE, Mischoulon D. *One-carbon metabolism and the treatment of depression: roles of S-adenosyl methionine (SAMe) and folic acid.* In: Mischoulon D, Rosenbaum J, eds. *Natural medications for psychiatric disorders: considering the alternatives.* Philadelphia: Lippincott Williams & Wilkins, 2002:44.

43) Pincus HA, Pettit AR. The societal costs of chronic major depression. *J Clin Psychiatry* 2001;62(suppl):5−9.

44) Fava M, Davidson KG. Definition and epidemiology of treatment resistant depression. *Psychiatr Clin North Am* 1996;19:179−200.

45) Parker G, Gibson NA, Brotchie H, Heruc G, Rees AM, Hadzi−Pavlovic D. Omega−3 fatty acids and mood disorders. *Am J Psychiatry* 2006 Jun;163(6):969−78.

46) Dolecek TA. Epidemiological evidence of relationships between dietary polyunsaturated fatty acids and mortality in the Multiple Risk Factor Intervention Trial. *Proc Soc Exp Biol Med* 1992;200:177−182.

47) Smith RS. The macrophage theory of depression. *Med Hypotheses* 1991;35:298−306.

48) Mamalakis G, Tornaritis M, Kafatos A. Depression and adipose essential polyunsaturated fatty acids. *Prostaglandins Leukot Essent Fatty Acids* 2002;67:311−318.

49) Boissonneault GA. *Dietary fat, immunity, and inflammatory disease, in Fatty Acids in Foods and Their Health Implications.* Edited by Chow CK. New York, Marcel Dekker, 2000, pp 777-807.

50) Yehuda S, Rabinovitz S, Carasso RL, Mostofsky DI. Fatty acids and brain peptides. *Peptides* 1998;19:407-419.

51) Hakkarainen R, Partonen T, Haukka J, Virtamo J, Albanes D, Lonnqvist J. Is low dietary intake of omega-3 fatty acids associated with depression? *Am J Psychiatry* 2004; 161:567-569.

52) Hibbeln JR. Fish consumption and major depression. *Lancet* 1998;351:1213.

53) Adams PB, Lawson S, Sanigorski A, Sinclair AJ. Arachidonic acid to eicosapentaenoic acid ratio in blood correlates positively with clinical symptoms of depression. *Lipids* 1996; 31(March suppl):S157-S161.

54) Tiemeier H, van Tuijl HR, Hofman A, Kiliaan AJ, Breteler MM. Plasma fatty acid composition and depression are associated in the elderly: the Rotterdam study. *Am J Clin Nutr* 2003;78: 40-46.

55) Maes M, Smith R, Christophe A, Cosyns P, Desnyder R, Meltzer H. Fatty acid composition in major depression: decreased omega-3 fractions in cholesteryl esters and increased C20:4 omega 6/C20:5 omega 3 ratio in cholesteryl esters and phospholipids. *J Affect Disord* 1996;38:35-46.

56) Powell KE, Thompson PD, Caspersen CJ, Kendrick JS. Physical activity and the incidence of coronary heart disease. *Annu Rev Public Health* 1987; 8: 253-287.

57) Whang W, Kubzansky LD, Kawachi I, Rexrode KM, Kroenke CH, Glynn RJ, et al. Depression and risk of sudden cardiac death and coronary heart disease in women: results from the Nurses' Health Study. *J Am Coll Cardiol* 2009; 53: 950-958.

58) Goodwin RD. Association between physical activity and mental disorders among adults in the United States. *Prev Med* 2003; 36: 698-703.

59) Berlin AA, Kop WJ, Deuster PA. Depressive mood symptoms and fatigue after exercise withdrawal: the potential role of decreased fitness. *Psychosom Med* 2006; 68: 224-230.

60) Strawbridge WJ, Deleger S, Roberts RE, Kaplan GA. Physical activity reduces the risk of subsequent depression for older adults. *Am J Epidemiol* 2002; 156: 328-334.

61) Lampinen P, Heikkinen E. Reduced mobility and physical activity as predictors of depressive symptoms among community-dwelling older adults: an eight-year follow-up study. *Aging Clin Exp Res* 2003; 15: 205-211.

62) Dunn AL, Trivedi MH, Kampert JB, Clark CG, Chambliss HO. Exercise treatment for depression: efficacy and dose response. *Am J Prev Med* 2005; 28: 1-8.

63) Blumenthal JA, Babyak MA, Doraiswamy PM, Watkins L, Hoffman BM, Barbour KA, et al. Exercise and pharmacotherapy in the treatment of major depressive disorder. *Psychosom Med* 2007; 69: 587-596.

64) Krogh J, Nordentoft M, Sterne JA, Lawlor DA. The effect of exercise in clinically depressed adults: systematic review and meta-analysis of randomized controlled trials. *J Clin Psychiatry* 2011; 72: 529-538.

65) Steinberg H, Sykes EA. Introduction to symposium on endorphins and behavioural processes; review of literature on endorphins and exercise. *Pharmacol Biochem Behav* 1985; 23: 857- 862.

66) Dishman RK. Brain monoamines, exercise, and behavioral stress: animal models. *Med Sci Sports Exerc* 1997; 29: 63-74.

67) Stranahan AM, Lee K, Mattson MP. Central mechanisms of HPA axis regulation by voluntary exercise. *Neuromolecular Med* 2008; 10: 118-127.

68) Pate RR, Pratt M, Blair SN, Haskell WL, Macera CA, Bouchard C, et al. Physical activity and public health. A recommendation from the Centers for Disease Control and Prevention and the American College of Sports Medicine. *JAMA* 1995; 273: 402-407.

69) Thirlaway K, Benton D. Participation in physical activity and cardiovascular fitness have different effects on mental health and mood. *J Psychosom Res* 1992; 36: 657-665.

70) Annesi JJ, Gann S, Westcott WW. Preliminary evaluation of a 10-wk. resistance and cardiovascular exercise protocol on physiological and psychological measures for a sample of older women. *Percept Mot Skills* 2004; 98: 163-170.

정신사회적 치료 : 정신분석적 정신치료

Psychosocial interventions: psychoanalytic psychotherapy

구본훈*, 박민철**

영남대학교 의과대학 영남대학교병원 정신건강의학과*, 신세계효병원 정신건강의학과**

정신분석적 정신치료는 Freud에 의해 시작되었고 이후 점차적으로 발전한 정신분석 이론에 따라 시행하는 치료방법이다. 정신분석 이론은 실제 환자를 치료하는 과정을 통해 수정·보완되어 왔다. 주로 환자의 이드, 자아, 초자아 간의 무의식적 갈등, 자존심과 같은 정신내적 구조의 결핍이나 왜곡, 그리고 정신내적 대상관계의 갈등 등을 전이, 역전이 같은 치료자와의 상호작용을 통해 환자와 같이 이해해 나가는 과정이다. 예를 들어 가장 고전적인 정신분석 학파인 자아심리학적 관점에서 볼 때, 한 환자가 어떤 중요한 대상에 대해 분노와 같은 용납할 수 없는 감정을 가지는 경우에 이 감정을 처리하기 위해 무의식적 억압처럼 아예 그런 감정이 없는 것처럼 행동하거나, 아니면 반동형성을 통해 그 대상에게 오히려 과도하게 잘해주려고 하거나, 또는 수동공격성을 통해 그 대상에게 다소 삐딱하게 대하거나 등 방어기제를 동원하게 되나 그러한 과정이 오히려 환자에게 임상증상을 일으키게 하거나 대인관계의 갈등을 더 많이 유발하는 등의 어려움을 가지게 된다. 정신분석적 정신치료는 치료자와 같이 환자의 내적인 무의식 속에 숨어 있는 이러한 욕동, 갈등, 방어기제 등을 같이 찾아나가는 과정이다. 그 과정 중에 환자는 자신도 모르게 내면을 보는 것이 두려워 여러 가지 형태의 저항으로 나타나기도 하며, 치료자는 이를 조금씩 볼 수 있도록 도와주는 과정을 통해, 환자의 갈등이 과거의 경험, 현재 중요한 사람과의 관계, 그리고 전이와 같은 치료자와의 관계 등에서 나타난다는 것을 치료자가 조금씩 알려주는 해석과 그리고, 치료자와의 새로운 관계를 통해 많은 시간 동안 여러 가지 상황에서 이

것이 반복되고 있다는 것을 훈습해 나간다.[1] 이러한 과정을 통해 무의식 속에 있던 욕동, 갈등, 감정을 이해하게 되면 자신의 문제에 대해 치료자가 특별한 해결방법을 제시하지 않더라도 무의식적 내용을 점차 의식화함에 따라 병적인 방어기제를 사용할 필요가 없어지게 되므로 점차적으로 어려움이 해소된다.

우울증의 정신분석 이론

우울증에 대한 정신분석 이론도 정신분석 이론의 역사에 따라 변천되어 왔다. Abraham 등의 초기의 정신분석가들은 우울증이 어릴 적 발달상의 정서적 외상을 통해 자기애적 취약성을 가지게 되고, 이에 따라 갈등을 유발하는 분노 등이 자신에게로 향하게 되어 우울증이 발생한다고 했다.[2] 또한 Freud는 실제적인 상실을 경험하거나, 아니면 상상의 상실에 대한 두려움 등으로 인한 갈등과 감정을 해소하지 못하고 함입하게 되면서 환자 자신의 마음속에 있는 대상에 대한 양가감정을 동일시하여 우울증이 발생한다고 했다.[3] Bibring, Jacobson, Stone, Sandler 등의 1950년대 이후의 분석가들은 어릴 때 경험으로 인해 발생하는 낮은 자존감을 보상하기 위해 주위 사람을 더욱 이상화하게 되고, 이에 따른 좌절이 커지면 또 주위의 대상을 평가절하하게 됨으로써 오는 고통과 분노가 우울증을 유발한다고 보았다.[4] 즉, 정신분석 이론의 초창기에는 우울증이 상실과 같은 정서적 외상으로 인해 발생한 공격성이 밖으로 표출되기보다는 환자 자신에게로 향하는 과정을 통해 발생한다고 것을 강조하였고, 이후 후기의 정신분석 이론에서는 자존감의 취약성을 더욱 강조하고 이러한 좌절감이 분노를 일으키는 것으로 주장하였다. 이러한 이론들은 애착이론의 연구를 통해 강화되었다.[5] 특히 애착이론가들의 여러 실험연구를 통해 어릴 적 중요한 대상과의 애착 형성 과정의 문제나 어려움이 우울감, 무력감, 불안 등을 야기한다는 것이 밝혀지게 되었다.

우울증의 정신분석 이론을 이해하기 위해서는 몇 가지 전제 조건이 있다. 첫째, 정신역동적 요인뿐만 아니라 각 개인에게는 생물학적 및 기질적 취약성이 있다는 점이다. 둘째는 초기 중요한 대상과의 애착관계의 질이다. 셋째는 이러한 초기 아동기 경험에서 오는 좌절, 무력감, 상실, 외로움, 수치심, 죄책감 등의 발달단계 동안 개인이 자신과 다른 사람에 대해 갖는 지각이 이후 생애에서 다양한 형태의 우울증상을 발생시키는 역동적 민감성을 가지게 만든다는 점이다. 아동기 경험의 정서적 외상이 우울증 등의 다양한 정신과 질환을 유발한다는 것은 이미 많은 연구를 통해 밝혀진 바이다.[6] 이러한 전제 조건을 토대로 그동안 많은 분석가들이 주장한 우울증의 정신역동의 공통적 요소는 자기애적 취약성, 갈등을 유발하는 분노, 과도한 초자아와 죄책감 및 수치심, 자신과 다른 사람에 대한 과도한 이상화와 평가절하, 그리고 이에 대한 비적응적인 방어기제 등이 해당된다.[4]

자기애적 취약성

자기애적 손상이란 생애 초기에 중요한 대상과의 관계에서 겪는 실망과 좌절, 이로 인한 소아기의 무력감, 또는 오이디푸스 시기의 거세불안과 같이 자신을 거절하는 대상에 대한 상상 등과 같은 다양한 경험에 의해 발생한다. 즉, 어린 시절 어머니와 같이 사랑과 인정을 받고 싶은 대상으로부터 번번이 거절을 당하거나 오히려 언어적·신체적 학대를 받게 되는 경우 이로 인한 좌절로 상처를 받게 되고, 자존감의 손상으로 자신에 대해 부정적이 되거나 낮은 자존감을 갖게 되어, 이러한 상처들이 반복되는 경우 이후 자라서도 쉽게 다른 사람들의 거절이나 비판에 예민하게 되는 민감성을 가지게 되는 것이다. 이러한 자기애적 취약성은 특히 초기의 정신분석가들보다는 Bibring과 같은 후기의 정신분석가들이 주로 주장을 하였고, 현대의 Kohut에 와서 자존감 조절에 대한 분석적 이론이 더욱 체계화되었다.[7,8]

갈등을 유발하는 분노

자기애적 손상이나 중요한 대상과의 실제적인 상실 또는 떠나버릴지 모른다는 상상의 상실, 좌절 등이 반복되는 경우 무력감이 발생하기도 하고, 분노가 생기기도 한다. 대부분의 분석가들은 공격성의 원인은 다양하지만 우울증의 역동적 원인에 공격성이 매우 중요하다고 주장했다. 정신분석의 초창기 시절에는 공격성이나 분노가 환자 자신에게 향하는 함입에 대해 주로 주장을 하였고, Klein의 영향으로 이후 대상관계 이론학파에서는 공격성이 투사되어 다른 사람에게 향했다가 다른 사람들에 의해 변형되어 다시 환자에게 돌아오는 투사적 동일시 등의 기전이 환자의 대인관계에서 갈등과 어려움을 야기한다고 주장하였다.[9] 즉, 이러한 분노 또는 공격성은 환자 자신에게 용납할 수 없는 감정이기 때문에 의식적 또는 무의식적인 죄책감을 유발하기도 하고, 우울증을 강화시키는 요인으로써 스스로를 비난하거나 자기 처벌적 행동을 유발하게 된다. 또한 이러한 공격성이 수동공격성 또는 투사적 동일시에 의해 상대방을 화나게 하거나 환자를 더욱 거절하게 만듦으로써 환자의 대인관계는 더욱 악화될 수 있다.

과도한 초자아와 죄책감, 수치심

과도한 초자아와 죄책감은 엄격하고 처벌적인 부모의 태도나 대상표상이 내재화되어 발생하기도 하고, 또는 외부 대상에게 향했던 분노가 다시 자신에게로 되돌아와서 발생하기도 한다. 과도한 초자아는 환자가 다른 사람에게 화가 난 감정을 가지는 경우 스스로를 공격적인 사람으로 인식하게 되기도 하고, 성적인 감정이 드는 경우에도 자신을 부도덕하다고 생각해서 자신에 대해 부정적인 인식을 가지게 만들고, 스스로를 비난·비판하게 되며, 자존감을 더욱 낮추게 되어 우울증을 악화시키게 만든다. 과도한 초자아 및 이로 인한 죄책감 문제는 초기 분석가들부터 우울증 환자의 병적인 죄책감을 설명하기 위해 주장되어 왔고, 특히 Jacobson이 이러한 과도한 초자아로 인한 역동을 구체적으로 설명하였다.[10]

자신과 다른 사람에 대한 과도한 이상화와 평가절하

어릴 적 중요한 대인관계에서의 심한 좌절은 환자의 마음속에 더욱 이상적인 대상에 대한 소망이 생겨나게 되고, 현실에서는 불가능한 이러한 과도한 이상화의 기준에 맞는 대상을 무의식적으로 찾게 된다. 또한 낮은 자존감을 보상하기 위해서도 이러한 과도한 이상화와 자신에 대해 과도한 기준을 맞추려고 하게 된다. 따라서 대인관계에서 이러한 이상적 기준이 맞아 보이는 사람에게 과도하게 의지하게 되고, 이후 사소한 일에 쉽게 실망하게 되어 더욱 상처받게 되며, 이로 인한 분노가 발생할 수 있다. 이를 통해 실망하게 되는 대상을 다시 평가절하하기도 하고, 또한 스스로에 대해서도 과도한 이상화된 기준을 맞추려고 하다가 현실에서 좌절을 통해 스스로를 평가절하하거나 다시 부정적인 자기 인식 속에 빠지게 될 수 있다. 자신과 다른 사람에 대한 이상화와 평가절하는 Jacobson이 주로 주장하였고, Kohut의 이상화 전이로 명확히 체계화되었다.[8,10]

비적응적 방어기제

우울증 환자들은 낮은 자존감을 보상하기 위해, 그리고 용납할 수 없는 분노를 조절하기 위해서 여러 가지 방어기제를 사용하게 된다. 예를 들어 분노를 자신에게 돌리는 함입, 분노를 수동적으로 표현하는 수동공격성, 자신 또는 다른 사람에 대한 인식을 왜곡시키는 평가절하, 또는 투사 등의 방어기제를 사용하게 된다. 이러한 방어기제는 결국 다른 사람들을 더욱 화나게 만들거나 환자를 거절하게 만들고, 대인관계를 어렵게 만들며, 더욱 스스로를 고통스럽게 만든다. 우울증 환자의 방어기제를 탐색한 연구들이 있어 왔으며, 각각의 연구의 대상에 따라 구체적인 방어기제는 조금씩 다르게 나타났으나 투사, 수동공격성, 행동화, 건강염려 등의 방어기제는 우울증 환자에서 두드러지게 나타나는 반면에, 자신에게로 향하는 방어기제는 잘 측정이 되지 않는 것으로 보고되었다. 결론적으로 우울증 환자의 방어기제는 정상인에 비해 더 많은 비적응적 방어기제를 보였고, 더 적은 적응적 방어기제를 보이는 것으로 보고되었다.[11]

정신분석적 정신치료 효과 근거

우울증 환자에서 장기 정신분석적 정신치료는 오랫동안 많이 사용되어 왔지만, 효과에 대한 근거 연구가 많지 않은 편이다. 이것은 정신분석적 정신치료의 특성에서 기인한다. 즉, 정신분석적 정신치료는 인지행동치료와 같은 현대의 다른 정신치료들에 비해 상대적으로 장기간의 치료기간을 필요로 한다. 따라서 무작위 대조군 연구(randomized controlled trial : RCT)에서 대조군을 오랫동안 유지하기가 불가능하다. 또한, RCT의 경우 모든 대상군에게 동등하게 적용할 수 있는 치료 매뉴얼과 특정 치료방법이 요구되는데, 정신분석적 정신치료는 각 환자의 역동에 따라 매우 개별화된 치료이기 때문에 동일한 치료 매뉴얼이 불가능하다. 특히 정신분석적 정신치료 과정에서 무의식을 드러내는 가장 중요한 방법인 자유연상은 환자마다 다르기 때문에 치료회기마다 동일한 방법을 적용하기는 불가능하다. 마찬가지로 치료회기에서 발생하는 환자의 저항과 전이, 그리고 치료자마다 느끼는 역전이가 매우 다양한 것도 같은 이유이다. 또한 대개의 약물치료 및 인지행동치료 등은 환자 증상의 호전이 치료 목표나 정신분석적 정신치료의 경우 증상 호전 외에 인격의 성숙 등 개인에 따라 다를 수 있는 것도 RCT 연구를 시행하기 어렵게 한다.[12]

그럼에도 불구하고 정신분석적 정신치료의 효과를 검증하기 위한 노력은 계속 있었고, 특히 상대적으로 짧은 기간에 시행하는 단기 역동정신치료의 RCT 연구는 꾸준히 있었다. 우울증의 정신역동적 정신치료와 인지행동치료를 비교한 RCT 연구들을 메타분석한 결과 정신역동적 정신치료가 인지행동치료와 동등한 효과를 보였고, 우울증상뿐만 아니라 일반적인 정신과적 증상, 사회적 기능의 개선도 있었다고 보고하였다.[13] 우울 및 불안장애 환자들을 대상으로 하여 더욱 긴 수년 간의 장기 역동정신치료와 단기 역동정신치료, 그리고 해결중심치료를 비교한 연구에서는 단기 역동정신치료가 장기 역동정신치료보다 첫 1년 동안은 보다 효과적이었지만, 2년 이후에는 두 군의 효과 차이가 사라졌으며, 3년 후에는 장기 역동정신치료군이 보다 효과적이었다고 보고하였다.[14] 정신역동적 정신치료와 인지행동치료, 그리고 약물치료를 비교한 가장 최근의 메타분석 연구에서, 총 23개 RCT 연구의 2,751명을 대상으로 분석한 결과, 정신역동적 정신치료가 인지행동치료만큼 효과가 있다고 하였다. 그러나 정신역동적 정신치료와 인지행동치료 모두 반응률과 관해율이 약물치료에 비해 높지 않았고, 치료자 효과가 치료에 중요한 요인이라고 하면서 치료자의 수련이 치료 결과를 높일 수 있을 것이라고 보고하였다.[15] 또한 Blatt는 우울증을 의존형 (anaclitic type)과 함입형(introjective type)으로 분류해서, 의존형 우울증은 주로 대인관계에 민감하여 애착과 상실 문제와 연관된 우울증상과 관련이 되고, 함입형 우울증은 대인관계 문제보다는 자신의 내적 조절과 완벽함, 그리고 이와 연관된 죄책감 등의 우울증상이 관련된다고 주장하였다. 의존형 우울증은 좀 더 대인관계 이슈에 초점을 맞춘 치료가 도움이 되고, 함입형 우울증은 좀 더 장기적이고 심층적인 정신분석적 정신치료가 도움이 된다고 보고하였다.[16]

정신분석적 정신치료 방법

정신치료 과정

정신치료를 시행하는 모든 환자에서 가장 기본적인 첫 조건은 환자와의 치료적 동맹을 형성하는 것이다. 여기에 가장 중요한 것이 공감이다. 즉, 환자가 왜 우울해질 수밖에 없는지 환자의 관점에 순수하게 귀를 기울이고 공감할 수 있어야 한다. 환자에게 공감을 하기 위해 가장 중요한 방법은 환자와의 회기 시 오로지 환자의 언어적·비언어적 소통에 온전하게 주의를 기울이는 것이다. 회기에서 환자가 보내오는 여러 가지 언어, 표정, 행동 등의 신호에 치료자가 집중하지 못하고 치료자 본인의 생각 ― '환자에게 어떻게 말을 해줄까?', '내가 이렇게 하면 환자가 혹시 오해할 수도 있을 텐데…' ― 이 많아지게 되면 환자와 진정한 상호작용을 하기가 어렵고, 공감을 하더라도 인위적이 될 수밖에 없다.

다음으로 정신치료 과정 중에 항상 첫 출발점은 환자의 우울증상을 야기하는 요인을 찾는 것에서부터 시작된다. 즉, 환자가 최근에 무기력하다고 호소하면 정신분석 이론의 기본 전제인 정신결정론에 따라 그러한 이유가 무엇인지를 먼저 환자와 같이 찾는 것이 중요하다. 그러한 과정 중에 환자는 최근의 좌절을 겪은 생활사건을 이야기하기도 하고, 때로는 어릴 적 기억을 이야기하기도 하며, 치료자나 면담과 연관된 이슈를 이야기하기도 한다. 치료자는 어떤 주제를 먼저 이끌어 나가기보다는 그날 회기에서 환자가 먼저 드러내는 이슈를 따라가면서 그러한 이슈의 이면에 숨어 있는 감정이 무엇인지를 찾아내어 환자가 인식할 수 있도록 도와주어야 한다. 그러한 감정이 환자에게 어떤 의미가 있는지, 그러한 감정을 어떤 방어기제를 통해 처리하고 있는지, 그리고 그런 대처방법이 환자에게 어떠한 영향을 주고 있는지를 환자가 인식할 수 있도록 도와주어야 한다. 이때 치료자가 환자의 역동을 알게 되더라도 너무 이르고 미숙한 위로나 해석은 환자에게 공감받지 못한다는 느낌을 줄 수 있고, 자신을 이해하지 못하고 비난받는다는 느낌을 일으키게 될 수도 있다. 따라서 이러한 과정에는 환자가 그 당시 상황에서 받아들일 수 있을 만큼 조금씩 이해하도록 해주어야 하기 때문에 정신치료 과정에는 많은 시간이 필요하다. 때로는 환자는 힘들어하면서 자신의 무의식 속에 있는 감정을 애써 의식하지 않으려고 하는 저항을 흔히 보인다. 이러한 저항도 환자에게 뭔가를 숨기고 있다고 직접적으로 표현하게 되면 환자는 더욱더 방어적이 되거나 움츠러들 수 있기 때문에 그렇게 인식하기 힘들어하는 것에 공감해 가면서 탐색하는 것이 필요하다.

　이러한 과정을 통해 치료자는 환자의 우울증상이 발생한 원인을 찾아내고 지속적인 회기를 통해 점진적으로 우울증상들을 위에 기술한 정신역동과 연결시켜 나간다. 정신치료에서 중요한 통찰을 획득하기 위해서는 환자 과거의 경험, 현재의 대인관계, 그리고 정신치료 과정 중 치료자와의 관계에서 벌어지는 여러 가지 감정과 역동을 지속적으로 탐색하는 과정이 필요하다.[1] 이를 통해 환자들은 위의 정신역동들이 대인관계에서 벌어지는 방식과 자기 자신을 인식하는 방식에 대해 점점 더 통찰력을 얻게 된다. 또한 이러한 통찰력뿐만 아니라 반복되는 많은 회기를 통해 아주 다양한 상황에서 위의 역동이 치료자와의 관계에서도 벌어지고 있다는 것을 환자가 이해하게 되고, 정신치료 과정의 '지금-여기에서' 치료자와의 상호작용 속에서 새로운 관계를 경험할 수 있게 된다. 점점 더 환자는 우울증을 야기하는 자신의 취약성과 내적 감정을 인식하게 되고, 따라서 자신의 내면에서 벌어지는 것들을 이해하게 됨에 따라 병적인 방어를 덜 사용하게 되고 보다 합리적인 방법을 사용할 수 있게 된다.

우울증 환자의 정신치료 과정 중 저항을 다루는 방법

환자는 자신의 내면에 대해 부정적인 경향이 많고, 수치감을 많이 느끼기 때문에 이를 드러내기가 상당히 어렵다. 따라서 저항이 자주 발생한다. 초기에 이러한 어려움을 잘 극복하는 것이 정신치료에 매우 중요하다. 정신치료 중에 환자의 내적 고통에 대한 '내용'을 탐색하는 것뿐만 아니라 환자가 당연히 이를 표현하기 어렵다는 점도 다루어주어 공감하고 인정하는 것이 저항을 극복하고 초기의 치료적 동맹을 형성하는 데 도움이 된다. 그리고 환자는 자신의 내적인 면이 드러나면 이로 인해 부모님이나 누군가를 비난하게 될지도 모른다는 두려움과 자신의 감정이 드러나면 이로 인해 주위 사람에게 해가 될지도 모른다는 두려움, 그리고 드러난 감정을 자신이 제어할 수 없을지도 모른다는 두려움 등 때문에 자신의 내면을 보기 어려워할 수도 있다. 치료자가 이러한 점에 대해 환자 자신이나 가족들을 비난하는 것이 아니라는 점을 확인시켜 줄 수도 있으나, 이렇게 환자가 원하는 인정이나 지지를 만족시켜 주는 방법보다는 정신치료 과정이 누구를 비난하기 위한 것이 아니라 현재 고통을 받고 있는 환자의 내면을 이해하기 위한 것이라는 점을 알려주고 우울증은 그보다 훨씬 복잡한 과정이기 때문에 환자와 같이 더욱더 역동을 이해해보려고 노력하는 것이 중요하다.

치료 기술

가장 기본적인 치료 기술은 환자가 표현하는 언어적 내용과 표정, 행동 등의 비언어적 행동 등을 잘 관찰하고 집중하는 것이다. 여기에 가장 많이 사용하는 방법이 바로 환자 내면의 탐색을 위한 질문들이다. 때로는 환자가 자신이 표현한 감정이나 생각, 환상 등을 환자가 좀 더 분명하게 인식할 수 있도록 도와주기 위해 명료화나 요약을 해주기도 한다. 또한 때로는 환자가 보기 어려워하는 점들을 알 수 있게 도와주기 위해 부드러운 직면을 사용하기도 한다. 환자가 어느 정도 자신의 내적 감정이나 역동의 전반적인 측면을 어렴풋이 인식할 수 있게 되면 치료자는 이를 좀더 명확하게 인식할 수 있도록 연결시켜 주는 작업으로 해석을 하게 된다. 해석에는 환자가 직면하기 어려운 감정을 방어하는 방식에 대해 알려주는 방어해석, 현재 환자의 감정이나 역동을 어릴 적 경험과 연결시켜 주는 유전적 해석, 환자의 내적 갈등을 알려주는 갈등해석, 환자의 엄격하고 과도한 초자아의 기능과 역할을 알려주는 초자아해석, 그리고, 치료자와 관계에서 환자가 가지는 감정이나 역동을 알려주는 전이해석 등이 있다. 이러한 다양한 해석은 각각 개별적인 치료 장면에서 환자의 상태에 따라, 환자가 드러내는 역동에 따라 다양하게 적용될 수 있다.[2] 마지막으로 치료자는 환자가 치료시간에 드러내는 말이나 행동의 실수도 그냥 넘어가기보다는 환자의 무의식적 역동의 반영일 수 있다는 점을 환자에게 알려주고 같이 탐색해 보아야 한다. 때로는 환자가 꾼 꿈에 관심을 가지고 그 꿈이 환자에게 어떤 의미가 있는지를 다양하게 살펴보고, 환자의 내적 역동을 이해하는 도구로 사용할 수 있다.

우울증의 역동별 접근방법

첫째, 자기애적 취약성의 경우 먼저 환자 자신의 특정한 자기애적 취약성이 무엇인지를 인식할 수 있도록 도와주어야 한다. 그다음에는 이런 취약성과 연관된 환상들과 자신과 다른 사람에 대한 인식이 매우 주관적이고 왜곡되어 있다는 점을 이해하도록 도와준다. 이후 이러한 왜곡된 인식이 다른 사람들과의 관계와 자신의 인생에 오히려 역효과와 우울증을 강화시키고 있는 점을 알게 해주고, 이러한 점이 치료자와의 전이관계에서도 재현되고 있음을 이해하게 해준다.

둘째, 갈등을 유발하는 분노의 경우에는 먼저 환자는 자신의 무의식 속에 감당하기 어려울 정도의 분노가 있다는 것을 여러 가지 방법으로 방어하고 있기 때문에 잘 인식하지 못하고 있다는 점을 알게 도와주어야 하다. 환자들은 이러한 분노를 명확히 인정하지 못하고 대개 다른 사람들과의 관계에서 주관적으로 예상하는 환상을 가지고 있거나 화가 나 있는 자신에 대해 죄책감을 느끼는 방식으로 자신을 비난하는 경우가 많고, 따라서 자신을 처벌하거나 자기 처벌적 행동을 하는 경우가 많다. 이러한 여러 가지 분노를 처리하는 환자의 방식과 생각들을 점진적으로 이해해 나가야 한다. 이런 과정을 통해 환자는 누군가에게 화가 났을 때 오히려 자신을 공격하고 있다는 점, 또는 화가 났을 때 과거에 자신에게 비슷한 방식으로 대했던 사람과 동일시를 해서 행동하고 있다는 점 등과 같이 자신의 분노 감정을 명확히 보게 되고, 이를 처리하는 방식과 그 영향을 이해하게 됨에 따라 점차적으로 분노에 덜 영향을 받을 수 있게 된다.

셋째, 과도한 초자아와 죄책감, 수치심의 경우, 우울증 환자는 자신이 부적절하고 문제가 있다며 끊임없이 스스로를 부정적으로 생각하고 있지만, 이러한 죄책감이 왜 생겼는지, 그리고 본인에게 어떤 영향을 주고 있는지는 잘 인식하지 못한다. 따라서 치료자는 먼저 환자의 죄책감이 과도하다는 점과 이로 인해 스스로를 힘들게 만들고 있다는 점을 서서히 인식할 수 있게 도와주어야 한다. 또한, 죄책감과 연관된 다양한 환자의 생각과 환상을 탐색하고 그 기원적 원인을 탐색함으로써, 환자에게 과도한 죄책감이 자신과 대인관계에 어떤 영향을 주는지를 이해하게 도와준다. 때로는 이러한 죄책감과 자기–처벌적 경향이 너무나 강해서 성격적인 형태로 나타나거나 자학적인 경향으로 나타나는 경우에는 자아동질적인 특성으로 인해 오랜 시간의 점진적인 이해와 훈습이 필요할 수도 있다.

넷째, 자신과 다른 사람에 대한 과도한 이상화와 평가절하의 경우, 환자는 정신치료 과정 중에 가족을 포함한 다양한 대인관계에 대해 이야기를 하게 되고, 치료자는 환자에게 있었던 대인관계 '사건의 내용'에만 귀를 기울이기보다는 그 대인관계 사건 이면에 있는 환자가 다른 사람에게 바라는 기대와 이상, 다른 사람에 대해 환자가 예상하고 있는 반응, 이러한 반응에 대한 환자의 감정과 생각, 그리고 대인관계 맥락에서 환자 스스로에 대한 생각 등을 탐색해서 환자가 알 수 있도록 도와주어야 한다. 즉, 환자 자신의 자기 표상과 대상 표상을 알게 해주고 이러한 부분이 대인관계와 자신의 감정에 어떤 영향을 주는지를 환자가 이해할 수 있어야 한다. 또한 이러한 환자의 대인관계와 연관된 내적 역동이 치료자에게도 재현될 수 있으므로 이러한 언급이나 행동이 나올 때 치료자는 '지금-여기에서'에서도 벌어지는 것을 생생하게 다루어 주는 것이 중요하다.

다섯째, 우울증 환자의 비적응적 방어기제를 탐색하는 방법으로써, 환자들이 자신의 특징적인 방어들을 인식하도록 돕는 것이 중요하다. 이러한 방어기제가 환자에게 주는 영향을 스스로 인식하게 되면 환자는 자신의 감정에 대해 보다 더 효과적으로 대처하고, 다른 사람에 대한 특징적인 인식 및 반응을 변화시키는데 도움을 줄 수 있다. 즉, 환자는 분노와 같은 감당하기 어려운 감정을 방어하고 회피하는 한, 그 감정을 덜 위협적인 것으로 인식하도록 돕는 것이 어려워진다.[4]

전이와 역전이의 활용

전이는 환자가 과거 중요한 대상과의 관계에서 경험한 감정을 치료자에게 반복하는 것을 말하며, 이러한 전이가 중요한 이유는 과거의 경험에서 느꼈던 감정을 지금-현재의 치료자와의 관계에서 생생하게 되살려서 탐색하고 이해할 수 있는 기회이기 때문에 치료적으로 매우 중요하다. 전이를 잘 다루기 위해서는 환자가 치료시간에 보이는 다양한 감정을 세심하게 포착해서 환자와 같이 이해할 수 있는 기회를 가져야 한다. 환자가 치료자에게 드러내는 감정은 치료자에게도 감정을 유발하게 되는데, 특히 죄책감이 강하고 자기 처벌적 경향이 강한 우울증 환자의 경우 치료에 저항하는 경우가 흔하고 치료자의 역전이를 많이 불러일으킬 수 있다. 흔한 치료자의 역전이 반응으로는 치료자도 환자의 다른 가까운 사람들과 비슷하게 화가 나거나 치료를 그만두고 싶은 마음이 생길 수도 있고, 반대로 이 환자는 치료자가 아니면 호전될 수 없다는 구조 환상을 가지게 될 수도 있다. 또한 환자가 시간이 지나도 호전되지 않으면 치료자 자신에 대한 무력감과 죄책감이 생기기도 한다. 따라서 우울증 환자가 치료자에게 넘기는 투사적 동일시를 잘 이해해야 한다. 이러한 기전이 치료자와의 관계에서뿐만 아니라 환자의 가족을 포함한 대인관계에서도 나타난다는 것을 이해할 수 있어야 한다.

정신분석적 지지 정신치료

우울증 환자의 정신치료 중 임상에서 가장 많이 사용되는 치료는 지지적 정신치료이다. 지지적 정신치료는 환자의 심리적 원인을 파헤쳐 찾아내기보다는 현재 환자의 어려움을 들어주고, 약해진 환자의 자아를 강화시켜 주는 치료방법이다. 하지만 지지적 정신치료에서도 정신분석 이론에 바탕을 둔 접근이 필요한데, 그 이유는 무작정 환자를 안심시켜 주거나 지지해주는 것이 장기적으로 보았을 때 환자에게 도움이 될 수 있는지에 대한 의문 때문이다. 즉, 환자가 여러 가지 이유로 인해 우울해하고 힘들어할 때 환자의 내면을 잘 이해하지 못한 상태에서 무조건 괜찮아질 것이라고 안심시켜 주거나 지지해주면 환자는 치료자가 자신의 어려움을 잘 이해해주지 못한다고 느낄 수도 있고, 공감받지 못한다고 여길 수도 있다. 따라서 환자의 가족들이 환자에게 보였던 반응과 비슷하게 여겨 또 다른 실망을 가지게 될 수도 있다. 또한 환자의 낮은 자신감으로 인해 이성적으로는 좀 더 활동해야 한다는 것을 알고는 있으나 스스로 그렇게 하기가 힘든 상태인데 치료자가 권유하는 것은 그렇게 활동할 수 없는 환자를 더욱더 스스로 자책하게 만들 수도 있다. 마찬가지로 낮은 자존감과 두려움으로 다른 사람에게 의존적인 환자에게 치료자가 일일이 알려주고 지시해서 호전이 되더라도 환자는 더욱 더 치료자에게 의지하게 되고, 그러한 과정이 되풀이되면 치료자는 한계에 다다를 수도 있게 된다. 따라서 정신분석 이론에 기반을 둔 지지적 정신치료가 중요한 이유는 환자의 심리적 갈등과 상태를 잘 이해하고 있을수록 언제 환자에게 지지나 암시를 해주어야 하고, 언제 어떤 방식으로 환자 스스로 방법을 찾아나갈 수 있도록 도와줄 수 있는지에 대해 지침이 될 수 있기 때문이다.

지지적 정신치료는 반드시 정신치료 계약에 따른 공식적인 정신치료 과정이 아니더라도 정신건강의학과 외래 진료 상황하에서 약물치료와 함께 얼마든지 가능하다. 지지적 정신치료에서도 기본적으로 환자의 어려움을 이해하기 위해 열심히 환자의 언어적·비언어적 표현을 잘 경청하고 관찰해야 하며, 환자의 심리적 고통에 잘 공감해야 한다. 환자의 어려움을 이해하기 위해 탐색과 질문 또한 마찬가지로 필요하다. 여기에 덧붙여 환자가 견디기 어려울 것으로 생각되는 부분에 대해서는 직면이나 해석보다는 환자가 좀 더 잘 견디고 이겨내도록 하기 위해 설명, 안심시키기, 암시, 그리고 때로는 환자의 환경을 변화시키기 위한 조언 등도 사용할 수 있다. 그리고 환자에게 우울증 질환에 대한 교육이나 약물복용과 관련된 여러 가지 어려움이나 비순응 등도 지지적 기법을 통해 도움을 줄 수 있다.

요약

우울증은 매우 이질적인 질환군으로서 생물학적, 심리사회적인 원인이 복합적으로 작용하여 다양한 심리 및 신체증상을 나타낸다. 우울증의 심리사회적인 요소로서 정신분석 이론은 과거로부터 우울증상의 심리내적 원인을 이해하기 위해 많은 이론적 발전이 있었다. 특히 우울증의 심리적 요소로서 자기애적 취약성, 갈등을 유발하는 분노문제, 과도한 초자아와 죄책감 및 수치심, 자신과 다른 사람에 대한 과도한 이상화와 평가절하, 그리고 현실에서 비적응을 야기하는 방어기제 등을 통해 우울증을 가진 환자의 마음을 이해하려고 노력해 왔다. 우울증의 정신분석적 정신치료에서는 우울증 환자의 심리적 원인을 환자와 함께 그들의 감정과 고통을 이해해 나가는 과정을 통해 환자 스스로 자신의 내적 문제를 알아나가고 좀 더 적응적인 방식의 방어기제를 사용하도록 도와주는 과정이다. 이러한 정신치료 과정 중에 환자 자신의 감정이 전이를 통해 치료자에게도 향하기도 하고, 치료자 자신의 역전이로 인해 치료 과정 중 난관에 부딪히기도 하며, 때로는 환자가 자신의 문제를 드러내고 싶어 하지 않아 어려움이 발생할 수도 있으며, 이러한 난관을 회피하거나 그대로 내버려두지 않고 환자와 같이 알아나가는 것이 중요하다. 특히 우울증 환자의 경우 치료과정에서 앞서 기술한 정신역동적인 요소에 초점을 두는 것이 필요하다.

참고문헌

1) 이정태, 채영래 역. 역동정신의학. 5판. 서울:하나의학사;2016. pp. 64-93, pp. 127-147.

2) Abraham K. *Notes on the psychoanalytical investigation and treatment of manic-depressive insanity and allied condition*. in Selected papers on psychoanalysis. London:Hogarth Press;1927. pp. 137-156.

3) Freud S. *Mourning and melancholia*. in The standard edition of the complete psychological works of Sigmund Freud. Vol 14. London:Hogarth press;1957. pp. 239-258.

4) Fredric NB, Marie R, Theodore S. Psychodynamic treatment of depression. 1st ed. Virginia:American Psychiatric Association Publishing;2004. pp. 15-45.

5) 반건호 역. 애착이론과 정신분석. 1판. 안양:빈센트;2005. pp. 60-64.

6) McCrory EJ, Gerin MI, Viding E. Annual Research Review: Childhood maltreatment, latent vulnerability and the shift to preventative psychiatry - the contribution of functional brain imaging. *J Child Psychol Psychiatry* 2017;58:338-357.

7) Bibring E. *The mechanics of depression, in affective disorders : psychoanalytic contributions to their*

study. New York:International Universities Press;1953. pp. 13-48.

8) Kohut, H. Forms and transformations of narcissism. J. Amer. *Psychoanal. Assn* 1966;14:243-272.

9) Ogden TH. On projective identification. *Int J Psychoanal* 1979;60:pp. 357-373.

10) Jacobson E. Transference problems in the psychoanalytic treatment of severely depressed patients. *J Am Psychoanal Assoc* 1954;2:695-705.

11) Michael B. Empirical studies of defense style: relationships with psychopathology and change. *Harv Rev Psychiatry* 2004;12:263-278.

12) Kim HG, Cheon EJ, Koo BH. Can the effectiveness of the psychoanalytic therapies truly be proven?: the effectiveness of the psychoanalysis and psychoanalytic psychotherapy. *Psychoanal* 2016;27:81-91.

13) Leichsenring F, Klein S, Salzer S. The efficacy of psychodynamic psychotherapy in specific mental disorders: a 2013 update of empirical evidence. *Contemp Psychoanal* 2014;50:89-130.

14) Knekt P, Lindfors O, Härkänen T, Välikoski M, Virtala E, Laaksonen MA, et al. Randomized trial on the effectiveness of long-and shortterm psychodynamic psychotherapy and solution-focused therapy on psychiatric symptoms during a 3-year follow-up. *Psychol Med* 2008;38:689-703.

15) Steinert C, Munder T, Rabung S, Hoyer J, Leichsenring F. Psychodynamic therapy: as efficacious as other empirically supported treatments? a meta-analysis testing equivalence of outcomes. *Am J Psychiatry* 2017;25;[Epub ahead of print].

16) Blatt S.J. Contributions of Psychoanalysis to the Understanding and Treatment of Depression. *J Amer Psychoanal Assn* 1998;46:723-752.

정신사회적 치료 : 인지행동치료와 새로운 정신치료*

Psychosocial interventions : cognitive behavioral therapy and new psychotherapies

김원*, 권영준**

인제대학교 의과대학 서울백병원 정신건강의학과*, 순천향대학교 의과대학 천안병원 정신건강의학과**

정신의학 분야에서 정신사회적 치료는 언제나 중요한 역할을 해왔다. 1900년대 초반에 정신분석, 행동주의 심리학, 인본주의 심리학 등 다양한 배경에서 시작되어 발전되어 온 정신치료는 DSM으로 대표되는 정신의학 진단체계가 세분화됨에 따라 커다란 전환기를 맞이하였다. 인격 성숙이나 자아실현과 같이 넓고 모호한 목표를 지향했던 치료들에 비해 증상 호전과 문제해결과 같이 좁고 분명한 목표를 지향하는 치료들이 더 주목을 받기 시작한 것이다. 이 장의 주제인 우울증의 정신사회적 치료에서도 이런 문제가 대두된다. 무의식을 의식화하고 자아를 실현하는 것이 우울증에 대한 직접적 치료효과가 있는지, 우울증상을 빨리 호전시키고 여러 문제를 해결하는 것이 우선인지 논란이 생기는 것이다. 정신치료라는 개념이 처음 생긴 20세기 초반에는 전자가 우세했다면, 20세기 후반에는 후자가 점차 우세해지는 추세라고 할 수 있다.

1960년대 후반에 Aaron Beck도 이런 문제 의식을 가지게 되었고 정신분석적 치료가 우울증 환자의 증상들을 효과적으로 호전시키는지에 대해 의문과 회의를 느꼈다. 그는 우울증 환자들을 세심하게 만나고 관찰한 결과, 부정적으로 왜곡된 인지가 우울증의 여러 증상을 일으키는 핵심 기전일 수 있고, 그 인지를 수정함으로써 치료효과를 거둘 수 있다는 경험을 하였고, 이를 체계화하여 **인지치료**(cognitive therapy)라고 명명하였다. 이후 인지치료

---

* 이 장은 김원[1, 2]의 논문에서 여러 부분을 자가 인용하였다.

는 기존의 과학적 심리학인 행동주의 심리학에서 비롯된 행동치료를 받아들여 인지 수정을 위한 중요한 도구로 이용하였고, 점차 인지치료와 행동치료가 결합된 인지행동치료가 발달하게 되었다. **인지행동치료**(cognitive behavioral therapy)는 현재 문제에 초점을 맞추고 적극적인 치료자 역할과 구조화된 치료과정을 특징으로 하기 때문에 진단 체계의 세분화, 치료효과의 근거를 중요시하는 시대 상황과도 맞아떨어져 비약적인 발전을 하였다. 우울 증상의 호전이나 자존감 회복과 같은 분명한 목표를 지향하는 치료기법들이 개발되고 임상에서 실제 적용과 검증을 거치면서 표준적 치료 안내서라는 새로운 개념도 등장하였고, 매우 활발하게 출판되었다. 1980년 이후에는 우울증뿐 아니라 다른 정신의학적 문제에 대한 인지행동치료가 개발되었는데, 특히 공황장애와 사회불안장애를 위시한 불안장애에 매우 우수한 치료효과를 보여 인지행동치료가 유명해지는 계기가 되었고, 이제는 교육이나 스포츠 등 다양한 상황에서도 응용되고 있다. 또한 최근에는 동양의 명상전통이 서양의 심리학과 만나고, 학계의 관심이 인지주의 중심에서 행동주의 중심으로 옮겨 가면서 새로운 정신치료들이 등장하여 각광을 받고 있다.

이 장에서는 우울증 치료에서의 인지행동치료의 개요를 설명하고, 새로운 정신치료들도 간략하게 소개한 후 우리나라에서의 실제 활용 상황과 앞으로의 전망에 대해서도 이야기하려고 한다.

우울증의 인지행동치료

우울증의 기본 인지모델

Aron Beck은 많은 우울증 환자들과의 대화를 통해 우울증 환자 대부분이 부정적인 생각을 가지고 있는데, 특히 그 기본적인 내용이 자기 자신과 이 세상, 그리고 앞으로의 미래에 대해 매우 나쁘게 평가하는 것이고, 대부분의 주변 상황을 이런 평가를 통해 해석할 뿐 아니라 설사 좋은 일이 있더라도 이런 부정적 색안경을 통해 나쁜 의미로 바꾸어 버린다는 것을 실감하였다. 또한 이런 생각은 환자가 일부러 그런 생각을 하려는 의도를 지니는 것이 아니라 자동적으로 발생하는 듯하고, 환자 자신이 이런 부정적 생각을 가지고 있다고 의식하지 못하는 경우도 많았다. Beck은 이를 **자동적 사고**(automatic thought)라고 명명하였고, 우울증 환자들에게 특징적인 세 가지 부정적 자동적 사고를 **인지삼제**(cognitive triad)라고 하였다. 인지삼제는 앞에서 말한 대로 (1) 자기 자신에 대한 부정적 인지, (2) 세상을 바라보는 부정적 견해, (3) 미래에 대한 부정적 인지를 말한다. 환자들은 자기 자신을 나약하고 쓸모없는 존재로 여기고 자신을 비난하거나 평가절하하는 경향이 있다. 또 세상을 살아가기 아주 힘들고 자신에게 고난만을 주는 나쁜 환경으로 본다. 자신의 주위에서 벌어지는 일들을 모두 자신에게 불리한 쪽으로 해석하는 것이다. 그리고 자신의 미래에는 앞으로도 불행과 고통만이 있을 것이라고 생각한다. 자기 앞의 어떤 일도 꼭 실패할 것이라고 미리 예상한다.[3]

자동적 사고는 논리적으로 충분히 검토된 생각이 아니라 머리에 갑자기 떠오르는 생각을 말한다. 부정적이고 왜곡된 내용을 담은 자동적 사고는 바로 부정적인 감정을 유발하고, 이 부정적인 감정은 또다시 부정적인 사고를 강화시킨다. 이런 악순환이 계속되면 합리적이고 현실에 맞는 생각은 줄어들고, 부정적인 생각과 왜곡된 해석이 그 자리를 차지하여 점점 부정적인 믿음으로 강화될 수 있다. 이렇게 자신과 자신의 미래에 대한 부정적인 해석과 믿음은 활동 저하, 흥미 상실, 불안, 집중력 감퇴, 식욕저하, 수면장애 등의 여러 가지 우울증 증상이 유발되는 데에 결정적 역할을 한다고 인지모델은 가정한다. 그러므로 인지치료는 왜곡된 자동적 사고의 현실성, 타당성에 문제를 제기하고 오류를 수정하여 이런 악순환을 끊어주는 역할을 수행하고, 이것이 성공하면 우울증의 증상이 호전될 수 있다고 제안한다.

그럼 자동적 사고는 어디에서 비롯되는 것일까? 사람은 어린 시절부터 여러 가지 경험을 하며 성장한다. 부모와 주변 환경과의 상호작용을 통해서도 많은 경험이 이루어지기 때문에 비슷한 패턴의 경험들이 반복되고, 이런 반복된 경험들을 통해서 사람들은 세상과 자기 자신을 바라보는 독특한 사고방식을 형성하게 된다. 인지모델에서는 이렇게 경험을 통해 형성된 자신에 대한 생각, 세상을 바라보는 관점 중에 가장 뿌리가 깊어 쉽게 변화하지 않는다는 믿음이 있다고 가정하는데, 이를 핵심믿음(core belief), 또는 도식(schema)이라고 하고, 우울증 환자들은 오랜 기간 형성된 부정적인 내용의 핵심믿음을 가지고 있다고 본다. Aron Beck은 우울증 환자들이 주로 두 종류의 핵심믿음을 가지고 있다고 했는데, 자신이 무능하다는 주제의 핵심믿음과 자신은 사랑받을 수 없다는 주제의 핵심믿음이 그것이다. 우울증 환자는 자신의 깊은 내면에 "나는 무능하기 때문에 절대로 잘해낼 수가 없어!", "아무도 나를 사랑해주지 않아! 난 한심하니까."와 같은 숨겨진 목소리를 지니고 있다고 할 수 있다. 이런 핵심믿음은 우울증이 발병하기 전에는 활성화되지 않다가, 일에 실패하거나 다른 사람에게 거부당하는 등의 핵심믿음과 연관된 스트레스를 받으면 활성화될 수 있다. 일단 핵심믿음이 활성화되면 그 이후 환자의 경험은 모두 이 도식의 영향으로 인해 부정적으로 평가되고, 환자는 자신의 상황과 경험에 대한 여러 가지 왜곡된 자동적 사고를 만들어내게 된다.

우울증의 행동주의 모델과 인지행동치료

인지행동치료는 인지치료와 행동치료가 합쳐져 만들어진 것이지만, 원래 행동주의와 인지주의는 출발부터가 다른 별개의 학문이었다. 행동주의는 인간의 행동과 환경이 서로 주고받는 영향에 대한 관심이 핵심이고, 인지주의는 인간 뇌의 작용과 그 내용으로서의 인지에 대한 관심이 핵심이다. 사실 행동치료자들은 초기 인지이론이 심리내적인 요소인 인지를 지나치게 강조한다고 비판하는데, Aron Beck이 정신분석적 치료를 하다 인지이론을 개발한 것이기에 심리내적인 것에 머무는 경향이 있다고 말하기도 한다.

행동주의 모델에서는 우울증상의 핵심을 목적지향 행동이 없는 것, 즐거움을 주는 활동이 적은 것, 우울한 기분을 불러일으키는 행동이 많은 것으로 본다. 그러므로 치료도 즐거운 활동을 늘이고 우울하게 만드는 행동을 줄이는 것을 목표로 한다. 여기서 중요한 것은 행동치료가 다른 것과 동떨어진 행동 자체만을 다루는 것이 아니라 행동이 환경과 마음에 서로 미치는 영향과 습관화된 그 패턴에 주목한다는 점이다. 어떤 상황에서 행동과 감정과 생각과 주변 환경의 변화 등은 서로를 일으키고 변화시키면서 일련의 사슬과 같이 쭉 연결되는데, 이런 일련의 사건을 세세하게 분석하는 것을 **행동분석(behavioral analysis)** 혹은 **사슬분석(chain analysis)**이라고 하고, 이를 통해 우울해지는 과정을 명확히 분석한 후 그 사슬의 어떤 부위에 개입해서 그 패턴을 바꾸어볼 것인지 계획을 세운다.

인지행동치료는 인지치료와 행동치료가 합쳐져 서로를 보완하고 효과를 극대화할 수 있도록 발전되었는데, 이는 두 치료가 모두 과학적 경험주의를 기반으로 하고 있고, 학습 이론에 바탕을 두고 있었기에 가능했다. 이들은 각각의 목표인 부정적 인지를 재구성하고, 즐거운 활동을 늘리는 것뿐 아니라 부정적 인지를 효과적으로 재구성하기 위해 행동실험을 적용하고, 즐거운 활동의 결과로서의 인지와 감정을 적극적으로 탐색하는 등 시너지 효과를 거둘 수 있다.

우울증 인지행동치료의 구성 요소 및 실제 진행 과정

우울증 인지행동치료의 구성은 우울증과 인지행동치료에 대한 상세한 심리교육(psychoeducation), 행동활성화를 핵심으로 하는 행동적 접근, 인지 재구성을 핵심으로 하는 인지적 접근, 행동실험을 통한 인지행동적 접근의 네 부분으로 크게 나누어볼 수 있다. 행동활성화는 주간 활동 계획 만들기, 즐거움/성취감 주는 활동 계획하기, 점진적 과제 적용 등의 전략을 활용하여 무기력증에 빠져 있는 우울증 환자의 활동을 증가시키고 이를 통해 우울증상의 호전을 목표로 하는 전략이다. 인지 재구성은 우울한 감정을 불러일으키는 부정적 자동사고를 찾아내고 이를 검토하여 보다 현실적인 대안적 사고로 재구성하는 기법이다. 또한 더 면밀한 탐색을 통해 자동사고 밑에 숨어 있는 부정적 전제와 핵심믿음을 찾아내고, 이를 점차 재구성해 나가는 인지치료의 핵심요소이다. 그리고 행동실험을 통해 자신의 자동사고가 틀리고 새롭게 재구성한 대안사고가 유용함을 실제로 경험함으로써 합리적 사고를 공고히 할 수 있다.

효과적인 인지행동치료를 위해서는 초기에 충분한 심리교육이 필요하다. 우울증에 대한 상세한 교육을 통해 환자는 우울증상의 양상, 경과, 치료방법 등을 명확히 알 수 있고, 이를 통해 2차적으로 발생하는 과도한 불안감과 우울감을 줄일 수 있다. 인지행동모델에 대한 교육과 치료자-환자 관계에 대한 교육을 통해 환자는 시행착오를 줄이고 치료를 적극적으로 수용할 수 있게 된다. 그리고 인지행동치료에서는 측정 혹은 평가를 많이 한다. 환자는 각각의 감정에 대해 또는 부정적 생각의 강도에 대해 측정해보라는 요구를 자주 받는다. 이렇게 측정한 것을 기록지에 적기도 한다. 기록지는 인지행동치료에서 매우 중요하게 사용되는 도구인데, 기록지에 감정, 상황, 생각, 평가한 수치 등을 적으며 눈으로 보고 이것으로 작업을 해나가는 과정이 치료효과에 매우 중요한 역할을 한다. 숙제도 빼놓을 수 없는 인지행동치료의 주요 요소이다. 실제 일상생활을 하는 시간에 비해 치료시간은 매우 적다. 치료시간에서 경험한 것들을 일상생활에 연결시키기 위해서, 그리고 실제 생활에서 실험해보고 적용해봄으로써 이론뿐만이 아닌 자기 자신의 변화로 만들기 위해 숙제는 매우 중요하다.

위와 같은 인지행동치료의 구성 요소가 적절하고 유기적으로 배치되어 인지행동치료의 진행 과정을 이룬다. 일단 12회기로 구성된 인지행동치료의 실제 진행과정을 살펴보면 1, 2회기에는 치료적 협조관계를 수립하고 우울증에 대한 평가, 인지행동치료에 대한 소개가 이루어진다. 이 시기에는 환자 개인의 증상과 환경, 생각들을 면밀히 검토하여 인지행동적 사례개념화를 하는데, 이것이 앞으로 진행될 치료의 방향을 결정하는 지도와 같은 역할을 하게 된다. 이후 3회기부터는 본격적인 행동기법, 인지기법의 적용이 진행되는데, 위에서 간단히 소개한 전략 이외에도 필요에 따라 사회기술훈련, 자기주장훈련, 역할연습 등 다양한 전략이 활용될 수 있다. 여러 가지 전략은 환자 개인의 사례개념화에 따라 적절하다고 판단되는 것이 적용될 수 있다. 치료 후기인 10~12회기에는 환자 본인이 치료자 역할하기, 치료종결에 대한 감정 다루기, 재발 및 예상되는 어려움 다루기 등 치료 종결 과정이 시행되게 된다.

결국 이런 과정을 통해 환자는 자신을 괴롭히던 애매모호한 문제들을 더 정확히 바라볼 수 있게 되어, 압도되고 어쩔 줄 모르는 상태에서 문제를 파악하고 해결할 수 있는 방향으로 나갈 수 있게 된다.

우울증에 대한 인지행동치료의 효과

인지치료가 태동한 것이 우울증의 치료를 위한 것이었으므로,[3] 우울증에서 인지행동치료의 효능에 대한 연구 자료는 매우 풍부하다. 왕성한 임상 적용이 되어 온 1970년대 이래 인지치료는 비정신병적 우울증 환자에서 가장 집중적으로 연구된 정신치료 방법이라고 할 수 있다. 비록 초기의 연구들은 다소 연구방법상의 결함을 내포하고 있기는 하지만 적어도 급성우울증에서는 매우 기대되는 치료법이라는 결론을 내렸다.[4] 연구가 거듭되면서 다양한 치료방법론이 수립되었고, 장기 추적 연구에서도 인지행동치료가 우울증의 재발 위험률을 감소시킨다는 결론에 연구결과가 일치되고 있다.[5] 약물치료와 인지행동치료의 효과를 비교하면, 현재까지의 연구결과들은 두 치료가 비슷한 정도의 우울증 호전 효과를 나타내고 있다고 보고한다. 우울증 외래 환자에 대해 항우울제와 인지행동치료의 효능을 비교한 4개의 주요 무작위 연구를 비교한 결과 전체적인 효과 크기는 인지행동치료 쪽이 약간 더 우월하였으나 전반적인 치료 효능에는 유의한 차이가 없었다.[6]

또한 인지행동치료의 장점은 치료 종결 후 유지 측면에서도 잘 나타난다. 약물치료로 성공적으로 치료가 된 주요우울장애 환자를 인지행동치료 및 통상적인 관리치료로 무작위 배분하고, 항우울제는 점차 감량하여 중지한 후 4년간 추적한 연구결과, 인지행동치료군은 재발률이 35%로 통상적 치료군의 70%에 비하여 유의하게 낮았다.[7] 후에 이 연구를 2년간 더 연장하여 전체적으로 6년간 추적한 연구에서는 인지행동치료군이 50%, 통상 관리군이 75%의 재발률을 나타냈고, 이 차이는 통계적으로 유의하진 않았다.[8] 이처럼 비록 인지행동치료군의 우울증 재발방지 효과는 4년 추적 시부터 약해지는 현상이 있었지만 인지행동치료군은 주요우울장애의 전체 삽화 수 등에서 양호한 결과를 나타내었다.[8]

최근에는 통상적인 우울증을 넘어 보다 분화된 집단에서의 연구도 다양하게 행해지고 있고 인지행동치료의 시행방법과 대상도 다양화, 세분화되어 연구되고 있다. 예를 들어 구타당하는 여성들의 우울증에 대하여 인지행동치료가 효능이 있다는 보고가 있었고,[9] 비정신병적 단극성우울증 환자에서 12회기의 집단 인지치료가 효과적이었다는 보고와 같이,[10] 개인 인지행동치료뿐만 아니라 집단을 대상으로 한 인지행동치료도 효과적이라는 연구들이 있었다. 청소년이나 아동에 대한 연구들도 시행되고 있는데, 한 메타분석 연구에 의하면 청소년 우울증에서 인지행동치료가 단기 및 장기치료로 효과가 있었다고 보고하였다.[11]

인지행동모델의 변화와 발달

이미 언급한 것처럼 우울증 치료를 위해 처음 인지치료가 체계화되고 행동치료적 요소와 결합되어 인지행동치료가 된 이후, 여러 질환에 대한 인지행동모델이 제시되고 이 모델에 따른 구체적 치료 지침들이 개발되었다. 그리고 여러 치료 지침의 효과 연구도 지속적으로 진행되었고, 인지행동치료의 구성 요소 각각의 치료효과가 어떻게 다른지에 대한 연구들도 시행되었다. 치료를 구성하는 요소는 매우 많기 때문에 이런 연구가 쉽지는 않지만, 효과가 더 좋은 요소들만으로 치료를 구성하려는 시도를 하는 것이다. 인지치료의 개발 초기에는 인지의 중요성이 강조되고 우울증 치료에 있어 인지 재구성이 핵심이라는 의견이 우세했으나, 점차 다른 요소들의 치료효과가 인지 재구성과 동등하거나 오히려 더 좋다는 연구도 있었고, 인지 재구성을 뺀 행동활성화 치료가 표준적인 인지행동치료와 비교해 동등한 우울증 치료효과를 보인다는 연구도 발표되었다.[12] 이렇게 인지적 요소와 행동적 요소의 우위에 대해서 논란이 있으나[13] 서로의 상호작용이 많은 것으로 추정되기 때문에 어느 하나를 우선시하고 다른 것을 무시하는 것은 바람직하지 않다고 본다.

또한 우울증에 대한 기본 인지모델에도 변화와 발전이 진행되고 있다. 인지모델은 초기에 인지에만 집중하고 사람의 감정이나 정서에는 관심이 덜하다는 비판을 받았고, 단순히 인지 재구성만을 통해 사람의 행동과 정서가 변화할 수 있는가 하는 의심도 많았었는데, 최근에는 우울증이 단순히 부정적인 인지에 의해 발생한다는 기본 모델에서 벗어나 우울증의 다수준 이론(multi-level theory)이 제시되고 있다. 이 이론은 우리가 기존에 말하던 핵심믿음, 즉 도식이 단지 인지만으로 구성된 것이 아니라 감각적·신체적·정서적·상황조건적 정보가 모두 포함되어 있는 개념이라고 말한다. 이를 Teasdale은 도식적 모델(schematic model)이라고 하고,[14] Beck은 모드(mode)라고 하였는데,[15] 쉽게 설명하자면 어떤 개인의 내부에는 우울 모드가 잠재되어 있고, 이것이 활성화되었을 때 우울 모드가 작동하고 주변 상황에 역기능적으로 대처하게 만든다는 것이다. 이런 우울 모드의 활성화는 강한 정서가 동반된 인지를 만들어내고 이에 대한 개인의 대처방법이 다시 이를 강화하면서 악순환의 견고한 고리를 형성한다는 이론이다. 이 모드 이론은 경계성 인격장애처럼 다양한 증상 양상을 보이는 인격장애에도 적용되어 상황에 따라 매우 다양한 역기능적 행동을 보이는 환자를 다양한 모드가 내재되어 활성화되는 것으로 설명하기도 한다. 이에 따라 인격장애에 대한 도식치료(schema therapy), 경계성 인격장애에 대한 모드치료(mode therapy)가 소개되기도 하였다.

새로운 현대 정신치료

인지행동치료의 역사도 반세기가 지나면서 최근 혁신적인 변화들이 나타나고 있다. 고전적인 인지행동치료가 인지와 행동을 기계론적 과학으로 접근했다면, 새로운 현대 정신치료들은 이런 과학적 바탕에 동양의 명상전통, 변증법적 철학, 언어와 마음에 대한 이론, 정서 이론 등을 받아들여 더 풍부한 내용으로 발달하고 있다. 심리내적인 측면만 강조되던 이전에 비해 인간 행동과 주변 환경과의 상호작용이 더 강조되고 있으며, 인지보다 행동과 정서가 더 강조되는 분위기도 있다. 사실 무엇이 더 중요하다고 따지는 것이 우습고, 각 요소의 상호작용과 기능에 더 초점이 맞추어지는 것이다.

이들 중 변증법적 행동치료(Dialectical Behavioral Therapy), 마음챙김기반 인지치료(Mindfulness-Based Cognitive Therapy), 수용전념치료(Acceptance Commitment Therapy), 행동활성화(Behavioral Activation), 기능분석심리치료(Functional Analytic Psychotherapy), 자비중심치료(Compassion Focused Therapy), 심리도식치료(Schema Therapy) 등은 넓은 의미의 인지행동치료 범주 안에 포함시킬 수 있다. 이들은 신비주의가 아닌 경험주의와 실용주의를 바탕으로 마음의 각 요소를 기능을 이해하고 변화시키는 목표를 지닌다는 점에서 넓은 의미의 인지행동치료 범주로 여겨지기를 스스로 인정하고 있다. 이들 치료를 통해 고전적 인지행동치료의 약점이 보완되고 더 넓은 적용 범위를 지니게 되는 등 긍정적인 부분이 많다. 또한 인지행동이론뿐만이 아닌 정신치료 전반에 대한 과학적인 설명과 토론이 진전되기도 하였다. 정신치료의 목표도 질환별로 증상 완화에 초점이 맞추어졌던 고전적 인지행동치료 시대에 비해 요즘에는 보다 다양한 목표와 포괄적인 목표를 지향하기도 한다. 우울증상 완화뿐 아니라 자존감 증진이나 감정조절능력 키우기, 심리적 융통성 증진 등의 목표를 가지기도 하는 것이다.

사실 우울증은 매우 다양한 원인적 상황과 과정을 가지는, 과도하게 다양한 환자들을 포괄하는 개념이기 때문에 개인의 세밀한 문제를 확실히 파악하여 해결하는 맞춤형 치료가 필요하기도 하고, 때로는 문제를 예방하거나 잘 대처할 수 있는 전반적 힘을 기르는 식의 넓은 목표를 지향하는 치료가 필요할 때도 있다. 비록 우울증에 대한 새로운 치료들의 효과에 대해서는 고전적 인지행동치료에 비해 아직 근거가 부족하지만 꾸준한 연구가 진행되고 있어 향후 전망은 밝다고 하겠다. 위 치료 중 몇몇을 좀 더 자세히 살펴보겠다.

행동활성화 치료

행동활성화 치료는 인지에 대한 직접적인 치료 개입 없이 환자의 일상 행동을 면밀히 분석하여 이 행동들의 의미와 기능을 밝히고, 즐거움과 같은 긍정적 감정과 연결되는 행동을 늘리는 방식으로 우울증상을 호전시키려는 치료이다.[16] 보통 10회기 정도로 구성되며 우울증 심리교육, 건강한 환경 만들기, 삶의 목표 점검하기, 활동 평가, 활동 계획, 실천하기, 마무리 등의 치료적 작업으로 진행된다. 감정점검표와 일일활동기록지를 핵심적인 기록지로 적극적으로 활용한다. 우울장애에 대한 대표적인 행동치료적 방법이고, 표준적인 인지행동치료와 비교하여 치료효과도 동등한 것으로 인정되고 있다. 인지를 직접적으로 다루지는 않지만 삶의 목표를 적극적으로 다루며 삶의 목표나 가치와 행동을 연결시키는 작업이 이루어지기 때문에 심리내적인 측면을 무시한다고 할 수는 없다.

마음챙김기반 인지치료

마음챙김기반 인지치료(MBCT)는 우울삽화의 재발 방지에 효과가 있다는 근거가 확립된 치료이다. 서양의 심리학이 동양의 선 수행과 명상을 적극적으로 받아들이는 분위기에서[17] 미국의 Kabat-Zinn은 마음챙김 스트레스 관리기법(Mindfulness-Based Stress Reduction : MBSR)을 1980년대에 개발하여 암환자나 만성통증환자를 대상으로 활발히 시행하였는데, 1990년대에 Segal, Williams, Teasdale은 우울증 환자들이 호전 후에도 자주 재발하고, 재발할 때 주로 부정적 생각에 끊임없이 괴로움을 겪는 것을 관찰하고, MBSR과 인지치료를 접목시켜 마음챙김기반 인지치료를 개발하였다.[18] 마음챙김기반 인지치료는 명상을 가장 적극적으로 활용하는 대표적인 치료이다. 여러 치료들이 명상을 이용하지만 그 이용하는 방식이 서로 다른데, 명상의 이론이나 명상적 태도만을 치료에 활용하는 치료들도 있지만, 마음챙김기반 인지치료는 치료 시간 중에 명상을 상당한 시간 동안 실제로 수행하며, 숙제를 통해서도 일상생활에서 명상 수행을 매일 할 것을 권장한다. 치료는 보통 10회기 내외로 시행되며, 현재에 머무르기, 수용하기, 생각과 거리를 두고 바라보기, 생각은 사실이 아님을 알기 등을 마음챙김 명상 수행을 통해 익히는 것으로 치료가 진행된다. 마음챙김기반 인지치료는 우울증 재발 방지에 효과가 인정될 뿐 아니라 현재 불안장애 및 정신신체장애 분야에서도 활발한 연구와 임상적용이 진행되고 있다.

대인관계치료

대인관계치료(Interpersonal Therapy)는 인지행동치료의 범주에 딱 들어맞는 치료는 아니지만, 우울증 치료효과의 근거가 있는 방법으로 간단히 소개한다. 대인관계치료는 대인관계와 애도, 역할 전환 등의 주제를 지금-여기의 입장에서 문제해결을 목표로 풀어나가는 치료이다. 인지행동치료와 비슷하게 치료자-환자의 관계는 협력적 관계이며 엄격하게 구조화된 치료는 아니어서 4회기에서 12회기 정도로 다양하게 구성될 수 있다. 우울증이 주로 대인관계에서 일어나는 갈등, 상실, 역할 전환 등의 문제로부터 발생한다는 관점을 지닌다.

수용전념치료

수용전념치료는 미국의 Hayes가 행동주의의 바탕에 불교심리학적 세계관과 자신의 언어 이론인 관계-틀 이론(Relational Frame Theory)을 가미해서 개발한 치료로서 현재 학계에서 큰 인기를 얻고 있다. 수용전념치료는 논리와 연결을 기반으로 하는 언어가 과도하게 인간의 마음을 지배하고 있어서 인간은 실제의 경험을 잃어버리거나 회피하게 된다고 현대 인류의 문제를 진단한다. 그러므로 언어의 부작용에서 벗어나 과도한 연결과 논리를 끊고 현실을 있는 그대로 수용하며 체험하는 것이 심리적 유연성을 지니는 첫걸음이라고 설명한다. 그리고 자신의 삶에 중요한 자신만의 가치를 명확히 해서 그 가치에 맞는 삶의 방향으로 전념하고 뛰어들라고 조언한다. 즉, 수용전념치료의 목표는 수용을 통해 심리적 유연성을 확보하여 가치에 맞는 삶에 전념하라는 것이다.[19] 수용전념치료는 기본적으로 우울증 치료와 같은 특정한 목표를 가지는 것이 아니라 인간의 마음과 삶의 전반적 증진을 꾀하는 치료이고, 수용전념치료의 이런 측면이 현 시점에서 많은 사람들의 인기를 얻는 큰 요소일 수 있다.

수용전념치료도 각 대상과 문제에 따라 표준화된 지침서를 개발하는 경우가 늘어나고 있으며, 우울증에 대한 수용전념치료 지침서도 출판이 되어 있다. 치료효과에 대한 연구들은 아직 많지 않지만 대체로 좋은 치료효과를 보였다는 발표가 늘고 있다.

기타 정신치료

변증법적 행동치료는 경계성 인격장애 환자에 대한 인지행동치료를 수행하고 연구하던 미국의 Marsha Linehan이 기존의 인지행동적 치료기법을 경계성 인격장애 환자의 복잡한 특성에 맞추어 확대하고 발전시킨 치료로, 감정조절기술의 습득과 활용을 주요 치료 목표로 삼고 있다.[20] 변증법적 행동치료도 행동주의를 바탕으로 변증법의 철학과 동양의 선 수행을 접목시켰는데, 개인치료와 기술훈련 집단치료, 전화위기상담, 치료자 자문팀의 네 가지 치료실행 환경을 모두 구축하여 수행하는 것이 정통적인 방법이다. 변증법적 행동치료는 자살 방지와 경계성 인격장애의 치료에 있어 효과가 있다는 근거가 인정되어 점차 관심이 높아지고 있다. 경계성 인격장애가 아니더라도 감정조절기술이 필요한 많은 정신적 문제들에 대해 변증법적 행동치료가 활용되는 경우가 늘고 있다. 미국의 여러 대학병원이나 치료센터에서는 식이장애나 양극성 장애 환자에게도 변증법적 행동치료를 많이 수행한다. 변증법적 행동치료를 온전하게 수행하기는 어려운 병원에서는 기술훈련 집단치료만을 운영하는 경우도 많다. 변증법적 행동치료가 우울증에 맞추어져 개발된 치료는 아니지만, 우울증에서도 감정조절문제가 주요 문제인 경우에 이 치료가 도움이 될 수 있다.

심리도식치료도 인격장애치료를 위해 인지행동치료가 확대 발전된 치료로 지금-여기에서부터 심리도식이 형성된 과거까지 다룰 수 있으며 인지, 행동, 정서, 표현적 기법을 두루 사용하는 광범위한 치료이다. 만성우울증의 기저에 성격 문제가 있는 경우가 대부분이므로 이런 성격 문제의 호전에 심리도식치료가 도움이 될 수 있다.

자비중심치료는 마음챙김 명상에서 한 걸음 더 나아가 자기 자신과 주변 사람들, 전체 인간들에게까지 이르는 자비명상을 수행하고 적극적으로 이용하는 치료이다. 자신에 대한 비난과 수치심을 우울증의 핵심으로 보고 이를 극복하는 방안으로 자비심을 기르도록 하는 것이다. 증상이 심한 경우에는 적용하기 어렵다는 비판도 있으나 만성적인 자기비난을 극복하는 데 상당히 도움이 될 수 있는 방법이며, 정신치료자들처럼 감정적 소진이 많은 사람들에게 도움이 많이 된다고 알려져 있다.

기능분석심리치료는 모든 치료에 필수적인 좋은 치료적 관계에 힘을 불어넣고, 치료자의 진정성과 열정, 자비심, 역량을 키우는 방법에 대한 행동주의적 지침이다. 환자의 변화를 이끌기 위한 토대인 치료적 관계는 알아차림, 용기, 치료적 사랑 등의 구성 요소로 이루어진다고 보고 이를 행동주의적인 관점에서 풀어내고 있다. 이는 한 가지 문제나 질환을 치료하려는 기법이 아니라 모든 치료에 필요한 공통의 요소를 제공해주는 지침으로서 현장에서 일하는 치료자들에게 많은 호응을 얻고 있다. 우울증뿐 아니라 인생과 관계에 대한 지혜를 제공하는 측면이 많다.

우울증은 한 가지 임상 양상이 아닌 매우 다양한 모습을 보이는데, 우울증이 다양한 원인과 복잡한 중간 과정들을 거쳐 일어나는 최종 결과라는 관점에서 본다면, 지금까지 소개한 다양한 치료들은 모두 우울증 치료에 어느 정도 도움이 될 수 있다. 그러나 근거기반진료가 기본인 현대 의료 현장에서 적극적으로 활용되기 위해서는 정확한 적응증과 효과에 대한 연구를 통해 근거를 확립하는 노력이 계속되어야 할 것이다.

인지행동치료의 다양한 적용 방식

어떤 질환에 어떤 치료를 적용하든지 간에 실제 치료에서는 대상자 선정과 실행 방법이 가장 중요한 것이라 해도 과언이 아니다. 전통적인 병의원이나 상담기관에서는 내담자와 치료자가 일대일로 대면하거나 치료자가 내담자 집단을 이끌어 가는 방법으로 치료가 이루어진다. 하지만 현대 사회에서는 학교, 직장, 지역사회 등의 공동체 역할이 매우 증대되었고 공동체 내의 정신건강에 대한 관심이 급증하였다. 나아가 매스미디어와 인터넷은 개인이 아닌 대규모 집단, 네트워크를 대상으로 하여 대면중심의 전통적인 인간관계의 패러다임을 바꾸었다.

인지행동치료를 비롯한 정신치료적 접근도 이에 따라 적용 대상과 방법이 매우 다양화되고 있다. 학교나 직장 구성원 전체를 대상으로 한 정신치료적 접근법이 스트레스 관리, 위기 관리 프로그램 등을 중심으로 널리 확산되고 있고, 이들의 효과에 대한 연구도 늘어나고 있다. 또한 매스미디어와 인터넷에서도 정신치료 콘텐츠가 넘쳐나는데, 이를 살펴보면 그 내용의 대부분은 인지행동치료적인 접근이지만 충실성과 상업성 등에서 문제가 많다. 이에 정신치료적 정보의 올바른 수용을 위해서도 인지행동치료 전문가들의 노력이 필요하다.

국가가 의료 전반을 주도하는 영국에서는 경도의 우울증 치료에 있어 인지행동치료의 효과와 비용효율을 인정하여 많은 예산으로 인지행동치료 시스템을 구축하였다. 이렇게 큰 지역단위의 관점에서 볼 때 표준적인 인지행동치료보다는 더 짧고 다수를 대상으로 하는 방식의 인지행동치료가 필요하고 이에 대한 관심이 높아지고 있다. 전산화된 인지행동치료(computerized CBT)나 저강도 인지행동치료(low-Intensity CBT)라는 주제가 점점 많이 등장하고 연구와 개발이 늘어나는 것은 세계적인 추세이다.

더 짧고 간단한 개입으로 원하는 효과를 얻을 수 있을까 하는 의문이 당연히 제기되는데, 논란은 많지만 긍정적인 연구결과들도 조금씩 늘고 있다. 한 연구는 하루 동안의 인지행동치료적 교육 워크숍을 102명에게 시행하고 2년 후 추적조사하였는데, 우울한 사람들에게 있어 우울감, 불안감, 고통, 자아존중감이 3개월 후 긍정적으로 변화하였고 2년 후까지 유지되었다고 보고하였다.[21] 이는 인지행동적 개입의 질과 양을 변화시킴에 따라 다양한 방식의 적용이 가능하고 이것이 효과적일 수 있다는 것을 보여준 의미 있는 결과라 할 수 있다.

인공지능과 빅데이터가 미래에 큰 역할을 할 것으로 기대되는 지금, 인지행동치료를 비롯한 정신치료에 있어서도 인공지능이 도입될 것이라는 기대와 우려가 공존한다. 머지않아 등장할 새로운 적용 방식을 잘 이용하는 지혜가 필요할 것으로 생각한다.

정신치료 실제 적용의 어려움과 앞으로의 전망

우리나라에서는 의료비용 절감에 중점을 두는 건강보험체계와 더불어 정부와 의료계 전반의 몰이해 때문에 정신사회적 치료의 적극적 적용이 매우 어렵다. 약물치료가 현대 임상정신의학에서 가장 효과적이고 중요하지만[22] 다양한 목표와 가치를 위해서는 정신사회적 치료의 활용도 보완이 되어야 하는데, 우리나라는 다른 선진국에 비해 이런 면에서 매우 취약하다. 더욱이 한의학과 같은 유사과학이 제도권에서 인정되는 현실, 그리고 정신의학 주변의 여러 직역들이 협업보다는 갈등을 훨씬 많이 보이는 현실은 우리나라에서 정신사회적 치료가 제대로 자리를 잡지 못하는 큰 원인이 되고 있다.

하지만 이런 어려움에도 불구하고 정신사회적 치료, 특히 인지행동치료와 새로운 정신치료는 우울증의 치료에 있어서 매우 중요한 가치를 지니고 있다고 생각한다. 환자의 치료를 위해서는 증상 해결이 첫 번째 과제겠지만 이것으로 모든 치료 목표가 달성되는 것은 아니다. 환자는 건강한 생활을 되찾기를 원하고, 심지어는 더 나은 삶을 살기를 원할 수도 있다. 이를 위해서는 문제해결뿐 아니라 동기부여나 가치 선택과 추구 등 생물학적 치료만으로는 본질적으로 해결할 수 없는 부분이 존재한다. 하지만 유사과학이나 신비주의적인 방식으로는 이를 만족시킬 수는 없으며 현재 이로 인해 많은 부작용이 발생하고 있다. 앞으로 근거에 기반한 현대 정신치료들이 더 활발히 적용되어 환자의 필요를 채워주고 사회의 정신건강에도 기여했으면 하는 바람이다.

참고문헌

1) 김원. 우울증의 인지행동치료: 개요와 현실, 그리고 전망. 대한우울조울병학회지 2008;6:67-72.

2) 김원. 우울증에 대한 인지행동적 이론. 우울조울병 2015;13:68-72.

3) Beck A. Cognitive Therapy of Depression, The Guilford Press, NY. 1979.

4) Scott J. Cognitive therapy of affective disorders: a review. *Journal of Affective Disorder* 1996;37:1-11.

5) 채정호, 김원, 유태열. 인지행동치료의 치료적 효능(efficacy)과 유효성(effectiveness). 인지행동치료 2003;3:78-88.

6) DeRubeis RJ, Gelfand LA, Tang TZ, Simons AD. Medications versus cognitive behavior therapy for severely depressed outpatients: mega-analysis of four randomized comparisons. *American Journal of Psychiatry* 1999;156:1007-1013.

7) Fava GA, Grandi S, Zielezny M, Rafanelli C, Canestrari R. Four-year outcome for cognitive behavioral treatment of residual symptoms in major depression. *American Journal of Psychiatry* 1996;153:945-947.

8) Fava GA, Rafanelli C, Grandi S, Canestrari R, Morphy MA. Six-year outcome for cognitive behavioral treatment of residual symptoms in major depression. American Journal of Psychiatry. 1998;155:1443-1445.

9) Zust BL. Effect of cognitive therapy on depression in rural, battered women. *Archives of Psychiatric Nursing* 2000;14:51-63.

10) Free ML, Oei TP, Sanders MR. Treatment outcome of a group cognitive therapy program for depression. *International Journal of Group Psychotherapy* 1991;41:533-547.

11) Reinecke MA, Ryan NE, DuBois DL. Cognitive-behavioral therapy of depression and depressive symptoms during adolescence: a review and meta-analysis. *Journal of American Academy of Child and Adolescent Psychiatry* 1998;37:26-34.

12) Dimidjian S, Hollon SD, Dobson KS, Schmaling KB, Kohlenberg RJ, Addis ME, et al. Randomized trial of behavioral activation, cognitive therapy, and antidepressant medication in the acute treatment of adults with major depression. *J Consult Clin Psychol* 2006;74:658-670.

13) Longmore R, Worrell M. Do we need to challenge thoughts in cognitive behavior therapy? *Clinical Psychology Review* 2007;27:173-187.

14) Teasdale JD. *The transformation of meaning: The interacting cognitive subsystems approach*. In M. Power, & C. R. Brewin (Eds.), *The transformation of meaning in psychological therapies*(pp. 141-156). Wiley; 1997.

15) Beck AT. Beyond belief: A theory of modes, personality, and psychopathology. In P. M.

Salkovskis (Ed.), Frontiers of cognitive therapy (pp. 1-25). The Guilford Press; 1996.

16) Martell CR, Lewinsohn PM. *Behavioral Activation for Depression: A Clinician's Guide*. The Guilford Press, NY. 2013.

17) Shapiro DH Jr, Giber D. Meditation and psychotherapeutic effects. Self-regulation strategy and altered state of consciousness. *Arch Gen Psychiatry* 1978 ;35:294-302.

18) Segal ZV, Williams JMG, Teasdale JD. *Mindfulness-Based Cognitive Therapy for Depression: A New Approach to Preventing Relapse*. The Guilford Press; 2001.

19) Hayes SC, Strosahl KD, Wilson KG. *Acceptance and Commitment Therapy: An Experiential Approach to Behavior Change*. The Guilford Press; 2003.

20) Linehan M. *Cognitive-Behavioral Treatment of Borderline Personality Disorder*. The Guilford Press. 1993.

21) Brown SL, Elliott SA, Boardman J, Andiappan M, Landau S, Howay E. Can the effect of a 1-day CBT psychoeducational workshop on self-confidence be maintained after 2 years? a naturalistic study. *Depression and Anxiety* 2008;25:632-640.

22) Nierenberg AA, White K. What next? A review of pharmacologic strategies for treatment resistant depression. *Psychopharm Bull* 1990;26;429-460.

제2부

우울증의 관심 주제

우울증은 진행성 질환인가

The neuroprogressive nature of major depressive disorder

이종훈*, 기백석**

대구가톨릭대학교 의과대학 대구가톨릭대학교병원 정신건강의학과*, 중앙대학교 의과대학 중앙대학교병원 정신건강의학과**

살면서 우울증을 처음 경험한 사람의 40%는 재발 없이 잘 지낸다.[1~3] 하지만 두 번의 우울증을 겪은 환자는 30%가 잘 지내고, 세 번의 우울증을 겪은 사람은 10%만이 재발하지 않아서, 두 번의 우울증을 겪은 사람보다 세 번째 겪는 사람의 경우 다시 병이 생기지 않을 확률이 3배나 줄어든다. 한편으로 재발이 잦아질수록 그 빈도가 점차 증가되는 경향을 보이는 것도 사실이다.

역학연구에서 주요우울장애는 흔한 정신장애 중 하나인 것으로 나타났다. 미국동반이환반복조사(National Comorbidity Survey-Replication : NCS-R)에서 주요우울증에 대한 정신질환의 진단 및 통계편람(DSM) 기준에 따라 12개월 유병률은 6.6%, 평생유병률은 16.2%였다.[4] 주요우울장애의 양상은 핵심증상과 부수적인 증상으로 여러 증상이 나타난다. DSM-5[3]에 따른 주요우울장애의 진단은 적어도 2주 동안의 기간과 다음 증상 중 적어도 5개 이상을 만족하는 주요우울삽화의 경험이 필요하다. 이 증상들은 흥미나 즐거움의 상실, 우울기분, 식욕/체중 변화, 수면장애, 정신운동 변화, 활력의 상실, 무가치감/죄책감, 집중력 감소/우유부단함과 죽음/자살에 대한 생각을 포함한다. 우울기분 또는 흥미나 즐거움의 상실 중 하나가 있어야 하지만, 복합 기준(예 : 무가치 혹은 죄책감)이 포함되면 주요우울장애의 진단은 다양하게 변형된 형태가 나타날 수 있다.

주요우울장애는 삽화적인 질병이라는 특징에도 불구하고, 전향적 연구에서는 재발이 흔한 것으로 나타났다. 주요우울장애 삽화를 경험한 380명 환자를 15년간 자연상태에서 추적 관찰한 결과, 각각의 연속된 삽화는 추가삽화의 확률을 증가시킨다는 사실과 함께[5] 73%가 재발삽화를 경험하였다.[6] 유사하게 1,500명의 주요우울장애 환자를 포함한 STAR*D(Sequenced Treatment Alternatives to Relieve Depression)프로젝트에서도 환자의 74%가 한 번 이상의 삽화를 경험했고, 주요우울장애의 재발이 신경생물학적 취약성에 의해 부분적으로 유발되는 것으로 나타났다. 또한 첫 삽화를 경험한 환자와 비교하여 여러 번 삽화를 경험한 환자는 우울장애의 가족력이 더 흔하고 더 어린 나이에 우울삽화의 발병을 경험하게 된다고 보고하였다.[7]

일관된 여러 증거는 우울삽화가 시간이 지남에 따라 더 쉽게 유발된다는 점화가설을 지지한다.[8] 우울삽화 횟수의 증가에 따른 미래의 삽화는 삶의 스트레스에 의한 것보다 이전 삽화의 빈도에 의해 더 잘 예측된다.[9] 점화는 스트레스 유발 생활사건의 영향에 대한 역치를 낮추는 사소한 사건에 대한 감작화 또는 자발적인 조절곤란의 증가에 의해 발생하는 과정이라고 하며, 이 둘은 모두 주요우울장애가 진행성 질병이라는 것을 나타낸다.[10] 쌍둥이 대규모 연구에서 시행한 재발의 위험분석 또한 높은 유전 위험 환자가 '점화 이전 상태'로 유전적 영향을 암시한다. 즉, 높은 유전 위험 환자를 낮은 유전 위험 환자와 비교했을 때 스트레스 유발 생활사건과 우울증의 발병 사이에 연관성이 낮았다.[11]

또한 어린 나이에 겪은 부정적인 경험은 우울장애와 관련된 장기적인 신경생물학적 변형에 기여할 수 있다. 임상 전 시기의 연구결과, 결정적 발달기간에 새끼 쥐의 모성 박탈은 스트레스에 대한 연속적 과도한 반응성과 성숙했을 때의 명백한 행동 변화를 초래한다.[12] 동물연구와 유사하게 자살시도자 중 어린 시절 부정적인 경험을 가진 사람의 뇌에서는 부정적 경험이 없는 사람에 비해 더욱 높은 수준의 후성유전적 변화(epigenetic change)가 나타난다.[13] 반복적인 스트레스 유발 사건과 우울삽화, 약물남용이 후성유전적 상흔(epigenetic pock mark)의 축적으로 이어진다는 증거가 제시되고 있다.[14] 조기 학대 경험이 있는 아동의 우울증상에 대한 위험은 특정 유전자형[예: 세로토닌수송체(5-HTTP)]과 학대의 과거력 사이의 상호작용과 연관된다.[15] 이 소견들을 고려할 때 어떤 연구자들은 과거 학대 경험이 없는 환자와 비교하여 조기 학대 경험이 있는 환자에게서도 더 많은 신경생물학적 변화가 일어나며, 이 환자는 특히 우울장애에 취약한 아형으로 분류할 수 있다고 제안한다.[16]

만성적인 우울장애의 경과도 이 질환과 관련된 뇌 영역에 장기적인 신경생물학적 변화를 초래한다. STAR*D 프로젝트에서 환자의 25%는 2년 이상 기간의 만성적인 삽화가 있는 것으로 알려졌다. 또 다른 대형 다기관 치료연구에서(N=681) 환자의 우울장애는 DSM-IV를 이용해 네 가지 범주, 즉 만성 주요우울장애(삽화 2년 초과), 불완전관해된 주요우울장애(부분적 반응), 기분저하증에 병발한 주요우울장애(이중우울병), 기분저하증에 병발한 만성 주요우울장애(우울증 증상>4년)로 분류되었다. 임상적 심리학적 변수에 대한 광범위한 여러 비교에도 불구하고 네 가지 집단 사이에서는 유의한 차이가 없었으며, 이는 만성적 우울장애의 다양한 발현이 동일한 질병을 나타내는 것이라는 결론을 이끌었다.[17]

우울삽화 기간이 늘어남에 따라 실질적인 회복의 가능성은 적어진다. 우울증 외래환자의 5년 전향적 연구에서는 약 절반이 첫 6개월 이내에 회복하지만, 나중에는 실질적으로 회복 속도가 크게 감소하였다. 예를 들어 삽화가 5년 이상 지속된 환자는 1%의 회복률을 나타내는 데 비해 1년 기간 우울삽화를 경험한 환자는 16%의 회복률을 보여주었다.[18] 마찬가지로 새로운 우울질환 발병 전향적 연구에서 이전 삽화의 더 긴 기간(>12주)은 새로운 발병삽화보다 37% 정도의 회복 가능성을 감소시킨다.[19] 이런 증거들을 살펴볼 때 삽화의 기간이 길어짐에 따라 우울장애 자체가 진행성을 띠게 되어 점차 회복이 더 늦어지고 완전회복이 힘들어지게 된다는 것이다.

환자가 더 이상 주요우울장애의 삽화에 대한 모든 기준을 충족하지 않더라도, 환자의 일부가 잔류 증상과 감소된 기능을 실질적으로 경험하는 것으로 나타났다. 3년간 장기적 역학연구에서 환자 165명을 대상으로 주요우울삽화의 전후를 평가하였다. 기능 측정에 대한 평균치가 병전 수준으로 회복됨에도 불구하고, 환자의 15~40%가 삽화 이후 지속되는 사회심리적 기능의 악화를 경험하고, 전체 대상의 전반적인 기능도 건강한 대조군보다 더 낮게 지속된다.[20] 10년 동안의 Naturalistic Longitudinal Study 결과, 주요우울삽화 이후 뒤따르는 역치 이하(subthreshold) 우울증상을 경험하는 환자는 재발에 대해 상당히 큰 위험이 있었고, 그들은 또한 완전히 관해된 환자에 비해 다음 삽화가 더 일찍 발생하게 된다. 이런 연구결과는 잔존증상의 활동성 질환 상태 때문에 취약성을 나타내는 것으로 보이며[21] 주요우울장애가 진행성이라는 것을 대변한다.

우울증이 진행성 질환이라는 것에 반대하는 일부 단체에서는 이런 개념이 대두하게 된 이유를 과거에 제약업계가 '치료저항성 우울증'의 개념을 도입한 이후 새로운 이슈로 제기했기 때문으로 본다. '치료저항성 우울증'의 개념을 도입한 것도 환자가 치료저항성을 지녀서 치료가 어려운 것이지 다중 복용하는 약물의 문제가 아님을 주장하기 위해서라고 하였다. 최근 제약업계는 항우울제 시장에서 급부상하기 위해 새로운 캠페인을 하고 있는데 이것은 "당신의 우울증은 진행성입니다."라는 것이다. 웹사이트 Medscape에 실린 기사는 "우울삽화는 시간이 지남에 따라 더 쉽게 자극이 된다.", "주요우울삽화 빈도의 증가로 후속 삽화에 대한 위험은 최근 삶의 스트레스 발생보다는 이전 삽화의 빈도가 더 잘 예측한다."라고 했는데, 이 논문의 부저자가 제약회사에서 일하는 사람으로 석연찮은 면이 있어 논란이 되고 있다.[22]

우울증은 진행성인가

최근의 여러 연구결과를 살펴보면 주요우울장애가 진행성이라는 점에 의문을 가지는 사람은 없을 것 같다. 가장 주목받는 의견을 우선 종합하면, 전부는 아니지만 적지 않은 수의 주요우울장애가 만성적으로 지속되고 반복적인 재발을 보이며, 치료에 대한 반응성이 점차 변화하고 기질적인 변화가 진행되며 더 나아가 분자생물학적인 변화가 나타나는데, 이러한 경우 진행성일 가능성이 있는 것으로 여겨진다. 이런 사실들의 근거를 살펴보면 다음의 내용과 같다.

점화 효과

우울장애의 재발과 우울삽화 횟수 및 스트레스의 연관성에 대한 연구에서 이러한 이중주기 연관성을 분석한 회귀곡선을 살펴 9번의 우울삽화에서 꺾임이 발견되었다(그림 1 참조). 스트레스 유발 생활사건이 주요우울장애의 발병에 대한 강력한 위험요인으로 알려졌다.[23] 이전 우울삽화의 주요 효과는 두 부분으로 나누어졌다. 우울삽화의 수가 9회 또는 그 이하일 때 각각 추가적인 이전 우울삽화가 우울증 발병 위험의 더 큰 증가를 초래한다. 9회 이상 우울삽화 이후, 각각의 추가적 삽화는 이전보다는 훨씬 더 적은 위험의 증가를 유발한다. 이 연구의 주요 관심사는 점화 모델에서 예측되는 것처럼 주요우울장애 위험을 예측하기 위해 이전 우울증 삽화와 스트레스 유발 생활사건 사이의 상호작용을 관찰하는 것이었는데, 여기에서 둘 사이의 부적관계에 대한 강력하고 일관된 증거들이 제시되었다. 즉, 새로운 우울삽화와 함께 스트레스 유발 생활사건과 주요우울장애의 발생 사이의 연관성은 점점 약해지고 있다는 것이다. 이 효과는 0에서 6~8회 이전 우울삽화 사이에 현저하다. 이러한 결과들은 점화가설의 예측과 일치한다.[9]

이상에서와 같이 스트레스 유발 생활사건은 시간이 지남에 따라 우울증 유발 위험요인으로서의 작용이 점차 약해지고 이전 우울삽화의 빈도 수가 유발 위험요인으로 점차 증가하다가 9회 이상의 우울삽화에서는 더 이상 증가하지 않고 유지되는 것을 알 수 있었다. 질병 초반의 우울삽화는 후기의 우울삽화에 비해 스트레스 유발 사건과 더 큰 관련이 있었으며, 이는 삽화 횟수가 증가함에 따라 기분장애가 유발되는 스트레스의 역치가 점차 낮아짐

| 그림 1 | 주요우울장애의 원인에서 스트레스 생활사건과 과거 삽화와의 관계 |

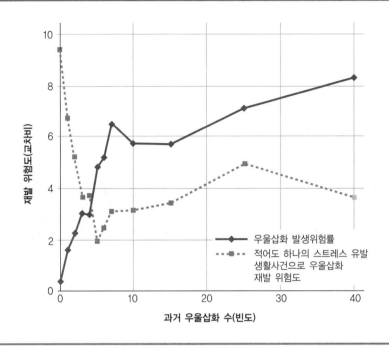

출처 : Kendler et al.[9]에서 인용함.

을 의미하였다.[24] 이러한 사실들을 미루어 짐작할 때 우울증이 하나의 삽화로 종료되는 독립된 질병이 아니라 서로 연관되어 점차 그 상태가 변해가는, 즉 진행성이 되어 가는 질병이라는 것을 의미한다.

재발과 만성

주요우울장애에서 또 하나의 문제는 우울삽화의 재발이다. 통계 자료에 따르면 처음으로 우울삽화를 경험한 사람의 60%에서 두 번째 우울삽화를 보였고, 두 번째로 우울삽화를 경험한 사람의 70%에서 우울삽화가 재발했으며, 세 번째 혹은 그 이상으로 우울삽화를 경험한 사람은 90%의 확률로 우울증이 재발하였다.[3,5] 그림 2는 우울삽화 경험 횟수에 대한 재발 위험을 나타낸 그래프이다. 모든 재발에서 약 10~20%는 증상의 심각도에 변화가 없거나 만성으로 넘어갔고, 높은 자살률로 연결되었다.[25] 여러 자연적 연구에 따르면 기분삽화 시 증상의 심각도는 재발마다 증가하였으며, 이는 치료받지 않은 사람에서 삽화의 심각도가 점차 진행함을 의미한다. 전기경련요법(ECT)이나 항우울제, 리튬, 항정신병 약물이 개발되지 않은 시기에 시행된 대부분의 연구에서 재발 시 우울삽화의 기간이 증가하는 것에

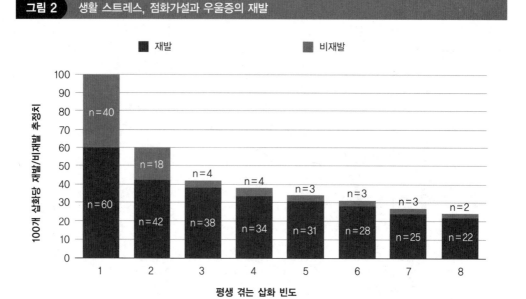

그림 2 ┃ 생활 스트레스, 점화가설과 우울증의 재발

출처 : Monroe & Harkness[10]에서 인용함.

반해, 약물치료가 정립된 시기의 연구에서는 그러한 악화경로(deteriorating course)를 보이지 않았다. 이는 주요우울장애가 진행성 질병으로써 재발 시마다 우울삽화의 기간이 길어질 수 있으며 투약이 악화경로를 멈출 수 있다는 사실을 보여준다.[24]

  이러한 양상을 살펴볼 때 주요우울장애는 발병 이후 재발이 지속되면 점차 그 자체의 속성이 변화하고 치료에 대한 반응, 회복의 정도, 동반증상에서 많은 차이가 나타나 진행성 질병이라는 것을 알 수 있게 한다. 최근의 이러한 자료는 우울증이 심각한 합병증을 동반하고 치명적 결과를 야기하는 만성적으로 재발하는 병적 상태이며, 지속적인 치료가 필요하다는 관점을 알리는 데 기여하였다.[26,27]

기질적 변화

우울장애가 진행성이라는 증거 중 하나인 기질적인 변화에 대한 증거는 아직 더 많은 추가 연구가 필요하지만, 영상기법과 다른 방법들을 통해 여러 신경생물학적인 이상이 발견되고 있다. 특히 여러 전전두엽과 변연계 구조물과 그들 사이를 연결하는 신경회로의 효율적인 조절과 연관되어 있다. 이 신경해부학적인 부분들은 복내측 전전두엽(VMPFC), 외측 안와전전두엽(LOPFC), 배외측 전전두엽(DLPFC), 전대상피질(ACC), 복측 선조체(ventral striatum), 측중격핵(nucleus accumbens), 편도체와 해마를 포함한다. 이러한 영역의 변형이 주요우울장애 환자에게서 발견되었으며, 이는 주요우울장애의 증상 발현이 이 부분들과 관련이 있다는 것을 나타낸다.[28,29] 그러나 이러한 영역의 변화에 따른 차이는 여러 대상자의 평균값의 차이이기 때문에 개인별로 구별되어 나타나지 않을 수도 있어서 주요우울장애의 특징적인 원인으로 받아들이기는 아직 어렵다.

주요우울장애 환자에게서 시행한 부분 혈류 연구에 따르면, 대조군에 비해 VMPFC와 LOPFC에 항진된 활동 상태를 보이며, DLPFC에 저하된 활동 상태를 보였다.[29] 앞에 열거한 이러한 부분들의 기능에 비춰봤을 때, 이러한 비정상적 활동 패턴이 주요우울장애의 여러 증상과 관련이 있을 것이라고 생각된다. VMPFC의 활동 항진은 통증, 불안, 우울과 긴장에 대한 과민을 보이며, DLPFC의 활동 저하는 정신운동지연, 무감동, 주의력과 실행 기억의 결핍과 같은 증상을 보인다.[30] fMRI를 이용한 연구에서도 편도체와 전대상피질의 전달이 감소하는 것을 볼 수 있었다.[31] 이러한 연결성의 상실은 ACC가 감정조절에 실패함으로써 발생하며,[32] 여러 동기적·정서적인 방해를 초래한다.[33] 이와 함께 주요우울장애 환자의 pregenual anterior cingulate cortex(pACC)에서는 N-acetylaspartate(NAA)/total creatine(tCr) 비율의 점진적인 감소가 입증되었고, 이는 발병 후 초기에 가장 높았다. 이러한 결과는 pACC의 신경변성과 기능장애, 그리고 주요우울장애 환자에서 조기 임상 개입의 중요성을 나타낸다.[34]

기분장애의 가족력이 있는 군에서 주요우울장애로 진행하는 개인에 대한 연구결과, 기분장애의 원인으로 조기 성인기의 비정상적인 하좌위 전두회(left inferior frontal gyrus) 및 중심전회(precentral gyrus)의 두께 감소가 관련이 있었으며, 이는 잠재적으로 조기의 신경퇴행 진행과정을 반영하였다.[35] 실제로 여러 단기 종단연구(short-term longitudinal study)는 주요우울장애 환자에서의 신경심리학적 기능의 저하를 찾지 못하였으나, 좀 더 긴 기간 수행된 한 연구에 따르면 주요우울장애나 조울병은 치매를 진단받을 높은 위험성과 관련이 있는 것으로 나타났다.[24]

변연계의 교차점에서는 시상하부-뇌하수체-부신피질(HPA) 축을 포함한 인지/실행기능, 신경호르몬 조절회로가 있는데, 우울장애 환자에게서는 특히 해마의 취약성이 발견되었다. 특히 해마의 용적이 영상연구에서 관심을 끌었다. 12개 연구의 메타분석에서 주요우울장애 환자의 해마의 용적이 대조군에 비해 유의하게 감소된 것을 볼 수 있었으며, 감소는 양측성으로 일어났고 오른쪽 해마의 용적이 조금 더 많이 감소한 것으로 나타났다.[36] 다른 연구에서는 해마의 용적 감소가 치료받지 않은 우울삽화의 기간과 횟수에 직접적으로 비례하는 것으로 나타났다.[37] 우울증으로 입원한 환자 중에서 효과적인 분석을 위해 나

이를 통제한 결과, 해마의 용적이 입원 전의 질병기간과 유의하게 관련이 있음을 알 수 있었다.[38] 재발성 주요우울장애 환자는 한 삽화의 관해 후에도 건강인에 비해 지속적인 해마의 용적 감소를 나타내었다.[39] 하지만 이러한 우울증 환자와 건강인의 해마의 용적 차이는 완전히 질병상태로 인한 것이라고 할 수는 없다. 유전연구에 따르면 해마의 용적은 환경과 유전적 요인 모두의 영향을 받으며 유전율은 유인원에서 54%, 성인 남성 쌍생아에서 40%를 보였다.[40, 41]

여러 유전자 영상연구에 따르면 주요우울장애 환자와 건강인을 비교했을 때, 해마의 용적과 기분장애와 연관된 특정 유전자가 관련 있음을 나타내었다.[43] 30명의 주요우울장애 환자를 1년 동안 전향적으로 연구한 결과, 해마의 용적은 연구 동안 유의하게 줄지는 않았으나, 우울삽화가 관해되지 않은 환자들에게서는 우울삽화가 관해된 환자에 비해 해마의 용적이 유의하게 줄어 있었다.[44] 이러한 유전적, 임상치료 연구들의 여러 결과를 종합해볼 때, 해마의 형태학적 차이가 주요우울장애를 예측할 수 있는 요인이 될 수 있으며, 이러한 변화가 주요우울장애가 진행성이라는 것을 나타내는 증거가 될 수 있다.

신경생물학적 변화를 조절하는 분자생물학적 과정

해마의 변화는 신경호르몬의 조절장애를 가져오기에 충분하며, 이는 되먹임(feedback) 장애를 가져온다. 주요우울장애 환자에게서 발견되는 것 중 하나가 바로 스트레스호르몬인 코르티솔이 높은 농도로 유지된다는 것인데, 이것이 세포저항성과 신경가소성의 장애를 일으킨다.[45] 높은 농도의 글루코코르티코이드 수용체로 인해 초래된 글루코코르티코이드와 무기질 코르티코이드의 불균형도 주요우울장애 환자에게서 발견되는 특징인데, 이것은 신경손상에 대한 해마의 감수성과 연관이 있다.[46] 해마의 위축은 신경호르몬의 기능장애를 초래하고 이는 'run-away' system의 가능성을 증가시킨다.[47] 주요우울장애 환자와 같은 나이대의 건강한 사람의 뇌를 사후에 비교해보니 주요우울장애 환자의 해마가 위축되어 있었으며, 이는 신경원세포가 증식하고 신경그물(수상돌기의 가지와 가시모양 돌기 복합체)이 감소됨으로써 일어났다.[48]

스트레스와 함께 주요우울장애에 대한 유전적 취약성은 글루코코르티코이드 스테로이드의 작용을 증가시키고, 성장인자와 수용체 민감도의 하향조절을 통한 세포가소성에도 변화를 일으킨다.[49] 뇌유래 신경영양인자(brain-derived neurotrophic factor : BDNF) 및 혈관내피세포 성장인자(vascular endothelial growth factor : VEGF)와 같은 신경보호인자는 우울증 발병과 함께 감소하여 뇌와 신체가 질병관련 산화 스트레스, 미토콘드리아 장애 및 염증에 취약하게 만든다. 따라서 이러한 수동적 메커니즘은 텔로미어(telomeres)의 단축과 함께 작용하여, 능동감작(active sensitization) 및 기억유사기전(memory-like mechanism)을 유발하며 결국 신경생물학적, 신체적으로 더욱 취약한 상태로 진행시킨다.[50] 성장요인의 감소(예 : BDNF)는 변연계, 특히 해마의 구조적 · 기능적 과정에 좋지 않은 영향을 미치게 된다. 만성 그리고 재발성 주요우울장애는 아마도 해마의 위축과 이에 따른 신경회로의 붕괴가 발생하면서 유발된 것으로 보인다. 이 가설에 따르면 주요우울장애의 회복과 관해는 이러한 과정(BDNF 수준의 상승)의 회복에 달렸다.[30]

이상의 분자생물학적 변화의 증거들(그림 3 참조)에서도 주요우울장애가 진행성이라는 것을 인식할 수 있다. 그러나 Verduijn 등은 여러 가지 병태생리학적 기전(염증, HPA 축, 신경영양성장 및 비타민)이 주요우울장애의 병인에 관여한다는 것은 지지하지만, 이러한 기전이 주요우울장애 초기 삽화에서 이후 삽화까지의 임상적 진행 및 만성화에는 크게 기

그림 3　주요우울장애에서의 분자생물학적 변화

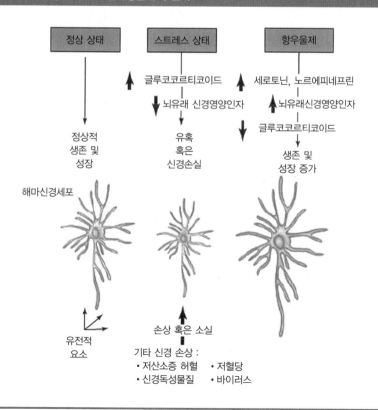

출처 : Remick[52]에서 인용함.

여하지 않는다고 말하기도 하였다.[51]

요약

이상의 논의를 종합해보면 모든 주요우울장애를 진행성이라고 할 수는 없지만 많은 경우에서 주요우울삽화는 진행성이라는 것을 알 수 있었다. 우울증에 대한 신경생물학적 연구결과가 점차 더 밝혀짐으로써, 주요우울삽화를 야기하는 인자와 질병을 지속시키는 인자는 매우 다른 것이라는 사실을 인식하게 되었다. 유전적 그리고 스트레스 취약성이 상호작용을 통해 뇌의 역동적 체계를 방해하는 신경생물학적 변형의 연속 반응을 활성화하는 것으로 보인다. 재발성 그리고 만성우울증의 진행 정도는 더 나아가 구조적 그리고 기능적 이상에 의해 강화될 것이다.

이러한 점들을 고려할 때 진행성 주요우울장애 치료의 가장 중요한 과제는 조기 발견과 더불어 질병 초기부터 적절한 치료 선택과 적용을 통해 정상기능을 회복하고, 더 나아가 신경생물학적 구조 변화를 막아 만성화 및 진행성 경과를 방지하는 것이라 할 수 있다.

참고문헌

1) Eaton, W.W., et al., Population-based study of first onset and chronicity in major depressive disorder. *Arch Gen Psychiatry* 2008. 65(5): p. 513-20.

2) Moffitt, T.E., et al., How common are common mental disorders? Evidence that lifetime prevalence rates are doubled by prospective versus retrospective ascertainment. *Psychol Med* 2010. 40(6): p. 899-909.

3) American Psychiatric Association, *Diagnostic and statistical manual for mental disorders*. 5th ed. 2013, Washington, DC: American Psychiatric Association.

4) Kessler, R.C., et al., The epidemiology of major depressive disorder: results from the National Comorbidity Survey Replication (NCS-R). *JAMA* 2003. 289(23): p. 3095-105.

5) Solomon, D.A., et al., Multiple recurrences of major depressive disorder. *Am J Psychiatry* 2000. 157(2): p. 229-33.

6) Mueller, T.I., et al., Recurrence after recovery from major depressive disorder during 15 years of observational follow-up. *Am J Psychiatry* 1999. 156(7): p. 1000-6.

7) Hollon, S.D., et al., Presenting characteristics of depressed outpatients as a function of recurrence: preliminary findings from the STAR*D clinical trial. *J Psychiatr Res* 2006. 40(1): p.

59-69.

8) Post, R.M., D.R. Rubinow, and J.C. Ballenger, Conditioning and sensitisation in the longitudinal course of affective illness. *Br J Psychiatry* 1986. 149: p. 191-201.

9) Kendler, K.S., L.M. Thornton, and C.O. Gardner, Stressful life events and previous episodes in the etiology of major depression in women: an evaluation of the "kindling" hypothesis. Am J Psychiatry, 2000. 157(8): p. 1243-51.

10) Monroe, S.M. and K.L. Harkness, Life stress, the "kindling" hypothesis, and the recurrence of depression: considerations from a life stress perspective. Psychol Rev, 2005. 112(2): p. 417-45.

11) Kendler, K.S., L.M. Thornton, and C.O. Gardner, Genetic risk, number of previous depressive episodes, and stressful life events in predicting onset of major depression. Am J Psychiatry, 2001. 158(4): p. 582-6.

12) Ladd, C.O., et al., Long-term behavioral and neuroendocrine adaptations to adverse early experience. *Prog Brain Res* 2000. 122: p. 81-103.

13) McGowan, P.O., et al., Epigenetic regulation of the glucocorticoid receptor in human brain associates with childhood abuse. *Nature neuroscience* 2009. 12(3): p. 342-348.

14) Post, R., *Preventing sensitization and kindling-like progression in the recurrent affective disorders.* Developmental Psychopathy. Hoboken, NJ: John Wiley & Sons, Inc, 2015: p. 971-996.

15) Kaufman, J., et al., Brain-derived neurotrophic factor-5-HTTLPR gene interactions and environmental modifiers of depression in children. *Biol Psychiatry* 2006. 59(8): p. 673-80.

16) Heim, C., P.M. Plotsky, and C.B. Nemeroff, Importance of studying the contributions of early adverse experience to neurobiological findings in depression. *Neuropsychopharmacology* 2004. 29(4): p. 641-8.

17) McCullough, J.P., Jr., et al., Group comparisons of DSM-IV subtypes of chronic depression: validity of the distinctions, part 2. J *Abnorm Psychol* 2003. 112(4): p. 614-22.

18) Keller, M.B., et al., Time to recovery, chronicity, and levels of psychopathology in major depression. A 5-year prospective follow-up of 431 subjects. *Arch Gen Psychiatry* 1992. 49(10): p. 809-16.

19) Spijker, J., et al., Determinants of persistence of major depressive episodes in the general population. Results from the Netherlands Mental Health Survey and Incidence Study (NEMESIS). *J Affect Disord* 2004. 81(3): p. 231-40.

20) Buist-Bouwman, M.A., et al., Functioning after a major depressive episode: complete or incomplete recovery? *J Affect Disord* 2004. 82(3): p. 363-71.

21) Judd, L.L., et al., Major depressive disorder: a prospective study of residual subthreshold depressive symptoms as predictor of rapid relapse. *J Affect Disord* 1998. 50(2-3): p. 97-108.

22) Rosenberg, M., *Do you have depression?* in Health. 2011, Health: Chicago. p. B3.

23) Surtees, P.G., et al., Life events and the onset of affective disorder. A longitudinal general population study. *J Affect Disord* 1986. 10(1): p. 37−50.

24) Kessing, L. and P. Andersen, Evidence for clinical progression of unipolar and bipolar disorders. *Acta Psychiatrica Scandinavica* 2017. 135: p. 51−64.

25) Lee, A.S., Better outcomes for depressive disorders? *Psychol Med* 2003. 33(5): p. 769−74.

26) Andrews, G., Should depression be managed as a chronic disease? *BMJ* 2001. 322(7283): p. 419−21.

27) Keller, M.B., Past, present, and future directions for defining optimal treatment outcome in depression: remission and beyond. *JAMA* 2003. 289(23): p. 3152−60.

28) Davidson, R.J., Affective neuroscience and psychophysiology: toward a synthesis. *Psychophysiology* 2003. 40(5): p. 655−65.

29) Drevets, W.C., Functional neuroimaging studies of depression: the anatomy of melancholia. *Annu Rev Med* 1998. 49: p. 341−61.

30) Maletic, V., et al., Neurobiology of depression: an integrated view of key findings. *Int J Clin Pract* 2007. 61(12): p. 2030−40.

31) Anand, A., et al., Activity and connectivity of brain mood regulating circuit in depression: a functional magnetic resonance study. *Biol Psychiatry* 2005. 57(10): p. 1079−88.

32) Whittle, S., et al., The neurobiological basis of temperament: towards a better understanding of psychopathology. *Neurosci Biobehav Rev* 2006. 30(4): p. 511−25.

33) MacDonald, A.W., et al., Dissociating the role of the dorsolateral prefrontal and anterior cingulate cortex in cognitive control. *Science* 2000. 288(5472): p. 1835−8.

34) Tae, W.S., et al., Progressive decrease of N−acetylaspartate to total creatine ratio in the pregenual anterior cingulate cortex in patients with major depressive disorder: longitudinal 1H−MR spectroscopy study. *Acta Radiologica* 2014. 55(5): p. 594−603.

35) Papmeyer, M., et al., Cortical thickness in individuals at high familial risk of mood disorders as they develop major depressive disorder. *Biological psychiatry* 2015. 78(1): p. 58−66.

36) Videbech, P. and B. Ravnkilde, Hippocampal volume and depression: a meta−analysis of MRI studies. *Am J Psychiatry* 2004. 161(11): p. 1957−66.

37) Sheline, Y.I., M.H. Gado, and H.C. Kraemer, Untreated depression and hippocampal volume loss. *Am J Psychiatry* 2003. 160(8): p. 1516−8.

38) Colla, M., et al., Hippocampal volume reduction and HPA−system activity in major depression. *J Psychiatr Res* 2007. 41(7): p. 553−60.

39) Neumeister, A., et al., Reduced hippocampal volume in unmedicated, remitted patients with major depression versus control subjects. *Biol Psychiatry* 2005. 57(8): p. 935−7.

40) Lyons, D.M., et al., Early life stress and inherited variation in monkey hippocampal volumes.

Arch Gen Psychiatry 2001. 58(12): p. 1145–51.

41) Sullivan, E.V., et al., Heritability of hippocampal size in elderly twin men: equivalent influence from genes and environment. *Hippocampus* 2001. 11(6): p. 754–62.

42) Bearden, C.E., et al., Altered hippocampal morphology in unmedicated patients with major depressive illness. *ASN neuro* 2009. 1(4): p. 265–73.

43) Frodl, T., et al., Reduced gray matter brain volumes are associated with variants of the serotonin transporter gene in major depression. *Molecular psychiatry* 2008. 13(12): p. 1093–1101.

44) Frodl, T., et al., Hippocampal and amygdala changes in patients with major depressive disorder and healthy controls during a 1–year follow–up. *J Clin Psychiatry* 2004. 65(4): p. 492–9.

45) Manji, H.K., et al., Enhancing neuronal plasticity and cellular resilience to develop novel, improved therapeutics for difficult–to–treat depression. *Biol Psychiatry* 2003. 53(8): p. 707–42.

46) de Kloet, E.R., R.H. Derijk, and O.C. Meijer, Therapy Insight: is there an imbalanced response of mineralocorticoid and glucocorticoid receptors in depression? *Nat Clin Pract Endocrinol Metab* 2007. 3(2): p. 168–79.

47) Nestler, E.J., et al., Neurobiology of depression. Neuron, 2002. 34(1): p. 13–25.

48) Stockmeier, C.A., et al., Cellular changes in the postmortem hippocampus in major depression. *Biol Psychiatry* 2004. 56(9): p. 640–50.

49) Duman, R.S. and L.M. Monteggia, A neurotrophic model for stress–related mood disorders. *Biol Psychiatry* 2006. 59(12): p. 1116–27.

50) Post, R.M., Heading off depressive illness evolution and progression to treatment resistance. *Dialogues in Clinical Neuroscience*, 2015. 17(2): p. 105.

51) Verduijn, J., et al., Pathophysiology of major depressive disorder: mechanisms involved in etiology are not associated with clinical progression. *Translational psychiatry* 2015. 5(9): p. e649.

52) Remick, RA, Diagnosis and management of depression in primary care: a clinical update and review. *Canadian Medical Association Journal* 2002. 167(11): p. 1253–1260.

단극성우울증과 양극성우울증
Unipolar depression and bipolar depression

장성만*, 정상근**

경북대학교 의과대학 경북대학교병원 정신건강의학과*, 전북대학교 의과대학 전북대학교병원 정신건강의학과**

역사

현재 우울삽화를 보이는 경우 단극성우울증과 양극성우울증의 명확한 구분이 어려우며, 이러한 논란은 적어도 Kraepelin 당대로 거슬러 올라간다. 전통적으로 기분장애는 기분저하를 보이는 우울증 상태와 기분이 들뜬 조증 상태로 구분해 왔다. Hippocrates는 조증과 우울증 상태를 체계적으로 기술하면서 **우울증**(melancholia)이라는 용어를 사용하였다. 기원 후 1세기경 Aretaeus는 우울증과 조증이 서로 연관되어 있다고 하였다. 요컨대 우울증이 악화되어 조증으로 발전하는 것이라 하였다. 1850년대에 이르러 근대적 개념의 양극성장애 연구가 이루어졌는데, 같은 사람에게 우울증과 조증이 번갈아 나타날 수 있음이 Falret와 Baillarger에 의해 기술되었다. Falret는 이를 순환성정신병(foliecirculaire)이라고 기술하였고, 그의 경쟁자였던 Baillarger는 3년 후 이중형정신병(folie a double forme)이라는 용어를 사용하였다. 이들이 제시한 개념은 현대의 양극성장애 개념과 상당히 일치한다. Kraepelin은 우울증과 순환성정신병을 하나의 질환인 조울 · 정신병에서 발생하는 증상들로 간주하였다. 즉, 단극성우울증, 조증 및 경조증과 같은 형태를 구분하기보다는 **조울병**(manic depressive illness)의 범주 내에 이들을 모두 포함하도록 하였다. 1950년대 중반까지 이러한 넓은 범주 내에서 양극성장애를 정의하였으나, 1957년 Leonhard는 우울증만 반복적으로 나타나는 **단극성우울증**과 우울증과 조증이 모두 나타나는 **양극성우울증**을 구분하였다. 1966년에 이르러 Jules Angst, Carlo Perris, Winokur 등에 의해 양극성장애가 단극성장애와 별개의 질환이라는 개념이 확립이 되었으며, 이러한 개념은 1980년 초 **국제질병분류(ICD)**

나 정신질환의 진단 및 통계편람(DSM)과 같은 국제적인 진단분류체계에 의하여 보다 구체적으로 정의되어 오늘날의 진단분류체계에도 그대로 반영되고 있다.

오늘날에도 치료와 예후를 보다 명확히 설명할 수 있게 두 질환의 개념에 대해 많은 연구가 진행되고 있다. 양극성장애의 진단을 어느 정도 범위까지 확장해야 할 것인지, 단극성우울증은 어떻게 세분할 것인지가 주요 관심사라 하겠다. 그러나 여전히 두 질환의 구분에 대한 개념적 불확실성이 존재한다. 다양한 형태로 나타나는 소아-청소년의 기분장애에 대해 보다 명확한 정의를 내리려는 시도와 함께, 아직은 (경)조증 상태로 진단하기에는 불충분하나 (경)조증적 요소를 보이는 양극성 스펙트럼 상태에 대해서도 보다 명확한 정의를 제시하려는 시도가 진행되고 있다.

역학

과거에는 양극성장애의 유병률이 약 1.5%[1]로 보고되나 최근의 연구들은 양극성 스펙트럼장애까지 고려한다면 실제로는 그 유병률이 5.5%에 이를 것으로 보고된다.[2] 여기서 양극성 스펙트럼장애는 양극성장애 I형 및 II형의 진단기준을 충족시키지는 않지만 의미 있는 기능장애를 일으킬 정도의 기분 변동 상태들을 포함시킴으로써, 양극성장애의 개념을 확장시킨 기분상태의 연속선상의 변화에 대한 정의를 말한다. 양극성장애 유병률의 증가는 거꾸로 단극성우울증 유병률의 감소로 이어진다. 일단 단극성우울증으로 진단된다고 하더라도, 추가로 (경)조증삽화가 확인되는 경우 양극성장애로 진단이 바뀌기 때문이다. 다시 말해 역학연구에서 우선 우울증으로 진단이 된다 하더라도 양극성장애의 가능성이 높은 집단은 추가적인 임상 면담을 통한 재확인 과정을 거침으로써 양극성장애를 진단하기 때문이다. WHO 주도로 시행한 연구에서 11개국의 역학연구 자료를 종합한 결과 양극성장애 I형은 0.6%, 양극성장애 II형 0.4%, 역치하 양극성장애는 1.4%로 보고하여, 양극성장애 I형, II형, 역치하를 포함한 양극성 스펙트럼장애는 2.4%로 보고하고 있다.[3]

이러한 넓은 개념의 양극성장애는 아직 도그마 개념이 계속 발전하고 있으나 과도한 진단과 치료를 야기한다는 비판을 받기도 한다. 그러나 확실한 것은 양극성우울증은 이전에 알려진 것보다는 더 흔하며, 임상현장에서도 흔히 만나게 된다는 것이다.

유전적 소인에 있어서 양극성우울증은 단극성우울증에 비하여 높은 가족력을 보이며, 유전적 취약성이 더 높다. 양극성장애환자의 1차 친족은 일반인보다 5~10배 이상 높은 양극성장애 유병률을 보인다. 양극성장애 환자의 일란성 쌍생아에서는 기분장애 발병률이

45~75%로 단극성우울증 환자의 일란성 쌍생아 15~25%에 비하여 더 높은 결과를 보인다.[4] 양극성장애의 남녀비는 거의 1:1로 유사한 것으로 알려져 있다. 최근의 역학연구에서도 양극성장애의 남녀비는 양극성장애 I형(0.8%:1.1%), 양극성장애 II형(0.9%:1.3%), 역치하 양극성장애는 2.6%:2.1%로 남녀비가 거의 유사하나,[5] 단극성우울증의 남녀비는 1:1.7로서 여성에서 더 높은 유병률을 보인다.[6]

양극성우울증의 오진

대부분의 양극성장애 환자들은 우울삽화로 시작되며 실제 많은 환자들이 단극성우울증으로 오진되는 경우가 많다. DSM-5에 이르러 양극성장애의 개념은 이전에 비해 더 명확해졌고 DSM-IV에 비하여 조증과 경조증 진단기준에도 일부 변화가 생겼다.[7] 특히 DSM-IV 진단체계의 달리 분류되지 않는 양극성장애(bipolar disorder not otherwise specified)가 달리 명시된 양극성 및 관련장애(other specified bipolar disorder and related disorder)로 변화되었다. 달리 명시된 양극성 및 관련장애는 양극성장애의 특징은 있으나 특정한 양극성장애의 완전한 진단기준을 만족하지 못하는 경우를 말하며, 이전과 달리 이에 대한 진단기준이 제시되었다. 이 진단기준은 DSM-IV에서 논란이 되었던 역치하 경조증이나 양극성 스펙트럼장애를 양극성 관련장애로 포함시켰다. 여기에 포함되는 경우는 짧은 기간의 경조증 삽화와 주요우울삽화, 불충분한 증상이 있는 경조증삽화와 주요우울삽화, 주요우울삽화의 과거력이 없는 경조증삽화, 24개월 미만의 짧은 기간의 순환성이다. DSM-5를 적용하는 경우 양극성우울증 진단이 현재보다 더 높아질 수는 있으나, 여전히 임상현장에서는 DSM-IV 진단체계처럼 양극성장애 진단을 위해서는 반드시 조증이나 경조증삽화가 필요하다는 개념이 지배적이다. 이전의 경조증이나 조증삽화에 대해 임상가의 확인 부족 그리고 경조증이나 조증삽화에 대한 환자의 보고 부족도 양극성우울증의 진단을 어렵게 한다. 조증이나 경조증삽화가 양극성장애 진단에 상당히 중요하나 임상현장에서 이런 (경)조증삽화의 확인이 쉽지 않으며 흔히 간과되기도 한다. 양극성우울증의 환자는 초기에 10%에서 40% 정도[8] 다양한 형태의 우울장애로 진단된다. 오진은 질병 초기에 흔히 일어나며 특히 가까운 사람으로부터 정보가 없다면 더 잘 일어난다. 양극성장애 환자는 경조증이나 조증삽화에 대해 잘 보고하지 않는데, 고양된 기분이나 활력, 리비도, 활동량의 증가 등 경조증이나 조증삽화와 관련된 행동의 변화에 대해서는 이상하다고 여기지 않으며 오히려 그러한 상태를 더 선호하는 경향을 가지고 있기 때문이다. 따라서 가족이나 친구와 같은 가까운 사람들이 환자의 기분주기, 특히 (경)조증 기간에 대해 더 잘 알 수 있기 때문에 지인을 통하여 (경)조증삽화를 확인하는 과정이 상당한 도움이 된다. 엄격히 (경)조증삽화 기준을 적용하거나, 친밀한 지인의 정보 없이 단면적 증상론적 접근을 시도하는 경우 양극성우울증의 진단이 어려울 수 있는데, 우울증 발병 후 양극성장애로 제대로 진단을 받고 적절한 치료를 받기까지 평균적으로 5~10년의 잠복기가 소요된다고 한다.[9]

삽화 기간

일반적으로 단극성우울증에 비하여 양극성우울증 삽화 기간이 보다 더 짧다.[10] 단극성 주요우울증의 삽화 기간은 연구자마다 차이를 보이기는 하나, 여러 연구를 종합하면 삽화 기간의 중앙값은 3개월부터 12개월(혹은 그 이상)이며, 10~30%가 만성적 경과를 보인다.[11] 삽화 기간에 대해 차이를 보이는 이유는 주로 회복기 환자에 대한 정의 부족이나 연구 포함 시기가 동일하지 않은 점, 입원·외래환자의 구분이 없는 점 등과 같은 치우침(bias)으로 인하여 만성환자가 실제보다 더 과대평가되었을 것으로 보인다. 최근 연구들은 단극성우울증의 중앙값을 3개월에서,[11] 4개월(17.3 주)[12]로 보고한다. Anst 등은 우울삽화나, (경)조증삽화의 구분 없이 양극성장애의 평균 삽화 기간은 3~6개월로 보고하였다.[13] 양극성장애 I형 환자의 우울삽화 기간의 중앙값은 13주로 보고되며,[14] 여러 번의 우울삽화 중 가장 긴 우울삽화 기간은 양극성우울증은 평균 26주이나 단극성우울증은 69주로 차이를 보였다.[15] 양극성장애의 경우 삽화에 따라 그 회복 기간도 차이를 보이는데, 양극성장애 환자의 자연적 경과는 8주 후 44%의 주요우울삽화가 회복되며,[16] 1년 후에는 78%에서 우울삽화가 회복된다.[17]

임상 양상

단극성우울증과 차이를 보이는 양극성우울증의 임상 양상은 오래전부터 관심을 받아 왔으며, 최근에 새로운 치료약물들의 도입과 함께 그 중요성이 더욱 강조되고 있다. 양극성우울증 역시 우울삽화에서 보일 수 있는 다양한 우울증상들이 모두 나타나며, 증상만으로 두 질환을 구분하기는 쉽지 않다. 과거에는 양극성우울증과 단극성우울증은 차이가 없는 것으로 여겨져 왔으나, 이후의 많은 연구에서 단극성우울증과 양극성우울증의 임상 양상의 차이에 대해 밝히고 있다. 아쉽지만 대부분의 연구에서 대상자들이 양극성장애 I형의 진단기준을 충족하지 않으며[18] 연구자마다 그 결과가 일치하지 않는 제한점이 있다.[10] 그러한 제한점에도 단극성우울증은 보다 더 유병기간이 길고, 심각도가 더 크며, 기분의 질적인 변화가 없고, 초기 불면증이 자주 보이며 체중감소가 더 흔하고 우유부단한 사고가 빈번하며 신체증상의 호소가 더 많다는 점으로 특징지을 수 있을 것이다. 반면 양극성우울증의 경우 기분의 하루주기리듬, 오전에 더 심함, 기분 불안정, 그리고 비현실감과 관련이 높다는 것이 특징적이다(표 1 참조). 정신운동장애의 경우 단극성우울증에서 초조와 관찰되는 불안과 같은 정신운동 활동이 보다 더 흔하다고 보고하나 연구자마다 차이를 보인다. 정신

표 1. 양극성우울증과 단극성우울증의 현상학적 차이에 대한 다양한 연구결과

1. 삽화 기간	2. 증상론
단극성>양극성[18, 21]	우울증의 심각도
	단극성>양극성[23]
	우울증 상태의 변동이 없음
	단극성>양극성[24]
	양극성>단극성[18]
3. 정신 상태 징후	초기불면증
정신운동 활동	단극성>양극성[18, 24]
단극성>양극성[22]	체중감소
• 초조	단극성>양극성[21]
단극성>양극성[23]	신경과민
양극성>단극성[21]	단극성>양극성[24]
관찰되는 불안	신체적 증상호소
단극성>양극성[24]	단극성>양극성[23]
• 지연	단극성≒양극성[27]
양극성>단극성[18]	몸에 무언가 문제가 있음
단극성≒양극성[25]	양극성>단극성[24]
분노/공격성	오전에 심한 우울증
단극성>양극성[26]	양극성>단극성[24]
양극성>단극성[21]	기분 불안정
거만한 태도	양극성>단극성[24]
양극성>단극성[24]	조증점수
	양극성>단극성[21]
	비현실감
	양극성>단극성[24]
	병적인 죄책감
	양극성>단극성[28]
	정신병적 증상
	양극성>단극성[29]
	단극성≒양극성[30]
	양극성>단극성[18]

병적 증상, 분노, 공격성의 경우 양극성우울증에서 더 흔하다 하나 연구에 따라 그 반대 결과를 보고하기도 한다.[10] 연구자마다 다른 견해를 보이는 이유는 증상 변인을 단면적 관찰을 통해 비교한 데서 비롯된 것으로 보이며,[10] 이런 경우 우연에 의한 차이, 즉 I종 오류의 문제를 안게 된다.

단면적 관찰 대신 단극성우울증으로 진단된 환자를 장기 추적을 통해 단극성우울증과 양극성우울증 두 질환의 현상학적 차이를 발견할 수 있다. 기준 우울삽화 시기에 정신병적 증상을 보이는 경우, 과거 입원 횟수가 많은 경우 추후 양극성장애 I형으로 전환되는 경우가 많았다.[19] 정신적 불안, 집중 곤란, 사회적 위축, 좌절감을 보이는 환자들 역시 양극성장애 I형으로 전환되는 경우가 많았다.[20] 우울삽화 시기에 기분의 불안정성을 보이는 환자는 특징적으로 양극성장애 II형으로 전환이 많았다.[20]

양극성우울증을 시사하는 또 다른 임상적 소견들을 요약하자면 다음과 같다.[10] 청소년기나 젊은 성인에서의 발병(25세 이전)하는 경우 과다수면, 체중증가와 같은 비전형적 우울증상을 보이는 경우, 정신운동지연이나 정신병적 증상을 보이는 경우, 물질남용을 동반하는 경우 등이다. 양극성장애의 가족력 역시 양극성우울증의 가능성을 시사한다. 잦은 재발(3회 이상), 짧은 유병 기간(3개월 이내), 항우울제 유발 (경)조증삽화[31]의 경우도 양극성우울증을 시사한다. 양극성우울증은 우울삽화 기간 중에도 혼재성삽화 증상이나 경조증적 증상들을 같이 보이는 경우가 흔하다.[32] 항우울제 투여에도 지속적인 반응을 보이지 못하고 단기간만 반응하는 항우울제 효과의 소실 또한 양극성우울증을 시사한다.[31] 단극성우울증에서 불안증상이나 불안장애가 흔히 동반되는데, 양극성우울증 역시 공황장애나 강박장애와 같은 불안장애를 동반이환하는 경우를 흔히 볼 수 있으며,[33] 특히 이런 불안장애가 양극성우울증의 특징적인 전구기증상일 수도 있다.[34]

출산 후 기분장애가 발생할 가능성은 매우 크다. 산후정신병은 내재된 양극성장애의 극심한 증상 표현일 수 있으며,[35] 산후우울증이 있는 경우 단극성우울증보다 양극성우울증일 가능성이 2.5배 더 높다.[36] 산후우울증의 병력은 양극성 스펙트럼장애 가능성을 시사한다. 여성 양극성장애 환자의 다수가 산후기에 첫 임상 증상을 보이는 경우가 많다.[37] 따라서 과거 산후우울증의 병력이 있는 여성의 경우 추적 동안 양극성장애로 발전할 위험성에 대해 면밀히 관찰해야 한다.

한편 단극성우울증 환자가 항우울제에 치료저항성을 보이는 경우 양극성우울증의 가능성을 고려해야 한다. 이러한 주장은 항우울제 저항성을 보이는 599명의 우울증 환자를 최장 11년간 추적하는 과정에서 12.5%(70명)가 양극성장애로 진단되었다는 연구로부터 기

표 2. 양극성장애를 시사하는 소견

	양극성	단극성
물질남용	+++	++
가족력	+++	++
계절성	++	+
25세 이전의 발병	+++	+
산후 정신질환	+++	+
35세 이전의 정신병적 증상	+++	−/+
비전형적 증상	++	+
증상이 빠르게 나타났다 사라지는 단속적 형태	+++	−/+
3회 이상의 잦은 주요우울증	++	−/+
항우울제 유발 (경)조증	+++	−/+
평균 3개월 이하의 단기간 주요우울증	+++	−/+
항우울 효과가 사라짐	+++	−/+
혼재성 우울증(우울삽화 기간 중 경조증적 요소가 있음)	+++	−

인한다.[20] 최소 두 가지 이상의 서로 다른 계열의 항우울제를 시도하여도 치료반응을 보이지 않는 단극성우울증 우울증 환자에서, 연구 시작 시점에서 1년 내에 35%의 환자가 양극성장애로 진단이 바뀌었고, 이후 10년간의 추적 동안 52%의 환자가 양극성장애로 진단이 바뀌었으며 최종적으로 약 80%의 환자가 양극성장애로 진단이 바뀌게 되었다.[38] 평균 5.6년의 추적 동안 치료저항성 우울증 환자의 약 38%에서 조증 및 경조증삽화가 관찰되었다

표 3. 양극성 스펙트럼장애, 제안되는 정의

A. 필수 증상
  1. 적어도 1회 이상의 우울증 삽화
  2. 자발적인 경조증이나 조증 삽화가 없음
B. 유력한 증상
  1. 1차 친족 내에 양극성장애의 가족력
  2. 항우울제로 인하여 (경)조증이 유발된 적 있음
C. 시사적 증상
  1. 감정고양성(Hyperthymic) 인격
  2. 3차례 이상 재발성 우울증
  3. 3개월 이내의 짧은 우울삽화
  4. DSM-IV 기준의 비정형 우울증상
  5. 정신병적 우울증
  6. 25세 이전에 우울증 발병
  7. 산후우울증 병력
  8. 항우울제에 반응하다가 효과가 없어지는 경우
  9. 세 가지 이상의 항우울제에 효과가 없음
D. 유력한 증상 1+시사적 증상 2 또는 유력한 증상 2+시사적 증상 1, 유력한 증상이 없는 경우 시사적 증상 6개 이상

는 최근의 연구도 있다.[39] 따라서 항우울제에 치료저항성을 보이는 단극성우울증의 치료 시 양극성우울증의 가능성을 반드시 고려해야 한다.

오늘날 양극성장애의 개념은 더욱 확장되어 양극성 스펙트럼장애로 확대되었다. 다양한 임상연구를 근거로 여러 학자가 나름대로 양극성스펙트럼장애를 확대 분류하였는데, Ghaemi 등은 단극성우울증과 양극성장애 I형을 충족시키진 않지만 두 질환의 연속선상에서 양극성 스펙트럼장애를 정의하였다.[40] Ghaemi 등이 제시한 기준은 양극성우울증의 진단에 도움이 될 것이다(표 3 참조).

신경심리학적 평가

단극성우울증과 양극성우울증은 신경심리학적 검사 결과가 상당히 일치한다. 두 질환 모두 주로 기억력과 실행기능의 장해가 있다.[41] 그러나 두 질환 간 차이를 보이는 영역도 있다. 양극성우울증 환자는 지속주의력, 즉각 기억회상과 지연 기억회상에서 단극성우울증 환자에 비하여 더 심한 장애를 보인다.[42] 양극성우울증 환자에서 실행기능의 저하는 크게 보아 단극성우울증과 유사하나 개념형성, 문제해결능력, 그리고 판단력에서 수행능력이 더 떨어진다.[43] 언어 유창성 검사에서 단극성우울증 환자는 어의적(semantic) 유창성과 음소적(phonemic) 유창성의 저하를 보이는 반면, 양극성우울증 환자는 선택적으로 어의적 유창성 저하만 보이는 특징이 있다.[44] 조사시간, 반응시간과 같은 조기 정보처리능력의 저하는 양극성우울증과 단극성우울증에서 모두 보이는데,[45] 이는 우울증의 증상 발현에 같은 뇌영역이 기여한다는 점을 시사한다고 볼 수 있다. 이러한 결함들이 상태표지자(state-marker)라기보다는 형태표지자(trait-marker)라는 주장도 있으며, 그럼에도 전체 지능은 크게 영향받지 않는다는 점 역시 중요하겠다.[46]

자살 및 자살시도

양극성우울증 환자를 잘못 진단하는 경우, 매우 심각하며 치명적인 결과를 초래할 수도 있다. 가장 치명적은 결과는 자살일 것이다. 양극성우울증 환자는 단극성우울증 환자에 비하여 자살시도율이 더 높다. 양극성장애 환자는 평생 26~29%의 자살시도를 보이며, 단극성우울증 환자는 평생 14~16%의 자살시도를 보인다.[47] Kessler 등은 양극성장애 I형 환자의 경우 평생 자살시도율을 48%로 보고하였다.[48] 양극성장애 환자의 자살은 조증이나 경조증삽화 시기보다는 우울삽화 시기에 더 흔히 일어나며 대략 30배 정도 더 높은 것으로 평가 된다.[49] 자살성공률 역시 양극성장애에서 매우 높은데, 10~19%에 이른다.[50] 정신질환에 따른 자살률을 분석한 한 메타분석 연구에서 양극성장애는 일반 인구에 비하여 15배 이상의 자살률을 보이며 주요우울증은 20배 이상이라는 결과를 도출하였다.[51] 이는 양극성장애 환자가 더 높은 자살시도를 보이나 사회 전체의 자살률은 단극성우울증에서 더 높다는 것을 시사한다.

선별검사도구의 사용

우울증 환자에서 양극성우울증을 감별하기 위해서는 병력 청취가 가장 중요하다. 잠재된 양극성장애를 파악하기 위해서는 첫째, 모든 우울증 환자를 병력 청취 과정에서 양극성장애의 가족력 여부를 확인하고, 둘째, 환자와 가까운 주변사람들에게 과거의 조증이나 경조증삽화의 유무를 알아본다. 셋째, 우울삽화 진단기준들을 하나하나 알아보는 것도 중요하지만, 우울삽화와 함께 나타날 수도 있는 조증삽화 진단기준 역시 하나하나 알아보도록 한다. 마지막으로 선별검사도구를 이용하는 것도 좋은 방안이 될 수 있다. 한국어판으로 표준화되었으며 널리 사용되는 선별검사도구는 기분장애설문지(Mood Disorder Questionnaire : MDQ), BSDS(Bipolar Spectrum Disorder Scale), HCL-32(Hypomania Checklist)가 있다.

우울증 치료에 있어 항우울제의 사용

양극성장애는 삽화의 종류 및 삽화 간 시기에 따라 다양한 약물이 사용되며, 치료에 대한 알고리듬 역시 여러 연구결과가 축적됨에 따라 순차적으로 개정이 이루어지고 있다. 그러나 아직도 양극성우울증에 항우울제를 사용하는 것에 대해서는 명확한 합의가 이루어지지 않았으며, 부정적인 견해가 더 많다. 양극성우울증에서 항우울제 사용으로 인한 의원성(경)조증삽화를 초래할 위험성이 있으며, 급속 순환형을 조장한다는 문제가 있다. 이러한 문제점들로 인하여 양극성우울증의 치료지침이나 고찰에서 우울삽화 시기에는 항우울제보다는 lithium이나 valproate과 같은 기분조절제를 우선적으로 사용하도록 권고하고 있다. lamotrigine과 guetiapine도 1차약물로 인정받고 있다. 항우울제를 사용하겠다면 2차적으로 사용하여야 하며, 항상 기분조절제와 같이 사용하도록 하여 (경)조증삽화 발생을 방지하여

야 한다.[52]

양극성우울증의 치료에 항우울제의 효과와 안정성에 대해 체계적인 고찰을 시행한 Gijsman 등은 항우울제 사용의 유용성을 밝히기도 하였다.[53] 12개의 무작위 대조군연구에 대해 메타분석을 수행한 결과 항우울제 사용은 4~10주 동안 유의미한 호전을 보였다. 또한 항우울제 사용으로 인하여 Gijsman 등은 조기에 조증삽화로의 전환이 증가했다고 볼 수 없다고 결론을 내렸다. 항우울제를 사용한 경우 3.8%, 위약을 사용한 경우 4.7%에서 조증 전환을 보여 통계적 차이를 보이지 않았다는 것이다. 그러나 TCA 복용군의 10%, SSRI 복용군의 3.2%에서 조증 전환이 발생하여 TCA 사용군이 유의하게 조증 발생이 높았다. 그러나 이 연구에서 환자의 75%가 기분조절제나 비정형 항정신병제제를 동시에 복용하고 있다는 상당한 제한점이 있어 주의할 필요가 요구된다.[53] 양극성우울증에서 기분안정제 단독군과 항우울제(paroxetine 또는 bupropion)와 기분안정제 병용 치료군 간의 비교를 시행한 대규모 무작위 대조군연구에서는[54] 26주째에 두 군 간 지속적인 회복 상태에 있는 환자 비율의 차이가 없어 항우울제를 병용하는 것에 대한 이득이 없다고 결론을 내렸다. 한편 양극성우울증에서 2세대 항우울제와 관련된 (경)조증 전환 위험도를 조사한 연구에서는,[55] 양극성우울증에서 급성기와 유지기 동안 추가적으로 항우울제를 사용하는 경우, 단기간의 항우울제 사용에서도 (경)조증삽화의 진단을 충족시킬 정도의 삽화 간 전환이 상당한 위험이 있다고 하였다.[55] bupropion이나 sertraline을 투여한 군에 비해 venlafaxine을 투여한 군에서 유의하게 조증이나 경조증으로의 전환이 높았다. 이는 세로토닌과 노르에피네프린의 재흡수를 억제하는 이중작용을 하는 venlafaxine이, 즉 단극성우울장애 환자에서 보다 강한 치료효과를 보이는 것과도 연관이 있을 것이라 추측되며, 이는 세로토닌과 노르에피네프린 재흡수 억제기능이 복합된 TCA가 더 높은 조증 전환을 보인다는 사실과도 일치한다.[53] 급속순환형 환자의 경우 세 가지 투약군 모두에서 삽화 전환의 위험이 증가하였다. 따라서 양극성우울증 환자들에서, 특히 급속순환형의 병력이 있는 경우 기분안정제에 부가적으로 venlafaxine을 사용할 때에는 bupropion이나 sertraline의 부가요법에 비해 보다 더 주의를 요한다고 할 수 있다.

양극성우울증의 치료에 있어 재발방지를 위한 유지요법은 상당한 임상적 의미가 있다. 양극성장애 유치치료를 위한 기분조절제나, 비정형 항정신병제제 사용의 유효성은 이미 입증되었다. 그러나 양극성장애에서 장기간 항우울제를 사용하는 경우 우울증을 예방할 수 있는지에 대해서는 아직은 근거가 미약하다. 양극성장애 I형, II형 환자를 대상으로 한 7개의 무작위 대조군연구들에서 총 363명의 환자를 체계적으로 고찰을 시행한 연구가 있다.[56] 환자들은 imipramine, desimipramine, bupropion, fluoxetine, 그리고 lithium 등을 복용하였다. 연구결과 lithium을 복용하는 환자에게 장기간 항우울제를 함께 복용한 경우 재발방지에 명백한 이득이 없는 것으로 나타났다. lithium을 복용하지 않고 항우울제만을 복용하는 것은 재발방지에 효과적이지 못했다.[56] 또한 항우울제의 장기간 노출은 그 자체만으로 혼재성삽화를 유발하며 기분 불안정을 일으킬 수 있다.

결론적으로 양극성우울증에 단기적으로 항우울제가 효과적이라는 연구결과도 있지만, 최근의 대규모 연구에서는 항우울제 사용의 이득이 없으며 오히려 조증이나 경조증으로 전환될 위험성을 경고하고 있다. 항우울제를 대체할 수 있는 약물로 quetiapine이나 lamotrigine 등이 추천된다. 항우울제를 사용해야 한다면 반드시 기분조절제나 비정형 항정신병제제를 병행하도록 하며, TCA나 venlafaxine 대신 SSRI나 bupropion 등이 우선적으로 고려될 수 있다. 하지만 환자의 과거력(예 : 항우울제 사용 시 효과 및 조증 전환 등의 부작용)에 따른 개별화된 치료 전략으로 사용하여야 하겠다. 양극성우울증 환자의 유지치료에서 기분안정제에 항우울제의 장기 부가요법은 현재까지는 근거가 부족하다. 따라서 급성기 항우울제를 사용한 경우 회복 후에는 항우울제의 조기중단이 고려되어야 한다.

요약

우울증은 임상에서 매우 흔히 접하는 질환이다. 그러나 우울증의 현상학적 특징으로만 단극성우울증과 양극성우울증을 구분하기는 쉽지 않다. 비록 두 질환의 경과나 치료가 다르다 할지라도 두 질환 모두 적절히 치료받지 않을 경우 병의 경과가 악화될 수 있고, 질환으로 인한 정신사회적 기능장애가 심각할 수 있다. 따라서 두 질환 모두 가능한 한 조기에 적절한 진단과 적절한 치료가 이루어지는 것이 중요하다. 이를 위해 두 질환의 감별을 위해 현상학적 특징과 차이를 이해하고, 자세한 면담을 통하여 종적으로 나타나는 기분삽화의 특징을 파악하는 것이 유용할 것이다. 임상현장에서 이러한 정보들을 잘 활용한다면 적절한 진단과 치료에 도움이 될 것이다.

참고문헌

1) Regier DA, Farmer ME, Rae DS, Locke BZ, Keith SJ, Judd LL, et al. Comorbidity of mental disorders with alcohol and other drug abuse. Results from the Epidemiologic Catchment Area (ECA) Study. *JAMA* 1990;264:2511-2518.

2) Benazzi F. Frequency of bipolar spectrum in 111 private practice depression outpatients. *European Archives of Psychiatry and Clinical Neuroscience* 2003;253:203-208.

3) Merikangas KR, Jin R, He JP, Kessler RC, Lee S, Sampson NA, et al. Prevalence and correlates of bipolar spectrum disorder in the world mental health survey initiative. *Archives of General Psychiatry*;68:241-251.

4) Craddock N, Jones I. Molecular genetics of bipolar disorder. *The British Journal of Psychiatry Supplement* 2001;41:s128-133.

5) Merikangas KR, Akiskal HS, Angst J, Greenberg PE, Hirschfeld RM, Petukhova M, et al. Lifetime and 12-month prevalence of bipolar spectrum disorder in the National Comorbidity Survey replication. *Archives of General Psychiatry* 2007;64:543-552.

6) Kessler RC, Berglund P, Demler O, Jin R, Koretz D, Merikangas KR, et al. The epidemiology of major depressive disorder: results from the National Comorbidity Survey Replication (NCS-R). *JAMA* 2003;289:3095-3105.

7) Angst J. Bipolar disorders in DSM-5: strengths, problems and perspectives. *Int J Bipolar Disord* 2013;1:12.

8) Benazzi F. Classifying mood disorders by age-at-onset instead of polarity. *Progress in Neuro-Psychopharmacology & Biological Psychiatry* 2009;33:86-93.

9) Baldessarini RJ, Tondo L, Baethge CJ, Lepri B, Bratti IM. Effects of treatment latency on response to maintenance treatment in manic-depressive disorders. *Bipolar Disorders* 2007;9:386-393.

10) Mitchell PB, Malhi GS. Bipolar depression: phenomenological overview and clinical characteristics. *Bipolar Disorders* 2004;6:530-539.

11) Spijker J, de Graaf R, Bijl RV, Beekman AT, Ormel J, Nolen WA. Duration of major depressive episodes in the general population: results from The Netherlands Mental Health Survey and Incidence Study (NEMESIS). *Br J Psychiatry* 2002;181:208-213.

12) Patten SB. A major depression prognosis calculator based on episode duration. *Clin Pract Epidemiol Ment Health* 2006;2:13.

13) Angst J, Sellaro R. Historical perspectives and natural history of bipolar disorder. *Biological Psychiatry* 2000;48:445-457.

14) Solomon DA, Leon AC, Coryell WH, Endicott J, Li C, Fiedorowicz JG, et al. Longitudinal

course of bipolar I disorder: duration of mood episodes. *Archives of General Psychiatry* 2010;67:339-347.

15) Forty L, Smith D, Jones L, Jones I, Caesar S, Cooper C, et al. Clinical differences between bipolar and unipolar depression. *Brit J Psychiat* 2008;192:388-389.

16) Keller MB. The course of manic-depressive illness. *The Journal of Clinical Psychiatry* 1988;49 Suppl:4-7.

17) Keller MB, Lavori PW, Coryell W, Andreasen NC, Endicott J, Clayton PJ, et al. Differential outcome of pure manic, mixed/cycling, and pure depressive episodes in patients with bipolar illness. *JAMA* 1986;255:3138-3142.

18) Mitchell PB, Wilhelm K, Parker G, Austin MP, Rutgers P, Malhi GS. The clinical features of bipolar depression: a comparison with matched major depressive disorder patients. *The Journal of Clinical Psychiatry* 2001;62:212-216; quiz 217.

19) Coryell W, Endicott J, Maser JD, Keller MB, Leon AC, Akiskal HS. Long-term stability of polarity distinctions in the affective disorders. *The American Journal of Psychiatry* 1995;152:385-390.

20) Akiskal HS, Maser JD, Zeller PJ, Endicott J, Coryell W, Keller M, et al. Switching from 'unipolar' to bipolar II. An 11-year prospective study of clinical and temperamental predictors in 559 patients. *Archives of General Psychiatry* 1995;52:114-123.

21) Abrams R, Taylor MA. A comparison of unipolar and bipolar depressive illness. *The American Journal of Psychiatry* 1980;137:1084-1087.

22) Kupfer DJ, Weiss BL, Foster G, Detre TP, McPartland R. Psychomotor activity in affective states. *Archives of General Psychiatry* 1974;30:765-768.

23) Katz MM, Robins E, Croughan J, Secunda S, Swann A. Behavioural measurement and drug response characteristics of unipolar and bipolar depression. *Psychological Medicine* 1982;12:25-36.

24) Brockington IF, Altman E, Hillier V, Meltzer HY, Nand S. The clinical picture of bipolar affective disorder in its depressed phase. A report from London and Chicago. *Br J Psychiatry* 1982;141:558-562.

25) Popescu C, Ionescu R, Jipescu I, Popa S. Psychomotor functioning in unipolar and bipolar affective disorders. *Romanian Journal of Neurology and Psychiatry* 1991;29:17-33.

26) Beigel A, Murphy DL. Unipolar and bipolar affective illness. Differences in clinical characteristics accompanying depression. *Archives of General Psychiatry* 1971;24:215-220.

27) Dunner DL, Dwyer T, Fieve RR. Depressive symptoms in patients with unipolar and bipolar affective disorder. *Comprehensive Psychiatry* 1976;17:447-451.

28) Parker G, Roy K, Wilhelm K, Mitchell P, Hadzi-Pavlovic D. The nature of bipolar depression:

implications for the definition of melancholia. *Journal of Affective Disorders* 2000;59:217–224.

29) Endicott J, Nee J, Andreasen N, Clayton P, Keller M, Coryell W. Bipolar II. Combine or keep separate? *Journal of Affective Disorders* 1985;8:17–28.

30) Black DW, Nasrallah A. Hallucinations and delusions in 1,715 patients with unipolar and bipolar affective disorders. *Psychopathology* 1989;22:28–34.

31) Ghaemi SN, Ko JY, Goodwin FK. The bipolar spectrum and the antidepressant view of the world. *Journal of Psychiatric Practice* 2001;7:287–297.

32) Benazzi F, Akiskal HS. The modified SCID Hypomania Module (SCID–Hba): a detailed systematic phenomenologic probing. *Journal of Affective Disorders* 2009;117:131–136.

33) Zutshi A, Kamath P, Reddy YC. Bipolar and nonbipolar obsessive–compulsive disorder: a clinical exploration. *Comprehensive Psychiatry* 2007;48:245–251.

34) Papolos D, Mattis S, Golshan S, Molay F. Fear of harm, a possible phenotype of pediatric bipolar disorder: a dimensional approach to diagnosis for genotyping psychiatric syndromes. *Journal of Affective Disorders* 2009;118:28–38.

35) Sit D, Rothschild AJ, Wisner KL. A review of postpartum psychosis. *Journal of Women's Health* (2002) 2006;15:352–368.

36) Rybakowski JK, Suwalska A, Lojko D, Rymaszewska J, Kiejna A. Types of depression more frequent in bipolar than in unipolar affective illness: results of the Polish DEP–BI study. *Psychopathology* 2007;40:153–158.

37) Abbott R, Dunn VJ, Robling SA, Paykel ES. Long–term outcome of offspring after maternal severe puerperal disorder. *Acta Psychiatrica Scandinavica* 2004;110:365–373.

38) Sharma V, Khan M, Smith A. A closer look at treatment resistant depression: is it due to a bipolar diathesis? *Journal of Affective Disorders* 2005;84:251–257.

39) Inoue T, Nakagawa S, Kitaichi Y, Izumi T, Tanaka T, Masui T, et al. Long–term outcome of antidepressant–refractory depression: the relevance of unrecognized bipolarity. *Journal of Affective Disorders* 2006;95:61–67.

40) Ghaemi SN. *Mood disorders : a practical guide*. 2nd ed. Philadelphia: Wolters Kluwer Health/ Lippincott Williams & Wilkins, 2008.

41) Borkowska A, Rybakowski JK. Neuropsychological frontal lobe tests indicate that bipolar depressed patients are more impaired than unipolar. *Bipolar Disorders* 2001;3:88–94.

42) Ilsley JE, Moffoot AP, O'Carroll RE. An analysis of memory dysfunction in major depression. *Journal of Affective Disorders* 1995;35:1–9.

43) Murphy FC, Sahakian BJ. Neuropsychology of bipolar disorder. *The British Journal of Psychiatry Supplement* 2001;41:s120–127.

44) Calev A, Nigal D, Chazan S. Retrieval from semantic memory using meaningful and

meaningless constructs by depressed, stable bipolar and manic patients. *The British Journal of Clinical Psychology / the British Psychological Society* 1989;28 (Pt 1):67-73.

45) Tsourtos G, Thompson JC, Stough C. Evidence of an early information processing speed deficit in unipolar major depression. *Psychological Medicine* 2002;32:259-265.

46) Ferrier IN, Stanton BR, Kelly TP, Scott J. Neuropsychological function in euthymic patients with bipolar disorder. *Br J Psychiatry* 1999;175:246-251.

47) Jamison KR. Suicide and bipolar disorder. *The Journal of Clinical Psychiatry* 2000;61 Suppl 9:47-51.

48) Kessler RC, Rubinow DR, Holmes C, Abelson JM, Zhao S. The epidemiology of DSM-III-R bipolar I disorder in a general population survey. *Psychological Medicine* 1997;27:1079-1089.

49) Compton MT, Nemeroff CB. The treatment of bipolar depression. *The Journal of Clinical Psychiatry* 2000;61 Suppl 9:57-67.

50) Goodwin FK, Jamison KR. *Manic-depressive illness*. New York: Oxford University Press;1990.

51) Harris EC, Barraclough B. Suicide as an outcome for mental disorders. A meta-analysis. *Br J Psychiatry* 1997;170:205-228.

52) Fountoulakis KN, Grunze H, Panagiotidis P, Kaprinis G. Treatment of bipolar depression: an update. *Journal of Affective Disorders* 2008;109:21-34.

53) Gijsman HJ, Geddes JR, Rendell JM, Nolen WA, Goodwin GM. Antidepressants for bipolar depression: a systematic review of randomized, controlled trials. *The American Journal of Psychiatry* 2004;161:1537-1547.

54) Sachs GS, Nierenberg AA, Calabrese JR, Marangell LB, Wisniewski SR, Gyulai L, et al. Effectiveness of adjunctive antidepressant treatment for bipolar depression. *The New England Journal of Medicine* 2007;356:1711-1722.

55) Post RM, Altshuler LL, Leverich GS, Frye MA, Nolen WA, Kupka RW, et al. Mood switch in bipolar depression: comparison of adjunctive venlafaxine, bupropion and sertraline. *Br J Psychiatry* 2006;189:124-131.

56) Ghaemi SN, Lenox MS, Baldessarini RJ. Effectiveness and safety of long-term antidepressant treatment in bipolar disorder. *The Journal of Clinical Psychiatry* 2001;62:565-569.

여성의 우울증

Depression in woman

정영은*, 남범우**

제주대학교병원 정신건강의학과*, 건국대학교 충주병원 정신건강의학과**

우울증의 유병률은 아동기까지 남녀 동일한 비율을 보이다가 사춘기 이후 여성에서 빈도가 급증한다. 성인기에는 남성에 비해 여성에서 거의 2배 정도 높은 유병률을 보이며, 이러한 경향은 중년 이후까지 유지된다. 특히 여성에서의 우울증은 초경 직후, 임신 및 산욕기, 폐경기와 같은 호르몬의 동요 시기에 보다 자주 발생한다.[1,2] 남성에 비해 여성에서 높은 우울증의 유병률에 대한 설명은 현재까지 명확히 확립되어 있지 않으나, 아마도 여성만의 특징적인 생물학적, 심리사회적, 인지적 요인들이 복합적으로 상호작용한 2차적인 결과로 보아야 할 것이다.

높은 유병률 외에도 여성의 우울증은 남성에 비해 증상의 심각도가 심하고, 기능장애로 인한 고통이 크다고 알려져 있다. 또 남성과 다른 임상 아형과 경과를 보이고, 약물에 대한 치료반응 및 부작용에서도 차이를 보일 수 있다.[3] 특히 월경주기, 폐경기 등과 관련한 우울증은 현저한 기능 저하와 삶의 질의 저하를 가져올 수 있어 초기 진단평가 및 적절한 치료적 개입이 보다 중요할 수 있겠다. 그러므로 임상의는 여성 우울증과 관련한 여러 위험 요인의 평가, 진단 및 치료 시 고려할 점, 특히 약물치료 반응에 영향을 미치는 요인 등에 대해 폭넓게 이해하여 이를 임상현장에 적절히 활용할 수 있어야 할 것이다.

여성 우울증의 원인 : 성별에 따른 차이

생물학적 측면

우울증과 관련한 생물학적 요인으로는 크게 유전적 영향, 신경전달물질, 세포 내 신호

전달과 관련한 신경화학적 요인, 그리고 시상하부–뇌하수체–부신피질 축(hypothalamic
-pituitary-adrenal axis : HPA axis), 시상하부–뇌하수체–성선 축(hypothalamic-Pituitary
-Gonadal axis)과 관련한 신경내분비계의 영향 등이 있다.[4,5] 일부 연구자들은 시상하부
(hypothalamus), 편도체(amygdala), 전두엽피질(frontal cortex) 등과 같이 기분조절에 관여하
는 뇌의 해부학적 구조 및 신경화학적 기능이 상대적으로 성별에 따라 그 차이가 뚜렷함을
보고하면서 이것이 우울증의 성별에 따른 차이를 설명하는 근거임을 제안한 바 있다.[6]

성선호르몬(gonadal hormone)은 우울증의 성별에 따른 차이를 설명하는 핵심적인 실마
리가 된다. 그중에서 에스트로겐은 많은 실험과 임상연구를 통해 기분에 직접적인 영향을
줄 수 있다는 것이 밝혀졌고, 특히 폐경기 여성에게 난소의 추출물을 투여한 결과 고양된
기분 등이 보고되면서 에스트로겐의 잠재적 항우울 효과가 관심을 끌었다. 성선호르몬은
우울증의 기전으로 가장 잘 알려진 HPA 축의 비정상적이고 과도한 활성 및 자율신경계 이
상(증가된 심박수, 감소한 심박변이성, 카테콜아민 수준의 변화 등)에 영향을 미친다. 예를
들면 젊은 여성의 경우 에스트로겐 수치가 높은 시기(월경 주기 중 황체기) 동안 낮은 혈
압, 낮은 HPA 축의 반응성이 관찰된다. 생리주기와 상관 없이도 젊은 여성은 남성에 비해
부교감신경계가 신체항상성을 유지하는 보호요인으로서 대체로 더 우세하게 작동한다. 반
면 폐경기 여성의 경우에는 교감신경계가 우세하게 작동하며, 남성과 비교할 때 스트레스
상황과 상관없이 오히려 HPA 축의 활성을 의미하는 코르티솔의 분비가 많다. 이렇듯 남성
과 달리 여성에서는 HPA 축과 성선호르몬의 상호작용에 따라 자율신경계 조절기능의 변
화가 일어나는데, 특히 조절기능의 전환이 일어나는 시기, 즉 폐경기 관련 에스트로겐의
감소는 이 시기 우울증의 병인을 설명하는 근거가 된다.[3,7]

동물연구결과 에스트로겐은 세로토닌(5-hydroxytryptamine : 5-HT), 노르아드레날린,
도파민, GABA(gamma aminobutyric acid) 등 기분장애에 관련된 각종 신경전달물질을 조
정하고, 신경가소성에 영향을 미치는 것으로 알려져 있다. 구체적인 관련 기전으로서는 에
스트로겐은 세로토닌과 노르아드레날린의 기능과 대사에 영향을 미쳐 이들을 상향조절하
며 monoamine oxidase activity를 억제한다. 또한 도파민의 대사에도 관여하고 산화성 세포
손상에 대항하는 작용을 보인다. 보다 중요하게는 신경가소성과 관련해서는 에스트로겐이
노르아드레날린의 가용성을 증가시켜 뇌유래 신경영양인자(BDNF)의 발현을 증가시키고,
그 자체로 항우울 작용을 하는 것으로 추측되고 있다.[8,9]

심리사회적 측면

여성의 삶에서 스트레스는 지속적이고, 피할 수 없는 양상으로 인식될 수 있다. 한 조사에 따르면 여성 응답자의 90%가 지금까지 자신은 심한 또는 극심한 수준의 스트레스 사건을 겪었고, 그들 중 반수 이상은 스트레스에 자신이 잘 대처할 수 없음을 느꼈다고 대답하였다.[10] 이러한 심리사회적 스트레스는 여성에서 우울증의 중요한 위험요인이며, 그중 성 학대, 가정폭력과 같은 외상 경험은 우울증 발병과 연관성이 매우 높다. 그 밖에도 여성은 남성에 비해 상대적으로 낮은 지위로 인해 빈곤과 차별, 주요한 생활사건의 결정에서 있어 불평등한 처우와 같은 만성적인 부정적 사건이나 스트레스를 경험하기 쉽다. 이것은 여성에서의 높은 우울증 유병률에 기여하며, 또한 증상의 재발과 부정적인 예후에도 영향을 미친다.[11]

비슷한 스트레스 상황임에도 불구하고 이것이 우울증에 미치는 영향은 남녀 간에 다소 차이를 보인다. 예를 들면 여성에서는 부부 불화와 우울증이 높은 연관성을 보이지만, 남성에서는 그 결과로 이혼 또는 별거를 하게 된 경우에만 연관성이 있다.[12] 다른 예로 신체에 대한 불만족 및 수치감의 경우 여성에서는 우울증과 관련성이 있었으나 남성의 경우에는 그렇지 않았다.[13] 물론 실제 남녀 간에 경험하게 되는 심리사회적 스트레스가 서로 다르기 때문에 정확한 비교가 어려울 수 있으나, 이러한 차이는 아마도 성별에 따른 심리적 특성 및 우울 정서에 대한 대처 방식이 서로 달라서 그러할 수 있다.

최근 우울증의 남녀 차이와 관련하여 광범위하게 연구되고 있는 심리적 특징으로는 대인관계 지향성(interpersonal orientation)과 반추(rumination)를 들 수 있다.[13,14] 먼저 여성은 광범위한 대상과 강력한 정서적 유대를 느끼고자 하며 다른 이의 생활사건에 대해 정서적으로 영향을 받기 쉽다. 또한 대인관계에서 긍정적인 관계를 유지하고자 자신의 욕구에 대해 침묵하고 관계 안에서 지나친 책임감을 갖는다. 이렇듯 대인관계를 자기 가치의 근거로 과대 평가하는 경향은 상대방과의 관계에서 거절이나 갈등에 대한 취약성을 높여 우울증의 위험요인이 될 수 있다. 다음으로 여성은 남성에 비해 자신의 우울한 기분이나 부정적 사고를 더 반추하는 경향이 있다. 반추는 반복적이고 수동적인 방식으로 증상의 고통에 초점을 맞추는 것으로, 과거에 대한 기억, 현재에 대한 해석과 미래에 대한 기대를 더욱 부정적으로 왜곡시킬 수 있어 결과적으로 스트레스의 반복 효과를 가져온다. 한편, 최근 **공동반추**(co-rumination)라는 개념이 관심을 받고 있는데, 이는 양자 간의 관계에서 부정적 주제에 대해 과도하고 반복적으로 공유하는 과정에서 이루어지는 사회적 과정을 말한다. 공동반추와 우울증 간의 관련성 연구는 많지 않으나, 몇몇 연구결과 청소년에 있어서 성별의 차이가 비교적 명확하게 나타난다. 청소년기 여학생의 경우 남학생보다 동성 친구와의 관계에서 공동반추를 더 많이 보고하였으며, 높은 수준의 공동반추를 보인 학생들은 우울증의 수준이 높게 나타났다.[15]

임상 양상에서의 성별에 따른 차이

여성의 우울증은 남성에 비해 발생빈도가 높고 우울증상의 심각도가 심해 보다 많은 기능장애를 초래한다. 그러나 장기 연구들의 결과상 우울증의 관해, 재발 또는 만성적 경과 등 구체적인 임상 경과상 남녀 간의 차이가 있는지에 대해서는 명확히 결론짓기가 어렵다.[4]

우울증상의 세부적인 특징에 있어 남녀 간의 차이를 보고한 STAR*D 연구에 따르면, 여성 우울증 환자는 남성에 비해 식욕증가, 과다수면, 체중증가, 대인관계 민감성 및 위장증상에 대한 호소가 많았다. 불안장애, 폭식증, 신체형장애의 공존이 더 많았으며, 과거 자살시도력 또한 많았다. 그에 반해 남성의 경우에는 알코올 및 기타 물질사용장애의 공존이 많았다.[16] 그 외 다른 연구결과에서도 여성은 에너지 저하, 피로, 통증과 같은 신체증상을 더 자주 경험하였다. 또 우울삽화 동안 수면, 식욕 및 에너지 수준의 변화가 더 많이 관찰되었으며 식욕증가, 과다수면과 같은 소위 비정형 증상을 보다 많이 호소하였다. 비정형 우울증은 이른 발병, 사회불안 및 특정공포증과 같은 공존질환, 자살행동과 흔히 연관된다. 임상적으로 더욱 중요한 부분은 여성에서 우울장애와 불안장애의 공존이 더 많다는 점이다. 우울증에 있어 불안증상의 동반은 주관적 고통 및 기능장애가 보다 심각하고, 자살위험성을 높인다. 특히 소아청소년기에 시작된 불안장애의 경우 평생에 걸쳐 만성적인 경과로 이어짐으로써 결과적으로 여성에서 우울증의 불량한 경과에 영향을 미칠 수 있다.[17,18]

이러한 남녀 간의 임상 양상의 차이는 치료 계획의 수립 및 치료 경과에 영향을 미칠 수 있는데, 특히 항우울제의 선택 및 사용에 있어 특정 항우울제의 치료반응을 보다 기대해볼 수 있는 이유가 된다.

여성 우울증에서의 약물 사용

약동학적 특징

약리 효과는 주어진 약물의 투여 용량에서 개인의 약물농도를 결정하는 약동학와 체내 작용 부위에서 약물 반응을 결정하는 약역학의 두 과정의 차이에 기인한다. 여성과 남성은 신체의 크기나 생김새, 골격 구조뿐 아니라 내부 장기의 크기나 기능에 이르기까지 다양한 해부학적 또는 생리적 차이가 존재한다. 이러한 차이로 인해 약물의 흡수, 분포, 대사 및 소실로 구성된 약동학적 과정이 성별에 따라 차이를 보일 수 있다. 실제 연구결과에서 여성에서와 같이 보다 마른 체형인 경우 약물 반응이 더 우수하고, 같은 비만인 경우에도 남성보다 여성인 경우 항우울제의 치료반응이 더 우수하였다. 또 약물 흡수와 관련해서 삼환계 항우울제(Tricyclic Antidepressants : TCA)는 약염기인데, 위산 분비가 적은 여성에서 상대적으로 위에서 흡수가 잘 된다. 위 분해효소의 활성이 낮은 점도 여성에서 약물혈장농도 (drug plasma level)가 높아지는 효과를 가져오고, 반면 남성에 비해 위 제거 용적이 낮고 장통과 시간이 빠른 점은 여성에서 약물혈장농도가 낮아지는 데 영향을 준다.[19,20] 항우울제의 흡수와 분포에 있어 약물 전달체(drug transporter)인 P-glycoprotein(P-gp)의 발현 정도가 중요한데, 여성은 남성에 비해 1/3~1/2가량의 P-gp가 발현된다. 장과 혈뇌장벽(blood brain barrier : BBB)에서의 P-gp의 낮은 발현과 활성도는 항우울제의 대사 과정 및 대뇌 약물농도에 영향을 준다.[21,22]

약물대사에 있어 성별의 차이는 임상적으로 서로 다른 치료 용량, 효과 및 독성을 가질 수 있음을 시사한다. 간의 시토크롬(cytochrome P450 : CYP) 산화효소는 약물대사의 주요 경로인데, 이는 실제 성별에 따라 분포 및 기능의 차이가 존재한다. 예를 들면 대부분의 선택적 세로토닌 재흡수억제제(SSRI)의 대사에 관여하는 CYP3A4 활성도는 젊은 남성에 비해 젊은 여성에서 40%나 높은 데 반해, CYP1A2와 CYP2C19 활성도의 경우는 남성에서 더 높다. 이러한 차이는 에스트로겐의 반대 작용에 따른 것으로, 에스트로겐은 CYP1A2와 CYP3A4 등의 중요한 기질이면서 동시에 전반적인 약물대사 과정에 있어 중요한 역할을 한다.[23,24]

성별에 따른 약동학 및 약력학적 특징에 따라 실제 몇몇 연구들은 TCA와 SSRI에서 성별에 따른 약물혈장농도의 차이를 보고하였다. 남성에 비해 여성에서 혈장농도가 높은 것으로 보고된 약물은 clomipramine, citalopram, paroxetine, mirtazapine이다. 한편 escitalopram, sertraline, fluoxetine, fluvoxamine은 남녀 간에 차이가 없었다.[24]

항우울제 치료반응에서의 성별에 따른 차이

앞서 언급한 대로 약역학 및 약동학적 측면에서의 남녀 간의 차이는 약물혈장농도에 영향을 미친다. 이는 결과적으로 각각의 항우울제에 대한 치료반응에 있어 성별에 따른 차이를 가져올 것으로 추측된다. TCA의 약물 반응에 대한 초기 연구를 살펴보면, imipramine의 경우 젊은 여성보다 남성에서 더 효과가 좋았다. 이는 35개 연구의 메타분석 결과에서도 동일하게 나타났다.[25] 보다 최근에 시행된 연구들에서는 TCA는 남성에서 치료효과가 더 우수하고, SSRI는 여성에서 치료효과가 우수한 것으로 보고되었다. 235명의 남성과 400명의 여성을 대상으로 SSRI sertraline 또는 TCA imipramine을 무작위 배정한 임상 연구결과, 여성은 sertraline에, 남성은 imipramine에 더 우수한 치료반응을 보였다.[26] 한편, 항우울제 치료반응과 관련한 15개의 임상연구의 결과를 분석한 최근 연구에서 여성은 venlafaxine과 같은 세로토닌-노르에피네프린 재흡수억제제제(SNRI)보다 SSRI에 더 효과적이었다.[27] 여성에서 SSRI citalopram과 SNRI reboxetine을 비교한 또 다른 연구에서도 citalopram이 더 효과적이었고, STAR*D 연구결과에서도 citalopram으로 치료받은 환자 중에서 여성이 남성보다 더 치료반응이 우수하였다.[28]

앞선 연구결과들에도 불구하고 항우울제의 치료반응이 성별에 따른 차이를 보이는지는 명확히 결론짓기는 어려운데, 유의한 차이가 없다는 결과 또한 보고되었기 때문이다. 흥미롭게도 한 연구에서는 SSRI와 TCA 간에 성별에 따른 치료반응의 차이는 없으나, 어린 연령인 경우에는 SSRI에, 고령인 경우에는 TCA에 더 효과가 있다고 보고한 바 있다. 여성의 경우 특히 성선호르몬의 수치에 따라 치료반응이 차이를 보일 수 있기 때문에 연령 및 폐경 상태 등이 연구결과에 영향을 미칠 수도 있다.[29,30]

몇몇 연구들은 약물에 대한 안전성 및 내약성에 있어서도 남녀 간에 차이를 보인다고 보고하였다. 앞서 언급한 imipramine과 sertraline의 효과를 비교한 연구에서 imipramine을 복용한 여성은 입마름, 변비, 땀흘림, 떨림과 같은 부작용을 남성에 비해 유의하게 더 많이 보고하였다. 따라서 남성은 sertraline과 imipramine의 탈락률이 비슷한 것에 반해 여성의 경우 imipramine의 탈락률이 sertraline의 거의 3배에 달했다.[26] TCA nortriptyline의 효과에 대한 다른 연구에서도 nortriptyline의 부작용에 따른 중단율이 여성에서 유의하게 높았다.[3] 여성에서 TCA에 대한 부작용이 보다 높은 빈도로 나타나는 것은 아마도 앞서 설명한 대로 약물의 약동학적 특성에 따라 남성보다 여성에서 약물혈장농도가 높기 때문일 것이다. 또는 남성의 경우 SSRI로 인한 성기능장애보다 TCA로 인한 항콜린성 부작용을 더 잘 참는 등의 특정 부작용에 대한 남녀 간에 내약성의 차이가 존재하기 때문일 수도 있겠다.

여성 생식주기와 우울증

월경전증후군과 월경전불쾌감장애

가임기 여성의 70~80%는 월경 전에 유방압통 혹은 복부팽만, 오심, 두통 등의 월경 전 징후 (premenstrual molimina)를 경험한다. 대개는 경미하여 특별한 치료를 요하지 않는 경우가 대부분이나 이 중 20~40%는 월경 전 징후의 정도가 심하여 일상생활에 현저한 지장을 받는다. 이를 **월경전증후군**(premenstrual syndrome)이라고 하며, 신체증상뿐 아니라 행동 변화, 다양한 정서 반응을 포함한다. 특히 우울감, 흥미 감소, 불안, 집중력 저하, 스스로 통제하기 어려운 느낌, 지속적이고 뚜렷한 분노감, 과민함 등의 기분증상이 일상생활에 심각한 기능저하를 초래할 정도에 이르게 되면 이를 **월경전불쾌감장애**(premenstrual dysphoric disorder : PMDD)라 하며, 가임기 여성의 2~5% 정도가 이에 해당된다. 증상은 대부분의 월경주기에서 월경 시작 1주 전에 나타나 지속되다가 월경이 시작되고 수 일 안에 증상이 호전되는데, 환자들은 한 달에 일주일 이상 동안 관련 증상으로 고통을 받는다.[31-33]

PMDD는 DSM-5의 우울장애군에 새로이 추가되었으며, 세부 진단기준은 표 1과 같다.[33] 진단 시 유의할 점은 이미 존재하고 있는 정신장애의 월경 전 악화(예 : 기분장애, 불안장애, 신체형장애, 인격장애)와 구별되어야 하며, 신체검사 및 실험실검사를 통해 일반적인 의학적 상태(예 : 간질, 갑상선 질환, 빈혈, 감염성 질환 등)를 감별하여야 한다.

아직까지 PMDD의 원인은 명확하게 밝혀져 있지 않다. 몇몇 생물학적 이론들은 질환과 세로토닌, 성선호르몬 및 유전 간의 관련성을 보고하였고, 그중 세로토닌계의 조절곤란과의 관련성을 뒷받침하는 연구들이 가장 많이 이루어졌다.[34-36] 세로토닌의 감소는 우울한 기분, 기분 변동, 짜증, 충동 조절의 어려움, 불안, 통증의 역치 감소, 집중의 어려움 등을 포함하여 우울증과 겹치는 여러 증상과 관련된다.[37] 치료에 관한 연구들에서도 역시 세로토닌 가설을 지지하는 결과들이 제시되고 있다. 특히 SSRI가 증상을 완화시키는 효과를 가진다는 연구결과는 세로토닌계와의 관련성을 강하게 시사한다. 최근 시행된 메타분석 결과, SSRI는 심리적 증상뿐 아니라 신체적 증상 개선에도 효과가 있으며, 위약에 비해 7배나 더 효과적임이 보고되었다.[34] 월경주기 중 에스트로겐의 수치 변화 또한 PMDD의 가능성 있는 원인이 된다. 에스트로겐 수치는 난포기 동안 가장 높고, 그다음으

표 1. 월경전불쾌감장애의 DSM-5 진단기준

A. 대부분의 월경주기에서 월경 시작 1주 전에 다음의 증상 가운데 5개 증상(또는 그 이상)이 시작되어 월경이 시작되고 수일 안에 증상이 호전되며 월경이 끝난 주에는 증상이 경미하거나 없어져야 한다.

B. 다음 증상 중 적어도 한 가지(또는 그 이상)는 포함되어야 한다.

　1. 현저하게 불안정한 기분(예 : 갑자기 울고 싶거나 슬퍼진다거나 거절에 대해 민감해지는 것)

　2. 현저한 과민성 또는 분노 또는 대인관계에서의 갈등 증가

　3. 현저한 우울기분, 절망감 또는 자기비난의 사고

　4. 현저한 불안, 긴장, 신경이 곤두섬 또는 과도한 긴장감

C. 다음 증상 중 적어도 한 가지(또는 그 이상)는 추가적으로 존재해야 하며, 진단기준 B에 해당하는 증상과 더해져 총 다섯 가지의 증상이 포함되어야 한다.

　1. 일상활동에서 흥미의 저하(예 : 직업, 학교, 또래 집단, 취미)

　2. 집중하기 곤란하다는 주관적 느낌

　3. 기면, 쉽게 피곤함 혹은 현저한 무기력

　4. 식욕의 현저한 변화, 즉 과식 또는 특정 음식의 탐닉

　5. 과다수면 또는 불면

　6. 압도되거나 자제력을 잃을 것 같은 주관적 느낌

　7. 유방의 압통이나 부종, 두통, 관절통 혹은 근육통, 부풀어 오르거나 체중이 증가된 느낌과 같은 다른 신체적 증상

　주의점 : 진단기준 A~C에 해당하는 증상이 전년도 대부분의 월경주기에 있어야 한다.

D. 증상이 직업이나 학교, 일상적인 사회활동과 대인관계를 현저하게 저해한다(예 : 사회활동의 회피, 직장이나 학교에서의 생산성과 효율성의 감소).

E. 증상은 주요우울장애나 공황장애, 지속성 우울장애(기분저하증) 혹은 인격장애와 같은 다른 장애로 인해 증상이 단순히 악화된 것이 아니다(이러한 장애 중 어느 것에도 중첩되어 나타날 수는 있다).

F. 진단기준 A는 적어도 연속적인 2회의 주기 동안 전향적인 일일 평가에 의해 확인되어야 한다(주의점 : 진단은 이러한 확인이 있기 이전에는 잠정적으로 내려질 수 있다).

G. 증상은 물질(예 : 남용약물, 치료약물, 기타 치료)의 생리적 효과나 다른 의학적 상태(예 : 갑상선기능항진증)로 인한 것이 아니다.

출처 : American Psychiatric Association[33]에서 인용함.

로 황체기 동안 두 번째로 높은 수치를 나타내는데, 후기 황체기에 접어듦과 동시에 CRH (corticotrophin-releasing hormone)의 저하에 따른 급격한 에스트로겐 수치의 저하가 일어난다. CRH의 저하는 비정형 또는 계절성 우울증과 상관성이 있으며, 이런 CRH의 변동에 따른 에스트로겐의 변화는 PMDD에서 관찰되는 우울한 기분을 설명하는 하나의 가설이 된다.[38] 앞서 설명한 것과 같이 에스트로겐은 세로토닌 수용체 수와 전달체, 재흡수를 증가시켜 세로토닌을 활성화시키는 역할을 한다. 따라서 PMDD 환자에서 기분증상과 세로토닌 간의 연관성을 설명함에 있어 에스트로겐의 감소가 그 연결고리가 될 수도 있을 것이다.[39]

PMDD의 약물치료로는 세로토닌 활성과 관련한 항우울제, 항불안제 및 기타 배란 억제를 유도하는 호르몬 제제 등이 있다. 먼저 중추신경계 내 세로토닌 농도를 증가시키는 다양한 약물이 효과적이라는 보고들이 있다. 그중 paroxetine, fluoxetine, sertraline, escitalopram과 같은 SSRI의 효과를 검증하기 위한 다수의 임상연구가 시행되었다. 그 결과 SSRI는 기분 및 신체증상 모두를 호전시키고, 사회 직업 기능과 삶의 질 개선에 우수한 치료효과가 있는 것으로 조사되었다.[40~42] SSRI를 황체기 동안에만 사용하는 방법도 위약에 비해서는 치료효과가 있는 것으로 보고되었으나,[43] 지속적인 복용에 비해 간헐적 복용의 경우 신체증상에서의 효과가 떨어진다고 보고된 바 있다.[44] 황체기 동안 감소하는 프로게스테론의 농도와 증상이 가장 심해지는 시기 간의 상관성을 근거로 프로게스테론 보충이 효과적일 수 있다는 가정이 제기되기도 하였으나, 실제 다수의 위약통제시험 및 systematic review 결과 효과를 입증하는 데 실패하였다.[45] 또 성선자극호르몬 분비호르몬 효능제(GnRH agonist)의 투여를 통해 에스트로겐과 프로게스테론의 농도를 낮추는 것이 증상 개선에 효과가 있다는 보고가 있다. 그러나 이는 안면 홍조, 질 건조와 같은 부작용이 심하고 종종 우울감, 근육통 발생이 보고되기도 하였으며, 특히 장기 투여 시 골다공증과 심혈관계 질환의 직접적인 원인이 될 수 있다.[46] 그 외에도 고용량의 estradiol의 경피 투여, 안드로겐 유도체인 danazol 및 경구피임약의 효과에 대한 가정들이 있으나, 과거 다수의 연구결과 기존 약물이 PMDD 증상 완화에 유의한 효과가 없는 것으로 보고되었다. 그러나 최근 시행된 임상연구결과 drospirenone을 함유한 새로운 24+4 복용 방법의 경구 피임약이 위약에 비해 PMDD 증상을 유의하게 완화시킨다고 보고되었다.[47]

그 외 비약물적 방법으로는 지지정신치료, 인지치료 등의 정신치료와 스트레스 관리, 집단대처기술훈련과 같은 정신사회적 치료가 있고, 그 외 이완훈련, 유산소운동, 광선치료 등이 있다. 또 염분 제한, 카페인 및 알코올 제한, L-트립토판, 복합탄수화물, 비타민(B6, E), 칼슘, 마그네슘, 월견초유 같은 식이조절이 효과가 있다는 보고도 있다.[48]

폐경기 우울증

폐경기는 여성에서 월경주기가 종료되는 시기를 말한다. 완전한 폐경까지는 대략 4~5년이 소요되는데, 난소의 기능이 점차 감소되면서 여성 호르몬의 분비가 감소되어 발생하게 된다. 폐경기에는 홍조와 야간발한과 같은 혈관운동성 증상(vasomotor symptoms : VMS), 질 건조증, 성교통, 요실금과 같은 비뇨생식기증상과 더불어 불안, 우울감, 심한 기분 변동, 수면장애, 인지기능의 변화 등도 나타난다. 우울증의 병력이 없는 여성이 폐경기 또는 폐경주위기(perimenopause)로 들어서면 이전에 비해 우울증의 위험이 2배 정도 증가한다. 특히 심리적·신체적 증상은 폐경이 시작될 무렵에 더 많이 보고되는데, 폐경주위기(44~55세 사이)의 여성은 같은 나이대의 남성에 비해 4배 이상 높은 우울증 발생률을 보

표 2. 폐경기 우울증 발병의 위험요인
사회인구학적 요인 : 무직, 궁핍한 재정 상태, 낮은 교육 수준, 인종
건강 관련 요인 : 과체중, 운동량 부족, 흡연자, 만성적 내과질환의 동반
심리사회적 요인 : 사회적 지지의 부족, 배우자의 부재, 폐경에 대한 부정적 태도
산후우울증과 같은 우울증의 과거력
월경전불쾌감장애의 과거력
다수의 스트레스 사건 경험
이른 나이의 폐경(40세 이전)
혈관운동성 증상 및 신체증상

인다.[49)]

폐경기 우울증의 위험요인은 표 2와 같다.[50)] 우울증 과거력과 PMDD는 폐경기 우울증의 강력한 예측인자이며, 이는 호르몬 변화와 중추신경의 신경조절변화에 대한 기저의 취약성을 반영한다. VMS는 정신과적 증상과 관련이 깊다. VMS가 있으면 우울증이 4배가량더 발병하고, 수면장애 및 기타 신체증상의 빈도와 강도를 증가시킨다. VMS는 수면 중에짧지만 반복적인 각성과 관련이 있고, 폐경주위기 후반에 가장 흔하게 발생한다. 일부 연구자들은 폐경주위기의 우울증이 VMS와 연관된 수면 중단의 간접적인 결과라고 제안하기도 한다. 이렇듯 심각한 VMS는 우울증상을 악화시키고, 우울증상이 다른 폐경기 신체증상을 증대시켜 서로 간에 영향을 주고받는다.

폐경기 우울증 치료에서 항우울제는 효과적이다. 다수의 임상연구결과 fluoxetine, escitalopram, citalopram, paroxetine, sertraline, mirtazapine, venlafaxine, desvenlafaxine, duloxetine과 같은 항우울제 단독요법은 폐경주위기 우울증상 개선에 효과가 있었다.[50)] 추가로 여성 우울증에 대한 항우울제의 치료반응에 있어 폐경 상태가 영향을 주는지에 대한연구들이 시행된 바 있다. 연령군을 나이가 많은 군과 45세, 50세 등으로 폐경후 상태에 근접한 군으로 나누었을 때 연령이 높은 여성군에서는 TCA에, 보다 연령이 낮은 여성군에서는 SSRI에 치료효과가 있었다는 결과가 보고되었다. 그러나 연령 및 폐경 상태에 따른 항우울제 치료반응에 큰 차이가 없다는 연구 또한 보고되었으므로, 이에 대해서는 아직까지명확하게 결론짓기는 어렵다.[51,52)]

폐경기 우울증의 또 다른 치료 대안으로 호르몬 대체요법(hormone replacement therapy : HRT)이 있다. 대체로 에스트로겐 치료(estrogen therapy : ET)가 폐경기 증후군에서 많이 사용되고 있으며, 특히 홍조와 같은 VMS에 효과가 좋다. 폐경주위기 우울증에 대한 임상연구결과, ET 단독요법은 60~75%의 환자에서 4주 이내에 우울증상의 개선을 보였으나,[53,54] 폐경이 완료된 환자를 대상으로 한 연구에서는 위약과의 비교에 있어 유의한 차이가 없었다.[55] 한 임상연구에서는 기존에 우울증으로 항우울제를 처방받는 폐경기 여성을 대상으로 전향적으로 에스트로겐 강화요법(augmentation therapy)을 시행했을 때 우울증상 및 폐경기 신체증상에 효과적인 것으로 보고하였다.[56] HRT의 다른 방법으로 프로게스틴을 사용했을 경우 기분증상에 미치는 연구는 현재까지 부족한 편이다. 폐경기 우울증에 대한 비생물학적 치료, 즉 특정정신치료의 효과는 현재까지 체계적으로 연구된 것이 없으며 그 외 이완훈련, 유산소운동이 효과적이라는 보고가 있다.

요약

우울증은 남성에 비해 여성에서 거의 2배 정도 높은 유병률을 보인다. 우울증과 관련된 다양한 신경생물학적 병인과 심리사회적 요인은 남녀 간에 다소 차이가 있다. 여성의 우울증은 남성과 다른 임상 양상을 보이며, 약역학 및 약동학적 측면에서의 남녀 간의 차이로 인해 항우울제의 치료반응 및 부작용 또한 다르게 나타날 수 있다. 특히 월경주기, 폐경기 등과 관련한 여성의 우울증은 현저한 기능저하와 삶의 질의 저하를 가져올 수 있어 초기 진단평가 및 적절한 치료 개입이 보다 중요할 수 있다. 그러므로 임상의는 여성의 우울증과 관련한 여러 위험요인의 평가, 정확한 진단 및 치료 시 고려할 점 등을 숙지하고, 임상현장 뿐 아니라 지역사회 내 여성의 질병 예방, 건강 증진 차원에서 이를 적극 활용하여야 할 것이다.

참고문헌

1) Kuehner C. Gender differences in unipolar depression: an update of epidemiological findings and possible explanations. *Acta Psychiatr Scand* 2003;108:163-174.

2) Martel MM. Sexual selection and sex differences in the prevalence of childhood externalizing and adolescent internalizing disorders. *Psychol Bull* 2013;139:1221-1259.

3) Keers R, Aitchison KJ. Gender differences in antidepressant drug response. *Int Rev Psychiatry* 2010;22:485-500.

4) Kuehner C. Why is depression more common among women than among men? Lancet Psychiatry 2017;4:146-158.

5) Flint J, Kendler KS. The genetics of major depression. *Neuron* 2014;81:484-503.

6) Sramek JJ, Frackiewicz EJ. *Effect of sex on psychopharmacology of antidepressants.* In: Lewis-Hall F, Williams TS, Panetta JA, Herrera JM, eds. Psychiatric illness in women. Washington, DC: American Psychiatric Publishing, 2002:113-131.

7) Chen HC, Yang CCH, Kuo TBJ, Su TP, Chou P. Gender differences in the relationship between depression and cardiac autonomic function among community elderly. *Int J Geriatr Psychiatry* 2010;25:314-322.

8) Morgan ML, Cook IA, Rapkin AJ, Leuchter AF. Estrogen augmentation of antidepressants in perimenopausal depression: a pilot study. *J Clin Psychiatry* 2005;66:774-780.

9) Bethea CL, Lu NZ, Gundlah C, Streicher JM. Diverse actions of ovarian steroids in the serotonin neural system. *Front Neuroendocrinol* 2002;23:41-100.

10) National Women's Health Report. Women, chronic stress and resilience. National Women's Health Ressource Center, 2003.

11) Halbreich U, Alarcon RD, Calil H, Douki S, Gaszner P, Jadresic E, et al. Culturally sensitive complaints of depressions and anxieties in women. *J Affect Disord* 2007;102:159-176.

12) Bruce ML, Kim KM. Differences in the effects of divorce on major depression in men and women. *Am J Psychol* 1992;149:914-917.

13) Hyde JS, Mezulis AH, Abramson LY. The ABCs of depression: integrating affective, biological, and cognitive models to explain the emergence of the gender difference in depression. *Psychol Rev* 2008;115:291-313.

14) Nolen-Hoeksema S, Larson J, Grayson C. Explaining gender differences in depressive symptoms. *J Pers Soc Psychol* 1999;77:1061-1072.

15) Rose AJ, Rudolph KD. A review of sex differences in peer relationship processes: potential trade-off s for the emotional and behavioral development of girls and boys. *Psychol Bull* 2006;132: 98-131.

16) Marcus SM, Kerber KB, Rush AJ, et al. Sex differences in depression symptoms in treatment-seeking adults: confirmatory analyses from the Sequenced Treatment Alternatives to Relieve Depression study. *Compr Psychiatry* 2008;49:238-246.

17) Blanco C, Vesga-Lopez O, Stewart JW, Liu SM, Grant BF, Hasin DS. Epidemiology of major depression with atypical features: results from the National Epidemiologic Survey on Alcohol and Related Conditions (NESARC). *J Clin Psychiatry* 2012;73:224-232.

18) Altemus M, Sarvaiya N, Neill Epperson C. Sex differences in anxiety and depression clinical perspectives. *Front Neuroendocrinol* 2014;35:320-330.

19) Papakostas GI, Petersen T, Iosifescu DV, Burns AM, Nierenberg AA, Alpert JE, et al. Obesity among outpatients with major depressive disorder. *Int J Neuropsychopharmacol* 2005;8:59-63.

20) Uher R, Mors O, Hauser J, Rietschel M, Maier W, Kozel D, et al. Body weight as a predictor

of antidepressant efficacy in the GENDEP project. *J Affective Disord* 2009;118:147 – 154.

21) Schuetz EG, Furuya KN, Schuetz JD. Interindividual variation in expression of P‑glycoprotein in normal human liver and secondary hepatic neoplasms. *J Pharmacol Exp Therapeutics*, 1995;275:1011 – 1018.

22) Ejsing TB, Linnet K. Influence of P‑glycoprotein inhibition on the distribution of the tricyclic antidepressant nortriptyline over the blood‑brain barrier. *Human Psychopharmacol* 2005;20:149 – 153.

23) Kalra B. Cytochrome P450 enzyme isoforms and their therapeutic implications: an update. *Indian J Med Sci* 2007;61:102 – 116.

24) Marazziti D, Baroni S, Picchetti M, Piccinni A, Carlini M, Vatteroni E, et al. Pharmacokinetics and pharmacodynamics of psychotropic drugs: effect of sex. *CNS Spectrums* 2013;18:118 – 127.

25) Hamilton J, Grant M, Jensvold M. *Sex and treatment of depression.* In Jensvold M, Halbreich U, Hamilton J (Eds.), Psychopharmacology and women. Sex, gender and hormones (pp. 241 – 260). Washington, DC: American Psychiatric Association, 1996.

26) Kornstein S, Schatzberg A, Thase M. Gender differences in treatment response to sertraline versus imipramine in chronic depression. *Am J Psychiatry* 2000;153:163 – 173.

27) Khan A, Broadhead A, Schwartz K, Kolts R, Brown W. Sex differences in antidepressant response in recent antidepressant trials. *J Clin Psychopharmacol* 2005;25:318 – 324.

28) Trivedi MH, Rush AJ, Wisniewski SR, Nierenberg AA, Warden D, Ritz L, et al. Evaluation of outcomes with citalopram for depression using measurement based care in STAR*D: Implications for clinical practice. *Am J Psychiatry* 2006;163:28–40.

29) Thase ME, Frank E, Kornstein SG, Yonkers KA. *Gender differences in response to treatments of depression.* In Frank E. (Ed.), Gender and its effects on psychopathology (pp. 103 – 129). Washington DC: American Psychiatric Press, 2000.

30) Parker G, Parker K, Austin MP, Mitchell P, Brotchie H. Gender differences in response to differing antidepressant drug classes: Two negative studies. *Psychol Med* 2003;33:1473–1477.

31) Hurt SW, Schnurr PP, Severino SK, Freeman EW, Gise LH, Rivera‑Tovar A, et al. Late luteal phase dysphoric disorder in 670 women evaluated for premenstrual complaints. *Am J Psychiatry* 1992;149:525–530.

32) Pearlstein T, Stone AB. Premenstrual syndrome. *Psychiatr Clin North Am* 1998;21:577–589.

33) American Psychiatric Association. *Diagnostic and Statistical Manual of Mental Disorders*, 5th edn. Arlington: American Psychiatric Association, 2013.

34) Dimmock PW, Wyatt KM, Jones PW, O'Brien PM. Efficacy of selective serotonin‑reuptake inhibitors in premenstrual syndrome: a systematic review. *Lancet* 2000;356:1131–1136.

35) Rapkin AJ, Edelmuth E, Chang LC, Reading AE, McGuire MT, Su TP. Whole‑blood

serotonin in premenstrual syndrome. *Obstet Gynecol* 1987;70:533-537.

36) Yonkers KA, Gullion C, Williams A, Novak K, Rush JA. Paroxetine as a treatment for premenstrual dysphoric disorder. *J Clin Psychopharmacol* 1996;16:3-8.

37) Rapkin A. A review of treatment of premenstrual syndrome & premenstrual dysphoric disorder. *Psychoneuroendocrinol* 2003;28:39-53.

38) Halbreich U. The etiology, biology, and evolving pathology of premenstrual syndromes. *Psychoneuroendocrinol* 2003;28:55-99.

39) Halbreich U, Rojansky N, Palter S, Tworek H, Hissin P, Wang K. Estrogen augments serotonergic activity in post-menopausal women. *Biol Psychiatry* 1995;37:434-441.

40) Cohen I, Soares C, Yonkers K, Bellew K, Bridges I, Steiner M. Paroxetine controlled release for premenstrual dysphoric disorder: a couble-blind, placebo-controlled trial. *Psychosom Med* 2004; 66:707-713.

41) Pealstein T, Halbreich U, Batzar E. Psychosocial functioning in women with premenstrual dysphoric disorder before and after treatment with sertraline or placebo. *J Clin Psychiatry* 2000;61:101-109.

42) Steiner M, Brown E, Trzepacz P. Fluoxetine improves functional work capacity in women with premenstrual dysphoric disorder. *Arch Women's Ment Health* 2003;6:71-77.

43) Freeman EW, Rickels K, Sondheimer SJ, Polansky M. Differential response to antidepressants in women with premenstrual syndrome/premenstrual dysphonic disorder: a randomized controlled trial. *Arch Gen Psychiatry* 1999;56:932-939.

44) Landen M, Nissbrandt H, Allgulander C, Sorvik K, Ysander C, Efiksson E. Placebo-controlled trial comparing intermittent and continuous paroxetine in premenstrual dysphoric disorder. *Neuropsychopharmacology* 2007;32:153-161.

45) Wyatt K, Dimmock P, Jones P, Obhrai M, O'Brien S. Efficacy of progesterone and progestogens in management of premenstrual syndrome: systematic review. *BMJ* 2001;323:776-780.

46) Freeman EW, Sondheimer SJ, Rickels K, Albert J. Gonadotropin-releasing hormone agonist in treatment of premenstrual symptoms with and without comorbidity of depression: A pilot study. *J Clin Psychiatry* 1993;54:192-195.

47) Yonkers KA, Brown C, Pearlstein TB, Foegh M, SampsonLanders C, Rapkin A. Efficacy of a new low-dose oral contraceptive with drospirenone in premenstrual dysphoric disorder. *Obstet Gynecol* 2005;106:492-501.

48) Rapkin A. A review of treatment of premenstrual syndrome and premenstrual dysphoric disorder. *Psychoneuroendocrinol* 2003;28(Suppl 3):39-53.

49) Cohen LS, Soares CN, Vitonis AF, Otto MW, Harlow, BL. Risk for new onset of depression

during the menopausal transition. The Harvard Study of Moods and Cycles. *Arch Gen Psychiatry* 2006;63:385−390.

50) Soares, CN. Depression and menopause: current knowledge and clinical recommendations for a critical window. *Psychiatr Clin N Am* 2017;40:239−254.

51) Entsuah AR, Huang H, Thase ME. Response and remission rates in different subpopulations with major depressive disorder administered venlafaxine, selective serotonin reuptake inhibitors, or placebo. *J Clin Psychiatry* 2001;62:869−877.

52) Cassano P, Soares CN, Cusin C, Mascarini A, Cohen LS, Fava M. Antidepressant response and well−being in pre−, peri− and postmenopausal women with major depressive disorder treated with fluoxetine. *Psychother Psychosom* 2005;74:362−365.

53) Soares CN, Almeida OP, Joffe H, Cohen LS. Efficacy of estradiol for the treatment of depressive disorders in perimenopausal women: a double−blind, randomized, placebo−controlled trial. *Arch Gen Psychiatry* 2001;58:529−534.

54) Schmidt PJ, Nieman L, Danaceau MA, Tobin MB, Roca CA, Murphy JH, et al. Estrogen replacement in perimenopause transition−related depression: a preliminary report. *Am J Obstet Gynecol* 2000;183:414−420.

55) Morrison MF, Kallan MJ, Ten Have T, Katz I, Tweedy K, Battistini M. Lack of efficacy of estradiol for depression in postmenopausal women: a randomized, controlled trial. *Biol Psychiatry* 2004;55:406−412.

56) Zanardi R, Rossini D, Magri L, Malaguti A, Colombo C, Smeraldi E. Response to SSRIs and role of the hormonal therapy in postmenopausal depression. *Eur Neuropsychopharmacol* 2007;17:400−405.

어머니의 우울증이 아동의 발달에 미치는 영향

Influences of the maternal depression on childhood development

성형모*, 육기환**

차의과학대학교부속 구미차병원 정신건강의학과*, 차의과학대학교 의학전문대학원 차병원 정신건강의학과**

주요우울장애는 1년 유병률이 7% 정도 되는 가장 흔한 정신질환 중의 하나로, 30세 이전 성인기에 가장 흔히 진단되며, 여성의 유병률이 남성에 비해 1.5~3배가량 높은 것으로 알려져 있다.[1] 임신 중 혹은 출산 후 여성의 10~16%가 주요우울장애를 겪게 되며,[2] 일반적인 우울증에서와 마찬가지로 모성 우울증은 자살사고 등을 통해 자해의 위험성을 증가시킬 뿐 아니라, 임신 중 우울증은 태아 및 출산 관련 부작용을 증가시키는 것으로 알려져 있다. 더욱이 산후우울증은 아동의 양육에 부정적인 영향을 주기도 하지만, 소아기 발달과 관련된 여러 가지 문제를 야기함으로써 다음 세대에까지 부정적인 영향을 주게 된다. 이런 이유들로 인해 모성 우울증은 WHO에서도 전세계적으로 긴급한 건강문제 중 최우선 순위에 선정할 만큼 중요한 문제로 여겨지고 있다.[3]

소아기 발달에 있어 가장 기본적인 환경이 되는 모성의 중요성은 모든 사람이 알고 있는 사실이다. 건강한 모성이 제공하는 건강한 양육환경은 정상적이고 건강한 아동발달에 있어 필수적이라 할 수 있다. 이런 양육의 과정은 모자 간의 역동적인 상호작용을 만들어내고, 얼굴 표정이나 말과 같은 상호 간에 주고받는 피드백을 통해 서로에게 정서적인 변화와 안정성을 가져오게 된다. 전세계적으로 아동청소년의 정신건강에 대한 관심이 급격히 증가되고 있고, 이를 통해 생애 전반에 걸친 국민들의 정신건강을 증진시키려는 학문적·정책적 논의가 증가되고 있다. 실제로 많은 연구들을 통해 전문가들은 건강한 소아기 발달이, 성인기를 포함한 이후 생존 동안의 건강 및 사회적 불평등을 줄이는 데 중요한 밑

거름이 되기 때문에 국가 정책의 한 부분으로 중요하게 다루어져야 한다는 것을 주장하고 있다.[4]

모성 우울증은 저체중아의 출산, 조산과 같은 주산기 합병증을 증가시킬 뿐 아니라 이후 자녀의 정서·인지·대인관계 등에서의 문제와 직접적으로 관련이 있으며, 신경내분비와 뇌기능에도 영향을 주는 것으로 알려져 있다.[5] 정신건강의학의 측면에서 보면 모성 우울증은 자녀의 불안정 애착, 사회기술의 결핍, 학업 문제, 내재화 및 외현화 문제, 정신질환의 증가와 관련이 있다는 것이 이미 잘 알려져 있다.[6,7] 자녀의 정신질환과 관련해서는 특히 우울증의 유병률이 높게 나타나는데, 우울증을 겪는 엄마를 둔 자녀들은 정상 대조군에 비해 3배 정도 높은 우울장애의 유병률을 보이고, 더욱 흥미로운 사실은 우울장애를 겪는 자녀들의 절반 이상이 성인기 이전에 조기발병을 한다는 점이다.[8] 일반적으로 우울증인 산모에게서 태어난 아이들이 우울증을 겪게 되는 경우에는 더 이른 나이에 발병을 하고, 더 긴 이환기간을 보이며, 기능장애가 더 크고, 재발률도 더 높게 나타나는 등 일반 소아청소년 우울장애에 비해 더 나쁜 예후를 보이게 된다.[5] 산후우울증 및 모성의 정신건강문제는 각각이 모두 아이의 소아기 심리적 문제에 영향을 주게 되며, 특히 산후우울증과 정신건강문제가 모두 있는 그 심각성은 더욱 커지는 것으로 알려져 있다.[9] 모성 우울증의 증상이 심하고 만성일수록 아동에게는 더 유해한 결과를 가져오기 때문에, 모성 우울증상의 심각도와 만성 정도는 자녀에게 나타날 수 있는 우울증의 예후와 관련하여 잠재적인 예견 인자가 될 수 있다.[10] 따라서 모성 우울증의 조기발견과 적절한 치료는 소아청소년 우울증의 예방과 치료를 생각할 때 아주 중요하게 다루어져야 할 것이다.

부모의 우울증이 자녀의 소아기 발달에 미치는 영향에 관한 연구들의 대부분은 모성 우울증과의 관련성만을 다루어 왔던 것 같다. 모성 우울증뿐 아니라 **부성 우울증**(paternal depression) 역시 아동의 우울증 발생에 영향을 주는 것으로 보고되고 있지만, 소아기 우울증에 미치는 영향에 대한 연구들 중 부성 우울증만을 다룬 연구는 전체의 1% 정도에 불과하며, 유병률과 아이의 발달에 미치는 영향의 정도는 모성 우울증에 비해 적은 것으로 보인다. 부성 우울증이 자녀에게 미치는 영향은 소아에서의 친사회적 행동(prosocial behavior)의 감소와 또래관계에서의 더 많은 문제를 야기하는 것으로 알려져 있고,[11] 또한 부성 우울증은 청소년기 동안의 발달에도 영향을 미쳐서, 청소년기의 학업 성취도 저하, 사회적 능력 감소, 자살시도의 증가와 관련성이 있는 것으로 보고되고 있다.[12] 하지만 부성 우울증과 아동의 발달 및 정신병리에 관한 연구들이 상대적으로 제한적이며, 내재화 행동 등에 대해서는 혼재된 결과들을 보여주고 있다.[13] 이 장에서도 부성 우울증에 대해서는 다루지 않겠지만, 아동의 발달에 있어 중요한 환경적 요인이나 유전적 요인 등으로 작용할 수 있는 부성 우울증 역시 체계적이고 종단적인 연구들이 필요할 것으로 판단된다.

모성 우울증 이외에도 소아기 발달에 있어 영향을 주는 요소들은 많이 있다. 여기에는 모성 우울증과 같은 부모의 정신병리, 부모의 양육방식 등과 같은 부모 관련 요인들도 있고, 아동의 기질이나 선천성 질환 등과 같은 아이 관련 요인, 그리고 지역사회의 관심도와 같은 환경적 요인들이 포함된다. 임신과 관련하여 우울증을 포함한 모성의 심리적 스트레스는 흔하게 관찰되며, 실제로 30%가 넘는 산모가 스트레스를 경험하는 것으로 알려져 있다. 임신 중에 스트레스를 경험하는 대부분의 여성이 출산 후에도 지속되며, 이는 태아뿐 아니라 자녀의 소아기 발달에도 큰 영향을 준다. 이러한 연구결과들은 소아기 발달에 있어서의 위험성을 줄이기 위한 예방과 조기개입, 정책 등을 수립하는 데 큰 도움이 될 수 있을 것이다.[14] 세계보건기구(WHO)의 건강의 사회적 결정요인위원회에서도 최종 보고서를 통해 초기 삶에 대한 보다 포괄적인 접근에는 임신 전, 임신 중 그리고 임신 후의 모성에 대한 포괄적인 지지와 보살핌이 포함되어야 하며, 여기에는 출산 전후의 모성 정신건강 문제를 다루는 데 도움이 되는 개입이 포함되어야 한다고 주장하였다.[15]

대규모 코호트 연구 등을 통해 산전우울증을 포함한 모성 우울증, 조산, 낮은 지역사회 참여도, 낮은 부모-자녀 상호작용 등은 소아기 발달에 부정적인 영향을 주는 것으로 알려져 있고, 부모의 행복감, 자녀 양육에 있어서의 자기효능감, 지역사회 참여도, 높은 사회적 지지기반, 매일매일 반복되는 양육자와 자녀 사이의 상호작용 등은 발달문제를 방어하는 요인으로 작용한다.[16] 아동기 동안 주양육자인 모친의 스트레스 경험은 아동기의 발달에 영향을 줄 뿐 아니라 성인기의 불안, 우울, 낮은 자기효능감에도 영향을 주는 것으로 밝혀져, 모성 스트레스와 우울증의 조기발견과 치료가 얼마나 중요한지를 잘 말해준다.[17]

아동의 발달과 관련하여 언어발달, 인지발달, 정서발달 등 주요 영역별로 모성 우울증이 발달에 미치는 영향에 대해 알아보고자 하며, 발달의 각 영역 내에서는 아동의 발달 시기별로 주요 내용을 기술하였다. 모성 우울증과 아동발달의 관련성을 조사한 연구들을 보면 지역사회를 기반으로 하는 대규모 코호트 연구들을 포함해 많은 연구들이 보고되었지만, 연구 및 대상자의 특성 등으로 명확하게 객관적인 평가를 할 수 없는 점, 모성 우울증 이외에 아동의 발달에 영향을 줄 수 있는 요인들을 완전히 통제하지 못한 점 등 아직 특정 결론을 내리기에는 어려운 면이 많이 있는 것도 사실인 것 같다. 이 장에서는 최신 연구들을 중심으로 관련 연구들을 살펴보고 임신, 출산과 관련된 모성 스트레스 중 특히 모성 우울증이 자녀의 소아기 발달에 미치는 영향에 대해 알아보고, 이를 통해 아동의 정상적이고 건강한 발달을 위해 모성 우울증에 대한 적절한 개입이 얼마나 중요한지를 확인해보고자 한다.

언어 및 의사소통 기술의 발달에 미치는 영향

언어의 발달은 언어 자체가 가지는 중요성도 있지만, 언어를 통해 아이의 인지기능과 의사소통 능력이 발달하게 된다는 점에서도 아주 중요하다. 생후 약 5개월 정도가 되면 영아는 양육자의 소리를 모방하면서 발성을 시작하게 된다. 이후 양육자의 말을 모방하고 따라 하면서 언어가 점차 발전하게 되며, 언어와 의사소통 기술이 발달하는 동안 양육자가 제공하는 자극과 피드백은 아주 중요한 역할을 하게 된다. 따라서 주양육자인 모성의 우울증은 아이의 언어와 의사소통 기술의 발달에 영향을 줄 수밖에 없다.

모성 우울증과 아동의 언어발달과의 관계를 좀 더 자세히 살펴보면, 모성 우울증의 부정적인 영향을 좀 더 분명하게 알 수 있다. 우울증상은 엄마가 아이를 돌보고, 아이에게 적절하게 반응을 해주는 것과 같은 상호작용의 부분에 문제를 야기함으로써 결과적으로 엄마와 아이 사이에서 나타나는 역동적인 상호작용의 질을 떨어뜨리게 된다. 우울증을 가진 엄마는 자신의 아이에게 신체접촉과 대화를 덜하게 되고, 적절한 얼굴 표정을 보여주거나 심지어 부정적인 얼굴 표정을 더 많이 보여주게 된다. 소아기 발달의 다른 영역에서와 마찬가지로 언어발달에 있어 돌보는 엄마와의 상호작용, 특히 면대면 상호작용이 중요한데, 모성 우울증은 이 과정에서 중요한 상호작용의 양과 질에 영향을 주게 되고, 결국 아이의 언어발달을 포함한 많은 인지기능의 발달에 부정적인 결과를 가져올 개연성이 커지게 되는 것이다.[18] 실제로 우울증을 가진 엄마는 아이에게 말을 하는 음색, 말하는 내용, 아이에게 주는 피드백, 말을 할 때 아이에게 집중하는 정도 등에 있어서 정상 엄마들과는 많은 차이를 보이는 것으로 나타났다.[19] 다시 말해 아이의 언어발달에 있어 아주 중요한 요소인 엄마의 반응과 행동이 결핍될 여지가 발생하며, 이는 아이의 언어발달과 의사소통 능력의 발달에 매우 부정적으로 작용하게 될 것이다. 실제로 관련된 여러 연구를 보면 모성 우울증이 언어의 발달과 의사소통 기술의 발달에 영향을 준다는 것을 알 수 있다. 모성 우울증은 언어와 의사소통 기술의 초기 발달단계에서부터 영향을 주게 되는데, 산후우울증과 만 2세까지의 의사소통 기술의 발달을 조사한 연구에서 산후 우울증상이 비언어적 의사소통 능력뿐 아니라 언어발달도 지연시킴으로써 만 2세 이하의 아동에서의 낮은 의사소통 기술과 관련이 있는 것으로 나타나, 아이의 초기 의사소통 기술의 발달에 있어 산후우울증은 아주 중요한 문제가 된다는 사실을 알 수 있다.[18,20]

모성 우울증과 언어 및 의사소통 능력의 발달지연의 관계에 대해서는 아직 논란의 여지가 있다. 특히 모성 우울증이 언어 및 의사소통 능력의 발달을 어떤 원리에 의해 저해하는지에 대해서는 많은 의견들이 있을 것이다. 유전적 요인이나 후생학적 요인에 의한 실제적인 신경발달의 지연에 의한 것인지, 앞서도 언급한 모자 상호작용의 문제로 인한 2차적인 것인지 등에 대해서는 완전히 결론을 내리지는 못하고 있다. 지금까지의 관련 연구들을 종합해보면 모성 우울증이 언어의 발달에 부정적인 영향을 주게 되며, 우울증상의 정도가 심할수록, 증상의 기간이 길수록 아이의 언어 및 의사소통 능력의 발달에 더 나쁜 결과를 가져오는 것으로 알려져 있다.[21]

인지발달에 미치는 영향

앞서 언급한 것처럼 모성 우울증은 아동의 언어발달에 영향을 줌으로써 언어기능을 근간으로 하는 인지기능의 발달에도 영향을 주게 된다. 그뿐만 아니라 모성 우울증은 지능(이하 IQ)을 포함한 인지기능의 발달에도 직접적으로 영향을 미치게 되며, 많은 연구가 이런 사실을 뒷받침해주고 있다.

신생아기부터 영아기 동안에 모성 우울증과 인지발달의 관련성을 조사한 일부 연구에서는 산후 우울증이 영아기 인지기능의 발달에 영향을 준다는 것이 보고되기도 하였지만,[22] 만 1세 이전의 발달에 미치는 모성 우울증의 영향에 대해 인지기능을 직접 평가하거나 체계적으로 조사한 연구는 아직 없다. 이는 대상 연령이 어려서 인지기능의 정도를 적절하게 평가를 할 수 없다는 점이 크게 작용한 것으로 보인다. 한국 베일리 영유아발달검사를 이용하여 생후 6개월의 영아를 대상으로 조사한 모성 우울증과 인지발달에 대한 국내 연구에서도 모성 우울증상과 스트레스가 영아기의 인지발달을 지연시키는 것으로 나타났다.[23] 걸음마기(만 3세 이하) 동안의 모성 우울증과 인지발달과의 관계에 관한 코호트 연구 등을 살펴보면, 대체로 산전우울증과 산후우울증 모두 인지발달의 지연과 관련이 있고, 모성 우울증이 이 시기 동안의 인지발달에 주는 영향은 대체로 중간 정도의 효과 크기를 보이는 것으로 보고되었다.[24]

학령전기 아동의 인지발달과 모성 우울증의 관계를 연구한 연구에서도 이전 시기의 연구들과 마찬가지로 연구의 수는 적지만, 대체로 산전 혹은 산후 스트레스와 우울증이 낮은 지능과 같은 인지발달의 저하와 관련이 있다는 보고를 하였다.[25] 학령기 아동을 대상으로 한 인지발달과 모성 스트레스에 관한 연구는 상대적으로 많은 편인데, 이는 이 시기의 아동에서부터 일반적인 지능검사를 포함한 인지기능의 검사가 가능하기 때문인 것으로 보인다. 이 시기의 연구들을 살펴보면 우울증을 포함한 모성 스트레스가 명백하게 인지발달의 지연과 관련이 있음을 시사하고 있다. 그뿐만 아니라 학령기 아동을 대상으로 한 연구들에서 보인 인지발달 지연은 산후 스트레스보다는 산전 스트레스와 임신 중 코르티솔의 변화에 더 명백하게 영향을 받는 것으로 보인다.[26]

어떤 원리에 의해 혹은 어떤 요인들로 인해 나타나는 현상인지는 아직 명확하지 않지만, 인지기능의 발달에 있어 모성 우울증이 부정적인 영향을 미치는 것은 분명한 것 같다. 모성 우울증이 있는 경우 그 자녀는 인지, 언어, IQ 등의 발달에 더 많은 문제점들을 보이고, 이런 문제들은 다른 발달의 경우와 마찬가지로 모성 우울증에 영향을 받은 시기의 뇌발달 단계, 모성 우울증의 지속기간에 영향을 받게 되는데, 특히 모성 우울증의 기간이 길수록 그 위험성은 더욱 커지게 된다.[27] 만성도가 매우 중요하게 영향을 미치기 때문에 모성 우울증에서는 조기발견과 조기치료가 중요하다는 점을 염두에 두어야 한다.

정서발달에 미치는 영향

앞서 언급한 것처럼 모성 우울증은 자녀의 소아청소년기 우울증 유병률을 높이는 등 자녀의 부정적인 정서와 정신질환, 정서발달에 있어 매우 부정적인 영향을 주는 것을 알 수 있다. 임신, 출산과 관련된 모성 스트레스 중에서 모성 우울증과 불안은 자녀의 소아기 발달 동안 내재화 행동을 유발하는 중요한 요인으로 알려져 왔고, 장기간에 걸친 어머니의 병적인 정신건강 상태와 자녀의 반응은 어머니의 애착이 얼마나 불안정한가에 달려 있는 것으로 나타나, 모성-자녀 상호작용과 애착, 우울과 불안을 포함한 어머니의 정신건강에 초점을 맞춘 개입이 강조되는 것도 이런 이유에서 찾아볼 수 있다.[28]

영아기의 정서발달과 관련하여 일부 연구들에서는 산후 스트레스가 산후우울증이나 범불안장애와 같은 정신질환과 관련하여 영아의 정서 및 사회성 발달에 영향을 주는 것으로 보고한 일부 연구들이 있지만, 연구 대상의 특성이나 방법론 등을 고려해볼 때 명확한 결론을 도출하기는 어려울 것 같다.[14] 걸음마기에 있는 아동의 정서발달과 모성 우울증과의 관련성에 관한 연구들도 제한적이지만, 모성 우울증이 아동의 정서발달에 부정적인 영향을 준다는 보고들이 많다. 하지만 이런 결과들이 유전적인 요인이나 생물학적 요인에 의한 것인지, 사회심리적 요인에 의한 것인지에 대해서도 많은 이견이 있을 수 있다. 관련 연구들을 토대로 살펴보면 대체로 모성 우울증이 자녀의 정서발달에 부정적인 영향을 주는 요

인 중 가장 중요한 요인은 증상의 만성화인 것 같다.[29]

학령전기 아동을 대상으로 한 최근 연구를 보면, 노르웨이에서 진행된 대규모 모자 코호트 연구를 통해 부모의 우울증상이 자녀의 내재화 및 외현화의 문제와 관련이 있는 것으로 확인되었고, 특히 모성 우울증이 더 큰 관련성이 있음이 확인되었다. 모성 우울증이 초기 아동기에 발생하거나 혹은 이 시기까지 지속되는 경우에 특히 아동의 정서문제와 행동문제에 영향을 주는 것으로 나타났다. 또한 이러한 내재화 문제와의 관련성은 아동의 연령이 증가함에 따라 더 크게 나타났으며, 학령전기 아동의 발달에 있어 모성 우울증이 중요한 영향을 준다는 점을 확인하였다.[30]

학령기 아동의 정서와 모성 스트레스와의 관계에 관한 연구는 수천 명 이상의 코호트 연구를 포함하여 비교적 많이 발표되었는데, 연구들을 종합하면 우울증을 포함한 임신 중, 출산 수 1년 동안의 모성 스트레스가 학령기 아동의 정서발달에 부정적인 영향을 주는 것으로 나타났다. 이런 스트레스에는 축적된 산전 스트레스와 임신 3기의 불안, 산후우울증과 불안, 양육 스트레스 등이 포함되는데, 산후우울증보다는 불안이 오히려 더 큰 영향을 준다고 보고한 연구들도 다수 있다.[26]

정신운동발달에 미치는 영향

소아의 정신운동발달과 관련된 모성 우울증의 영향에 대한 연구들은 다수 발표되었지만, 연구에 따라 상반되는 결과들을 보여준다. 또한 모성 우울증과 정신운동 발달지연의 유병률과의 상관관계에 대한 결론을 제시하고 있을 뿐, 대부분의 연구들이 모성 우울증이나 모성 스트레스 이외에 정신운동발달에 영향을 줄 수 있는 다른 요인들을 적절히 통제하지 못했을 가능성을 고려해볼 때 좀 더 체계적인 연구가 필요할 것으로 보인다. 만 1세 미만의 영아기를 대상으로 조사한 연구에 따르면 산전의 높은 불안은 영아의 정신신체발달(psychomotor development)의 지연과 높은 관련성을 보이고, 모성 스트레스, 특히 양육과 관련된 높은 스트레스와 불안이 전반적인 영아기의 발달지연과 관련이 있을 수 있다는 보고가 있지만, 모성 우울증과의 관련성을 입증하지는 못했다.[14,31-33] 모성 우울증이 걸음마기의 정신운동발달에 미치는 영향에 대한 연구 역시 상반된 결과들을 보여준다. 하지만 모성 우울증이 이 시기 동안의 정신운동발달의 지연과 관련이 있는 것으로 보고한 연구들을 보면 산후우울증, 특히 만성적인 산후우울증이 있는 경우 자녀의 정신운동발달의 지연의 유병률이 더 높게 나타났다.[34]

행동발달에 미치는 영향

모성 우울증이 아동의 행동발달에 영향을 줄 수 있다는 점은 분명해 보이지만, 관련 연구들을 통해 특정 결론에 도달하기에는 아직 연구가 부족한 상태이다. 모성 스트레스와 영아기 행동발달의 관계에 대한 연구 역시 부족하여 어떤 결론을 내기는 어렵지만, 지역사회를 대상으로 한 2개의 관련 연구를 보면 특히 임신 3기 동안의 스트레스가 만 1세 이전의 영아기의 행동발달에 영향을 주는데, 급성불안보다는 만성적이고 지속적인 불안이 더 큰 영향을 주는 것 같다.[14] 걸음마기 동안의 문제행동과 모성 우울증의 관계에 관한 연구들 역시 혼재된 결과들을 보여주고 있다. 일부 연구들에서 관련성이 있는 것으로 보고되었지만, 소규모 연구이거나 통계적 유의성을 보고한 연구들조차도 효과 크기가 너무 작아서, 산전 우울증이나 산후우울증이 독립적으로 걸음마기 아동의 행동에 영향을 주는지에 대한 어떤 결론을 내릴 수 없을 것 같다.

학령전기 아동의 행동문제와 모성 우울증의 관계를 보고한 연구는 극히 제한적인 것 같다. 스웨덴에서 시행된 한 종단적 연구가 거의 유일한 대규모 연구로 보이며, 이 연구에서는 산후우울증이 이 시기 아동의 행동문제와 관련이 있고, 특히 산후우울증의 과거력보다는 학령전기 동안 아동을 돌보는 모성에게 우울증상이 있는 경우, 즉 모성 우울증이 만성적으로 지속되는 경우가 더욱 위험하다는 연구결과를 보고하였다. 또한 이 연구에서는 만성적인 모성 우울증과 관련하여 산후우울증이 일반 우울증에 비해 6배 이상 재발률이 높기 때문에 산후우울증을 조기에 찾아서 치료하는 것이 중요하다는 점도 강조하고 있다.[35]

학령기 아동에서의 행동발달과 모성 우울증의 관계를 보고한 관련 연구들(미국 등 5개 국가에서 진행된 지역사회 연구 7개를 포함)을 보면, 산전 및 산후의 모성 스트레스, 특히 모성 우울증이 학령기 동안 나타나는 행동문제와 유의한 상관관계를 보이는 것을 알 수 있다. 행동문제 중에서는 주의력결핍 과잉행동장애(ADHD)가 가장 흔하고, 교차비(odds ratio)도 9.30으로 가장 크게 나타났다. 이들 연구들에서는 아동의 성별이 중요한 매개요인으로 작용하는 것을 확인할 수 있었고, 남아에서 더 많은 관련성을 보이는 것으로 보고되었다.[26]

신경생물학적 발달에 미치는 영향

최근 다양한 뇌영상 장치를 포함한 진단도구의 발달과 더불어 모성 우울증이 아동의 뇌발달에 미치는 영향에 관한 연구들이 많이 보고되고 있다. 비교적 일관되게 보고되고 있는 결과를 보면, 산전우울증을 가진 산모에서 태어난 아동들의 뇌영상 연구들에서는 전전두엽이나 다양한 부위의 대뇌피질 두께가 감소되어 있는 것, 편도체(amygdale)의 크기 증가와 기능적인 연결의 변화 등이 관찰되었다. 이런 대뇌의 형태학적 차이는 임신 중 부성 우울증과의 관련성이 없는 것으로 나타나, 이러한 뇌발달의 이상은 모성 우울증, 특히 태아의 뇌발달이 이루어지는 시기인 임신 중 산전우울증과 관련이 있다는 것을 알 수 있다.[36] 기능적 뇌영상검사 등을 이용한 연구에서 우울증을 겪는 엄마를 둔 청소년의 경우 전측 전전두엽(anterior prefrontal cortex)과 전측 대상피질(anterior cingulate cortex)의 활성도가 떨어져 있고, 스트레스 시 적응기술의 기초가 되는 실행기능이 떨어져 있다.[37] 모성 우울증이 직접적인 원인인지, 어떤 기전을 통해 뇌발달에 영향을 주는지 등은 아직 명확하지 않지만, 모성 우울증이 아이의 뇌발달에 영향을 주는 것만은 분명한 것 같다. fMRI, DTI 등을 이용한 최근의 연구들을 종합해보면 출산 전 스트레스는 HPA 축의 활성화와 후생적 변화(epigenetic changes)를 통해 커넥톰(connectome)의 발달에 영향을 주게 되며, 결과적으로 뇌의 기질적 연결성뿐만이 아니라 기능적 연결성도 정상적인 뇌와는 차이를 보이게 되고, 이런 비정상적인 연결성이 소아의 신경인지발달에 전반적으로 영향을 주는 것으로 추정이 된다.[38]

우울증과 관련하여 관심을 모으고 있는 편도체의 변화는 산모의 스트레스와 우울증으로 인해 변화된 코르티솔 및 호르몬의 영향인 것으로 추정되며, 편도체가 기분의 반응성, 기분장애와 직접적인 관련성이 있는 부위라는 점을 감안해볼 때 우울증에 대한 취약성이 산모에서 아이에게로 전달되는 과학적 근거가 될 수도 있을 것이다. 이러한 뇌의 구조적 변화는 우울증과 같은 임신 중 스트레스와 자녀의 정신건강문제를 일으키는 인지발달, 행동문제, 정서적 문제들의 사이에서 매개하는 역할을 할 것으로 추정되며, 여기에는 유전적 차이와 환경 및 후생적 변화가 영향을 주는 것으로 보인다. 그뿐만 아니라 정신건강과 관련하여 임신에서부터 조기개입의 중요성이 다시 한 번 강조되는 부분이기도 하다.[39,40]

모성 우울증은 정상적인 신경인지기능을 가진 소아의 정서와 행동에도 영향을 줄 수 있기 때문에, 소아의 정서 및 행동문제의 예방과 개입이라는 측면에서도 모성 우울증이 소아의 신경인지발달에 미치는 영향에 대한 지속적인 연구가 필요하다. 모성 우울증이 신생아기 수면에 미치는 영향을 보면 모성 우울증을 가진 산모의 자녀에서 전체 수면시간의 감소 외에도 중간에 깨는 횟수가 더 많고, NREM 및 REM 수면이 감소하는 등 수면 구조의 변화가 관찰되기도 한다. 이를 통해 산전 태아의 환경(특히 모성 우울증)이 향후 자녀의 우울증 발병과 관련하여 취약성을 증가시킬 수 있고, 신경가소성을 감소시킬 수 있다는 것을 시사한다고 할 수 있을 것이다.[41] 영국에서 진행된 17,000명이 넘는 밀레니엄 코호트 연구에서는 모성 우울증이 품행증상 및 과잉행동과 같은 외현화 증상뿐 아니라 감정이나 또래관계와 같은 내재화 증상에 미치며, 이는 모성 우울증이 아동의 작업기억과 의사결정 기능의 발달에 영향을 줌으로써 나타나게 된다고 한다.[42] 주요우울장애를 가진 산모로부터 태어난 만 1세의 아기들을 대상으로 후생학적 관점에서 조사한 최근 한 유전자 연구에 따르면, 모성 우울증이 유전학적인 측면에서도 아이들에게 부정적인 영향을 미치게 되는데, 특히 중추신경계의 발달과 기능에 영향을 주는 것으로 밝혀져 모성 우울증이 아이의 발달에 미치는 영향의 신경생물학적 메커니즘에 대한 단서를 제공해주고 있다.[43]

요약

모성 우울증은 몇 가지 기전에 의해 자녀의 소아기 발달에 영향을 줄 수 있을 것이다. 우선 산모가 우울증을 겪게 되면 HPA 축의 변화로 인한 코르티솔의 증가와 같은 생물학적 변화가 태아의 뇌발달에 영향을 주어 태아기와 그 이후의 뇌발달에 변화를 야기하게 되는 경우이다. 두 번째는 유전적인 요인을 생각해볼 수 있다. 부모의 정신병리를 일으키거나 후생적으로 변화된 유전요인으로 인해 자녀의 발달과 정신병리의 이상을 가져올 수 있을 것이다. 세 번째로는 모성 우울증으로 인한 상호작용에서의 문제가 2차적인 발달의 문제를 야기하게 되는 경우가 있을 수 있다. 아동을 돌보는 엄마의 우울증으로 인해 적절한 양육환경이 제공되지 않거나 아동의 말과 행동에 대한 반응의 감소, 신체적 및 감정적인 교류의 감소 등은 출산 이후 소아기 발달에 있어 중대한 영향을 줄 수 있다. 네 번째는 모성 우울증으로 인해 2차적으로 증가되는 가정불화, 또 가정불화로 인해 발생하는 학대와 같은 다양한 양육의 문제들도 소아의 발달에 영향을 줄 수도 있을 것이다. 이 외에도 많은 생물학적 혹은 환경적 요인들이 모성 우울증과 비정상적인 소아발달을 직간접적으로 매개하는 것으로 볼 수 있을 것이다. 이런 많은 요소들이 아주 복잡하게 상호작용을 하고 있기 때문에, 각각의 영향을 하나하나 구분하는 것은 불가능하며, 소아발달의 어느 단계에서 모성우울증이 있었는지, 모성우울증의 정도가 얼마나 만성적이고 증상이 심한지 등에 따라서도 그 양상이 다양하게 나타날 것이다.

모성 우울증과 소아발달의 관계를 살펴본 연구들을 종합해보면, 모성 우울증이 아동의 정서적인 발달뿐 아니라 언어, 인지, 행동발달 등 아동발달의 다양한 영역에 걸쳐 부정적인 영향을 준다는 것을 알 수 있다. 뇌영상 연구 등을 이용한 최근의 연구들은 모성 우울증이 뇌 실질의 변화를 포함한 신경생물학적 변화를 초래하고, 이를 통해 아동의 발달에 영향을 줄 수 있다는 과학적 근거를 제시하기도 한다. 많은 연구에도 불구하고 아동발달에 미치는 모성 우울증의 부정적인 영향이 모성 우울증의 직접적 영향인지 혹은 간접적인 영향인지, 어떤 기전이나 매개요인들로 인해 영향을 주게 되는지 등에 대해 구체적으로 명확하게 구분하기는 어렵다. 하지만 모성 우울증의 이런 부정적인 영향에 있어 모성 우울증의 증상 정도와 만성화 정도가 가장 중요한 예후 인자라는 점은 많은 연구자들이 동의하고 있고, 따라서 아동발달과 아동의 정신건강이라는 측면에서도 모성 우울증의 조기발견과 개입은 개인의 정신건강의학의 측면뿐 아니라 국가적으로 관련 정책을 입안하고 추진하는 데 있어서도 아주 중요하게 다루어져야 할 것이다.

참고문헌

1) American Psychiatric Association (2013). *Diagnostic and Statistical Manual of Mental Disorders* (5th ed.). Washington DC.

2) Kessler R. Epidemiology of women and depression. *J Affect Disord* 2003;74:5-13.

3) Surkan PJ, Patel SA, Rahman A. Preventing infant and child morbidity and mortality due to maternal depression. *Best Pract Res Clin Obstet Gynaecol* 2016;36:156-168.

4) Hertzman C. The state of child development in Canada: Are we moving toward, or away from, equity from the start? *Paediatr Child Health* 2009;14:673-676.

5) Goodman SH. Depression in mothers. *Annu Rev Clin Psychol* 2007;3:107-135.

6) Beardslee WR, Versage EM, Gladstone TRG. Children of affectively ill parents: A review of the past 10 years. *J Am Acad Child Adolesc Psychiatry* 1998;37:1134-1141.

7) Downey G, Coyne JC. Children of depressed parents: an integrative review. *Psychol Bull* 1990;108:50-76.

8) Hammen C, Brennan P. Severity, chronicity, and timing of maternal depression and risk for adolescent offspring diagnoses in a community sample. *Arch Gen Psychiatry* 2003;60:253~258.

9) Closa-Monasterolo R, Gispert-Llaurado M, Canals J, Luque V, Zaragoza-Jordana M, Koletzko B, et al. The Effect of Postpartum Depression and Current Mental Health Problems of the Mother on Child Behaviour at Eight Years. *Matern Child Health* 2017;21:1563-1572.

10) Ashman SB, Dawson G, Panagiotides H. Trajectories of maternal depression over 7 years: relations with child psychophysiology and behavior and role of contextual risks. *Dev Psychopathol*

2008;20:55−77.

11) Davé S, Sherr L, Senior R. Nazareth I. Associations between paternal depression and behaviour problems in children of 4−6 years. *Eu Child Adoles Psychiatry* 2008;17:306−315.

12) Lewinsohn PM, Olino TM, Klein DN. Psychosocial impairment in offspring of depressed parents. *Psychological Medicine* 2005;35:1493−1503.

13) Tichovolsky MH, Griffith SF, Rolon−Arroyo B, Arnold DH, Harvey EA. A Longitudinal Study of Fathers' and Young Children's Depressive Symptoms. *J Clin Child Adolesc Psychol* 2016;21:1−15.

14) Kingston D, Tough S, Whitfield H. Prenatal and postpartum maternal psychological distress and infant development: a systematic review. *Child Psychiatry Hum Dev* 2012;43:683−714.

15) WHO Commission on Social Determinants of Health. Closing the gap in a generation: Health equity through action on the social determinants of health. Final Report of the Commission on Social Determinants of Health. Geneva: World Health Organization;2008.

16) McDonald S, Kehler H, Bayrampour H, Fraser−Lee N, Tough S. Risk and protective factors in early child development: Results from the All Our Babies (AOB) pregnancy cohort. *Res Dev Disabil* 2016;58:20−30.

17) Nilsen W, Dion J, Karevold EB, Skipstein A. Maternal Psychological Distress and Offspring Psychological Adjustment in Emerging Adulthood: Findings from Over 18 Years. *J Dev Behav Pediatr* 2016;37:746−752.

18) Valla L, Wentzel−Larsen T, Smith L, Birkeland MS, Slinning K. Association between maternal postnatal depressive symptoms and infants' communication skills: A longitudinal study. *Infant Behav Dev* 2016;45:83−90.

19) Porritt LL, Zinser MC, Bachorowski JA, Kaplan PS. (2014). Depression diagnoses and fundamental frequency−based acoustic cues in maternalinfant−directed speech. *Lang Learn Dev* 2014;10:51−67.

20) Kawai E, Takagai S, Takei N, Itoh H, Kanayama N, Tsuchiya KJ. Maternal postpartum depressive symptoms predict delay in non−verbal communication in 14−month−old infants. *Infant Behav Dev* 2017;46:33−45.

21) Sohr−Preston SL, Scaramella LV. Implications of timing of maternal depressive symptoms for early cognitive and language development. *Clin Child Fam Psychol Rev* 2006;9:65−83.

22) Murray L. The impact of postnatal depression on infant development. *J Child Psychol Psychiatry* 1992;33:543−561.

23) Bhang SY, Ha E, Park H, Ha M, Hong YC, Kim BN, et al. Maternal Stress and Depressive Symptoms and Infant Development at Six Months: the Mothers and Children's Environmental Health (MOCEH) Prospective Study. *J Korean Med Sci* 2016;31:843−851.

24) Kingston D, McDonald S, Austin MP, Tough S. Association between Prenatal and Postnatal Psychological Distress and Toddler Cognitive Development: A Systematic Review. *PLoS One* 2015;10:1-16.

25) Slykerman RF, Thompson JM, Pryor JE, Becroft DM, Robinson E, Clark PM, Wild CJ, Mitchell EA. Maternal stress, social support and preschool children's intelligence. *Early Hum Dev* 2005;81:815-821.

26) Kingston D, Tough S. Prenatal and postnatal maternal mental health and school-age child development: a systematic review. *Matern Child Health J* 2014;18:1728-1741.

27) van der Waerden J, Bernard JY, De Agostini M, Saurel-Cubizolles MJ, Peyre H, Heude B, et al. Persistent maternal depressive symptoms trajectories influence children's IQ: The EDEN mother-child cohort. *Depress Anxiety* 2017;34:105-117.

28) Reck C, Nonnenmacher N, Zietlow AL. Intergenerational Transmission of Internalizing Behavior: The Role of Maternal Psychopathology, Child Responsiveness and Maternal Attachment Style Insecurity. *Psychopathology* 2016;49:277-284.

29) Prenoveau JM, Craske MG, West V, Giannakakis A, Zioga M, Lehtonen A, et al. Maternal postnatal depression and anxiety and their association with child emotional negativity and behavior problems at two years. *Dev Psychol* 2017;53:50-62.

30) Gjerde LC, Eilertsen EM, Reichborn-Kjennerud T, McAdams TA, Zachrisson HD, Zambrana IM, et al. Maternal perinatal and concurrent depressive symptoms and child behavior problems: a sibling comparison study. *J Child Psychol Psychiatry* 2017;58:779-786.

31) Buitelaar JK, Huizink AC, Mulder EJ, de Medina PG, Visser GH. Prenatal stress and cognitive development and temperament in infants. *Neurobiol Aging* 2003 ;24(Suppl 1):S53-S60.

32) Punamaki RL, Repokari L, Vilska S, Poikkeus P, Tiitinen A, Sinkkonen J, et al. Maternal mental health and medical predictors of infant developmental and health problems from pregnancy to one year: Does former infertility matter? *Infant Behav Dev* 2006;29:230-242.

33) Slykerman RF, Thompson JM, Clark PM, Becroft DM, Robinson E, Pryor JE, et al. Determinants of developmental delay in infants aged 12 months. *Paediatr Perinat Epidemiol* 2007;21:121-128.

34) Cornish AM, McMahon CA, Ungerer JA, Barnett B, Kowalenko N, Tennant C. Postnatal depression and infant cognitive and motor development in the second postnatal year: The impact of depression chronicity and infant gender. *Infant Behav Dev* 2005;28:407-417.

35) Josefsson A, Sydsjo G. A follow-up study of postpartum depressed women: recurrent maternal depressive symptoms and child behavior after four years. *Arch Womens Ment Health* 2007;10:141-145.

36) Marroun HE, Tiemeier H, Muetzel RL, Thijssen S, van der Knaap NJ, Jaddoe VW, et al.

Prenatal exposure to maternal and paternal depressive symptoms and brain morphology: a population-based prospective neuroimaging study in young children. *Depress Anxiety* 2016;33:658-666.

37) Reising MM, Bettis AH, Dunbar JP, Watson KH, Gruhn M, Hoskinson KR, et al. Stress, coping, executive function, and brain activation in adolescent offspring of depressed and nondepressed mothers. *Child Neuropsychol* 2017;1-19. [Epub ahead of print]

38) Scheinost D, Sinha R, Cross SN, Kwon SH, Sze G, Constable RT, et al. Does prenatal stress alter the developing connectome? *Pediatr Res* 2017;81:214-226.

39) Rifkin-Graboi A, Bai J, Chen H, Hameed WB, Sim LW, Tint MT, et al. Prenatal maternal depression associates with microstructure of right amygdala in neonates at birth. *Biol Psychiatry* 2013;74:837-844.

40) Rifkin-Graboi A, Meaney MJ, Chen H, Bai J, Hameed WB, Tint MT, et al. A. Antenatal maternal anxiety predicts variations in neural structures implicated in anxiety disorders in newborns. *J Am Acad Child Adolesc Psychiatry* 2015;54:313-321.

41) Bat-Pitault F, Sesso G, Deruelle C, Flori S, Porcher-Guinet V, Stagnara C, et al. Altered sleep architecture during the first months of life in infants born to depressed mothers. *Sleep Med* 2017;30:195-203.

42) Flouri E, Ruddy A, Midouhas E. Maternal depression and trajectories of child internalizing and externalizing problems: the roles of child decision making and working memory. *Psychol Med* 2017;47:1138-1148.

43) Cicchetti D, Hetzel S, Rogosch FA, Handley ED, Toth SL. Genome-wide DNA methylation in 1-year-old infants of mothers with major depressive disorder. *Dev Psychopathol* 2016;28:1413-1419.

자살과 우울증
Suicide and depression

이경욱*, 민성호**

가톨릭대학교 의과대학 의정부성모병원 정신건강의학과*, 연세대학교 원주의과대학 원주세브란스기독병원 정신건강의학과**

우리나라의 자살률은 1990년 초반에는 인구 10만 명당 10명 이하였으나, 이후로 계속 증가하여 2011년에는 31.7명이었다. 이후로 점차 감소하여 2015년에는 26.5명이었지만, 여전히 OECD 국가 중에서 가장 높다(그림 1 참조).[1,2] 자살은 스트레스, 약물사용장애, 우울증 등 정신의학적 원인 외에 가족 및 사회구성원 간의 갈등, 실업, 도산, 채무, 건강문제, 갈등적 사회문화 등 사회·경제·문화적 요인이 복잡하게 관계되어 있기 때문에 자살자의 자살원인을 파악하기 위해서는 심리적 부검과 같은 방법이 필요하며, 우리나라도 2015년부터 중앙심리부검센터가 개설되었다.[3,4] 응급실에 내원한 자살시도자의 정신과적 최종진단명은 우울장애가 전체의 50.9%로 절반 이상을 차지하였다. 양극성장애가 전체의 8.6%로 나타나 우울장애와 양극성장애를 포함하는 기분장애가 전체의 59.5%를 차지했다.[5]

주요우울장애 환자는 일반인보다 20.4배 더 자주 자살을 한다.[6] 선택적 세로토닌 재흡수억제제(SSRI)와 다른 새로운 계열의 비-SSRI의 처방률이 높을수록 자살률은 낮아졌다.[7] 핀란드 연구에서 자살수행자의 75%는 정신건강의학과의 치료를 받았었으며, 45%는 사망시점에 적극적인 치료를 받고 있었다. 단지 3%만이 적정량의 항우울제를 받았고, 7%는 매주 정신치료를 받고 있었고, 3%는 전기경련요법을 받았었다.[8] 우리나라도 자살시도자의 84.5%가 정신적 문제를 지녔지만, 30.4%만이 자살시도 당시에 정신건강의학과의 진료를 받고 있었다.[5] 이 결과들을 통해 우울장애가 자살 및 자살시도의 가장 주된 원인이며, 약물치료의 사용이 늘어날수록 자살징후는 감소하고, 장기위험이 클지라도 자살률은 자살시도와 의도표시의 빈도와는 직접적인 관계가 없다는 것을 알 수 있다. 또한 약물치료로 자

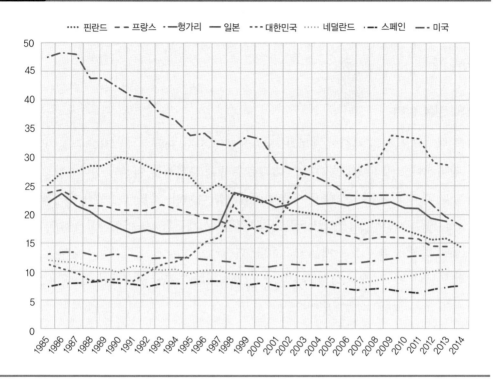

그림 1   OECD 국가 자살률 추이(10만 명당 자살자 수)

····· 핀란드   ‑‑ 프랑스   ‑·‑ 헝가리   — 일본   ··‑ 대한민국   ······ 네덜란드   ‑·‑ 스페인   ‑‑ 미국

출처 : OECD[2]에서 인용함.

살이 감소할 것 같지만 자살을 수행하는 환자는 여전히 부적절한 치료를 받고 있고, 적극적
인 치료를 받고 있는 환자에게도 여전히 자살은 빈번하게 일어난다고 결론을 내릴 수 있다.

자살위험의 평가

우울장애 환자의 자살위험평가는 의사가 끊임없이 수행해야 하는 가장 의미 있고 중요한
업무이다. 자살은 개별환자에서는 예측하기가 어렵기 때문에 자살평가의 목적은 환자를
자살위험에 따라 구분하는 것이다. 예를 들어 자살위험은 급성 고위험군, 만성 고위험군,
중등도 긴급위험군 및 저위험군 등으로 구분할 수 있다. 이 중 급성 고위험환자는 몇 시간,
며칠, 수주일, 수개월 안에 자살위험이 있는 사람들로, 자살예방을 위한 즉각적인 치료개
입이 필요하다. 만성 고위험환자는 수년을 걸쳐 자살위험이 있는 자들로, 만성적 자살위험
을 줄이기 위해 치료가 필요하다.

평가 과정은 환자와 가족의 병력에 대한 초기 검토는 물론, 환자의 초기 평가와 현재의

임상 상태의 평가로 시작한다. 과거의 자살사고, 계획 및 행동 또는 이런 것에 대한 가족력은 장기위험의 정도를 결정하는 데 도움이 된다. 과거 최악의 시점에서의 이런 문제를 환자에게 주의 깊게 물어봄으로써 현재 상태를 적절하게 유추할 수 있는 중요한 정보를 얻을 수 있다.[9]

현재의 임상 상태

환자의 대부분은 현재 자신의 불편과 무능력 및 정신적 고통에 대해서만 주로 언급한다. 비록 강박적이고 자기애적인 환자는 때때로 출생을 포함하는 자신의 이야기를 처음부터 말하지만, 환자들의 현재 상태에 대해서 이야기를 나누며, 그들의 증상과 대인관계의 상실, 실직, 재정적 반전, 최근에 시작되거나 악화된 신체질환, 기능의 상실 등 개인적 처지에 대해서 말하게 하는 것은 매우 중요하다. 현재의 증상과 그 심각성을 서술하는 것은 환자뿐만 아니라 의사에게도 항상 유용하다. 때때로 심란하거나 감정표현 불능인 환자는 자신의 느낌을 표현하는 것을 어려워한다.

불안, 공황발작, 수면감퇴, 무쾌감증 및 무망감은 물론 환자가 경험하고 있는 현재 또는 최근의 각 증상의 정도를 이해하는 것이 중요하다. 심각성은 증상의 강도와 양(예 : 단절되거나 편안하지 않은 수면으로부터 전혀 잠을 잘 수 없는 정도) 및 환자가 무망감을 느끼는 순간들이나 무망감을 갖는 시간이 포함된 전체 기간으로 평가할 수 있다. 환자의 증상을 가장 심각한 것에서 덜 심각한, 또는 가장 고통스러운 것에서 덜 고통스러운 정도에 따라 4~5개의 '표적 증상'을 환자와 같이 선별하는 것은 어렵지 않다. 전반적으로 환자가 경험하고 있는 심적 고통이 얼마나 심각한지와 그 고통을 얼마나 참을 수 있는지를 평가하는 것은 중요하다. 만약에 환자가 심적 고통을 몹시 고통스러운 불안으로 느끼고, 회복에 대해서는 전혀 희망이 없다고 느낀다면, 그들이 자살사고와 자살계획이 있든 없든 간에, 자살은 환자에게 유일한 탈출구가 될 수 있다.[9]

동반질환의 존재는 환자의 자살위험성을 증가시킬 수 있다. 여기에는 신체질환이나 만성통증장애는 물론 술이나 물질의 남용, 공황장애, 외상후스트레스장애, B군 인격장애 및 기질성정신장애가 포함된다.[8]

만성 대 급성 자살위험

우울장애 환자는 스트레스와 지지가 지속적으로 변하는 환경에서 다양한 증상과 위기를 경험할 수 있기 때문에 그들의 자살위험성은 질병의 경과에 따라서 장기간의 예방치료가 요구되는 만성 고위험 상태부터 즉각적인 임상 개입이 요구되는 급성 고위험 상태까지 다양하게 변할 수 있다. 따라서 급성 자살위험의 평가는 환자의 임상적 처지에 따라 반복적으로 평가해야 할 필요가 있다. 자살 평가과정을 통해 환자가 만성 고위험 상태인지 급성 고위험 상태인지 또는 현재로서는 자살위험이 없는 상태인지를 결정해야 한다.[9]

만성 자살고위험군

만성 고위험 상태는 과거에 자살을 시도했거나, 치명적인 자살시도, 자살계획, 자살경향성으로 인한 정신건강의학과 입원, 높은 자살경향, 지속적인 무망감, 만성적 신체통증, 최근에 진단받은 중병, 알코올남용, 물질사용장애 또는 B군 인격장애와 같은 동반질환의 존재 등으로 규정할 수 있다.[6] 자신이나 타인에 대한 강한 충동적 공격행동도 만성 고위험인자이다. 또 다른 위험인자는 자살의 가족력이다.[10] 이 군에 속한 환자는 반복적 우울증을 동반한 자살고위험 부류에 해당될 잠재성이 있거나 관계의 상실, 실직, 금전적 손실, 심각하거나 통증이 심한 질병의 시작 등과 같은 주요 생활 스트레스나 상실을 가지고 있다. 이런 상태 중에서 어떤 것이라도 발견하면 반복적으로 자살평가를 수행하여야 한다.[9]

급성 자살고위험군

환자가 급성 자살고위험 기준에 해당하면 위험을 줄이기 위한 즉각적인 개입이 필요하다. 이런 경우에는 정신건강의학과적 입원이 필요하지만, 만약 입원을 할 수 없거나 또는 입원을 거절하거나, 비자발적 입원도 할 수 없다면 외래치료가 필연적이다. 비교집단을 이용한 전향적인 연구에서 정동장애가 있는 환자의 급성 자살고위험과 관련된 요인은(1형 양극성장애나 2형 양극성장애 환자에서의 혼합성 불쾌 상태일 수 있는) 초조 상태, 심한 불안, 공황발작 및 심한 또는 전반적 불면증을 포함한다.[11] 그뿐만 아니라 (심한 불안, 공황발작 또는 불면증에 대한 자가치료로 시작된) 중등도의 알코올사용장애와 심한 무쾌감증이 최근에 발현했다면, 이를 통해 자살위험을 의미 있게 구분할 수 있다. 과거나 최근의 자살시도, 심각한 자살사고, 심한 무망감 등이 있는 경우에 1년 추적조사에서 자살률이 더 높았다.[11] 따라서 불안증상의 정도에 대한 평가는 급성 자살위험에 대한 임상평가의 표준항목이어야 하며, 우울한 환자의 불안증상은 적극적으로 치료해야 한다.[9]

불안의 평가

불안은 기분장애 환자들에게서 매우 흔하다. 하지만 불안의 평가를 객관화하고, 여러 의

표 1. 불안 정도의 평가

1. 불안이 없음
2. **미약 :** 때때로 다소의 불안을 느낌
3. **경도 :** 종종 다소의 불안을 느낌
4. **중등도 :** 거의 대부분 불안함
5. **고도 :** 거의 종일; 반추하며, 다른 생각을 할 수 없음
6. **극도 :** 심한 불안이 전반적으로 퍼져 있고, 견딜 수 없음

출처 : Endicott & Spitzer[12]에서 인용함.

사 간에 합의를 이루는 것은 상당히 어렵다. 객관적 평가를 하는 것이나, 증상 정도에 주의를 기울여 완벽한 임상적 평가기술을 지속적으로 사용하는 것이 어렵더라도 증상의 정도를 평가하는 것을 소홀히 해서는 안 된다.[9] 평가는 다음 세 기준을 사용한다. (1) 환자가 기술하는 증상의 강도, (2) 환자가 경험한 증상과 관련된 고통에 대한 내성, (3) 증상이 발현되는 것이 하루 얼마나 되는지와 증상이 언제 발현되는지(예 : 잠을 잘 수 없는 밤중에, 또는 낮, 또는 둘 모두)이다. 불안, 공황발작, 불면과 같은 증상의 정도를 위한 비교적 단순한 SADS-C(Schedule for Affective Disorder and Schizophrenia, Change Version) 평가척도가 이런 경우에 도움이 된다(표 1 참조). 5점(고도)이나 그 이상의 점수를 받은 환자는 심각한 불안을 경험하는 것으로 고려해야 한다.[12]

자살성향

과거 우울시기에 높은 자살성향을 보였던 우울증 환자는 이번에도 마찬가지로 유사한 고위험상태인지 주의 깊게 평가하여야 한다. 입원 중에 자살한 12명에 대한 최근의 예비연구에서 이들 중 7명은 과거 최악의 시기에는 심한 자살성향을 보였지만, 이번 자살시도 전 일주일간은 중간 내지 낮은 자살성향을 나타낸 것으로 평가되었다.[13] 일부 경우에는 과거의 자살기도 이력이 환자의 현재 상태보다 더 나은 위험 예측인자가 될 수 있다. 과거 최악의 위기시기의 높은 자살의도는 이후의 자살실행과 밀접한 관련이 있다.[9] 많은 우울증 환자들이 만성적이거나 급성적 고위험인자가 없기 때문에 저위험군으로 잘못 분류될 수 있다. 환자가 호전되지 않거나, 질병 상태가 치료저항적 또는 난치성 우울증 상태가 되거나, 심한 스트레스나 상실을 경험한다면 그들의 위험단계를 변경해야 한다.

평가 시기

자살위험평가는 환자가 아직 회복되지 않았거나, 임상적으로 더 악화되었거나, 재발하거

나 또는 우울증상이 반복된 경우, 정신건강의학과 입원치료 후 퇴원한 직후와 같은 고위험 시기, 자살위험이 크거나 퇴원 후 1년이 지나지 않은 경우의 치료 초기에 시행하여야 하고 기록으로 남겨야 한다.[11,14,15] 중요한 관계의 상실, 재정적 손실, 실직, 최근의 질병진단, 통증이 심한 신체증상의 시작이나 악화 또는 술이나 약물남용의 시작 등을 포함하는 심각한 스트레스가 있을 때는 반복적 자살평가를 수행하고 기록을 남겨야 하는 시기이다. 오랜 치료에도 불구하고 반응이 없을 때에도 반복적 자살평가를 수행해야 한다.[11]

최악일 때의 병력과 자살가능성

환자의 최악의 시기를 자살성향척도(표 2 참조)를 이용하여 살펴보면 자살성향을 알 수 있다.[16] 환자가 빈번하게 자살을 생각하는 것과는 구분되는 자살계획을 머릿속에서 구체적으로 시연을 해본 적이 있거나, 잠정적으로 심각한 시도를 준비한 경우에 향후 어느 시기엔가는 자살을 이행할 가능성이 매우 크다. 자살성향척도를 이용하는 것이 단순히 자살시도 이력의 유무를 아는 것보다 향후 자살을 더 잘 예측할 수 있다.[9]

자살시도나 자살생각 때문에 입원한 이력이 있는 환자는 평생 자살위험률이 8.8%로 다른 이유로 입원한 환자(4.4%), 통원치료 중인 우울증 환자(2.2%)보다 높다.[17] 자살한 환자 중의 절반에서 자살시도의 이력이 있다. 핀란드의 자살연구에서 1,379명 중 56%가 그들의 첫 번째 자살시도로 사망하였다. 만약에 환자가 알코올 또는 물질사용장애나 B군 인격장애 및 공황장애 같은 심한 불안장애를 동반했던 과거력이 있다면 장기 고위험군에 해당한다.[18]

질환의 이전 삽화에 대한 세세한 조사는 가치 있는 임상 자료를 제공해주고 환자와의 치료적 동맹을 맺으려는 의사에게 관계형성의 토대를 제공한다. 병력청취에서의 유용한 화

표 2. 자살성향척도

1. 병적인 생각이 없음
2. 병적인 생각 있음, 자살생각 없음
3. 때때로 자살생각 있음, 자살계획 없음
4. 종종 자살을 생각하며, 자살방법도 생각함
5. 계획을 머릿속으로 시연해보거나, 동작을 취해봄
6. 잠재적으로 심각할 만한 시도를 위해 준비함
7. 죽을 의도로 또는 잠재적으로, 의학적으로 해로울 만한 자살을 시행함

출처 : Coryell & Young[16]에서 인용함.

제 전환법은 최악일 때에 경험한 우울증이 환자를 얼마나 힘들게 했는지에 대한 질문이 될 수 있다. 만약에 환자가 자살계획이나 자살행동과 관계된 과거 삽화에 대해서 이야기했고, 현재 삽화에서도 유사한 정도의 증상에 대한 표현을 묘사했다면, 지금도 유사한 위험이 존재한다는 것을 추정할 수 있다.[9]

자살사고와 자살계획

현재 삽화가 첫 삽화이거나 가장 심각한 경우라면 의사는 환자의 급성 자살위험의 현수준을 평가할 수 있다. 환자가 현 삽화에서의 우울증과 관계된 증상들의 정도를 묘사할 때는 의사는 심한 우울증과 빈번하게 관련된 무망감의 느낌에 대해서도 질문해야 한다. 이런 대화는 자살생각, 자살계획 또는 최근의 자살시도의 유무에 대한 질문으로 자연스럽게 이어가는 훌륭한 기술이다. 자살을 시행했던 69%가 그들의 자살사고나 생각들에 대해서 배우자(50%), 동료직원(40%)에게 말했지만, 단지 20% 미만만이 그들의 생각을 의사나 다른 조력자들에게 이야기했다.[9]

자살사고와 이어지는 자살시도 사이에는 관계가 적다. 자살이행 직전에 외래를 방문했던 환자들의 단지 22%만이 자살에 대해서 의논했다.[19,20] 34명의 자살자에 대한 후향적 연구에서도 평가 1년 후에 자살사고의 정도와 자살 사이에는 아무 관계가 없었다.[11] 입원 중에 자살한 76명 환자의 78%가 자살하기에 앞서서 의료진들에게 그들의 자살사고에 대해서 인정을 하지 않았다.[21] 자살사고에 대한 부정과 자살의 '무-자해 약속'조차도 자살에 대한 억제책이 되지 않는다. '무-자해 약속'을 말로나 서면으로 시행했던 환자들의 28%가 입원 중에 자살을 했다. 비록 때때로 유용하기도 하지만, 그 약속이 온전한 자살평가를 대신할 수는 없다. 자살평가 면담에서 환자에게 자살사고는 우울증에서 흔하다고 설명하고 환자의 우울증이 가장 심할 때에 그 생각이 얼마나 심했는지를 묻는 '부드러운 가정'과 같은 사례기반 면담의 개념을 이용하는 것이 환자들로 하여금 그들의 자살사고의 여부와 그 심각한 정도를 쉽게 털어 놓게 한다.[22]

체계적 자살위험 평가범주

앞서서 환자의 초기 평가와 현재의 임상상태의 평가 및 과거의 자살사고, 계획 및 행동 또는 가족력과 과거 최악의 시점 자살위험평가에 대해서 구체적으로 살펴보았다. 그러나 이는 다소 포괄적이며, 함축적이어서 임상경험이 아직 부족한 의료인들이 쉽게 임상에 적용하기에는 한계가 있을 수 있기 때문에 범주별로 이해하는 것도 도움이 된다. 체계적 자살 위험평가의 범주로는 임상면담을 통한 평가와 자살평가척도를 이용한 평가 및 생물학적 평가가 있다.

임상면담을 통한 평가

기초적인 자살평가요소는 (1) 사회인구학적 자료, (2) 확인된 문제와 증상의 병력, (3) 현재의 자살가능성, (4) 자살병력, (5) 가족과 동료의 자살병력, (6) 위험인자, (7) 보호인자 등이다.

첫째, 사회인구학적 자료는 자살위험평가에 있어서 필수요소로서 요인마다 자살위험에 기여하는 정도가 달라, 자살에 대한 위험인자는 물론 자살에 대한 보호인자도 있다. 여기에 포함되는 요인으로는 나이, 성별, 인종, 문화, 민족, 이주 여부 및 경험, 언어, 종교, 결혼 상태, 가정폭력, 물질사용 또는 남용, 과거나 현재의 학대 또는 무관심(예 : 신체적, 감정적, 성적 학대 및 집단 따돌림), 성적 지향, 사회경제적 상태, 학력, 직업, 고용 이력, 사회적 지지, 거주지, 동거인, 최근의 변화(이사, 출산, 사망, 이별 등), 전반적 건강(분만, 복용약물, 흡연, 건강상태 변화 등 포함), 현재의 신체질환(갑상선질환, AIDS 등), 과거의 신체질환(진단, 수술, 입원 횟수 등), 발달 이력(출생 병력, 아동기의 건강문제, 발달이정표, 학습 및 인지기능), 의뢰처 및 의뢰정보 등이다.

둘째, 확인된 문제와 증상의 병력은 환자의 주요 증상 및 문제, 정신질환의 진단여부, 문제의 발현 시기, 문제의 지속적, 간헐적 또는 삽화적 양상, 악화 요인 및 완화요인, 문제로 인한 충격의 정도(가족과 친구에 대한 영향도 포함), 문제에 대한 처리 및 대처방법, 문제가 인생에 미친 영향이 가장 심하거나 덜한 시기, 문제가 발생된 이유에 대한 생각, 문제를 제일 먼저 확인하거나 진단한 사람과 시기, 장소, 이유 및 방법 등, 치료 및 치료 병력, 찾거나 수용한 모든 치료(전문적, 개인적, 대체치료 포함), 요법, 상담, 복용약물 등 상담이나 치료를 받은 경우의 상담장소, 상담자 및 효과 여부, 약물을 복용한 경우의 약물이름, 유형, 용량, 처방, 효과 여부와 부작용 및 순응도, 문제로 인한 입원 여부 및 구체적 이력 등이다.

셋째, 현재의 자살가능성을 평가하기 위한 주요요인은 자살생각, 의도, 계획 및 시연, 실행 가능성, 치명도, 시점, 충동성 및 공격성, 무망감 등으로 구성된다.

넷째, 자살병력은 자살시도 횟수, 시도 당시의 상황, 방법, 목적, 유발인자, 자살시도의 완료나 중단 또는 실패 여부 및 발견될 가능성에 대한 고려 등 자살시도의 양상을 조사해야 하며, 자살시도의 치명성과 심각도 및 시도 후의 사후개입, 시도 후의 생각과 감정, 자살시도에 의한 영향(의학적 귀결, 입원, 외래 의뢰, 가족 지지 또는 무반응 등 포함)과 자살시도의 계획과 시연 등도 평가하여야 한다.

다섯째, 가족과 친구의 자살병력도 자살시도를 포함해서 환자의 자살병력과 같은 요인을 구체적으로 조사해야 한다.

여섯째, 자살가능성을 높이는 위험인자는 다음과 같다. 사회적 위험인자는 원가족, 현가족(이혼, 별거, 출생 같은 최근의 변화 포함), 최근의 연애 위기, 고립과 거절의 이력, 정신질환이나 정신건강문제의 가족력(자살이나 자살시도를 포함), 가족의 신체병력, 학대에 대한 가족력, 정부 개입, 아동 서비스 이용 등에 대한 경험, 가족의 경제 상태, 건강이나 질병과 관계된 가족의 인종적 또는 문화적 관습과 전통, 가족의 이주이력, 현안, 곤경 등의 유무, 가족의 종교적 또는 영적 믿음이나 관습, 가족·배우자·친구·이웃의 현재 문제에 대한 생각이나 그들이 문제를 악화시키는지 또는 치료에 대해 지원을 하는지 등이다. 환경적 위험인자는 빈곤, 보건이나 정신보건에 대한 낮은 접근성, 지역사회, 주택, 가족 등의 안정성, 가정이나 학교 또는 직업상태의 최근 또는 임박한 변화(이사, 퇴거, 실직 등), 법적 소송, 치명적 도구에 대한 접근성 등이다. 정신건강의학과적 위험인자에는 정신건강의학과 질환의 진단, 현재의 정신상태, 정신건강의학과적 치료(입원, 통원치료, 응급실 내원, 정신약물치료, 치료 순응도 등) 병력이 포함된다. 개인적 위험인자는 미숙한 대처기술, 이전의 대처법의 변화나 손실, 제한적인 문제해결 기술, 타인에 의한 조정, 낮은 자존감, 낮은 자기효용, 낮은 삶에 대한 동기, 부끄러움, 죄책감, 무가치감, 무망감, 좌절에 대한 낮은 인내력, 완벽주의, 높은 충동성과 공격성, 낮은 동질성 등이다.

일곱째, 자살가능성을 낮추는 보호인자는 위험인자와 마찬가지로 사회적 보호인자, 환경적 보호인자, 정신건강의학과적 보호인자, 개인적 보호인자가 있으며, 각각의 내용은 위험인자와는 반대되는 특성을 가진다.[23]

자살평가척도

자살경향성의 평가를 위한 정신평가척도에는 심리검사적 특성이 잘 확립되어 있으며, 이미 잘 알려진 것들이 매우 많다. 자살평가척도들은 임상면담을 통한 기초적인 자살평가를 대체할 수 없을지라도, 의사가 자살의 위험성을 결정하는 데 많은 도움이 된다. 자살평가척도는 자살에 대한 위험인자나 보호인자를 평가할 수도 있고, 의도나 계획의 치명성과 같은 자살사고나 행동의 특정 측면에 더 집중하여 평가할 수도 있다.[23] 일반적으로 자살평가척도는 높은 임상타당도를 가지면서 간단한 척도로 구성된다. 임상적 관점에 따라 자살평가척도는 외적인 자살행동의 예측요인을 포함하는 척도(거시적 분석척도)와 내적인 자살 과정 자체를 평가하는 척도(미시적 분석척도)로 분류할 수 있다. 거시적 분석척도에는 SAD PERSONS 척도가 있는데, 이는 자살환자의 급성치료에 가장 적절한 예측요인을 제시한다. 미세적 분석척도에는 자살과정 자체의 심각도를 평가하는 Suicidal Ladder, HAM-D, SADS, The SSI(Scale for Suicide Ideation), BHS(Beck Hopeless Scale), NO HOPE 등이 있다. 그 외에도 삶의 질이나 삶의 이유를 평가하는 WHO-Five Well Being Index와 Reasons for Living Inventory가 있다.[24]

생물학적 평가

자살과 자살시도에 대한 민감도가 높은 예측모델을 개발하는 것은 자살예방을 위해서 매우 중요하지만, 자살위험인자에 기여하는 다양성과 자살행동의 낮은 발생빈도 때문에 어렵다. 여러 생물학적 체계에서의 이상이 기분장애나 전향적 생물학적 연구에서 자살행동과 연관되었지만 아직 확실하지 않으며, 단지 생물학적 평가를 기반으로 하는 예측 가능성을 제시할 뿐이다. 메타분석에서 CSF 5-HIAA와 dexamethasone 비억제제가 자살이행에 대하여 각각 4.48과 4.65의 교차비를 가진다.[25,26] 자살행동에 대한 많은 뇌영상 연구에서 신호의 고강도, 관류와 대사의 이상, 세로토닌 수용체와 전달체의 변화 등이 자살행동에 있어서 각각 영향을 미치는 것으로 나왔으나, 아직은 임상에 적용하기에는 제한적이다.[27] 전류피부반응의 낮은 반응도(electrodermal hyporeactivity)가 자살 발생과 우울증 환자의 난폭한 자살시도와 관련이 있으며, 전류피부반응도 검사가 비침습적이므로 임상에 유용할 수 있다.[28]

자살고위험 환자의 관리

급성 자살고위험

입원치료에 대한 의사의 권한과 위기 평가에 대한 새로운 기준 등에 제한이 존재하는 오늘날의 진료현장에서 의사는 환자가 입원을 거부하거나, 기술적으로 입원을 강제할 수 없으며, 입원치료에 대한 보험혜택을 받을 수 없다면 환자를 급성 고위험 상태로 쉽게 결론 내릴지도 모른다. 결국 의사는 환자를 급성 고위험 상태로 평가하고도 통원치료를 해야 하는 현실에 처하게 된다. 만약에 환자를 강제할 수 없거나 자발적으로 입원을 하지 않는다면, 의료인은 유용한 자원을 이용하여 환자를 관리해야 한다. 만약에 관심을 갖는 친밀한 사람이나 가족 구성원이 유용하다면, 그들과 접촉해야 하고 환자가 고위험 상태이며 입원하는 것이 최상의 결정이라는 의료인의 판단을 그들에게 설명하여야 한다. 불안이나 초조에 대한 증상들은 그들의 행동에 탈억제가 적고 약물중단과 관련된 반동불안(rebound anxiety)이 적은 반감기가 긴 clonazepam과 같은 benzodiazepine을 이용하여 공격적으로 치료해야 한다. 의사가 변경하기 전까지는 약물복용을 규칙적으로 유지하도록 환자와 가용한 주요 지인들에게 주의를 주어야 한다. 생명에 위협을 줄 만한 내용이 있다면, 비록 비밀유지가 중요하더라도 정확한 위험평가를 위한 필요한 정보를 얻기 위해서 친척이나 그 밖의 사람들과 만나야 한다.[9]

clonazepam은 불안과 첫 4~8주의 항우울제의 반응정도를 개선시킨다.[29] quetiapine이나 olanzapine과 같은 진정작용이 있는 비정형 항정신병약물은 심한 불면증의 개선은 물론, 심한 불안과 초조를 빠르게 줄이는 데 도움이 된다.[30] 지인이나 치료진으로부터의 유용한 지지와 빈번한 방문 및 전화 접촉을 통환 환자의 근접 관찰과 함께 이런 약물을 사용하는 것은 초조와 심한 불안, 충동성 및 심한 불면증을 감소시킴으로써 급성 자살위험 상태를 완화시키는 데에 도움이 된다.[9]

보호인자

자살환자관리에서 보호인자의 평가와 이용이 중요하다. 환자에게 관심이 많고 친밀한 사람이 있다는 것은 때로는 급성 자살 상태 관리에 매우 도움이 되지만, 때로는 그들을 만날 수조차 없을 때가 있다. 환자가 정신병적 우울증이 아니라면 18세 이하의 자녀가 있다는 것이 보호인자가 되지만, 정신병적 우울증인 경우에는 자녀가 있다는 것이 유용하지 않고 보호인자로서 기대되지도 않는다. 환자가 급성 자살고위험 범주에 해당된다면, 그에게 관심이 많고 중요한 사람을 찾아내고 그들의 지지를 이끌어내는 방법을 강구하는 것이 중요하다. 환자가 영적으로 관심이 있거나 초월적인 것에 의미를 두며, 그것이 이전에도 급성 자살 상태에서 도움이 되었다면, 이런 관심을 이용하는 것이 환자에게 도움이 될 수 있다. 종교적 믿음과 참여가 일단은 회복을 증진시키는 계기가 될 수 있으며, 급성 자살 상태를 조절할 수도 있지만, 또다시 자살로부터 급성 자살위험 상태의 환자를 보호할 수 있다고 기대해서는 안 된다. 환자가 지지와 애정을 느낀다면 친밀한 관계는 이점이 된다. 그러나 종종 급성 자살위험 상태에서 지지적이며 심지어 애정이 깊은 관계조차도 우울하고, 자기 비하적이며, 희망이 없고, 심하게 불안한 환자에게는 전혀 도움이 되지 않는다.[9]

현실적인 희망의 유지

급성 자살고위험 상태에 이른 환자들은 경과에 따라 다양한 특성을 보이지만, 의사는 진료 현장에서 접할 수 있는 전형적인 양상만 알게 된다. 심한 불안과 우울증에 의한 정신적 고통을 지속적으로 접하면서 개선에 대한 희망이 없어지면, 환자는 유일한 해결책이 자살을 통해 그 고통을 끝내는 것이라고 결론을 내리게 된다. 유언장에는 종종 삶의 고통이 없는 더 좋은 곳으로 가는 것에 대해서 언급되어 있다. 이런 이유에서 환자에게 그의 아픔과 치료 과정에서의 고통은 회복될 것이라는 현실적인 희망을 교육하는 것이 중요하다. 보통 환자들은 어떤 것도 도움이 되지 않을 것이라는 의심이 많으나, 환자가 치료로부터 조금의 호전을 느낄 때까지 환자에게 지속적인 지지를 제공해야 한다. 환자에게 딱 맞는 치료만 찾게 된다면 치료가 환자에게 도움이 된다는 의사의 강력한 신념과 절대 포기하지 않는 의사의 태도는 위기 가운데도 친밀한 접촉만 유지되는 한 고통스러워하며 치료에 대한 희망이 없는 환자도 구할 수 있다. 종종 난치성 우울증을 겪는 환자는 모든 치료방법이 아무 도움도 되지 않으면서 시행된다고 또는 도움이 될 어떤 방법도 남지 않았다고 느낀다. 시행해볼 여러 치료방법이 있다는 것을 그들에게 알게 하는 것이 중요하다. 의사가 환자의 상황에 대해서 희망이 없다고 느낄 때는 2차적인 방법을 선택하거나, 난치성 우울증 환자의 치료에 경험이 많은 의사에게 전원을 시켜야 한다. 의사가 환자가 회복될 것이라는 것에 의심이 생기거나 희망이 없어지면, 환자는 이것을 느끼게 되고, 그들의 고통과 무망감은 더욱 강화될 것이다.[9]

만성 자살고위험

정신건강의학과의 50%가 넘는 환자는 만성 자살고위험군에 해당할 것이다. 이 환자 중 일부는 갑자기 자살을 시도할 수도 있고, 치료 개입이 필요할 수도 있다. 이것이 급성 자살고위험에 대한 유용한 기준이 필요한 이유이다. 35~44년간 추적한 한 연구에서 항정신병 약물 및 lithium과 함께 항우울제를 6개월 이상 치료했을 때 병원에서 퇴원한 고위험 환자들의 자살이 2.5배 감소하였다.[31,32] lithium carbonate를 처방받은 환자에 대한 34개의 연구에서 자살은 8배 감소했고, 자살시도를 포함하여서는 13배 감소했다.[33] 유지치료 중인 환자에 대한 연구에서는 lithium을 사용하지 않은 경우에 비해 사용한 경우가 자살이 8배 감소하였고, lithium의 항자살효과는 삽화억제효과가 아닌 독립적 효과였다.[34] 다른 연구에서는 8주간의 항우울제 복용이 위약보다 자살을 더 효과적으로 예방하지는 못했기 때문에 단지 8주간의 항우울제 복용이 자살을 예방한다고 볼 수 없다고 보고하였다.[35] 인지치료가 통상의 치료보다도 자살사고, 무망감, 우울증 및 자살시도를 의미 있게 줄인다는 최근의 연구가 있다. 이 연구는 인지치료는 만성적 고위험 자살환자에서 장기 자살위험을 줄여줄 것이라고 주장한다.[36]

자살환자의 효과적 치료

자살환자에서 효과가 인정되고 있는 치료는 다음과 같다. 일반적인 정신질환의 치료와 마찬가지로 자살환자의 치료도 생물학적, 심리적 및 사회적 접근방법에 따라 치료방법을 구분할 수 있다. 이들의 치료가 자살 자체에 대한 효과인지, 아니면 자살환자가 동시에 갖고 있는 특정 정신질환에 대한 치료효과인지에 대한 여러 주장이 있지만, 이 치료법들에 대해서 정리하는 것이 자살환자의 치료에 도움이 될 것이다.

약물치료 및 기타 생물학적 치료

자살행동의 가장 빈번한 원인인 우울장애 자체의 특징 때문에 항우울제는 자살행동에 대한 정신약물학적 치료와 예방에서 가장 중요하다. 항우울제는 우울증상의 감소와 함께 자살경향성을 감소시키며, 더불어 자살행동까지도 줄인다. 다른 약물치료와 생물학적 치료로는 리튬, 항정신병약물, benzodiazepine, 항경련제와 전기경련요법 등이 있다. 결국 자살환자의 정신약물치료와 생물학적 치료는 환자가 동반한 정신질환이나 정신증상에 따라서 치료방법을 선택하는 것이 합리적이다.[37]

심각한 자살위험이 있는 우울증 환자에게는 전통적으로 amitriptyline이나 mirtazapine 같은 진정작용이 있는 항우울제의 선택이 선호된다. 항우울제의 선택에 있어서의 또 다른 측면은 과용량 섭취에 대한 안정성의 문제인데, 최근에 개발된 선택적 세로토닌 재흡수억제제와 같은 항우울제들은 이런 안전성이 입증되었다. 삼환계 항우울제를 선택했다면 소용량 포장으로 처방해야 한다. 극도로 자살경향이 높은 우울장애 환자에서는 항우울제보다 효과가 빠른 전기경련요법을 선택한다.[38] 또한 전기경련요법은 항우울제 치료에 반응이 없는 환자에게도 중요한 치료법이다.[39]

조현병과 관련된 자살경향은 조현병 증상에 대한 표준 항정신병 치료에 추가로 약물이 필요할 수 있는데, 특히 심각한 불안이나 격정이 있는 경우에 진정작용이 있는 항정신병약물이나 benzodiazepine 계열의 약물을 쓸 수 있다. 자살경향을 동반한 우울증과 무감동 증상은 조현병후 우울증이나 결핍증후군의 일환으로 보고, 정신약물치료도 비정형 항정신병약물이나 선택적 세로토닌 재흡수억제제(또는 둘 모두)가 필요하다.[40,41] 비정형 항정신병약물은 1세대 항정신병약물에 비해 우울증의 발현이 적고, 그 자체가 항우울효과가 있기 때문에 단순히 우울증뿐만 아니라 자살경향도 감소시킨다.[42]

대부분의 불안장애와 강박장애는 SSRI 같은 세로토닌성 항우울제가 1차 선택약물이며, venlafaxine 같은 세로토닌-노르에피네프린 재흡수억제제(SNRI)도 효과적이다.[43] 불안장애에 자살경향성이 동반된다면, benzodiazepine 계열의 약물이나 진정작용이 있는 항정신병약물을 항우울제와 같이 단기간 사용하는 것이 필요하다. 그러나 benzodiazepine 계열의 약물은 의존성의 위험을 피하기 위해서 수 일이나 수 주 내의 단기간 사용으로 제한하여야 한다.[37]

인격장애도 만성적이며 반복적인 자살경향이 빈번하며, 특히 연극성 인격장애와 경계성 인격장애가 위험성이 높다. 일반적으로 인격장애의 정신약물치료의 효과는 아직 입증되지 않았다.[44,45] 단기 개입을 위해 benzodiazepine과 진정작용과 항불안작용이 있는 항우울제나 소량의 저역가 항정신병약물을 사용할 수 있다. benzodiazepine의 장기치료는 남용의 위험성 때문에 피해야 한다. 비정형 항정신병약물은 경계성 인격장애 환자에게 널리 사용되며, 충동성과 자살행동에 효과가 있다.[46,47]

lithium도 자살예방 영역에 있어서 중요한 역할을 한다. lithium의 효과는 재발예방뿐만 아니라 자살경향에도 영향을 미쳤는데, 잠재적인 세로토닌성 효과로 해석된다.[48]

정신사회적 치료

자살환자의 정신사회적 치료는 단순 상담부터 다양한 개인정신치료, 집단정신치료 및 가족치료에 이르기까지 다양하다. 자살과 관련되어 효과가 입증된 개인정신치료에는 인지치료, 문제해결치료, 변증법적 행동치료 등이 있다. 자살환자는 해결되지 않은 많은 문제들을 갖고 있는데, 문제해결치료는 우선 환자의 문제를 먼저 파악하고, 다음으로 파악된 문제를 환자가 잘 규명할 수 있게 한 후에, 문제해결에 대한 효과적인 대안을 환자와 함께 찾는다. 그리고 환자에게 찾은 대안을 실행해보도록 하며, 검토와 수정을 통해 좀 더 발전된 대안방법을 만들고, 이를 실행하도록 하는 것이다.[49] 인지치료의 치료목표는 환자에게 감정적으로나 행동적으로 힘들게 만든 스트레스 사건으로 촉발된 비적응적인 사고과정을 확인하고 교정하는 것이다. 자살환자의 문제해결능력 및 대처기술을 증진시키는 것은 물론 부정적인 도식이나 자동적 사고를 변화시키는 것이다.[23] 변증법적 행동치료는 초기에는 만성적인 자살위험을 동반한 경계성 인격장애가 있는 여자 환자를 위하여 고안되었으나 많은 진단영역의 치료에 사용할 수 있는 근거까지 얻게 되었다. 이 치료는 환자가 자신의 감정을 느끼고 정서와 감정을 조절하며 대인관계를 증진시키고 스트레스가 되는 생활 경험들을 다룰 수 있도록 하는 적절한 방법을 가르쳐서 자해행동을 줄이도록 한다.[23,50]

항우울제와 자살

1990년 이후 항우울제가 오히려 자살위험성을 높인다는 보고가 잇따라 발표되고 2004년 항우울제가 소아청소년의 자살사고와 자살행동을 증가시킬 수 있다는 black box warning을 FDA가 권고하면서, 항우울제가 자살위험성을 증가시키는지에 대한 여부는 현재까지도 논란의 중심에 서 있다.

항우울제 복용 후 자살위험이 증가한 증례에 대한 보고는 이미 1990년대 이전부터 있었다. 1987년에 삼환계 항우울제(TCA)와 단가아민산화효소억제제(MAOI) 사용 후 공황과 자살위험이 동반된 초조성 우울증을 보인 환자의 증례가 발표되었고,[51] 1988년에는 desipramine, amoxapine, nortriptyline, 또는 trazodone을 복용한 환자의 우울증상의 악화와 일부에서 나타난 자살사고 증가에 대하여 보고하였다.[52]

그러나 본격적으로 항우울제의 자살 관련성에 대한 논란이 시작된 것은 1990년 Teicher 등의 증례부터다. 이 증례는 특히 SSRI로 인한 자살 논란에 불을 지폈는데, 이 보고에서는 자살사고가 없던 우울장애 환자 6명이 fluoxetine 복용 2~7주 후 강렬하고 폭력적인 자살에 대한 집착이 발생하였으며, 복용을 중단한 후에도 최소 3일에서 최대 3개월까지 그 상태가 지속되었다고 하였다. 저자는 이 문제를 좌불안석증 때문으로 보았다.[53] 이러한 현상을 (1) 우연의 일치, (2) 취약한 환자가 약물에 의한 뇌기능 활성으로 인해 발생한 와해된 행동, (3) 세로토닌이 분노조절에 미치는 특정 영향으로 보는 가설도 있었다.[54]

반면 이러한 우려에 대한 반대 주장 또한 만만치 않았다. 1년간 항우울제 치료를 받은 1,017명의 환자에서는 심각한 자살사고를 보고한 사례가 없었으며, fluoxetine과 다른 항우울제 치료를 받은 군에서 자살사고 발생의 차이가 없었다는 반박이었다. 또한 Teicher 등의 증례보고가 모두 우울장애가 심한 환자들이었고, fluoxetine을 비롯한 약물을 고용량으로 복용하였으며, 베타차단제 등의 좌불안석 치료제를 사용하지 않았다는 점이 지적되었다.[55]

항우울제와 자살위험의 관련성

논란이 심화되면서 이 주제에 대한 체계적이고 객관적인 연구의 필요성이 증가하였다. 무작위 대조군 연구결과가 많이 축적되었으며 이를 바탕으로 한 메타분석 결과도 발표되기 시작하였다.

가장 초기에 발표된 연구 중 하나는 fluoxetine 제조사인 Eli Lilly & Co에서 시행한 메타분석 연구이다. 이 연구는 17개의 이중맹검 연구를 분석하여 fluoxetine이 자살행동을 증가시키지 않는다고 보고하였다.[56] 그러나 이 연구는 후에 여러 방법론적 문제점에 대하여 비판을 받았다. 연구에 포함된 이중맹검 연구 중 fluoxetine과 자살 관련성을 목적으로 한 연구가 없었다는 점, benzodiazepine 사용 여부에 대한 언급이 없었다는 점, 그리고 가장 중요한 한계점으로 불안 초조 증상으로 중도 탈락한 5%의 환자들이 실제 이 주제와 밀접한 연관성을 갖고 있을 수 있음에도 불구하고 이들에 대한 언급이 없었다는 점 등이 문제점으로 지적되었다.[57] SSRI 복용 환자 10,000여 명의 자료에서 SSRI로 인한 자살로 사망하는 비율은 유의미하게 높지 않았으나, 자살행동은 2배 정도 높았으며, 대부분은 약물투여 후 2주 이내에 발생하였다.[57]

자살시도로 입원한 환자 15,390명의 코호트 연구에서는 SSRI 특히 fluoxetine이 자살위험성을 0.52배 낮추고, 세로토닌-노르에피네프린 재흡수억제제(SNRI) 특히 venlafaxine hydrochloride가 그 위험성을 1.6배 높였다.[58] 또한 1988년부터 2006년까지의 27개 연구의 메타분석에서 SSRI, nefazodone, venlafaxine, mirtazapine을 복용한 19세 이하 주요우울증과 강박증, 그 외 불안장애 환자가 자살로 사망한 경우는 한 건도 없었지만 모든 항우울제에서 약간의 자살사고가 증가하였다.[59]

연구는 항우울제 전반에 대하여 지속되었으나 그중 가장 논란의 중심이 된 것은 SSRI였다. SSRI와 위약을 비교한 477개의 무작위 대조군 연구(대상자 40,000명 이상)의 메타분석에서 SSRI가 자살위험성을 증가시키지는 않았으나, 치명적이지 않은 자해위험성은 약하게(1.6배) 증가시켰으며, 처치필요수(number needed to treat : NNT)는 759였다. NNT란 한 사람에게 확실한 영향을 미치기 위해 약물에 노출되어야 하는 평균 환자수를 말한다. 즉, 759명이 SSRI를 투여받았을 때 1명에서 치명적이지 않은 자해행동이 발생한다는 의미이다. 저자들은 SSRI 사용 시 이득과 손실의 균형을 강조하면서 SSRI 복용 후 증상 호전을 위한 NNT가 4~7이라는 결과[60]와 비교했을 때 그 위험성은 경미한 수준으로 보았다.[61] 702개의 연구(총 87,000명)의 메타분석에서 SSRI 복용군에서 위약군에 비해 자살시도율이 2.3배 높았으나, NNT는 684로 위험성이 크지 않았다. SSRI 복용군은 위약군에 비해 치명적이지 않은 자살시도가 2.7배 높았으나, 치명적인 자살시도는 유의한 차이가 없었다. SSRI를 복용한 환자 중 주요우울증군에서는 자살이 감소한 반면 그 외의 경우(주요우울증이 아닌 우울증 포함)에는 자살위험이 8배까지 증가하였다. 이는 SSRI 복용 시 발생하는 초조 및 좌불안석이 심한 우울증에 비해 가벼운 질환에서 심하게 나타났기 때문이라고 설명하였다.[62]

항우울제의 위험성에 대한 반박

한편, 이를 반박하는 연구결과들도 제시되었다. 처음으로 개발된 SSRI인 zimelidine[63]이나 fluvoxamine[64], 그리고 paroxetine[65] 등이 이미 자살위험이 있던 환자들에서 오히려 자살행동을 감소시켰고, escitalopram[66]과 citalopram[67]이 각각 위약군과 비교하여 자살이나 자살시도에 차이가 없었다. 오히려 몽고메리-아스버그 우울평가척도(Montgomery Asberg Depression Rating Scale)의 10번째 항목(자살사고) 점수는 각 약물을 복용한 군에서 유의하게 낮게 나타났다. 10.5년 동안 82,825명을 대상으로 한 연구에서 심각한 자살시도는 1,000분의 1, 자살은 3,000분의 1의 확률로 일어나며, 항우울제 치료가 자살위험성 증가와 관련이 없었다.[68] 또 다른 대규모 메타분석인 SSRI 외에도 아홉 가지의 항우울제에 대한 259개의 단기 무작위 대조군 연구(제조사 후원 51,000명 대상)의 분석에서 항우울제가 자살위험성을 증가시키지 않았다.[69]

항우울제가 자살위험성을 높인다는 연구들의 방법론적 한계가 제시되었는데, 일부 메타분석에 포함된 위약-대조군 연구들이 이미 자살위험이 높은 환자를 배제한 채 연구를 시행하였다. 입원환자 1,014명을 대상으로 대규모의 자연적 전향적 다기관 연구에서 자살률은 무작위 대조군 연구결과에 비해 다소 낮거나 비슷하였으며(13.44/1,000 patient-years), 자살사고의 호전은 많았다.[70]

이전 연구가 연구 대상군 선정 시 실제 심한 주요우울증 환자나 최근 자살을 시도한 환자, 정신증이 있는 환자, 내과적 질환이나 정신과적 공존질환을 지닌 환자 등이 배제되었기 때문에 그 결과를 항우울제 치료를 받는 대부분의 환자들에게 일반화시킬 수 없다는 점이 지적되었다. 한편 정신과적 또는 내과적 공존질환이 있는 경우를 모두 포함시켜 27년간 추적한 결과 증상이 심한 경우 항우울제가 처방되는 경향이 있음에도 불구하고 자살행동을 유의하게 감소시켰다.[71]

종합하면 항우울제는 주로 자살행동을 1.5~3배 증가시키고, 이는 주로 항우울제 치료 초기에 나타난다. 치명적인 자살시도나 자살로 인한 사망위험이 높다는 연구는 거의 없고 대부분 자살사고나 치명적이지 않은 자해수준에 그치는 것이었다. 자살시도를 하지 않았던 대부분의 환자에서는 전반적인 자살사고를 감소시켰고, 자살시도는 항우울제 복용 환자 약 500명당 1명, 자살로 인한 사망은 대략 2,000명에 1명꼴로 일어났다.[62]

다양한 연구방법

이러한 메타분석의 한계점을 극복하기 위하여 자연적 관찰연구가 많이 진행되었다. 406명의 기분장애 환자의 44년간 장기추적에서 리튬, 신경이완제와 함께 항우울제가 자살을 감소시켰다.[72] SSRI는 이미 자살위험성이 높은 환자들에게서 복용되고 있는 경우가 많았고, 치료 시작 후 초기에 치명적이지 않은 자해행동이 증가하는 양상이 관찰되었다. 이러한 경향은 특히 노인이나 소아청소년에서 발견되는 편이었다.

  무작위 대조군 연구를 바탕으로 한 메타분석의 또 하나의 제한점은 자살사망률에 대한 효과를 발견하기에는 무작위 대조군 연구의 표본 크기가 지나치게 적다는 것이다. 그 결과 무작위 대조군 연구는 치명적이지 않은 자해행동이나 자살사고를 평가하는 데 그칠 수밖에 없는 한계점을 지닌다.[61] 실질적 자살사망률에 대한 효과를 평가하기 위해 한 국가의 항우울제 처방과 자살률을 비교한 연구들이 시행되었다. 1980년부터 2000년까지 27개국의 자료에서 SSRI가 인구 한 명당 한 알 더 처방될 때마다 자살률이 2.5% 감소했으며, 30만 개 팔릴 때마다 1명의 자살을 막았다.[73] 국민정신건강의 변화로 인해 SSRI의 자살예방효과를 감안하면, 1인당 SSRI 한 알이 더 처방되었을 때 자살률이 5%로 더욱 감소하였다.[74] 그 외에도 핀란드, 스웨덴, 헝가리, 호주, 미국 등에서 나라 전체의 SSRI 사용이 증가함에 따라 자살사망률이 감소하였고,[75] 영국에서는 30세 이상에서 SSRI 사용이 증가할수록 자살사망률이 감소하였다.[76, 77] 반면, 이탈리아와 아이슬란드에서는 SSRI 사용과 자살사망률은 관련이 없었다.[78, 79] 국가별 항우울제와 자살률에 관한 연구는 각 나라의 정신과적 질환분포와 자살시도를 위해 사용되는 방법의 차이 등에 따라 달라지나, 많은 연구에서 SSRI 사용과 자살률의 역비례 현상이 보고되고 있어 SSRI가 자살예방에 유의한 역할을 한다는 주장을 뒷받침하고 있다.

  많은 연구들이 항우울제와 자살과의 연관성에 대하여 연령별 차이에 주목하였으며, 일부 연구에서는 소아청소년에서만 연관성이 있었다. SSRI를 복용한 청소년이 위약군에 비해 자살사고 발생률이 1.7배 높았고,[80] 12~18세 우울증 환자군에서 항우울제를 복용한 경우 자살시도의 위험성이 1.95배 높았다.[81] 반면 15~19세 청소년 자살부검연구에서 SSRI

가 다른 항우울제에 비해 자살 상대위험도가 적었고,[82] 13~21세의 자살부검 49건 중에는 정신과 약물복용에 대한 근거는 없었다.[83]

이러한 연구결과로 보아 소아청소년 역시 항우울제와 자살위험성에 대한 확실한 결론을 내릴 수 없지만, FDA 메타분석을 비롯한 여러 연구에서 이들이 자살위험에 더욱 취약하다는 결과들이 나오고 있어 약물처방 시 주의를 기울여야 한다.

FDA의 black box warning

이렇듯 수많은 연구들이 항우울제의 자살 관련성에 대해 서로 논란을 주고받는 가운데, FDA에서는 자체적인 메타분석을 통해 몇 차례에 걸쳐 임상의 및 환자를 위한 경고문을 발표하였다. 2004년 10월에 FDA는 항우울제(SSRI, TCA, MAOI 포함)가 어린이나 청소년에게 자살사고와 자살행동을 증가시킬 위험이 있으니 주의하라는 내용의 권고문을 SSRI의 약품설명서에서 black box에 명시하도록 하였다.[84] 이 경고문은 9개의 항우울제(fluoxetine, sertraline, paroxetine, fluvoxamine, citalopram, bupropion, venlafaxine, nefazodone, mirtazapine)에 대한 무작위 대조군 연구에 참여한 4,400명 이상의 자료를 분석하여, 자살사고와 자살행동이 항우울제 치료군에서 2.2배가량 증가하였다고 하였다.[85] 이 경고문은 2005년 6월에 그 대상을 성인까지 확대하였다. 2007년 2월에는 그 대상을 24세 이하로 변경하였으며, SSRI에서 모든 항우울제로 확대하였다. 이 권고문에 바탕이 된 연구는 77,382명의 성인 주요우울증 환자를 대상으로 한 295개의 무작위 대조군 연구에 대한 메타분석이었는데, 65세 이상에서는 항우울제가 오히려 자살위험성을 감소시켰고, 18~24세에서는 유의하지는 않으나 자살위험성이 증가하였다.

현재 FDA 경고문은 "항우울제는 주요우울증과 다른 정신과적 질환의 단기연구에서 위약에 비해 소아청소년과 젊은 성인에게 자살사고와 행동(자살위험성)을 높였다."고 제시하고 있으며, 한편으로는 "우울증과 특정 정신질환은 그 자체로 자살위험성의 증가와 관련이 있다."는 질환 자체의 위험성에 대해서도 언급하고 있다. 또한 "항우울제 치료를 시작하는 모든 환자는 적절하게 모니터되고 증상의 악화나 행동변화 여부에 대해 면밀하게 관찰되어야 한다."는 내용도 덧붙여 그 주의를 특정 연령대에 제한하지 않도록 하고 있다.[86]

FDA 권고문의 영향은 상당하여 2004년에 처음 경고문이 제시된 이후 소아청소년에서의 항우울제 처방률이 전년도에 비해 20%가량 감소하였다.[87] 미국 질병통제본부는 지난 10년 동안 항우울제 처방률의 증가와 함께 꾸준히 감소하던 10대의 자살이 2004년의 FDA 발표 이후 처음으로 증가하는 양상을 보였다고 발표하였다.[88] 한편으로는 이러한 FDA 경고문에 대한 비판적 주장도 만만치 않아, 소수의 메타분석 연구로 'black box warning'이라는 결정을 내린 것에 대한 비판적 시각이 많으며,[68] FDA의 메타분석 결과 항우울제로 인한 자살의 절대위험도는 0.01%로 극히 드문 치료 부작용이었다는 주장도 있다.[89]

항우울제로 인한 자살위험성의 기전

항우울제가 자살위험성을 증가시키는 기전에 대해서 정확하게 밝혀진 바는 없다.[90] 이에 대해 제시된 몇 가지 기전들은 다음과 같다. 가장 널리 제시되는 기전 중 하나는 항우울제 복용 후 일부 환자에서 발생하는 안절부절못하는 증상과 좌불안석에 의한 것이다. 좌불안석은 fluoxetine 복용 후 자살시도가 동반된 사례에서 보고되었다.[91] 좌불안석은 특히 고역가의 SSRI나 도파민성 항우울제에서 심하게 나타날 가능성이 높다.[90,92] fluoxetine 복용 시 세로토닌 작용으로 인해 중뇌복측피개영역(ventral tegmental area)의 도파민세포나 흑질선조체 경로(nigrostriatal system)의 억제가 일어남으로써 이러한 증상이 발생할 수 있다.[93,94]

또한 항우울제 치료를 받은 환자가 우울감에 앞서 급격하게 활력증상이 호전되는 경우, 이미 존재하던 자살사고를 행동화할 수 있다. 정신운동지연을 동반한 환자가 이미 자살사고가 있었으나 행동화할 의지나 기력이 없었다가, 항우울제 치료 초반 우울감이 미처 호전되기 전에 에너지가 생김으로써 자살을 시도하게 되는 경우를 말한다.[95]

소수의 경우 항우울제가 우울증상을 악화시켜 자살사고나 자살행동을 발생시킬 수 있다는 주장도 있다.[96] 항우울제 처방이 70%의 환자에서 호전을 가져오나, 일부 소수의 환자에서는 증상이 악화될 수 있다고 하였다.[97] 최근에는 이러한 현상을 우울증의 아형에 따른 것으로 보는 견해도 있는데 정신운동초조, 강렬한 내적 긴장, 사고가 빠르고 많음 등을 보이는 초조성 또는 혼재성 우울증의 경우 초조감, 정신증상과 더불어 자살위험성이 증가할 수 있다.[98~100] 또 하나의 가능한 기전은 항우울제 복용 후 조증이나 경조증 증상이 혼재되는 경우이다. 양극성장애 환자의 우울증이 제대로 진단되지 않고 기분조절제 없이 항우울제가 처방된 경우, 우울증상과 활력증가, 충동성 증가 등이 혼재된 상태를 겪을 수 있으며 이는 자살위험성을 높일 수 있다.[90]

최근에는 항우울제가 대뇌의 전기 활동에 영향을 미친다는 주장도 있다.[101] 신경생물학적 기전에 대한 이해는 부족한 실정이나, 세로토닌(5-HT : 5-hydroxytryptamine) 시스템을 비롯한 신경전달물질이 연관되어 있을 가능성도 제시되고 있다. 자살은 세로토닌 결핍과 연관성을 가지며, 자살사망자를 대상으로 한 연구에서 전전두엽의 5HT1A와 5HT2 수용체의 수가 증가되어 있음이 보고되기도 하였다.[102] 그 외에도 최근에는 항우울제가 중추신경계의 뇌유래 신경영양인자(BDNF)를 증가시키고 BDNF 티로신 키나제(TrkB)를 활성화시키는 기전이 자살위험과 관련되어 있다는 보고들도 있다.[103] 항우울제 복용 후 일부 환자에서 자살위험이 증가하는 현상에 대해서는 유전적 요인의 영향이 제시되고 있다.

참고문헌

1) 통계청. 2015년 사망원인통계. 2016 [cited 2017 July 29]; Available from: http://kostat.go.kr/portal/korea/kor_nw/2/1/index.board?bmode=read&bSeq=&aSeq=356345&pageNo=1&rowNum=10&navCount=10&currPg=&sTarget=title&sTxt=%EC%82%AC%EB%A7%9D%EC%9B%90%EC%9D%B8.

2) OECD. OECD Data: Suicide rates. 2017 [cited 2017 July 13]; Available from: https://data.oecd.org/healthstat/suicide-rates.htm

3) 한국자살예방협회. 자살사망자 심리적 부검 및 자살시도자 사례관리서비스 구축방안. 서울: 보건복지가족부 2009.

4) 중앙심리부검센터. 2015 중앙심리부검센터 개소식. 2017 [cited 2017 July 29]; Available from: http://www.psyauto.or.kr/sub/sub04_4_view.asp?mode=&page=4&direction=&idx=&bbsid=biNotice&editIdx=44&SearchKey=ALL&SearchStr=

5) 한국자살예방협회. 응급실을 내원한 자살기도자의 자살기도 원인 및 유발요인에 관한 연구. 서울: 생명보험사회공헌재단 2011.

6) Harris EC, Barraclough B. Suicide as an outcome for mental disorders. A meta-analysis. *Br J Psychiatry* 1997;170:205-228.

7) Gibbons RD, Hur K, Bhaumik DK, Mann JJ. The relationship between antidepressant medication use and rate of suicide. *Arch Gen Psychiatry* 2005;62:165-172.

8) Isometsä ET, Henriksson MM, Aro HM, Heikkinen ME, Kuoppasalmi KI, Lönnqvist JK. Suicide in major depression. *Am J Psychiatry* 1994;151:530-536.

9) Fawcett J. *Depressive Disorders*. In: Simon RI, Hales RE, eds. *The American Psychiatric Publishing textbook of suicide assessment and management*. 1st ed. Washington, DC: American Psychiatric Pub.;2006.p. 255-275.

10) Brent DA, Mann JJ. Family genetic studies, suicide, and suicidal behavior. Am J Med Genet 2005;133 C:13-24.

11) Fawcett J, Scheftner WA, Fogg L, Clark DC, Young MA, Hedeker D, et al. Time-related predictors of suicide in major affective disorder. *Am J Psychiatry* 1990;147:1189-1194.

12) Endicott J, Spitzer RL. A diagnostic interview. The schedule for affective disorders and schizophrenia. *Arch Gen Psychiatry* 1978;35:837-844.

13) Busch KA, Fawcett J. A fine-grained study of inpatients: Who commit suicide. *Psychiatr Ann* 2004;34:357-364.

14) Høyer EH, Olesen AV, Mortensen PB. Suicide risk in patients hospitalised because of an affective disorder: A follow-up study, 1973-1993. *J Affect Disord* 2004;78:209-217.

15) Qin P, Nordentoft M. Suicide risk in relation to psychiatric hospitalization: Evidence based on longitudinal registers. *Arch Gen Psychiatry* 2005;62:427-432.

16) Coryell W, Young EA. Clinical predictors of suicide in primary major depressive disorder. *J Clin Psychiatry* 2005;66:412-417.

17) Bostwick JM, Pankratz VS. Affective disorders and suicide risk: A reexamination. *Am J Psychiatry* 2000;157:1925-1932.

18) Isometsä ET, Lönnqvist JK. Suicide attempts preceding completed suicide. *Br J Psychiatry* 1998;173:531-535.

19) Gladstone GL, Mitchell PB, Parker G, Wilhelm K, Austin MP, Eyers K. Indicators of suicide over 10 years in a specialist mood disorders unit sample. *J Clin Psychiatry* 2001;62:945-951.

20) Isometsa ET, Heikkinen ME, Marttunen MJ, Henriksson MM, Aro HM, Lonnqvist JK. The last appointment before suicide: Is suicide intent communicated? *Am J Psychiatry* 1995;152:919-922.

21) Busch KA, Fawcett J, Jacobs DG. Clinical correlates of inpatient suicide. *J Clin Psychiatry* 2003;64:14-19.

22) Shea SC. *The delicate art of eliciting: Suicidal ideation*. Psychiatr Ann 2004;34:385-400.

23) Worchel D, Gearing RE. *Suicide assessment and treatment : empirical and evidence-based practices*. New York: Springer Pub.;2010.

24) Bech P, Awata S. *Measurement of suicidal behaviour with psychometric scales*. In: Wasserman D, Wasserman C, eds. Oxford textbook of suicidology and suicide prevention : a global perspective. Oxford ; New York: Oxford University Press;2009.p. 305-311.

25) Mann JJ, Currier D. *Biological predictors of suicidal behaviour in mood disorders*. In: Wasserman D, Wasserman C, eds. Oxford textbook of suicidology and suicide prevention : a global perspective. Oxford ; New York: Oxford University Press;2009.p. 335-339.

26) Mann JJ, Currier D, Stanley B, Oquendo MA, Amsel LV, Ellis SP. Can biological tests assist prediction of suicide in mood disorders? *Int J Neuropsychopharmacol* 2006;9:465-474.

27) Oquendo MA, Gibbs T, Parsey R. *Neuroimaging of suicidal behaviour: where does the field stand?* In: Wasserman D, Wasserman C, eds. Oxford textbook of suicidology and suicide prevention : a global perspective. Oxford ; New York: Oxford University Press;2009.p. 341-347.

28) Thorell L-H. *Electrodermal hyporeactivity and suicide risk*. In: Wasserman D, Wasserman C, eds. Oxford textbook of suicidology and suicide prevention : a global perspective. Oxford ; New

York: Oxford University Press;2009.p. 349-350.

29) Londborg PD, Smith WT, Glaudin V, Painter JR. Short-term cotherapy with clonazepam and fluoxetine: Anxiety, sleep disturbance and core symptoms of depression. *J Affect Disord* 2000;61:73-79.

30) Calabrese JR, Elhaj O, Gajwani P, Gao K. Clinical highlights in bipolar depression: Focus on atypical antipsychotics. *J Clin Psychiatry* 2005;66:26-33.

31) Angst F, Stassen HH, Clayton PJ, Angst J. Mortality of patients with mood disorders: Follow-up over 34-38 years. *J Affect Disord* 2002;68:167-181.

32) Angst J, Angst F, Gerber-Werder R, Gamma A. Suicide in 406 mood-disorder patients with and without long-term medication: A 40 to 44 years' follow-up. *Arch Suicide Res* 2005;9:279-300.

33) Baldessarini RJ, Tondo L, Hennen J. Lithium treatment and suicide risk in major affective disorders: Update and new findings. *J Clin Psychiatry* 2003;64:44-52.

34) Müller-Oerlinghausen B, Felber W, Berghöfer A, Lauterbach E, Ahrens B. The impact of lithium long-term medication on suicidal behavior and mortality of bipolar patients. *Arch Suicide Res* 2005;9:307-319.

35) Khan A, Khan S, Kolts R, Brown WA. Suicide rates in clinical trials of SSRIs, other antidepressants, and placebo: Analysis of FDA reports. *Am J Psychiatry* 2003;160:790-792.

36) Brown GK, Ten Have T, Henriques GR, Xie SX, Hollander JE, Beck AT. Cognitive therapy for the prevention of suicide attempts: A randomized controlled trial. *JAMA* 2005;294:563-570.

37) Möller H-J. *Pharmacological and other biological treatments of suicidal individuals.* In: Wasserman D, Wasserman C, eds. Oxford textbook of suicidology and suicide prevention : a global perspective. Oxford ; New York: Oxford University Press;2009.p. 395-405.

38) Fink M. Is the practice of ECT ethical? *World J Biol Psychiatry* 2005;6:38-43.

39) Möller H-J. Non-response to antidepressants: Risk factors and therapeutic possibilities. *Int Clin Psychopharmacol* 1994;9:17-23.

40) Möller HJ. Antipsychotic and antidepressive effects of second generation antipsychotics: Two different pharmacological mechanisms? *Eur Arch Psychiatry Clin Neurosci* 2005;255:190-201.

41) Möller HJ. Evidence for beneficial effects of antidepressants on suicidality in depressive patients: A systematic review. *Eur Arch Psychiatry Clin Neurosci* 2006;256:329-343.

42) Möller HJ. Antidepressive effects of traditional and second generation antipsychotics: A review of the clinical data. *Eur Arch Psychiatry Clin Neurosci* 2005;255:83-93.

43) Bandelow B, Zohar J, Hollander E, Kasper S, Möller HJ. World Federation of Societies of Biological Psychiatry (WFSBP) guidelines for the pharmacological treatment of anxiety,

obsessive-compulsive and posttraumatic stress disorders. *World J Biol Psychiatry* 2002;3:171-199.

44) Herpertz S, Zanarini M, Schulz C, Siever L, Lieb K, Möller HJ. World federation of societies of biological psychiatry (WFSBP) guidelines for biological treatment of personality disorders. *World J Biol Psychiatry* 2007;8:212-244.

45) Cardish RJ. Psychopharmacologic management of suicidality in personality disorders. *Can J Psychiatry* 2007;52:115S-127S.

46) Hilger E, Barnas C, Kasper S. Quetiapine in the treatment of borderline personality disorder. *World J Biol Psychiatry* 2003;4:42-44.

47) Zanarini MC, Frankenburg FR. Olanzapine treatment of female borderline personality disorder patients: A double-blind, placebo-controlled pilot study. *J Clin Psychiatry* 2001;62:849-854.

48) Cipriani A, Pretty H, Hawton K, Geddes JR. Lithium in the prevention of suicidal behavior and all-cause mortality in patients with mood disorders: A systematic review of randomized trials. *Am J Psychiatry* 2005;162:1805-1819.

49) Beskow J, Salkovskis P, Beskow AP. *Cognitive treatment of suicidal adults.* In: Wasserman D, Wasserman C, eds. Oxford textbook of suicidology and suicide prevention : a global perspective. Oxford ; New York: Oxford University Press;2009.p. 413-420.

50) Stanley B, Brodsky BS. *Dialectical behaviour therapy for suicidal individual: The international perspective.* In: Wasserman D, Wasserman C, eds. Oxford textbook of suicidology and suicide prevention : a global perspective. Oxford ; New York: Oxford University Press;2009.p. 421-425.

51) Akiskal HS, Mallya G. Criteria for the "soft" bipolar spectrum: treatment implications. *Psychopharmacol Bull* 1987;23:68-73.

52) Damluji NF, Ferguson JM. Paradoxical worsening of depressive symptomatology caused by antidepressants. *J Clin Psychopharmacol* 1988;8:347-349.

53) Teicher MH, Glod C, Cole JO. Emergence of intense suicidal preoccupation during fluoxetine treatment. Am J Psychiatry 1990;147:207-210.

54) King RA, Riddle MA, Chappell PB, Hardin MT, Anderson GM, Lombroso P, et al. Emergence of self-destructive phenomena in children and adolescents during fluoxetine treatment. *J Am Acad Child Adolesc Psychiatry* 1991;30:179-186.

55) Fava M, Rosenbaum JF. Suicidality and fluoxetine: is there a relationship? *J Clin Psychiatry* 1991;52:108-111.

56) Beasley CM, Jr., Dornseif BE, Bosomworth JC, Sayler ME, Rampey AH, Jr., Heiligenstein JH, et al. Fluoxetine and suicide: a meta-analysis of controlled trials of treatment for depression. *BMJ* 1991;303:685-692.

57) Healy D. Lines of evidence on the risks of suicide with selective serotonin reuptake inhibitors. *Psychother Psychosom* 2003;72:71-79.

58) Tiihonen J, Lonnqvist J, Wahlbeck K, Klaukka T, Tanskanen A, Haukka J. Antidepressants and the risk of suicide, attempted suicide, and overall mortality in a nationwide cohort. *Arch Gen Psychiatry* 2006;63:1358-1367.

59) Bridge JA, Iyengar S, Salary CB, Barbe RP, Birmaher B, Pincus HA, et al. Clinical response and risk for reported suicidal ideation and suicide attempts in pediatric antidepressant treatment: a meta-analysis of randomized controlled trials. *JAMA* 2007;297:1683-1696.

60) Bech P, Cialdella P, Haugh MC, Birkett MA, Hours A, Boissel JP, et al. Meta-analysis of randomised controlled trials of fluoxetine v. placebo and tricyclic antidepressants in the short-term treatment of major depression. *Br J Psychiatry* 2000;176:421-428.

61) Gunnell D, Saperia J, Ashby D. Selective serotonin reuptake inhibitors (SSRIs) and suicide in adults: meta-analysis of drug company data from placebo controlled, randomised controlled trials submitted to the MHRA's safety review. *BMJ* 2005;330:385.

62) Fergusson D, Doucette S, Glass KC, Shapiro S, Healy D, Hebert P, et al. Association between suicide attempts and selective serotonin reuptake inhibitors: systematic review of randomised controlled trials. *BMJ* 2005;330:396.

63) Montgomery SA, McAuley R, Rani SJ, Roy D, Montgomery DB. A double blind comparison of zimelidine and amitriptyline in endogenous depression. *Acta Psychiatr Scand Suppl* 1981;290:314-327.

64) JS W. The role of serotonin in depression and suicide. Do serotonin reuptake inhibitors provide a key? in Gastpar M, Wakelin JS(eds): Selective Serotonin Reuptake Inhibitors: Novel or Commonplace Agents. Basel, Karger 1988, pp. 70-83.

65) Montgomery SA, Dunner DL, Dunbar GC. Reduction of suicidal thoughts with paroxetine in comparison with reference antidepressants and placebo. *Eur Neuropsychopharmacol* 1995;5:5-13.

66) Pedersen AG. Escitalopram and suicidality in adult depression and anxiety. *Int Clin Psychopharmacol* 2005;20:139-143.

67) Pedersen AG. Citalopram and suicidality in adult major depression and anxiety disorders. *Nord J Psychiatry* 2006;60:392-399.

68) Simon GE, Savarino J, Operskalski B, Wang PS. Suicide risk during antidepressant treatment. *Am J Psychiatry* 2006;163:41-47.

69) Hammad TA, Laughren TP, Racoosin JA. Suicide rates in short-term randomized controlled trials of newer antidepressants. *J Clin Psychopharmacol* 2006;26:203-207.

70) Seemuller F, Riedel M, Obermeier M, Bauer M, Adli M, Mundt C, et al. The controversial

link between antidepressants and suicidality risks in adults: data from a naturalistic study on a large sample of in-patients with a major depressive episode. *Int J Neuropsychopharmacol* 2009;12:181-189.

71) Leon AC, Solomon DA, Li C, Fiedorowicz JG, Coryell WH, Endicott J, et al. Antidepressants and risks of suicide and suicide attempts: a 27-year observational study. *J Clin Psychiatry* 2011;72:580-586.

72) Angst J, Angst F, Gerber-Werder R, Gamma A. Suicide in 406 mood-disorder patients with and without long-term medication: a 40 to 44 years' follow-up. *Arch Suicide Res* 2005;9:279-300.

73) Ludwig J, Marcotte DE. Anti-depressants, suicide, and drug regulation. *J Policy Anal Manage* 2005;24:249-272.

74) Ludwig J, Marcotte DE, Norberg K. Anti-depressants and suicide. *J Health Econ* 2009;28:659-676.

75) Carlsten A, Waern M, Ekedahl A, Ranstam J. Antidepressant medication and suicide in Sweden. *Pharmacoepidemiol Drug Saf* 2001;10:525-530.

76) Gunnell D Fau-Middleton N, Middleton N Fau-Whitley E, Whitley E Fau-Dorling D, Dorling D Fau-Frankel S, Frankel S. Why are suicide rates rising in young men but falling in the elderly?- a time-series analysis of trends in England and Wales 1950-1998.

77) Grunebaum MF, Ellis SP, Li S, Oquendo MA, Mann JJ. Antidepressants and suicide risk in the United States, 1985-1999. *J Clin Psychiatry* 2004;65:1456-1462.

78) Barbui C, Campomori A, D'Avanzo B, Negri E, Garattini S. Antidepressant drug use in Italy since the introduction of SSRIs: national trends, regional differences and impact on suicide rates. *Soc Psychiatry Psychiatr Epidemiol* 1999;34:152-156.

79) Helgason T, Tomasson H, Zoega T. Antidepressants and public health in Iceland. Time series analysis of national data. *Br J Psychiatry* 2004;184:157-162.

80) Hammad TA, Laughren T, Racoosin J. Suicidality in pediatric patients treated with antidepressant drugs. *Arch Gen Psychiatry* 2006;63:332-339.

81) Valuck RJ, Libby AM, Sills MR, Giese AA, Allen RR. Antidepressant treatment and risk of suicide attempt by adolescents with major depressive disorder: a propensity-adjusted retrospective cohort study. *CNS Drugs* 2004;18:1119-1132.

82) Isacsson G. Suicide prevention--a medical breakthrough? *Acta Psychiatr Scand* 2000;102:113-117.

83) Moskos M, Olson L, Halbern S, Keller T, Gray D. Utah youth suicide study: psychological autopsy. *Suicide Life Threat Behav* 2005;35:536-546.

84) Food and Drug Administration Public Health Advisory. Suicidality in children and adolescents

being treated with antidepressant medications. [cited; Available from: www.fda.gov/cder/drug/antidepressants/]

85) Newman TB. A black-box warning for antidepressants in children? *N Engl J Med* 2004;351:1595-1598.

86) Administration USFaD. Revisions to product labeling. [cited 2011 February 7]; Available from: http://www.fda.gov/downloads/Drugs/DrugSafety/InformationbyDrugClass/UCM173233.pdf

87) J R. SSRI prescriptions to youth on decline since February. Psychiatric News. 2004;Sect. 9.

88) Gibbons RD HK, Bhaumik DK, Mann JJ. The relationship between antidepressant prescription rates and rate of early adolescent suicide. *Am J Psychiatry* 2006;163:1898-1904.

89) Richard A. Friedman ACL. Expanding the Black Box-Depression, Antidepressants, and the Risk of Suicide. *N Engl J Med* 2007;356:2343-2345.

90) Teicher MH, Glod CA, Cole JO. Antidepressant drugs and the emergence of suicidal tendencies. *Drug Saf* 1993;8:186-212.

91) Wirshing WC, Van Putten T, Rosenberg J, Marder S, Ames D, Hicks-Gray T. Fluoxetine, akathisia, and suicidality: is there a causal connection? *Arch Gen Psychiatry* 1992;49:580-581.

92) Rothschild AJ, Locke CA. Reexposure to fluoxetine after serious suicide attempts by three patients: the role of akathisia. *J Clin Psychiatry* 1991;52:491-493.

93) Lipinski JF, Jr., Mallya G, Zimmerman P, Pope HG, Jr. Fluoxetine-induced akathisia: clinical and theoretical implications. *J Clin Psychiatry* 1989;50:339-342.

94) Bouchard RH PE, Vincent P. Fluoxetine and extrapyramidal side effects (letter). *Am J Psychiatry* 1990;146:1352-1353.

95) Goodman WK, Murphy TK, Storch EA. Risk of adverse behavioral effects with pediatric use of antidepressants. *Psychopharmacology* (Berl) 2007;191:87-96.

96) Gibbons RD, Brown CH, Hur K, Marcus SM, Bhaumik DK, Erkens JA, et al. Early evidence on the effects of regulators' suicidality warnings on SSRI prescriptions and suicide in children and adolescents. *Am J Psychiatry* 2007;164:1356-1363.

97) Baldessarini RJ. Current status of antidepressants: clinical pharmacology and therapy. *J Clin Psychiatry* 1989;50:117-126.

98) Henry C, Demotes-Mainard J. SSRIs, suicide and violent behavior: is there a need for a better definition of the depressive state? *Curr Drug Saf* 2006;1:59-62.

99) Benazzi F, Koukopoulos A, Akiskal HS. Toward a validation of a new definition of agitated depression as a bipolar mixed state (mixed depression). *Eur Psychiatry* 2004;19:85-90.

100) Akiskal HS, Benazzi F, Perugi G, Rihmer Z. Agitated "unipolar" depression re-conceptualized as a depressive mixed state: implications for the antidepressant-suicide controversy. *J Affect*

Disord 2005;85:245-258.

101) Struve FA, Klein DF, Saraf KR. Electroencephalographic correlates of suicide ideation and attempts. *Arch Gen Psychiatry* 1972;27:363-365.

102) Mann JJ, Arango V, Marzuk PM, Theccanat S, Reis DJ. Evidence for the 5-HT hypothesis of suicide. A review of post-mortem studies. *Br J Psychiatry Suppl* 1989:7-14.

103) Tsai SJ. Possible involvement of the BDNF-dependent pathway in treatment-emergent suicidality or decreased response to antidepressants. *Med Hypotheses* 2005;65:942-946.

혈관성 우울증
Vascular depression

김도훈*, 나철**

한림대학교 의과대학 춘천성심병원 정신건강의학과*, 고창 석정 웰파크 병원**

노년기 우울증은 그 원인이 매우 다양한 양상을 보인다.[1,2] 특히 최근에는 발달한 뇌영상 기술을 사용하여 노인 우울증의 상당 부분이 뇌혈관질환과 관련된 일차성 우울증임을 제시하는 연구결과들이 발표되고 있다.[3,4] 또한 이러한 연구결과를 통해 혈관성 우울증의 개념이 제시되고 있는데,[1,5] 대뇌혈관 이상이나 질환과 연관되어 나타나는 주요우울장애는 원인, 임상 양상, 치료방법, 예후 등에 있어서 심인성 우울증과는 상이한 우울증의 중요한 아형이 될 수 있다고 한다.

우리나라에서 뇌졸중 등의 뇌혈관질환은 국민 전체 사망원인의 1위를 차지하며 60세 이상 노인 인구의 주된 사망 원인으로 뇌혈관질환이 주목받고 있으며 심장질환 등의 다른 사망 원인의 2배 이상인 것으로 나타난다.[6] 뇌혈관질환의 빈도가 높은 한국에서 발생하는 노인 우울증의 일정 부분은 뇌혈관질환과 직간접적으로 관련되어 발생될 것으로 추측된다. 이에 아직까지 그 이해와 개념 정립이 부족한 혈관성 우울증의 임상적 특징에 대해 살펴보고자 한다.

우울증과 혈관질환

고혈압, 당뇨병, 관상동맥질환 그리고 혈관성 치매환자에서 우울증의 발생률이 높다.[7~10] 정신건강의학과 병원에 입원하기 2~3년 전에 발생한 뇌혈관질환이 우울증 발생에 기여했다는 연구보고도 있다.[11] 대규모 1차 진료 환자를 대상으로 한 연구에 의하면 일반인에 비하여 우울증 진단을 받은 환자들의 혈관질환 발생률이 더 높은 것으로 나타났다.[1] 또한 혈관성 치매환자가 비슷한 정도의 인지장애가 있는 알츠하이머 치매 환자보다 우울증과 불안증세가 더 심한 것으로 보고되었다.[10] 흥미롭게도 우울증 자체가 뇌혈관질환의 위험요인을 증가시킨다.[12] 우울증이 있는 경우에 뇌졸중의 위험인자로 알려진 고혈압, 제II형 당뇨병의 발생이 증가한다.[13,14] 고혈압이 있는 우울증 환자군이 우울증이 없는 고혈압 환자군보다 뇌졸중 발생이 2.3~2.7배 높다고 한다.[15] 우울증이 뇌혈관질환의 발생 위험요인을 증가시키는 것은 간접적인 기전에 의하는 것으로 추측된다. 즉, 우울증이 고혈압, 당뇨병, 심근경색 환자의 식이요법, 약물치료, 운동요법을 포함하는 의학처방에 대한 순응도를 감소시킨다.[12] 아울러 우울증에 의한 자율신경의 활성변화가 혈류의 감소를 유발할 수 있으며, 우울증 치료제가 저혈압, 대사의 감소, 혈소판 응집을 유발시켜 뇌혈관질환의 발생을 증가시킬 수 있다.[16] 이렇듯 우울증과 혈관질환은 상호 유발요인으로 작용하여 그 공존이환율이 높은 것으로 사료된다.

우울증과 뇌졸중

혈관성 우울증과 가장 밀접한 관련이 있는 질병으로 뇌졸중을 들 수 있다. 뇌졸중의 인지적, 감정적, 행동적 결과에 대해 오래전부터 많은 연구가 수행되었다. 뇌졸중을 겪은 환자 중 20~60%에서 우울증이 발생한다.[17-19] 뇌졸중 환자에서 우울증상이 있을 때는 재활치료의 효과가 낮으며[20,21] 뇌졸중 후 수개월에서 수년 사이에 사망할 위험이 증가한다.[22,23] 따라서 **뇌졸중후 우울증**(early onset poststroke depression)의 발생기전에 대한 깊은 이해는 뇌졸중의 진행을 방지하고 치료예후를 좋게 하기 위한 새로운 치료전략을 세우는 데 큰 도움이 될 것이다. 그러나 뇌졸중후 우울증의 원인이 생물학적인 기전에 기인하는 것인지 아니면 뇌졸중으로 인한 심리사회적인 요인에 의한 것인지에 대한 오랜 논쟁이 현재까지도 지속되고 있다.[24] 뇌졸중이 감정조절과 관련된 대뇌부위나 신경회로에 손상을 줄 수 있다고 추측되어 뇌졸중 병변 위치의 관계가 연구되었는데, 우반구 병변보다는 좌반구 병변이 뇌졸중후 우울증과 더 관련성이 높은 것으로 나타났다.[25,26] 그 후에 뇌졸중이나 뇌충격 후에 좌뇌 전두엽, 좌뇌 기저핵병변이 존재할 때 우울증의 발생이 증가하며 심한 우울증상을 보인다는 연구결과가 발표되었다.[3,27-31]

뇌졸중 후 6개월 뒤에 발생하는 우울증은 기능적, 육체적, 인지적 손상이나 사회적 기능 등과 관련성이 많고 뇌졸중 후 첫 한 달 이내에 발생하는 조기발생 뇌졸중후 우울증은 좌반구 전방의 병변과 관련성이 높다고 한다.[17,32] 그러나 기존 연구들에 대한 체계적인 분석을 시행한 최근의 두 논문은 뇌경색 위치와 우울증 발생 간 연관성이 없다고 보고하였다.[33,34] 지금까지의 뇌졸중후 우울증에 대한 상반된 연구결과는 서로 다른 환자군(입원환자군, 지역사회 거주 환자군 등), 서로 다른 진단기준이나 추적검사 도구, 서로 다른 추적검사의 시간 간격 등에 기인하는 것으로 여겨진다.[4] 또한 뇌졸중으로 인한 병변 위치라는 신경생물학적 요인 이외에 신체적 장애, 독립심의 상실, 삶의 질의 저하로 인한 스트레스 등의 심리사회적 요인 또한 우울증 발생에 기여하는 것으로 생각된다.[24]

우울증과 백질병변

소규모의 다발성 뇌경색이나 대뇌 미세혈관 순환장애로 인한 주위 뇌조직의 변화와 관련된 것으로 알려진 자기공명촬영(MRI)의 T2 이미지상에서 나타나는 뇌실변 고음영(periventricular hyperintensity : PVH), 심부백질 고음영(deep white matter hyperintensity : DWMH), 피질하 회백질 고음영(subcortical gray matter hyperintensities : SCH) 등은(그림 1 참조) 노년기 우울증과 매우 높은 상관관계가 있음을 제시한다.[5,35,36] 최근 연구는 이러한 병변이 임상적으로 매우 중요한 의미가 있음을 보여준다(표 1 참조). 백질 고음영은

그림 1   뇌실변 및 백질 부위에 나타나는 다양한 고음영 형태

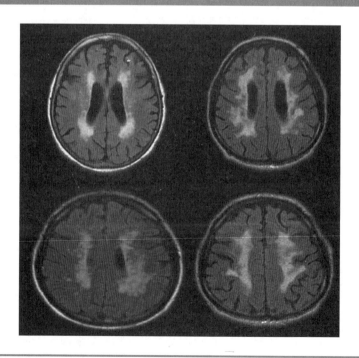

표 1. 뇌영상 변화의 임상적 상관성

피질하 백질 고음영과 관련된 요소들
- 정상 노화
- 성인기 우울증 또는 정상인에 비해 더 심한 노년기 우울증 증세
- 흥미의 상실 (무감동)
- 정신운동지연
- 전신적 동맥경화증과 혈관성 위험인자의 존재(고혈압, 당뇨, 관상동맥질환)
- 신경심리검사에서 진행 속도의 감소
- 항우울제에 대한 치료반응의 저하

기저핵 병변과 관련된 요소들
- 성인기 우울증이나 정상인에 비해 더 심한 노년기 우울증 증세
- 항우울제나 전기경련요법에서 섬망의 증가

출처 : SoaresJC & Mann JJ[4]에서 인용함.

50세 이상에서 발병하는 만발성 우울증, 정신운동 속도의 감소, 치료에 대한 불량한 반응과 관련성이 높다. 또한 이러한 병변이 나타나는 우울증 환자는 약물치료에 대한 반응이 좋지 않고 부작용의 발현 빈도가 높으며, 인지기능의 저하가 많고 예후가 나쁘다.[3]

백질병변은 '우울증상' 및 '인지기능 악화'에 정적인 영향을 주는 것으로 보인다. 특정 시점에서 백질병변은 우울증상 심각도와 유의한 연관성을 나타낼 뿐만 아니라,[37,38] 백질병변이 심각할수록 향후에 우울증으로 발전될 위험이 더욱 높아진다.[39,40] 두 변인 간 관계 방향성에 대해 살펴보았을 때, 백질병변은 이후 우울의 심각도를 예측하는 반면, 역방향으로는 예측력이 유효하지 않은 것으로 나타났다.[41] 백질병변은 인지저하와도 유의미한 연관성을 보이는데, 백질병변 심각도가 높을수록 우울증상도 심각한 것으로 나타나며,[42] 이후의 인지기능 또한 더욱 빠르게 저하된다.[43,44] 한편, 백질병변의 위치에 따라 우울증상

그림 2　백질병변, 우울증상, 인지기능 간의 관계

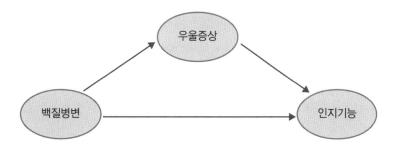

및 인지기능과 차이가 나타나는데, 인지기능은 심부백질보다 뇌실변에 위치한 백질과 더 강한 연관성을 나타내는 반면, 우울증상은 그와 반대로 나타난다.[45] 요약하면 백질병변은 인지저하 및 우울증상의 악화와 인과적 관계가 있을 가능성이 크다.[41,46] 아울러 백질병변은 인지저하에 직접적인 영향을 미칠 뿐만 아니라 우울증상을 경유하여 간접적으로도 영향을 줄 가능성이 있다. 이러한 관계를 도식화하면 그림 2와 같다.

혈관성 우울증의 개념 및 진단

우울증 환자에서 발견되는 뇌영상에서의 미세한 변화는 우울증의 원인에 대한 이해의 폭을 넓히는 데 기여하였다. 특히 노인 우울증 환자에서 흔히 발견되는 병적인 혈관변화가 임상적 증세, 치료반응, 예후 등과 밀접한 관련이 있다는 사실이 알려지면서 뇌혈관 이상이 우울증 발생의 원인이 될 수 있다는 가설이 대두되었다. 동맥경화성 우울증 (arteriosclerotic depression)이라는 용어가 제안되었는데[47] 이러한 우울증은 뇌혈관 이상과 관련된 요인을 갖고 있으며 임상적으로 흥미상실, 무감동, 정신운동지연, 인지손상, 기능장애, 기분장애 가족력 부재 등의 임상적 특징을 동반한다. 그 후에 혈관성 치매라는 개념이 보편화되면서 보다 일관성 있는 개념의 정립을 위해 혈관성 우울증의 개념이 소개되었다.[1,5] 이는 대뇌혈관 이상 및 질환과 연관되어 나타나는 주요 우울증은 원인, 임상 양상, 치료방법, 예후 등이 심인성 우울증과는 상이한 우울증의 중요한 아형이 될 수 있음을 제시한다. 기존의 DSM-5가 가지고 있는 '다른 의학적 상태로 인한 우울장애' 진단이 뇌혈관질환으로 생기는 우울증을 일부 설명할 수 있지만 이 진단은 임상적으로 독특한 특징이 있는 주요우울증의 특수한 증후군으로서 뇌혈관질환과 관련된 우울증을 효과적으로 설명하는 데 한계가 있다. 특히 SCI 등과 같이 신경학적으로 나타나지 않는 혈관성 질환을 가지고 있는 우울증은 기존의 DSM-5 진단체계에서 적절한 진단을 내릴 수 없다. 이러한 이유로 주요우울증의 한 아형으로서 혈관성 우울증이라는 새로운 진단기준이 제시되었다(표 2 참조).[3] 혈관성 우울증의 진단 개념은 뇌졸중후 우울증을 포함한 미세한 뇌혈관 이상과 관련된 우울증의 임상적 특징을 포괄적으로 설명한다. DSM-5가 증상집합군 성격을 갖는다는 제한점이 있는 반면, 혈관성 우울증 진단명은 임상적 증상뿐만 아니라 그 원인을 명확히 제시하고 있다는 장점이 있다. 한편, 이러한 진단에 좀 더 포괄적으로 고혈압, 심근경색, 경동맥 잡음 등과 같은 혈관질환을 가지고 있는 우울증을 포함시키기도 한다.[1] 진단기준의 신뢰도와 정확도에 대한 검증을 위한 지속적 추가 연구가 필요할 것이다.

표 2. 혈관성 우울증 아형의 진단기준

A 그리고 B1, B2, 혹은 B3 중 한 개 존재 시 혈관성 아형을 명시(주요우울증 또는 조울증에서 최근의 주요우울삽화에 적용함)

  A. 뇌혈관 질환이나 신경심리학적 이상이 임상적 또는 대뇌영상학적 증거가 있으면서 발생한 주요우울증
  B1. 뇌졸중 병력이나 일시적 뇌허혈 증세, 혹은 국소 신경학적 징후나 증상을 포함하는 임상 증세의 발현
  B2. 뇌영상에서 백질 혹은 회백질 고음영, 융합성 백질병변, 또는 피질이나 피질하 뇌경색 소견
  B3. 실행기능(계획 세우기, 조직화, 순서화, 추상력 등)의 장애

다음과 같은 임상적 특징이 존재할 경우 진단이 지지됨

  1) 50세 이후에 발생한 우울증 또는 50세 이전에 시작된 우울증 환자에서 혈관성 질환이 발병한 후에 우울증의 경과
    의 변화가 있는 경우
  2) 뚜렷한 흥미나 즐거움의 상실
  3) 정신운동지연
  4) 기분장애의 가족력이 없는 경우
  5) 일상생활의 조작 또는 자기 유지 활동의 현저한 장애

출처 : Steffens & Krishnan[3])에서 인용함.

혈관성 우울증의 발생기전

혈관성 우울증의 발생기전을 밝히기 위해서는 병변의 위치, 임상증세, 우울증 발생 시점, 인지장애의 존재, 비생물학적 요인의 기여 등을 고려해야 한다. 혈관성 우울증 발생기전에 대해 제안된 몇 가지 가설은 다음과 같다. 첫 번째 가설은 혈관성 병변에 의해 정서조절과 관련된 영역인 전두엽피질과 변연 네트워크가 손상됨으로써 우울증이 유발될 수 있다고 설명한다. **전두엽–선조체 회로(frontostriatal circuits)**가 신경섬유경로를 방해하는 뇌혈관 질환으로 인해 손상되면 노인 우울증과 연관된 임상적·신경심리학적 증상들을 일으킬 수 있으며, 이러한 신경회로 손상에는 백질병변이나 **열공성 뇌경색(lacunar infarction)**이 기여하는 것으로 알려져 있다.[5]

두 번째 가설은 우울증에 선행되고 역치를 초과하는 병변이 축적되었을 때 우울증이 발생한다는 역치가설로, SCI나 기저 뇌경색이 있는 많은 환자들에 해당된다. 이는 백질 고음영의 전체 면적이 $10cm^2$를 초과했을 때 주의집중이나 실행기능의 장애가 온다는 연구결과에 의해 지지된다.[48] 비슷한 장애가 혈관성 위험인자가 있는 노인 우울증 환자에서도 보고된 바 있다.[49] 즉, 우울증과 관련된 신경경로를 손상시키는 광범위한 뇌혈관장애나 병변이 우울 취약성을 증가시키는 것으로 여겨진다.

최근에는 혈관성 우울증의 발생기전에 대한 보다 통합적인 모형이 제시되었다(그림 3

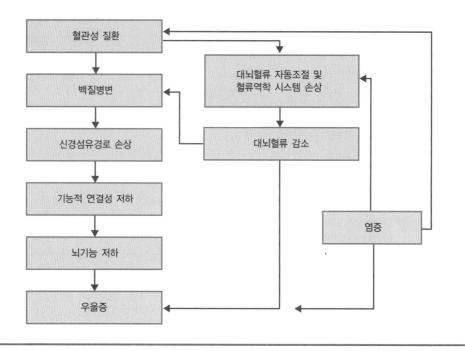

그림 3 　혈관성 우울증의 발생기전 모형

참조). 이는 염증, 대뇌혈류 자동조절 및 혈류역학 시스템에서의 이상 및 저관류 과정 등을 포함한다. 혈관성 질환은 대뇌기능적 연결성을 저하시키거나 대뇌혈류 결핍을 일으켜 뇌 기능을 저하시킴으로써 결과적으로 우울증상을 초래할 수 있다.[50]

혈관성 우울증과 치료 지침

노년기 우울증과 심혈관 및 뇌혈관질환 간 연관성은 적어도 혈관질환에 대한 주의 깊은 평가와 적절한 치료적 접근을 해야 할 필요성이 있다는 것을 시사한다. 우울증과 혈관 위험인자 모두를 가진 노인 환자는 그렇지 않은 노인에 비해서 일상생활 기능이 저하될 가능성이 더 높기 때문에 혈관 요인과 우울증 모두를 관리하는 것이 필요하다.[51,52] 치료적 접근에는 항우울제, 항혈소판 제제, 고혈압 제제, 고지혈증 제제 등의 약물학적 치료를 포함한다. 이러한 접근을 위해서는 정신건강의학과 의사와 노인 전문의, 심혈관 의사, 신경과 및 신경방사선 의사의 협진이 필요하다. 혈관성 우울증의 치료적 지침은 다른 아형의 우울증과 크게 다르지 않다. 다만 인과적 메커니즘에 관계없이 우울장애와 혈관질환을 함께 가진 사람들은 치료반응이 좋지 않을 가능성이 높다고 알려져 있으며, 혈관성 우울증 환자의 치료 결과는 아직까지 연구가 부족한 실정이다. 노인 우울증은 일반 성인 우울증에 비해 정신치료효과가 더 크거나 동등한 것으로 알려져 있어, 혈관성 우울증 환자에 대한 정신치료적 접근 또한 효과적일 것으로 기대된다. 한편 약물치료에 있어서는 혈관성 이상이라는 기질적 손상과 관련된 가능한 부작용을 고려하여 적절한 항울제를 선택할 필요가 있다.

혈관성 우울증의 개념은 1차 예방이라는 치료적 접근을 용이하게 할 수 있는 장점이 있다. 즉, 혈관성 위험인자를 조기에 제거하거나 줄임으로써 향후 노년기에 많이 생기는 혈관성 우울증의 발생 가능성을 감소시킬 수 있다. 또한 혈관성 우울증을 치료의 표적으로 삼는 것은 향후 뇌혈관 손상적 변화를 예방하여 인지기능 저하 및 치매 위험을 낮출 수 있을 것이다.[53] 따라서 혈관성 우울증을 치료하는 데 있어서 질병의 발생원인에 근거한 예방적 접근이 필수적이라고 할 수 있다.

요약

혈관성 우울증은 고혈압, 심근경색, 관상동맥질환 등의 혈관성 질환과 관련되어 동반이환율이 높게 나타나는 우울증, 뇌졸중과 관련된 뇌졸중후 우울증, 대뇌 미세혈관성 이상과 관련된 병변이 있는 노년기 우울증 등을 포괄적으로 설명할 수 있는 임상적으로 매우 유용한 개념이다. 혈관성 우울증은 우울증 발생의 원인, 임상 양상, 치료방법, 예후 등이 독특한 우울증의 주요 아형이다. 또한 혈관성 우울증의 개념은 뇌혈관질환의 위험인자를 경감시킴으로써 노인 우울증, 혈관성 치매 등과 같은 뇌혈관질환과 관련된 정신질환을 사전에 예방할 수 있는 이론적 기반을 제시한다. 이처럼 혈관성 우울증이라는 용어 자체가 우울증의 병인을 분명하게 나타낸다는 장점이 있기도 하지만, 혈관성 우울증의 발생 및 경과에 심리적·사회적 요인이 미치는 영향을 간과하고 있다는 제한점도 가지고 있다. 따라서 혈관성 우울증의 진단기준 검증뿐만 아니라 보다 정밀한 아형분류 작업들이 선행되어, 혈관성 우울증의 예방 및 치료약물 개발과 관련된 추후연구들의 발판이 되어야 할 것이다. 또한 혈관성 우울증의 예방 및 치료약물의 개발을 위한 지속적인 연구가 필요하다.

참고문헌

1) AlexopoulosGS, Meyers BS, Young RC, Campbell S, Silbersweig D, Charlson M. 'Vascular depression' hypothesis. *Archives of General Psychiatry* 1997;54:915-922.

2) Van den Berg MD, OldehinkelAJ, Bouhuys AL, BrilmanEI, Beekman AT, Ormel J. Depression in later life: three etiologically different subgroups. *J Affect Disord* 2001;65:19-26.

3) Steffens DC, Krishnan KR. Structural neuroimaging and mood disorders: recent findings, implications for classification, and future directions. *Biological Psychiatry* 1998;43:705-712.

4) Soares JC, Mann JJ. The anatomy of mood disorders--review of structural neuroimaging studies. *Biological Psychiatry* 1997;41:86-106.

5) Krishnan KR, Hays JC, Blazer DG, others. MRI-defined vascular depression. *Am J Psychiatry* 1997;154:497-501.

6) 통계청. 한국인의 사망원인. 2000.

7) Carney RM, Rich MW, Tevelde A, Saini J, Clark K, Jaffe AS. Major depressive disorder in coronary artery disease. *Am J Cardiol* 1987;60:1273-1275.

8) Gavard JA, LustmanPJ, Clouse RE. Prevalence of depression in adults with diabetes.An epidemiological evaluation. *Diabetes Care* 1993;16:1167-1178.

9) Rabkin JG, Charles E, Kass F. Hypertension and DSM-III depression in psychiatric outpatients. *Am J Psychiatry* 1983;140:1072-1074.

10) Sultzer DL, Levin HS, Mahler ME, High WM, Cummings JL. A comparison of psychiatric symptoms in vascular dementia and Alzheimer's disease. *Am J Psychiatry* 1993;150:1806-1812.

11) F. P. New views on old age affective disorder. Recent advances in Psychogeriatrics. New York: *Churchill Livingstone Inc* 1985:119-140.

12) Ramasubbu R. Relationship between depression and cerebrovascular disease: conceptual issues. *Journal of Affective Disorders* 2000;57:1-11.

13) Eaton WW, Armenian H, Gallo J, Pratt L, Ford DE. Depression and risk for onset of type II diabetes. A prospective population-based study. *Diabetes Care* 1996;19:1097-1102.

14) Jonas BS, Franks P, Ingram DD. Are symptoms of anxiety and depression risk factors for hypertension? Longitudinal evidence from the National Health and Nutrition Examination Survey I Epidemiologic Follow-up Study. *Arch Fam Med* 1997;6:43-49.

15) SimonsickEM, Wallace RB, Blazer DG, Berkman LF. Depressive symptomatology and hypertension-associated morbidity and mortality in older adults. *Psychosom Med* 1995;57:427-435.

16) Sackeim HA, Prohovnik I, Moeller JR, Brown RP, Apter S, Prudic J, et al. Regional cerebral blood flow in mood disorders: I. Comparison of major depressives and normal controls at rest.

Archives of General Psychiatry 1990;47:60-70.

17) Astrom M, Adolfsson R, Asplund K. Major depression in stroke patients. A 3-year longitudinal study. *Stroke* 1993;24:976-982.

18) Wade DT, Legh-Smith J, Hewer RA. Depressed mood after stroke. A community study of its frequency. *Br J Psychiatry* 1987;151:200-205.

19) Tiller JW. Post-stroke depression. *Psychopharmacology* (Berl) 1992;106Suppl:S130-133.

20) Agrell B, Dehlin O. Comparison of six depression rating scales in geriatric stroke patients. *Stroke* 1989;20:1190-1194.

21) Starkstein SE, Robinson RG. Affective disorders and cerebral vascular disease. *Br J Psychiatry* 1989;154:170-182.

22) Morris PL, Robinson RG, Andrzejewski P, Samuels J, Price TR. Association of depression with 10-year poststroke mortality. *Am J Psychiatry* 1993;150:124-129.

23) Morris PL, Robinson RG, Samuels J. Depression, introversion and mortality following stroke. *Aust N Z J Psychiatry* 1993;27:443-449.

24) Aben I, Verhey F, Honig A, Lodder J, Lousberg R, Maes M. Research into the specificity of depression after stroke: a review on an unresolved issue. *Progress in Neuro-Psychopharmacology and Biological Psychiatry* 2001;25:671-689.

25) Robinson RG, Price TR. Post-stroke depressive disorders: a follow-up study of 103 patients. *Stroke* 1982;13:635-641.

26) Robinson RG, Kubos KL, Starr LB, Rao K, Price TR. Mood changes in stroke patients: relationship to lesion location. *Compr Psychiatry* 1983;24:555-566.

27) Robinson RG, Kubos KL, Starr LB, Rao K, Price TR. Mood disorders in stroke patients. Importance of location of lesion. *Brain* 1984;107 (Pt 1):81-93.

28) Lipsey JR, Robinson RG, Pearlson GD, Rao K, Price TR. Mood change following bilateral hemisphere brain injury. *Br J Psychiatry* 1983;143:266-273.

29) Robinson RG, Starkstein SE, Price TR. Post-stroke depression and lesion location. *Stroke* 1988;19:125-126.

30) Jorge R, Robinson R, Arndt S, Forrester A, Geisler F, Starkstein S. Comparison between acute- and delayed-onset depression following traumatic brain injury. *The Journal of Head Trauma Rehabilitation* 1994;9:108-109.

31) Greenwald BS, Kramer-Ginsberg E, Krishnan KR, Ashtari M, Auerbach C, Patel M. Neuroanatomic localization of magnetic resonance imaging signal hyperintensities in geriatric depression. *Stroke* 1998;29:613-617.

32) Robinson RG, Starr LB, Lipsey JR, Rao K, Price TR. A two-year longitudinal study of post-stroke mood disorders: dynamic changes in associated variables over the first six months of

follow-up. *Stroke* 1984;15:510-517.

33) Carson AJ, MacHale S, Allen K, Lawrie SM, Dennis M, House A, et al. Depression after stroke and lesion location: a systematic review. *Lancet* 2000;356:122-126.

34) Singh A, Herrmann N, Black SE. The importance of lesion location in poststroke depression: a critical review. *Can J Psychiatry* 1998;43:921-927.

35) Brown FW, Lewine RJ, Hudgins PA, Risch SC. White matter hyperintensity signals in psychiatric and nonpsychiatric subjects. *Am J Psychiatry* 1992;149:620-625.

36) Coffey CE, FigielGS, DjangWT, Weiner RD. Subcortical hyperintensity on magnetic resonance imaging: a comparison of normal and depressed elderly subjects. *Am J Psychiatry* 1990;147:187-189.

37) Cole J, Chaddock CA, Farmer AE, Aitchison KJ, Simmons A, McGuffin P, et al. White matter abnormalities and illness severity in major depressive disorder. *The British Journal of Psychiatry* 2012;201:33-39.

38) Son SJ, Lee KS, Na DL, Seo SW, Kim CH, Kim JH, et al. Anemia associated with depressive symptoms in mild cognitive impairment with severe white matter hyperintensities. *J Geriatr Psychiatry Neurol* 2011;24:161-167.

39) Park JH, Lee SB, Lee JJ, Yoon JC, Han JW, Kim TH, et al. Epidemiology of MRI-defined vascular depression: A longitudinal, community-based study in Korean elders. *J Affect Disord* 2015;180:200-206.

40) Teodorczuk A, Firbank MJ, Pantoni L, Poggesi A, Erkinjuntti T, Wallin A, et al. Relationship between baseline white-matter changes and development of late-life depressive symptoms: 3-year results from the LADIS study. *Psychological Medicine* 2010;40:603-610.

41) Firbank MJ, Teodorczuk A, van der Flier WM, Gouw AA, WallinA, Erkinjuntti T, et al. Relationship between progression of brain white matter changes and late-life depression: 3-year results from the LADIS study. *Br J Psychiatry* 2012;201:40-45.

42) Mungas D, JagustWJ, Reed BR, Kramer JH, Weiner MW, Schuff N, et al. MRI predictors of cognition in subcortical ischemic vascular disease and Alzheimer's disease. *Neurology* 2001;57:2229-2235.

43) Brickman AM, HonigLS, Scarmeas N, Tatarina O, Sanders L, Albert MS, et al. Measuring cerebral atrophy and white matter hyperintensity burden to predict the rate of cognitive decline in Alzheimer disease. *Archives of Neurology* 2008;65:1202-1208.

44) Carmichael O, Schwarz C, Drucker D, Fletcher E, Harvey D, Beckett L, et al. Longitudinal changes in white matter disease and cognition in the first year of the Alzheimer disease neuroimaging initiative. *Archives of Neurology* 2010;67:1370-1378.

45) Kim KW, MacFall JR, Payne ME. Classification of white matter lesions on magnetic resonance

imaging in elderly persons. *Biological Psychiatry* 2008;64:273−280.

46) Prins ND, Scheltens P. White matter hyperintensities, cognitive impairment and dementia: an update. *Nature Reviews Neurology* 2015;11:157−165.

47) Krishnan KRR, McDonald WM. Arteriosclerotic depression. *Medical Hypotheses* 1995;44:111 − 115.

48) Boone KB, Miller BL, Lesser IM, Mehringer CM, Hill−Gutierrez E, Goldberg MA, et al. Neuropsychological correlates of white−matter lesions in healthy elderly subjects. A threshold effect. *Arch Neurol* 1992;49:549−554.

49) Krishnan KR, McDonald WM, Doraiswamy PM, Tupler LA, Husain M, Boyko OB, et al. Neuroanatomical substrates of depression in the elderly. *Eur Arch Psychiatry ClinNeurosci* 1993;243:41−46.

50) Taylor WD, AizensteinHJ, AlexopoulosGS. The vascular depression hypothesis: mechanisms linking vascular disease with depression. *Molecular Psychiatry* 2013;18:963−974.

51) Göthe F, Enache D, Wahlund LO, Winblad B, Crisby M, Lökk J, et al. Cerebrovascular diseases and depression: epidemiology, mechanisms and treatment. *Panminervamedica* 2012;54:161 − 170.

52) Hybels CF, Pieper CF, LandermanLR, Payne ME, Steffens DC. Vascular lesions and functional limitations among older adults: does depression make a difference? *International Psychogeriatrics* 2014;26:1501 − 1509.

53) Köhler S, Buntinx F, Palmer K, Akker M. Depression, vascular factors, and risk of dementia in primary care: a retrospective cohort study. *Journal of the American Geriatrics Society* 2015;63:692 − 698.

한국인 특유의 '화병'에 대하여
Korean cultural syndrome, hwa-byung

김세주*, 민성길**

연세대학교 의과대학 세브란스병원 정신건강과학과*, 용인효자병원 정신건강의학과**

화병의 개념

화병(火病, hwa-byung)은 오래전부터 우리나라 민간에서 사용되어 오던 병명으로, 화가 오르는 것과 같은 특징적인 신체증상과 고통스러운 감정을 특징으로 한다. 화병에서 '화'는 그 어원에서도 알 수 있듯이 불(火) 또는 분노를 의미한다. 화병 환자들은 뱃속에서 뜨거운 것이 올라온다거나, 참기 어려운 분노감을 호소하는 경우가 많으며, 이와 함께 가슴이 답답하고 숨이 막히는 것 같은 증상, 미칠 것 같아서 뛰쳐나가고 싶다는 충동과 함께 불안, 절망, 우울감 등을 보고한다.[1)]

화병은 Lin[2)]의 사례보고에 의해 서양의 의학문헌에 최초로 소개되었으며, 1994년에는 DSM−IV에 문화 관련 증후군 중 하나로 수록되었다.[3)] DSM-IV에서는 화병을 한국의 문화관련증후군으로서 '분노장애'로 지칭하며 분노의 억제로 인하여 발생하는 질환으로 소개하였다.[3)] 문화관련증후군은 특정 지역에서 고유한 형태로 나타나는 반복적인 이상행동이나 고통스러운 경험들을 말하는 것으로, 화병이 DSM-IV에 수록되었다는 점은 화병이 한국에서 나타나는 문화적 특징을 반영한다는 점을 시사하고 있다. DSM-5에서는 화병을 별개로 구분지어 기술하고 있지는 않으나, 고통의 문화적 개념 용어해설 부분에서 캄보디아의 '캘캡(Khyâl cap)'과 함께 한국의 '화병'을 다루고 있다.[4)]

화병과 우울증에 대하여

DSM 진단체계에서의 화병

화병은 한국 고유한 문화적 배경에서 표현되는 독특한 증상양상을 보이며 DSM-IV에는 한국의 문화관련증후군으로 분류되어 있다. 화병을 문화관련증후군으로 볼 수 있는가에 대해서는 두 가지 견해가 있다. 우선 화병은 우리나라 고유의 사회문화적 배경에서 나타나며, 분노와 한을 포함하여 슬픔, 후회, 인내, 미움, 복수 등과 같은 여러 감정이 한데 얽혀 있는 복합 감성 상태의 특징을 가진 증후군으로서 하나의 독립적인 병명 또는 문화관련증후군이 될 수 있다는 견해이다. 또 다른 견해로는 화병이란 심인성 장애에 대한 우리나라 사람들의 일반적인 개념을 나타내는 용어로서 하나의 진단이나 증후군이 될 수 없으며 다른 문화권에서도 발생할 수 있다는 견해이다.[8] 즉, 화병이란 우울증으로 인한 고통이 한국 고유의 문화적 배경에 의해 표현만 달리 되는 것이라는 주장이다. DSM-5에서는 고통의 문화적 개념 용어해설, '다른 문화적 맥락과 관련된 질환' 부분에 캄보디아의 캴캡과 함께 화병이 소개되어 있다.[4] 이는 화병이 다른 문화권과 맥락을 같이하는 점이 있다는 것을 시사할 수 있겠으나, 캴캡이 분노보다는 불안에 초점을 맞춘 진단이라는 점을 고려하였을 때 이에 대한 지속적인 연구가 필요하겠다.

화병과 우울증의 공통점과 차이점

이민을 간 한국인을 대상으로 화병과 우울증의 공통점과 차이점을 조사한 연구에 의하면,[5] 화병과 우울증의 공통점으로는 집중이 잘 되지 않음, 세세한 것을 기억하지 못함, 의사결정의 어려움, 피곤, 에너지 저하, 죄책감, 무가치함, 무력감, 희망이 없음, 비관적임, 불면, 아침에 일찍 잠에서 깸, 과도한 수면, 이자극성, 안절부절못함, 취미나 활동에서의 의욕저하, 과식 또는 식욕저하, 치료에 잘 반응하지 않는 지속적인 통증, 두통, 복통, 소화불량, 지속적인 슬픔, 불안 또는 공허감 등이 제시되었다. 또한 다음과 같은 차이점을 제시하였다. 첫째, 심각한 자살시도나 자살사고를 보고하는 경우 화병이 아닐 가능성이 있다. 둘째, 화병 환자의 경우 스스로 '화병'을 가지고 있다고 보고하는 경우가 많은 반면, 슬프거나 우울하다고 보고하는 경우는 드물다. 셋째, 화병의 발생은 대략 10년에서 최대 30~40년에 걸쳐서 나타난다. 만약 환자가 최근 수주일 또는 수개월 동안의 스트레스, 적대감, 불안, 억제된 분노의 결과로 화병을 얻었다고 보고한다면 화병이 아닐 수 있다. 화병 척도와 SCID-I를 이용하여 화병과 우울증에 있어 증상의 공통점과 차이점을 조사한 다른 연구를 보면, 화병증상 중 답답함, 한, 증오심 등은 우울증상과도 밀접한 관련이 있는 반면, 밖으로 나감, 목과 가슴의 덩어리, 가슴의 두근거림, 두통 및 통증, 잘 놀람, 잡념, 하소연 등의 증상은 화병에 고유한 증상으로 조사되었다.[6,7] 화병과 우울증의 기질 및 성격을 비교해보면, 화병 환자가 우울증 환자에 비해 자극추구성 중 충동성 하위항목, 위험회피성 및 예기불안 하위항목, 자기초월성 및 자기용서 하위항목 점수가 높고, 자기지향성 및 책임성, 자기수용성, 수용성 하위항목 점수가 낮았다.[8]

임상적 함의

화병의 임상적 양상은 AHA! 증후군(anger-hostile-aggression syndrome)[9], 이상기능 분노(dysfunctional anger), 인지행동치료가 추천되는 분노장애(anger disorder)[10], 또는 특별한 병적 분노삽화 등을 포함하는 서양의 분노증후군(anger syndrome)과 유사하게 보인다. 기존의 연구들을 살펴보면 우울장애나 불안장애 등과 같은 공존질환이 없이도 분노를 주된 증상으로 가지는 환자들이 존재한다. 화병에 대한 여러 연구결과를 고려해볼 때 화병을 포함하는 분노증후군은 정서장애[11] 또는 내재화 고통장애(internalizing distress disorder)[12]의 큰 범주에 포함되는 독립적인 장애일 가능성이 높으며, 우울장애나 범불안장애와 함께 동반되어 있을 수도 있다. 분노장애를 특징짓는 것은 분노문제를 조기에 진단하고 치료하여 추후 분노와 관련된 정신 또는 신체적 질환으로 이환되는 것을 예방할 수 있게 할 뿐만 아니라 분노에 관한 생물학적 연구를 촉진시키는 많은 임상적 이점을 제공하므로 그 의미가 크다. 나아가 화병 연구와 기타 서구의 분노증후군에 대한 연구를 종합하여 분노장애라는 하나의 새로운 진단개념을 발전시킬 수 있으리라고 본다.[11] 미국심리학회에서는 분노장애를 새로 개발되는 DSM-5에 포함시킬 것을 요청한 바 있으나,[13] 미국정신의학회에서는 이를 채택하지 않았다.[4] 그러나 우울이나 불안도 정상적일 수 있으며, 분노도 병적일 수 있다.

화병의 역학

일반 인구 중에서 화병의 유병률은 4~5%이며, 중년 이후의 기혼 여성과 교육수준이 낮은 사람에서 유병률이 높다.[14] 정신과에 신경증으로 내원한 환자에서의 유병률은 20~45% 정도이며, 대체로 나이가 많은 경우 사회경제적 수준이 낮은 집단, 종교를 가지고 있는 경우(특히 기독교)에 흔하다.[15] 그러나 최근에는 남성에서도 흔하게 나타나는데, 시대가 변화함에 따라 가장의 역할이 다양화되어 발생하게 되는 가정적 스트레스 및 조기 퇴직, 사업

실패 등으로 인해 발생하는 사회경제적 스트레스와 관련이 있는 것 같다.[16] 마찬가지로 청년실업을 겪는 취업준비생, 학업 스트레스를 겪고 있는 청소년, 자신의 감정을 억누르고 통제하면서 근무하는 서비스업 감정 노동자 등 다양한 연령, 다양한 계층에도 화병이 발생할 가능성이 높다.[17]

화병의 병태생리

여러 연구를 종합하면 화병의 발생 원인으로는 주변으로부터의 스트레스와 같은 외적 요인과 개인의 대처양식, 성격특성, 방어기제 등 내적 요인을 들 수 있다.[18] 즉, 화병은 스트레스에 대한 반응성장애 또는 신경증적 장애로 분노 또는 분노 복합(화, 억울함, 분함, 한, 공격성, 미움 등)의 부정적 감정이 원인이다. 부부 간의 갈등, 고부 간의 갈등과 같은 대인관계에서의 갈등으로 대표되는 사회환경에서의 부당한 경험들이 화병의 외적 유발인자로 생각되며, 이러한 갈등관계에서의 일방적 억압, 폭력 등에 의해 유발된 분노를 장기간 억제하는 과정에서 화병이 발생한다.

화병의 유발요인

화병의 유발요인으로는 크게 개인적, 가정적, 사회경제적 원인으로 구별해볼 수 있다. 남편, 시댁과의 갈등 등 가정적 요인이 가장 크게 작용하며, 개인적 유발요인은 다른 요인에 비해 미치는 영향이 작은 편이다.

화병의 개인적인 요인으로는 고유한 성격특성과 질병, 수치스러운 과거 등 개인적 스트레스로 구분할 수 있다. 화병 환자들은 자신의 성격을 "급하다, 불같다, 지랄같다, 소심하다, 완벽주의적이다, 예민하다, 내성적이다."라고 표현한다.[15] 이들은 어린 시절 폭력에 대한 피해경험을 가지고 있는 경우가 많은데, 이런 경험들이 사소한 자극에도 분노가 잘 유발되는 성격을 만든다. 또한 성인이 된 후에도 예민하고, 상처받기 쉬우며, 화를 잘 느끼는 성향이 된다. 화병 환자들은 소극적이고, 수동적이며, 의존적이고 매우 양심적인 성격 특성을 가진다.[19] 한편 화병 환자들이 자기애적–피학적이라는 보고도 있으며[20], 급하고, 전통적인 가치를 전폭적으로 수용하는 성격을 가진 경우, 스트레스를 받으면, 자신이 희생양이라는 생각과 분노를 야기해서 화병이 발생한다는 주장도 있다.[21] 화병 환자들은 MMPI-2 척도의 Hy-O(hysteria-obvious, 스트레스에 대한 반응으로 신체증상의 발생), Hs(hypochondriasis, 신체증상 불평), HEA(건강염려)가 높으며, 이 점수는 화병증상의 심한 정도와 비례한다. 그 외에 무망감과 분노 요인도 관련이 있다.[22] 화병 환자들은 Cloninger의 기질-특성 중 위험회피성 및 자기초월성은 높고, 자기지향성은 낮다. 또한 화병의 심각도는 자기초월 성향과 비례한다.[8] 화병 증상이 심할수록 Big 5 성격 요인 중 신경증, 호의성, 지적 개방성이 높고, 외향성이 낮다.[23] 그러나 화병 환자에게서 관찰되는 성격 특성이 화병발생의 원인이 되는지, 아니면 화병으로 인한 결과인지는 명확하지 않다.

화병의 가정적 유발요인에는 남편의 외도와 음주문제, 도박, 부부싸움, 무관심, 시부모와의 갈등 등이 있으며, 이러한 문제들이 유발요인의 대부분을 차지한다.[18] 사회적 요인으로는 가부장적 문화, 혈통중심의 집단적 가족주의 문화, 사회적 체계에 의한 장기적인 부당한 억압 등 한국의 전통적인 권위적이고 억제적인 문화이다. 또 다른 사회적 요인 중 하나는 가난인데, 화병 환자들은 가난 또한 부당한 사회적 박탈의 결과로 생각하는 경향이 있다. 전형적인 화병의 경우, 그 원인이 되는 문화는 유교, 가부장, 가족적 집단주의, 남녀차별, 그리고 사회계급 문화 등 한국의 전통적인 권위적이고 억제적인 문화이다. 그 사회적 억압적 상황은 대개 폭력, 부당함, 가난, 차별 등으로 나타난다. 현대에 이르러서도 화병은 여전한 억압, 남녀차별, 빈부격차, 경쟁에서의 좌절과 열등감, 그리고 기타 부당하고 억울하고 화가 나는 경험 등 사회적 현상과 관련하여 발생한다. 이러한 사회적 원인을 고려하면 화병은 민족 고유의 정서라고 하는 한과 관련됨을 추정할 수 있다.

화병 환자들은 대개 하나가 아닌 여러 개의 유발요인을 동시에 가지고 있으며,[15] 한 조사에 의하면 (1) 배우자(주로 남편)와의 갈등, (2) 시댁식구와의 갈등, (3) 사업실패 등 재산상의 손실, (4) 고생, (5) 가난 등 경제적 요인, (6) 자녀 문제 등의 순이었다. 그 외에도 개인적인 요인인 성격문제, 본인 및 가족의 지병, 사별 등의 이유가 보고되었다.

화병의 정신역동

화병의 핵심 정신역동은 '화가 날 충격적인 일을 경험한' 결과로 생긴 분노이다.[24] '화가 나는 것, 억울하고 분한 것, 한이 쌓인 것, 속상한 것, 속 끓는 것이 쌓인 것' 등으로 대표되는 분노 또는 분노와 관련된 부정적 감정이 화병의 원인이며, 이런 감정이 장기간에 걸쳐 반복되고 쌓여서 화병이 발생한다.[25]

화병 환자들은 자신들의 병이 반복되는 불공평한 사회적 외상으로 인해 오랜 시간 '분노-화'가 쌓여서 생긴 것이라고 이야기한다. 이들은 좋은 사회적 관계를 유지하기 위하여 평소 자신의 분노를 억제하며 지내지만, 시간이 지나면서 억눌린 분노는 더욱 강하고 단단하게 쌓여 결국 화병이 유발된다.[15,26] 화병 환자들이 주로 사용하는 방어기제와 대응 전략으로는 억제-위축, 신체화, 자극회피, 외향화, 투사, 도움요청 불평, 충동성, 행동화, 유사이 타주의, 전능감, 운명론, 공상이 있다.[25] 화병 초기의 방어기제는 원시적이고 단순하나 화병이 장기화될수록 복잡하고 다양한 방어기제가 동원된다.[24] 이러한 방어를 종합하면 화병 환자의 모습을 설명할 수 있다. 즉, 자신을 억제하면서 위축되고, 사회적으로 분리, 퇴행(고립)하고, 회피하게 되며, 주어진 환경에 순응하며, 결과적으로 자기연민과 공상에 빠지고, 수동적으로 맡은 일에 몰두하고, 환경 탓 남 탓을 하며, 어쩔 수 없어 희생하면서도 불평하게 되고, '웃어 넘기려고 하고', 먹는 데서만 위로를 받는다. 특히 신체화는 화병의 여러 신체증상을 설명한다. 예를 들면 가슴속 응어리, 불덩어리, 치밀어 오른다, 답답하다 등등은 화기의 억제(울화)와 막힘을 상징한다. '억울함'은 '속을 상(傷)하게' 하는데, 마음도 고통스럽게 하지만 내장이나 기타 자율신경계에 장애도 야기한다. 인지적 특징을 보면, 스스로를 무능력하고 오랜 세월 멸시와 무시를 당한 존재로 바라본다.[27]

화병의 발병과정

앞서 살펴보았듯이 화병은 살아가면서 개인이 겪는 스트레스에 의해 유발된 화의 감정을 오랫동안 의식적으로 억제해서 발생한다.[28] 화병은 기본적으로 반응성 장애로, 소위 고전적인 정신신경증(psychoneurosis)의 한 전형으로 생각된다. 따라서 화병은 여러 신경증적 증상들(우울장애, 불안장애, 외상후스트레스장애, 신체화장애 등)이 혼재하는 수가 많다. 화병 증상의 발생에는 시간이 지남에 따라 단계적으로 나타난다는 견해와 동시에 발생한다는 견해가 혼재한다. 이시형은 "화병이란 우울증 또는 정신신체장애 등이 복합된 양상을 띠고 있으며, 주로 가정적인 문제로 화가 날 충격적인 일을 겪고 갈등과 체념의 기간을 거치면서 화를 억제하고 신체적으로 투사한 결과"라고 주장하면서, 발병을 충격기-갈등기-체념기-증상기의 네 가지 단계로 나누어 화병의 시간적인 개념을 도입하였다.[24] 민성길[26]은 화병의 증상이 단계적으로 나타나기보다는 주관적 분노, 분노의 표현, 억울함, 미움, 이자극성, 체념, 한 등의 감정이 혼합된 동시적이며 한 환자에서 동시에 나타난다고 주장하였다. 이 혼합된 방식에 최상진 등도 동의하였다.[29]

즉, 화병은 한국의 독특한 문화심리적 감정체계와 관련되어 있으며, 과중한 심적 고통, 억울함과 분함으로 인한 격앙된 감정, 극단적 흥분과 쇠진의 순환이 나타나면서 이에 따른 신체적·생리적 증상을 동반하는 것이다.[29] 또한 갈등이 커다란 유발요인이 되지만, 한 가지 요인에 의하기보다는 다양한 요인에 의해 장기간에 걸쳐 복합적으로 발생하며 오랜 시간에 걸쳐 분노감정의 흥분과 쇠진이 반복적으로 일어나면서 화병이 만성화된다.

  화병을 "분노의 감정이 발생했을 때, 특정 방어기제 또는 대응전략을 사용함으로써 발생한 증후군"이란 관점에서 화병의 발생을 종합적으로 설명하면 다음과 같다.[18] 먼저 가족, 타인 또는 사회로부터 오는 공격(신체적, 감정적 폭력)에 의해 분노가 발생한다. 폭력적 공격을 받으면 싸울 것인가, 도망갈 것인가(fight or flight) 하는 갈등에 빠지는데, 싸우는 것을 선택할 때 동반되는 감정반응이 분노이다. 개인적인 특성(유전, 기질, 성, 나이) 등에 따라 이러한 분노감정과 분노에 따른 생리적 자율신경계 반응(가슴 두근거림, 호흡, 근긴장도, 열감)은 다르게 나타난다. 이때 건강한 방어기제와 대응전략을 사용하여, 분노를 잘 조절하고, 적절히 표현하면 정상을 유지하고, 오히려 생산적이 될 수도 있다. 반면, 분노가 밖으로 표현되지 못하고 억압되어 자신으로 향할 수밖에 없을 때, 우울증이 발생한다. 화병은 분노가 억제되기는 하나 이는 부분적인 억제로, 아직 충분히 우울하지는 않은 상태다. 즉, 화병은 분노가 부분적으로 억제되고 부분적으로 표현되는 상태라 할 수 있다. 분노가 투사되면, 피해의식으로 나타날 수 있고, 가벼운 상태에서는 억울 또는 분함으로 나타난다. 억울함과 분함은 부당한 폭력에 의해 자신이 억제된 상태에 대한 감정반응으로 해석할 수 있다. 또한 화병에서 보이는 두통, 신체통증, 목, 가슴에 덩어리가 있는 느낌, 답

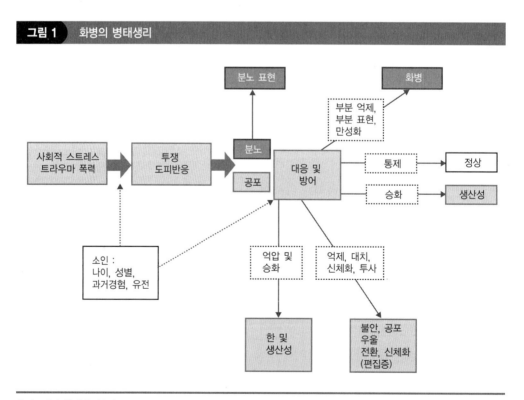

그림 1 화병의 병태생리

출처 : 민성길[8]에서 인용함.

답함 등의 신체증상은 분노와 같은 부정적인 감정이 신체화를 통해 표현되는 것이고 열감, 심계항진, 입 마름 등의 증상은 자율신경계의 흥분상태를 반영하는 것이다(그림 1 참조).

화병의 증상

화병은 전형적인 반응성장애로 생각되는 바 분노와 관련되어 여러 정신신경증적 증상들을 나타낸다. 특히 화병 환자에서는 주관적인 분노, 표현된 분노, 열감, 증오심 등과 같은 정서, 인지, 행동 및 신체증상들이 다양하게 나타난다.[30](표 1 참조) 그 특징적인 증상으로는 '억울하고 분하다', '화가 난다', '몸에 열이 난다', '가슴이 답답하다', '답답해서 뛰쳐나가고 싶은 충동이 든다', '가슴에서 무엇이 치밀어 오르는 느낌이 든다' 등이 있다. 화병의 증상을 정신증상 내지 행동증상 그리고 신체증상으로 분류해보면,[30] 정신증상으로는 주관적 분노, 억울하고 분함, 증오(미움), 한(恨), 표현된 분노(화를 냄, 짜증, 신경질, 폭력적 행동 등), 우울(무력감, 비관, 공허감, 외로움, 죽고 싶은 생각, 격정 등), 불안(만성적 불안상태, 공황증상, 잘 놀람 등), 죄책감, 생각이 많음(잡념), 피해의식 등이 나타나고, 행동증상으로는 하소연, 눈물과 한숨, 답답해서 또는 더워서 밖으로 나감 등이 특징적이다. 신체증상으로는 열감, 가슴 답답함, 치밀어 오름, 구갈, 가슴 두근거림, 식욕감퇴, 위장장애, 불면증, 두통, 기타 만성통증 등의 증상이 흔히 나타난다. 즉, 화병은 여러 증상이 복합적으로 나타나는 분노-복합증후군이라고 할 수 있다. 여러 가지 증상 중 화병의 기본이 되는 증상은 열감과 억울함, 분함이며, 화병을 진단하는 데 특이도가 높은 증상으로는 목이나 가슴

표 1. 화병의 증상		
정서증상	신체증상	행동증상
분노(주관적)	**열감**	**화를 잘 냄(짜증, 신경질 등)**
억울함, 분함	**가슴 답답함(호흡곤란)**	**하소연**
증오(미움)	**치밀어 오름**	**울음, 눈물**
한(恨)	**심장 두근거림**	한숨
우울감(무력감, 공허감)	**목, 가슴에 덩어리 느낌**	밖으로 나감
죄책감	입 마름	성급함
불안(초조, 격정)	불면	폭력적 행동(거친 말, 물건을 집어
잘 놀람	두통	던짐 등)
잡념	더운 것을 견디지 못함	
곧 죽을 것 같은 느낌, 공포	식욕부진	
피해의식	소화장애, 설사, 변비	
	여기저기 만성적인 통증	

* 주 : 핵심증상은 굵은 글씨로 표시함

에 덩어리 느낌, 치밀어 오름, 한이 맺힘 등이다.[31] 한편 화병 환자들은 정신증상보다는 신체증상들을 주로 호소하는데, 불안·우울 등 정서를 잘 인식하지 못하는 경향이 있어, 감정을 직접적으로 표현하지 못하고 신체적으로 표현하는 것으로 보인다. 실제 환자들이 호소하는 표현은 한국 전통 문화적이어서, 이런 증상들은 학술적 용어와 개념으로 올바르게 이해하여야 한다.

화병의 진단

정신건강의학과를 방문한 신경증 환자 중 약 20~45%에서 화병이 관찰되며, 주요우울장애에서 제일 흔하고, 그 외에 기분저하장애, 범불안장애, 공황장애, 신체형장애 등에서도 흔히 관찰된다.[31,32] 일부에서는 다른 DSM 진단 없이 화병만 진단이 가능한 경우도 있는데, 이는 화병이 우울, 불안, 신체화장애의 일부 특성을 공유하기는 하지만 동시에 고유한 특성도 가지고 있으며, 화병이 기존 신경증적 질환으로부터 독립적으로 존재할 수 있음을 시사한다. 2009년에 개발된 화병 진단기준을 사용한 연구에서도 신경증 환자의 절반 이상에서 화병 진단이 가능하였고, 15% 이상에서 다른 DSM-IV상의 가능한 공존진단 없이 화병으로만 진단 내릴 수 있었다. 화병과 공존질환으로는 주요우울장애, 범불안장애가 가장 흔했다.[6,33]

화병 진단의 실제

화병의 실질적인 진단은 화병 연구의 가장 큰 관심사 중 하나이다. 현재까지 화병에 대한 명확한 진단기준이 공식적으로 확립되지 않았으며, 보고된 몇몇의 연구들도 각각 서로 다른 정의와 진단기준을 사용하였고 대부분 환자 스스로 화병이라 명명한 환자들을 대상으로 하였다. 따라서 연구마다 다양한 결과를 보일 수 있다.

화병의 진단에 대해서는 여러 논의가 있어 왔다. 첫째, 화병은 우리나라 고유의 사회문화적 특징을 반영하는 하나의 문화관련 증후군인가? 둘째, 화병은 기존의 진단체계 내에 있는 어떤 정신장애의 한국적 표현 양식인가? 셋째, 심인성 장애에 대한 한국인의 일반적인 질병 개념을 나타내는 용어인가? 넷째, 화병은 하나의 독립된 질병이 될 수 있는 것인가?에 대한 논의가 그것이다. 그러나 환자 스스로가 화병이라고 진단하는 자가진단 방식으로는 체계적인 논의 및 연구를 하는 데에 한계가 있다. 따라서 화병에 대한 개념을 보다 명확하게 조작적으로 정의하고 특징적인 증상을 확인하여 진단기준과 증상척도를 만들 필요성이 제기되었으며, DSM-IV 진단체계에 맞추어 연구용 화병 진단기준과 화병 척도가 개발되었다.[33] (표 2)

표 2. 화병 척도 및 화병 진단기준

화병 척도

A1. 주관적 화 또는 분노
1. 없다.
2. 약간 의심스러운 정도. 가끔 자극이 있을 때만 화가 난다.
3. 분명히 있는 정도. 자극이 없어도 가끔 화가 난다.
4. 상당히 심하다. 자극이 없어도 자주 심하게 화가 나 있다.
5. 극심하다. 거의 종일 매우 심하게 화가 나 있다.

A2. 억울하고 분함
1. 없다.
2. 약간 의심스러운 정도. 가끔 자극이 있을 때만 억울하고 분한 느낌이 든다.
3. 분명히 있는 정도. 자극이 없어도 가끔 억울하고 분한 느낌이 든다.
4. 상당히 심하다. 자극이 없어도 상당 기간 억울하고 분한 느낌이 든다.
5. 극심하다. 온통 마음속에 억울하고 분한 느낌밖에 없다.

A3. 분노의 외적 행동 표현
1. 없다.
2. 약간 의심스러운 정도. 가끔 자극이 있을 때 짜증(신경질)을 낸다.
3. 분명히 있는 정도. 자극이 없어도 가끔 짜증(신경질)을 낸다.
4. 상당히 심하다. 자극이 없어도 자주 짜증(신경질) 그리고 욕설을 행사한다.
5. 극심하다. 자주 짜증(신경질), 욕설 그리고 폭력을 행사한다.

A4. 열감(화끈화끈하다, 몸이 덥다, 더운 것을 못 참는다 등)
1. 없다.
2. 약간 의심스러운 정도. 가끔 자극이 있을 때 몸에 열감을 느낀다.
3. 분명히 있는 정도. 자극이 없어도 가끔 몸에 열감을 느낀다.
4. 상당히 심하다. 자극이 없어도 자주 몸에 열감을 느낀다.
5. 극심하다. 거의 종일 몸에 열감이 심해 견디기 힘들다.

A5. 증오심(미움)
1. 없다.
2. 약간 의심스러운 정도. 가끔 자극이 있을 때 증오심을 느낀다.
3. 분명히 있는 정도. 자극이 없어도 증오심을 느낀다.
4. 상당히 심하다. 자극이 없어도 자주 증오심을 느끼고, 흥분한다.
5. 극심하다. 거의 종일, 그리고 죽이고 싶을 정도로 심한 증오심으로 고통받는다.

A6. 한
1. 없다.
2. 약간 의심스러운 정도. 가끔 한을 느낀다.
3. 분명히 있는 정도. 분명히 한을 느낀다.
4. 상당히 심하다. 심각한 한을 느낀다. 질문하지 않아도 한에 대해 말한다.
5. 극심하다. 거의 종일 한스러운 기분에 휩싸여 있다. 자발적으로 장황하게 한에 대해 말한다.

(계속)

표 2. 화병 척도 및 화병 진단기준(계속)

화병 척도

B1. 속에서 치밀어 오름

1. 없다.
2. 약간 있는 정도
3. 분명히 자주 있다.

B2. 가슴 속 덩어리(명치, 뱃속, 목 등에 덩어리 또는 응어리)

1. 없다.
2. 약간 있다고 느낀다.
3. 분명히 자주 있다고 느낀다.

B3. 답답함(숨막힘)

1. 없다.
2. 약간 있는 정도
3. 분명히 자주 있다.

B4. 가슴 뜀

1. 없다.
2. 약간 있는 정도
3. 분명히 자주 있다.

B5. 구갈

1. 없다.
2. 약간 있는 정도
3. 분명히 자주 있다.

B6. 한숨

1. 없다.
2. 약간 있는 정도. 가끔 한숨을 쉰다고 말한다.
3. 분명히 자주 있다. 자주 깊은 한숨을 쉰다고 말한다. 면담 시 한숨을 보인다.

B7. 잡념

1. 없다.
2. 약간 의심스러운 정도. 가끔 잡념이 있다.
3. 상당히 심하다. 심각한 잡념이 있다. 질문하지 않아도 잡념에 대해 말한다.

B8. 하소연 많음

1. 없다.
2. 약간 있는 정도. 가끔 가까운 사람에게 하소연한다고 말한다.
3. 자주 하소연한다. 면담 시 길게 하소연한다.

표 2. 화병 척도 및 화병 진단기준(계속)

화병 척도

C1. 슬픈 기분, 눈물
1. 없다.
2. 약간 의심스러운 정도. 가끔 자극이 있을 때 슬픈 기분을 느낀다.
3. 분명히 있는 정도. 자극이 없어도 슬픈 기분을 느끼고 눈물이 나려고 한다.
4. 상당히 심하다. 자극이 없어도 자주 슬픈 기분을 느끼고, 눈물이 난다.
5. 극심하다. 거의 종일 슬픈 기분과 우울을 느끼고 자주 울며 지낸다.

C2. 불안, 초조
1. 없다.
2. 약간 의심스러운 정도. 가끔 자극이 있을 때 불안 초조를 느낀다.
3. 분명히 있는 정도. 자극이 없어도 가끔 분명히 불안 초조를 느낀다.
4. 상당히 심하다. 자극이 없어도 자주 심한 불안 초조를 느낀다.
5. 극심하다. 거의 종일, 그리고 미칠 정도로 심한 불안 초조를 느낀다.

C3. 죄책감
1. 없다.
2. 약간 있는 정도
3. 분명히 자주 있다.

C4. 수면장애
1. 없다.
2. 하루 4~5시간 수면의 수면부족 또는 꿈을 많이 꿈
3. 하루 3시간 이하 수면, 또는 자는 동안 내내 악몽만 꾼 것 같음

C5. 두통
1. 없다.
2. 약간 있는 정도
3. 분명히 자주 있다.

C6. 식욕감퇴
1. 없다.
2. 약간 있는 정도
3. 분명히 자주 있다.

C7. 쉽게 놀람
1. 없다.
2. 약간 있는 정도
3. 분명히 자주 있다. 사소한 자극에 매우 놀란다.

C8. 밖으로 나감
1. 없다.
2. 창문, 현관문 등을 열어둔다.
3. 집 밖으로 나간다.

총점 _____ 점

(계속)

표 2. 화병 척도 및 화병 진단기준(계속)				
화병 진단				
A. 위 A1~A6 중 3점 이상이 3개 이상이다.	아니요	1	예	3
B. 위 B1~B8 중 3점 이상이 4개이다.	아니요	1	예	3
C. 원인(화날 일, 억울하고 분한 일, 스트레스 등)이 있다.	아니요	1	예	3
(해당 사항에 모두 ○표 하세요)				
시댁관계, 남편관계, 자식관계, 친정가족관계, 기타 인간관계, 금전문제, 사회적 문제, 기타				
D. 사회적 기능 영역에 장애와 고통이 있다.	아니요	1	예	3
E. 다른 축 I 또는 축 II의 장애 때문이 아니다.	아니요	1	예	3
A-E가 모두 예 3이다.	아니요	1	예	3(화병으로 진단)

출처 : 민성길 등[33]에서 인용함.

화병의 치료

화병의 치료에는 정신사회적 접근 및 약물적 접근이 제안되고 있으며,[11,34,35] 통합적이고 전인적인 접근이 필수적이다.[5] 화병의 핵심요소가 10년 이상의 오랜 시간 억제되어 왔던 분노이므로 화병의 치료는 약물치료와 비약물치료를 병합하여 체계적이고 건설적으로 이루어져야 한다. 그 외에도 화병치료를 위해서는 정신치료, 인지행동치료, 이완요법, 사회기술 개발 등이 이용될 수 있다.

정신치료

화병의 정신치료의 원칙은 대체로 공감과 인정해줌, 받아들임 등이다. 기술적으로 현 병력과 현재의 고통, 즉 '사연'을 잘 듣고, 사건의 연결고리들을 파악하고, 이해하고 위로와 인정을 해주고, 분노의 이유를 밝히고, 원인에 관련된 자신의 문제를 이해하고, 이를 가능한 한 고치고, 분노를 적절히 표현하는 방법에 대해 스스로 대안을 찾게 하고, 그 실행을 적극 지지하는 것이다. 즉, 환자로 하여금 분노와 공격성 문제를 일으키지 않는 방법으로 표현하는 것, 나아가 보다 창조적으로, 생산적으로, 표현하는 방법을 알게 한다. 분노와 공격성은 정신역동적 힘이기 때문에, 자타에 상처를 줄 수도 있지만, 얼마든지 창조적으로 표출될 수도 있다. 의사가 구체적 방법을 제시하기보다 환자 스스로 찾는 것을 정신과의사가 도와주는 것이 바람직하다. 최종적으로는 외상을 준 상대방에 대해 대화와 용서를 통한 화해를 권고하는 것이다. 이런 경험을 통해 환자는 보람을 느끼고 한 단계 더 성숙하며, 이런 해결책을 사용하는 행동이 강화된다.

민성길은 임상 경험을 바탕으로 저술한 **화병연구**에서 다음과 같은 정신치료적 접근을 제안하였다.[18] 첫째, 화병의 정신치료로는 지지적 정신치료가 적절하며, 기본적으로 환자의 하소연을 제지하지 않고 경청하는 것이 중요하다. 환자는 의사가 주의 깊게 들어주는 것만으로 고통이 경감된다고 말한다. 공감과 내담자 중심의 접근이 매우 중요한 요소이며 환자가 자유롭게 자신의 이야기를 할 수 있도록 충분한 시간을 주어야 한다. 특히 화병이 생긴 사연에 대해 주의 깊게 들어주고 공감해주는 것이 1차적으로 제일 중요하다. 둘째, 충분히 이야기를 듣고 공감 표시를 반복해 가면 의사-환자 사이에 좋은 라포(rapport)가 형성되는데, 이는 여러 조언이나 지시에 환자가 잘 따르도록 만들며, 약물치료의 효과에도 도움을 준다. 셋째, 처음에 환자는 분노의 감정을 흔히 잘 드러내지 않으며 주로 신체화 증상에 대해서만 이야기한다. 그러나 의사가 환자가 드러내고 싶어 하는 화, 분노, 억울함, 분함, 한 등 환자의 속마음에 대해 적당한 시기에 질문하면 기다렸다는 듯이 쏟아 내기 시작한다. 환자의 신체화 증상에만 집중하여 면담을 진행한다면 환자는 쉽게 실망하고 치료가 잘 진행되지 않는다. 넷째, 환자들을 피해의식에 사로잡혀 있는 경우가 많아 의사가 잘못이나 문제점을 지적하면 또다시 분노하기 쉽다. 따라서 잘못이나 문제점을 지적하는 대신에 지금까지 참고 살아온 것에 대해 인정해주어야 한다. 다섯째, 병이 생기도록 참아온 결과 지금 어떤 보람이 있는지 지적해주어야 한다. 예를 들면 "참았기 때문에 자식들이 다 잘 크지 않았는가?", "그렇게 고생했기 때문에 지금 당신을 다 인정해주고 있지 않는가?" 등이 있다. 여섯째, 할 수만 있다면 가능한 한 마음의 못다한 소원, 한을 현실 속에서 풀도록 도와주어야 한다. 이런 것이 현실적으로 불가능하다면 달리 화가 풀어지도록 도와주어야 한다. 예를 들면 의사가 그 화를 인정하든지, 가족들이 인정하도록 권한다든지, 가족들이 선물을 하도록 권한다든지, 예술적 취미생활로 승화시키든지 하는 것이 이에 해당된다. 일곱째, 성급한 복수나 화풀이는 상대방에게 또 다른 상처를 만들고 화병과 한으로 이어질 수 있으므로 삼가도록 충고한다. 마지막으로 그런 고통스러운 삶을 통해 환자가 또 다른 보람을 알 수 있게 한다면 더욱 좋다. 즉, 고통을 통해 인격이 성숙해진다거나, 유머감각을 알게 되거나 인생의 문제에 대해 초월하는 정신을 깨닫거나 신앙이 깊어지는 것이 예이다.

인지행동치료

인지행동치료도 화병의 치료에 이용할 수 있다. 대표적으로 이완기법, 인지 개입, 사회기술/의사소통 기술 등을 적용할 수 있다. 이완기법은 화가 날 때 가빠지는 호흡을 의도적으로 늦출 수 있도록 교육하고 이러한 방법을 통하여 화를 가라앉히는 데 도움을 받을 수 있음을 가르치고 훈련시키는 것이다. 인지적 개입은 화를 유발하는 정보처리를 목표로 한다. 적대적인 평가, 화를 돋우는 혼잣말, 효과적이지 못한 문제해결, 경직된 기대 및 요구, 과일반화 사고, 재앙화 사고 등의 잘못된 정보처리 방식을 교정해 나가는 방향으로 치료를 진행한다. 또한 스스로 화가 나는 사건들을 기록하고, 이에 대해 좀 더 현실적이고 덜 공격적인 방식으로 대응해 나갈 수 있는 방법을 생각해 나가고 기록할 수 있다면, 또한 좀 더 차분한 방식으로 화가 나는 상황들을 상상하고 스스로를 인지적으로 이끌 수 있다면, 강한 분노는 유발되지 않으면서 좀 더 효과적으로 문제에 대응해 나갈 수 있을 것이다. 사회기술/의사소통 기술훈련은 의사소통 방법과 대인관계에서의 태도를 교정하는 것을 목표로 한다. 여기에는 자신의 행동이 다른 사람에게 미치는 영향을 인식하는 것, 상대방의 말을 끊지 않는 기본적인 경청기술, 이해를 돕기 위해 다른 말로 표현하는 것, 자신 있게 생각, 감정 및 선호하는 것을 표현하는 것, 다른 사람에게 긍정적인, 또는 부정적인 피드백을 주는 기술, 대인관계에서 적절하게 타협하고 조율하는 능력 등이 포함된다.

화병의 치료를 위해 여러 가지 다양한 인지적, 행동적 접근법들을 통합적으로 적용할 수 있다. 화병에 대한 인지행동치료 프로그램의 예는 다음과 같다. 박영주 등[36]은 인지 변화 유도, 지지체계 구성, 그리고 이완의 세 가지 요소로 구성된 화병관리 프로그램을 개발하였고, 화병의 정서·심리적 증상 및 신체화 증상 개선 효과가 있음을 보고하였다. 인지 변화 유도에는 화병의 정의, 원인, 증상 등 화병과 관련된 지식과 화날 때 자신의 표현 방식 인식, 적절한 화 표현방법에 대한 지식, 앞으로 화가 날 때 변화된 자신의 모습을 계획하는 내용이 포함되었다. 지지체계 구성에는 8~10명의 화병 여성들로 집단을 구성하여, 화병 경험을 서로 나누고 경청하도록 유도하도록 개발되었다. 이완에는 점진적 정신-신체 이완법, 호흡법, 명상과 집중 등 세 가지 방법으로 구성되었다. 그러나 프로그램 완료 후 3개월 이내에 일부 화병 증상이 다시 나빠지는 추세를 보여, 적어도 3개월 이내에 프로그램을 반복하거나 지속적인 자가 중재가 이루어질 필요성이 제기되었다.

기타 정신사회적 접근방법

집단치료, 음악치료, 정서중심 부부치료, 화병 드라마 등 다양한 치료 프로그램들이 개발되어 화병치료에 이용되고 있으나 아직 객관적으로 충분히 검증되지는 않았다.[37~39] 분노를 유발하는 상황이나 경험에 집착하지 않고, 판단하지 않고 자신을 바라보며, 감정에 대해 객관적일 수 있는 장점을 지닌 마음챙김치료가 화병치료에 효과적이라는 보고가 있다.[40]

약물치료

화병의 약물치료에 대한 체계적인 연구는 아직 없다. 다만 공격성, 우울, 불안 등 화병에서 나타나는 증상에 따라서 증상 특이적인 치료를 시행하고, 항공격성약물, 항정신병약물, 항우울제, 항불안제 등의 약물들을 조합해서 사용하는 방식이 제안되고 있다. 예를 들어 심계항진이나 홍조, 열감 등의 정신신체 증상을 조절하기 위해 베타길항제나 항콜린성 약물을 사용할 수 있다. 항경련제들도 공격성 행동에 효과적이라 한다. 동반되는 불안과 불면증에 대해서는 항불안제나 수면제를 사용할 수 있다. 두통과 신체통증에 대해서는 진통제를 사용해볼 수도 있다. 화병의 약물치료에 대한 연구는 민성길 등의 연구가 유일하다.[35] 화병이라고 자가진단한 89명의 환자(남자 16명, 여자 73명)를 대상으로 paroxetine 12.5~37.5mg을 8주간 투여했을 때 해밀턴 우울평가척도, 상태-기질 불안척도 및 화병 척도로 측정한 화병 증상의 뚜렷한 호전이 관찰되었다.

요약

화병은 심인성 또는 반응성인 만성적 분노장애이며 장기간에 동안 사회적으로 원만한 인간관계를 유지하기 위해 계속해서 자신의 분노를 참아야 하는 과정에서 화가 쌓여 발생한다. 화병의 유병률은 일반 인구집단의 4~5%에 달하며, 신경증 환자들의 20~45%가 화병에 해당된다. 주로 중년 이후의 여성에서 흔하며 사회적 수준이 낮은 경우에 많다. 유발인자로는 흔히 남편과 시부모 관계에서 받는 폭력적인 억압, 가난, 고생, 사회적 좌절 등 외상을 받게 되는 사건이 흔히 관계된다. 화병의 대표적인 증상으로는 주관적 분노, 억울하고 분함, 분노의 표출, 증오심, 한 등의 분노-복합체와 열감, 입 마름, 치밀어 오름, 심계항진, 답답함, 목·가슴의 덩어리 뭉침 등의 신체증상들이 나타난다. 화병을 DSM-IV로 진단하면 우울증이 가장 많고, 다음으로는 범불안장애와 신체형장애가 많으며 이들 진단은 공존장애로 존재하기도 한다. 그러나 이미 제안되고 있는 화병 진단기준으로 진단해보면, 우울증 등 DSM-IV 진단이 동반되지 않는 화병만 단독으로 있는 환자가 상당수 발견되고 있으며, 우울증과는 다른 특징적인 요인들을 가지고 있는 것으로 보인다. 화병의 치료로는 정신치료, 가족치료, 인지행동치료 등이 시도되고 있으며, 일부 약물치료 연구가 보고되었으나 체계적이고 객관적으로 충분히 검증되지는 않았다. 앞으로 화병에 대한 조작적 진단기준의 개정, 문화 관련성, 급성 화병 및 급성 분노장애에 대한 연구, 화병 및 분노의 생물학적 기전, 화병의 정신사회적 및 생물학적 치료 등 다양한 측면에 대한 많은 연구들이 필요하다.

참고문헌

1) Rhi B-Y. Hwabyung - An Overview. *Psychiatric Investigation* 2004;1:21-24.

2) Lin KM. Hwa-Byung: a Korean culture-bound syndrome? *Am J Psychiatry* 1983;140:105-107.

3) American Psychiatric Association. Diagnostic and Statistical Manual of Mental Disorders, fourth edition (DSM-IV). Washington D.C.: American Psychiatric Association, 1994.

4) American Psychiatric Association. Diagnostic and statistical manual of mental disorders, fifth edition (DSM-5). Burlington, VA: American Psychiatric Association, 2013.

5) Choi M, Yeom HA. Identifying and treating the culture-bound syndrome of Hwa-Byung among older Korean immigrant women: recommendations for practitioners. *J Am Acad Nurse Pract* 2011;23:226-232.

6) Min SK, Suh SY. The anger syndrome hwa-byung and its comorbidity. *J Affect Disord* 2010;124:211-214.

7) Min SK, Suh SY, Song KJ. Symptoms to use for diagnostic criteria of hwa-byung, an anger syndrome. *Psychiatry Investig* 2009;6:7-12.

8) Lee J, Kim B, Cho SJ, Kim K-H, Lee S-H, Min SK, et al. Differences in Temperament and Character Dimensions of Personality between Patients with Hwa-byung, An Anger Syndrome, and Patients with Major Depressive Disorder. *J Affect Disorders* 2012;138:110-116.

9) Spielberger CD, Ritterband LM, Sydeman SJ, Reheiser EC, Unger KK. *Assessment of emotional states and personality traits: measuring psychological vital signs*. JN Jutcher, Editor, Clinical Personality Assessment: Practical approaches, New York : Oxford University Press, 1995.

10) Deffenbacher JL. Cognitive-behavioral conceptualization and treatment of anger. *J Clin Psychol* 1999;55:295-309.

11) Min SK. Clinical correlates of hwa-byung and a proposal for a new anger disorder. *Psychiatry Investig* 2008;5:125-141.

12) Andrews G, Anderson TM, Slade T, Sunderland M. Classification of anxiety and depressive disorders: problems and solutions. *Depress Anxiety* 2008;25:274-281.

13) Jayson S. Anger: Classify it as mental disorder, researcher says. *USA Today* Aug 12 2009.

14) 민성길, 남궁기, 이호영. 홧병에 대한 일 역학적 연구. 신경정신의학 1990;29:867-874.

15) 민성길, 이만홍, 강홍조, 이호영. 홧병에 대한 임상적 연구. 대한의학협회 1987;30:187-197.

16) 김민정, 현명호. 스트레스, 사회적 지지 및 자아존중감과 남성 화병 증상의 관계. 한국심리학회지: 건강 2010;15:19-33.

17) 정준용, 김정호, 김미리혜, 김정일. 마음수련 명상이 화병, 스트레스 증상 및 대처 방식에 미치는 영향. 스트레스연구 2015;23:63-77.

18) 민성길. 화병연구. 서울: 엠엘커뮤니케이션 2009.

19) 김열규, 이시형, 전병재. 형성과 창조 2-1: 한국인의 화병: - 그 정신문화적 진단과 처방. 한국정신문화연구원. 경기: 1997.

20) Hwang YH. A study of hwa-byung in Korean Society: Narcissistic and masochistic self-disorder and Christian conversion [dissertation]. Princeton (NJ) Princeton Theological Seminary; 1995.

21) 박영주. 중년 여성과 화병. 의학행동과학 2004;3:74-80.

22) Roberts ME, Han K, Weed NC. Development of a scale to assess Hwa-Byung, a Korean culture-bound syndrome, using the Korean MMPI-2. *Transcult Psychiatry* 2006;43:383-400.

23) 이윤희. 화병의 발생기제: 생활 스트레스와 화의 경험 및 표현 그리고 성격간의 관계 [석사학위]. 대구: 대구대학교; 2003.

24) 이시형. 홧병에 대한 연구. 고의 1977;1:63-69.

25) 민성길, 박청산, 한정옥. 홧병에 있어서의 방어기제와 대응전략. 신경정신의학 1993;32: 506-516.

26) 민성길. 홧병의 개념에 대한 연구. 신경정신의학 1989;28:146-154.

27) 신혜숙, 신동수. 화병 여성의 원인지각에 대한 주관성 연구. 여성건강간호학회지 2004;20: 283-290.

28) 박경. 화병연구의 메타분석과 심리치료. 한국심리치료학회지 2014;6:23-38.

29) 최상진, 이요행. 한국인 홧병의 심리학적 개념화 시도. 한국심리학회 연차대회 학술발표 논문집 1995:327-338.

30) 민성길, 김경희. 홧병의 증상. 신경정신의학 1998;37:1138-1145.

31) 손상준. 화병의 진단기준. 화병진단에 유용한 증상 판별 [석사학위]. 서울: 연세대학교; 2007.

32) 권정혜, 김종우, 박동근, 이민수, 민성길, 권호인. 화병척도의 개발과 타당화 연구. 한국심리학회지 2008;27:237-252.

33) 민성길, 서신영, 조윤경, 허지은, 송기준. 화병척도와 연구용 화병진단기준 개발. 신경정신의학 2009;48:77-85.

34) Kang DH, Lee SH. Multiple therapeutic process of hwabyung - anthropological approach to a folk illness behavior in Korea. *J Ethnomed* 1998;14:78-86.

35) 민성길, 서신영, 전덕인, 홍현주, 박상진, 송기준. 화병 증상에 대한 Paroxetine의 효과. 대한정신약물학회지 2009;20:90-97.

36) 박영주, 김종우, 조성훈, 문소현. 화병관리프로그램 개발 및 효과. 대한간호학회지 2004;34:

1035-1046.

37) 박미선. 홧병환자들의 집단음악치료에서 동료 간의 상호작용에 의한 시너지효과: 사례연구를 중심으로 [석사학위]. 부산: 동의대학교; 2008.

38) 안혜상, 최정숙. 화병을 경험한 안내가 있는 부부에 대한 정서중심 부부치료 사례연구. 한국가족학회지 2012;20:403-429.

39) Choi YJ, Lee KJ. Evidence-based nursing: effects of a structured nursing program for the health promotion of Korean women with Hwa-Byung. *Arch Psychiatr Nurs* 2007;21:12-16.

40) 유승연, 김미리혜, 김정호. 마음챙김 명상이 중년 여성의 화병 증상, 우울, 불안 및 스트레스에 미치는 효과. 한국심리학회지: 건강 2013;19:83-98.

암환자에서의 우울증
Depression in cancer patients

전홍진*, 김희철**

성균관대학교 의과대학 삼성서울병원 정신건강의학과*, 계명대학교 의과대학 동산의료원 정신건강의학과**

암의 진단은 환자와 가족들에게 큰 영향을 준다. 심각한 우울기분, 불안, 공포가 흔히 발생한다. 암 진단을 통해 자신의 인생이 암환자로 변하는 경험을 하게 되고 암의 종류나 병기에 따라서는 죽음의 위험에 직면하게 된다. 따라서 암환자가 느끼는 우울, 불안은 어느 정도는 정상적인 반응이다. 암을 통해서 가족과 직장에서 자신의 역할이 바뀌고 수술과 항암치료를 통해서 외모에 변형이 오게 되어 자신감을 잃게 되는 경우가 많다. 통증, 구역/구토, 피로감 등의 신체증상을 통해서 우울한 기분을 느끼게 되고 암에 대한 정기검사에 대한 부담, 재발과 전이에 대한 걱정으로 만성적인 불안감에 시달리게 된다. 우울한 기분이 임상적인 우울증으로 발전하면 주요우울증(major depression disorder)에서 나타나는 우울한 기분, 의욕저하, 불면 등의 증상이 나타나면서 암의 치료와 관리뿐 아니라 전반적인 삶의 질에 심각한 영향을 주고, 이전보다 주관적 스트레스를 더 크게 느끼게 된다.

암환자에서는 복합적인 신체적, 정신적 문제로 **디스트레스**(destress)가 흔히 발생한다. 우울감 혹은 우울증은 암환자에서 가장 흔한 디스트레스 요인 중 하나이다. 신체적 부담만이 아니라 정신적, 사회적 요인이 우울증상을 시작하게 하는 데 있어서 중요한 역할을 하게 된다. 우울증상은 심하지 않을 경우 병적이지 않은 정도의 슬픔으로 오기도 하지만 심하게는 주요우울증으로도 올 수 있다. 우울증은 치료를 요하는데, 단지 정신적인 부담을 덜기 위해서만이 아니라 삶의 질 회복, 입원기간의 단축, 신체적 디스트레스의 감소, 치료 순응도의 향상 및 자살의 예방을 위해 반드시 필요하다.

K씨는 평범한 50대 중반의 여성이다. 어느 날 가슴에 멍울이 만져져서 덜컥 겁이 난 K씨는 동네 병원에 가서 진료를 받고 큰 병원에 가보는 것이 좋겠다는 말을 들었다. 불안해진 그녀는 대학병원으로 가서 검사를 받았고 유방암이라는 진단을 받았다. 남의 이야기인 줄만 알았던 암 진단을 받고 나니 불안감과 초조함에 하루하루가 괴로웠고 밤에는 잠을 잘 수가 없었다. K씨는 주변 사람들로부터 유방암 수술에 대한 이야기를 들으며 '전신마취를 했다가 깨어나지 못하면 어떡하나, 남편과 자녀들을 다시는 못 보게 되는 것이 아닐까, 수술이 잘못되면 어떻게 하지.' 하는 생각에 불안감이 고조되었다.

K씨는 젊을 때부터 걱정이 되면 잠이 잘 오지 않아 수면제를 가끔씩 복용하곤 하였다. 잠을 못 자면 기분이 울적해지고 매사에 의욕이 없다고 느꼈으나 오래 지속된 적은 없어 크게 걱정하지 않았었다. 결혼한 이후에도 잠이 잘 오지 않을 때 맥주를 한 잔 정도 마시고 자곤 해서, 암 진단을 받고 나서 지속되는 불면증에 대해 가족들이 걱정하기는 했지만 치료적 도움이 필요할 것이라고는 생각하지 않고 있었다. 3차 병원에서 유방암 확진을 받고 치료를 시작하려 할 때, 외래 진료 전 설문지를 받게 된 K씨는 CES-D라는 선별검사에서 40점의 점수를 나타내 유방암센터 담당 주치의로부터 정신건강클리닉에 내원할 것을 권유 받았다. 이후 면담에서 주요우울증으로 진단된 K씨는 약물 및 정신치료를 2주간 받은 뒤 수면제 없이도 잠을 잘 이루게 되고 불안, 초조, 우울감 등의 증상이 호전됨을 느꼈다. 수술에 대해서도 자신감이 생긴 K씨는 이후 수술 및 항암치료를 성공적으로 마치고 외래통원치료 중이다.

위 사례의 K씨처럼 다양한 신체적, 정신적 증상을 지닌 암환자들이 여러 형태의 디스트레스를 경험하는 것은 흔한 일이다. 생물학적, 정신적 요인과 사회적 요인도 다양한 방식으로 디스트레스에 기여한다. 대부분의 암환자들은 어느 시점에서든 불확실성, 통제감 결여, 의존성 증가와 같은 문제에 봉착하게 된다. 많은 암환자들은 병이 진행됨에 따라 관계나 역할의 상실뿐 아니라 고통스러운 죽음을 포함한 미래의 괴로움에 대하여 두려워한다. 대부분의 환자들이 슬픔, 비통함, 불안감과 같은 감정을 느끼게 되지만, 이러한 감정들은 의사가 희망과 고통 경감을 제공해줄 치료 계획을 명료하게 밝히고, 주변 가족이나 친구들의 지지를 받으면서 자연스럽게 해결되기도 한다. 과도하거나 오래 지속되는 디스트레스는 일상적 기능에 영향을 미치게 되며, 이러한 부분은 평가와 개입을 필요로 한다. 주요우울증에 걸리는 것은 전형적인 경과가 아니며, 삶의 질과 기능적 상태를 악화시키는 경향이 있다는 점에서 개별화된 평가와 치료가 필요한 중요한 합병증이라 할 수 있다. 초기 진단, 치료의 시작과 완결, 재발, 고통 완화 치료로의 전이 등 병의 경과 어느 시점에서든 디스트레스가 발생하게 된다.

위 사례처럼 암환자들은 다양한 신체적, 심리적 증상이 동시에 나타난다. 암환자들이 가지는 심리적인 고통을 디스트레스라고 한다. 미국의 국립종합암네트워크(NCCN)에서는 디스트레스를 다음과 같이 정의하였다.[1]

> **암에서 디스트레스의 미국 국립종합암네트워크 정의[1]**
>
> 디스트레스는 심리적인(인지, 행동, 정서), 사회적인 그리고 종교적인 측면에서의 다면적인 불유쾌한 정서 경험으로 암과 암에 의한 신체증상, 치료에 효과적으로 적응할 수 있는 능력에 지장을 초래한다. 디스트레스는 상처받기 쉽고, 슬프고 두려움 등의 흔한 정상적인 감정에서부터 장애를 유발할 수 있는 우울증, 불안, 공황, 사회적인 고립, 실존적인, 종교적인 위기까지 다양하게 나타날 수 있다.

암환자의 우울증 유병률

암환자에서의 유병률은 암의 종류, 병기, 질병 부담, 우울증상의 발견 시기 및 접근방법, 연구 대상의 인구학적 특징의 차이에 따라 다르게 나타난다. 생의 말기에 가까울수록 유병률이 높아지며 췌장암, 구강인두암, 그리고 폐암에서 높은 것으로 알려져 있다.[2,3] 암환자에서의 유병률은 주요우울증의 경우 대략 16%, 아증후군형 우울증(subthreshold depression)과 기분저하증(dysthymia)의 경우 22%로 나타난다.[4] 이러한 유병률은 일반 인구의 3배 이상으로 추정된다.[5] 비록 아증후군형 우울증이 대개의 경우 주요우울증으로 발전하지는 않지만 삶의 질에 나쁜 영향을 줄 수 있다.[6]

우울의 평가

선별

암환자에서 우울증을 발견하기 어렵게 만드는 가장 흔한 문제는 의료인들이 암환자의 우울증상에 대해서 적절히 묻지 않는다는 것이다.[7] 의사들은 디스트레스의 측정치가 높은 환자들의 3분의 1 정도만 구별해내고 있다. 따라서 보다 나은 선별 전략이 필요하다[8]. 선별검사 사용을 할 때 검사 형식과 길이, 소요 시간, 채점과 해석에 요구되는 자원들에 대한 고려가 필요하다. 임상상황에서는 암의 진료에 많은 노력이 들어가기 때문에 우울증상을 평가하는 데 많은 시간과 노력을 할애하기 어렵다. 따라서 1~2문항으로만 구성된 짧은 선별질문이 개발되었다. 표 1에 우울증상을 가진 암환자들에게 흔히 사용되는 선별도구들이 제시되어 있다.[9] 선별검사가 우울증의 발견에 도움을 주는 것이 사실이지만, 선별검사의 사용이 암환자 우울증의 치료 향상에 도움을 주었는가에 대한 결과는 확실하지 않은 실정이다. 통증과 다른 신체증상의 영향을 고려한 선별검사가 필요하다. 암 혹은 암치료로 인

표 1. 암환자 우울증의 선별도구

Beck depression inventory (BDI)
Beck depression inventory-short form (BDI-SF)
Brief symptom inventory (BSI)
Brief version, Zung self-rating depression scale (BZSDRS)
Center for epidemiologic studies depression scale (CES-D)
General health questionnaire (GHQ)
Hamilton rating scale for depression (Ham-D)
Hospital and anxiety depression scale (HADS)
Montgomery asberg depression rating scale (MADRS)
Profile of mood states (POMS)
Rotterdam symptom checklist (RSCL)
Zung self-rating depression scale (ZSRDS)

한 신체증상으로 인해서 우울선별검사의 점수가 높게 측정되는 경향이 있다. 따라서 보다 높은 절단점수(cut-off scores)가 선별 정확도를 높이는 데 필요하다.[10]

결국 우울증 진단에 있어 중요한 기준은 초기의 자기보고식 설문지와 정신건강의학과 전문의의 진단적 면담을 포함하는 두 단계의 선별 절차라고 할 수 있다.

Wakefield 등의 암환자 우울증평가도구에 대한 메타리뷰 연구에 의하면 Hospital Anxiety Depression Scale(HADS)는 널리 사용되고 있지만 평가를 위한 절단점에 한계가 있고 선별 도구로는 중간 정도이고 진행암이나 완화 치료하는 경우에는 평가에 도움이 되지 않는다고 하였다.[11] 이에 비해서 Beck Depression Inventory(BDI)는 암의 종류와 병기에 상관없이 널리 사용할 수 있고 선별과 우울증 케이스를 발견하는 데 좋다고 하였다. CES-D(The Center for Epidemiologic Studies Depression Scale)는 치료반응을 평가하는 데 가장 좋은 도구라고 하였다. 따라서 암환자의 평가에 있어 목적에 따라 도구의 선택을 달리할 필요가 있다.[11] 디스트레스를 측정하기 위해서는 디스트레스 온도계(distress thermometer : DT)를 사용할 수 있으며 한국어로 표준화되어 있다.[12] 우울증과 디스트레스를 함께 평가하는 것이 도움이 될 수 있다.

암환자의 우울증 진단

암치료 상황에서 우울증을 일으키는 데 기여하는 요소에 대해 잘 아는 것은 매우 중요하다. 암이 환자에게 갖는 의미, 신체적 정신적 증상에 대한 부담감, 사회적 맥락, 암과 암의 치료가 갖는 잠재적 신경정신의학적 영향 등에 대해서 자세히 파악해야 한다. 이러한 접근방법은 단지 우울증상에만 초점을 맞출 뿐 아니라 우울증을 시작하게 하고 지속시키게 하는 요인들에 대해서도 주의를 집중하도록 한다.

주요우울삽화는 개인이 우울감이나 무쾌감증을 거의 매일 2주간 지속적으로 경험하면서 식욕증가/감소, 불면증/과다수면, 정신활동초조/지연, 피로감, 죄책감/무가치감, 집중력 감소, 자살사고를 포함한 죽음에 대한 생각 등에서 네 가지 이상의 증상을 경험할 때 진단된다. 수면과 식욕, 에너지 수준의 변화나 정신활동 수준, 집중력 등과 같이 우울증의 신체적 증상은 암 자체의 증상이나 암치료로 인한 증상과 상당 부분 중첩된다. 우울증 암환자를 평가하는 데 있어서 정신적인 증상(우울감, 무쾌감증, 죄책감, 무가치감, 절망감, 무력감, 자살사고)과 앞서 언급된 신체적 증상 중 정신적인 요인을 임상적으로 우선적으로 고려하는 것이 중요하다. 우울증상이 지속적이고 환경적 요인에 의해 반응적이지 않을 때, 심각한 신체질환으로 인한 정상적 슬픔과 구분하여 주요우울증으로 진단할 수 있다.

암으로 인한 우울증은 1차적, 혹은 2차적 뇌종양과 같이 질병의 직접적인 생리적 효과가 우울삽화를 유발했을 때 진단된다. 암에서 발생하는 염증유발 사이토카인으로 인해서 현저한 신체증상을 동반한 주요우울삽화의 발병을 초래할 수 있으며, 우울증이 급성 암 진행 과정에서 발병하는 경우 해당 진단을 고려해볼 수 있다. 물질로 유발된 우울증은 대개 인터페론-알파 혹은 인터루킨-2와 같은 외인성 사이토카인과 코르티코스테로이드를 사용하는 암치료 중에 발병할 수 있다.[13] 용량을 줄이거나 중단하는 것이 항상 가능한 대안은 아니기 때문에 부수적으로 항우울제를 처방하기도 한다. 활동저조형 섬망(hypoactive delirium)이 우울증과 유사하게 나타나기도 하는데, 환자는 관심사에 대한 관심과 동기가 감소하고 자살사고를 보고할 수도 있다. 지각장애뿐 아니라 의식장애, 주의와 인지의 장애는 섬망에서 발생할 수 있는 소견이다. 섬망과 우울증에 대한 개입방법은 크게 다르기 때문에 암환자의 우울증을 평가할 때 섬망이 있는지 여부가 배제되어야 한다. 섬망 상태의 환자에게 내재한 우울증이 있을 수도 있지만, 우선적으로 섬망을 치료한 뒤 기분증상을 재평가하는 것이 필요하다.

암환자들에게서 우울한 기분과 통증 및 피로를 포함하는 신체증상 간에는 복잡한 관계가 존재한다. 급성통증을 경험하는 환자는 우울감, 절망감, 자살사고 등을 표현하는 경우가 있다. 마찬가지로 우울한 기분은 신체증상에 대한 몰입을 강화하고 신체증상의 디스트레스를 높일 수 있다. 우울감과 신체증상의 이런 상호관계는 질병에 적응하기 위해 반응하게 되는 '질병행태(sickness behavior)'의 관점에서 볼 수 있다. 이러한 행동들은 신체증상을 주요하게 가지고 있는 환자에서 아증후군형 우울증의 형태로 나타날 수도 있고, 이는 주요

우울증으로 발전될 가능성이 있다.[14]

　마지막으로, 임상가들은 양극성장애의 가능성에 대해 주의를 기울여야 한다. 조증이나 경조증의 개인 과거력 혹은 가족력이 있는 경우에는 특히 더욱더 조증 및 혼합형 양상이 있는지 잘 감별해야 한다.

우울증 진단의 방해물

암환자의 우울증 진단에는 여러 가지 방해물이 존재한다[15]. 우울증 진단 시 신체적 증상으로 인한 문제가 아닌지 확인해야 한다는 어려움이 있고, 복잡한 종양내과에서 우울증 치료의 효과를 설득하기에 시간이 충분하지 않다. 심리사회적 개입에 대해 협진 의뢰가 필요할 수도 있다. 정신과적 진찰이나 치료에 대한 편견이나 인식 부재도 우울증 진단을 어렵게 한다. 그러나 관련 서비스에 대하여 안내를 받은 우울증 환자들도 항암치료나 신체증상에 대한 치료에 대해서만 관심을 가지는 경우가 많으며 자신의 우울감에 대하여 보고하고 정신건강의학과나 정신종양클리닉 치료실을 찾기 망설여질 수 있다. 특히 진단 직후에는 더더욱 그러하다. 일반 인구와 마찬가지로 암환자들도 정신과 약물의 부작용에 대해 걱정을 하며, 심리사회적 서비스를 찾는 것에 대한 사회적 편견 때문에 정신적 고통에 대해 보고하는 것을 꺼릴 수도 있다. 환자 중에는 암치료에 대한 투지를 불태우는 것이 치료에 긍정적인 효과를 줄 것이라 믿고, 부정적인 태도로 비춰지는 것을 피하고, 디스트레스에 대해 털어놓는 것도 참으려 한다. 정신적 증상에 대해 보고하는 것에 문화적 배경이 영향을 미치기도 한다. 아시아 환자들은 정신적인 증상보다 신체적인 증상에 더 무게를 두는 경향이 있다.[16]

암환자의 우울증 위험요인

암환자의 우울증 발병 위험요인으로 젊은 연령층, 사회적 지지 부족, 질병의 진행 등이 있다. 일반 인구에서 주요우울장애는 여성에게서 더 흔하지만, 암환자 집단에서의 우울증은 성별 차이가 일관되지 않게 나타난다. 코르티코스테로이드, 외인성 사이토카인, 호르몬요법, 항암치료와 같은 암치료 기법은 우울증상 발현에 영향을 미친다(표 2 참조).[17] 표 3에 암환자의 우울증에 영향을 미치는 것으로 알려진 생물정신사회적 위험요인이 제시되어 있다.[17]

표 2. 우울증에 영향을 미치는 항암치료제

Corticosteroids	Cyproterone	Vinorelbine
Interferon-alpha	Leuprolide	Procarbazine
Interleukin 2	Vincristine	Asparaginase
Tamoxifen	Vinblastine	Paclitaxel
		Docetaxel

표 3. 암환자 우울증과 관련된 생물심리사회적 위험요인

암 관련 요인	정신적 요인	사회적 요인
• 젊은 연령에서의 발병 • 진행된 암 • 신체적 기능 저하 • 통증 • 피로감 • 종양의 위치 : 췌장, 두경부, 폐	• 우울증의 개인력 및 가족력 • 알코올오남용, 물질사용장애 • 최근 상실 경험 • 스트레스 사건 • 외상/학대의 개인력 • 불안/회피형 애착 태도 　－낙관적인 태도가 적음 　－부정적 정서 표현에 대한 양가감정 • 낮은 자존감	• 가족적 · 사회적 지지 부족 : 　이혼, 별거, 독신 • 낮은 사회적 기능 • 경제적 어려움

우울증의 생물학적 기제

암환자의 우울증에 대한 병태생리학의 연구는 심리신경면역학적 경로에 초점을 맞추고 있다. 자연살해세포(natural killer cell : NK 세포) 활동수준이 낮은 것은 우울과 관련이 있다. 또한 우울증 환자의 생활 스트레스, 흡연, 정신운동지연, 불면증, 불안과 알코올의존이 동반된 경우는 암환자에게서 흔히 나타나는 요인들로서 NK 세포 활동 저하에 기여한다.[18] 우울증상을 보이는 담도계 암환자 23명과 77명의 우울하지 않은 암환자와 비교 시 NK 세포의 수가 유의미하게 낮게 나타났다.[19] 항우울제 사용이나 집단치료는 우울증 환자의 NK 활동을 촉진시킨다는 결과도 제시되었다.[19] 염증유발 사이토카인의 활성화는 sickness syndrome을 야기하는데, 이 증후군의 증상은 무쾌감증, 피로감, 식욕부진, 체중감소, 불면증, 인지적 장애, 정신운동지연, 통각 과민 등을 포함하며 주요우울증의 증상과 상당 부분 중첩된다. IL-6, IL-1, IL-12, 종양괴사인자(tumor necrosis factor : TNF) 등을 포함하는 사이토카인 수준 증가는 우울증 환자에게서도 발견되는 현상이다. 사이토카인은 부신피질자극호르몬 방출인자(corticotropin-releasing factor : CRF)를 활성화시킴으로써 시상하부-뇌하수체-부신피질(HPA) 축을 자극하는 것뿐만 아니라 모노아민, 트립토판, 갑상선호르몬의 물질대사를 변화시킴으로써 우울증을 야기할 수도 있다.[20] 악성흑색종 환자에게 인터페론-알파와 같은 외인성 사이토카인을 시행하면 우울증이 발생할 수도 있다고 알려져 있으나,[21] 최근의 한 연구는 양자 간의 관련성이 있으나 우울삽화의 발생위험이 높지는 않다는 결과를 발표했다.[22] 최근 사이토카인 안타고니스트와 같이 심리신경면역학적인 경로를 조절하는 새로운 치료법이 개발되고 있는데, 우울증상도 함께 치료 대상으로 고려할 필요성이 제기되고 있다.

우울증이 암에 미치는 영향

우울한 암환자들은 삶의 질이 낮고, 의학적 치료에도 덜 순응적이며, 입원 기간도 긴 것으로 보고되고 있다.[23] 일반적인 의학적 치료에 대한 순응도에 우울이 미치는 영향을 조사한 메타분석 연구결과를 보면, 우울한 환자들은 그렇지 않은 환자들에 비해 순응도가 3배 정도 낮은 것으로 나타났다.[24] 또한 우울증으로 인해서 암환자들이 각자의 예후에 대한 정보를 이해하고 처리하는 능력에 지장을 받기도 한다.

암의 발병이나 진행, 예후에 우울이나 다른 정신적 요인들이 어떤 영향을 유발하는지 연구했다. 2004년에 시행된 한 리뷰 연구에서는 70개의 연구를 검토한 후, 우울을 포함한 그 어떤 정신적 요인도 암의 발병과 진행에 영향을 미치지는 않는다는 결론을 내렸다.[25] 하지만 억압이나 무력감, 만성우울은 예후에 영향을 미치는 것으로 확인되었다. 우울과 암 발병과의 관계에 대한 근거는 우울과 암 진행의 관계에 대한 근거보다 충분치 않다.[26] 암환자에서 우울증과 스트레스가 암의 성장과 전이를 촉진시킨다는 가설이 있다.[27]

대부분의 연구자들은 우울과 암환자들의 사망률이 다수의 생리적 기제(염증유발 사이토카인의 증가, NK 세포 수의 증가)와 행동적 기제(치료 불순응, 흡연, 음주, 자살)를 포함한 복잡한 관계를 가지고 있다는 점에 동의한다.[28] 따라서 암환자들의 우울을 치료하는 것이 그들의 생존기간을 연장하는지의 여부는 불분명하더라도, 치료 순응도를 개선하고 삶의 질을 증진시킬 기회를 얻을 가능성이 있다.

암환자 우울증과 자살

자살은 국내에서 사망원인의 5위를 차지하고 있으며 OECD 1위의 발생 빈도로 인해 사회적으로 심각한 문제가 되고 있다. 2015년 현재 한 해 동안 인구 10만 명당 26.5명이 자살로 생을 마감하였다.[29] 특히 자살은 10~39세까지 사망원인의 1위이며 40~59세에서는 암에 이어 2위를 차지하고 있다. 암으로 인한 사망자는 인구 10만 명당 150.8명으로 나타났는데, 자살사망자는 암으로 인한 사망의 17.6%에 달하는 숫자를 나타냈다. 국내 연구에 의하면 암환자에서 자살로 인한 사망이 남녀 모두, 전 연령에서 일반 인구보다 약 2배 높은 것으로 나타났다[30](그림 1, 2 참조). 특히 췌장암, 폐암, 담도암 등 치명률이 높은 암에서 자살로 인한 사망률이 높게 나타났다.[30] 자살로 인한 사망은 암으로 인한 직접적인 사망이 아닌 암환자 사망의 네 번째 원인으로 나타났다[31](그림 3 참조).

사회적 지지는 암환자들에게 삶의 의지를 더해주고[32] 우울증을 줄여주는 보호작용을 한다.[33] 말기 환자들에게서 종종 나타나곤 하는 부정적인 예후나 섬망, 통증조절 실패, 우울, 절망감과 같은 요인들은 자살위험을 높이는 경향이 있다. 절망감은 우울감보다 자살의 더 강력한 예측변인이다.[34] 서둘러 죽고 싶은 욕구(desire for hastened death : DHD)에 대한 연구를 통해서 말기 암환자들의 1~ 17%가 자연사하거나 자살, 혹은 안락사하고 싶은 욕구를 가지고 있음을 확인하였다.[35] 반면에 말기 위장암 환자들과 폐암환자 326명 중 2%만이 서둘러 죽고 싶은 욕구를 보고한 것을 볼 때 모든 경우에 높게 나타나는 것은 아니다.[36] 이들 중 20%는 유의미한 우울감과 절망감을 보고했으며, 50%는 신체적 통증과 증상들을

그림 1 국내 암환자와 일반 인구에서 자살률의 비교, 1993~2005년(남성 446,778명)

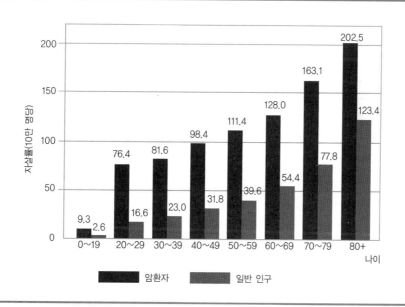

출처 : Ahn et al.[30]에서 인용함.

그림 2 국내 암환자와 일반 인구에서 자살률의 비교, 1993~2005년(여성 369,517명)

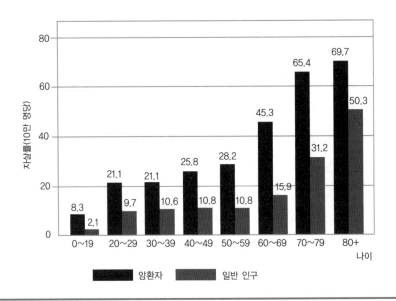

출처 : Ahn et al.[30]에서 인용함.

그림 3 암환자의 암에 의한 직접적이 아닌 사망원인

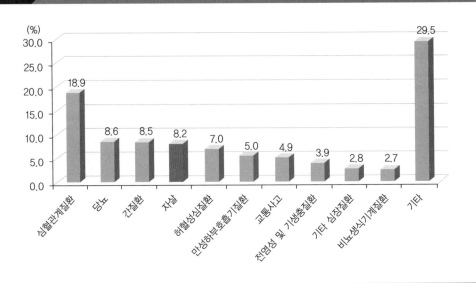

출처 : Shin et al.[31]에서 인용함.

보고하고 있었다. DHD는 절망감과 우울, 신체적 고통과 정적인 상관관계를 보이며, 신체적 기능과 영성, 사회적 지지, 자기 존중감과는 부적인 상관관계를 보인다.

자살사고를 보이는 환자 중 견디기 힘든 통증을 통제하고자 하는 욕구와 우울증을 구별하는 것은 매우 중요하며, 이후 치료적 개입에도 중요한 영향을 미친다. 자살사고를 보이는 암환자들을 관리할 때에는 문제의 맥락을 조심스럽게 고려해야 하며, 신체적인 고통(예 : 통증, 오심, 피로)과 정서적 고통(예 : 우울, 불안, 수면장애, 혼란)을 규명하고 완화시켜 주는 것이 무엇보다 중요하다. 비록 예후가 나쁘다 하더라도, 삶의 질을 더 증진시키기 위해 할 수 있는 일들이 많다는 점을 알리는 것은 환자를 안심시키는 데 도움이 된다. 또한 지지적인 태도로 환자의 옆을 지키면서 환자나 가족들이 필요로 할 때 그 자리에 있어 주는 것은, 유기에 대한 불안을 줄여주고 위태로운 시기를 넘기는 데 도움이 될 수 있다.

자살사고를 지닌 환자를 입원시킬 때에는 자살계획의 유무와 그 치명성, 실제 자살시도에 대한 평가를 실시해야 한다. 만일 자살사고를 지닌 환자가 정신과적 증상에 영향을 미치는 생리적 원인을 가지고 있지 않다면, 정신과에 입원시키는 것을 고려해야 할 수 있다. 하지만 환자가 말기에 접어들어 정신과에 입원하기에는 너무 병환이 깊다면, 24시간 동안 안전하게 치료적 도움을 받을 수 있는 암치료 관련 병동이나, 말기 환자 간병시설, 호스피스 시설에 환자를 수용하는 것이 바람직할 수 있다.

치료

정신사회적 개입

우울한 암환자를 생물정신사회적 관점에서 이해하는 것은 매우 중요하다. 우울한 증상 그 자체와 암과 관련된 요인들, 그리고 암환자의 우울증을 유발하는 심리사회적 요인들을 이해하게 될 때 비로소 암환자 개인에게 적절한 치료를 제공할 수 있게 된다. 질병과 예후에 대한 환자의 이해, 암과 신체증상의 경험, 현재의 스트레스 요인, 개인적인 관계의 문제 등을 사려 깊게 살펴보는 것이 중요하다. 이를 통해 개인화되고 종합적인 치료 계획을 세울 수 있게 된다.

비록 항우울제는 심각한 정도의 우울증 환자에게 가장 유용하지만,[37] 정신적인 치료는 약한 증상에서부터 심각한 우울증상의 환자에게 도움이 된다는 측면에서 가치가 있다.[38] 정신치료적 접근은 우울증상을 완화하고 예방하는 데 도움이 될 수 있는데, 이는 정신건강의학 전문가가 제공하는 개입뿐 아니라 환자와 직접 대면하는 의료 제공자에게도 치료적 지지를 포함하기 때문이다. 비록 우울증에 특정되지 않지만, 의료 제공자와의 관계를 지지적으로 인식하고, 의료진과 좋은 의사소통을 하고 있다고 생각하는 환자들이 더 적게 디스트레스를 보고한다고 알려져 있다.[39]

몇몇 나라에서는 암환자들에 대한 심리사회적 치료에 대한 지침이 이미 개발되어 있으며, 치료와 관련된 의사결정에 도움을 주고 있다. 미국 국립종합암네트워크에서는 디스트레스 관리를 1999년 공표하였고 캐나다, 호주, 영국, 이탈리아 등에서도 암환자의 정신건강에 대한 권고안이 있다. 우리나라에서도 2008년 암환자의 삶의 질 향상을 위한 디스트레스 관리권고안을 발표하였다. 현재 국내 대형병원에서는 암센터 내에 정신건강센터를 운영하며 암환자의 우울장애와 같은 정신질환을 조기에 발견하여 전문적인 치료를 제공하기 시작하여, 내원하는 환자도 최근 수년간 증가 추세에 있다.

정신사회적 개입으로 우울증과 우울증상이 개선될 수 있지만, 체계적 리뷰에서 우울증자체와 우울증상 변화를 검토했을 때 이와 관련된 근거는 현저하게 낮아진다.[40] 불치 판정을 받은 진행암 집단도 마찬가지이다. 우울증에 효과가 있는 것으로 알려진 개입방법은 상담/정신치료, 상담/이완요법, 간호사 주도 개입(정신사회적 교육, 문제해결, 종양학과 정신의학의 조합 등), 종양학과 정신의학적 접근 및 교육 등이 있다.[41,42] 유방암 환자를 대상으로 한 연구에서 이완요법만 받은 집단에서보다 이완요법과 지지적-표현적 집단치료를 함께 받은 집단에서 임상적 우울증이 예방되었다.[43] 인지행동치료나 자조집단 등도 우울증상을 감소시킨다는 근거가 있다. 그러나 지금까지의 연구를 통해 볼 때 우울증으로 진단받은 진행암 환자에 대한 정신사회적 개입만으로 치료의 효과를 충분히 지지하는 근거는 부족하다.[40]

정신사회적 치료는 환자에게 개별적으로 혹은 집단으로 이루어지거나 배우자, 가족들과 함께 시행되는 경우도 있다. 우울증을 가지고 있는 암환자 치료 시 대인관계나 정신역동적인 접근을 포함한 다양한 모델을 포함하는 것이 바람직할 것이다. 진행암이나 말기 암환자 집단을 대상으로 할 때는 실존주의, 인생 이야기, 존엄성 보전, 의미 중심적 개입방법이 보다 적합할 수 있다. 지지적이고 타당화해주며 비판단적인 분위기와 현실적인 안심시키기, 우선적인 강점과 대처법을 강조하는 것 등이 치료적으로 도움이 될 것이다. 우울한 암환자에게 희망과 절망 사이에서 균형을 잡고 불확실성을 감내하며 살아가는 것은 어려운 과제이며 이에 지지적이고 행동적인 개입방법이 적용 가능할 것이다.[17]

약물치료

어떠한 약을 선택할 것인가에 대해서 몇 가지 고려해야 할 점이 있다. 이전의 치료반응, 내과적 공존질환, 잠재적 약물 상호작용, 투약 경로 등이 그것이다. 몇몇 암환자는 경구 투여가 어려울 수 있다. 치료효과의 지연, 기대되는 환자의 예후, 현재 신체증상의 양상(예 : 통증, 불면, 초조 등) 그리고 항우울제의 부작용 등이 중요한 고려사항이 되어야 할 것이다.

SSRI와 SNRI

선택적 세로토닌 재흡수억제제(Selective Serotonin Reuptake Inhibitors : SSRI)와 세로토닌-노르에피네프린 재흡수억제제(Serotonin Norepihephrine Reuptake Inhibitors : SNRI)는 내약성과 안전성 때문에 우울증 치료에 우선적으로 사용되는 경향이 있다. 이 두 약물은 모두 우울증 치료에 효과적이며, 적정량을 2~4주 정도 투약할 경우 우울증상이 호전되는 것으로 알려져 있다. 하지만 일반 우울증 환자에서와 마찬가지로 암환자에서도 반응이 없거나 부분적인 반응을 보이는 경우가 흔히 발생한다.

SSRI 계열 약물들은 유사한 부작용을 유발한다. 여기에는 위장 관련 장애와 두통, 피로감, 불면증, 성기능장애가 포함되고, 복용 초기에 불안감이 증가하는 경향도 있다. fluoxetine은 반감기가 길기 때문에 항암요법을 변경할 계획이 있는 환자에게는 사용에 주의해야 한다. CYP450 시스템을 통해 대사작용이 이루어지는 항암치료가 약물과 상호작용할 위험이 있기 때문이다. 다른 SSRI 계열 약물들은 반감기가 상대적으로 짧은 편이며(약 24시간), 갑작스럽게 중단할 경우(예 : 수술 직후, 급성 장폐색으로 경구복용이 불가능한 경우) 정신의학적 증상이나 위장 관련 증상, 신경학적 증상, 감기 증상이 나타날 수 있다.

항우울제 관련 저나트륨혈증이 사례연구나 후향적 차트 리뷰, 환자 대조군 연구, 전향적 관찰연구를 통해 보고되어 왔다.[44] 환자의 전해질 수준을 정기적으로 모니터할 필요가 있는데, 추가적인 위험요인을 가지고 있는 암환자들은 특별히 주의를 더 기울여야 한다.

출혈 위험 또한 SSRI 계열 약물 사용 시 많이 보고되는 부작용으로 위장관 출혈이 가장 많이 나타나고, 좀 더 적은 빈도이긴 하지만 자궁 출혈이 발생하기도 한다.[45] 이는 SSRI 계열 약물들이 세로토닌 수용체에 영향을 미쳐 혈소판 세로토닌을 고갈시키고, 혈액응고를 저해하여 출혈 위험을 높이기 때문인 것으로 알려져 있다. 특히 아세틸살리실산(acetylsalicylic acid : ASA)이나 비스테로이드성 항염증제(nonsteroidal antiinflammatory medications : NSAIDs)를 복용하고 있는 환자들의 경우 이러한 작용에 매우 취약한 경향이 있다.

기타 다른 기전의 항우울제

bupropion은 노르에피네프린 재흡수억제제인 동시에 도파민 재흡수억제제로 암환자들의 성기능과 피로감을 개선하는 것으로 알려져 있다.[46,47] mirtazapine은 노르아드레날린과 세로토닌을 활성화시키는 항우울제로서 히스타민(H1) 수용기에 대한 친화력이 높고 5HT2와 5HT3 수용기에 대해서는 길항제의 역할을 한다. 우울증상, 불안 감소, 진정, 식욕 촉진, 항구토 효과가 있으며 이를 통해 암환자의 우울증과 체중감소를 동시에 호전시킬 수 있는 장점이 있다. trazodone은 약하나 특정한 세로토닌 억제제이자 시냅스 후 세로토닌 수용체 억제제로서 불면증 치료에 쓰인다. 100mg 이하로 처방하게 된다. 약물의 알파 수용체 차단효과로 인해 기립성 저혈압, 어지러움의 위험이 있어 나이든 환자에서 낙상의 위험에 대해 주의해야 한다.

TCA

부작용 증상들로 인해 첫 번째로 고려되지는 않으나, 우울증에서 쓰이는 용량보다 작은 용량으로 신경병적 통증에 쓰인다. 고령의 환자에서 쓸 때에 이 약들의 항콜린 작용으로 인해 주의를 요한다. 변비, 소변 저류, 혼돈 등이 있을 수 있으며 알파 수용체 차단으로 인해 기립성 저혈압을 일으킬 수 있어 낙상에 유의하여야 한다. 무스카린 수용체 차단효과로 인해 심장전도에 영향을 줄 수 있어 부정맥의 병력이 있는 경우 사용을 주의하여야 한다.

정신자극제

빠른 작용 효과로 인해 메틸페니데이트 같은 정신자극제가 우울한 암환자에 있어 에너지를 높이는 차원으로 쓰이곤 한다. 그러나 우울증을 감소시키는 효과에 대한 증거는 단 하나의 무작위배정시험이 있을 뿐이다. 드물게 이러한 약의 고용량 사용이 편집성 정신증의 발생과 관련이 있다고 보고된다. 심혈관 작용의 자극으로 인해 고혈압이나 부정맥이 있는 환자에서는 사용하지 않는 것이 좋다.

부작용

모든 항우울제는 심각한 부작용을 나타내는데, 골다공증을 증가시키거나 나이든 환자에서 골절을 증가시키고, 유의하게 위장관 출혈과 저나트륨혈증의 유병을 증가시킨다. 드물지만 심각한 부작용으로는 세로토닌증후군으로 알려진 세로토닌 독성이 있다. fentanyl,

표 4. 암환자 우울증에 사용되는 약물

약물	하루 시작 용량 mg (po)	하루 치료 용량 mg (po)	참고
SSRIs			
Fluoxetine	20	20~40	긴 반감기(5주), 식욕감소
Sertraline	25~50	50~200	상대적으로 작은 약물 상호작용
Paroxetine	10~12.5	20~25	항콜린성 효과, 체중증가, 졸림
Escitalopram	5~10	10~20	상대적으로 작은 약물 상호작용
Fluvoxamine	25	50~300	졸림, 큰 약물 상호작용
SNRIs			
Venlafaxine	37.5	75~300	일과성 열감효과, 신경병증 통증에 대한 부가요법, 고용량에서 이완기 혈압상승
Desvenlafaxine	50	50~200	상대적으로 작은 약물 상호작용, 일과성 열감효과
Duloxetine	30	30~60	당뇨병성 신경병증치료, 통증증후군
Milnacipran	12.5~25	50~100	당뇨병성 신경병증치료, 통증증후군
Mixed Action			
Mirtazapine	7.5~15	15~30	졸림, 불안감소, 진토작용, 식욕 자극 구강 내 붕해용 가능
Vortioxetine	5	5~20	인지 개선
Bupropion	150	150~300	정신자극, 경련 위험, 체중 및 성기능에 대한 최소 효과, 금연에 사용
Trazodone	25	25~50	기립성 저혈압, 지속 발기증
Psychostimulants			
Methylphenidate	2.5 q am, 2.5 q noon	5~60	불면, 불안, 진전, 고혈압, 혼돈, 섬망

출처 : Holland et al.[17]에서 인용함.

tramadol 같은 진통제, metoclopramide와 ondansetron 같은 진토제를 같이 사용했을 때 위험은 더 커진다. 세로토닌 독성의 증후로는 급성 자율신경계 불안정 증상, 혼돈, 진전, 신경근육 증상들이 있다. 아주 심할 경우 경련, 혼수상태, 죽음에까지 이를 수 있다. 의심될 경우 모든 세로토닌 관련 약을 중단하고 주의 깊게 모니터하고 보존적 치료를 제공하여 그러한 증상이 완화되도록 한다.

약물 상호작용

잠재적인 약물 상호작용을 반드시 고려해야 한다. 왜냐하면 항우울제는 항암제의 간대사에 영향을 주는 CYP450 효소에 영향을 줄 수 있기 때문이다. tamoxifen은 이러한 맥락에서 가장 많이 연구된 약물이다. fluoxetine과 paroxetine은 강한 2D6 억제작용으로 tamoxifen을 약물작용을 하는 대사활성체인 4-hydroxy-N−desmethyl-tamoxifen(endoxifen)로 전환하는 것을 막아 약물의 효과를 감소시키는 경향이 있다.[48] 다만 이러한 작용이 유방암 환자의 재발률 또는 생존에 영향을 주지 않는다는 최근의 연구결과도 있다. 그러나 향후 연구결과가 이러한 논란을 해결할 것으로 보이며, CYP 2D6를 억제하는 약물을 피하고 venlafaxine 이나 escitalopram 같이 상호작용이 적은 약을 선택하는 것이 좋을 것으로 보인다.

요약

암환자의 약 16%에서 우울증이 발병하며, 여러 부정적인 영향을 미치게 된다. 따라서 삶의 질 관점에서 우울증의 확인과 관리가 매우 중요하다. 일반 인구를 대상으로 한 연구에서 추론된 내용 및 지금까지의 연구결과 등을 바탕으로 하여 암환자의 생물정신사회적 필요에 기반한 개별화된 개입이 필요할 것이다.

참고문헌

1) Steinberg T, Roseman M, Kasymjanova G, Dobson S, Lajeunesse L, Dajczman E, et al. Prevalence of emotional distress in newly diagnosed lung cancer patients. *Support Care Cancer* 2009;17:1493−1497.

2) Brintzenhofe−Szoc KM, Levin TT, Li Y, Kissane DW, Zabora JR. Mixed anxiety/depression symptoms in a large cancer cohort: prevalence by cancer type. *Psychosomatics* 2009;50:383−391.

3) Lo C, Zimmermann C, Rydall A, Walsh A, Jones JM, Moore MJ, et al. Longitudinal study of depressive symptoms in patients with metastatic gastrointestinal and lung cancer. *J Clin Oncol* 2010;28:3084−3089.

4) Mitchell AJ, Chan M, Bhatti H, Halton M, Grassi L, Johansen C, et al. Prevalence of depression, anxiety, and adjustment disorder in oncological, haematological, and palliative−care settings: a meta−analysis of 94 interview−based studies. *Lancet Oncol* 2011;12:160−174.

5) Kessler RC, Chiu WT, Demler O, Merikangas KR, Walters EE. Prevalence, severity, and comorbidity of 12−month DSM−IV disorders in the National Comorbidity Survey Replication. *Arch Gen Psychiatry* 2005;62:617−627.

6) Rowe SK, Rapaport MH. Classification and treatment of sub−threshold depression. *Curr Opin Psychiatry* 2006;19:9−13.

7) Taylor S, Harley C, Campbell LJ, Bingham L, Podmore EJ, Newsham AC, et al. Discussion of emotional and social impact of cancer during outpatient oncology consultations. *Psychooncology* 2011;20:242−251.

8) Fallowfield L, Ratcliffe D, Jenkins V, Saul J. Psychiatric morbidity and its recognition by doctors in patients with cancer. *Br J Cancer* 2001;84:1011−1015.

9) Hoffman MA, Weiner JS. Is Mrs S depressed? Diagnosing depression in the cancer patient. *J Clin Oncol* 2007;25:2853−2856.

10) Carey M, Noble N, Sanson−Fisher R, MacKenzie L. Identifying psychological morbidity among people with cancer using the Hospital Anxiety and Depression Scale: time to revisit first principles? *Psychooncology* 2012;21:229−238.

11) Wakefield CE, Butow PN, Aaronson NA, Hack TF, Hulbert−Williams NJ, Jacobsen PB, et al. Patient−reported depression measures in cancer: a meta−review. *Lancet Psychiatry* 2015;2:635−647.

12) Shim EJ, Shin YW, Jeon HJ, Hahm BJ. Distress and its correlates in Korean cancer patients: pilot use of the distress thermometer and the problem list. *Psychooncology* 2008;17:548−555.

13) Kainth A, Hewitt A, Sowden A, Duffy S, Pattenden J, Lewin R, et al. Systematic review of interventions to reduce delay in patients with suspected heart attack. *Emerg Med J* 2004;21:506−508.

14) Loftis JM, Huckans M, Morasco BJ. Neuroimmune mechanisms of cytokine−induced depression: current theories and novel treatment strategies. *Neurobiol Dis* 2010;37:519−533.

15) Greenberg DB. Barriers to the treatment of depression in cancer patients. *J Natl Cancer Inst Monogr* 2004:127−135.

16) Bailey RK, Geyen DJ, Scott−Gurnell K, Hipolito MM, Bailey TA, Beal JM. Understanding and treating depression among cancer patients. *Int J Gynecol Cancer* 2005;15:203−208.

17) Holland JC, Breitbart WS, Jacobsen PB, Lederberg MS, Loscalzo MJ, McCorkle. *Psycho-oncology*, 2nd Edition: Oxford Press;2010.

18) Irwin MR, Miller AH. Depressive disorders and immunity: 20 years of progress and discovery. *Brain Behav Immun* 2007;21:374−383.

19) Steel JL, Geller DA, Gamblin TC, Olek MC, Carr BI. Depression, immunity, and survival in patients with hepatobiliary carcinoma. *J Clin Oncol* 2007;25:2397−2405.

20) Raison CL, Miller AH. Depression in cancer: new developments regarding diagnosis and treatment. *Biol Psychiatry* 2003;54:283−294.

21) Musselman DL, Lawson DH, Gumnick JF, Manatunga AK, Penna S, Goodkin RS, et al. Paroxetine for the prevention of depression induced by high−dose interferon alfa. *N Engl J Med* 2001;344:961−966.

22) Bannink M, Kruit WH, Van Gool AR, Sleijfer S, van der Holt B, Eggermont AM, et al. Interferon-alpha in oncology patients: fewer psychiatric side effects than anticipated. *Psychosomatics* 2008;49:56-63.

23) Newport DJ, Nemeroff CB. Assessment and treatment of depression in the cancer patient. *J Psychosom Res* 1998;45:215-237.

24) Rosenthal R, DiMatteo MR. Meta-analysis: recent developments in quantitative methods for literature reviews. *Annu Rev Psychol* 2001;52:59-82.

25) Garssen B. Psychological factors and cancer development: evidence after 30 years of research. *Clin Psychol Rev* 2004;24:315-338.

26) Spiegel D, Giese-Davis J. Depression and cancer: mechanisms and disease progression. *Biol Psychiatry* 2003;54:269-282.

27) Antoni MH, Lutgendorf SK, Cole SW, Dhabhar FS, Sephton SE, McDonald PG, et al. The influence of bio-behavioural factors on tumour biology: pathways and mechanisms. *Nat Rev Cancer* 2006;6:240-248.

28) Irwin MR. Depression and risk of cancer progression: an elusive link. *J Clin Oncol* 2007;25:2343-2344.

29) 통계청. 2015년 국내 사망원인 현황. 2017.

30) Ahn E, Shin DW, Cho SI, Park S, Won YJ, Yun YH. Suicide rates and risk factors among Korean cancer patients, 1993-2005. *Cancer Epidemiol Biomarkers Prev* 2010;19:2097-2105.

31) Shin DW, Ahn E, Kim H, Park S, Kim YA, Yun YH. Non-cancer mortality among long-term survivors of adult cancer in Korea: national cancer registry study. *Cancer Causes Control* 2010;21:919-929.

32) Hann D, Baker F, Denniston M, Gesme D, Reding D, Flynn T, et al. The influence of social support on depressive symptoms in cancer patients: age and gender differences. *J Psychosom Res* 2002;52:279-283.

33) Chochinov HM, Hack T, Hassard T, Kristjanson LJ, McClement S, Harlos M. Understanding the will to live in patients nearing death. *Psychosomatics* 2005;46:7-10.

34) Chochinov HM, Wilson KG, Enns M, Lander S. Depression, Hopelessness, and suicidal ideation in the terminally ill. *Psychosomatics* 1998;39:366-370.

35) Rodin G, Zimmermann C, Rydall A, Jones J, Shepherd FA, Moore M, et al. The desire for hastened death in patients with metastatic cancer. *J Pain Symptom Manage* 2007;33:661-675.

36) Rasic DT, Belik SL, Bolton JM, Chochinov HM, Sareen J. Cancer, mental disorders, suicidal ideation and attempts in a large community sample. *Psychooncology* 2008;17:660-667.

37) Fournier JC, DeRubeis RJ, Hollon SD, Dimidjian S, Amsterdam JD, Shelton RC, et al. Antidepressant drug effects and depression severity: a patient-level meta-analysis. *JAMA*

2010;303:47−53.

38) Driessen E, Cuijpers P, Hollon SD, Dekker JJ. Does pretreatment severity moderate the efficacy of psychological treatment of adult outpatient depression? A meta−analysis. *J Consult Clin Psychol* 2010;78:668−680.

39) Rodin G, Yuen D, Mischitelle A, Minden MD, Brandwein J, Schimmer A, et al. Traumatic stress in acute leukemia. *Psychooncology* 2013;22:299−307.

40) Williams S, Dale J. The effectiveness of treatment for depression/depressive symptoms in adults with cancer: a systematic review. *Br J Cancer* 2006;94:372−390.

41) Akechi T, Okuyama T, Onishi J, Morita T, Furukawa TA. Psychotherapy for depression among incurable cancer patients. *Cochrane Database Syst Rev* 2008:CD005537.

42) Strong V, Waters R, Hibberd C, Murray G, Wall L, Walker J, et al. Management of depression for people with cancer (SMaRT oncology 1): a randomised trial. *Lancet* 2008;372:40−48.

43) Kissane DW, Grabsch B, Clarke DM, Smith GC, Love AW, Bloch S, et al. Supportive− expressive group therapy for women with metastatic breast cancer: survival and psychosocial outcome from a randomized controlled trial. *Psychooncology* 2007;16:277−286.

44) Jacob S, Spinler SA. Hyponatremia associated with selective serotonin−reuptake inhibitors in older adults. *Ann Pharmacother* 2006;40:1618−1622.

45) Looper KJ. Potential medical and surgical complications of serotonergic antidepressant medications. *Psychosomatics* 2007;48:1−9.

46) Mathias C, Cardeal Mendes CM, Ponde de Sena E, Dias de Moraes E, Bastos C, Braghiroli MI, et al. An open−label, fixed−dose study of bupropion effect on sexual function scores in women treated for breast cancer. *Ann Oncol* 2006;17:1792−1796.

47) Moss EL, Simpson JS, Pelletier G, Forsyth P. An open−label study of the effects of bupropion SR on fatigue, depression and quality of life of mixed−site cancer patients and their partners. *Psychooncology* 2006;15:259−267.

48) Jin Y, Desta Z, Stearns V, Ward B, Ho H, Lee KH, et al. CYP2D6 genotype, antidepressant use, and tamoxifen metabolism during adjuvant breast cancer treatment. *J Natl Cancer Inst* 2005;97:30−39.

신체질환과 우울증

The bidirectional relationship of depression and medical illness

장세헌*, 배승오**, 제영묘***

김원묵기념 봉생병원 정신건강의학과*, 김포 한강정신건강의학과의원**, 김원묵기념 봉생병원 정신건강의학과***

신체질환과 우울증은 흔히 동반되는데, 두 질병의 공존문제는 임상적으로나 공중보건학적 측면에서 그 중요성이 갈수록 커지고 있다.[1] 신체질환은 우울증 발생의 위

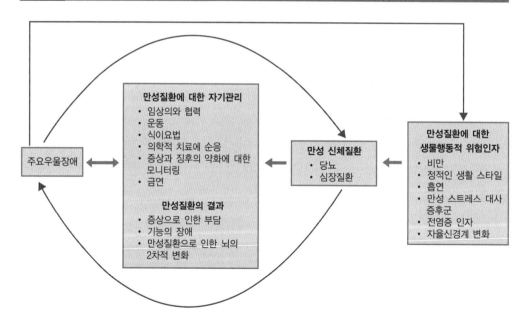

그림 1 우울증과 만성 신체질환의 양방향성 상호작용

출처 : Katon[2]의 논문에서 변경함.

험을 증가시키고, 우울증 치료의 효과를 떨어뜨린다. 주요우울장애의 발생률이 심장질환에서 15~23%, 당뇨병에서 11~12%, 만성폐쇄성 폐질환에서 10~20%에서 동반된다고 보고되고 있다.[2] 역으로 우울증은 신체질환의 발생률과 사망률을 증가시키고,[3,4] 신체증상으로 인한 부담과 의료비용을 증가시키고, 치료에 대한 순응도를 떨어뜨린다. 우울증은 면역계, 내분비계, 자율신경계 및 신체대사에 변화를 일으키며, 운동부족, 과식, 비만, 치료 비순응, 음주, 흡연 등의 소홀한 건강관리로 이어져 신체질환의 경과에 부정적인 영향을 미친다. 따라서 우울증과 신체질환의 공존을 조기에 진단하고 치료하는 것은 대단히 중요한 일이다. 이러한 측면에서 우울증과 신체질환과의 관계는 양방향성으로 서로 부정적인 영향을 미치는 관계라 할 수 있다.[2]

이 장에서는 우울증을 흔히 동반하는 신체질환의 종류와 공존 빈도, 발생기전, 영향, 진단 및 치료 측면으로 나누어서 살펴보고자 한다.

우울증이 흔하게 동반되는 신체질환

우울증은 일반 인구에서는 2~5%, 1차 의료기관에서는 5~10%, 종합병원 입원환자에서는 6~14%에서 발생하는 것으로 조사되었으며[5], 신체질환이 동반된 경우 우울증이 더 빈번하게 발생하는 것으로 알려져 있다. 모든 신체질환은 우울증의 발생과 연관되는데, 그 빈도는 질환별로 다양하다(표 1 참조). 간질(20~55%), 다발성 경화증(40~60%), 뇌경색

표 1. 신체질환에서 우울증의 빈도

신체질환	우울증의 빈도
특발성 파킨슨병	2.7~90%
간질	20~55%
다발성 경화증	37~54%
치매	30~50%
만성폐쇄성 폐질환	20~50%
암	0~38%
갑상선기능저하증	20~37%
심혈관질환	17~27%
당뇨	9~26%
뇌졸중	14~19%

출처 : Olver & Hopwood[7]의 논문에서 변경함.

(14~19%) 등 뇌신경계 질환과 심근경색, 협심증, 고혈압과 같이 혈액 공급과 관련된 혈관계 질환에서 우울증의 발병이 높으며, 특히 뇌졸중에서 많게는 80%까지 우울증이 동반된다는 보고도 있다.[6] 당뇨병, 갑상선기능저하증 같은 내분비계 질환, 섬유근육통과 같은 통증을 동반한 질환에서도 우울증의 발생 빈도는 높게 나타나고 있다.

신경계 질환

파킨슨병

파킨슨병에서 우울증의 발생 빈도는 2.7~90%로 다양하게 보고되고 있으며[8], 한 조사에서는 17%에서 주요우울장애, 22%에서 소우울증, 그리고 13%에서 기분저하증이 있는 것으로 확인되었다.[9] 파킨슨병의 증상 중 일부는 우울증과 유사하기 때문에 우울증이 있어도 이를 놓치기가 쉽다. 예를 들어 움직임이 느리고, 말수가 줄어드는 증상은 우울증과 파킨슨병 모두에서 발생한다. 또한 잠을 이루지 못하고, 식욕이 감퇴되고, 에너지가 감소되는 우울증상은 파킨슨병의 초기나 말기에 모두 나타날 수 있는데, 어떤 경우에는 운동증상이 나타나기 이전에 시작되기도 한다. 파킨슨병 진단 이전의 우울증과 파킨슨병과의 관련성은 아직 명확하지는 않으나, 파킨슨병 발병 이전 5년 이내에 발병한 우울증은 파킨슨병의 발병위험을 1.9배 증가시킨다는 보고도 있다.[10]

파킨슨병 환자에서 발생하는 우울증은 파킨슨병으로 인한 장애에 비례하여 나타나는 반응성우울증과, 파킨슨병과 연관된 신경병리학적 변화에 의한 우울증이 있을 수 있으며, 파킨슨병과 별개로 병발한 주요우울장애도 있을 수 있다. 반응성우울증의 경우는 파킨슨병 증상의 치료가 우울증의 호전을 보일 수 있겠으나, 그 외의 경우에는 파킨슨병과 관련된 신경학적 증상을 치료할지라도 정신의학적 문제를 줄이는 데 도움이 되지 않으므로, 우울증상의 정확한 파악과 적극적인 정신의학적 개입이 요구된다고 볼 수 있다.

치매

치매 환자에서 우울증상은 흔한 정신의학적 증상이며, 조사방법에 따라 30~50%에 이르는 환자에서 우울증상을 경험한다고 한다.[11] 혈관성 치매나 파킨슨병과 같은 피질하치매에서 알츠하이머 치매보다 우울증에 걸릴 가능성이 크다. 가족력이 있거나 이전 우울증의 병력이 있는 경우, 치매 발생 시 우울증이 병발할 가능성이 높다. 치매 환자에서 우울증은 낮은 삶의 질, 일상생활에서의 곤란, 급속한 인지기능의 감퇴, 요양 기관의 조기 입소, 사망률 증가 및 부양자에게 많은 부담을 유발하는 요인이 된다. 치매 환자들이 다른 사람들과 의사소통에 어려움을 겪는다는 것을 감안할 때 우울증상이 간과될 수 있으며, 적절한 치료 시기를 놓칠 수 있다. 주변 사람들과 소통이 줄어들고, 자신을 꾸미는 일에도 소홀해진다면 우울증상이 진행되고 있다고 볼 수 있으므로 정신의학적 도움을 받아야 한다.

우울증과 인지기능장애는 다양한 형태로 공존할 수 있다. 우울증이 있는 환자에서 가성 치매와 같은 인지장애가 병발할 수 있다. 우울증은 치매의 초기 증상일 수 있으며, 치매의 위험요인이 될 수 있다. 우울증 환자에서 치매가 진행될 경우 기분증상은 많이 보이지 않고, 초조, 흥분 증상이 더 두드러지며, 정신운동 활동이 지연될 수 있다. 치매에서의 우울증은 성격 변화나 인지기능장애와 겹쳐지고, 뇌의 해부학적인 손상으로 인해서 전형적인 형태로 나타나지 않을 수 있기 때문에 신중하게 우울증상들을 살펴보고 진단해야 한다. 치매 환자에서의 우울증상은 인지저하, 우유부단함 등이 흔하고, 수면장애, 무가치감, 죄책감은 덜하다고 한다. 이처럼 인지장애가 심하고 무가치감이 덜하기 때문에 자살사고의 빈도는 낮은 것으로 보고되고 있다.[11]

뇌졸중

뇌졸중을 경험하는 환자들은 일반인에 비해 우울증이 더 흔하며, 일과성 허혈발작을 경험하는 환자에서도 우울증의 발생률은 높다. 한 체계적 문헌고찰에 의하면 급성 뇌경색 후 우울증의 발생 빈도는 5.6~55%로 다양한 것으로 보고하고 있으며, 우울증상은 12개월과 24개월 이후의 사망률과도 연관이 있다고 한다.[12] 뇌졸중 환자에서 우울증이 병발할 경우 더 심하고 더 오랜 기간 질병을 앓을 수 있다. 이처럼 우울증은 뇌졸중의 불량한 예후, 기능장애, 사망률에 영향을 미친다. 우울증의 발생위험은 이전의 우울 병력, 뇌졸중의 심한 정도, 그리고 장애의 정도와 연관이 있다. 그리고 우울증의 발생과 연관된 뇌경색의 해부학적 부위는 주로 전두엽-피질하 회로에 병변이 있을 때, 특히 좌측창백핵(pallidum)과 미상핵(caudate)의 병변이 우울증과 가장 높은 연관성을 보였다.[13]

간질

최근 연구에 의하면 간질 환자의 36.5%에서 우울증상을 보였으나, 이 중 40%는 이전에 전혀 우울증에 대한 평가를 받은 적이 없었다고 하니,[14] 간질 환자에서 우울증 유무에 대한 관심이 필요하다고 할 수 있다. 간질 환자에서 우울증은 여성, 젊은 연령, 낮은 수입, 낮은 삶의 질과 연관이 있는 것으로 나타났다.

주요우울장애 환자에서도 간질은 높은 유병률을 보였으며, 특히 간질발작 전후 및 진행 중에 기분변화를 일으킬 수 있기 때문에 우울증과 간질의 관련성은 양방향성이라 할 수 있다. 특히 측두엽 간질은 우울증과 관련성이 제일 크다. 간질 환자에게서 나타나는 뇌의 대사이상은 우울증의 위험성을 증가시키며, 양전자단층촬영(PET) 연구결과 간질발생대 (epileptogenic zone)와 별개로 세로토닌수용체 결합에서 이상소견이 발견되었다.

다발성 경화증

다발성 경화증에서의 우울증 발생 빈도는 37~54%로 보고되고 있다.[15] 우울증은 다발성 경화증 환자의 삶의 질에 부정적 영향을 미치며,[16] 자살의 위험요소가 되기도 한다.[17,18] 자살과 관련된 요인으로는 남성, 이른 발병, 우울증의 과거력, 사회적 위축 그리고 약물남용 등이다.

염증이 우울증의 병인론으로 제시되고 있는데, 이는 IL-6, IL-8, γ-IL, TNF와 같은 전염증성 사이토카인(proinflammatory cytokines)이 우울증과 관련이 있기 때문이다. 다발성 경화증의 치료 과정에서 사용되는 인터페론 베타 1a와 우울증 발생과의 관련성에 대한 논란이 있으나,[19] 아직까지 명확하지는 않다. 이론적으로 인터페론은 kynurenine 경로를 통해 5-HT의 고갈을 유발하기 때문에 우울증을 악화시킬 수 있다.[20] 또한 다발성 경화증에서 항경직약물(anti-spasticity drugs)로 사용되는 baclofen, dantrolene, tizanidine과 같은 약물은 기분저하와 관련이 있어 우울증 평가 시 이와 같은 약물에 대한 복용 여부를 확인하여야 할 것이다.

혈관질환

심혈관질환

심혈관질환을 앓는 환자에서 우울증은 흔하다. 일반인에 비해서 2~3배의 높은 우울증 발생률을 보이며, 그 빈도는 17~27%로 조사되었다.[21] 역방향으로 우울증이 관상동맥질환의 발생률과 사망률을 높이기도 한다. 한 메타분석에서 우울증이 관상동맥질환의 발생위험을 60% 증가시키는 것으로 조사되었다.[22] 또한 심근경색이 발생한 이후 2년 내 사망률이 우울증 환자에서 2배가 높은 것으로 보고되었다.[23] 우울증은 심근경색으로부터 회복하는 데도 어려움을 주고, 추가적인 심근경색의 발생위험을 증가시켜 업무 복귀의 어려움과 질환으로 인한 장애를 더 증가시킨다.

우울증, 분노, 적개심과 같은 심리적인 요인이 어떻게 심혈관질환의 발병에 영향을 미치는지 그림 2에 요약되어 있다.[24] 낮은 치료 순응도, 혈소판 활성과 응집의 증가, 혈관 내피

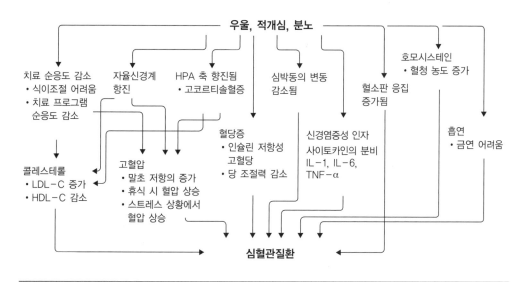

그림 2 우울, 적개심, 분노가 심혈관질환 발병에 미치는 영향

출처 : Serrano et al.[24)]의 논문에서 인용함.

의 기능이상, 자율신경계 항진, HPA 축의 항진, 염증성 인자들의 증가, 세로토닌 운반체의 유전자 다형성 등의 기전이 거론되고 있다. 특히 에너지 저하, 식욕부족, 피로감, 수면장애, 집중력 저하 등 두 질환에서 공통적으로 보이는 증상의 유사성으로 인해서 그 진단에 어려움을 일으키고, 생활 습관 개선과 약물치료와 같은 치료의 효율을 떨어뜨리는 결과를 초래한다.

내분비계 질환

당뇨병

당뇨병 환자에서 우울증의 발생위험은 2배에 이른다. 당뇨병 환자에 대한 메타분석에 의하면 주요우울장애의 빈도는 11%였고, 우울증상은 31%의 환자에서 나타나는 것으로 조사되었다.[25)] 한 장기관찰연구에서는 우울증상이 향후 3년 이후에 2형 당뇨병 빈도의 증가와 연관이 있었고, 공복 시 혈당조절장애가 있을 경우 향후 우울증상의 발생과 관련이 있었다.

이처럼 우울증과 당뇨병은 양방향성으로 상호 부정적 영향을 미치는 것으로 알려져 있다.[26)] 우울증은 직접적으로 당대사에 부정적인 영향을 미쳐 인슐린 저항성을 유발하고, 당흡수를 저해하여 2형 당뇨병의 위험을 증가시킨다.[27)] 또한, 우울증으로 인해 당조절장애가 생기고, 합병증의 위험도 증가한다. 이렇게 증가된 합병증은 다시 대사조절에 장애를 일으키고, 기능을 떨어뜨려서 우울증상을 악화시키고, 항우울제의 치료반응을 떨어뜨린다.[28]

우울증이 당불내성(glucose intolerance)과 같은 병태생리로부터 기원한다는 주장이 있다.[29] 이 이론에 의하면 복부 지방 축적, 인슐린 저항성, 고혈압과 같은 대사이상은 글루코코르티코이드 수용체 유전자의 다형성과 연관이 있으며, 이러한 유전적 변이는 신경내분비 및 교감신경계의 스트레스 반응을 유발하여, 결국 장기 강화에 의해 신체증상을 일으킨다고 한다. 우울증 역시 이러한 동일한 경로를 통해 일어나기 때문에 당뇨병 환자에서의 우울증 발병은 유전적 소인과 관련이 있음을 의미한다.

갑상선기능저하증

갑상선호르몬이 낮으면 심한 우울증으로 이어질 수 있는데, 그 빈도는 20.5~36.7%로 다양하다.[30] 그러나 다른 질환과는 달리 갑상선호르몬을 보충해주었을 때 우울증상이 좋아질 수 있다. 우울증에서 임상적으로 뚜렷한 갑상선기능저하는 5% 정도에 불과하며, 대부분 준임상적인 갑상선기능저하증으로 대략 4~40% 정도의 빈도로 발생한다.[31]

뇌에 존재하는 T3는 20%가 갑상선에서 바로 분비된 것이고, 80%는 T4가 탈요오드화된 것으로부터 유래되는데, T3의 작용은 갑상선호르몬 핵수용체(thyroid hormone nuclear receptor)에 의해서 매개된다. 우울증 환자에서 갑상선기능저하증은 T4 상승, T3 저하, rT3 상승, 갑상선자극호르몬(TSH)의 갑상선 분비자극호르몬(TRH)에 대한 반응의 둔화, 항갑상선항체 양성, 뇌척수액 내 TRH 상승 등의 양상으로 나타난다. 갑상선 기능이 정상인 상태에서 뇌내 갑상선 기능의 저하 상태가 발생할 수 있는데, 갑상선호르몬 수용체 이상, 갑상선호르몬 운반체의 결함이나 뇌세포 내로의 흡수장애 등으로 설명이 될 수 있다.

근골격계 질환 및 통증

섬유근육통

섬유근육통은 누르면 통증을 느끼는 압통점과 근육, 인대, 힘줄 등 연부조직의 뻣뻣함을 특징으로 하는 질환이다. 압통점은 목과 가슴 부위가 가장 흔하며 턱, 팔, 어깨, 허리, 다리 등 전신의 뼈 돌출 부위에 나타날 수 있다. 섬유근육통은 류머티스 클리닉에서 세 번째로 많은 질환으로 그 유병률은 일반 인구에서 2% 정도이다.[32]

섬유근육통 환자의 약 30%에서는 통증 외에도 지속적인 피로, 수면장애 등 정신과적인 증상을 보이며, 특히 우울증의 유병률이 가장 높기 때문에 우울범주장애(depressive spectrum disorder)라고까지 명명되기도 하였다. 섬유근육통 환자에서 우울증의 유병률은 22~70%까지 다양하며 높은 우울증 유병률 때문에 섬유근육통의 초기 평가에는 우울증에 대한 검사가 반드시 포함되어야 한다.

만성피로증후군

만성피로증후군은 영국이나 캐나다에서는 근통성뇌척수염(myalgic-encephalomyelitis)으로 불리기도 하는데, 6개월 이상 지속되는 피로와 함께 근육통, 두통, 인후통, 미열, 기억력 및 집중력장애, 위장관 증상, 액와부 림프선 압통 등을 특징으로 한다.

만성피로증후군에서 나타나는 여러 가지 통증 증상들은 주요우울장애 환자에서도 보일 수 있기 때문에 두 질환의 감별이 중요하다. 만성피로증후군으로 진단된 환자의 거의 대부분은 수면장애를 호소하고, 우울한 기분을 호소하지 않는 우울증 환자와 만성피로증후군을 가진 환자는 많은 증상들이 서로 중첩되어 나타나기 때문에 두 질환의 감별은 더 힘들어진다.

최근에는 주요우울장애를 만성피로증후군의 감별진단으로 여기지 않고 공존질환으로 인정하기도 한다. 만성피로증후군이 나타나기 전에 주요우울장애가 나타나거나 또는 공존하는 주요우울장애가 성인에서 많게는 2/3까지 보고되고 있어[33~36] 주요우울장애와의 밀접한 관련성은 의심의 여지가 없어 보인다.

통증

통증과 우울증이 자주 공존하고 치료에도 비슷한 반응을 보이며, 때로는 서로의 경과를 악화시키기도 한다. 특히 신경생물학적인 경로와 신경전달물질을 공유한다는 사실들은 두 질환의 관련성을 강하게 시사하는 부분이다.[37]

통증 환자에서 우울증의 평생유병률은 1차 진료환경에서 32.4~56.8%를 보이고 있다.[38] 우울증 환자에서 통증 증상들의 유병률은 15~100%를 보였으며, 평균 65%의 유병률을 보일 정도로 흔하게 동반된다. 여러 가지 통증 증상들이 있는 환자는 통증이 없는 사람에 비해 우울증 발병률이 3~5배 더 증가하였고, 반대로 공존하는 우울증이 있는 환자들은 통증 증상을 2배 더 호소하였다.[37]

우울증과 기타 신체질환

골수이식, 만성폐쇄성 폐질환(COPD), 과민성 대장증후군, 후천성면역결핍증, 신부전, 자가면역질환, 흡연 및 비만 환자에서도 우울증의 유병률이 증가하였다.

호흡기내과에서 우울증의 유병률은 대략 40% 정도다. COPD의 심각도가 우울증 유병률과 관련 있고,[39] 높은 입원율과 입원일수, 낮은 삶의 질, 그리고 높은 사망률을 보였다고 한다.

과민성 대장증후군과 우울증과의 관련성에 대한 연구는 30년 동안 많은 문헌에서 이미 조사되었다. 과민성 대장증후군 환자의 최소 90%는 한 가지 이상의 정신과 질환을 가지고 있으며, 그중 주요우울장애가 제일 흔하다. 과민성 대장증후군이 만성화되거나 치료불응인 경우에는 우울증이 제일 흔하였으나, 반면 새롭게 진단된 환자의 경우에는 불안장애가 더 많았다.[40]

미국에서 1970년대에 조사된 비만 인구는 15.0%를 보였으나 2003~2004년도 조사에서는 32.9%로 그 유병률은 매우 증가하였다. 비만이 심혈관질환의 주요 위험요인이지만 정신과적인 질병과의 관련성은 아직 분명하지 않다. 40,000명 이상의 일반인을 대상으로 비만과 정신과 질병과의 관련성에 대해 조사한 결과, 기분장애의 교차비는 1.35에서 1.88로 비만은 기분장애의 위험성과 관련이 있었다.[41]

신체질환에 동반된 우울증의 진단

앞에서 언급한 다양한 신체질환이 있을 때 동반된 우울증의 가능성에 대해서 고려하는 것은 매우 중요한 일이다. 하지만 신체질환을 앓고 있는 환자에게서 우울증을 파악하고 진단하기는 쉽지 않다. 우울증상은 종종 생물학적(신체적), 심리적 및 사회적 증상으로 분류된다(표 2 참조).

우울증에 대한 많은 진단도구와 척도는 불면증, 식욕부진, 알레르기 및 성욕감퇴와 같은 신체증상의 존재 여부에 크게 의존하여 진단을 한다. 그러나 우울증과 관련된 신체증상은 많은 신체적 질환에서도 자주 나타나기 때문에, 이러한 증상이 우울증으로 인한 것인지 신체적 질환에 기인한 것인지 판단하기 어렵다. 마찬가지로 우울증의 사회적 증상인 역할 수행의 장애 및 사회적 위축은 우울증과 신체적 질병 모두에서 나타날 수 있으므로, 신체질환으로 아픈 환자에서 우울증 진단의 지표로는 신뢰할 수 없다. 따라서 신체질환이 있는 환자의 우울증 진단은 죄책감과 패배의식, 낮은 자존감, 흥미상실 등의 심리적 증상에 더 크게 의존하게 된다.[42]

신체적 질환을 가진 환자의 우울증 진단을 어렵게 만드는 또 다른 문제는 증상 범위와 관련하여 명확하지 않은 부분이 있다는 것이다. 신체질환은 필연적으로 건강의 상실과 관

표 2. 우울증상의 분류		
생물학적(신체적)	심리적	사회적
수면장애	흥미나 즐거움의 상실	사회적 위축
식욕감소	무가치감	대인관계 곤란
체중의 감소 또는 증가	절망감 또는 무력감	레저 활동의 감소
에너지 저하	죽음에 대한 집착	업무에서의 어려움
성욕감퇴	죄책감, 패배의식	역할 수행의 장애
집중력 저하	벌을 받고 있다는 인식	

련하여 슬픔, 걱정 및 과민함과 같은 반응을 보이기 때문에 이러한 감정반응을 당연하게 생각하고 대수롭지 않게 취급할 수 있다.

여러 우울증 진단척도가 신체적으로 아픈 환자의 우울증을 진단하기 위한 검사도구로 사용되었다. 역학연구센터 우울증척도(Center for Epidemiological Studies-Depression Scale : CES-D)는 검사를 수행하는 데 약 5분이 소요되며 4개의 신체적인 항목만 포함하는 20개 항목의 자기보고형 검사이다. 신체질환을 앓고 있는 환자에서 좋은 민감도와 특이도를 가지고 있으며, 절단점은 16~17점이다.[43] 병원 불안-우울 척도(Hospital Anxiety and Depression Scale : HADS)는 불안과 우울증상을 모두 평가할 수 있는 14개 항목의 자기보고형 척도이다. 이 척도는 신체적인 질병을 앓고 있는 환자군에서 우울징후를 측정하기 위해 특별히 개발된 것이다.[44] HADS는 CES-D와 비슷한 심리평가적 특성을 가지고 있으며 검사 수행에는 5분 이내의 시간이 소요된다. 9항목으로 이루어진 자기보고검사인 건강설문지(Patient History Questionnaire : PHQ-9)는 원래 1차 진료현장에서 불안, 우울증 및 섭식장애를 진단하는 선별검사도구로서 개발되었다.[45] 특히 PHQ-9는 신체적 질환을 앓고 있는 환자에게서 좋은 민감도, 특이도 및 양성예측도를 보였다. Beck 우울척도(Beck Depression Inventory : BDI)는 우울증의 선별도구로 광범위하게 사용되었지만 10~15분 정도로 평가시간이 오래 걸리며, 많은 신체적인 항목을 포함하고 있기 때문에 신체질환을 앓고 있는 환자의 우울증 진단에는 그 유용성이 떨어진다.[46]

신체질환과 우울증 치료

일반적 접근

당연하겠지만 신체질환을 치료하는 다른 임상의들과 긴밀히 협조하여 신체질병을 철저히 관리하는 것이 무엇보다 가장 중요하다. 신체질환의 재검사와 지금까지 제공되는 치료법의 철저한 검토가 필요하며, 치료의 성공 여부와 부작용에 대한 검토 역시 여기에 포함된다. 도움이 되지 않는 의학적 치료는 중단되어야 하며, 이는 부작용으로 인한 부담이 가중될 뿐만 아니라 집중력 저하, 수면장애와 같이 전반적인 기능장애에도 영향을 끼치기 때문이다.

우울증 증상을 유발할 수 있는 치료약물을 배제하기 위해 신체질병 치료를 위해 처방된 약품에 대한 자세한 검토가 이루어져야 한다. 우울증상과 코르티코스테로이드, 인터페론-α, 인터루킨-2, 성선자극호르몬 분비호르몬 작용제, mefloquine, propranolol 및 topiramate를 포함한 항경련제가 연관이 있다는 증거가 있다.[47]

몇 가지 간단한 치료적 중재가 신체질환을 가진 우울증 환자에게 도움이 된다. 수면장애가 자주 동반되기 때문에 기본적인 수면위생에 대한 기술이 도움이 된다. 신체질환을 앓고 있는 환자는 종종 일정 기간 휴식을 갖게 되는데, 오히려 이 기간에 의욕저하나 무력감이 빠르게 발생할 수 있다. 따라서 개인의 능력에 맞는 구조화된 신체활동 프로그램은 환자의 의학적 문제와 정서적 문제 모두에 도움이 될 수 있다.[48]

특이적 치료 접근

일반적 우울증 치료에 사용되는 치료법들이 이 경우에도 적용이 되겠지만 질병의 단계, 증상, 치료의 잠재적 부작용 및 의학적 상태 등을 고려하여 적용되어야 한다. 이러한 접근법에는 심리학적 치료와 약물학적 치료가 포함된다.

심리학적 치료

신체적 질병을 앓고 있는 우울증 환자의 정신치료적 접근은 증상의 심각성, 의학적 장애의 성격 및 환자의 치료 참여도에 따라 달라질 수 있다. 심각한 인지장애, 의사소통장애(예 : 구음장애, 기관절개술) 또는 거동에 어려움이 있는 환자에게 집중적인 심리치료적 중재를 제공하는 것은 어려울 것이므로, 집단운동 및 지원 프로그램 등 강도가 낮은 치료법이 도움이 된다.

경증에서 중등도의 우울증상을 가진 환자에서는 여러 가지 정신치료적 중재가 도움이 된다. 암환자를 대상으로 여러 심리치료적 중재를 활용한 연구가 시행되었는데, 인지행동치료의 좋은 효과를 보였고, 이는 집단 또는 개인치료 형태로 시행될 수 있다.[49]

약물요법

중등도 이상의 우울증상이 있는 신체질환자에서는 항우울제 약물요법이 시행될 수 있다. 신체질환을 앓고 있는 환자에서 항우울제를 사용할 경우에는 항우울제의 부작용, 약물-약물 상호작용 및 의학적 질병의 영향을 고려해야 한다. 신체질환을 가지고 있는 우울증 환자의 약물치료에 대한 코크란 리뷰에 의하면 항우울제는 중등도의 효과를 보였으며, 거의 모든 연구에서 위약에 비해 지속적으로 개선된 효능을 보였다.[50] 항우울제 간의 치료효과에 대한 직접적인 비교는 거의 없었지만, 간접적인 비교에서는 약물 간 유의한 차이는 보이지 않았다. 선택적 세로토닌 재흡수억제제제(SSRI)와 삼환계 항우울제(TCA) 복용환자에서는 입 마름이 주된 부작용이었고, SSRI 복용환자에서는 성기능장애를 많이 호소하였다. 특히 TCA의 경우 과다복용 및 이로 인한 위험성 증가로 신체질환자의 우울증 치료에는 2차 또는 3차 선택약으로 사용하는 것이 타당하다는 결론을 보여주었다.

신체질환자에서 항우울제를 사용할 경우 약물-약물 상호작용과 의학적 질병에 의한 2차적인 약물동태학의 잠재적 변화를 특별히 고려해야 한다. 일반적으로 fluvoxamine, escitalopram, venlafaxine 및 desvenlafaxine은 혈장 단백질에 비교적 결합력이 낮으므로 신체질환자에게 더 안전한 옵션이 될 수 있다.[51] 모든 항우울제의 초기 투약은 간부전 환자에서 최소 50% 이상 줄여야 하며, 치료과정에서 부작용에 대한 모니터링이 필요하며, 특히 용량조절 후에는 더욱더 신중한 모니터링을 해야 한다. desvenlafaxine은 간에서 산화대사가 일어나지 않기 때문에 간장애가 있는 환자들에게 좋은 치료 옵션일 수 있다. 또한 대부분의 항우울제의 대사산물은 신장에 의해 제거되므로 신장손상 환자에게는 투여량 조정이 종종 요구된다. 대부분의 항우울제는 경미한 신부전증이 있는 환자에서는 용량조절이 필요하지 않으나, 중등도의 신부전증에서는 약 50%의 용량감소가 필요하다.

요약

우울증상은 신체질환을 앓고 있는 환자에게 자주 동반되며, 두 질환의 공존은 서로 양방향성으로 광범위한 영역에 부정적인 영향을 미친다. 하지만 신체질환을 앓는 환자에서 우울증상을 인지하는 것은 쉽지가 않으며, 우울증의 심리적 증상에 중점을 두어 평가하는 것이 진단을 용이하게 한다. 일단 우울증상의 존재가 확인이 되면, 우울증상에 대한 여러 가지 중재들이 신체질병으로 인한 장애를 최소화하는 데 도움이 될 것이다. 인지행동치료 및 항우울제는 중등도 이상의 우울증상이 있는 환자들에게 도움이 되며, 이때 복용할 항우울제의 종류와 복용량을 결정할 때에는 약물 및 약물과의 상호작용을 고려하는 것이 중요하다.

참고문헌

1) Evans DL, Charney DS, Lewis L, Golden RN, Gorman JM, Krishnan KR, et al. Mood disorders in the medically ill: scientific review and recommendations. *Biol Psychiatry* 2005;58:175-189.

2) Katon WJ. Clinical and health services relationships between major depression, depressive symptoms, and general medical illness. *Biol Psychiatry* 2003;54:216-226.

3) von Ammon Cavanaugh S, Furlanetto LM, Creech SD, Powell LH. Medical illness, past depression, and present depression: a predictive triad for in-hospital mortality. *Am J Psychiatry* 2001;158:43-48.

4) Katon WJ. Epidemiology and treatment of depression in patients with chronic medical illness. *Dialogues Clin Neurosci* 2011;13:7-23.

5) Katon W, Ciechanowski P. Impact of major depression on chronic medical illness. *J Psychosom Res* 2002;53:859-863.

6) Rosenthal MH. The challenge of comorbid disorders in patients with depression. *J Am Osteopath Assoc* 2003;103:S10-15.

7) Olver JS, Hopwood MJ. Depression and physical illness. *Med J Aust* 2013;199:S9-12.

8) Tan LC. Mood disorders in Parkinson's disease. *Parkinsonism Relat Disord* 2012;18 Suppl 1:S74-76.

9) Reijnders JS, Ehrt U, Weber WE, Aarsland D, Leentjens AF. A systematic review of prevalence studies of depression in Parkinson's disease. *Mov Disord* 2008;23:183-189; quiz 313.

10) Shiba M, Bower JH, Maraganore DM, McDonnell SK, Peterson BJ, Ahlskog JE, et al. Anxiety disorders and depressive disorders preceding Parkinson's disease: a case-control study. *Mov Disord* 2000;15:669-677.

11) Zubenko GS, Zubenko WN, McPherson S, Spoor E, Marin DB, Farlow MR, et al. A collaborative study of the emergence and clinical features of the major depressive syndrome of Alzheimer's disease. *A J Psychiatry* 2003;160:857-866.

12) KIM HS. Depression in acute stroke: prevalence, dominant symptoms and associated factors. A systematic literature review. *Disabil Rehabil* 2011;33:539-556.

13) Vataja R, Leppävuori A, Pohjasvaara T, Mäntylä R, Aronen HJ, Salonen O, et al. Poststroke depression and lesion location revisited. *The Journal of Neuropsychiatry and Clinical Neurosciences* 2004;16:156-162.

14) Ettinger A, Reed M, Cramer J. Depression and comorbidity in community–based patients with epilepsy or asthma. *Neurology* 2004;63:1008–1014.

15) Patten SB, Beck CA, Williams JV, Barbui C, Metz LM. Major depression in multiple sclerosis: a population–based perspective. *Neurology* 2003;61:1524–1527.

16) Wang JL, Reimer MA, Metz LM, Patten SB. Major depression and quality of life in individuals with multiple sclerosis. *Int J Psychiatry Med* 2000;30:309–317.

17) Feinstein A. An examination of suicidal intent in patients with multiple sclerosis. *Neurology* 2002;59:674–678.

18) Caine ED, Schwid SR. Multiple sclerosis, depression, and the risk of suicide. *Neurology* 2002;59:662–663.

19) Patten SB, Metz LM. Interferon beta1a and depression in secondary progressive MS: data from the SPECTRIMS Trial. *Neurology* 2002;59:744–746.

20) Gold R, Rieckmann P, Chang P, Abdalla J. The long–term safety and tolerability of high–dose interferon beta–1a in relapsing–remitting multiple sclerosis: 4–year data from the PRISMS study. *Eur J Neurol* 2005;12:649–656.

21) Rudisch B, Nemeroff CB. Epidemiology of comorbid coronary artery disease and depression. *Biol Psychiatry* 2003;54:227–240.

22) Rugulies R. Depression as a predictor for coronary heart disease. a review and meta–analysis. *Am J Prev Med* 2002;23:51–61.

23) Barth J, Schumacher M, Herrmann–Lingen C. Depression as a risk factor for mortality in patients with coronary heart disease: a meta–analysis. *Psychosom Med* 2004;66:802–813.

24) Serrano CV, Jr., Setani KT, Sakamoto E, Andrei AM, Fraguas R. Association between depression and development of coronary artery disease: pathophysiologic and diagnostic implications. *Vasc Health Risk Manag* 2011;7:159–164.

25) Anderson RJ, Freedland KE, Clouse RE, Lustman PJ. The prevalence of comorbid depression in adults with diabetes: a meta–analysis. *Diabetes Care* 2001;24:1069–1078.

26) Katon WJ. The comorbidity of diabetes mellitus and depression. *Am J Med* 2008;121:S8–15.

27) Talbot F, Nouwen A. A review of the relationship between depression and diabetes in adults: is there a link? *Diabetes Care* 2000;23:1556–1562.

28) Lustman PJ, Clouse RE. Depression in diabetic patients: the relationship between mood and glycemic control. *J Diabetes Complications* 2005;19:113–122.

29) Bjorntorp P. Do stress reactions cause abdominal obesity and comorbidities? *Obes Rev* 2001;2:73–86.

30) Jain L, Arora H, Verma K, Singh H, Aswal S. A Study of Correlation between Depression and Hypothyroidism in Female patients. *Delhi Psychiatry Journal* 2013;16:283–287.

31) Hage MP, Azar ST. The link between thyroid function and depression. *Journal of Thyroid Research* 2011;2012.

32) Offenbaecher M, Glatzeder K, Ackenheil M. Self-reported depression, familial history of depression and fibromyalgia (FM), and psychological distress in patients with FM. *Z Rheumatol* 1998;57 Suppl 2:94-96.

33) Lawrie SM, Manders DN, Geddes JR, Pelosi AJ. A population-based incidence study of chronic fatigue. *Psychol Med* 1997;27:343-353.

34) Wessely S. The epidemiology of chronic fatigue syndrome. *Epidemiol Rev* 1995;17:139-151.

35) Manu P, Matthews DA, Lane TJ. The mental health of patients with a chief complaint of chronic fatigue. A prospective evaluation and follow-up. *Arch Intern Med* 1988;148:2213-2217.

36) Wessely S, Powell R. Fatigue syndromes: a comparison of chronic "postviral" fatigue with neuromuscular and affective disorders. *J Neurol Neurosurg Psychiatry* 1989;52:940-948.

37) Blier P, Abbott FV. Putative mechanisms of action of antidepressant drugs in affective and anxiety disorders and pain. *J Psychiatry Neurosci* 2001;26:37-43.

38) Katon W, Egan K, Miller D. Chronic pain: lifetime psychiatric diagnoses and family history. *Am J Psychiatry* 1985;142:1156-1160.

39) van Manen JG, Bindels PJ, Dekker FW, CJ IJ, van der Zee JS, Schade E. Risk of depression in patients with chronic obstructive pulmonary disease and its determinants. *Thorax* 2002;57:412-416.

40) Mayer EA, Craske M, Naliboff BD. Depression, anxiety, and the gastrointestinal system. *J Clin Psychiatry* 2001;62 Suppl 8:28-36; discussion 37.

41) Petry NM, Barry D, Pietrzak RH, Wagner JA. Overweight and obesity are associated with psychiatric disorders: results from the National Epidemiologic Survey on Alcohol and Related Conditions. *Psychosom Med* 2008;70:288-297.

42) Kathol RG, Petty F. Relationship of depression to medical illness: a critical review. *J Affect Disord* 1981;3:111-121.

43) Radloff LS. The CES-D scale: A self-report depression scale for research in the general population. *Applied Psychological Measurement* 1977;1:385-401.

44) Zigmond AS, Snaith RP. The hospital anxiety and depression scale. *Acta Psychiatr Scand* 1983;67:361-370.

45) Kroencke K, Spitzer R, Williams J. The PHQ-9: validity of a brief depression severity measure [Electronic version]. *J Gen Intern Med* 2001;16:606-613.

46) Schwab J, Bialow M, Clemmons R, Martin P, Holzer C. The Beck depression inventory with medical inpatients. *Acta Psychiatr Scand* 1967;43:255-266.

47) Patten SB, Barbui C. Drug-induced depression: a systematic review to inform clinical practice. *Psychother Psychosom* 2004;73:207-215.

48) Herring MP, Puetz TW, O'Connor PJ, Dishman RK. Effect of exercise training on depressive symptoms among patients with a chronic illness: a systematic review and meta-analysis of randomized controlled trials. *Arch Intern Med* 2012;172:101-111.

49) Beltman MW, Voshaar RCO, Speckens AE. Cognitive-behavioural therapy for depression in people with a somatic disease: Meta-analysis of randomised controlled trials. *The British Journal of Psychiatry* 2010;197:11-19.

50) Rayner L, Price A, Evans A, Valsraj K, Higginson IJ, Hotopf M. Antidepressants for depression in physically ill people. *The Cochrane Library* 2010.

51) Schatzberg AF, DeBattista C. *Manual of clinical psychopharmacology*: American Psychiatric Pub 2015.

새로운 항우울약물

Novel antidepressants

박영민*, 한창수**

인제대학교 의과대학 일산백병원 정신건강의학과*, 고려대학교 의과대학 안산병원 정신건강의학과**

우울증은 매우 흔한 질환이며 가벼운 우울증부터 심각한 우울증까지 매우 다양한 양상을 보인다. 우울증은 재발이 흔하고 항우울제 치료를 시작하더라도 효과적인 반응이 나타나지 않는 치료저항성 우울증이 많다.[1] 이러한 현실은 가장 표준적인 치료로 인정받고 있는 항우울제 치료마저도 많은 한계를 가지고 있음을 보여준다. 또한 이것은 우울증의 병인이 아직 명확히 밝혀지지 않았다는 반증이기도 하다. 하지만 최근 많은 연구를 통하여 우울증의 핵심적인 병인들이 조금씩 드러나고 있다. 이러한 이론적인 기반을 통해서 보다 효과가 빠르고 보다 부작용이 적은 약제들이 개발되고 있다. 이 장에서는 이러한

표 1. 가능성 있는 차세대 항우울제의 우울증의 가설과 기전에 따른 분류

우울증 가설	기전	약물
글루타메이트 가설	NMDA 수용체 차단 선택적 NMDA 2B 수용체 차단 NMDA 수용체 부분 효현 mGlu 수용체 조절	Ketamine, memantine, dextromethorphan AZD6765, CP-101601, MK0657 GLYX-13 AZD2066, RO4917523, RG1578
염증 가설	TNF-α 차단 NSAIDS 항염 효과	Infliximab, etanercept aspirin, celecoxib omega-3, minocycline, doxycycline
HPA 축 가설	코르티솔 합성 저해 글루코코르티코이드 수용체 차단	Ketoconazole, metyrapone, aminoglutethimide mifepristone
산화스트레스 가설	항산화, 항염 작용	NAC, curcumin, resveratrol, zinc, vitamin C, E
아세틸콜린 가설	항콜린 작용	Scopolamine, biperiden
뉴로펩타이드 가설	항상성 조절	neuropeptide Y, galanin

출처 : Machado-Vieira & Zarate[2]에서 인용함.

병인들과 그에 따라 개발되거나 임상시험 중인 항우울제로 관심을 받고 있는 약제들을 소개할 것이다(표 1 참조).

글루타메이트 수용체와 관련된 항우울제

비선택적 NMDA 수용체 길항제

대표적인 약물이 ketamine이다. ketamine은 원래 마취제로 사용하던 약물이었으나 2000년부터 우울증 환자에서 여러 임상시험을 수행한 결과 매우 빠른 속도의 항우울 효과가 보고되면서 주목을 받고 있다. 연구에 따라 다르지만 대개 수 시간에서 수 일 만에 항우울 효과를 보여주었다.[2] 이 때문에 ketamine의 작용 기전에 대한 연구 역시 활발하게 진행되었다. 현재까지 알려진 ketamine의 항우울 효과를 요약하면 다음과 같다.[3] ketamine이 γ-aminobutyric acid(GABA) 연결신경원의 N-methyl-D-aspartate(NMDA) 수용체를 차단하면 억제성 신경인 GABA 신경원의 활동성이 저하된다. 따라서 이후 연결된 글루타메이트 신경원이 오히려 활성화되어 글루타메이트의 분비가 증가하게 된다. 하지만 시냅스후 신경원(postsynaptic neuron)에 존재하는 NMDA 수용체도 이미 ketamine에 의해 차단되어 있으므로 글루타메이트는 상대적으로 AMPA 수용체와의 결합이 증가하게 된다. 글루타메이트가 AMPA 수용체와 결합하게 되면 mammalian target of rapamycin(mTOR) 신호전달이 활성화되고 뇌유래 신경영양인자(BDNF) 발현이 증가된다.[4] 이를 통해 ketamine의 항우울 효과가 나타나는 것으로 알려져 있다. 좀 더 구체적으로 말하면 AMPA 수용체 활성화는 세포내 Ca^{2+}의 방출을 통하여 BDNF의 분비를 증가시키고, 이는 세포 내의 extracellular-signalregulated kinase(ERK), protein kinase B(Akt)를 증가시킨다. 이를 통해 활성화된 mTOR는 synapsin 1(SYN1), postsynaptic density protein 95(PSD-95)와 glutamate receptor 1(GluR1) 등을 활성화시켜 새로운 시냅스 형성과 연결에 기여하게 된다. 반면에 eukaryotic elongation factor-2(eEF2)와 4E-binding protein(4E-BP)의 활성을 약화시켜 BDNF 합성을 저해하는 것을 막아 BDNF를 증가시킨다. eEF2의 BDNF에 대한 활성 저해는 AMPA 수용체를 통한 mTOR 활성화뿐만 아니라 NMDA 수용체 차단을 통해서도 일어나게 된다.[5] ketamine의 항우울 효과는 매우 빠르고 강력하여 한 연구에 따르면 2시간 만에 위약과의 차이를 보였다.[2] 더욱 놀라운 것은 ketamine의 항우울 효과는 단극성과 양극성 우울증 모두에서 나타났다는 점이다. 부작용 측면에서도 우려와는 달리 치료 용량에서는 정신병적 증상은 거의 나타나지 않는 것으로 알려졌다.[6] 다만 치료 용량에서도 해리증상이 부작용으로 나타날 수 있기 때문에 투여 시 주의 깊은 관찰이 필요하다. ketamine과 유사한 기전을 갖는 약물로 연구 중인 약물은 memantine, dextromethorphan, AZD6765 등이 있다. memantine의 경우 초기 8주간의 위약 대조군 연구에서 항우울 효과를 보이지 못했지만,[2] 최근 이중맹검 무작위 위약 대조군 연구에서 memantine과 sertraline을 처방한 군과 위약과 sertraline을 처방한 군과의 비교에서 memantine과 sertraline 군에서 더 뚜렷한 항우울 효과를 보였다.[7] 또한 동물실험에서 memantine 주입 후 BDNF 수치가 주입 전보다 유의하게 더 증가된 양상을 보여주어 memantine이 유사한 기전을 가진 ketamine처럼 항우울 효과를 가질 가능성이 제기되고 있다.[8] 현재까지의 연구결과로는 부족하지만 향후 memantine의 항우울 효과가 입증된다면 인지장애에 우울증이 동반된 노인에서 항우울제와 인지기능 개선제 병합요법 대신 memantine 단독요법을 시도할 수 있을 것이다.[9]

GluN2B 아단위 선택적 NMDA 수용체 길항제

이 계열의 약물로 알려진 약물은 CP-101,601과 MK-0657이다. CP-101,601의 경우 paroxetine에 반응을 하지 않는 치료저항성 우울증 환자에서 정맥 투여로 병합했을 때의 효과를 위약과 비교한 이중맹검 무작위 대조군 연구가 보고되었는데, 한 번의 정맥 투여에도 78%의 환자에서 일주일 이상 항우울 효과가 지속되었다.[2] 하지만 이 약물의 경우 해리증상의 빈도가 매우 높았고 QTc 연장과 같은 심혈관계 부작용으로 인하여 현재까지 많은 연구가 이루어지지 못하고 있다. MK-0657의 경우도 이중맹검 무작위 위약 대조군 연구가 이루어졌었는데, 치료저항성 우울증 환자에서 단독요법으로 위약과 비교한 결과 Montgomery Asberg Depression Rating Scale(MADRS)에서는 차이가 없었으나 Hamilton Depression Rating Scale(HAM-D)와 Beck Depression Inventory(BDI)에서는 위약과 유의한 차이를 보여 가능성을 보여주었다.[10] 하지만 피험자 수가 적었기 때문에 향후 더 많은 연구가 필요할 것으로 보인다.

NMDA 수용체의 glycine 결합 부위 부분 효현제

이 계열의 약물로는 GLYX-13이 있다. 2상 연구에서 하나 이상의 항우울제에 반응하지 않는 우울증 환자에서 병합요법으로 한 번의 정맥주사 후 24시간 안에 일주일 정도 지속되는 항우울 효과를 보였다.[11] 해리증상의 발현은 없는 것으로 알려져 있으며 빠른 항우울 효과를 보이는 것이 특징이다

metabotropic glutamate 수용체 조절제

mGlu 수용체 조절제 또한 관심을 받고 있는 중이다. 왜냐하면 mGlu 수용체가 글루타메이트의 수치에 직접적인 영향을 끼치고 시냅스 가소성에도 관련이 있기 때문이다.[2] mGlu 2/3 수용체 길항제의 경우는 ketamine처럼 직접적으로 mTOR 신호전달에 관여하는 것으로 보인다. 그러나 아직까지는 임상연구를 통한 효능은 입증되지 않았다. 최근에 mGlu 5 수용체 길항제의 경우는 치료저항성 우울증 환자에서 어느 정도 효능이 입증되었다.[12] 이 계열의 약물로 AZD2066과 RO4917523이 있는데 전자의 경우 단독요법으로 위약과의 효능 차이를 보이지 못했지만 후자의 경우 두 연구에서 병합요법에서 효능을 보여주었다. mGluR2 negative allosteric modulator인 RG1578의 경우도 항우울제로서의 가능성을 보여주었다.[13]

염증반응과 관련된 항우울제

염증반응이 우울증의 발생 기전과 관련이 깊다는 연구들이 많이 보고되고 있다.[14] 인체가 스트레스를 받게 되면 HPA 축이 항진되면서 코르티솔과 tumor necrosis factor-alpha(TNF-α), interferon-gamma(IFN-γ), interleukin-1(IL-1), interleukin-2(IL-2)와 같은 염증성 사이토카인이 분비되기 시작한다. 분비된 코르티솔은 염증성 사이토카인 분비를 더 활성화시키기도 하고 트립토판을 키누레닌(kynurenine)으로 대사시켜 트립토판이 세로토닌으로 대사되는 것을 간접적으로 방해하여 결과적으로 세로토닌 수치를 낮추게 된다.[15] 코르티솔뿐만 아니라 염증성 사이토카인은 indolamine 2,3-dioxygenase(IDO) 효소를 활성화시켜 코르티솔과 마찬가지로 트립토판을 키누레닌으로 대사시킨다. 따라서 염증반응이 인체에서 발생하면 이처럼 세로토닌 수치가 감소하여 우울증이 쉽게 유발될 수 있다는 이론이다. 염증반응은 이러한 우울증의 모노아민 가설뿐만 아니라 글루타메이트 가설도 잘 설명할 수 있다. 트립토판에서 대사된 키누레닌은 염증 상태에서는 키누렌산(kynurenic acid)이 아니라 수산화키누레닌(3-OH kynurenine)으로 대사되어 결국은 퀴놀린산(quinolinic acid)으로 대산된다. 퀴놀린산은 글루타메이트 효현제로 신경손상을 가속화시켜 우울증 상태를 유지시키거나 악화시킬 수 있다. 이러한 이론을 바탕으로 연쇄적인 염증반응을 단계별로 차단할 수 있는 항우울제가 개발되고 있다.

TNF-α 차단제

앞서 언급한 바와 같이 코르티솔과 더불어 염증반응에서 핵심적인 역할을 하는 것이 염증성 사이토카인이다. TNF-α 역시 염증성 사이토카인의 하나로서 연구되고 있다. TNF-α 차단제는 원래 류머티스 관절염 등과 같은 자가면역질환의 치료제로서 개발되었다. 하지만 우울증의 염증반응 가설이 제기되면서 최근 항우울제로도 연구되고 있다.[16] 동물실험에서 TNF-α 차단제인 infliximab이 스트레스로 인한 BDNF 감소와 인지기능 저하를 예방하는 효과를 보였다.[17] etanercept 역시 3개의 동물실험에서 불안 유사 행동과 우울 유사 행동을 감소시키는 효과를 보였다.[16,18] 또 다른 동물실험에서 TNF-α 수용체에 대한 항체나 thalidomide를 투여하면 우울 유사 행동과 무감동 행동을 반전시켰다. 하지만 우울증 환자를 대상으로 한 연구는 아직까지 거의 없다. infliximab의 경우 하나의 이중맹검 무작위 위약 대조군 연구가 있다. 이 연구에서 우울증상 척도(HAM-D)에서는 위약과 차이를 보이지 못했지만 hs-CRP와 Clinical Global Impression(CGI)의 경우 유의한 차이를 보여 향후 가능성을 보여주었다.[19] etanercept의 경우는 우울증 환자에서는 아직 연구되지 못했지만 만성 염증성 장애에서 동반된 우울증상을 개선하는 효과를 여러 연구에서 보여주었다.[20]

NSAIDs

NSAIDs(non-steroidal anti-inflammatory drugs) 중에서 aspirin의 경우는 일부 연구에서 항우울제에 병합하여 사용하였을 때 효능을 보였다.[21] 또한 celecoxib도 일부 연구에서 병합 요법에서 항우울 효과를 보였다.[21] 그러나 최근의 citalopram과 aspirin의 병합 연구에서 aspirin의 항우울 효과가 뚜렷하지 않았고 두 약물의 병합이 우울, 불안을 악화시키고 심각한 부작용을 일으켰다는 등과 같은 부정적인 결과가 보고되었다.[22] 또한 최근에 celecoxib와 aspirin의 항우울 효과에 관한 여러 연구들을 종합해서 분석한 논문에서 각 연구의 표본 수가 작고 연구 수 자체가 많지 않으며 연구방법이 서로 상이하여 celecoxib와 aspirin과 같은 NSAIDs의 명확한 항우울 효과를 아직까지는 단정할 수 없는 것으로 보인다.[21] 따라서 향후 더 많은 피험자를 대상으로 한 이중맹검 무작위 위약 대조군 연구가 더 많이 필요하다.

오메가-3

오메가-3는 불포화지방산으로 고지혈증 치료에 사용되고 있으며, 항염증 효과 또한 가지고 있는 약물이다.[23] 대부분의 연구가 병합요법이었기 때문에 단독요법으로서의 효능은 어디까지 보일 것인지는 아직 알 수 없다. 하지만 최근 영상연구에서 오메가-3와 같은 불포화지방산의 저하가 뇌의 connectivity를 떨어뜨리고 나아가 오메가-3의 투여가 우울 증상의 감소와 더불어 뇌의 connectivity를 증가시킨다는 연구들이 있는 바 향후 추가적인 연구 결과들을 주목해야 한다.

tetracycline

항생제로 사용되는 tetracycline 계열 약물 중에 minocycline과 doxycycline의 항우울 효과에 대해서도 일부 연구가 있었다.[23] 이러한 약물 역시 강력한 항염증 효과를 가지고 있어 항우울제로서도 기대를 가지게 되었다. 일부 임상연구에서 효능을 보였으나 아직은 초보 단계로서 좀 더 연구가 필요하다.

시상하부-뇌하수체-부신피질 축과 관련된 항우울제

우울증과 관련된 전통적인 시상하부-뇌하수체-부신피질(HPA) 축 가설도 잘 알려져 있다.[24] 만성적인 스트레스로 인하여 HPA 축이 과활성화되는데, 피드백 작용에도 문제가 생겨 이러한 과활성화가 유지되며, 이로 인해 코르티솔이 과잉 분비되는 상태가 지속되게 된다. 이것이 우울증을 유발한다는 가설이다. 따라서 현재까지 연구되고 있는 관련 약물들은 주로 이러한 코르티솔의 수치를 낮추는 기전을 가지고 있다.

항글루코코르티코이드 제제

코르티솔 합성 저해제
일부 우울증의 경우 HPA 축의 과다 활성과 연관되어 있다.[25] 따라서 항글루코코르티코이드 제제에 대한 연구가 진행 중이다. 코르티솔 합성 저해제인 ketoconazole, metyrapone, aminoglutethimide 등은 정신병우울증과 비정신병우울증 모두에서 연구가 진행 중이다.[26] 아직 논란의 여지가 있지만 최근 일부 연구들은 이러한 약물들의 우울증상 개선효과를 보여주고 있다.[27]

글루코코르티코이드 수용체 길항제
글루코코르티코이드 수용체의 한 종류로 GR II가 있다. 이 수용체는 코르티솔이 높은 상태일 때만 결합되는 수용체로 우울증과 관련이 깊다.[28] mifepristone이라는 성분의 RU-486 이라는 약물은 항프로게스테론 제제로서 사후피임약으로 쓰이고 있는데 GR II의 길항제로 작용한다. 증례 보고에서 쿠싱증후군의 치료로 처방된 mifepristone은 정신병적 증상과 우울증 증상을 모두 호전시켰다고 한다.[29] 일부 소규모 연구에서 정신병 증상을 가진 우울증에 대한 mifepristone의 효능을 보고하기도 하였는데, 향후 추가적인 연구가 필요할 것으로 보인다.[30]

산화 스트레스와 관련된 항우울제

정상적인 상황에서는 세포 독성을 야기하는 활성산소와 활성질소가 항산화물질, 항산화효소, 항산화단백질 등에 의해 중화될 수 있기 때문에 큰 문제가 되지 않는다. 하지만 어떤 이유에서 이러한 활성산소와 활성질소가 과잉 활성화되거나 이를 중화시키는 항산화 물질 등이 감소된다면 뇌세포의 손상이 발생할 수 있고, 이로 인해 우울증이 생길 수 있다는 가설이다.[31] 따라서 이러한 원인으로 우울증이 생겼다면 항산화 물질의 보충을 통해 우울증을 교정할 수 있다는 논리를 바탕으로 임상 연구를 진행하고 있다.

N-acetylcysteine

N-acetylcysteine(NAC)는 글루타치온의 전구체로 염증성 사이토카인을 줄이고 항산화 작용에 관여한다.[32] 최근 발표된 메타분석에서 5개의 이중맹검 무작위 위약 대조군 연구가 분석되었다.[33] 총 574명의 피험자 중에서 291명에게 NAC가 투여되었고 283명은 위약이 투여되었다. 12주와 24주 뒤에 척도를 측정하여 결과를 분석하였다. 그 결과 HAM-D, MADRS, CGI에서 NAC가 위약보다 유의하게 우위에 있다는 결과가 도출되었다. 또한 부작용 측면에서도 심각한 부작용은 관찰되지 않아 항우울제로서의 가능성을 보여주고 있다.

curcumin

curcumin은 항산화 물질이면서 항염증 작용을 가지고 있다. 최근 우울증 임상연구에서 curcumin 하루 1,000mg이 위약보다 더 항우울 효과가 높았고 주로 비정형 우울증에서 더 효과적이라는 보고가 있다.[34]

resveratrol

포도와 적포도주에 풍부한 resveratrol 역시 동물실험에서 항우울 효과가 보고되었다. 이러한 항우울 효과는 BDNF의 증가에 기인하는 것으로 알려져 있다.[34]

zinc

최근 발표된 4개의 무작위 위약 대조군 연구를 이용한 systemic review에서 zinc가 우울증 환자에서는 기존 항우울제 치료에 병용하는 보조요법뿐만 아니라 단독요법으로서의 효능이 위약보다 우월함을 보여주었다.[35] 반면에 우울증이 아닌 일반 인구에서 우울증상 개선 비교에서는 위약과 뚜렷한 차이를 보이지 못하였다. 따라서 아직은 신중한 접근이 필요하다.

비타민 C와 비타민 E

소규모 연구에서 비타민 C의 정맥 투여와 경구 투여가 모두 우울증상의 개선에 효과가 있었다.[34,36] 비타민 E의 경우 우울증에서 수치가 감소하고 임상시험에서 비타민 E의 투여가 우울증상의 개선에 기여하였다.[37] 하지만 연구가 많지 않고 소규모 연구라서 향후 더 많은 연구가 필요하다.

아세틸콜린 신경계와 관련된 항우울제

아세틸콜린 신경계는 아드레날린 신경계와 균형을 이루고 있는데, 이러한 균형이 깨지면서 우울증이 발생한다는 가설이 있다. 조증 상태는 낮은 아세틸콜린 활성과 높은 아드레날린 활성에 기인하고 우울증 상태는 높은 아세틸콜린 활성과 낮은 아드레날린 활성에 기인한다는 것이다. 이러한 가설을 기반으로 항콜린성 약물들이 항우울제로서 연구되고 있다.[38]

scopolamine

최근 항콜린성 약물 중에 scopolamine은 빠른 항우울 효과로 인하여 주목받고 있다.[38] scopolamine은 NMDA 수용체의 발현을 줄여서 글루타메이트에 의한 세포 독성 효과로 인한 신경세포 손상을 약화시킬 수 있으며, mTOR을 통해 BDNF의 분비를 증가시킨다. ketamine처럼 scopolamine도 정맥주사로 투여할 수 있으며, 최근 몇몇 연구에서 항우울 효과를 확인하였다. 초기 scopolamine 연구들은 항우울 효과를 확인하는 데 실패하였지만, 최근 연구에서 0.004mg/kg의 1회의 정맥주사로 수 일 안에 위약보다 높은 항우울, 항불안 효과를 보고하였고 후속 연구에서도 같은 용량으로 단극성·양극성우울증 모두에서 항우울 효과를 보고하였다.[39] 기존 항우울제에 부가요법으로 scopolamine을 사용한 이중맹검 무작위 위약 대조군 연구에서도 유의한 항우울 효과를 보였다.[40]

biperiden

biperidine 역시 항콜린성 약물로 M1 수용체에 작용한다. 하나의 개방 연구와 하나의 위약 대조군 연구에서 유의한 우울증상의 개선을 보였으나[41] 이어진 이중맹검 무작위 위약 대조군 연구에서는 같은 결과를 재현하지 못하였다.[42]

Neuropeptide와 관련된 항우울제

Neuropeptide Y와 관련된 항우울제

neuropeptide Y는 신경계에서 가장 많은 펩타이드로 Y1. Y2, Y4, Y5, Y6의 5개의 수용체로 주효과를 내며 정신질환 중에 주로 PTSD와 관련이 있다는 연구가 많다.[43] HPA 축과 CRH 호르몬과 상호작용하여 스트레스로 유발된 무너진 인체의 항상성을 다시 회복시켜 주는 데 중요한 역할을 하는 것으로 알려져 있다.[44] 또한 neuropeptide Y는 면역계와도 관련이 있어 우울증의 염증 가설과도 연결고리를 가지고 있다. neuropeptide Y는 스트레스 시 증가되는 염증반응을 감소시켜 우울증의 발생을 방지하는 역할도 한다. 또 우울증에서 세포 손상에 관여하는 글루타메이트의 분비를 줄이고 GABA의 분비를 증가시킨다고 한다. 동물실험에서 항불안과 항우울 효과가 확인되고 있다.[45] 현재 PTSD와 우울증에서 임상시험이 진행되고 있다.[46]

Galanin과 관련된 항우울제

galanin은 29개의 아미노산으로 이루어진 신경펩타이드로 뇌신경에 폭넓게 분포하고 있다. galamin은 호르몬조절, 기분조절, 통증조절, 심혈관 기능조절, 음식 섭취, 탐닉 등 신경계의 여러 기능과 관련되어 있는 물질이다.[47] galanin이 몇몇의 동물실험에서 우울증과 관련되어 있다는 보고가 있었다. galanin을 측내실에 주입하면 직접적으로 등쪽 솔기(dorsal raphe)의 세로토닌 분비를 억제함으로써 뇌의 세로토닌 대사를 감소하게 만든다. 또한 아드레날린 분비도 galanin을 주입하면 강제수영시험에서 부동성이 증가된 양상이 관찰되었다. 이와는 대조적으로 galanin 길항제는 우울증상을 감소시켰다. 하지만 최근 galanin의 수용체의 종류에 따라 상반되는 반응을 보인다는 것이 알려졌다. GAL1, GAL3 수용체의 경우 기능이 항진되면 우울증상이 나타나고 GAL2 수용체의 경우 기능이 항진되면 항우울 효과가 나타났다.[48] 예를 들면 GAL1 수용체 효현제인 M617을 주입하면 강제수영시험에서 부동성이 증가했다. GAL2 수용체 길항제인 M871을 주입했을 때도 역시 같은 결과를 얻었다. 최근 연구에서 GAL2 수용체 효현제를 주입했을 때는 반대의 결과를 보여 GAL2 수용체 자극하면 항우울 효과가 나타나는 것으로 주목을 받고 있다. galanin뿐만 아니라 galanin의 N-terminal 부분, 즉 GAL(1-15) 역시 우울증을 유발한다는 동물연구들이 있다. 오히려 GAL(1-15)이 더 강력한 우울 유발인자라는 결과도 보고되었다.[49] 하지만 아직 동물실험에 국한된 결과이므로 향후 인간 대상의 임상연구가 필요할 것이다.

요약

우울증은 매우 이질적인 질환이므로 하나의 원인으로 발생하기보다는 여러 가지 원인에 의하여 발생할 것으로 여겨진다. 차세대 항우울제는 이러한 여러 가지 우울증의 원인 가설을 근거로 하여 개발되고 있다. 현재까지 유망한 차세대 항우울제로는 글루타메이트 가설에 근간한 ketamine, 염증 가설에 근간한 celecoxib, HPA 축 가설에 근간한 metyrapone, mifepristone, 산화스트레스 가설에 근간한 NAC, 아세틸콜린 가설에 근간한 scopolamine, 뉴로펩타이드 가설에 근간한 neuropeptide Y와 galanin 등을 들 수 있다. 이러한 약물들은 향후 많은 임상시험을 거쳐서 실제 임상현장에서 사용될 수도 있기에 많은 기대를 모으고 있다.

참고문헌

1) Trevino K, McClintock SM, McDonald Fischer N, Vora A, Husain MM. Defining treatment-resistant depression: a comprehensive review of the literature. *Ann Clin Psychiatry* 2014;26:222-232.

2) Machado-Vieira R, Henter ID, Zarate CA, Jr. New targets for rapid antidepressant action. *Prog Neurobiol* 2017;152:21-37.

3) Monteggia LM, Zarate C, Jr. Antidepressant actions of ketamine: from molecular mechanisms to clinical practice. *Curr Opin Neurobiol* 2015;30:139-143.

4) Ignacio ZM, Reus GZ, Arent CO, Abelaira HM, Pitcher MR, Quevedo J. New perspectives on the involvement of mTOR in depression as well as in the action of antidepressant drugs. *Br J Clin Pharmacol* 2016;82:1280-1290.

5) Monteggia LM, Gideons E, Kavalali ET. The role of eukaryotic elongation factor 2 kinase in rapid antidepressant action of ketamine. *Biol Psychiatry* 2013;73:1199-1203.

6) Singh JB, Fedgchin M, Daly EJ, De Boer P, Cooper K, Lim P, et al. A Double-Blind, Randomized, Placebo-Controlled, Dose-Frequency Study of Intravenous Ketamine in Patients With Treatment-Resistant Depression. *Am J Psychiatry* 2016;173:816-826.

7) Amidfar M, Khiabany M, Kohi A, Salardini E, Arbabi M, Roohi Azizi M, et al. Effect of memantine combination therapy on symptoms in patients with moderate-to-severe depressive disorder: randomized, double-blind, placebo-controlled study. *J Clin Pharm Ther* 2017;42:44-50.

8) Amidfar M, Reus GZ, Quevedo J, Kim YK, Arbabi M. Effect of co-administration of memantine and sertraline on the antidepressant-like activity and brain-derived neurotrophic factor (BDNF) levels in the rat brain. *Brain Res Bull* 2017;128:29-33.

9) Ford AH, Almeida OP. Management of Depression in Patients with Dementia: Is Pharmacological Treatment Justified? *Drugs Aging* 2017;34:89-95.

10) Caddy C, Amit BH, McCloud TL, Rendell JM, Furukawa TA, McShane R, et al. Ketamine and other glutamate receptor modulators for depression in adults. *Cochrane Database Syst Rev* 2015:CD011612.

11) Vasilescu AN, Schweinfurth N, Borgwardt S, Gass P, Lang UE, Inta D, et al. Modulation of the activity of N-methyl-d-aspartate receptors as a novel treatment option for depression: current clinical evidence and therapeutic potential of rapastinel (GLYX-13). *Neuropsychiatr Dis Treat* 2017;13:973-980.

12) Chaki S, Fukumoto K. Potential of Glutamate-Based Drug Discovery for Next Generation Antidepressants. *Pharmaceuticals* (Basel) 2015;8:590-606.

13) Chaki S. mGlu2/3 Receptor Antagonists as Novel Antidepressants. *Trends Pharmacol Sci* 2017;38:569−580.

14) Pariante CM. Why are depressed patients inflamed? A reflection on 20 years of research on depression, glucocorticoid resistance and inflammation. *Eur Neuropsychopharmacol* 2017;27:554−559.

15) Steiner J, Bogerts B, Sarnyai Z, Walter M, Gos T, Bernstein HG, et al. Bridging the gap between the immune and glutamate hypotheses of schizophrenia and major depression: Potential role of glial NMDA receptor modulators and impaired blood−brain barrier integrity. *World J Biol Psychiatry* 2012;13:482−492.

16) Bortolato B, Carvalho AF, Soczynska JK, Perini GI, McIntyre RS. The Involvement of TNF−alpha in Cognitive Dysfunction Associated with Major Depressive Disorder: An Opportunity for Domain Specific Treatments. *Curr Neuropharmacol* 2015;13:558−576.

17) Sahin TD, Karson A, Balci F, Yazir Y, Bayramgurler D, Utkan T. TNF−alpha inhibition prevents cognitive decline and maintains hippocampal BDNF levels in the unpredictable chronic mild stress rat model of depression. *Behav Brain Res* 2015;292:233−240.

18) Bayramgurler D, Karson A, Ozer C, Utkan T. Effects of long−term etanercept treatment on anxiety− and depression−like neurobehaviors in rats. *Physiol Behav* 2013;119:145−148.

19) Raison CL, Rutherford RE, Woolwine BJ, Shuo C, Schettler P, Drake DF, et al. A randomized controlled trial of the tumor necrosis factor antagonist infliximab for treatment−resistant depression: the role of baseline inflammatory biomarkers. *JAMA Psychiatry* 2013;70:31−41.

20) Papp K, Poulin Y, Vieira A, Shelton J, Poulin−Costello M. Disease characteristics in patients with and without psoriatic arthritis treated with etanercept. *J Eur Acad Dermatol Venereol* 2014;28:581−589.

21) Eyre HA, Air T, Proctor S, Rositano S, Baune BT. A critical review of the efficacy of non−steroidal anti−inflammatory drugs in depression. *Prog Neuropsychopharmacol Biol Psychiatry* 2015;57:11−16.

22) Ghanizadeh A, Hedayati A. Augmentation of citalopram with aspirin for treating major depressive disorder, a double blind randomized placebo controlled clinical trial. *Antiinflamm Antiallergy Agents Med Chem* 2014;13:108−111.

23) Messamore E, Almeida DM, Jandacek RJ, McNamara RK. Polyunsaturated fatty acids and recurrent mood disorders: Phenomenology, mechanisms, and clinical application. *Prog Lipid Res* 2017;66:1−13.

24) Rosenblat JD, McIntyre RS, Alves GS, Fountoulakis KN, Carvalho AF. Beyond Monoamines−Novel Targets for Treatment−Resistant Depression: A Comprehensive Review. *Curr Neuropharmacol* 2015;13:636−655.

25) Wolkowitz OM, Reus VI. Treatment of depression with antiglucocorticoid drugs. *Psychosom Med* 1999;61:698-711.

26) Murphy BE. Antiglucocorticoid therapies in major depression: a review. *Psychoneuroendocrinology* 1997;22 Suppl 1:S125-132.

27) Schule C, Baghai TC, Eser D, Rupprecht R. Hypothalamic-pituitary-adrenocortical system dysregulation and new treatment strategies in depression. *Expert Rev Neurother* 2009;9:1005-1019.

28) Farrell C, O'Keane V. Epigenetics and the glucocorticoid receptor: A review of the implications in depression. *Psychiatry Res* 2016;242:349-356.

29) Howland RH. Mifepristone as a therapeutic agent in psychiatry. J Psychosoc *Nurs Ment Health Serv* 2013;51:11-14.

30) Nelson EB. Psychotic depression--beyond the antidepressant/antipsychotic combination. *Curr Psychiatry Rep* 2012;14:619-623.

31) Czarny P, Wigner P, Galecki P, Sliwinski T. The interplay between inflammation, oxidative stress, DNA damage, DNA repair and mitochondrial dysfunction in depression. *Prog Neuropsychopharmacol Biol Psychiatry* 2017.

32) Minarini A, Ferrari S, Galletti M, Giambalvo N, Perrone D, Rioli G, et al. N-acetylcysteine in the treatment of psychiatric disorders: current status and future prospects. *Expert Opin Drug Metab Toxicol* 2017;13:279-292.

33) Fernandes BS, Dean OM, Dodd S, Malhi GS, Berk M. N-Acetylcysteine in depressive symptoms and functionality: a systematic review and meta-analysis. *J Clin Psychiatry* 2016;77:e457-466.

34) Maurya PK, Noto C, Rizzo LB, Rios AC, Nunes SO, Barbosa DS, et al. The role of oxidative and nitrosative stress in accelerated aging and major depressive disorder. *Prog Neuropsychopharmacol Biol Psychiatry* 2016;65:134-144.

35) Lai J, Moxey A, Nowak G, Vashum K, Bailey K, McEvoy M. The efficacy of zinc supplementation in depression: systematic review of randomised controlled trials. *J Affect Disord* 2012;136:e31-e39.

36) Kocot J, Luchowska-Kocot D, Kielczykowska M, Musik I, Kurzepa J. Does Vitamin C Influence Neurodegenerative Diseases and Psychiatric Disorders? *Nutrients* 2017;9.

37) Banikazemi Z, Mokhber N, Safarian M, Mazidi M, Mirzaei H, Esmaily H, et al. Dietary vitamin E and fat intake are related to Beck's depression score. *Clin Nutr ESPEN* 2015;10:e61-e65.

38) Jeon WJ, Dean B, Scarr E, Gibbons A. The Role of Muscarinic Receptors in the Pathophysiology of Mood Disorders: A Potential Novel Treatment? *Curr Neuropharmacol*

2015;13:739-749.

39) Wohleb ES, Gerhard D, Thomas A, Duman RS. Molecular and Cellular Mechanisms of Rapid-Acting Antidepressants Ketamine and Scopolamine. *Curr Neuropharmacol* 2017;15:11-20.

40) Khajavi D, Farokhnia M, Modabbernia A, Ashrafi M, Abbasi SH, Tabrizi M, et al. Oral scopolamine augmentation in moderate to severe major depressive disorder: a randomized, double-blind, placebo-controlled study. *J Clin Psychiatry* 2012;73:1428-1433.

41) Howland RH. The antidepressant effects of anticholinergic drugs. *J Psychosoc Nurs Ment Health Serv* 2009;47:17-20.

42) Gillin JC, Lauriello J, Kelsoe JR, Rapaport M, Golshan S, Kenny WM, et al. No antidepressant effect of biperiden compared with placebo in depression: a double-blind 6-week clinical trial. *Psychiatry Res* 1995;58:99-105.

43) Schmeltzer SN, Herman JP, Sah R. Neuropeptide Y (NPY) and posttraumatic stress disorder (PTSD): A translational update. *Exp Neurol* 2016;284:196-210.

44) Farzi A, Reichmann F, Holzer P. The homeostatic role of neuropeptide Y in immune function and its impact on mood and behaviour. *Acta Physiol* (Oxf) 2015;213:603-627.

45) Desai SJ, Borkar CD, Nakhate KT, Subhedar NK, Kokare DM. Neuropeptide Y attenuates anxiety-and depression-like effects of cholecystokinin-4 in mice. *Neuroscience* 2014;277:818-830.

46) Horn SR, Charney DS, Feder A. Understanding resilience: New approaches for preventing and treating PTSD. *Exp Neurol* 2016;284:119-132.

47) Millon C, Flores-Burgess A, Narvaez M, Borroto-Escuela DO, Gago B, Santin L, et al. The neuropeptides Galanin and Galanin(1-15) in depression-like behaviours. *Neuropeptides* 2017;64:39-45.

48) Weinshenker D, Holmes PV. Regulation of neurological and neuropsychiatric phenotypes by locus coeruleus-derived galanin. *Brain Res* 2016;1641:320-337.

49) Kuteeva E, Hokfelt T, Wardi T, Ogren SO. Galanin, galanin receptor subtypes and depression-like behaviour. *EXS* 2010;102:163-181.

비정형 항정신병약물의 항우울 효과

Antidepressant effects of atypical antipsychotics

왕희령*, 박원명**

영등포구 정신건강복지센터*, 가톨릭대학교 의과대학 여의도성모병원 정신건강의학과**

선택적 세로토닌 재흡수억제제제(SSRI)와 세로토닌-노르에피네프린 재흡수억제제제(SNRI)가 우울장애 치료제로 도입된 이래로 주요우울장애 치료에 있어서의 많은 발전과 변화가 있어 왔다.[1,2] 그럼에도 불구하고 주요우울장애의 1차 치료약제로 현재 사용되는 이들 약제들은 효과와 내약성의 측면에서 많은 문제점들을 가지고 있다.[1] 실제로 이들 치료약제로 증상의 관해에 도달하는 환자의 비율이 낮으며, 느린 치료효과 발현 시간도 문제점으로 지적되고 있다.[3]

그뿐만 아니라 도파민, 세로토닌, 노르에피네프린의 결핍이 주요우울장애의 주요 병태생리로 생각되면서, 세로토닌이나 노르에피네프린에 주로 작용하는 기존의 항우울제만으로는 일부 주요우울장애 환자의 치료에 불충분할 것이라는 주장이 제기되면서, 도파민 신경전달(dopaminergic neurotransmission)에 작용하는 비정형 항정신병약물이 주요우울장애의 추가적인 치료 선택 약제로서의 역할을 해줄 것으로 기대되고 있다.[3]

이러한 분위기 속에서 치료저항성 주요우울장애에서 비정형 항정신병약물의 병합요법에 대한 많은 임상연구들이 진행되어 2007년도부터 이들의 효과를 확인하는 메타분석이 여러 차례 나오기에 이르렀다.[4,5] 이러한 연구결과들을 바탕으로 국내에서도 아리피프라졸과 쿼티아핀이 주요우울장애에서 보조요법 치료제로 승인을 받은 바 있다.

이 장에서는 지금까지 보고된 비정형 항정신병약물의 주요우울장애 치료에 관한 연구들을 살펴봄으로써 그 효과와 안정성을 고찰해보고자 한다.

비정형 항정신병약물의 항우울 효과에 대한 약동학적 기전

비정형 항정신병약물들은 세로토닌–노르에피네프린 상호작용에 영향을 주는 것으로 알려져 있다.[5] 또한 상대적인 역가는 서로 다르지만, 모든 비정형 항정신병약물은 세로토닌 5-HT2 수용체 길항작용을 함으로써 세로토닌 신경전달에 관여한다.[6]

비정형 항정신병약물 중에서 아리피프라졸과 지프라시돈은 부가적으로 5-HT1A 수용체에 부분적인 항진 효과를 보이는데, 이러한 효과가 우울장애, 인지기능, 불안증상의 호전과 관계가 있다고 보고되기도 하였다.[7,8] 쿼티아핀은 알파 2 수용체의 길항제로서 시냅스 이전 섬유로부터 노르에피네프린 유리를 촉진시키며,[7] 그 대사산물인 N-desalkylquetiapine은 최근 노르에피네프린 재흡수전달체에 중등도의 친화력을 가지는 것으로 밝혀졌다.[9] 하지만 이 대사산물이 인체 내에서 의미 있는 혈장농도에 이르는지는 명확하지 않다. 한편 올란자핀 플루옥세틴 복합제(olanzapine-fluoxetine combination : OFC)는 쥐의 전전두엽피질에서 도파민, 노르에피네프린의 세포외 농도를 각 약제 단독의 경우보다 더 증가시키는 것으로 보고되었다.[10] 또한 전임상시험에서는 리스페리돈, 쿼티아핀, 올란자핀의 5-HT2A 길항작용이 세로토닌 작용을 증강시켜 SSRI의 치료효과를 보강할 수 있다는 가능성이 제기되기도 하였다.[11~14] 이상에서 살펴본 다양한 작용이 비정형 항정신병약물이 가지는 항우울 효과를 설명하는 기전들이 되고 있다.

하지만 비정형 항정신병약물 각 약제 간에 신경약리학적 기전이 상당히 차이가 있다는 점을 감안할 때, 이들 약제가 우울장애에서 비슷한 효과를 보일 것인지 혹은 동일한 환자에서 동일하게 작용할지는 아직 명확하지 않다. 또한 우울장애에서 병합요법으로 사용되는 용량이 정신병적 질환에서 사용되는 용량보다 낮은 것으로 나타나, 용량에 따라 약리작용이 다를 가능성이 제기되고 있다.[15]

비정형 항정신병약물의 주요우울장애 급성기 치료

단독요법

주요우울장애 급성기 치료에서 비정형 항정신병약물의 단독요법에 관한 무작위 대조연구는 아직까지 드문 실정이다. 지금까지 쿼티아핀과 아미설피라이드, 지프라시돈에서 주요우울장애 급성기 단독요법의 효과에 대한 무작위 대조연구가 발표되었다.[16,17]

쿼티아핀

주요우울장애의 급성기 치료에 있어서 쿼티아핀 단독요법의 효과 및 안정성을 살펴본 무작위 대조연구로는 Cutler[16], Weisler[17], Katila[18] 등의 연구가 있다.[16~18] Cutler 등의 연구에서는[16] Hamilton 우울평가척도(HAMD) 22점 이상이면서, HAMD 첫 항목인 '우울한 기분' 항목에서 2점 이상인 주요우울장애 환자들을 대상으로 쿼티아핀 150mg/일, 300mg/일, 둘록세틴 60mg/일의 효과를 위약과 비교하였다. 치료 6주째, 치료군마다 Montgomery-Asberg 우울평가척도(MADRS)의 총점을 비교한 결과, 쿼티아핀 150mg/일, 쿼티아핀 300mg/일, 둘록세틴 60mg/일 치료군 모두 위약보다 MADRS의 총점이 의미 있게 더 감소한 것으로 나타났다. 하지만 치료 1주째에서는 쿼티아핀 150mg/일(−8.4, p<0.001)과 쿼티아핀 300mg/일(−8.2, p<0.01) 치료군에서 위약과 비교하여 우울장애상의 의미 있는 호전이 관찰되었으나, 둘록세틴 60mg/일(−6.8, p=0.30) 치료군에서는 위약과 비교하여 의미 있는 우울장애상의 호전이 관찰되지 않았다. MADRS 총점 8점 이하로 정의된 치료 관해율에 있어서는 쿼티아핀 300mg/일 치료군(32.0%, p<0.05)과 둘록세틴 60mg/일 치료군(31.9%, p<0.05)에서 위약보다 유의하게 높은 것으로 나타났으나, 쿼티아핀 150mg/일 치료군(26.5%, p=0.27)에서는 위약과 비교하여 통계적으로 유의한 차이가 관찰되지 않았다.[16] Weisler 등의 연구에서도 위의 연구와 동일한 선정기준(HAMD 22점 이상, '우울한 기분' 항목에서 2점 이상)의 주요우울장애 환자를 대상으로 쿼티아핀 50mg/일, 150mg/일, 300mg/일 치료군과 위약의 차이를 비교하였다.[17] 6주째, 세 치료군 모두에서 위약과 비교하여 MADRS 총점의 유의한 감소를 보였으며, 쿼티아핀의 항우울 효과는 치료 4일째부터 위약과 비교하여 차이를 보이는 것으로 관찰되었다.[17] Katila 등의 연구는 66세 이상의 노인 주요우울장애 환자를 대상으로 쿼티아핀(50~300mg/일) 단독요법의 효과를 관찰한 연구이다.[18] HAMD 총점 22점 이상, HAMD 1 문항 점수가 2점 이상인 환자들을 대상으로 한 본 연구에서 쿼티아핀 단독요법이 MADRS 총점 변화로 확인한 항우울 효과에서 위약과 비교하여 유의하게 효과적인 것으로 나타났다. 이러한 증상의 호전은 1주째부터 빨리 효과를 나타내어 노인 환자에서도 유용하게 쿼티아핀 단독요법이 이루어질 수 있음을 확인할 수 있었다.[18]

아미설피라이드

주요우울장애 급성기 치료에 있어서 아미설피라이드 단독요법의 효과를 살펴본 1개의 무작위 대조연구가 있다.[19] 이 연구에서는 HAMD 18점 이상인 주요우울장애 환자들을 대상으로, 아미설피라이드 고정용량(50mg/일)(n=136)과 파록세틴 20mg/일(n=136)의 효과를 비교하였다. 치료 8주째 HAMD 총점 50% 이상 감소로 정의된 치료반응률에서 두 군 간에 통계적으로 유의한 차이는 관찰되지 않았다.[19]

지프라시돈

주요우울장애 급성기 치료에 있어서 지프라시돈 단독요법의 효과를 살펴본 무작위 대조연구로 Papakostas 등의 연구가 있다.[20] 총 120명의 주요우울장애 환자들을 대상으로 시행된 이 12주 연구에서 지프라시돈 단독요법은 위약에 비해 유의한 항우울 효과를 보이지 않은 것으로 나타났다.[20]

루라시돈

혼합형 양상을 동반한 주요우울장애에서의 루라시돈의 급성기 항우울 효과를 확인한 무작위 대조연구가 하나 있다.[21] 이 연구는 DSM-IV-TR에서 주요우울장애로 진단받고 MADRS 총점이 26점 이상이면서, 2개 혹은 3개의 조증증상을 보이는 환자를 대상으로 시행되었다. 총 209명의 환자가 루라시돈 단독요법(20~60mg/일)과 위약군에 무작위 배정되었다. 6주 치료 이후 MADRS 총점의 변화는 루라시돈군에서 위약군보다 유의하게 큰 것으로 나타났다(−20.5 : −13.0, p<0.001). 치료반응의 경우에 있어서도 루라시돈군에서 위약군보다 유의하게 치료반응률이 높은 것으로 나타났다(64.8% : 30.0%, p<0.001).

병합요법

대부분의 비정형 항정신병약물의 항우울 효과에 대한 연구는 급성기 치료저항성 주요우울장애 환자에서의 병합요법의 효과에 집중되어 있다. 여기에서는 현재까지 발표된 무작위 대조연구를 중심으로 각 비정형 항정신병약물의 항우울 효과에 대해서 살펴보고자 한다.

리스페리돈

주요우울장애 급성기 환자에서 리스페리돈 병합요법의 효과 및 안정성을 살펴본 3개의 무작위 대조연구가 있다.[22-24] 첫 번째 연구에서는 적어도 4주 이상 항우울제를 복용한 경험이 있고, 증상의 관해가 이루어지지 않은 전반적 임상 인상 심각도 척도(Clinical Global Impressions-Severity : CGI-S) 4점 이상의 주요우울장애 환자를 대상으로 하였다.[22] 첫 4주 동안 항우울제 단독요법을 시행하여 효과 불충분 여부를 확인하였으며, 효과가 불충분한 환자들을 리스페리돈 병합요법군(1~2mg/일)과 위약 병합요법군에 각각 무작위 배

정하여 그 효과 및 안정성을 6주간 관찰하였다. 4주째와 6주째 모두 리스페리돈 병합요법군이 위약 병합요법군에 비해 HAMD 총점의 감소가 통계적으로 유의하게 큰 것으로 나타났다. HAMD 7점 이하로 정의된 치료 관해율에 있어서도 리스페리돈군이 위약군에 비해 4주째, 6주째 모두 유의하게 높은 것으로 나타났다(4주째 13.6% : 6%, p=0.041; 6주째 24.5% : 10.7%, p=0.004). 부작용으로 인한 탈락률은 리스페리돈군에서 5.8%, 위약군에서 2.3%였으며, 조기 중단과 관련된 부작용으로 졸림, 권태, 체중증가, 집중력 곤란, 우울장애상, 불면, 공황발작 등이 있었다.[22]

두 번째 연구는 최소 5주 이상 적절한 항우울제 치료에 불충분한 반응을 보인 비정신병적 주요우울장애 환자를 리스페리돈(0.5~3mg/일)과 위약에 각각 무작위 배정하여 4주간에 걸쳐 두 군 간의 효과와 안정성을 비교한 연구이다.[23] MADRS 총점 10점 이하로 정의한 치료 관해율에서 리스페리돈군은 52%, 위약군은 24%로 유의하게 리스페리돈군이 높은 것으로 나타났다. 보고된 부작용의 빈도는 두 군 간에 유의한 차이가 없었으나 체중증가는 리스페리돈군에서 위약군보다 유의하게 큰 것으로 나타났다.

또 하나의 무작위 대조연구는 각각 3주 이상 사용한 2개 이하의 항우울제 치료에도 불구하고 자살사고를 보이는 주요우울장애 환자를 대상으로 시행된 연구이다.[24] 이 연구는 자살경향성이 있는 주요우울장애 환자에서 자살경향성 및 다른 증상의 조절에 있어서 리스페리돈 병합요법의 효과를 살펴본 예비연구이다. MADRS 총점 25점 이상, MADRS '자살' 항목에서 4점 이상을 보인 24명의 환자를 대상으로 하였으며, 기존에 사용하던 항우울제는 유지하면서 리스페리돈을 병합한 치료군(0.25~2mg/일)과 위약을 병합한 치료군으로 각각 무작위 배정하여 8주간 비교하였다. 자살경향성은 Beck의 자살생각척도(Beck Scale for Suicide Ideation)로, 기타 우울장애상은 MADRS와 자가평가척도인 기분상태척도(Profile of Mood States)로 평가한 결과, 리스페리돈 병합요법군이 위약군에 비해 통계적으로 유의하게 자살사고가 감소되었으며 우울장애상의 호전을 보인 것으로 나타났다. 또한 리스페리돈 병합치료는 연구 시작 2주째부터 빠른 효과를 보이며 연구 기간 8주 동안 이 같은 효과가 유지되는 것으로 나타났다. 이 연구를 통해 자살경향성을 보이는 주요우울장애에서도 비정형 항정신병약물이 효과적으로 증상조절에 사용될 수 있는 가능성이 시사되었다.[24]

올란자핀

치료저항성 주요우울장애 환자에서 OFC와 올란자핀 및 플루오세틴 단독요법의 효과를 비교한 대규모, 다기관, 무작위 대조연구로는 Shelton[25], Corya[26], Thase[27] 등의 연구가 있다. Shelton 등의 연구는 한 개 이상의 적절한 SSRI 치료에 실패한 환자를 대상으로, 7주 동안 노르트립틸린을 투여하고, 이에 치료반응을 보이지 않은 환자들을 OFC(6~12mg/25~50mg)와 올란자핀(6~12mg/일), 플루오세틴(25~50mg/일), 노르트립틸린(25~175mg/일)에 각각 무작위 배정하여 8주간의 효과를 관찰하였다.[25] 비록 8주째 MADRS 총점의 감소는 네 치료군 간에 통계적으로 유의한 차이가 관찰되지 않았으나, OFC의 경우 다른 세 치료군에 비해 좀 더 빠른 항우울 효과를 보이는 것으로 관찰되었다. 또한 OFC의 경우 다른 단독요법과 비교하여 안정성 측면에서도 비슷한 것으로 나타났다.[25]

Corya 등의 연구도 하나의 적절한 SSRI 치료에 불충분한 치료반응을 보였던 환자를 대상으로 하였다.[26] 환자들은 2~7일 동안 선별기간을 거친 후, 7주간 벤라팍신 75~375mg/일을 투여받았다. 이 기간에 MADRS 총점이 30% 이하로 호전된 환자들을 OFC(6, 12/25, 50mg/일), 올란자핀, 플루오세틴, 벤라팍신에 각각 무작위 배정하여 12주간 효과를 비교 관찰하였다. 1주부터 6주까지는 OFC 치료군에서 다른 나머지 세 치료군에 비해 MADRS 총점의 감소가 통계적으로 유의하게 큰 것으로 나타났으나, 8주째에는 올란자핀 단독요법 군을 제외한 나머지 치료군과는 통계적으로 유의한 차이가 관찰되지 않았다.

Thase 등의 연구는 이 중 가장 규모가 큰 연구로서 미국과 캐나다에서 2002년부터 2005년까지 동시에 진행된 두 연구를 포함한다.[27] 연구 설계는 앞의 연구와 비슷하며, 1개의 항우울제 치료에 실패한 HAMD 점수 22점 이상의 치료저항성 환자를 대상으로 시행하였다. 환자들은 8주간의 플루오세틴 단독치료 시기를 거쳤으며, 이 기간에 불충분한 치료반응을 보인 환자들을 OFC, 올란자핀, 플루오세틴에 각각 무작위 배정하여 8주간 효과를 관찰하였다. 두 연구를 종합적으로 분석한 결과 8주째 OFC 치료군에서 다른 두 단독요법군에 비해 통계적으로 유의하게 큰 MADRS 총점의 감소가 관찰되었으며, MADRS 총점 10점 이하로 정의된 치료 관해율에 있어서도 OFC군이 27%로서 플루오세틴군 17%, 올란자핀군 15%에 비해 통계적으로 유의하게 높은 것으로 관찰되었다. 위의 세 연구를 통해 OFC가 치료저항성 우울장애 치료에 효과적이며, 다른 단독요법과 비교하여 상대적으로 빠른 항우울 효과를 보이는 것으로 확인되었다.[25-27]

쿼티아핀

주요우울장애 환자에서 쿼티아핀 병합요법의 효과와 안정성을 살펴본 여러 무작위 대조연구들이 있다.[28-31] 첫 번째 연구는 HAMD 총점이 20점 이상이면서, 현 우울삽화에서 1개의 항우울제 치료에 실패한 주요우울장애 환자를 대상으로 하였다.[28] 기존에 사용하던 항우울제에 부가적으로 환자들은 쿼티아핀 150mg/일, 300mg/일, 위약에 각각 무작위 배정되어 6주간 관찰하였다. 6주째 MADRS 총점의 감소는 쿼티아핀 150mg/일 군에서 −15.26점, 쿼티아핀 300mg/day 군에서 −14.94점으로 위약군 −12.21점에 비해 모두 통계적으로 유의한 차이를 보였다. MADRS 점수 50% 이상 감소로 정의한 치료반응률은 쿼티아핀 150mg/일 군에서 55.4%(p=0.107 : 위약군), 300mg/일 군에서 57.8%(p<0.05 : 위약군), 위약군에서 46.3%였고, MADRS 8점 이하로 정의한 치료 관해율은 쿼티아핀 150mg/일에서 36.1%(p<0.05 : 위약군), 300mg/일에서 31.1%(p=0.126 : 위약군), 위약군 23.8%로 나타났다.

두 번째 연구에서도 동일한 선정기준의 환자를 대상으로 동일한 연구 설계로 진행되었다.[29] 하지만 결과는 첫 번째 연구와 상이하게 나왔는데, 6주째 MADRS 총점의 변화와 치료 관해율에 있어서 쿼티아핀 150mg/일 군(−13.6)이 아닌 쿼티아핀 300mg/일 군(−14.7, p<0.01)에서만 위약군과 유의한 차이를 보이는 것으로 나타났다[치료 관해율 42.5% 300mg/일(p<0.01); 35.0% 150mg/일; 24.5% 위약].[29]

주요우울장애에서 쿼티아핀의 효과를 살펴본 또 하나의 연구는, 불안장애가 동반된 환자를 대상으로 한 무작위 대조연구이다.[30] 선정기준은 HAMD 18점, Hamilton 불안척도(HAM-A) 14점 이상인 주요우울장애 환자였으며, 기존에 복용 중이던 항우울제(주로 SSRI 혹은 벤라팍신)를 그대로 복용하면서 쿼티아핀(200~600mg/일)과 위약에 각각 무작위 배정하여 8주간 관찰하였다. 8주째 HAMD 총점 변화는 쿼티아핀군에서 −11.2점으로 위약군 −5.5점에 비해 유의하게(p=0.008) 크게 나타났으며, HAM-A 총점 변화에 있어서도 쿼티아핀군의 경우 −12.5점으로, 위약군 −5.9점에 비해 유의하게 큰 것으로 나타났다(p=0.002). 또한 이러한 쿼티아핀의 효과는 1주째부터 관찰되어 8주째까지 지속되는 것으로 관찰되었다. HAMD 및 HAM-A 총점 50% 이상 감소로 정의한 치료반응률에 있어서, HAMD 기준 시 쿼티아핀 48%, 위약 28%로 통계적으로 유의한 차이는 없었으나, HAM-A 기준 시에 쿼티아핀 62%, 위약 28%로 통계적으로 유의한 차이가 관찰되었다(p=0.02). 총점 7점 이하로 정의한 치료 관해율에서는 HAMD와 HAM-A기준 시 모두에서 쿼티아핀과 위약 간에 통계적으로 유의한 차이는 관찰되지 않았으나, 쿼티아핀군에서 높게 나타나는 경향을 보였다(HAMD 기준−쿼티아핀 31% : 위약 17%; HAM-A 기준−쿼티아핀 41% : 위약 17%). 이 연구를 통해서 불안장애가 동반된 주요우울장애에서도 쿼티아핀이 빠른

효과 발현으로 유용하게 환자들에게 사용될 수 있는 가능성이 시사되었다.[30]

한편 McIntyre 등의 연구에서는 섬유근육통과 주요우울장애가 함께 있는 120명의 주요 우울장애 환자를 대상으로 쿼티아핀 XR 150~300mg과 위약에 각각 무작위 배정하여 치료한 결과, HAMD의 총점 감소뿐만 아니라 통증, 삶의 질 등에서도 위약에 비교하여 쿼티아핀의 효과가 유의하게 나은 것을 확인할 수 있어 다른 신체질환이 동반된 경우에 있어서의 쿼티아핀 의 유용성을 확인해주었다.[31]

지프라시돈

주요우울장애 급성기 치료에 있어서 지프라시돈 병합요법의 효과를 살펴본 무작위 대조연구로 Papakostas 등의 연구가 있다.[32] 에시탈로프람의 8주 치료에도 증상이 지속되는 주요 우울장애 환자들을 대상으로 진행되었으며, 이 중 68명은 위약군, 71명은 지프라시돈 병합요법군에 무작위 배정되었다. 치료반응군(HAMD 총점의 50% 이상 감소로 정의, 35.2% : 20.5%, p=0.04)과 HAMD 총점의 변화(−6.4 : −3.3) 모두에서 지프라시돈 병합요법군이 위약군보다 항우울 효과가 더 큰 것으로 나타났다. 이 외에도 지프라시돈의 병합요법이 효과가 있다는 일부 개방연구들이 발표된 바 있으나[33,34] 지프라시돈의 항우울 효과를 검증하기 위해서는 추후 대규모 무작위 대조연구가 추가적으로 필요할 것으로 사료된다.

아리피프라졸

아리피프라졸의 주요우울장애에서 병합요법의 효과를 살펴본 무작위 대조연구가 지금까지 여러 차례 진행된 바 있다. Berman[35], Marcus[36], Berman[37] 등의 세 연구가 그 대표적인 예로써, 3개의 연구 모두 기존의 적절한 항우울제 치료에 불충분한 치료반응을 보인 치료저항성 주요우울장애 환자들이 포함되었다. 세 연구 모두 8주간의 전향적 치료시기를 거쳐 항우울제에 대한 불충분한 반응 여부를 확인하였고, 이 시기에 항우울제에 불충분한 반응을 보인 환자를 아리피프라졸 병합요법군(2~20mg/일)과 위약군으로 무작위 배정하여 6주간 관찰하였다. 세 연구 모두에서 아리피프라졸 병합요법군이 위약군에 비해 MADRS 총점의 변화가 통계적으로 유의하게 컸으며, 통계적으로 유의하게 높은 치료 관해율을 보였다.[35-37] 6주간의 MADRS 총점변화는 연구마다 다소 차이가 있으나 아리피프라졸군은 −8.5~−10.5점 사이, 위약군은 −5.7~−6.4점 사이로 보고되었고, 치료 관해율의 경우 아리피프라졸 치료군은 25.4~36.8%, 위약 치료군은 15.2~18.9%로 보고되었다.[35-37]

이뿐 아니라 최근 특수 집단에서의 치료효과 확인을 위한 연구가 진행되어 Lenze 등은 노년기 우울장애에서도 아리피프라졸의 병합요법이 우울장애상의 치료에 효과적이고 안정적으로 사용될 수 있음을 확인한 바 있다.[38]

카리프라진

카리프라진의 주요우울장애에서의 병합요법에 대한 효과를 살펴본 무작위 대조연구가 최근 발표된 바 있다.[39] Durgam 등의 연구에서 적절한 항우울제 치료에 불충분한 치료반응을 보인 819명의 환자를 위약, 카리프라진 1~2mg/일 투여군, 카리프라진 2~4.5mg/일 투여군에 각각 무작위 배정하여 8주째 MADRS의 총점 변화를 확인하였다. 그 결과 카리프라진 2~4.5mg 투여군에서 위약과 비교하여 유의하게 나은 우울장애상의 호전을 보였다.[39]

비정형 항정신병약물의 유지요법

비정형 항정신병약물의 항우울 효과를 살펴본 대부분의 연구들이 급성기 치료에 집중되어 있으며, 상대적으로 유지요법에 있어서의 비정형 항정신병약물의 효과에 관한 연구는 부족한 실정이다.

단독요법

쿼티아핀

쿼티아핀 단독의 주요우울장애 유지요법의 효과를 살펴본 하나의 무작위 대조연구가 있다.[40] HAMD 20점 이상, HAMD '우울한 기분' 항목이 2점 이상인 환자를 대상으로, 4~8주간 쿼티아핀 50~300mg/일을 투여한 다음, 이 시기에 우울장애상이 호전(MADRS 12점 이하, CGI-S 3점 이하로 정의)된 환자들은 이어서 개방표지 안정화 시기(12~18주)로 들어가게 된다. 이 시기에 12주 이상 쿼티아핀을 투여받은 환자를 대상으로 쿼티아핀 유지군과 위약군으로 무작위 배정을 하여 최대 52주까지 관찰하였다. 연구결과 재발률은 쿼티아핀 유지군(n=55, 14.2%)에서 위약군(n=132, 34.4%)에 비해 현저히 낮은 것으로 보고되었다 (hazard ratio=0.34; 95% CI:0.25, 0.46;p<0.001).[40] 이 연구를 통해 쿼티아핀으로 우울증상이 호전된 주요우울장애 환자에서 쿼티아핀 단독 유지요법이 재발 방지 효과가 있었다.

아미설피라이드

주요우울장애 환자의 유지요법에 있어서 아미설피라이드 단독요법의 효과를 살펴본 무작위 대조연구는 아직까지 없다. 하지만 기분저하증이나 부분관해 상태의 주요우울장애 환자를 대상으로 6개월 이상 아미설피라이드 단독요법의 효과를 살펴본 무작위 대조연구 2개가 있어서 소개하고자 한다.[41,42]

첫 번째 연구는 기분저하증, 기분저하증에 주요우울장애가 중첩되어 있는 경우, 그리고 부분관해의 주요우울장애 환자를 대상으로 아미설피라이드(50mg/일), 이미프라민(100mg/일), 위약의 효과를 6개월간 비교한 연구이다.[41] 1차 결과지표는 MADRS 총점의 변화였으며, 연구결과 아미설피라이드와 이미프라민 치료군 모두 위약 치료군에 비해 MADRS 총점이 유의하게 크게 변화한 것으로 나타났지만, 치료 관해율에 있어서는 통계적인 유의성에 도달하지 못하였다.

두 번째 연구는 기분저하증이나 부분관해 상태의 주요우울장애 환자 139명을 아미설피라이드(50mg/일)와 아미트립틸린(25~75mg/일)에 각각 무작위 배정하여 6개월간 관찰한 연구이다.[42] MADRS 총점의 50% 이상 감소로 정의한 치료반응률을 비교한 결과, 아미설피라이드 치료군은 60%, 아미트립틸린 치료군은 62%로, 두 군 모두 동일하게 효과적인 것으로 나타났으며, 부작용 측면에서는 아미트립틸린 치료군에서 부작용을 더 많이 보고한 것으로 나타났다(아미트립틸린 73% : 아미설피라이드 64%).

병합요법

리스페리돈

리스페리돈의 주요우울장애 유지요법의 효과를 살펴본 무작위 대조연구는 지금까지 2개가 있다.[43,44] 첫 번째 연구에 따르면, 4~6주간 시탈로프람(20~60mg/일)을 치료받은 후 치료반응이 없었던 환자에서 4~6주간 리스페리돈(0.25~2mg/일)을 병합 투여하여 병합요법에 적절한 증상의 호전(HAMD 7점 이하 혹은 CGI-S 2점 이하로 정의)을 보인 환자들을 리스페리돈과 시탈로프람 병합요법과 위약과 시탈로프람 병합요법에 각각 무작위 배정시키고 그 효과를 24주간 관찰하였다.[43] 재발까지의 평균 시간에서는 리스페리돈 치료군과 위약 치료군 간에 통계적으로 유의한 차이가 관찰되지 않았다(102일 : 85일, p=0.52). 하지만 사후검정 결과 시탈로프람 단독요법에 전혀 치료반응을 보이지 않은 환자군에서는 리스페리돈과 시탈로프람을 병합치료한 집단에서 시탈로프람과 위약을 병합치료한 집단에 비해 재발 시점까지의 평균 시간이 더 긴 것으로 나타났다(97일 : 56일, p=0.05).

두 번째 연구는 55세 이상의 치료저항성 주요우울장애 환자를 대상으로 한 연구로, 위의 연구와 상이한 결과를 보여준다.[44] 1개 이상의 항우울제 치료에 불충분한 반응을 보인 환자들을 대상으로 4~6주간 시탈로프람 단독요법(20~40mg/일)을 시행하여 불충분한 치료반응을 보이는지 여부를 확인하였다. 이때 HAMD 총점 50% 이하로 감소된 환자들에게 4~6주간 리스페리돈 병합요법(0.25~1mg/일)을 시행한 뒤 증상의 관해(HAMD 총점 7점 이하 혹은 CGI-S 1 또는 2점으로 정의)에 도달한 환자들을 시탈로프람 단독요법과 시탈로프람과 리스페리돈 병합요법에 무작위 배정하여 24주간 효과를 관찰하였다. 재발까지의 평균 시간에서 리스페리돈 병합요법군은 105일, 시탈로프람 단독요법군은 57일로 관찰되었으나, 통계적인 유의성에는 이르지 못하였다(Wilcoxon X2 : 3.2, df=1, p=0.069). 또한 재발률에 있어서는 리스페리돈 병합요법군에서 56%, 시탈로프람 단독요법군에서 65%로 유의한 차이가 관찰되지 않았다.[44]

올란자핀

올란자핀의 주요우울장애 유지요법의 효과를 살펴본 무작위 대조연구는 Brunner 등의 연구가 있다.[45] Brunner 등은 2개 이상의 항우울제의 적절한 치료에도 불구하고 치료효과가 불충분한 주요우울장애 환자들을 대상으로 6~8주간의 급성기 치료와 12주간의 OFC를 통한 안정화 기간을 거쳐 증상의 안정화를 이룬 환자들에서 플루옥세틴과 OFC에 각각 무작위 배정하여 27주간 재발까지의 시간을 확인하였다. 재발까지의 시간은 OFC를 투여받은 환자에서 플루옥세틴만 투여받은 환자들에 비해서 유의하게 길었다. 이를 통해 안정화 기간 이후에도 치료저항성 우울장애 환자에서 비정형 항정신병약물의 유지가 효과적임이 확인되었다.

안정성과 내약성

최근의 많은 연구들을 통하여 주요우울장애에서 병합요법 및 단독요법 치료제로서 비정형 항정신병약물의 효과가 확인되었지만, 약제 부작용으로 인한 치료 중단 등은 여전히 중요한 고려사항이다. 비정형 항정신병약물의 병합요법 사용에 관한 기존의 논문들을 고찰한 최근의 리뷰 논문에서, 기존의 항우울제에 비정형 항정신병약물을 병합하였을 때, 기존 항우울제 단독요법에 비해 약제 부작용으로 인한 치료 중단율이 약 4배가량 높은 것(9.1% : 2.3%)으로 보고되었다.[15] 비정형 항정신병약물 종류에 따라 전체적인 치료 중단율에 있어

서 유의한 차이는 없었지만, 약제마다 특정 부작용의 빈도에 있어서는 상당한 차이를 보였다.[15]

지금까지의 연구들에서 나타난 비정형 항정신병약물의 부작용으로 인한 치료 중단의 가장 흔한 원인은 진정/졸림[16,22,36], 좌불안석증과 초조[36], 체중 및 식욕증가[22,26] 등이었다. 또한 빈도상 가장 흔히 발생하는 부작용들로는 입 마름[16,17,26,41], 진정과 졸림 및 피로감[26], 두통[27,41], 체중 및 식욕증가[26,27,41], 좌불안석증 및 초조 등이었다.[35-37]

추체외로 증상과 관련된 부작용의 빈도는 아리피프라졸을 제외한 모든 약제에서 비교적 낮은 것으로 보고되었다. 아리피프라졸을 2~20mg/일로 치료받은 환자군에서 25.9%가 좌불안석증을 경험하는 것으로 나타나 위약을 투여받은 환자의 4.2%와 유의한 차이를 보였다.[36]

체중이나 식욕증가, 혈당증가, 지질대사이상 등과 같은 대사증후군 관련 부작용은 비정형 항정신병제 치료에서 흔히 발생하는 것으로 나타났다.[46] OFC 연구에서 보면 OFC 치료군에서 평균 체중증가가 3.28kg이었으며, 플루옥세틴 치료군의 경우 평균 1.42kg 체중 감소가 관찰된 것과 비교하면 유의한 차이를 보여준다(p<0.001).[27] 이러한 체중의 증가는 위약과 비교하였을 때 리스페리돈(+4.3 : +0.3lbs, p=0.002)[23]과 아리피프라졸(+2.01 : +0.34kg, p<0.001)[37]에서도 유의한 차이가 관찰된다. 하지만 이러한 체중의 증가에도 불구하고 아리피프라졸 병합요법의 경우 의미 있는 대사증후군 관련 측정치들의 변화를 야기하지 않는 것으로 나타났다.[47] 또한 쿼티아핀의 경우는 체중증가가 용량 의존적인 것으로 나타났는데, 쿼티아핀 50mg/일을 복용했던 군에서는 위약과 비교하여 0.6kg의 체중증가를 보인 반면, 쿼티아핀 300mg/일 투여군에서는 1.0kg의 체중증가를 보인 바 있다.[17]

위에서 살펴본 바와 같이 기존의 항우울제에 비해 비정형 항정신병제의 경우 대사증후군, 추체외로 증상, 지연성 근긴장이상증 등 상대적으로 심각한 부작용의 위험성이 있으므로 임상 환경에서 치료진의 세심한 주의가 항상 필요하다.

요약

최근까지 나온 여러 문헌을 고찰한 결과, 주요우울장애에서 비정형 항정신병약물을 항우울제와 병합했을 때 혹은 일부의 경우 단독요법으로도 우울장애상을 효과적으로 감소시키는 것으로 나타났으며, 이 같은 항우울 효과는 약제에 관계없이 서로 비슷한 것으로 밝혀졌다.[15] 이러한 비정형 항정신병약물의 항우울 효과에 대한 객관적이고 설득력 있는 근거에도 불구하고, 비정형 항정신병약물이 야기할 수 있는 추체외로 증상, 대사증후군 등의 잠재적 위험성은 임상 환경에서 이들 약제의 사용에 일부 제한점으로 작용하는 것이 사실이다.

한편 지금까지 발표된 주요우울장애에서의 비정형 항정신병약물 사용에 관한 연구들이 대부분 급성기 치료 및 병합요법의 효과에 집중되어 있는 점을 고려할 때, 비정형 항정신병약물의 단독요법과 유지요법에 대한 보다 많은 연구들이 이루어져야 할 것으로 사료된다.

결론적으로 지금까지 발표된 연구들을 근거로 주요우울장애 환자에서, 특히 항우울제 치료에 불충분한 효과를 보인 치료저항성 우울장애 환자에서, 비정형 항정신병약물은 단독 또는 병합요법으로 선택할 수 있는 훌륭한 대안이 되고 있음에 틀림이 없다. 하지만 우울장애 초기 단독요법과 유지요법에 있어서의 효과는 아직 근거가 불충분하고, 일부 부작용 등을 감안할 때 후속 연구들이 보강되어야 할 것으로 보인다.

참고문헌

1) Rocha FL, Fuzikawa C, Riera R, Hara C. Combination of antidepressants in the treatment of major depressive disorder: a systematic review and meta-analysis. *J Clin Psychopharmacol* 2012;32:278-281.

2) Choi E, Zmarlicka M, Ehret MJ. Vilazodone: a novel antidepressant. *Am J Health Syst Pharm* 2012;69:1551-1557.

3) Montgomery SA. The under-recognized role of dopamine in the treatment of major depressive disorder. *Int Clin Psychopharmacol* 2008;23:63-69.

4) Papakostas Gi, Shelton RC, Smith J, Fava M. Augmentation of antidepressants with atypical antipsychotic medications for treatment-resistant major depressive disorder: a meta-analysis. *J Clin Psychiatry* 2007;68:826-831.

5) Nelson JC, Papakostas GI. Atypical antipsychotic augmentation in major depressive disorder: a meta-analysis of placebo-controlled randomized trials. *Am J Psychiatry* 2009;166:980-991.

6) Brugue E, Vieta E. Atypical antipsychotics in bipolar depression: neurobiological basis and clinical implications. *Prog Neuropsychopharmacol Biol Psychiatry* 2007;31:275-282.

7) Frye MA, Ketter TA, Altshuler LL, Denicoff K, Dunn RT, Kimbrell TA et al. Clozapine in bipolar disorder : treatment implications for other atypical antipsychotics. *J Affect Disord* 1998;48:91-104.

8) Stahl SM, Shayegan DK. The psychopharmacology of ziprasidone: receptor-binding properties and real-world psychiatric practice. *J Clin Psychiatry* 2003;64(Suppl 19):6-12.

9) Jensen NH, Rodriguiz RM, Caron MG, Wetsel WC, Rothman RB, Roth BL. N-desalkylquetiapine, a potent norepinephrine reuptake inhibitor and partial 5-HT1A agonist, as a putative mediator of quetiapine's antidepressant activity. *Neuropsychopharmacology* 2008;33:2303-2312.

10) Zhang W, Perry KW, Wong DT, Potts BD, Bao J, Tollefson GD et al. Synergistic effects of olanzapine and other antipsychotic agents in combination with fluoxetine on norepinephrine and dopamine release in rat prefrontal cortex. *Neuropsychopharmacology* 2000;23:250-262.

11) Ostroff RB, Nelson JC. Risperidone augmentation of selective serotonin reuptake inhibitors in major depression. *J Clin Psychiatry* 1999;60:256-259.

12) Shelton RC, Tollefson GD, Tohen M, Stahl S, Gannon KS, Jacobs TG et al. A novel augmentation strategy for treating resistant major depression. *Am J Psychiatry* 2001;158:131-134.

13) Pitchot W, Ansseau M. Addition of olanzapine for treatment-resistant major depressive disorder: a meta-analysis. *J Clin Psychiatry* 2007;68:826-831.

14) Dando TM, Keating GM. Quetiapine-A review of its use in acute mania and depression associated with bipolar disorder. *Durgs* 2005;65:2533-2551.

15) Nelson JC, Papakostas GI. Atypical antipsychotic augmentation in major depressive disorder: a meta-analysis of placebo-controlled randomized trials. *Am J Psychiatry* 2009;166:980-991.

16) Cutler AJ, Montgomery SA, Feifel D, Lazarus A, Astrom M, Brecher M. Extended release quetiapine fumarate monotherapy in major depressive disorder: a placebo- and duloxetine-controlled study. *J Clin Psychiatry* 2009;70:526-539.

17) Weisler R, Joyce M, McGill L, Lazarus A, Szamosi J, Eriksson H; Moonstone Study Group. Extended release quetiapine fumarate monotherapy for major depressive disorder: results of a double-blind, randomized, placebo-controlled study. *CNS Spectr* 2009;14:299-313.

18) Katila H, Mezhebovsky I, Mulroy A, Berggren L, Eriksson H, Earley W et al. Randomized, double-blind study of the efficacy and tolerability of extended release quetiapine fumarate (quetiaine XR) monotherapy in elderly patients with major depressive disorder. *Am J Geriatr Psychiatry* 2013;21:769-784.

19) Cassano GB, Jori MC. Efficacy and safety of amisulpride 50mg versus paroxetine 20mg in major depression: a randomized, double-blind, parallel group study. *Int Clin Psychopharmacol* 2002;17:27-32.

20) Papakostas GI, Vitolo OV, Ishak WW, Rapaport MH, Zajecka JM, Kinrys G et al. A 12-week, randomized, double-blind, placebo-controlled, sequential parallel comparison trial of

ziprasidone as monotherapy for major depressive disorder. *J Clin Psychiatry* 2012;73:1541–1547.

21) Suppes T, Silva R, Cucchiaro J, Mao Y, Targum S, Streicher C et al. Lurasidone for the treatment of major depressive disorder with mixed features: a randomized, double–blind, placebo–controlled study. *Am J Psychaitry* 2016;173:400–407.

22) Mahmoud RA, Pandina GJ, Turkoz I, Kosik–Gonzalez C, Canuso CM, Kujawa MJ et al. Risperidone for treatment–refractory major depressive disorder: a randomized trial. *Ann Intern Med* 2007;147:593–602.

23) Keitner GI, Garlow SJ, Ryan CE, Ninan PT, Solomon DA, Nemeroff CB et al. A randomized, placebo–controlled trial of risperidone augmentation for patients with difficult–to–treat unipolar, nonpsychotic major depression. *J Psychiatr Res* 2009;43:205–214.

24) Reeves H, Batra S, May RS, Zhang R, Dahl DC, Li X. Efficacy of risperidone augmentation to antidepressant in the management of suicidality in major depressive disorder: a randomized, double–blind, placebo controlled pilot study. *J Clin Psychiatry* 2008;69:1228–1336.

25) Shelton RC, Williamson DJ, Corya SA, Sanger TM, Van Campen LE, Case ME et al. Olanzapine/fluoxetine combination for treatment–resistant depression: a controlled study of SSRI and nortriptyline resistance. *J Clin Psychiatry* 2005;66:1289–1297.

26) Corya SA, Williamson D, Sanger TM, Briggs SD, Case M, Tollefson G. A randomized, double–blind comparison of olanzapine/fluoxetine combination, olanzapine, fluoxetine, and venlafaxine in treatment–resistant depression. *Depress Anxiety* 2006;23:364–372.

27) Thase ME, Corya SA, Osuntokun O, Case M, Henley DB, Sanger TM et al. A randomized, double–blind comparison of olanzapine/fluoxetine combination, olanzapine, and fluoxetine in treatment–resistant major depressive disorder. *J Clin Psychiatry* 2007;68:224–236.

28) Bauer M, Pretorius HW, Constant EL, Earley WR, Szamosi J, Brecher M. Extended–release quetiapine as adjunct to an antidepressant in patients with major depressive disorder: results of a randomized, placebo–controlled, double–blind study. *J Clin Psychiatry* 2009;70:540–549.

29) El–Khalili N, Joyce M, Atkinson S, Buynak RJ, Datto C, Lindgren P et al. Extended–release quetiapine fumarate (quetiapine XR) as adjunctive therapy in major depressive disorder (MDD) in patients with an inadequate response to ongoing antidepressant treatment: a multicentre, randomized, double–blind, placebo–controlled study. *Int J Neuropsychopharmacol* 2010;13(7):917–932.

30) McIntyre A, Gendron A. Quetiapine adjunct to selective serotonin reuptake inhibitors or venlafaxine in patients with major depression, comorbid anxiety, and residual depressive symptoms: a randomized, placebo–controlled pilot study. *Depress Anxiety* 2007;24:487–494.

31) McIntyre A, Paisley D, Kouassi E, Gendron A. Quetiapine fumarate extended–release for

the treatment of major depression with comorbid fibromyalgia syndrome: a double-blind, randomized, placebo-controlled study. *Arthritis Rheumatol* 2014;66:451-461.

32) Papakostas GI, Fava M, Baer L, Swee MB, Jaeger A, Bobo WV et al. Ziprasidone augmentation of escitalopram for major depressive disorder: efficacy results from a randomized, double-blind, placebo-controlled study. *Am J Psychaitry* 2015;172:1251-1258.

33) Papakostas GI, Petersen TJ, Nierenberg AA, Murakami JL, Alpert JE, Rosenbaum JF et al. Ziprasidone augmentation of selective serotonin reuptake inhibitors (SSRIs) for SSRI-resistant major depressive disorder. *J Clin Psychiatry* 2004;65:217-221.

34) Dunner DL, Amsterdam JD, Shelton RC, Loebel A, Romano SJ. Efficacy and tolerability of adjunctive ziprasidone in treatment-resistant depression: A randomized, open-label, pilot study. *J Clin Psychiatry* 2007;68:1071-1077.

35) Berman RM, Fava M, Thase ME, Trivedi MH, Swanink R, McQuade RD et al. Aripiprazole augmentation in major depressive disorder: a double-blind, placebo-controlled study in patients with inadequate response to antidepressants. *CNS Spectr* 2009;14:197-206.

36) Marcus RN, McQuade RD, Carson WH, Hennicken D, Fava M, Simon JS et al. The efficacy and safety of aripiprazole as adjunctive therapy in major depressive disorder: a second multicenter, randomized, double-blind, placebo-controlled study. *J Clin Psychopharmacol* 2008;28:156-165.

37) Berman RM, Marcus RN, Swanink R, McQuade RD, Carson WH, Corey-Lisle PK et al. The efficacy and safety of aripiprazole as adjunctive therapy in major depressive disorder: a multicenter, randomized, double-blind, placebo-controlled study. *J Clin Psychiatry* 2007;68:843-853.

38) Lenze EJ, Mulsant BH, Blumberger DM, Karp JF, Newcomer JW, Anderson SJ et al. Efficacy, safety, and tolerability of augmentation pharmacotherapy with aripiprazole for treatment-resistant depression in late life: a randomized, double-blind, placebo-controlled trial. *Lancet* 2015;386:2404-2412.

39) Durgam S, Earley W, Guo H, Li D, Nemeth G, Laszlovszky I, Fava M et al. Efficacy and safety of adjunctive cariprazine in inadequate responders to antidepressants: a randomized, double-blind, placebo-controlled study in adult patients with major depressive disorder. *J Clin Psychiatry* 2016;77:371-378.

40) Liebowitz M, Lam RW, Lepola U, Datto C, Sweitzer D, Eriksson H. Efficacy and tolerability of extended release quetiapine fumarate monotherapy as maintenance treatment of major depressive disorder: a randomized, placebo-controlled trial. *Depress Anxiety* 2010;27:964-976.

41) Lecrubier Y, Boyer P, Turjanski S, Rein W. Amisulpride versus imipramine and placebo in dysthymia and major depression. Amisulpride Study Group. J Affect Disord 1997;43:95-103.

42) Ravizza L. Amisulpride in medium-term treatment of dysthymia: a six-month, double-blind safety study versus amitriptyline. AMILONG investigators. *J Psychopharmacol* 1999;13(3):248-254.

43) Rapaport MH, Gharabawi GM, Canuso CM, Mahmoud RA, Keller MB, Bossie CA et al. Effects of risperidone augmentation in patients with treatment-resistant depression: results of open label treatment followed by double-blind continuation. *Neuropsychopharmacology* 2006;31:2505-2513.

44) Alexopoulos GS, Canuso CM, Gharabawi GM, Bossie CA, Greenspan A, Turkoz I et al. Placebo-controlled study of relapse prevention with risperidone augmentation in older patients with resistant depression. *Am J Geriatr Psychiatry* 2008;16:21-30.

45) Brunner E, Tohen M, Osuntokun O, Landry J, Thase ME. Efficacy and safety of olanzapine/fluoxetine combination vs fluoxetine monotherapy following successful combination therapy of treatment-resistant major depressive disorder. *Neuropsychopharmacology* 2014;39:2549-2559.

46) Gao K, Sheehan DV, Calabrese JR. Atypical antipsychotics in primary generalized anxiety disorder or comorbid with mood disorders. *Expert Rev Neurother* 2009;9:1147-1158.

47) Fava M, Wisniewski SR, Thase ME, Baker RA, Tran QV, Pikalov A et al. Metabolic assessment of aripiprazole as adjunctive therapy in major depressive disorder: a pooled analysis of 2 studies. *J Clin Psychopharmacol* 2009;29:362-367.

성인과 구분되는 소아-청소년 우울증

Childhood and adolescent depression different from depression in adults

심세훈*, 반건호**

순천향대학교 의과대학 천안병원 정신건강의학과*, 경희대학교 의과대학 경희대학교병원 정신건강의학과**

우울장애의 발병은 삶의 특정 시점에 국한되지 않는다. 1980년대 이후 소아 주요우울장애 발병에 대한 근거 중심의 보고가 늘고 있으며, 학령전기 우울증 발생 보고도 증가하고 있다. 발달에 따른 사소한 차이는 주로 지속 기간과 관련되어 있을지라도 소아, 심지어 학령전기 주요우울장애의 임상 소견은 성인 주요우울장애의 임상 소견과 매우 유사하다.[1] 그럼에도 DSM-III-R은 발달학적으로 적절한 기준을 제시하기 위해 소아-청소년을 위한 주요우울장애에서 우울한 기분을 대체할 수 있는 증상으로 과민성을 추가했다. 이러한 진단기준은 DSM-IV와 DSM-5에서도 유지되었다.[2]

소아-청소년기에 발생한 우울장애는 급성 또는 만성적으로 강력하게 영향을 미친다. 소아-청소년기의 우울장애를 제대로 치료하지 못한다면 사회적, 학업적 또는 다른 중요한 기능 영역에서 현저한 손상을 초래할 수 있다. 소아-청소년 우울장애는 성인기까지 지속되어 우울장애나 물질남용의 재발 또는 자살위험성을 유발한다.[3] 일반적으로 가족이나 의사조차도 소아-청소년이 이른 나이부터 정신장애라고 낙인찍히는 것을 꺼리기 때문에 기분장애를 기피할 수 있다. 오히려 가족이나 의사는 우울증상을 소아-청소년 발달단계에서 보이는 정상 기분변화로 간주하는 경향이 있다.[4] 그러나 우울장애가 개인 및 사회에 끼칠 수 있는 막대한 손실을 막기 위해서 예방적 개입(중재)이 강조되고 있다. 특히 정신장애에 대한 생물학적, 심리적 또는 사회적 위험요인이 있는 집단과 장애의 조기 징후 또는 증상은 나타내지만 진단기준에 도달하지 않은 소아-청소년이 대상이다. 정신적, 정서적 및 행동장애의 대부분은 소아-청소년기에 발병했기 때문에 조기 개입이 중요하다. 아동기 발병 우울장애가 예후가 나쁘기 때문에 소아-청소년을 대상으로 한 중재는 정신장애 발병을 예방하거나 지연시킬 수 있고, 우울장애 발병을 지연시키는 것 자체로 목표가 될 수 있다. 코크란 연구는 소아-청소년기의 심리적, 교육적 예방적 중재가 조기 우울장애 발병의 효과적인 예방이라고 보고하였다.[2]

역학

사춘기 전후로 1년 유병률은 1.7%에서 5.4%까지 측정되고, 시점유병률은 0.7%에서 1.6%로 측정된다. 3~6개월의 유병률은 1.6~2.2%였다. 사춘기 이전 주요우울장애의 1년 유병률은 1.4~3.4%로 측정되었다. 사춘기 이후 주요우울장애의 1년 유병률은 3.2%에서 13.8%로 측정되었고, 시점유병률은 1.87%에서 2.99%였다. 2012년 미국 청소년에 대한 대규모 연구결과는 1년 유병률 8.2%, 한 달 유병률 2.6%였다.[2]

2012년 캐나다 통계에 따르면 15~24세 청소년의 8.2%가 우울장애를 겪었다고 하였으며, 2014년 미국 통계는 12~17세의 청소년에서 11.4%가 지난 1년 한 번 이상의 주요우울 삽화를 경험한 것으로 보고하였다. 2005년 국내 자료에서는 소아에서 우울장애 유병률은 0.5% 미만, 중학생은 0.5%, 고등학생은 2.12%였다.[5]

대부분의 역학결과를 보면 사춘기 이전보다 이후에 우울장애가 더 흔하다. 소아-청소년(4~18세) 전체에서 성별 간 유병률은 차이가 없었으나, 사춘기 이후에는 성인과 마찬가지로 남성보다 여성에서 유병률이 높았다.[2]

원인

성별 및 사춘기 위험요인

사춘기가 되면 남녀 모두 우울장애의 유병률이 높아지며, 정도는 여성에서 더 크다. 이런 결과는 남녀의 유전적 차이와 스트레스 또는 보호 환경에 대한 민감성의 차이 때문이다. 소녀에서 유병률 증가는 연령보다는 사춘기의 호르몬 상태와 연관이 있고, 우울장애가 생식선 스테로이드 호르몬의 영향이 있는 폐경 때 정점에 다다르고 이후로 감소하는 것과 같은 이유이다. 부모와의 불안정 애착, 불안 또는 억압된 기질(낯선 상황이나 사람에게 수줍

고 어색하고 두려운 느낌), 대처기술의 부족 등이 사춘기 우울장애의 위험을 높인다.[2]

환경적 위험요인

어린시절 학대와 최근 스트레스성 생애사건은 잘 알려진 환경요인이다. 학대는 우울증 발생의 위험을 증가시키고, 우울증의 만성화 가능성을 높인다. 하지만 남녀 모두를 포함한 대규모 후향성 연구에서는 신체적 및 성적 학대와 모성의 방임과 같은 어린시절 학대가 정신질환의 지속위험보다는 발병위험을 더 증가시킨다. 어린시절 학대 등이 모여서 다른 정신질환의 종합적 위험요인으로 작용한다. 메타분석 결과[6] 아동학대는 우울증 재발과 지속, 그리고 치료저항에 대한 위험성을 높이며, 전향적 연구[7]에서도 아동학대와 방임이 우울증 발생의 주요 원인임을 확인하였다. 아동학대와 성인기 주요우울장애 발생과의 연관성에 대한 증거 중 하나로 해마 용적 감소를 들 수 있다.[8]

아동기에 발생한 역경은 청소년기와 성인기에서의 정신장애 발병보다 아동기 정신장애 발병에 더욱 관련된다. 즉, 부모 사망, 아동기 신체 질병 및 경제적 불행은 아동기 정신장애 발병에는 기여하지만 성장한 이후의 정신장애 발병과는 관련이 적다.[9] 주요우울장애 또는 우울증상에 대한 주산기 위험요인으로 미숙아 또는 저체중 출생 그리고 항우울제에 대한 노출 등이 있다.[2]

만성질환은 성인과 마찬가지로 소아에서도 정서문제 및 주요우울장애에 대한 아동기 위험요인이다. 이사, 부모의 질병 또는 입원 등은 가족 관련 위험요인으로 초기 주요우울장애의 발병에 기여하고 부모의 죽음도 아동기 주요우울장애 위험은 물론 성장 후의 발병위험을 높인다. 빈곤은 우울장애의 위험요인으로는 제한적이며, 부모의 이혼이나 부재는 청소년기, 특히 여아에서 우울증상을 증가시킨다는 보고가 있지만 일관되지 못하다.[2]

환경적 회복요인(보호요인)에 관한 연구는 위험요인에 관한 연구보다 부족하지만, 예방 중재에 더욱 필요한 영역이다.[10] 소아-청소년기의 친밀한 우정은 우울증상 발생위험을 감소시키고, 사회적 지지는 주요우울장애 위험을 낮춘다.[2]

생물학적 위험요인

가족력에 따른 소아-청소년 우울장애의 원인으로 전전두엽피질 변화를 고려하는데, 가족력이 없는 우울장애 소아-청소년의 좌측 전전두엽피질 용적은 가족력이 있는 경우 및 건강한 대조군보다 유의하게 증가되어 있다.[11] 우울장애 소아-청소년의 좌우 편도체-해마 용적비율이 일반 소아-청소년에 비해 증가되어 있는데, 이는 우울증의 원인이라기보다는 우울과 관련된 불안 정도와 관련이 깊다. 수면 효율과 수면 잠복기는 소아-청소년 우울장애의 재발과 관련된다. 성인 우울장애와 달리 조기발병 우울장애는 입면 곤란과 이에 따른 수면 잠복기 지연이 REM 수면 잠복기 또는 REM 수면 밀도보다 수면 이상의 일관된 특징이다.[5]

유전적 위험요인

우울장애 가족력이 있는 아동에서는 주요우울장애 발병위험이 높으며 흔히 조기에 발병한다. 가족력으로 인해 주요우울장애 위험이 높은 집단과 주요우울장애 집단은 유사한 뇌 구조 변화를 보이는 등 주요우울장애에 대한 뇌내 내적표현형(brain-based endophenotype) 연구에서 유전적 위험요인의 근거가 밝혀지고 있다.[12]

1차 친족 중 우울장애 환자가 있는 아동은 그렇지 않은 아동에 비해 임상하 우울상태(역치하 우울증)가 발병할 위험이 높고 주요우울장애의 재발 위험이 높다. 우울증 가족력은 또한 역치하 우울증이 주요우울장애로 전환될 위험을 증가시키며, 모계에서 우울삽화가 많을수록 청소년기에 역치하 우울증이 장기화되거나 주요우울장애 삽화가 나타날 가능성이 크다.

유전학 연구에서는 세로토닌운반체 유전자다형성(serotonin transporter polymorphism : 5-HTTLPR), 뇌유래 신경영양인자(BDNF), Val66Met 다형성, 카테콜-오-메틸트랜스퍼라제(COMT) Val158Met 다형성과 같이 주요우울장애 발병에 영향을 미친다고 의심되는 특정 유전자가 주요 표적이다.[2]

유전자-환경 상호작용

다양한 유전형을 지닌 사람들이 다양한 환경에 노출됨에 따라 질병 위험이 미치는 영향은 달라질 수 있다.[13] 소아-청소년기 주요우울장애의 유전자-환경 상호작용 연구에 대한 체계적 고찰은 이질적 연구방법 및 결과에도 불구하고 대부분 유전자-환경 상호작용이 있는 것으로 나타났다.[14] 전향적 쌍둥이 연구에 의하면 우울장애의 가족력이 있는 아동이 가족갈등을 겪을 때 우울증상 위험이 더 높아지는 유의한 유전자-환경 상호작용을 나타낸다.[15] 쌍둥이 여아 연구에서는 정서장애 가족력이 있는 청소년이 스트레스성 생애사건에 노출되면 우울과 불안에 대한 위험이 상승했다.[16]

여성 청소년 우울증에 대해 5-HTTLPR과 스트레스성 생애사건 간 유전자-환경 상호작용이 있다는 보고가 있으나[17], 소아 정서증상에는 상호작용이 없다는 보고가 있다.[18] 소아

에서 5-HTTLPR과 BDNF 다형성은 해당 아동이 학대에 노출된 경우에만 우울증상 점수
가 높아지는 유전자-유전자-환경 상호작용이 보고되었고[19], 두 가지 유전자형과 학대 간
영향을 사회적 지지가 매개하는 4차원 방식의 상호작용(유전자-유전자-환경-환경 상호
작용)도 보고된 바 있다.[20]

임상 특징

최근 인구 기반 연구에 따르면 과민성이 소아-청소년 우울장애의 흔한 증상이지만 우울기
분 없이 우울장애는 거의 발생하지 않았다. 우울기분만 있는 경우와 우울하고 과민한 기분
을 보이는 우울장애 소아를 비교해 보아도 발달 및 우울장애의 심한 정도는 같은 수준으로
나타난다.[21]

　우울기분과 과민성은 소아-청소년기, 그리고 학령전기의 우울장애에서 가장 흔한 증상
이다. 증상 양상은 우울장애 소아와 청소년에서 매우 유사하지만, 청소년은 절망, 피로, 과
다수면 및 자살관련 증상을 더 많이 경험한다. 소아-청소년에서 우울증상 중 죄책감이 있
다면 우울삽화가 장기화될 가능성을 예측할 수 있다. 아동기의 다른 정신장애와 구별되는
학령전기 주요우울장애의 특징 증상은 무가치감 또는 죄책감이기도 하다. 우울장애 증상
중 무쾌감증이 나타난다면 학령전기에서는 중증 상태임을 나타내고 치료저항성 우울장애
청소년에서 회복기간이 길어질 수 있다.[2]

　우울장애 소아-청소년의 증상은 과민성, 불안정한 기분, 욕구불만 내성의 부족과 같이
다양한 형태로 나타난다. 소아인 경우에는 분리불안을 겪기도 하고 분노발작, 다양한 신체
증상, 우울감이나 슬픈 느낌 호소 없이 고립되는 등 다양한 우울증상이 흔하다. 어린 아동
은 우울증상의 징후로 활동에 열중하지 못하고 가족과 긍정적 경험을 나타내지 못한다. 학
령기 아동에서 우울증상의 주요 특징으로는 집중력 저하로 인해 갑작스러운 성적 저하가
나타나고 어린 아동일수록 과다수면과 폭식이 나타날 수 있다. 조기발병 우울장애일수록
유전 성향이 크고 인격장애와 연관되기 쉽다. 소아-청소년은 슬프거나 낙담한 기분보다
오히려 과민하고 짜증난 기분이 두드러질 수 있는데, 이런 증상은 좌절할 때 동반하는 과
민성의 패턴과는 구분된다.[5]

　우울장애 청소년이 주로 느끼는 기분은 우울기분 대신 과민한 기분이기 때문에, 우울장
애가 있다고 생각하지 않고 부모도 이런 변화를 우울증상으로 인식하기보다 매우 과민해
진 자녀로 오인하고 불편해한다. 우울증상보다는 주로 학업성적 저하, 물질남용, 과도한

인터넷 사용, 자살시도, 행동 변화 등을 주소로 내원하는 경우가 많다.[22] 우울장애의 기준에 포함되었던 식욕과 체중증가는 소아-청소년의 자연발달의 일부이기 때문에 체중 및 식욕감소와는 달리 소아-청소년 우울장애 진단기준으로써 타당도가 낮고 유용성이 적다.[23]

소아-청소년 지속성우울장애(기분저하증)의 주요 특징은 적어도 1년간 하루의 대부분 우울기분이 있고, 우울기분이 없는 날보다 있는 날이 더 많으며, 장애가 있는 1년 동안 연속적으로 2개월 이상 증상이 존재하지 않았던 경우가 없는 것이다.[24]

동반질환과 감별질환

우울장애 아동에서 다른 정신장애의 동반율은 영국에서 시행한 대규모 조사에서 66%로 보고한 것과 같이 흔하다. 불안장애, 반항장애 및 행동장애가 가장 흔히 동반된다.[25] 불안장애가 동반되면 우울장애 소아-청소년의 증상은 더욱 심해지고, 소아-청소년에서 어떤 정신장애라도 동반되어 있다면 우울장애의 재발은 더 자주 나타난다. 동반하는 반항장애나 행동장애는 경과를 악화시키거나 기능손상을 가중시킨다.[2] 우울장애와 불안장애의 동반율이 높은 것은 환경적 위험요소보다는 유전적 취약성과 인격 성향을 공유하기 때문일 가능성이 크다.[26]

다양한 질환이 우울장애와 동반하거나 우울장애와 유사한 증상을 나타내기도 한다. 갑상선기능저하증, 빈혈, 면역질환, 감염, 종양, 신경학적 질환 등의 신체질환과 적응장애, 불안장애, 기분저하장애, 주의력결핍 과잉행동장애, 적대적 반항장애, 발달장애, 조현병, 등의 정신장애와 감별이 필요하다.[27] 소아-청소년 우울장애의 첫 번째 삽화가 주요우울장애의 징후인지 양극성장애의 주요우울삽화의 징후인지를 감별하는 것은 어렵다. (단극성)주요우울장애가 아닌 양극성장애 우울삽화를 보이는 소아-청소년은 무쾌감증, 절망감, 자살 관련 증상 등의 더 심각한 우울삽화를 겪는다. 청소년에서 임상적으로 더 심하게 나타나는 양극성장애 우울삽화는 (단극성) 우울장애보다 더 조기발병하고 더 빈번한 우울삽화를 나타내며 더 심한 우울증상을 보인다. 또한 다른 질환 공존율이 높고 입원 횟수가 많으며 기능 상태도 떨어진다. 소아-청소년에서 첫 번째 우울삽화가 발생한 후에 재발률은 40% 정도이고 중등도 이상의 주요우울삽화를 경험한 경우, 소아-청소년은 성인에서보다 이후 조증삽화가 발생할 가능성이 더 크다. 그러므로 우울증상을 보이는 소아-청소년에서 (경)조증이 과거 또는 현재에 있는지를 종합적으로 평가해야 한다. 소아-청소년 우울장애를 진단하고 치료하려면 진단 당시뿐만 아니라, 치료 과정의 임상 양상을 포함한 평가도

구를 충분히 숙지하고 있어야 정확한 진단이 가능하고 다른 유발요인을 배제할 수 있다.[5]

경과 및 예후

우울장애 아동은 주로 1~2년 내에 회복되지만, 성인기 발병일 때보다 주요우울장애는 재발이 높고 양극성장애로 전환되는 경우가 더 많다. 아동은 우울삽화의 기간이 더 길고, 자살위험 및 입원 빈도도 높다.[28] 청소년기 발병 주요우울장애는 아동기 및 성인기 발병 주요우울장애의 중간 정도의 경과를 보인다. 아동기 발병 주요우울장애는 성인기 발병보다 치료시기가 늦어질 수 있다. 아동기에는 정신의학적 도움을 청할 가능성이 전반적으로 낮을 뿐만 아니라 조기발병 정신장애에서도 치료 개시가 지연되기 때문이다.[2] 결국 아동기 발병 우울장애는 발달단계 중 일시적 현상이기보다 성인기까지 지속되는 만성질환일 수 있다.

아동기 발병 주요우울장애는 지속기간(평균 17개월), 재발 위험 및 회복률이 청소년기 발병과 유사하다. 성별로는 소년보다 소녀에서 우울삽화의 반복 횟수가 더 많고 증상 지속기간이 더 긴 경향이 있다. 소아-청소년 주요우울삽화는 자연 회복하는 경우가 많아 위약 효과도 큰 편인 반면 주요우울장애를 겪는 소아-청소년의 1/3에서는 성인기에 들어서면서 자살시도가 있을 수 있고 3~4%는 자살로 사망한다.[29]

진단

소아-청소년 주요우울장애의 DSM-5 진단기준으로 "9개 증상 가운데 5개(또는 그 이상)의 증상이 2주 연속으로 지속되며 이전의 기능 상태와 비교할 때 변화를 보이는 경우 증상 가운데 적어도 하나는 (1) 우울기분이거나 (2) 흥미나 즐거움의 상실이어야 한다."는 성인과 같으나(111쪽 진단 참조), 주의점으로 "소아-청소년의 경우는 과민한 기분으로 나타나기도 함"이 포함된다. "체중조절을 하고 있지 않은 상태에서 의미 있는 체중의 감소(예 : 1개월 동안 5% 이상의 체중 변화)나 체중의 증가, 거의 매일 나타나는 식욕의 감소나 증가가 있음"에는 주의점으로 "소아에서는 체중증가가 기대치에 미달되는 경우"가 포함되어 있다.

소아-청소년 우울장애 진단의 타당도 및 신뢰도를 높이기 위해서 구조화/반구조화된 면담도구를 이용한다. Kiddie-Schedule for Affective Disorders and Schizophrenia-Present and Lifetime Version(K-SADS-PL)[30]은 6~18세 소아-청소년에게 적용하기 위해 개발된 반구조화된 면담도구로 훈련된 임상가에 의해 시행되어야 하고, 부모 및 소아-청소년 각각에 대해 면담을 진행한다. 현재 삽화와 과거 삽화를 같이 알아볼 수 있다. 검증된 면담도구로 한국판 K-SADS-PL이 표준화되어 있다.[31] 그 외의 구조화된 면담도구로 Diagnostic Interview Schedule for Children(DISC)[32]의 한국 신판 DICS-IV[33]를 사용할 수 있다.[24]

증상의 심한 정도를 평가하기 위해서 임상가용 평가도구, 부모보고형/자기보고형 평가척도를 이용할 수 있다. Children's Depression Rating Scale-Revised(CDRS-R)는 6~12세 아동을 대상으로 우울장애 유무와 증상의 심한 정도를 평가한다.[34] 총 17개 항목 중 14개 항목은 아동이나 부모보고에 의해 평가하며, 3개 항목은 면담 동안 아동의 행동을 관찰하여 임상가가 평가하도록 되어 있다. Children's Depression Inventory(CDI)는 8~13세 소아-청소년에서 실시할 수 있으며 27문항으로 총점이 54점이다.[35] 0~2점 척도로 구성되어 있다. 국내에서는 표준화 작업을 통해 한국형 CDI가 제작되어 있다.[36]

치료

소아-청소년 우울장애의 치료방법을 선택하기 전에 우울장애의 심한 정도, 공존질환, 정신사회적 기능손상 정도 등을 고려한다. 소아-청소년 우울장애는 위약 효과가 60%까지 보고되기에 급성기 단순한 우울장애, 자살사고나 정신병적 증상을 보이지 않는 경우 경도의 정신사회적 장애를 나타내는 경우에는 우선 지지적 접근, 정신교육, 가족과 학교에 대한 개입을 하고 4~6주간 반응 정도를 확인한다.[27]

축적된 연구에 대한 메타분석 결과, 소아-청소년 주요우울장애의 경도 및 중등도 삽화에서 약물치료와 정신치료의 효과 우위 근거가 충분하지 않을 수 있으므로 인지행동치료와 대인관계치료를 우선 고려할 수 있다. 경도 및 중등도 삽화에서도 정신치료가 유용하지 않거나 효과가 부족할 경우 중증의 우울장애, 만성적이고 반복적인 우울장애, 자살, 초조함이 심하고 정신병적 증상이 있거나 심한 정신사회적 기능손상이 있는 경우는 약물치료를 시행한다.[37,38]

열등감, 자존감, 기대감, 인생의 의미 등에 대해 새로운 통찰을 경험하게 하는 개별 정신치료는 발달문제, 대인관계문제, 내적 갈등 등을 광범위하게 다룰 수 있다. 인지행동치료는 부정적 사고-기분-반응의 연결고리를 끊기 위해 인지적 전략과 행동기술 훈련을 통해 일상 활동을 격려하는 방법을 사용한다. 소아-청소년기에 발달에 따른 부모와의 갈등이 커지면서 또래관계에서도 감정적인 어려움을 반복하기 때문에, 우울장애가 대상 상실, 역할 혼란, 대인관계 기술 부족 등의 문제와 관련 있다면 대인관계중심 정신치료로 갈등적이고 불만족스러운 대인관계를 좀 더 의미 있고 갈등이 적은 관계로 바꾸어 스트레스를 해결하여 효과를 볼 수 있다.[5]

미국 FDA에서 소아-청소년 우울장애 치료에 대해 승인받은 약물은 fluoxetine(8세 이상)과 escitalopram(12세 이상)이며, 주로 선택적 세로토닌 재흡수억제제(SSRI) 계열의 약물을 고려한다. 그러나 sertraline은 위약보다는 효과가 있다는 연구도 있지만 치료효과 면에서 위약 대비 차이가 적다. paroxetine은 이 연령대에서 효과가 입증되지 못했고, 삼환계 항우울제 역시 근거가 부족한 편이나 사용할 수 있다. 소아-청소년 우울장애 약물치료 알고리듬에 대한 국내 연구에 따르면 소아-청소년 주요우울장애의 경도 및 중등도 삽화 및 정신병적 양상이 없는 중증삽화에 대하여 항우울제 단독치료가 가장 적합한 치료이다. 항우울제와 비정형 항정신병약물의 병합요법은 정신병적 양상을 동반했을 때는 물론 동반하지 않은 우울장애 중증삽화에서도 권고되어 소아-청소년 우울장애 중증삽화에서는 항우울제와 비정형 항정신병약물의 병합요법이 성인만큼 적극적으로 선택되고 있다.[39]

Treatment for Adolescents with Depression Study(TADS)에서 fluoxetine(10~40mg/일) 치료가 인지행동치료에 비해서 효과적이었다.[40] 주요우울장애로 진단받은 소아-청소년을 대상으로 시행한 무작위 위약 대조군 연구에 따르면 특히 12~17세 사이의 청소년에서 escitalopram(10~20mg/일)은 유의한 효과가 있다.[41] 우울장애 소아-청소년 venlafaxine의 효과에 대한 위약 대조군 연구에서 청소년(12~17세, 109.2mg/일)에서는 효과가 있으나 아동(7~11세, 80.4mg/일)에서는 효과가 미미하다.[42] Treatment of Resistant Depression in Adolescent(TORDIA)에서는 SSRI 약물치료에 호전을 보이지 않은 소아-청소년에서 12주간 venlafaxine(150~225mg/일), 다른 SSRI(fluoxetine, paroxetine, citalopram 20~40mg/일), 그리고 각 약물과 인지행동치료의 병합치료로 비교했을 때 병합치료가 가장 효과가 좋았고, SSRI와 venlafaxine 단독치료는 유사한 효과를 보였다.[43] 약물유지치료는 위약군에 비해 재발을 예방할 수 있으므로 적극적인 치료가 질병 경과나 예후를 바꿀 수 있다.[44]

소아-청소년의 항우울제 사용에 대한 자살관련 사고 및 행동 등의 부작용에 대해서 FDA에서 경고를 권장한 바 있으며[27], 항우울제 약품 설명서에 경고문항이 삽입된 이후 항우울제 사용 감소와 함께 그동안 감소 추세였던 소아-청소년기 자살이 다시 증가하였다. 이중맹검 위약 대조군 연구에 대한 메타분석에서 항우울제 사용이 우울장애 치료에 효과적이고 자살관련 사건의 위험도는 증가하지 않았고, 실제 자살도 보고되지 않았다는 근거를 바탕으로 약물이 필요한 경우에는 사용할 것을 권고한다.[45] 소아-청소년 우울장애의

SSRI 약물치료는 약 40~60% 정도의 치료반응이 있으며 다른 약물에 비해서 부작용이 적은 것으로 알려져 있다.

DSM-5에 추가된 소아-청소년기 발병 우울장애 : 파괴적 기분조절부전장애

소아-청소년에서 지속적이고 비삽화적인 극도의 과민성을 보이는 경우가 있는데, 이와 관련되어 DSM-5에서 처음으로 **파괴적 기분조절부전장애**라는 진단이 추가되었다. 이와 같은 증상을 보이는 아동은 청소년기와 성인기를 거치면서 양극성장애보다 우울장애나 불안장애로 진행되는 경우가 많다. 양극성장애의 과잉진단과 항정신병약물의 과도한 사용을 막기 위해 이 진단이 생겼으므로 지속적이고 심한 과민성과 공격적 분노발작이 특징임에도 불구하고, 이 장애는 우울장애에 포함되어 있다. 임상 특징은 잦은 분노발작이며, 좌절에 대한 반응으로서 언어 또는 행동으로 나타나고 물건, 타인 또는 자신에 대한 공격성으로 나타나며 발달학적으로 부적절하다. 또한 분노발작 사이에 존재하는 만성적이고 지속적인 과민한 기분 또는 화가 난 기분으로 거의 매일, 하루 종일 객관적으로 인지될 만큼 나타난다.[5]

파괴적 기분조절부전장애의 진단기준은 표 1과 같고, 이 장애를 겪는 소아-청소년은 좌절을 견디지 못하고 심한 과민성을 보이기 때문에 또래와 가족관계에서 갈등이 많고 학교 부적응과 학업부진이 나타난다. 위험한 행동, 자살사고 및 시도 등도 유의해야 한다. 감별진단으로는 적대적 반항장애, 간헐적 폭발장애, 양극성장애 등이 있는데, 이는 파괴적 기분조절부전장애와 동반장애로 진단하지 않고, 파괴적 기분조절부전장애가 적대적 반항장애 또는 간헐적 폭발장애의 진단기준을 모두 만족한다면 파괴적 기분조절부전장애로만 진단한다. 파괴적 기분조절부전장애 기준과 양극성장애의 진단기준에 부합되는 경우 양극성장애로 진단한다.[24]

파괴적 기분조절부전장애는 만성적이고 지속적인 과민성을 보이는 소아에게 양극성장애와는 다른 적절한 진단과 치료를 위해 추가된 진단으로 양극성장애를 감별하는 것은 매우 중요하다. 파괴적 기분조절부전장애는 다른 정신장애와 동반이환되는 경우가 많은데 주요우울장애, 불안장애, 주의력결핍 과잉행동장애, 자폐스펙트럼장애 등이 공존할 수 있다. 그러나 심한 과민성이 주요우울삽화나 불안장애로 설명이 되거나 자폐스펙트럼장애 소아에서 감정폭발이 부가적인 증상으로 판단되면 파괴적 기분조절부전장애를 배제한다.

표 1. 파괴적 기분조절부전장애의 DSM-5 진단기준

A. 고도의 재발성 분노발작이 언어적(예 : 폭언) 또는 행동적(예 : 사람이나 사물에 대한 물리적 공격성)으로 나타나며, 상황이나 도발자극에 비해 그 강도나 지속시간이 극도로 비정상적이다.

B. 분노발작이 발달 수준에 부합하지 않는다.

C. 분노발작이 평균적으로 일주일에 3회 이상 발생한다.

D. 분노발작 사이의 기분이 지속적으로 과민하거나 거의 매일, 하루 중 대부분의 시간 동안 화가 나 있으며, 이것이 객관적으로 관찰될 수 있다(예 : 부모, 선생님, 또래 집단).

E. 진단기준 A~D가 12개월 이상 지속되며, 진단기준 A~D에 해당하는 모든 증상이 없는 기간이 연속 3개월 이상 되지 않는다.

F. 진단기준 A와 D가 세 환경(예 : 가정, 학교, 또래 집단) 중 최소 두 군데 이상에서 나타나며 최소 한 군데에서는 고도의 증상을 보인다.

G. 이 진단은 6세 이전 또는 18세 이후에 처음으로 진단될 수 없다.

H. 과거력 또는 객관적인 관찰에 의하면 진단기준 A~E의 발생이 10세 이전이다.

I. 진단기준 A를 만족하는 기간을 제외하고 양극성장애의 조증 또는 경조증 삽화의 모든 진단기준을 만족하는 뚜렷한 기간이 1일 이상 있지 않아야 한다.

　　주의점 : 매우 긍정적인 사건 또는 이에 대한 기대로 인해 전후 맥락에 맞게, 발달적으로 적절한 기분의 고조는 조증 또는 경조증의 증상으로 고려되지 않아야 한다.

J. 이러한 행동이 주요우울삽화 중에만 나타나서는 안 되며, 다른 정신질환[예 : 자폐스펙트럼장애, 외상후스트레스장애, 분리불안장애, 지속성 우울장애(기분저하증)]으로 더 잘 설명되지 않는다.

　　주의점 : 이 진단은 적대적 반항장애, 간헐적 폭발장애 또는 양극성장애와 동반이환할 수 없으나, 주요우울장애, 주의력결핍 과잉행동장애, 품행장애, 물질사용장애와는 동반이환할 수 있다. 파괴적 기분조절부전장애와 적대적 반항장애의 진단기준을 모두 만족시키는 증상을 가진 경우 파괴적 기분조절부전장애만 진단을 내려야 한다. 만일 조증 또는 경조증삽화를 경험했다면 파괴적 기분조절부전장애의 진단을 내려서는 안 된다.

K. 증상이 물질의 생리적 효과나 다른 의학적 또는 신경학적 상태로 인한 것이 아니다.

출처 : *Diagnostic and Statistical Manual of Mental Disorders, Fifth Edition* (Copyright 2013). American Psychiatric Association.

파괴적 기분조절부전장애 치료 연구가 부족하지만 가족 갈등, 학대, 학습장애, 기타 정신사회적 스트레스에 대한 평가와 함께 행동치료와 가족치료 등을 시도해볼 수 있다. 항우울제, 기분안정제, 항정신병약물 등을 시도하는데 소아에서의 사용허가 유무를 유의해야 한다. 다른 질환 공존율이 높아 병용치료도 고려하나 소아이기 때문에 단독치료를 추천한다.[5]

과민성 및 공격성, 분노발작 증상에 대한 치료효과 연구에 근거하여 항정신병약물 치료에 신중해야 하지만 심한 과민성과 공격성을 조절하기 위해서 비정형 항정신병약물이나 기분안정제의 사용을 고려하고 자폐스펙트럼장애와 지적장애의 과민성에는 risperidone, 공격성에는 aripiprazole이 허가를 받았다. 파괴적 기분조절부전장애 치료 중 조증발생 위험으로 항우울제나 정신자극제 사용에 신중해야 하지만, 파괴적 기분조절부전장애가 우울장애나 불안장애와 연관이 있기 때문에 항우울제도 도움이 될 수 있다. 주의력결핍 과잉행동장애가 동반된 경우 정신자극제를 사용할 수 있다. 가족력으로 양극성장애가 있다면 항우울제나 정신자극제 사용에 주의한다.[5]

주의력결핍 과잉행동장애와 파괴적 기분조절부전장애의 전신인 심한 기분조절부전 (severe mood dysregulation)이 동반되어 있는 경우, 정신자극제 단독치료만으로는 치료저항성을 보이는 소아-청소년에게 divalproex sodium을 병합치료를 한 경우 효과적이었다.[46] 메타분석이 포함된 연구에 의하면 비정형 항정신병약물, 특히 risperidone이 ADHD 치료 후 공격성에 대한 빠른 치료에 효과적이다.[47] 국내에서 진행된 우울장애에 대한 약물치료 알고리듬 연구[39]에서 파괴적 기분조절부전장애를 다룬 바 있다. 아직 연구나 임상 경험 부족 때문에 가장 적합한 치료전략을 제시하지는 못하였으나, 항우울제와 비정형 항정신병약물의 병합치료, 비정형 항정신병약물 단독치료, 항우울제 단독치료를 비교적 많이 선택하였다. 약물로는 aripiprazole과 escitalopram이 가장 적합하였다.

요약

우울장애는 모든 연령에서 발생할 수 있는 흔하고 고통스러운 정신장애이나 소아발병 우울증은 후기발병 우울증에 비해 우울삽화가 길고 자살관련 증상이 많으며 입원이 빈번한 특징이 있는 등 경과가 심하다. 소아-청소년 우울증의 발병 위험요인으로는 전신 건강의 악화, 스트레스성 생애사건, 심한 모성 우울증상 등이 있고 아동기는 정신장애를 예방할 수 있는 시기이기도 하기에 소아-청소년 발병 우울증에 대한 여러 예방책이 권고되고 있다. 소아-청소년기 우울증은 성인기까지 재발하거나 만성화 가능성이 높은 장애로 급성기 우울증상은 소아-청소년 시기의 다양한 발달 과제를 어렵게 할 뿐만 아니라 만성화된 우울증상으로 성인기로의 발달에 좋지 않은 영향을 미친다. 성인기로의 만성화를 예방하기 위해 조기발견 및 진단, 증상의 호전을 넘어서 관해를 목표로 충분한 시간 동안 치료를 하는 것이 좋다.

참고문헌

1) Kovacs M. Presentation and course of major depressive disorder during childhood and later years of the life span. *Journal of the American Academy of Child & Adolescent Psychiatry* 1996;35:705-715.

2) Wesselhöft RT. Childhood depressive disorders. *Danish Medical Journal* 2016;63:1-5.

3) Lewinsohn PM, Rohde P, Seeley JR, Klein DN, Gotlib IH. Natural course of adolescent major

depressive disorder in a community sample: predictors of recurrence in young adults. *American Journal of Psychiatry* 2000;157:1584-1591.

4) Bujoreanu S, Benhayon D, Szigethy E. Treatment of depression in children and adolescents. *Pediatric Annals* 2011;40:548-555.

5) Shim SH. *Risk factors, clinical characteristics, and treatment options of depressive disorders in children and adolescents.* In: Kim YK, ed. Major depressive disorder: risk factors, characteristics and treatment options. New York: Nova Science Publishers;2017.p. 3-15.

6) Nanni V, Uher R, Danese A. Childhood maltreatment predicts unfavorable course of illness and treatment outcome in depression: a meta-analysis. *American Journal of Psychiatry* 2012;169:141-151.

7) Weich S, Patterson J, Shaw R, Stewart-Brown S. Family relationships in childhood and common psychiatric disorders in later life: systematic review of prospective studies. *The British Journal of Psychiatry* 2009;194:392-398.

8) Whittle S, Dennison M, Vijayakumar N, Simmons JG, Yücel M, Lubman DI, et al. Childhood maltreatment and psychopathology affect brain development during adolescence. *Journal of the American Academy of Child & Adolescent Psychiatry* 2013;52:940-952.

9) Green JG, McLaughlin KA, Berglund PA, Gruber MJ, Sampson NA, Zaslavsky AM, et al. Childhood adversities and adult psychiatric disorders in the national comorbidity survey replication I: associations with first onset of DSM-IV disorders. *Archives of General Psychiatry* 2010;67:113-123.

10) Gladstone TR, Beardslee WR, O'Connor EE. The prevention of adolescent depression. *Psychiatric Clinics of North America* 2011;34:35-52.

11) Nolan CL, Moore GJ, Madden R, Farchione T, Bartoi M, Lorch E, et al. Prefrontal cortical volume in childhood-onset major depression: preliminary findings. *Arch Gen Psychiatry* 2002;59:173-179.

12) Dubin M, Weissman M, Xu D, Bansal R, Hao X, Liu J, et al. Identification of a circuit-based endophenotype for familial depression. *Psychiatry Research: Neuroimaging* 2012;201:175-181.

13) Ottman R. Gene-environment interaction: definitions and study design. *Preventive Medicine* 1996;25:764-770.

14) Dunn EC, Uddin M, Subramanian S, Smoller JW, Galea S, Koenen KC. Research Review: Gene-environment interaction research in youth depression-a systematic review with recommendations for future research. *Journal of Child Psychology and Psychiatry* 2011;52:1223-1238.

15) Rice F, Harold GT, Shelton KH, Thapar A. Family conflict interacts with genetic liability in predicting childhood and adolescent depression. *Journal of the American Academy of Child &*

Adolescent Psychiatry 2006;45:841−848.

16) Silberg J, Rutter M, Neale M, Eaves L. Genetic moderation of environmental risk for depression and anxiety in adolescent girls. *The British Journal of Psychiatry* 2001;179:116−121.

17) Eley TC, Sugden K, Corsico A, Gregory AM, Sham P, McGuffin P, et al. Gene−environment interaction analysis of serotonin system markers with adolescent depression. *Molecular Psychiatry* 2004;9:908−915.

18) Araya R, Hu X, Heron J, Enoch MA, Evans J, Lewis G, et al. Effects of stressful life events, maternal depression and 5-HTTLPR genotype on emotional symptoms in pre-adolescent children. *American Journal of Medical Genetics Part B: Neuropsychiatric Genetics* 2009;150:670−682.

19) Kaufman J, Yang BZ, Douglas−Palumberi H, Houshyar S, Lipschitz D, Krystal JH, et al. Social supports and serotonin transporter gene moderate depression in maltreated children. *Proceedings of the National Academy of Sciences of the United States of America* 2004;101:17316−17321.

20) Kaufman J, Yang BZ, Douglas−Palumberi H, Grasso D, Lipschitz D, Houshyar S, et al. Brain−derived neurotrophic factor−5−HTTLPR gene interactions and environmental modifiers of depression in children. *Biol Psychiatry* 2006;59:673−680.

21) Stringaris A, Maughan B, Copeland WS, Costello EJ, Angold A. Irritable mood as a symptom of depression in youth: prevalence, developmental, and clinical correlates in the great smoky mountains study. Journal of the American Academy of Child & Adolescent Psychiatry 2013;52:831−840.

22) Wagner KD, Brent DA. *Kaplan and Sadock's Comprehensive textbook of psychiatry*. 9th ed. Philadelphia: Lippincott Williams and Wilkins;2009.

23) Cole DA, Cho SJ, Martin NC, Youngstrom EA, March JS, Findling RL, et al. Are increased weight and appetite useful indicators of depression in children and adolescents? *Journal of Abnormal Psychology* 2012;121:838−851.

24) *Diagnostic and Statistical Manual of Mental Disorders* (DSM−5). Washington: American Psychiatric Association 2013.

25) Ford T, Goodman R, Meltzer H. The British child and adolescent mental health survey 1999: the prevalence of DSM−IV disorders. *Journal of the American Academy of Child & Adolescent Psychiatry* 2003;42:1203−1211.

26) Hettema JM. What is the genetic relationship between anxiety and depression? *American Journal of Medical Genetics part C: Seminars in Medical Genetics* 2008;148:140−146.

27) Birmaher B, Brent D, Bernet W, Bukstein O, Walter H, Benson RS, et al. Practice parameter for the assessment and treatment of children and adolescents with depressive disorders. *Journal of the American Academy of Child & Adolescent Psychiatry* 2007;46:1503−1526.

28) Van Noorden M, Minkenberg S, Giltay E, den Hollander−Gijsman ME, Van Rood Y, Van Der Wee N, et al. Pre−adult versus adult onset major depressive disorder in a naturalistic patient sample: the Leiden Routine Outcome Monitoring Study. *Psychological Medicine* 2011;41:1407−1417.

29) Birmaher B, Williamson DE, Dahl RE, Axelson DA, Kaufman J, Dorn LD, et al. Clinical presentation and course of depression in youth: does onset in childhood differ from onset in adolescence? *Journal of the American Academy of Child & Adolescent Psychiatry* 2004;43:63−70.

30) Kaufman J, Birmaher B, Brent D, Rao U, Flynn C, Moreci P, et al. Schedule for affective disorders and schizophrenia for school−age children−present and lifetime version (K−SADS−PL): initial reliability and validity data. *Journal of the American Academy of Child & Adolescent Psychiatry* 1997;36:980−988.

31) Kim YS, Cheon KA, Kim BN, Chang SA, Yoo HJ, Kim JW, et al. The reliability and validity of kiddie−schedule for affective disorders and schizophrenia−present and lifetime version−Korean version (K−SADS−PL−K). *Yonsei Medical Journal* 2004;45:81−89.

32) Costello AJ, Edelbrock CS, Costello EJ. Validity of the NIMH Diagnostic Interview Schedule for Children: A comparison between psychiatric and pediatric referrals. *Journal of Abnormal Child Psychology* 1985;13:579−595.

33) Cho SC, Kim BN, Kim JW, Kim HW, Choi HJ, Jung SW, et al. The reliability and validity of diagnostic interview schedule for children version IV−Korean version (DISC−IV). Journal of the Korean Academy of Child and Adolescent Psychiatry 2007;18:138−144.

34) Poznanski EO, Grossman JA, Buchsbaum Y, Banegas M, Freeman L, Gibbons R. Preliminary studies of the reliability and validity of the Children's Depression Rating Scale. *Journal of the American Academy of Child Psychiatry* 1984;23:191−197.

35) Kovacs M. The Children's Depression, Inventory (CDI). *Psychopharmacol Bull* 1985;21:995−998.

36) Cho SC, Lee YS. Development of the Korean form of the Kovacs' Children's Depression Inventory. *Journal of Korean Neuropsychiatic Association* 1990;29:943−956.

37) Weisz JR, McCarty CA, Valeri SM. Effects of psychotherapy for depression in children and adolescents: a meta−analysis. *Psychological Bulletin* 2006;132:132.

38) Klein JB, Jacobs RH, Reinecke MA. Cognitive−behavioral therapy for adolescent depression: a meta−analytic investigation of changes in effect−size estimates. *Journal of the American Academy of Child & Adolescent Psychiatry* 2007;46:1403−1413.

39) Shim SH, Park YM, Kim W, Wang HR, Woo YS, Seo JS, et al. Korean medication algorithm for depressive disorder 2017(V): Child and adolescent/The elderly/Female. *Mood and Emotion* 2017;15:91−102.

40) March J, Silva S, Petrycki S, Curry J, Wells K, Fairbank J, et al. Fluoxetine, cognitive-behavioral therapy, and their combination for adolescents with depression: Treatment for Adolescents With Depression Study (TADS) randomized controlled trial. *JAMA* 2004;292:807-820.

41) Wagner KD, Jonas J, Findling RL, Ventura D, Saikali K. A double-blind, randomized, placebo-controlled trial of escitalopram in the treatment of pediatric depression. *J Am Acad Child Adolesc Psychiatry* 2006;45:280-288.

42) Emslie GJ, Findling RL, Yeung PP, Kunz NR, Li Y. Venlafaxine ER for the treatment of pediatric subjects with depression: results of two placebo-controlled trials. *J Am Acad Child Adolesc Psychiatry* 2007;46:479-488.

43) Brent D, Emslie GJ, Clarke G, Wagner KD, Asarnow JR, Keller M, et al. Switching to another SSRI or to venlafaxine with or without cognitive behavioral therapy for adolescents with SSRI-resistant depression: the TORDIA randomized controlled trial. *JAMA* 2008;299:901-913.

44) Emslie GJ, Heiligenstein JH, Hoog SL, Wagner KD, Findling RL, McCracken JT, et al. Fluoxetine treatment for prevention of relapse of depression in children and adolescents: a double-blind, placebo-controlled study. *J Am Acad Child Adolesc Psychiatry* 2004;43:1397-1405.

45) Bridge JA, Iyengar S, Salary CB, Barbe RP, Birmaher B, Pincus HA, et al. Clinical response and risk for reported suicidal ideation and suicide attempts in pediatric antidepressant treatment: a meta-analysis of randomized controlled trials. *JAMA* 2007;297:1683-1696.

46) Blader JC, Schooler NR, Jensen PS, Pliszka SR, Kafantaris V. Adjunctive divalproex versus placebo for children with ADHD and aggression refractory to stimulant monotherapy. *Am J Psychiatry* 2009;166:1392-1401.

47) Baweja R, Mayes SD, Hameed U, Waxmonsky JG. Disruptive mood dysregulation disorder: current insights. *Neuropsychiatr Dis Treat* 2016;12:2115-2124.

통증과 우울증은 어떤 관계에 있는가

How is pain related with depression

고영훈*, 이상열**

고려대학교 의과대학 안산병원 정신건강의학과*, 원광대학교 의과대학 원광대학교병원 정신건강의학과**

우울증과 통증은 흔히 함께 발병하며 동시에 개인의 건강과 기능, 삶의 질에 악영향을 미친다. 한 연구에 따르면 미국 사회에서 1억 명이 통증으로 고통을 겪고 있으며, 2억 일의 결근이 발생하고, 통증으로 인한 경제적 비용은 6,350억 달러에 이른다는 보고가 있다.[1] 우울증도 전 세계적으로 6.6%의 1년 유병률과 16.2%의 평생유병률을 갖는 흔한 정신질환 중 하나이며, 2030년에는 모든 질환 중 가장 높은 질병 부담이 예상되는 질환이다.[2] 통증은 하나의 증후군으로 볼 수 있으며, 아직까지 증상학적 측면이나 병태생리학적 측면이 확실히 밝혀지지 않았다. 하지만 최근까지의 연구들을 통해 우울증과 통증은 높은 상관관계를 가지는 것으로 보인다. WHO에서는 1차 진료 환경에서 1/5의 환자들이 심신을 약화시키는 지속되는 통증을 갖고 있으며, 이들에서는 통증이 없는 환자에 비해서 불안장애나 우울증에 동반이환될 위험성이 4~5배 높아지는 것으로 보고하고 있다.[3] 우울증 환자에서도 통증 호소와 기능장애가 흔히 나타나며, 특히 통증 부위가 많은 경우에는 우울증의 위험이 높아지고 삶의 질에 더 큰 영향을 미치게 된다.[4,5] 세로토닌과 노르에피네프린은 통증의 주요 경로에 위치한 신경전달물질로서 전임상연구나 임상연구 모두에서 통증의 발생 및 치료에 중요한 역할을 하는 것으로 추정하고 있다.[6] 실제로 선택적 세로토닌 재흡수억제제(SSRI), NaSSa(noradrenergic and specific sero-tonin receptor antagonist), 세로토닌-노르에피네프린 재흡수억제제(SNRI)와 같이 세로토닌과 노르에피네프린의 신경전달에 관여하는 항우울제들이 정신의학적 진단과 관계없이 통증치료에 광범위하게 쓰이고 있다.[6] 이 장에서는 우울증과 통증의 복잡한 관계 및 상호작용에 대해서 살펴보고, 이 둘의 공통된 병인론적 기전과 치료에 대해서 알아보고자 한다.

통증과 우울증의 임상적 관련성

통증과 우울증은 모두 높은 유병률을 보이는 의학적인 상태이다. 우울증 환자에서의 통증 유병률이나 통증 환자에서 우울증의 유병률이 일반 인구에서의 통증이나 우울증의 유병률보다 훨씬 높다.[7] 한 연구에서는 여러 연구의 참가자들을 모두 모아 분석했을 때, 우울증 환자에서 통증의 유병률은 65%에 이른다고 보고하였다.[7] 우울증상은 특히 요통, 목·어깨 통증, 근골격계 증상의 발생 가능성을 높인다. 한 국내의 연구는 우울증 환자에서 통증을 포함한 신체증상을 평가하는 척도가 우울증의 관해 상태를 정확히 예측한다고 보고한 바 있으며,[8] 미국의 Sequenced Treatment Alternatives to Relieve Depression 연구는 80%의 우울증 환자가 신체적 통증을 호소하며, 신체적 통증과 관해율이 관련되어 있다고 보고한 바 있다.[9] 또한 우울증 환자들은 두통, 복통, 관절 통증, 흉통, 요통과 같은 특정 영역의 통증을 자주 보고한다.[10~12] 유사하게 만성통증 환자에서도 우울증상이 발생할 대응비가 증가한다. 요통, 두통, 복통, 흉통, 얼굴통증 등에서 하나 이상의 통증을 호소하는 환자들의 경우 그렇지 않은 환자에 비해서 우울증이 발생할 가능성이 3~5배 이상 높다고 알려져 있다.[13] 또한 만성통증 환자의 경우 통증이 없는 환자에 비해서 우울증의 진단기준에 부합될 가능성이 3배 이상 높다.[14] 앞서 설명한 우울증과 통증의 관계는 다양한 범위의 통증 상황에서도 일관되게 나타난다. 1차 진료 현장에서 12개월 동안 진행된 종적 연구는 우울증이 강렬하고 지속적인 통증의 강력한 예측인자이며, 동시에 만성통증도 심한 우울증상의 발현을 강력하게 예측할 수 있다고 보고하였다.[15] 한편, 통증 환자와 우울증 환자는 우울한 기분, 감정표현불능증, 분노, 에너지의 감소 및 피로감, 인지적 결함, 스트레스에 대한 취약성의 증가, 심박변이도 변화, 수면이상(REM 잠복기 감소) 등의 측면에서 비슷한 증상을 갖고 있다.[16] 더 나아가 통증의 심각도는 우울기분, 피로감, 기능장애, 자살사고, 나쁜 건강 상태, 신체증상들과 매우 높은 상관관계를 보인다.[16] 우울증과 통증, 이 두 임상 상태가 양방향성임을 시사하는 많은 증거가 있음에도 불구하고, 특정한 신경생물학적 변화가 통증이나 우울증을 야기하는지, 아니면 각각이 통증이나 우울증의 생물학적 결과물에 불과한지는 아직 불분명하다. 흥미롭게도 만성통증을 심리적인 장애이자 우울 상태의 비언어적 표현으로 이해하는 임상가들도 있지만 이를 지지하는 증거는 부족하다.

　우리가 주목해야 할 또 다른 측면은 자살과 통증의 관계이다. 자살률은 우울증 환자뿐 아니라 통증 환자에서도 높은 것으로 알려져 있으며, 이는 통증이 잠재적으로 자살과 우울증의 공통 매개인자 또는 위험인자가 될 수 있음을 시사한다. 많은 임상 자료들은 암이나 심혈관계 질환과 같이 심각한 장애를 일으키는 내외과적 상태나 만성 두통이 자살시도의 위험성을 높인다고 보고한 바 있다. 일례로 편두통 환자가 우울증에 걸릴 가능성은 2.2~4.0배, 자살에 의한 사망률은 1.68배 더 높고, 우울증에 이환된 경우에는 자살사고를 갖거나 실제로 자살을 시도할 위험성이 훨씬 높다.[17] 따라서 임상가들은 편두통과 같은 통증과 우울증의 상호작용이 자살의 발생과 예방의 측면에서 중요하다는 사실에 대해 주목해야 한다.

통증과 우울증의 공통된 병태생리 기전

아직까지 통증과 관련된 정확한 병인 혹은 병리 기전은 밝혀진 바 없지만 몇 가지 임상적, 생물학적 요인들이 통증의 발생에 관여하는 것으로 알려져 있다. 신경조절의 변화,[18] 면역 유전체계의 이상(염증성 사이토카인 및 관련 유전자 발현의 변화),[19,20] 멜라토닌의 변화,[21] 혈소판의 3H-imipramine 접착 부위의 이상,[22] 산화 스트레스 반응,[20] 신경전달물질 체계의 교란,[23] 스트레스에 대한 민감성,[24] 시상하부-뇌하수체-부신피질(HPA) 축의 기능 변화,[25] 인지적 취약성[26] 등이 통증의 발현에 기여하는 것으로 알려져 있다. 이 외에도 자존감, 자기효능감, 분노, 성적 학대, 인격 양상, 아동기 학대와 같은 심리사회적 요인들도 통증의 발생에 중대한 영향을 미치는 것으로 보고되었다.[16] 흥미로운 사실은 이들 임상적, 생물학적 요인들은 우울증의 발병에도 공통적으로 관여하는 요인이라는 점이다. 그러나 우울증과 급성 및 만성통증의 상관관계는 명확하게 구분될 필요가 있다. 실제로 급성통증과 만성통증의 임상 양상은 다르게 나타난다. 급성통증은 보통 특정 질환이나 손상에 의해 촉발되며, 자기한정적인 양상을 보이는 반면, 만성통증은 하나의 질병 상태로 심리적인 요인이 상당히 기여하게 된다.[27] 또한 만성통증은 뇌 국소 영역의 생화학적 변화와 중추신경계의 가소성에 의한 기능적 재구조화의 결과로 인하여 체성 감각 경로에 신호전달이 지속되어 발생하는 것으로 추정하고 있다.[28] 따라서 급성통증 및 만성통증과 우울증의 관련성은 증상 및 기전, 치료의 측면에서 보다 면밀하게 차이를 이해하고 접근할 필요가 있다.

유전적 요인

유적적 측면과 관련하여 가장 중요한 질문은 통증과 우울증의 감수성에 동시에 영향을 미치는 내재된 유전적 취약성이 있느냐는 점이다. 유전연구들은 아직 이와 관련하여 초기 단계이며, 이 주제에 대한 연구결과들은 서로 상충되는 것들도 많았으나, 점차 최근의 연구들은 신경전달물질이나 사이토카인의 분해 또는 결합을 조절하는 유전자들이 통증과 우울증 모두의 병태생리에 관여하며, 양쪽 질환의 공유된 취약성에 기여하는 것으로 보인다. 만성통증 환자의 경우는 일반 인구군에 비해 1차 친족에서 우울증 환자가 더 많으며, 우울증의 과거력이 없는 만성통증 환자의 가족에서도 우울증의 발병률이 높다.[3,22] Galanin-2와 뮤 아편 수용체는 통증 유전자와의 상호작용이 일관되게 확인되어 기분에 대한 통증의 영향을 매개하는 것으로 추정하고 있다.[29] 최근의 연구는 세로토닌 1A 수용체와 세로토닌 2A 수용체 유전자 촉진부의 변이가 통증 환자의 우울증과 신체기능에서 성별 조절 효과의 차이를 유발하는 것으로 보고하였다.[30] 이러한 결과들은 통증에 대한 민감성, 스트레스 반응, 기분조절이 공통된 유전적 요인을 공유한다는 사실을 말해주며, 우울증과 통증이 유전적으로 관련되어 있다는 가설을 지지한다.

생화학적 요인

통각을 억제하는 중추신경계의 경로는 뒤가쪽 섬유단(dorsolateral funiculus : DLF)을 통하여 뇌간의 핵부터 척수의 뒷뿔(dorsal horn)로 뻗어 나가며, DLF 섬유는 솔기핵(raphe nucleus)에서부터 나가는 세로토닌 경로, 배쪽피개영역(ventral tegmental area : VTA)에서 나가는 도파민 경로, 청반(locus coeruleus)에서 나가는 노르에피네프린 경로들로 이루어진다.[16] 이들 하행 섬유들은 내인성 아편, 세로토닌, 노르에피네프린을 주된 억제 매개자로 하여 구심성 감각 신경원을 과분극시켜 척추의 통각 신경원에서 기인하는 통증 전달을 억제한다.[16] 통각수용체와 통각성 경로의 활성 자체가 통증은 아니며, 통증은 중추신경계에서 인식된다. 만성통증의 경우 병태생리가 명확하지는 않으나, GABA, 글루타메이트, 노르에피네프린, 세로토닌, 뉴로키닌 1, 산화질소, 서브스탠스 P, 글라이신, 아편 등이 관여하는 것으로 알려져 있다.[31] 통증과 우울증의 생화학적 기전은 주로 세로토닌과 노르에피네프린에 초점이 맞춰져 있다. 세로토닌과 노르에피네프린 경로는 뇌간핵에서 기원하여 체성감각피질(somatosensory cortex), 시상의 섬유판속핵(intralaminar nuclei)과 배쪽뒤핵(ventral posterior nuclei)으로 뻗어 나간다.[32] 세로토닌과 노르에피네프린의 하향성 신경원은 뇌간에서 척수의 뒷뿔로 뻗어 들어가는데, 이곳은 통증조절을 위한 다른 종류의 신경전달물질이 작용하는 곳이다.[32] 최근의 연구들은 우울증상과 통증 간의 관계에 도파민이 중요한 역할을 하며, VTA가 운동기능의 조절 외에도 통각 정보의 처리에 관여한다고 제안하

고 있다. 설치류 실험에 따르면 VTA 영역의 병변은 자해행동을 강화하였으며, 통각을 유
발하는 자극 이후에 전기 자극으로 VTA 영역을 활성화하면 진통 과정을 촉진하였다.[33] 이
는 VTA가 통증 정보의 처리 및 조절에 핵심적인 역할을 수행하는 것을 시사하며, 일부에
서는 도파민 분비의 항상성이 우울증과 통증에 기여한다고 제안하고 있다(그림 1 참조).

통증 환자에서는 중추 및 말초의 통증 기전에 변화가 생겨 통증 신호가 증폭된다.[34] 최
근의 연구에서는 통증 경로(C-섬유)가 지속적으로 자극을 받는 경우 척수 뒷뿔의 NMDA
수용체가 과활성되는 것이 확인되었다.[35] 과민성대장증후군 환자를 대상으로 하는 연구

그림 1 통증의 경로

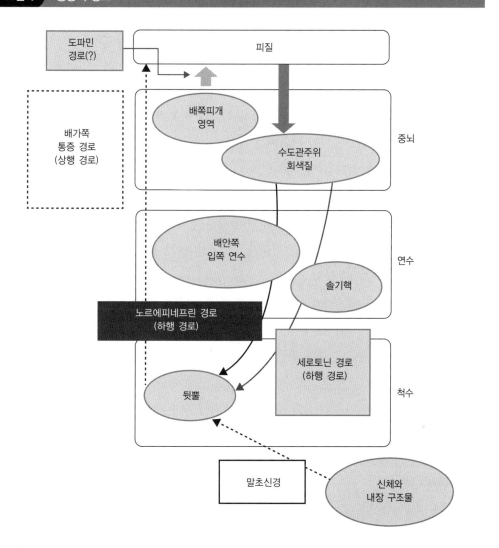

에서는 대장 조직의 반복적 자극을 통해 중추신경계를 감작시킨 후, NMDA 수용체 길항제인 dextromethorphan을 투여하여 통증을 예방할 수 있었다. 이들 결과는 NMDA 수용체가 통증의 발생 과정에 필수적으로 관여한다는 사실을 시사한다.[36] 서브스탠스 P와 같은 흥분성 신경조절인자의 분비 증가와 심리적인 요인은 통증을 악화시킨다. 결과적으로 만성통증 환자는 중추 감작(central sensitization) 상태가 되어 무해한 자극에도 극심한 통증을 경험하게 된다. 통증 환자는 유해한 신호의 중추 처리 과정에 관여하는 미상핵과 시상 영역에서 혈류가 저하되어 있고, 뇌척수액 내에서 서브스탠스 P와 뇌유래 신경영양인자(BDNF)의 농도가 증가하며[16], 섬유근통 환자에서도 척수의 통증 과민성이 증가된다.[37] 이러한 결과는 우울증 환자에서도 마찬가지로 관찰되었다.[38,39]

통증과 우울증의 뇌영상학

신체 통증은 뇌의 여러 영역이 관장하는 다차원적인 체계를 통해서 처리되는데, 크게 감각 구분의 차원(통증의 위치)과 통증의 정서 및 감정 차원(고통)으로 구분할 수 있다. 신체적 통증의 감각 구분을 관장하는 곳은 체성감각 피질과 배쪽뒤뇌섬이다.[40] 애도와 슬픔과 같은 심리적 통증은 신체에 유해한 자극에는 직접적으로 관여하지 않기 때문에, 신체 통증과는 다른 영역에서 관장하게 된다. 하지만 이 두 종류의 통증 모두 위협을 평가하고 조절하는 신경계의 기전을 활성화시킨다. 최근의 뇌영상 기술의 발전과 함께 신체적 통증 및 심리적 통증과 관련 있는 뇌 영역들을 밝힐 수 있게 되었다. 심리적 통증에 대한 통각 경로는 신체적 통증의 정서 및 감정 요소를 처리하는 뇌 영역에서 관여한다고 밝혀졌다.[1] 뇌영상 연구들은 신체적 통증과 우울증 모두에서 뇌섬피질(insular cortex)이 관여한다는 사실을 밝혀냈으나, 신체적 통증과 우울증은 서로 다른 피질 영역이 관여한다는 제안도 있다. 이 연구에서 우울증 환자는 통증 환자에 비해서 덮개 영역과 2차 체성감각피질의 활성화가 낮게 나타나는 반면,[41] 다른 연구에서 통증 환자는 우울증 환자에 비해서 전측 뇌섬, 두정 덮개의 활성이 증가되어 있었다. 또한 통증에 감작된 경우에는 시상, 편도체, 중간-대상피질(mid-cingulate cortex), 운동 및 감각 영역에서의 활성 수준이 높았으며, 우울한 환자에서는 중뇌와 뇌간의 활성이 낮았다.[42]

심리사회적 요인

통증과 우울증이 흔히 함께 발생하는 것은 이 둘이 중복되는 심리사회적 요인 때문이다. 우울증 발병의 위험을 높이거나 예후를 나쁘게 하는 인지적·정서적 요인들은 통증 환자에서도 흔히 발견된다. 인지행동모델에서 사고는 감정을 불러일으키고, 이 둘은 다시 행동에 영향을 준다. 따라서 만성통증 환자의 인지행동모델에서도, 환자는 즐거움을 줄 만한 활동이나 경험에 관여하려는 성향이 적고, 사회적 보상을 적게 경험하며, 삶의 즐거움이 감소되어 우울증이 발병하는 것으로 이해하고 있다. 하지만 통증에서 우울증으로 진행하는 과정이 피할 수 없는 것은 아니며, 이 둘의 관계에서 많은 심리사회적 요인들이 관여하곤 한다. 여러 인지요인들이 통증과 우울증의 관련성을 매개하는 것으로 보이는데, 이들에는 비관주의, 자기조절력의 지각, 공포 회피에 관한 믿음, 자기효능감, 사회적 지지의 지각 등이 있다.[1,43] 통증과 우울증의 상관관계에서 가장 관련성이 높을 것으로 예측되는 인지적 문제는 파국화인데, 이는 현실을 있는 그대로 보지 못하고 훨씬 안 좋은 상황으로 보는 것을 말한다. 특히 통증과 관련된 자극, 무력감, 전반적으로 비관적인 성향 등을 아우르는 인지적 · 정서적 과정을 포함한다. 파국화는 통증과 우울증 모두와 관련되는데, 이 둘은 함께 발생하곤 한다.[1] 우울증과 파국화는 통증 정도, 기능 저하와 연관되며, 자신의 통증에 대해서 파국적 사고를 하는 사람은 무력감이나 무가치함을 느끼는 경향이 많고[1], 파국화는 통증과 우울증 사이의 상관관계를 매개하기도 한다[44](그림 2 참조).

통증의 인지행동모델에서는 정서적인 측면도 중요하며, 부정적인 감정은 만성통증을 갖고 있는 사람에서 우울증을 발병시킬 수 있다.[1] 반대로 회복력이나 열정, 내구성, 투지와 같은 긍정적인 정서의 영향 역시 중요한데, 이는 통증, 우울증, 파국화, 피로감을 낮춘다.[1] 최근의 연구들은 부정적이거나 긍정적인 정서 모두가 임상적 또는 실험적으로 유도된 통증과 깊은 관련을 가진다는 사실을 밝혀냈다. 통증이 완화되어 가면 부정적인 정서가 사라지고, 긍정적인 정서가 자극된다는 사실이 확인되었으며, 이는 정서를 조절함으로써 통증과 우울증 간의 상관관계에 영향을 미칠 수 있음을 시사한다.[45] 통증과 우울증의 상관관계에서 행동학적 측면으로는 수면 위생과 공포에 대한 회피가 중요하다. 우선 수면의 측면에서 보면 수면-통증-우울증 간에는 삼각 구도가 형성되는데, 만약 셋 중 한 가지가 개선 또는 악화되는 경우 나머지 2개의 요인에 영향을 미치게 된다.[1] 따라서 수면에 나쁜 영향을 미치는 행동들은 이후 통증을 가진 환자에서 우울증이 발생하는 데 기여하게 된다. 따라서 수면장애에 초점을 맞춘 치료는 통증 환자의 기능을 향상시키게 된다.[46] 회피와 위축은 우울증 환자와 통증 환자 모두에서 공통되게 나타나는 경향이며, 공포는 활동을 감소시키고 사회적 상호작용에 영향을 미치게 된다.[47] 만성통증을 위협으로 받아들이는 사람은 전형적으로 공포 회피 행동을 하여 기능의 감소와 장애가 이어지게 되고,[48] 이러한 기능 및 사회적 지지의 변화는 결국 우울증을 야기하게 된다. 따라서 인지행동치료에서는 행

그림 2 통증과 우울증의 상호작용에 대한 인지행동학적 모델

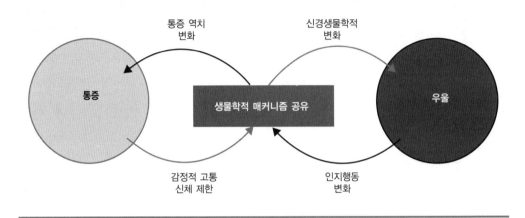

동활성화 전략을 통해 통증 환자들이 다시 움직이고, 비합리적인 공포로부터 탈출할 수 있게 하는 체계적인 방법들을 강구한다.

통증과 우울증의 치료적 접근

통증과 우울증의 치료를 시행하는 데 있어서는 통증의 원인에 대한 평가가 선행되어야 한다(그림 3 참조). 임상에서는 통증의 원인 파악을 위해 환자의 내과적 과거력을 조사하는데, 대개 우울증, 당뇨, 관절염, 섬유근통 등이 원인이 될 수 있다. 원인을 파악할 수 없을 때는 다른 영역의 전문가들로부터 조언을 듣거나 평가를 의뢰할 수 있다. 현재 투약 중인 약물에 대한 정보도 도움이 되며 특히 어떤 약제가 효용성이 높았는지 혹은 낮았는지에 대한 정보도 얻을 수 있다.

통증에 대한 평가는 특히 중요하며 통증의 위치, 일상(휴식과 활동 상태)에서의 기능장애, 통증의 양상 및 심각도, 통증이 발생하는 시기, 통증의 범위, 통증을 유발하는 인자 등이 포함되어야 한다. 통증의 양상에 대해서는 구체적으로 어떠한지를 물어보아야 한다. 정확하게 표현하지 못하는 경우에는 다음과 같이 구체적으로 질문할 수 있다. "통증이 찌르는 듯한가요?", "망치로 맞은 듯한 느낌인가요?", "죄는 듯한가요?". 통증 시간은 대개 종종, 가끔 혹은 하루 종일 등과 같이 표현한다. 감정 상태나 얼굴 표정, 행동, 신음 등을 통해서도 환자의 통증 시기를 추측할 수 있다. 일반적으로 통증 심각도는 **시각 아날로그 척도**(visual analogue scale : VAS)를 통해 평가하게 된다. VAS는 환자에게 통증이 없는 0점부터

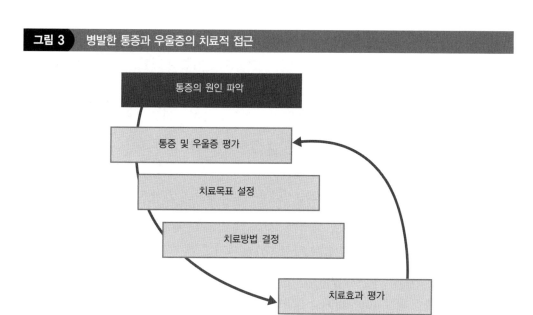

그림 3 병발한 통증과 우울증의 치료적 접근

참을 수 없는 최고의 통증 10점까지 스스로 평가하도록 하게 한다. 소아-청소년 환자에서는 VAS와 유사한 얼굴통증척도를 사용하기도 한다. 신체적 통증과 우울증의 평가를 위해서는 해밀턴 우울평가척도와 Brief Inventory of Depressive Symptoms이 흔히 사용된다. 최근 국내에서 타당도가 검증된 Depression and Somatic Symptoms Scale(DSSS)는 통증 등의 신체증상이 동반된 우울증 환자에서 특히 유용한 척도이다. DSSS는 5개의 신체증상 항목과 5개의 통증 항목, 12개의 우울증 항목으로 구성되어 있으며 22점의 결정점을 가지고 있다.[8]

통증과 우울증의 정신약물학적 치료

만성통증에는 삼환계 항우울제(TCA) 등의 항우울제와 항경련제 등의 정신의학적 약물을 흔히 사용하며, 약물학적 기전으로 통증에 도움이 될 만한 다른 약제들도 임상적으로 시도되고 있다. 아직까지 특정 항우울제가 통증의 치료에 있어서 우위를 보인다는 근거는 없지만, TCA, venlafaxine, duloxetine, milnacipran과 같이 세로토닌과 노르에피네프린 활성에 관여하는 항우울제는 일관되게 통증조절에 효과적이라고 보고되고 있다.[49] 대개의 항우울제는 낮은 용량부터 시작해서 증량하는 치료전략을 통해 부작용을 최소화하게 된다.

TCA는 세로토닌, 노르에피네프린, 도파민 등 다양한 신경전달물질의 활성을 조절한다. 일부 연구들은 amitriptyline, nortriptyline, desipramine 등의 진통작용은 항우울 효과에 독립적이며, 우울증 치료 시의 용량보다 낮은 용량에서 나타난다.[50] TCA의 흔한 부작용은 진정, 입 마름, 체중증가, 시력 흐림, 소변 저류, 변비, 기립성 저혈압 등이 있으며, 이가아민(nortriptyline, desipramine)보다 사가아민(amitriptyline, imipramine) 약제들의 부작용이 더 심한 편이다. TCA는 대개 심 독성을 가지고 있으며 부정맥을 유발할 수 있으므로 허혈성 심질환이나 빈맥, 전도장애 환자에서는 사용을 피하는 것이 좋다. 또한 인지기능과 보행에도 영향을 줄 수 있으므로 노인에서의 사용도 피하는 것이 좋다. duloxetine의 통증에 대한 효과는 여러 연구에서 확인되고 있으며, 특히 당뇨병성 말초신경병, 섬유근통, 골관절염 등의 통증에 효과적이라고 알려져 있다. 일 용량 60mg까지 증량하여 최소 4주 이상의 유지가 필요하며 환자의 반응에 따라 120mg까지 증량 가능하다. venlafaxine은 통증에 대한 적응증은 없으나 duloxetine과 유사한 기전을 통해 통증을 조절하며, milnacipran은 섬유근통의 치료에 하루 100~200mg 투약할 수 있다(표 1 참조). SSRI에 관한 메타분석들은 SSRI를 통증에 특화하여 사용하기에는 제한적이나, 통증에 동반된 우울 증상의 치료에는 추천하고 있다.[51),52] 한 무작위 대조군 연구는 만성 통증과 우울증을 함께 갖고 있는 환자에서 12주의 항우울제 치료와 이후 6회의 통증 자기관리 프로그램을 시행하여 우울증과 통증을 모두 개선시켰으며, 이러한 효과는 12개월 동안 지속되었다[53](표 1 참조).

gabapentin과 pregabalin은 전압-작동 칼슘 통로에 결합하여 흥분성 신경전달물질의 분비를 억제함으로써 진통 효과를 나타낸다. gabapentin은 신경병성 통증에, pregabalin은 신경병성 통증과 섬유근통에 적응증을 가지고 있다. topiramate는 GABA, NMDA에 모두 작용하여 흥분성 신경전달을 억제한다. topiramate는 편두통의 예방적 치료에 효과적이며, 당뇨병의 신경병성 통증에도 효과적이라는 보고가 있다.[54] 정신약물의 경우 일반적으로 체중증가를 유발하는데, 이는 통증에 부정적인 영향을 미칠 수 있어 대사증후군이 있거나 체중증가가 우려되는 환자의 경우에는 topiramate의 투약을 고려할 수 있다. carbamazepine과 oxcarbazepine은 나트륨 통로를 차단하고 다양한 약물학적 기전을 통해서 통증 신호의 전달을 차단하므로 신경병성 통증의 치료에 이용된다. lamotrigine의 경우 종종 임상에서 통증치료를 위해 투약되며, 특히 carbamazepine에 반응을 보이지 않는 환자에서 시도해볼 수 있다(표 1 참조).

한편 최근의 몇몇 임상시험은 도파민성 제제가 통증[55]과 우울증[56]을 조절하는 데 효과적이라고 보고하고 있다. 내인성 dynorphin/κ-아편 체계의 활성화와 그에 따른 중간변연계의 도파민 분비 억제는 통증과 관련된 우울증상을 유발하게 된다. (1) 유해한 산성 자극이 중격핵에서 세포 외 도파민 농도를 감소시켰는데, 이는 중간변연계의 도파민 분비 감소

표 1. 통증치료에 사용되는 정신약물

약물	통증치료 용량	임상적 고려 사항
항우울제		
Amitriptyline	10~100mg/일	과도한 진정, 심한 항콜린성 부작용
Clomipramine	50~100mg/일	경도의 진정, 경도의 항콜린성 부작용
Desipramine	25~100mg/일	경도의 진정, 경도의 항콜린성 부작용
Imipramine	25~100mg/일	중등도의 진정, 중등도의 항콜린성 부작용
Nortriptyline	10~75mg/일	중등도의 진정, 경도의 항콜린성 부작용, 심혈관계 부작용 적음
Duloxetine	60~120mg/일	섬유근통 및 신경병성 통증의 적응증
Milnacipran	25~200mg/일	배뇨장애, 섬유근통의 적응증
Venlafaxine	75~225mg/일	혈압, 간기능 및 신기능의 평가
항경련제		
Carbamazepine	200~1,200mg/일	항콜린성 부작용, 저나트륨혈증, 혈액병, CYP450 유도제, LFT 상승, ECG 변화
Gabapentin	100~3,600mg/일	어지러움, 진정, 체중증가, 말초부종, 신기능 평가
신기능 평가		
Lamotrigine	200~400mg/일	진정, 두통, 어지러움, 실조, 위장장애, 흐린 시력, 치명적인 발진
Oxcarbazepine	300~1,800mg/일	Carbamazepine과 유사
Pregabalin	150~600mg/일	어지러움, (경도) 진정, 체중증가, 말초부종, 신기능 평가
Topiramate	12.5~600mg/일	체중감소, 식욕부진, 신결석, 인지기능의 저하

출처 : Adapted from[62]에서 인용함.

가 통증의 부정적 정서에 기여한다는 사실을 지지한다. (2) 산성에 의한 도파민 분비 감소는 NSAID와 아편계 진통제에 의해 차단되는데, 이는 아편과 통증의 부정적 정서 사이의 상관관계를 추정하게 해준다. (3) 중간피질변연계에서 prodynorphin의 발현은 유해자극에 의해서 변화되었다.[57] 이에 도파민 활성을 통해 통증을 치료하고자 하는 임상적인 시도들이 있었다. 도파민 수용체 작용제인 pramipexole을 섬유근통 치료에 이용한 연구에서 위약군과 비교하여 pramipexole 치료군에서 통증이 유의하게 개선되었다.[55] bupropion도 도파민 조절에 작용하는 것으로 알려진 대표적인 항우울제로서 통증조절 효과가 검증되어 왔다. 12주 기간의 이중맹검 무작위 연구에서 bupropion은 통증 점수를 감소시켰고, 통증으로 인한 삶의 질의 저하도 예방하였다.[58] 임상적으로 흥미로운 점은 도파민의 활성을 저하시키는 것으로 알려진 항정신병 약물도 통증치료에 효과적일 수 있다는 점이다. 항정신병 약물이 통증에 사용되는 경우는 흔하지 않지만, ziprasidone과 olanzapine은 부가요법으로서 일부 섬유근통 환자에서 진통 효과가 보고되었다.[59,60] 이들 약제의 진통 효과는 우울증에서의 치료효과와 기전을 공유하는 것으로 추정되며, 통증질환이 동반되거나 우울장애의 증상으로 통증이 두드러지는 환자에서 고려할 수 있다.

이상의 연구들을 종합해보면 세로토닌, 노르에피네프린, 도파민 모두 우울증과 통증의 병태생리에 관여하는 것으로 보이며, 약물학적으로도 표적이 될 수 있을 것으로 보인다. 추후 이들 약물의 기전에 대하여 충분한 연구가 진행된다면 통증 경로에 미치는 영향에 대해서도 이해를 높이고, 통증 환자에 대한 정신약물학적 치료의 근거를 넓힐 것으로 본다.[61]

통증과 우울증의 인지행동치료

지난 수십 년간 인지행동치료는 만성통증의 치료법으로 이용되어 왔으며, 대부분의 연구들은 인지행동치료와 수용전념치료(acceptance and commitment therapy : ACT)가 각기 다른 종류의 통증에서 효과적임을 밝히고 있다. 인지행동치료는 우울증의 심리적 치료에 그 뿌리를 두고 있으나, 실제 통증 관리 차원에서 인지행동치료가 시행될 때는 직접적으로 우울증상에 대해서 언급하지는 않는다. 그 대신 통증에 대한 인지행동치료는 증상 완화와 신체적 기능 향상에 초점을 맞춘다. 예를 들어 (1) 통증 관리와 함께 부적응적인 생각이나 믿음을 어떻게 바꿀 수 있는지, (2) 통증을 줄이고, 신체적인 기능을 향상시킬 수 있는 행동적인 기술을 어떻게 사용할 수 있는지에 대해서 배운다.[1] 이러한 인지행동치료가 직접적으로 우울증을 다루지는 않더라도, 이를 통해 통증을 완화시키고, 신체적 활동을 늘림으로써 결과적으로는 우울증상을 개선시키게 된다. 이처럼 심리적인 중재는 현대의 통증 관리 현장에서 중요한 위치를 차지하고 있으며, 통증치료에 있어 필수적인 서비스로 추천된다. 많은 체계적 문헌고찰과 메타분석들은 임상현장에서 통증 관리와 관련한 심리적 중재의 근거를 마련하였다. 이러한 심리적 중재 중에서도, 인지적 대처전략과 행동 시연에 초점을 맞춘 인지행동치료가 가장 강력한 근거를 보이는 것으로 알려져 있다. 하지만 현재 대부분의 근거들은 성인 통증치료에 해당하며, 만성통증을 앓는 청소년이나 노인 환자에 대한 근거는 많지 않다. 잘 연구된 체계적 문헌고찰에서는 성인에서 인지행동치료의 전체 효과 크기는 중간 정도임을 보고하고 있지만, 인지행동치료와 병행하는 경우 어떤 약물을 사용하더라도 유익한 효과를 보게 될 것이 명확하다고 제시하고 있다.[63,64]

통증과 우울증의 신경생리학적 치료

최근에는 전기경련요법(electroconvulsive therapy : ECT), 반복적 경두개자기자극술(repetitive transcranial magnetic stimulation : rTMS), 경두개 직류전기자극법(transcranial direct current stimulation : tDCS)과 같이 과거 우울증의 치료에 이용되어 왔던 비약물학적 신경생리 또는 신경조절 치료기법도 통증 완화에 효과적임이 밝혀지고 있다. 통증을 호소하는 주요우울장애 환자의 79%가 ECT를 통해 통증의 완화를 보였으며,[65] ECT가 우울증 환자의 통증 역치 및 내성을 증가시켰다는 연구 보고도 있다.[66] 그 외에 ECT는 복합부위통증증후군[67]과 섬유근통[68]에서도 효과가 있었다는 보고가 있다. rTMS는 주요우울장애 환자의 통증 완화에 효과가 있으며,[69] 섬유근통[70] 및 척수손상 이후의 신경병성 통증[71]에서도 효과가 확인되었다. tDCS의 경우도 섬유근통 및 척수손상에 의한 하지의 신경병성 통증에서 시도될 수 있다.[72] 이들 신경생리학적 치료들은 일부 환자에서만 효과가 확인되었으므로 향후 대조군 연구를 비롯한 임상연구들을 통해 근거를 축적한다면 통증과 우울증이 동반된 환자의 치료에 다양한 선택이 가능해질 것이다.

요약

우울증과 통증은 임상적 양상, 신경생물학적 경로, 신경전달물질, 호르몬, 스트레스 요인, 신경영양인자와 염증성 사이토카인 등 많은 측면을 공유하며, 이는 우울증과 통증의 발병 및 치료에 있어서 의미하는 바가 크다. 현재까지의 연구들은 생물학적, 사회심리학적, 행동학적 요인이 통증과 우울증에 영향을 미치는 방식을 설명하는 데 있어 뇌의 이해가 필수적이며, 최적의 치료를 찾는데도 중요하다고 말해주고 있다. 심리사회적·행동적 요인은 통증을 경험하게 만들고, 유지하며, 악화시키는 데 중요한 역할을 한다. 인지행동치료 단독 또는 다학제 간 통증재활 프로그램의 측면에서 시행되는 인지행동치료는 경험적인 측면에서도 훌륭한 근거들을 갖고 있다. 흔히 처방되는 약물들이 통증을 뿌리 뽑기에는 충분하지 않기 때문에 약물학적, 신체적, 심리적 요인들을 종합하여 개개인 환자에게 욕구에 맞는 맞춤형 접근이 현실적인 것으로 보인다. 따라서 병인론 및 우울증과 통증의 평가와 관리를 통합하는 생물심리사회적 모델이 통증 환자 치료를 위해서 필수적이라 할 수 있다. 앞으로 통증과 우울증의 관계를 규명하기 위해 이론적, 방법론적, 기술적 측면에서의 진일보가 필요하며, 이것이 결국 통증 환자에서 효과적인 생물학적, 심리학적 치료법을 제공할 것으로 기대한다.

참고문헌

1) Goesling J, Clauw DJ, Hassett AL. Pain and depression: an integrative review of neurobiological and psychological factors. *Curr Psychiatry Rep* 2013;15:421.

2) Kupfer DJ, Frank E, Phillips ML. Major depressive disorder: new clinical, neurobiological, and treatment perspectives. *Lancet* 2012;379:1045-1055.

3) Lepine JP, Briley M. The epidemiology of pain in depression. *Hum Psychopharmacol* 2004;19 Suppl 1:S3-7.

4) Pae CU, Luyten P, Marks DM, Han C, Park SH, Patkar AA, et al. The relationship between fibromyalgia and major depressive disorder: a comprehensive review. *Curr Med Res Opin* 2008;24:2359-2371.

5) Pae CU, Marks DM, Patkar AA, Masand PS, Luyten P, Serretti A. Pharmacological treatment of chronic fatigue syndrome: focusing on the role of antidepressants. *Expert Opin Pharmacother* 2009;10:1561-1570.

6) Sansone RA, Sansone LA. Pain, pain, go away: antidepressants and pain management. *Psychiatry* (Edgmont) 2008;5:16-19.

7) Bair MJ, Robinson RL, Katon W, Kroenke K. Depression and pain comorbidity: a literature review. *Arch Intern Med* 2003;163:2433-2445.

8) Jeon SW, Yoon SY, Ko YH, Joe SH, Kim YK, Han C, et al. Do Somatic Symptoms Predict the Severity of Depression? A Validation Study of the Korean Version of the Depression and Somatic Symptoms Scale. *J Korean Med Sci* 2016;31:2002-2009.

9) Leuchter AF, Husain MM, Cook IA, Trivedi MH, Wisniewski SR, Gilmer WS, et al. Painful physical symptoms and treatment outcome in major depressive disorder: a STAR*D (Sequenced Treatment Alternatives to Relieve Depression) report. *Psychological Medicine* 2010;40:239-251.

10) Mathew RJ, Weinman ML, Mirabi M. Physical symptoms of depression. *Br J Psychiatry* 1981;139:293-296.

11) Kroenke K, Spitzer RL, Williams JB, Linzer M, Hahn SR, deGruy FV, 3rd, et al. Physical symptoms in primary care. Predictors of psychiatric disorders and functional impairment. *Arch Fam Med* 1994;3:774-779.

12) Croft PR, Papageorgiou AC, Ferry S, Thomas E, Jayson MI, Silman AJ. Psychologic distress and low back pain. Evidence from a prospective study in the general population. *Spine* (Phila Pa 1976) 1995;20:2731-2737.

13) Von Korff M, Dworkin SF, Le Resche L, Kruger A. An epidemiologic comparison of pain complaints. *Pain* 1988;32:173-183.

14) Li JX. Pain and depression comorbidity: a preclinical perspective. *Behav Brain Res* 2015;276:92-

98.

15) Kroenke K, Wu J, Bair MJ, Krebs EE, Damush TM, Tu W. Reciprocal relationship between pain and depression: a 12-month longitudinal analysis in primary care. *J Pain* 2011;12:964-973.

16) Han C, Pae CU. Pain and depression: a neurobiological perspective of their relationship. *Psychiatry Investig* 2015;12:1-8.

17) Ilgen MA, Kleinberg F, Ignacio RV, Bohnert AS, Valenstein M, McCarthy JF, et al. Noncancer pain conditions and risk of suicide. *JAMA Psychiatry* 2013;70:692-697.

18) Leone M. Deep brain stimulation in headache. *Lancet Neurol* 2006;5:873-877.

19) Bai YM, Chiou WF, Su TP, Li CT, Chen MH. Pro-inflammatory cytokine associated with somatic and pain symptoms in depression. *J Affect Disord* 2014;155:28-34.

20) Burke NN, Geoghegan E, Kerr DM, Moriarty O, Finn DP, Roche M. Altered neuropathic pain behaviour in a rat model of depression is associated with changes in inflammatory gene expression in the amygdala. *Genes Brain Behav* 2013;12:705-713.

21) Blumer D, Zorick F, Heilbronn M, Roth T. Biological markers for depression in chronic pain. *The Journal of Nervous and Mental Disease* 1982;170:425-428.

22) Magni G, Andreoli F, Arduino C, Arsie D, Ceccherelli F, Ambrosio F, et al. Modifications of [3H]imipramine binding sites in platelets of chronic pain patients treated with mianserin. *Pain* 1987;30:311-320.

23) Nicolson SE, Caplan JP, Williams DE, Stern TA. Comorbid pain, depression, and anxiety: multifaceted pathology allows for multifaceted treatment. *Harv Rev Psychiatry* 2009;17:407-420.

24) Sachs-Ericsson N, Cromer K, Hernandez A, Kendall-Tackett K. A review of childhood abuse, health, and pain-related problems: the role of psychiatric disorders and current life stress. *J Trauma Dissociation* 2009;10:170-188.

25) Muhtz C, Rodriguez-Raecke R, Hinkelmann K, Moeller-Bertram T, Kiefer F, Wiedemann K, et al. Cortisol response to experimental pain in patients with chronic low back pain and patients with major depression. *Pain Med* 2013;14:498-503.

26) Lee EJ, Wu MY, Lee GK, Cheing G, Chan F. Catastrophizing as a cognitive vulnerability factor related to depression in workers' compensation patients with chronic musculoskeletal pain. *J Clin Psychol Med Settings* 2008;15:182-192.

27) Koh JS, Ko HJ, Wang SM, Cho KJ, Kim JC, Lee SJ, et al. Depression and somatic symptoms may influence on chronic prostatitis/chronic pelvic pain syndrome: a preliminary study. *Psychiatry Investig* 2014;11:495-498.

28) Bonezzi C, Demartini L, Buonocore M. Chronic pain: not only a matter of time. *Minerva*

Anestesiol 2012;78:704−711.

29) Max MB, Wu T, Atlas SJ, Edwards RR, Haythornthwaite JA, Bollettino AF, et al. A clinical genetic method to identify mechanisms by which pain causes depression and anxiety. *Mol Pain* 2006;2:14.

30) Lebe M, Hasenbring MI, Schmieder K, Jetschke K, Harders A, Epplen JT, et al. Association of serotonin−1A and −2A receptor promoter polymorphisms with depressive symptoms, functional recovery, and pain in patients 6 months after lumbar disc surgery. *Pain* 2013;154:377−384.

31) Bras M, Dordevic V, Gregurek R, Bulajic M. Neurobiological and clinical relationship between psychiatric disorders and chronic pain. *Psychiatr Danub* 2010;22:221−226.

32) Jann MW, Slade JH. Antidepressant agents for the treatment of chronic pain and depression. *Pharmacotherapy* 2007;27:1571−1587.

33) Sotres−Bayon F, Torres−Lopez E, Lopez−Avila A, del Angel R, Pellicer F. Lesion and electrical stimulation of the ventral tegmental area modify persistent nociceptive behavior in the rat. *Brain Res* 2001;898:342−349.

34) Bendtsen L, Norregaard J, Jensen R, Olesen J. Evidence of qualitatively altered nociception in patients with fibromyalgia. *Arthritis Rheum* 1997;40:98−102.

35) Bennett RM. Emerging concepts in the neurobiology of chronic pain: evidence of abnormal sensory processing in fibromyalgia. *Mayo Clin Proc* 1999;74:385−398.

36) Verne GN, Price DD, Callam CS, Zhang B, Peck J, Zhou Q. Viscerosomatic facilitation in a subset of IBS patients, an effect mediated by N−methyl−D−aspartate receptors. *J Pain* 2012;13:901−909.

37) Staud R, Robinson ME, Price DD. Temporal summation of second pain and its maintenance are useful for characterizing widespread central sensitization of fibromyalgia patients. *J Pain* 2007;8:893−901.

38) Blier P, Gobbi G, Haddjeri N, Santarelli L, Mathew G, Hen R. Impact of substance P receptor antagonism on the serotonin and norepinephrine systems: relevance to the antidepressant/anxiolytic response. *J Psychiatry Neurosci* 2004;29:208−218.

39) Zelman DC, Howland EW, Nichols SN, Cleeland CS. The effects of induced mood on laboratory pain. *Pain* 1991;46:105−111.

40) Jensen MP. A neuropsychological model of pain: research and clinical implications. *J Pain* 2010;11:2−12.

41) Mutschler I, Ball T, Wankerl J, Strigo IA. Pain and emotion in the insular cortex: evidence for functional reorganization in major depression. *Neurosci Lett* 2012;520:204−209.

42) Rodriguez−Raecke R, Ihle K, Ritter C, Muhtz C, Otte C, May A. Neuronal differences between chronic low back pain and depression regarding long−term habituation to pain.

European Journal of Pain (London, England) 2014;18:701-711.

43) Philips HC. Imagery and likelihood cognitive bias in pain. *Behav Cogn Psychother* 2015;43:270-284.

44) Nicholas MK, Asghari A, Blyth FM, Wood BM, Murray R, McCabe R, et al. Self-management intervention for chronic pain in older adults: a randomised controlled trial. *Pain* 2013;154:824-835.

45) Franklin JC, Lee KM, Hanna EK, Prinstein MJ. Feeling worse to feel better: pain-offset relief simultaneously stimulates positive affect and reduces negative affect. *Psychol Sci* 2013;24:521-529.

46) Tang NK, Goodchild CE, Salkovskis PM. Hybrid cognitive-behaviour therapy for individuals with insomnia and chronic pain: a pilot randomised controlled trial. *Behav Res Ther* 2012;50:814-821.

47) Zale EL, Lange KL, Fields SA, Ditre JW. The relation between pain-related fear and disability: a meta-analysis. *J Pain* 2013;14:1019-1030.

48) Vlaeyen JW, Linton SJ. Fear-avoidance and its consequences in chronic musculoskeletal pain: a state of the art. *Pain* 2000;85:317-332.

49) Hauser W, Wolfe F, Tolle T, Uceyler N, Sommer C. The role of antidepressants in the management of fibromyalgia syndrome: a systematic review and meta-analysis. *CNS Drugs* 2012;26:297-307.

50) Guay DR. Adjunctive agents in the management of chronic pain. *Pharmacotherapy* 2001;21:1070-1081.

51) Mercier A, Auger-Aubin I, Lebeau JP, Schuers M, Boulet P, Hermil JL, et al. Evidence of prescription of antidepressants for non-psychiatric conditions in primary care: an analysis of guidelines and systematic reviews. *BMC Fam Pract* 2013;14:55.

52) Kroenke K, Krebs EE, Bair MJ. Pharmacotherapy of chronic pain: a synthesis of recommendations from systematic reviews. *General Hospital Psychiatry* 2009;31:206-219.

53) Kroenke K, Bair MJ, Damush TM, Wu J, Hoke S, Sutherland J, et al. Optimized antidepressant therapy and pain self-management in primary care patients with depression and musculoskeletal pain: a randomized controlled trial. *JAMA* 2009;301:2099-2110.

54) Raskin P, Donofrio PD, Rosenthal NR, Hewitt DJ, Jordan DM, Xiang J, et al. Topiramate vs placebo in painful diabetic neuropathy: analgesic and metabolic effects. *Neurology* 2004;63:865-873.

55) Holman AJ, Myers RR. A randomized, double-blind, placebo-controlled trial of pramipexole, a dopamine agonist, in patients with fibromyalgia receiving concomitant medications. *Arthritis Rheum* 2005;52:2495-2505.

56) Corrigan MH, Denahan AQ, Wright CE, Ragual RJ, Evans DL. Comparison of pramipexole, fluoxetine, and placebo in patients with major depression. *Depress Anxiety* 2000;11:58-65.

57) Leitl MD, Onvani S, Bowers MS, Cheng K, Rice KC, Carlezon WA, Jr., et al. Pain-related depression of the mesolimbic dopamine system in rats: expression, blockade by analgesics, and role of endogenous kappa-opioids. *Neuropsychopharmacology* 2014;39:614-624.

58) Semenchuk MR, Sherman S, Davis B. Double-blind, randomized trial of bupropion SR for the treatment of neuropathic pain. *Neurology* 2001;57:1583-1588.

59) Rico-Villademoros F, Hidalgo J, Dominguez I, Garcia-Leiva JM, Calandre EP. Atypical antipsychotics in the treatment of fibromyalgia: a case series with olanzapine. *Prog Neuropsychopharmacol Biol Psychiatry* 2005;29:161-164.

60) Calandre EP, Hidalgo J, Rico-Villademoros F. Use of ziprasidone in patients with fibromyalgia: a case series. *Rheumatol Int* 2007;27:473-476.

61) Marks DM, Pae CU, Patkar AA. Triple reuptake inhibitors: a premise and promise. *Psychiatry Investig* 2008;5:142-147.

62) Ananth K. Managing chronic pain: Consider psychotropics and other non-opioids. *Current Psychiatry* 2012;11.

63) Eccleston C, Morley SJ, Williams AC. Psychological approaches to chronic pain management: evidence and challenges. *Br J Anaesth* 2013;111:59-63.

64) Turk DC, Swanson KS, Tunks ER. Psychological approaches in the treatment of chronic pain patients--when pills, scalpels, and needles are not enough. *Can J Psychiatry* 2008;53:213-223.

65) Leong K, Tham JC, Scamvougeras A, Vila-Rodriguez F. Electroconvulsive therapy treatment in patients with somatic symptom and related disorders. *Neuropsychiatric Disease and Treatment* 2015;11:2565-2572.

66) Schreiber S, Shmueli D, Grunhaus L, Dolberg OT, Feldinger E, Magora F, et al. The influence of electroconvulsive therapy on pain threshold and pain tolerance in major depression patients before, during and after treatment. *European Journal of Pain* (London, England) 2003;7:419-424.

67) McDaniel WW. Electroconvulsive therapy in complex regional pain syndromes. *The Journal of ECT* 2003;19:226-229.

68) Usui C, Doi N, Nishioka M, Komatsu H, Yamamoto R, Ohkubo T, et al. Electroconvulsive therapy improves severe pain associated with fibromyalgia. *Pain* 2006;121:276-280.

69) Avery DH, Holtzheimer PE, 3rd, Fawaz W, Russo J, Neumaier J, Dunner DL, et al. Transcranial magnetic stimulation reduces pain in patients with major depression: a sham-controlled study. *The Journal of Nervous and Mental Disease* 2007;195:378-381.

70) Hou WH, Wang TY, Kang JH. The effects of add-on non-invasive brain stimulation

in fibromyalgia: a meta-analysis and meta-regression of randomized controlled trials. *Rheumatology* (Oxford, England) 2016;55:1507-1517.

71) Gao F, Chu H, Li J, Yang M, Du L, Li J, et al. Repetitive transcranial magnetic stimulation for pain after spinal cord injury: a systematic review and meta-analysis. *Journal of Neurosurgical sciences* 2016.

72) Lefaucheur JP, Antal A, Ayache SS, Benninger DH, Brunelin J, Cogiamanian F, et al. Evidence-based guidelines on the therapeutic use of transcranial direct current stimulation (tDCS). *Clinical Neurophysiology : Official Journal of the International Federation of Clinical Neurophysiology* 2017;128:56-92.

비만과 우울증은 서로 어떤 영향을 주는가

The bi-directional association between obesity and depression

우영섭, 박원명

가톨릭대학교 의과대학 여의도성모병원 정신건강의학과

우 울증과 비만은 모두 주요 공공보건에서 주요 관심의 대상이 되고 있다. WHO에 의하면 주요우울장애의 평생유병률은 6~21%이며, 비만의 경우 외국 연구에 의하면 남성에서는 11%, 여성에서는 15%에 달할 정도로 흔한 질환이다.

우울증과 비만의 연관성은 각 질환의 여러 특성에 의해 임상 상황에서 흔히 관찰될 수 있다. 우울증의 경우 식욕 및 체중, 수면과 활동 패턴의 변화를 동반하여 비만 및 과체중을 유발할 수 있으며, 비만의 경우 부정적 신체상 및 자존감, 비적응적 스키마 등이 우울증의 위험요인이 될 수 있다.[1]

과거부터 여러 연구에서 우울증을 포함한 정신병리와 비만 사이의 관련성을 조사하였으나, 20세기 중반까지의 초기 연구들에서는 그 관련성이 분명히 드러나지 않았다. 예를 들면 뉴욕에 거주하는 1,660명을 대상으로 비만과 정신건강 사이의 관련성을 조사한 연구에서는[2] '미성숙', '경직성', '의심' 측면에서 척도점수가 높기는 하였으나 우울 및 불안 수준에는 차이가 없다고 하였다. 오히려 일부 연구자들은 비만군에서는 정상체중군에 비하여 정신병리가 적다고 보고하기도 하였다.[3] 비만이나 비만을 유발할 수 있는 식이행동이 우울을 포함한 부정적 감정에 대해 보호하는 효과가 있다는 이른바 '유쾌한 지방(jolly fat)'이라고 알려진 가설의 기반이 된 이 연구에서 비만 남성은 정상체중 남성에 비하여 우울 수준이 낮았다.[3] 그러나 이러한 초기 연구들은 정신병리 및 우울/불안 증상의 평가 방법, 비만에 대한 정의 등의 측면에서 여러 제한점을 가지고 있기 때문에 그 결과들이 일관되지

않을 수밖에 없었다.[4]

　최근의 역학연구들에 의하면 비만과 우울증은 상호 간의 동반이환율이 높으며, 상호 발생의, 즉 우울증은 향후 비만 발생의, 그리고 비만은 향후 우울증 발생의 위험성을 증가시킬 수 있다는 결과들이 보고되고 있다. 그러나 아직 이러한 우울증과 비만의 상호 관련성에 대한 기전은 아직 분명하지 않다. 이 장에서는 우울증과 비만 사이의 관련성에 대한 최근의 여러 문헌의 결과들을 정리하여 제시할 것이며, 우울증과 비만의 연관성을 매개할 수 있는 생물학적 기전들에 대해서도 살펴볼 것이다.

우울증과 비만의 관련성 : 최근 역학연구들의 결과

우울증과 비만의 상호 관련성에 대한 역학연구들을 크게 횡단적 연구와 종단적 연구로 구분할 수 있다. 횡단적 연구에서는 우울증 환자군에서 비만의 유병률, 또는 비만 환자군에서 우울증의 유병률을 조사하거나, 일반 인구집단에서 우울증과 비만의 동반이환율을 연구하며, 종단적 연구에서는 우울증 환자군에서 향후 비만의 발생률, 혹은 비만 환자군에서 향후 우울증의 발생률을 조사한다. 여러 연구의 결과를 해석할 때 주의해야 할 점은 연구 디자인의 차이점인데, 연구에 따라 비만만을 대상으로 하기도 하고, 혹은 과체중을 함께 연구하기도 하며, 또한 우울증 진단 혹은 우울증상의 여부 및 심각도 등을 변인으로 적용하기도 한다.

　지금까지 상당한 수의 횡단적 연구들이 시행된 바 있으며, 특히 체계적 고찰연구와 메타분석의 결과 또한 발표되었다. 여러 연구의 결과는 비만과 우울증의 연관성을 시사하나, 그 결과가 항상 일치하지는 않으며, 특히 성별에 따라, 그리고 연구가 시행된 지역에 따라 그 결과가 다를 가능성 또한 제시된다. 17개의 횡단적 연구에 대한 메타분석 연구결과[5] 우울증과 비만 사이에는 양의 상관관계가 있었다(OR＝1.18). 그러나 성별에 따라 나누어 분석하였을 경우, 상관관계는 여성에서만 통계적으로 유의하였고, 남성에서는 유의한 수준에 도달하지 못하였다. 또한 20개의 횡단적 연구들을 종합한 체계적 고찰연구에 의하면[6], 미국에서 시행된 연구에서는 여성의 경우 비만과 우울증 사이의 연관성이 관찰되었으나, 남성에서는 이러한 연관성이 나타나지 않았고, 미국 이외의 지역에서 시행된 연구들에서는 남녀 모두에서 비만과 우울증 사이의 연관성이 나타나지 않았다고 하였다.

　비만이 향후 우울증의 발병에 미치는 영향에 대한 전향적 연구결과를 살펴보면, 초기 연구에서는 체질량 지수(BMI)가 30 이상인 50세 이상의 비만 성인의 경우, 5년 후 우울증이 발병할 확률이 비만이 아닌 사람들에 비하여 2배 이상 높다고 하였고[7], 이후의 연구들에서 또한 우울증의 발병 위험을 높이는 것으로 나타났다. Kasen 등은 여성에서는 그 위험성이 5배 이상 높아짐을 보고하였으며[8], 노인을 대상으로 한 다른 연구에서 역시 위험성의 증가가 나타났다.[9] 한 연구에 의하면 BMI가 1 표준편차 증가할 때마다 우울증의 발병 위험은 1.11배 높아졌다.[10] 최근 발표된 메타분석 연구결과에서도 비만 환자에서는 향후 우울증이 발생할 확률이 유의하게 높았다.[11]

그러나 다른 연구들에서는 비만 환자에서의 우울증 위험성의 증가가 다른 교란 변인의 영향을 받을 수 있다는 점 또한 지적하고 있다. 예를 들어 Fowler-Brown 등의 연구[12]에서, 전체 대상자를 분석한 결과 기저시점의 비만 여부는 향후 우울증상의 발생을 예측하지 못하였으나, 높은 사회경제적 수준에 해당하는 경우에는 기저지점의 비만이 향후 우울증상의 발생 위험성을 약 2배 증가시켰다. 비만과 우울증 사이의 관련성을 매개할 수 있는 중요한 변인으로는 신체 활동 또한 생각해볼 수 있는데, 젊은 여성을 대상으로 BMI, 신체 활동, 그리고 우울증상 사이의 관련성을 조사한 결과[13], 신체 활동은 우울증상의 발생을 예방하는 효과가 있었으나, 체중증가에 의한 우울증상의 위험성 증가는 신체 활동으로 예방되지 않았다. 최근에는 비만 자체뿐만 아니라 동반된 대사성 질환 여부가 우울증의 위험성에 영향을 준다는 결과 또한 보고되었다. 정상체중이면서 고혈압, 당대사이상, 전신적 염증, 낮은 HDL 농도, triglyceride 증가 등의 대사성 질환이 2개 미만 동반된 정상 대조군에 비하여 대사성 질환이 2개 이상 동반된 비만 환자에서는 우울증상이 발생할 위험성이 1.5배 증가한 데 비하여, 비만이지만 대사성 질환이 2개 미만 동반된 경우에는 그 위험성이 1.4배 높았지만 통계적으로 유의한 수준은 아니었다.[14] 또한 사회문화적 요인 또한 영향을 줄 수 있는데, 앞서 언급한 메타분석[11] 결과, 미국에서 시행된 연구들에서는 비만이 향후 우울증을 예측하였지만(OR=2.12), 유럽에서 시행된 연구들에서는 이러한 효과가 나타나지 않았다(OR=1.33, non-significant). 이에 대하여 해당 연구의 저자들은 사회문화적 차이 외에도 미국의 경우 비만도가 더 높은 경우가 많아서, 그 결과 우울증의 위험성을 더욱 증가시킬 수 있을 것이라고 해석하였다.

반대 방향인 우울증이 향후 비만의 위험성을 증가시킬 수 있는가에 대해서도 여러 연구가 시행되었다. 1990년대 후반의 연구들에서는 주로 청소년기의 우울증/우울증상이 성인기의 비만을 유발하는지를 조사하였는데, Pine 등은 청소년기 우울증이 초기 성인기의 비만을 예측한다고 하였고,[15] Barefoot 등은 청소년기 우울증상은 기존의 체중증가 경향에 부정적 영향을 주어, 저체중 대상자에서는 체중을 더욱 감소시키고, 과체중 대상자에서는 체중을 더욱 증가시킨다고 하였다.[16] 반면 Bardone 등은 청소년기 우울증이 이후 BMI에 유의한 영향을 미치지 않는다고 하였다.[17] 이후의 연구들에서도 우울증이나 우울증상이 향후의 비만 발생에 미치는 영향에 대해서는 일관되지 않은 결과를 보고하고 있는데, 일부 연구자들은 우울증이 향후 비만[18] 혹은 복부 비만[19]과 관련된다고 하였으나, 그렇지 않다는 결과 또한 보고된 바 있다.[7] 또한 우울증이 비만에 미치는 영향이 특히 여성에서 크게 나타날 수 있다는 점 또한 주의해야 한다.[12,20,21] 그러나 2008년에 발표된 메타분석 연구에 의하면[22], 우울증상을 가진 사람들에서는 향후 비만이 나타날 위험성이 우울증상이 없는 경우에 비하여 유의하게 높았고(OR=1.19), 이러한 위험성은 특히 청소년 여성에서 높게 나타났다(OR=2.57). Luppino 등의 메타분석에서는[11] 기저시점의 우울증 혹은 우울증상은 이후 비만의 발생률을 1.6배 증가시켰는데, 여기에 다른 공변인들의 영향은 유의하지 않았다.

우울증과 비만의 관련성 : 매개변인의 영향

위에서 살펴본 바와 같이 여러 역학연구에서 우울증과 비만의 관련성이 보고되고 있으나 성별, 사회문화적 요인, 신체 활동과 같은 매개변인의 영향 역시 배제하기는 어렵다. 사회인구학적 변인 중에는 성별과 사회경제적 수준이 영향을 줄 수 있는 것으로 생각되며, 특히 여성과 낮은 소득 수준이 비만과 우울증의 동반이환 위험성을 높일 수 있다.[23] 심리사회적 요인 중에는 여성의 경우 분노, 슬픔, 흥분성 등이, 남성에서는 낮은 대인관계 효율성, 외로움, 비효율적인 갈등 해결 등이 우울증과 비만의 연관성을 매개한다는 보고가 있었으며[24], 부정적 신체상, 체중과 관련된 편견/낙인, 그리고 사회적 관계 및 대인관계의 부족 또한 우울증과 비만 모두에 공통적으로 관련된 요인이다.[1,23] 신체 활동이 비만과 우울증에 영향을 미치는 것은 당연하다고 할 수 있겠으나, 그 영향이 성별에 따라 다를 수 있음은 주의해야 한다.[25-27] 한 연구에서 여성의 경우 우울증은 신체 활동을 저하시켰고, 이는 BMI의 증가로 이어진 반면, 남성에서는 우울증이 신체 활동 저하를 유발하고 그 결과 BMI가 감소하는 것으로 나타났다.[25]

이러한 결과는 식생활의 영향일 수도 있는데, 잘 알려진 바와 같이 스트레스나 우울증과 같은 기분의 변화는 섭식행동에 변화를 유발한다. 스트레스나 부정적 기분이 어떤 사람들에서는 식욕과 체중의 감소를 유발하기도 하지만, 어떤 사람들에서는 반대로 식욕과 체중의 증가를 일으키기도 한다. 스트레스 동물모델[28]과 우울증 환자[29] 모두에서 구미에 맞고 칼로리가 높은 음식을 찾는 행동이 나타난다. 달콤하고 지방이 많은 음식이 기분을 개선시킬 수 있으며[30], 구미에 맞는 음식의 섭취는 스트레스 반응을 조절한다는[31] 점에서 이러한 섭식행동의 변화가 나타나는 것으로 보인다. 하지만 이러한 효과는 장기적으로 지속되지는 않는다. 스트레스나 부정적 기분과 섭식행동의 연관성은 시상하부-뇌하수체-부신피질(HPA) 축의 활성과 아편유사제 및 도파민 보상체계에 의해 조절되는데[30,31], 보상 기반 스트레스 섭식모델에 의하면 이 보상체계의 반복적 자극은 적응을 유발하고 칼로리가 높은 음식을 강박적으로 과식하게 하며, 그 결과 비만을 유발할 수 있다.[30,31] 또한 스트레스는 글루코코르티코이드와 인슐린의 분비를 촉진하고, 그 결과 식욕이 증가하여 비만으로 연결될 수도 있다.[32] 즉, 스트레스나 부정적 기분은 섭식행동을 변화시켜 비만과 체지방 증가를 유발하고, 그 결과 우울증에 대한 취약성을 더욱 증가시킨다. 섭취하는 음식의 종류 또한 우울증의 위험성에 영향을 줄 수 있는데, 특히 포화지방 및 트랜스지방이 많은 음식은 전신적 혹은 복부의 비만을 유발하며, 이는 우울증의 위험성을 증가시킨다. 반면 불포화지방산이나 오메가-3 지방산을 많이 함유한 음식의 경우 우울증의 위험성을 낮추고, 우울증상을 감소시킬 수 있다.[33-35] 아래에 상술하겠지만, 복부 비만은 대사성 이상을 악화시킬 뿐만 아니라 우울증을 비롯한 정신건강의학적 질환의 원인이 되기도 한다. 또한 포화지방산은 시상하부의 렙틴과 인슐린 신호전달체계를 교란하여 대사를 저해하고 체중증가를 유발한다.[36,37] 실제로 혈중 포화지방산 농도의 증가는 우울증상의 심각도와 관련되어 있음이 보고된 바 있다.[38] 정리하면 우울증은 건강에 해로운 섭식행동을 유발하고, 이것이 만성화되는 경우 복부 비만과 혈중 포화지방산 증가를 유발하여 우울증상을 더욱 악화시킨다.

비만과 우울증의 관련성에 영향을 미치는 또 다른 요인은 비만의 심각도이다. 비만의 정도에 따른 우울증의 위험성에 대한 연구에 의하면, 3종 비만(BMI≥40.0)인 경우 다른 변인들을 통제한 후에도 정상체중군에 비해 우울증이 발병할 위험이 3배 이상 높았다.[39,40] 또한 과체중과 비만을 비교한 경우에도 비만인 경우 과체중에 비하여 우울증상을 보일 위험성이 컸다.[41,42] 따라서 비만이 심해짐에 따라 우울증의 위험성도 증가하는 것으로 보인다.

비만이 우울증을 유발하는 효과에 대해서 Markowitz 등은 건강 관련 경로와 외모 관련 경로라는 두 가지 행동 경로를 제안하였다.[43] 이들은 또한 우울증이 비만을 유발하는 효과는 직접적 생리적 경로와 간접적 정신사회적 경로에 의해 나타난다고 하였다. 건강 관련 경로는 기능적 장애와 자신의 건강에 대한 부정적 인식이 우울증을 유발하는 것을 의미하며,

외모 관련 경로는 편견, 낙인, 신체상에 대한 불만, 반복적 식이조절 행동 등과 같은 비만의 부정적 심리적, 행동적 측면이 특히 여성에서 우울증에 대한 취약성을 증가시킨다는 것을 의미한다. 우울증 환자들이 경험하는 자기관리의 어려움, 예를 들면 낮은 치료 순응도, 폭식, 부정적 사고, 사회적 지지의 부족 등은 간접적 경로에 포함되며, 직접적 생리적 경로는 다음 단락에서 제시할 여러 생물학적 변화들에 의한 것이다.

결론적으로 우울증과 비만은 비만의 심각도, 성별, 편견과 같은 사회적 요인, 심리적 특성, 섭식행동 등 다양한 원인에 의해서 매개될 수 있으며, 이를 이해함으로써 우울증과 비만 환자에게 좀 더 적절한 개입을 시행할 수 있을 것이다.

우울증과 비만의 관련성 : 신경생물학적 기전

우울증과 비만은 여러 신경생물학적 이상을 공유하고 있다. 특히 HPA 축 이상, 인슐린 혹은 렙틴 저항성, 염증성 신호전달체계 및 산화 스트레스 등이 우울증과 비만의 상호 연관성을 매개하는 데 중요한 역할을 한다.

HPA 축 기능이상

HPA 축의 기능이상 및 코르티솔의 증가는 비만과 우울증 모두의 병태생리에 기여한다. 비만, 특히 복부 비만의 경우 코르티솔에 의한 음성 되먹임 기전이 손상되며, 그 결과 스트레스에 의하여 코르티솔 분비가 증가한다.[44] 최근의 메타분석에 의하면 복부 지방이 증가할수록 corticotrophin releasing hormone(CRH) 혹은 스트레스에 대한 HPA 축의 반응이 증가한다.[44] 이렇게 증가된 코르티솔은 전지방세포(preadipocyte)가 지방세포로 분화하는 과정을 촉진하여 지방세포의 과형성을 유발하며, 그 결과 지방의 축적과 체중증가가 나타나게 된다.[44] 이때 고코르티솔혈증은 특히 복부 지방의 축적을 유발한다. HPA 축의 이상과 우울증의 관련성 또한 잘 알려져 있는데, 글루코코르티코이드는 HPA 축의 활성을 조절하고, 신체 에너지 항상성을 유지하고 보상과 감정조절 기능을 수행하는 중뇌와 변연계의 글루코코르티코이드 수용체를 통하여 기분과 행동에 영향을 미친다.[45] 동물연구에서 코르티솔에 만성적으로 노출되어 뇌의 글루코코르티코이드 수용체가 과잉발현된 경우 우울증과 유사한 행동을 보였으며,[46] 사람에서도 우울증─특히 멜랑콜리형─을 앓고 있는 경우 혈중 코르티솔 농도가 증가되어 있었다. 또한 혈중 코르티솔 농도가 높은 우울증 환자에서는 복부 지방이 증가되어 있었다는 점 또한 우울증과 비만, 그리고 HPA 축 기능이상의 상호

관련성을 시사한다.[47]

과도한 글루코코르티코이드, 복부 비만, 그리고 우울증의 관련성에는 활성 코르티솔과 비활성 코르티손의 상호 변환에 작용하는 효소인 11β-hydroxysteroid dehydrogenases (11βHSDs)에 의한 지방세포에서의 코르티솔 대사이상이 중요한 역할을 한다. 11βHSD2는 활성 코르티솔을 비활성 코르티손으로 변화시키고, 11βHSD1은 비활성 코르티손에서 코르티솔을 생성한다. 11βHSD1의 과발현은 내장지방 축적을 증가시키고 인슐린 저항성과 같은 대사이상을 유발할 수 있다. 11βHSD1은 해마, 시상하부 등 정서조절과 관련된 뇌의 여러 부위에도 흔히 존재하며, 따라서 우울증의 글루코코르티코이드 이론에서 중요한 역할을 하는 효소이다.[48] 11βHSD1 유전자의 단일 염기 다형성은 HPA 축의 중추 되먹임 부위 11βHSD1 발현의 변화와 관련되어 있으며, 이는 우울증 발병의 위험성을 증가시킨다.[49] 또한 동물연구에 의하면 11βHSD1 유전자 절제는 항우울 양상의 표현형으로 나타났다.[50]

정리하면 HPA 축의 이상이 비만과 우울증에서 공통적 병태생리에 관련되어 있음은 분명해 보이며, 특히 포화지방이 많은 섭식행동과 내장지방의 축적이 HPA 축 이상과 이로 인한 우울증 및 비만에 중요한 역할을 한다.

렙틴

렙틴은 지방세포 유래 호르몬 중 하나로 체내 지방의 비율에 따라 증가한다. 렙틴은 식욕을 저하시키고, 비만을 감소시키는 영향을 하기도 하지만 기분조절에도 영향을 미친다. 렙틴의 항우울 기능은 여러 우울증 동물모델에서 입증되었는데, 만성 스트레스-우울증 동물모델에서는 렙틴의 농도가 감소하고, 이는 무쾌감증에 해당하는 양상으로 해석되는 수크로오스(자당)에 대한 선호도 감소와 함께 나타났으며[51], 유전자 변이 생쥐를 이용한 연구에서, 렙틴이 생성되지 않는 유전자 결함을 가진 ob/ob 생쥐, 혹은 렙틴 수용체가 없는 유전자 돌연변이를 가진 db/db 생쥐는 우울행동을 더 많이 나타냈다.[52] 또한 렙틴을 정상 생쥐에 투여한 경우 항우울 효과가 나타났고, 만성 스트레스 모델 및 ob/ob 생쥐에서는 우울행동이 호전되었다.[52] 렙틴에 의한 이러한 항우울 효과는 우울증상과 밀접한 관계가 있는 해마에서의 신경세포 활성도 증가와 동반되었다.[53]

하지만 아직 인간 대상 연구에서는 렙틴과 우울증의 연관성이 확립되지는 않고 있다. 여러 연구가 우울증과 렙틴 농도의 관련성을 조사하였지만, 일부 연구에서는 렙틴 농도가 감소하였고, 다른 연구에서는 오히려 렙틴 농도가 증가되어 있었다. 또한 항우울제 치료에 의해서도 렙틴 농도는 증가하였다는 보고와 동시에 변화가 없었다는 보고도 있다. 최근의 메타분석에서도 다소 혼란스러운 결과가 보고되었는데[54], 말초 렙틴 농도는 우울증 환자군과 정상 대조군에서 차이가 없었으며, 중증 주요우울장애 환자군과 정상 대조군에서도 차이가 없었지만, 경도/중등도의 주요우울장애 환자군에서는 정상 대조군에 비하여 렙틴 농도가 높았다. 또한 혈중 렙틴 농도는 항우울제 치료에 의하여 변하지 않았다.[54] 저자들은 이러한 결과가 아마도 여러 연구의 대상자나 진단 방법 등의 차이 때문일 수 있음을 지적하였고, 또한 경도/중등도 주요우울장애 환자에서는 중증 주요우울장애 환자보다 내장비만과 대사성 이상이 덜 심각할 것이며, 렙틴과 복부 비만 사이의 상호작용과 우울증의 위험성이 연관될 수 있다는 점에서 주요우울장애 환자군과 정상 대조군 사이의 BMI 차이가 이러한 결과에 영향을 주었다고 하였다.

우울증의 렙틴 가설[55]에서는 렙틴 농도가 높은 비만 환자에서 렙틴에 대한 반응이 단순하지 않다는 점을 강조한다. 2형 당뇨병에서 인슐린 저항성이 발생하는 것처럼 비만 환자에서는 렙틴 저항성이 유발되며, 말초 렙틴 농도는 증가함에도 중추 렙틴 기능은 저하된다는 것이다.[56] 즉, 렙틴 농도 자체가 아니라 렙틴 신호전달의 저하가 주요우울장애의 병태생리에 중요한 역할을 할 수 있다는 것이다. 비만에서는 렙틴이 중추신경계로 운반되는 과정의 이상, 렙틴 수용체의 기능 저하, 그리고 렙틴 수용체의 여러 아형 중 뇌에서 특히 중요한 역할을 하는 장형 렙틴 수용체(LepRb) 신호전달의 장애 등의 기전에 의하여 렙틴 신호전달이 저해될 수 있다.[57] 동물모델에서 렙틴이 우울행동을 억제한다는 점에서 비만 환자에서 렙틴 저항성은 우울증의 위험성을 증가시킬 것이다.

렙틴 신호전달의 손상이 어떻게 기분에 영향을 미치는가에 대한 여러 이론 중 하나로, 렙틴이 HPA 축의 기능에 영향을 준다는 것이 있다. 렙틴의 농도와 가용 코르티솔의 농도는 역상관 관계로 만성 스트레스에 의한 HPA 축의 활성화는 혈중 렙틴 농도를 저하시키며[58], 렙틴의 투여는 먹이를 주지 않은 ob/ob 생쥐의 높은 코르티코스테론 농도를 낮추고 뇌실곁핵에서 CRH 생성을 억제한다.[59] 또한 렙틴은 LepRb에 의한 신호전달에 영향을 주어 우울증의 병태생리에도 관여하는데, 유전적으로 해마 LepRb가 결손된 생쥐에서는 렙틴 저항성과 우울행동이 발현되었고, 해마와 전전두엽 글루타메이트 신경세포의 LepRb 결손 또한 우울행동을 유발하였다.[60] 이 외에도 렙틴은 도파민과 세로토닌계 신호전달을 통해서도 기분을 조절할 수 있다. 가쪽 시상하부(lateral hypothalamus)에서 배쪽 뒤판(ventral tegmentum)으로 신경지배하는 신경세포 중에는 렙틴 수용체를 발현하는 억제성 신경세포가 있는데, 렙틴은 이를 조절하여 배쪽 뒤판의 도파민 생성 속도제한 효소인 티로

신 수산화 효소 발현을 복구하여 중변연계의 도파민 신경전달을 조절한다.[61] 렙틴은 또한 signal transducer and activator of transcription 3(STAT3)을 통하여 신호를 전달하게 되는데, 이 또한 배쪽 뒤판의 도파민 신경세포의 기능을 활성화하며,[62] 이 외에도 신경세포에서 도파민 전달체의 기능과 도파민 분비 또한 조절한다.[63] 렙틴에 의한 세로토닌계 신경전달 조절은 도파민계에 비하여 불분명하지만, 일부 연구들에서는 렙틴이 앞뇌에서의 세로토닌 양과 대사를 증가시킨다고 하였다.[64,65] 또한 렙틴 결손 ob/ob 생쥐에서는 대조군에 비하여 시상하부 5-HT1A 수용체 발현은 증가되고 시상하부 및 해마에서의 세로토닌 전환은 감소하였다.[66] 반면 다른 연구에서는 렙틴 투여에 의하여 혈중 세로토닌 농도는 증가하지만 시상하부나 해마와 같은 뇌에서의 농도는 감소한다고 하기도 하였다.[67]

요약하면 아직 렙틴과 비만, 우울증 사이의 연관성을 분명히 설명하기는 어렵지만 우울증과 비만 모두에서 렙틴 신호전달의 저하가 병태생리에 중요한 요인 중 하나로 생각된다.

기타 지방세포 유래 호르몬

렙틴 외에 신체 에너지 대사와 인슐린 감수성과 관련되어 비만과 우울증에 영향을 미칠 수 있는 다른 지방세포 유래 호르몬으로는 adiponectin과 resistin이 있다. adiponectin은 인슐린에 대한 감수성을 증가시키는데, adiponectin의 혈중 농도는 비만, 허리 둘레, 내장 지방, 인슐린 저항성 등에 의해 감소되며, 대사성 이상이 없는 비만의 경우 그 농도가 변하지 않는다는 점에서 비만보다는 비만과 관련된 대사성 이상에 영향을 받는 것으로 생각된다.[47] adiponectin의 농도는 또한 우울증상에 의해서도 영향을 받는 것으로 여겨지지만, 그 변화의 방향—증가 혹은 감소—은 연구에 따라 다르다. 우울증상과 adiponectin 농도가 양의 상관관계라는 결과도, 음의 상관관계라는 결과도, 또한 관련성이 없다는 결과도 보고된 바 있다.[47] lesistin과 비만의 관련성 역시 일관된 결과를 보이지는 않고 있는데, 동물과 인간 모두에서 비만의 경우 혈중 resistin이 증가했다는 초기 연구들이 있었지만, 이후 연구들에서는 resistin 농도가 하향조절된다고 하였다. 우울증과 관련하여서는 비정형적 우울증의 경우 resistin 농도가 증가하지만, 전형적 우울증에서는 증가하지 않으며, 관해 상태에서는 낮아진다는 보고가 있었다.[68,69] 메타분석에 의하면 adiponectin과 resistin 농도는 대조군에 비하여 우울증 환자에서 낮아져 있었고, 항우울제 치료에 의해서는 영향을 받지 않았다.[54]

인슐린

인슐린 저항성은 비만 및 우울증과 밀접한 관계가 있다.[70] 비만에 인슐린 저항성이 동반된 경우 우울증의 위험성이 크게 증가하며[14], 우울증 환자에서 인슐린 저항성 역시 메타분석으로 입증되었다.[70] 인슐린이 기분에 영향을 미치는 기전으로는 인슐린의 효용성, 그리고 인슐린 수용체의 감수성 및 효용성을 포함하는 인슐린 신호전달 체계의 변화가 우울증의 병태생리에 중요한 역할을 하는 것으로 생각된다.[71] 인슐린은 대뇌피질, 해마, 소뇌, 시상하부, 후각망울(olfactory bulb) 등에 주로 분포하는 수용체에 결합하여 기능을 나타내는데, 인슐린 수용체에 리간드가 결합하면 인슐린 receptor substrate docking proteins(IRS)의 인산화가 일어나고, 세포 내 신호전달이 활성화된다. 이때 작용하는 두 가지 주요 세포 내 신호전달 체계는 IRS-phosphatidylinositol 3-kinase(PI3K)-Akt 경로와 Ras-mitogen-activated protein kinase(MAPK, MEK/ERK) 경로이며, 이들은 모두 우울증의 병태생리에 관여하는 것으로 알려져 있다.[72] 이 외에도 인슐린은 신경발생을 조절하여 기분에 영향을 미치기도 한다. 상술한 바와 같이 인슐린 수용체는 해마와 후각망울에 높은 농도로 존재하는데, 이 부위는 모두 성인기 신경발생이 왕성한 곳이다.[73] 인슐린은 그 자체가 성장인자로 작용하기도 하며, 동시에 편도체, 해마, 전전두엽에 작용하는 BDNF나 VEGF(vascular endothelial growth factor)나 해마의 신경발생을 조절하는 insulin-like growth factor 1(IGF-1)과 같은 다른 성장인자를 증가시킨다. 따라서 인슐린 저항성은 중추 인슐린 체계에 부정적 영향을 주어 기분을 조절하는 주요 뇌 부위에서의 신경가소성을 손상시킨다.[74] 인슐린과 기분의 관련성은 모노아민계 기능에 의해서도 영향을 받을 수 있는데, 인슐린이 고갈된 경우 암페타민에 의한 도파민 분비가 감소하는데, 이는 인슐린 신호전달 체계가 도파민에 의한 신경전달을 조절할 수 있음을 시사한다.[75] 또한 혈중 인슐린 농도는 노르에피네프린과 세로토닌 전달체의 기능에 영향을 주어 결국 세포 외 노르에피네프린과 세로토닌 농도를 변화시킨다.[76]

임상연구들에서는 인슐린 투여가 우울 증상을 개선하는 효과를 보였다. 인슐린을 정맥 투여함으로써 해마의 신경세포 활성이 증가하고 기분이 개선되었으며,[77] 비강내 인슐린 투여로 대조군, 비만 환자, 그리고 알츠하이머 환자에서 기분과 인지기능이 호전되었다.[78] 이에 최근 당뇨병 치료제로 사용되는 약물들인 glucagon like peptide-1(GLP-1) 수용체 효현제와 인슐린 민감제인 pioglitazone 등을 우울증 환자에게 투여하는 연구가 시행되고 있기도 하다. 이 중 pioglitazone에 의한 우울증 개선 효과는 인슐린 저항성의 개선과 상관관계를 보였고, 다른 연구에서는 인슐린 저항성의 정도와 우울증상의 심각도가 상관관계를 보였다.[76] 따라서 여러 연구에서 제시하고 있는 바와 같이 인슐린 저항성은 비만과 우울증에 중요한 요인이며, 향후 인슐린 신호전달을 강화하는 약물들의 항우울 효과에 대한 지속적 연구가 필요할 것이다.

염증성 신호전달

비만은 전신적 만성 염증 상태이다. 비만인 경우 염증성 사이토카인 including interleukin (IL)-1β, tumor necrosis factor(TNF)-α, IL-6, 그리고 C-reactive protein(CRP) 농도 및 염증성 신호전달이 증가되어 있다. 비만에서 염증의 증가에는 다양한 기전들이 관여한다. 지방세포 중 특히 백색 지방세포가 주요 역할을 하는데, 내장지방과 혈중 사이토카인 농도는 상관관계를 보이며, 지방세포와 여기에 침윤한 대식세포 및 T세포는 백색 지방세포에 축적되면서 염증성 매개체를 분비한다.[79] 섭식에 의해 유발된 비만에서 지방세포의 수와 크기의 증가에 따라 면역학적 변화가 나타난다. 지방조직 대식세포는 활성화된 M1 표현형으로 분화되어 염증성 사이토카인 분비가 증가하고 활성 산소종(reactive oxygen species : ROS)이 생성된다. 비만은 또한 Th1 우세 상태를 유발하여서도 염증성 환경을 만든다.[80] 비만은 toll-like receptors(TLRs)를 통하여 선천 면역계를 활성화하는데, 지방산이 TLR4에 결합하면 nuclear factor kappa-light-chain-enhancer of activated B cells(NF-κB)나 activator protein 1(AP-1)과 같은 전사요소를 활성화하게 되며, 이 단백질들은 염증성 사이토카인이나 케모카인의 발현을 상향조절한다.[81] 비만은 또한 지방세포, 간, 췌장, 근육과 같은 여러 조직들에서의 염증성 변화를 유발한다. 예를 들어 염증성 변위가 일어난 간세포에서는 대사기능의 변화가 일어나며 쿠퍼 세포 또한 염증성 표현형으로 치우치게 된다. 비만을 유발하는 섭식행동과 간의 대사 변화가 동시에 작용함으로써 혈중 염증성 매개체가 증가하여 비만에 의한 대사성 염증이 발생한다.[82]

최근에는 장내 세균총 변화가 비만에 관여할 가능성 또한 시사되고 있는데, 특히 염증성 및 대사성 기전, 그리고 체중 항상성 유지 측면에서 영향을 주는 것으로 생각된다.[83, 84] Lipopolysaccharide 함유종(LPS-bearing specie)인 firmicutes와 enterobacteriaceae 등의 비율이 증가하고 박테로이데테스의 비율이 감소하며 동시에 세균 다양성이 감소하는 장내 세균총 구성의 변화는 장 상피세포 장벽을 변화시켜 세균 및 LPS와 같은 세균 세포벽 구성물질들이 전위되게 하며, 그 결과 대식세포가 활성화되며, 이에 따라 염증성 사이토카인 생산이 증가한다. LPS가 전신적으로 증가한 상태인 대사성 내독소혈증(metabolic endotoxemia)과 간, 지방조직, 근육조직 등에서 유리 지방산의 증가는 TNF-α와 IL-6을 생산하는 염증성 M1 대식세포를 활성화하고 그 결과 지방조직에서의 염증성 변화는 더욱 악화된다.[85]

뇌 역시 이러한 전신적 염증성 반응의 영향하에 있다. 또한 비만에서는 염증성 신호와 뇌의 양방향성 신호전달 체계에도 변화가 일어난다. 말초의 염증에 대한 혈액–뇌 장벽의 보호가 약화되며[86], 전신적 염증에 의해 맥락막 상피세포의 혈액–뇌척수액 장벽 또한 손상된다.[87] 렙틴, 인슐린, 지방산, 사이토카인과 같은 말초 매개체의 농도 변화에 의해 뇌세포에서 표현형의 변화도 유발된다. 염증성 매개체를 생산하는 중추신경계의 면역세포인 미세아교세포(microglia)는 포화지방산 및 단일 불포화지방산에 의한 TLR4/NF-κB 경로에 의해 활성화되어 사이토카인을 분비하고 ROS를 생산한다.[88] 별아교세포(astrocytes) 또한 포화지방산에 의해 IL-6 및 TNF-α를 생산한다.[89]

비만 환자에서 면역반응의 증가에 특히 영향을 받는 뇌의 부위는 시상하부이다.[90] 시상하부의 활꼴핵(arcuate nucleus)은 말초의 대사성 신호인 렙틴, 인슐린, 그렐린 등에 반응하여 에너지 항상성과 체중을 조절하는데, 이러한 조절기능이 비만에 의한 신경염증성 변화에 의해 교란된다.[90] 고지방 식이는 1주일 내에 반응성 신경아교증을 증가시키며, 단 하루의 고지방 식이조차도 시상하부의 미세아교세포를 증가시킨다. 비만은 또한 시상하부에서 IL-6 및 TNF-α와 같은 염증성 사이토카인 발현을 증가시키고, 세포질 그물(endoplasmic reticulum) 스트레스 증가에 의한 IKKβ/NF-κB 활성화와도 연관된다.[90] 비만에 의한 신경염증의 영향은 시상하부에 국한되지 않는다. 유사한 신경염증성 과정들, 즉 IKKβ/NF-κB 매개 염증성 신호전달의 강화, 염증성 사이토카인 발현 증가, 별아교세포와 미세아교세포의 증가가 비만 동물모델의 해마나 대뇌피질에서도 관찰된다.[91]

우울증에서도 염증성 생체표지자의 변화에 대한 연구는 상당수 시행되어 염증성 사이토카인의 증가가 우울증상을 유발할 수 있고, 우울증 환자에서 IL-1, IL-6, TNF-α와 같은 염증성 사이토카인 및 CRP, 케모카인, 그리고 부착분자(adhesion molecule) 등이 증가함이 알려졌다.[92] 사이토카인에 의한 우울증상 유발효과는 모노아민계 신경전달의 교란, 신경세포 성장 및 생존의 저하, 그리고 HPA 축 변화 등에 의한 것으로 생각된다. 사이토카인은 indoleamine 2,3-dioxygenase(IDO)와 GTP-cyclohydrolase 1(GTP-CH1) 등의 효소 활성도에 작용하여 기분에 영향을 미치는 모노아민계 신경전달물질의 생산, 이동, 대사를 조절한다.[93] 사이토카인은 IDO를 자극하여 트립토판 분해대사를 증가시키며, 그 결과 세로토닌 생산이 저해되고 신경독성이 있는 글루타메터직 키누레닌 대사산물을 증가시켜 우울증을 유발할 수 있다.[94] 면역반응의 활성화는 도파민과 세로토닌 합성의 필수 보조인자인 tetrahydrobiopterin(BH4)를 생산하는 효소인 GTP-CH1에 영향을 주며, 그 결과 BH4 합성을 희생시켜 네오프테린 생산이 증가하게 된다.[95] 따라서 사이토카인에 의한 GTP-CH1 활성화는 모노아민 신경전달을 저해한다. 우울증 환자에서 신경독성이 있는 키누레닌 대사산물이 증가되어 있고,[96] BH4 농도가 감소하였으며,[97] 네오프테린 농도가 우울삽화의 횟수와 양의 상관관계를 보인다는[98] 결과들은 상기 기전이 우울증에서 중요한 역할을 할 수 있음을 지지한다(그림 1 참조).

신경염증은 신경세포의 성장과 생존에도 부정적 영향을 미친다. 염증성 사이토카인은 N-Methyl-D-aspartate 수용체를 통하여 흥분독성(excitotoxicity)을 유발하고, 그 결과 BDNF 생성을 저해한다.[99] 게다가 사이토카인에 의한 산화 스트레스는 기분조절 부위인 전전두엽과 편도체에서 아교세포에 손상을 일으킨다.[100] 사이토카인은 신경가소성에 대한 부정적 영향 외에도 우울증에 중요한 영향을 미치는 HPA 축 기능을 교란시킨다. 염증 상태에서는 글루코코르티코이드 수용체(GR)를 통한 glucocorticoid response element(GREs)의 전사 활성의 억제로 인하여 글루코코르티코이드 저항성이 유발된다.[101] 또한 IL-1 수용체의 활성화는 mitogen activated protein kinase kinases(MKKs)를 활성화하여 MAPK와 Jun N-terminal kinases(JNK)를 인산화하고, AP-1 복합체를 구성하는 cJUN을 활성화하는데, 이는 GR과 GRE 사이의 상호작용을 저해한다.[92] TNF 수용체의 활성화는 신호전달 연쇄반응을 촉발하여 IκB kinase β(IKKβ)를 활성화하며, 이로 인하여 IκB-NF-κB 이합체의 인

그림 1 염증에 의한 모노아민 신경전달의 변화

염증성 변화는 GTP-cyclohydrolase-1 (GTP-CH1)을 활성화하여 tetrahydrobiopterin(BH4)의 생산을 감소시키며, 그 결과 tyrosine hydroxylase (TH)와 tryptophan hydroxylase(TPH)의 활성도를 저하시켜 도파민과 세로토닌의 생산을 저해한다. 또한 BH4의 감소는 nitric oxide synthase 활성을 억제하고, 그 결과 산화 스트레스가 증가하여 BH4는 더욱 억제된다. 염증성 사이토카인 대식세포, 단핵구, 뇌의 미세아교세포 등의 indolamine 2,3-dioxygenase(IDO)를 활성화하여 트립토판이 키누레닌으로 대사분해되게 하며, 그 결과 세로토닌 생산은 더욱 감소하고, 키누레닌의 글루타메이트계 대사산물인 3-hydroxykynurenine(3-Hkyn)과 퀴놀린산이 생성되며, 이는 NMDA 수용체를 자극하고 산화 스트레스를 증가시킨다.

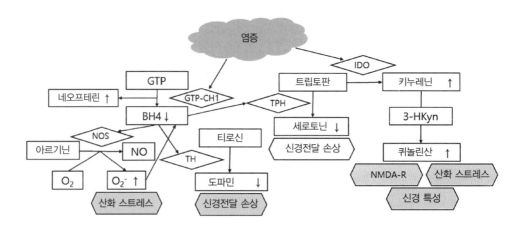

산화와 해리가 일어난다. 유리된 NF-κB는 핵으로 전위하여 GR-GRE 상호작용을 방해한다.[102] 마지막으로 인터페론 수용체 활성은 Janus kinase-1(Jak1)을 인산화하고, 이에 따라 STAT5가 활성화되며, 이 역시 NF-κB와 마찬가지로 핵에서 GR-GRE 상호작용을 저해한다.[103] 이러한 경로들을 통하여 사이토카인 신호전달 체계는 NF-κB와 같은 염증성 중간 매개체의 활성화를 통해 GR의 기능과 발현을 저해하고, 그 결과 사이토카인 의존 GR 저항성이 유발되어 우울증상을 유발한다.[104]

염증은 개인적 특성에 따라 그 영향이 다를 수 있는데, 특히 생리적으로 취약한 사람들에서는 낮은 수준의 염증조차도 우울증을 유발할 수 있다. 이를 **면역반응 요소 증폭**(immune response element amplification)이라고도 하는데, 여기에는 부교감 신호전달의 저하, BDNF 생산의 저하, 글루코코르티코이드 억제성 되먹임에 대한 무감응, 전대상회와 편도체의 사회적 위협에 대한 증가된 활성도, 감소된 해마 용적 등이 포함되며 이들은 모두 주요우울장애와 일치하는 소견들이다.[105]

산화 및 질산화 스트레스

미토콘드리아에서는 세포의 에너지 생산을 담당하는데, 이 과정에서 ROS와 활성 질소종(reactive nitrogen species : RNS)이 생성된다. ROS/RNS는 세포의 여러 가지 기능을 조절하는데, 만약 그 생산과 항산화 방어체계에 의한 제거 사이의 불균형이 발생하면 과량으로 존재하게 되어 세포의 성분들에 손상을 주고, 과도한 자가면역 반응을 유발하며, 그 결과 세포의 기능 저하를 유발한다. 비만에서는 산화 스트레스가 증가되어 있고, 방어체계는 감소되어 있다. 여기에는 고지방, 고탄수화물 식이와 같은 비만의 다양한 요인이 작용하는데, 지방세포의 세포질 그물 스트레스나 NADH/NADPH 산화효소와 같은 세포 내 신호전달 체계의 활성화에 의한 산화 스트레스의 증가를 유발한다. 산화 스트레스는 ROS 매개 산화 스트레스 신호에 의한 지방세포 발생을 통하여 비만을 유발하고, 비만은 만성 지방세포 염증, 지방산 산화, 세포손상의 축적, 식이와 미토콘드리아 활성도 변화 등의 기전을 통하여 더욱 많은 ROS를 생성하게 한다. 따라서 비만과 산화 스트레스는 그 상호적 관계로 악순환을 유발한다.[107] 게다가 ROS는 NF-kB와 AP-1과 같은 산화환원 감수성 전사요소(redox sensitive transcription factor) 신호 연쇄반응을 조절하는데, 그 결과 염증성 사이토카인을 자극하게 되며, 이에 따라 ROS의 과잉 생산이 더욱 촉진된다.[106~108]

산화 스트레스는 우울증과도 관련되어 있다.[109] 우울증은 세포 호흡 사슬 내의 효소 활성도 저하, ATP 생산 감소 및 기타 미토콘드리아 기능이상과 관련되어 있는데, 그 결과 자유기(free radical)가 축적된다.[110] 미토콘드리아의 기능이상은 ROS/RNS의 생성을 증가시키고 Ca^{2+} 항상성의 불균형을 유발하여 우울증의 병태생리에 작용한다. 우울증에서는 malondialdehyde, glutathione, NF-kB, 그리고 superoxide dismutase와 같은 산화/질산화 스트레스의 생물학적 표지자가 변화되어 있으며, 항산화 기능은 저하되어 있다.[111] 이러한 소견들을 종합해보면, 산화/질산화 스트레스는 우울증과 비만 모두에 영향을 미치며, 산화환원 및 염증성 신호전달 경로의 장애를 유발하여 비만과 우울 모두가 발생할 수 있는 공통적 토양을 제공하는 것으로 보인다.

요약

비만과 우울증 사이의 상호 관련성에는 매우 복잡하고 다양한 기전들이 작용한다. 여기에는 렙틴, 인슐린, 염증성 신호전달, HPA 축 기능이상 등이 포함되어 우울증과 비만을 병태생리적으로 연관시킨다(그림 2 참조). 또한 비만과 우울증의 관련성에는 이러한 생물학적 기전 외에도 다양한 행동적, 사회심리학적 요인들 또한 공통적으로 작용한다는 점 또한 중요하다. 이 장에서는 현재까지 비만과 우울증 모두에서 비교적 연구가 많이 진행된 생물학적 기전들만을 제시하였으나, 이 외에도 다른 여러 요인 또한 비만과 우울증 사이의 관련성을 매개할 수 있음에 주의해야 할 것이다.[47] 우울증과 비만 사이에 다양한 기전이 공유

그림 2   비만과 우울증에 영향을 미치는 요인

비만은 염증성 변화, 산화 스트레스, HPA 축 기능이상 등 다양한 기전을 통하여 우울증과 관련되어 있다. 비만과 우울증은 이러한 기전들에 의하여 양방향적으로 상호 발병 위험성을 높게 된다.

되고 있다는 점에서, 일부 연구자들이 제시한 바와 같이 우울증의 '비만 아형' 혹은 '대사성 아형'의 개념이 도입되어야 할 필요가 있다.[112] 이러한 개념은 실제 임상에서도 중요한 정보를 제공할 수 있는데, 비만 우울증 환자에서는 항우울제 치료 경과가 좋지 못하고,[113] 체중감소가 우울증상의 호전을 유발하거나 우울증상의 호전이 체중감소를 유발할 수 있기 때문이다.[114] 따라서 비만 환자에서는 우울증의 동반 여부를, 그리고 우울증 환자에서는 비만 여부를 평가하고 그 치료 목표에 반영하여야 할 것이다. 또한 비만과 우울증이 동반된 환자들에서는 섭식행동과 같이 이 두 가지 질환에 모두 영향을 주는 요인 또한 평가되고 치료되어야 하며, 추가적 체중증가를 예방하기 위한 개입 또한 시행되어야 할 것이다.

참고문헌

1) Gavin AR, Simon GE, Ludman EJ. The association between obesity, depression, and educational attainment in women: the mediating role of body image dissatisfaction. *J Psychosom Res* 2010;69:573-581.

2) Moore ME, Stunkard A, Srole L. Obesity, social class, and mental illness. *JAMA* 1962;181:962-966.

3) Crisp AH, McGuiness B. Jolly fat: relation between obesity and psychoneurosis in general population. *Br Med J* 1976;1:7-9.

4) Friedman MA, Brownell KD. Psychological correlates of obesity: moving to the next research generation. *Psychol Bull* 1995;117:3-20.

5) de Wit L, Luppino F, van Straten A, Penninx B, Zitman F, Cuijpers P. Depression and obesity: a meta-analysis of community-based studies. *Psychiatry Res* 2010;178:230-235.

6) Atlantis E, Baker M. Obesity effects on depression: systematic review of epidemiological studies. *Int J Obes* (Lond) 2008;32:881-891.

7) Roberts RE, Deleger S, Strawbridge WJ, Kaplan GA. Prospective association between obesity and depression: evidence from the Alameda County Study. *Int J Obes Relat Metab Disord* 2003;27:514-521.

8) Kasen S, Cohen P, Chen H, Must A. Obesity and psychopathology in women: a three decade prospective study. *Int J Obes* (Lond) 2008;32:558-566.

9) Godin O, Elbejjani M, Kaufman JS. Body mass index, blood pressure, and risk of depression in the elderly: a marginal structural model. *Am J Epidemiol* 2012;176:204-213.

10) Bjerkeset O, Romundstad P, Evans J, Gunnell D. Association of adult body mass index and height with anxiety, depression, and suicide in the general population: the HUNT study. *Am J*

Epidemiol 2008;167:193-202.

11) Luppino FS, de Wit LM, Bouvy PF, Stijnen T, Cuijpers P, Penninx BW, et al. Overweight, obesity, and depression: a systematic review and meta-analysis of longitudinal studies. *Arch Gen Psychiatry* 2010;67:220-229.

12) Fowler-Brown AG, Ngo LH, Wee CC. The relationship between symptoms of depression and body weight in younger adults. *Obesity* (Silver Spring) 2012;20:1922-1928.

13) Ball K, Burton NW, Brown WJ. A prospective study of overweight, physical activity, and depressive symptoms in young women. *Obesity* (Silver Spring) 2009;17:66-71.

14) Hamer M, Batty GD, Kivimaki M. Risk of future depression in people who are obese but metabolically healthy: the English longitudinal study of ageing. *Mol Psychiatry* 2012;17:940-945.

15) Pine DS, Cohen P, Brook J, Coplan JD. Psychiatric symptoms in adolescence as predictors of obesity in early adulthood: a longitudinal study. Am J Public Health 1997;87:1303-1310.

16) Barefoot JC, Heitmann BL, Helms MJ, Williams RB, Surwit RS, Siegler IC. Symptoms of depression and changes in body weight from adolescence to mid-life. *Int J Obes Relat Metab Disord* 1998;22:688-694.

17) Bardone AM, Moffitt TE, Caspi A, Dickson N, Stanton WR, Silva PA. Adult physical health outcomes of adolescent girls with conduct disorder, depression, and anxiety. J Am Acad Child Adolesc Psychiatry 1998;37:594-601.

18) Goodman E, Whitaker RC. A prospective study of the role of depression in the development and persistence of adolescent obesity. *Pediatrics* 2002;110:497-504.

19) Vogelzangs N, Kritchevsky SB, Beekman AT, Newman AB, Satterfield S, Simonsick EM, et al. Depressive symptoms and change in abdominal obesity in older persons. *Arch Gen Psychiatry* 2008;65:1386-1393.

20) Richardson LP, Davis R, Poulton R, McCauley E, Moffitt TE, Caspi A, et al. A longitudinal evaluation of adolescent depression and adult obesity. *Arch Pediatr Adolesc Med* 2003;157:739-745.

21) Hasler G, Pine DS, Kleinbaum DG, Gamma A, Luckenbaugh D, Ajdacic V, et al. Depressive symptoms during childhood and adult obesity: the Zurich Cohort Study. *Mol Psychiatry* 2005;10:842-850.

22) Blaine B. Does depression cause obesity?: A meta-analysis of longitudinal studies of depression and weight control. *J Health Psychol* 2008;13:1190-1197.

23) Preiss K, Brennan L, Clarke D. A systematic review of variables associated with the relationship between obesity and depression. *Obes Rev* 2013;14:906-918.

24) Musante GJ, Costanzo PR, Friedman KE. The comorbidity of depression and eating

dysregulation processes in a diet-seeking obese population: a matter of gender specificity. *Int J Eat Disord* 1998;23:65-75.

25) Beydoun MA, Wang Y. Pathways linking socioeconomic status to obesity through depression and lifestyle factors among young US adults. *J Affect Disord* 2010;123:52-63.

26) Siegel JM, Yancey AK, McCarthy WJ. Overweight and depressive symptoms among African-American women. *Prev Med* 2000;31:232-240.

27) Jorm AF, Korten AE, Christensen H, Jacomb PA, Rodgers B, Parslow RA. Association of obesity with anxiety, depression and emotional well-being: a community survey. *Aust N Z J Public Health* 2003;27:434-440.

28) Cottone P, Sabino V, Roberto M, Bajo M, Pockros L, Frihauf JB, et al. CRF system recruitment mediates dark side of compulsive eating. *Proc Natl Acad Sci USA* 2009;106:20016-20020.

29) Macht M. How emotions affect eating: a five-way model. *Appetite* 2008;50:1-11.

30) Gibson EL. Emotional influences on food choice: sensory, physiological and psychological pathways. *Physiol Behav* 2006;89:53-61.

31) Adam TC, Epel ES. Stress, eating and the reward system. *Physiol Behav* 2007;91:449-458.

32) Dallman MF. Stress-induced obesity and the emotional nervous system. *Trends Endocrinol Metab* 2010;21:159-165.

33) Sanchez-Villegas A, Martinez-Gonzalez MA. Diet, a new target to prevent depression? *BMC Med* 2013;11:3.

34) Edwards R, Peet M, Shay J, Horrobin D. Omega-3 polyunsaturated fatty acid levels in the diet and in red blood cell membranes of depressed patients. *J Affect Disord* 1998;48:149-155.

35) Lin PY, Su KP. A meta-analytic review of double-blind, placebo-controlled trials of antidepressant efficacy of omega-3 fatty acids. *J Clin Psychiatry* 2007;68:1056-1061.

36) Posey KA, Clegg DJ, Printz RL, Byun J, Morton GJ, Vivekanandan-Giri A, et al. Hypothalamic proinflammatory lipid accumulation, inflammation, and insulin resistance in rats fed a high-fat diet. *Am J Physiol Endocrinol Metab* 2009;296:E1003-1012.

37) Kleinridders A, Schenten D, Konner AC, Belgardt BF, Mauer J, Okamura T, et al. MyD88 signaling in the CNS is required for development of fatty acid-induced leptin resistance and diet-induced obesity. *Cell Metab* 2009;10:249-259.

38) Tsuboi H, Watanabe M, Kobayashi F, Kimura K, Kinae N. Associations of depressive symptoms with serum proportions of palmitic and arachidonic acids, and alpha-tocopherol effects among male population--a preliminary study. 5 2013;32:289-293.

39) Keddie AM. Associations between severe obesity and depression: results from the National Health and Nutrition Examination Survey, 2005-2006. *Prev Chronic Dis* 2011;8:A57.

40) Ma J, Xiao L. Obesity and depression in US women: results from the 2005−2006 National Health and Nutritional Examination Survey. *Obesity* (Silver Spring) 2010;18:347−353.

41) Barry D, Pietrzak RH, Petry NM. Gender differences in associations between body mass index and DSM−IV mood and anxiety disorders: results from the National Epidemiologic Survey on Alcohol and Related Conditions. *Ann Epidemiol* 2008;18:458−466.

42) Johnston E, Johnson S, McLeod P, Johnston M. The relation of body mass index to depressive symptoms. *Can J Public Health* 2004;95:179−183.

43) Markowitz S, Friedman MA, Arent SM. Understanding the relation between obesity and depression: causal mechanisms and implications for treatment. *Clinical Psychology: Science and Practice* 2008;15:1−20.

44) Incollingo Rodriguez AC, Epel ES, White ML, Standen EC, Seckl JR, Tomiyama AJ. Hypothalamic−pituitary−adrenal axis dysregulation and cortisol activity in obesity: A systematic review. *Psychoneuroendocrinology* 2015;62:301−318.

45) Herman JP, Figueiredo H, Mueller NK, Ulrich−Lai Y, Ostrander MM, Choi DC, et al. Central mechanisms of stress integration: hierarchical circuitry controlling hypothalamo−pituitary−adrenocortical responsiveness. *Front Neuroendocrinol* 2003;24:151−180.

46) Gregus A, Wintink AJ, Davis AC, Kalynchuk LE. Effect of repeated corticosterone injections and restraint stress on anxiety and depression−like behavior in male rats. *Behav Brain Res* 2005;156:105−114.

47) Hryhorczuk C, Sharma S, Fulton SE. Metabolic disturbances connecting obesity and depression. *Front Neurosci* 2013;7:177.

48) Wyrwoll CS, Holmes MC, Seckl JR. 11beta−hydroxysteroid dehydrogenases and the brain: from zero to hero, a decade of progress. *Front Neuroendocrinol* 2011;32:265−286.

49) Dekker MJ, Tiemeier H, Luijendijk HJ, Kuningas M, Hofman A, de Jong FH, et al. The effect of common genetic variation in 11beta−hydroxysteroid dehydrogenase type 1 on hypothalamic−pituitary−adrenal axis activity and incident depression. *J Clin Endocrinol Metab* 2012;97:E233−237.

50) Slattery DA, Uzunov DP, Cryan JF. 11−beta hydroxysteroid type 1 knockout mice display an antidepressant−like phenotype in the forced swim test. *Acta Neuropsychiatr* 2016;28:55−60.

51) Willner P. Chronic mild stress (CMS) revisited: consistency and behavioural−neurobiological concordance in the effects of CMS. *Neuropsychobiology* 2005;52:90−110.

52) Yamada N, Katsuura G, Ochi Y, Ebihara K, Kusakabe T, Hosoda K, et al. Impaired CNS leptin action is implicated in depression associated with obesity. *Endocrinology* 2011;152:2634−2643.

53) Lu XY, Kim CS, Frazer A, Zhang W. Leptin: a potential novel antidepressant. *Proc Natl Acad*

Sci USA 2006;103:1593-1598.

54) Carvalho AF, Rocha DQ, McIntyre RS, Mesquita LM, Kohler CA, Hyphantis TN, et al. Adipokines as emerging depression biomarkers: a systematic review and meta-analysis. *J Psychiatr Res* 2014;59:28-37.

55) Lu XY. The leptin hypothesis of depression: a potential link between mood disorders and obesity? *Curr Opin Pharmacol* 2007;7:648-652.

56) Munzberg H, Myers MG, Jr. Molecular and anatomical determinants of central leptin resistance. *Nat Neurosci* 2005;8:566-570.

57) Myers MG, Jr., Heymsfield SB, Haft C, Kahn BB, Laughlin M, Leibel RL, et al. Challenges and opportunities of defining clinical leptin resistance. *Cell Metab* 2012;15:150-156.

58) Ge JF, Qi CC, Zhou JN. Imbalance of leptin pathway and hypothalamus synaptic plasticity markers are associated with stress-induced depression in rats. *Behav Brain Res* 2013;249:38-43.

59) Huang Q, Rivest R, Richard D. Effects of leptin on corticotropin-releasing factor (CRF) synthesis and CRF neuron activation in the paraventricular hypothalamic nucleus of obese (ob/ob) mice. *Endocrinology* 1998;139:1524-1532.

60) Guo M, Huang TY, Garza JC, Chua SC, Lu XY. Selective deletion of leptin receptors in adult hippocampus induces depression-related behaviours. *Int J Neuropsychopharmacol* 2013;16:857-867.

61) Leinninger GM, Jo YH, Leshan RL, Louis GW, Yang H, Barrera JG, et al. Leptin acts via leptin receptor-expressing lateral hypothalamic neurons to modulate the mesolimbic dopamine system and suppress feeding. *Cell Metab* 2009;10:89-98.

62) Fulton S, Pissios P, Manchon RP, Stiles L, Frank L, Pothos EN, et al. Leptin regulation of the mesoaccumbens dopamine pathway. *Neuron* 2006;51:811-822.

63) Liu J, Perez SM, Zhang W, Lodge DJ, Lu XY. Selective deletion of the leptin receptor in dopamine neurons produces anxiogenic-like behavior and increases dopaminergic activity in amygdala. *Mol Psychiatry* 2011;16:1024-1038.

64) Calapai G, Corica F, Corsonello A, Sautebin L, Di Rosa M, Campo GM, et al. Leptin increases serotonin turnover by inhibition of brain nitric oxide synthesis. *J Clin Invest* 1999;104:975-982.

65) Harris RB, Zhou J, Redmann SM, Jr., Smagin GN, Smith SR, Rodgers E, et al. A leptin dose-response study in obese (ob/ob) and lean (+/?) mice. *Endocrinology* 1998;139:8-19.

66) Schellekens H, Clarke G, Jeffery IB, Dinan TG, Cryan JF. Dynamic 5-HT2C receptor editing in a mouse model of obesity. *PLoS One* 2012;7:e32266.

67) Haleem DJ, Haque Z, Inam QU, Ikram H, Haleem MA. Behavioral, hormonal and central

serotonin modulating effects of injected leptin. *Peptides* 2015;74:1−8.

68) Lehto SM, Huotari A, Niskanen L, Tolmunen T, Koivumaa−Honkanen H, Honkalampi K, et al. Serum adiponectin and resistin levels in major depressive disorder. *Acta Psychiatr Scand* 2010;121:209−215.

69) Weber−Hamann B, Kratzsch J, Kopf D, Lederbogen F, Gilles M, Heuser I, et al. Resistin and adiponectin in major depression: the association with free cortisol and effects of antidepressant treatment. *J Psychiatr Res* 2007;41:344−350.

70) Kan C, Silva N, Golden SH, Rajala U, Timonen M, Stahl D, et al. A systematic review and meta−analysis of the association between depression and insulin resistance. *Diabetes Care* 2013;36:480−489.

71) Cha DS, Best MW, Bowie CR, Gallaugher LA, Woldeyohannes HO, Soczynska JK, et al. A randomized, double−blind, placebo−controlled, crossover trial evaluating the effect of intranasal insulin on cognition and mood in individuals with treatment−resistant major depressive disorder. *J Affect Disord* 2017;210:57−65.

72) Chaudhury D, Liu H, Han MH. Neuronal correlates of depression. *Cell Mol Life Sci* 2015;72:4825−4848.

73) McNay EC, Recknagel AK. Brain insulin signaling: a key component of cognitive processes and a potential basis for cognitive impairment in type 2 diabetes. *Neurobiol Learn Mem* 2011;96:432−442.

74) Rosenblat JD, McIntyre RS, Alves GS, Fountoulakis KN, Carvalho AF. Beyond Monoamines−Novel Targets for Treatment−Resistant Depression: A Comprehensive Review. *Curr Neuropharmacol* 2015;13:636−655.

75) Williams JM, Owens WA, Turner GH, Saunders C, Dipace C, Blakely RD, et al. Hypoinsulinemia regulates amphetamine−induced reverse transport of dopamine. *PLoS Biol* 2007;5:e274.

76) Kemp DE, Ismail−Beigi F, Ganocy SJ, Conroy C, Gao K, Obral S, et al. Use of insulin sensitizers for the treatment of major depressive disorder: a pilot study of pioglitazone for major depression accompanied by abdominal obesity. *J Affect Disord* 2012;136:1164−1173.

77) Rotte M, Baerecke C, Pottag G, Klose S, Kanneberg E, Heinze HJ, et al. Insulin affects the neuronal response in the medial temporal lobe in humans. *Neuroendocrinology* 2005;81:49−55.

78) Shemesh E, Rudich A, Harman−Boehm I, Cukierman−Yaffe T. Effect of intranasal insulin on cognitive function: a systematic review. *J Clin Endocrinol Metab* 2012;97:366−376.

79) Langlet C, Tamoutounour S, Henri S, Luche H, Ardouin L, Gregoire C, et al. CD64 expression distinguishes monocyte−derived and conventional dendritic cells and reveals their

distinct role during intramuscular immunization. *J Immunol* 2012;188:1751-1760.

80) Lee BC, Lee J. Cellular and molecular players in adipose tissue inflammation in the development of obesity-induced insulin resistance. *Biochim Biophys Acta* 2014;1842:446-462.

81) Konner AC, Bruning JC. Toll-like receptors: linking inflammation to metabolism. *Trends Endocrinol Metab* 2011;22:16-23.

82) Guillemot-Legris O, Muccioli GG. Obesity-Induced Neuroinflammation: Beyond the Hypothalamus. Trends Neurosci 2017.

83) Finelli C, Padula MC, Martelli G, Tarantino G. Could the improvement of obesity-related co-morbidities depend on modified gut hormones secretion? *World J Gastroenterol* 2014;20:16649-16664.

84) Verdam FJ, Fuentes S, de Jonge C, Zoetendal EG, Erbil R, Greve JW, et al. Human intestinal microbiota composition is associated with local and systemic inflammation in obesity. *Obesity* (Silver Spring) 2013;21:E607-615.

85) Bleau C, Karelis AD, St-Pierre DH, Lamontagne L. Crosstalk between intestinal microbiota, adipose tissue and skeletal muscle as an early event in systemic low-grade inflammation and the development of obesity and diabetes. *Diabetes Metab Res Rev* 2015;31:545-561.

86) Stranahan AM, Hao S, Dey A, Yu X, Baban B. Blood-brain barrier breakdown promotes macrophage infiltration and cognitive impairment in leptin receptor-deficient mice. *J Cereb Blood Flow Metab* 2016;36:2108-2121.

87) Balusu S, Van Wonterghem E, De Rycke R, Raemdonck K, Stremersch S, Gevaert K, et al. Identification of a novel mechanism of blood-brain communication during peripheral inflammation via choroid plexus-derived extracellular vesicles. *EMBO Mol Med* 2016;8:1162-1183.

88) Button EB, Mitchell AS, Domingos MM, Chung JH, Bradley RM, Hashemi A, et al. Microglial cell activation increases saturated and decreases monounsaturated fatty acid content, but both lipid species are proinflammatory. *Lipids* 2014;49:305-316.

89) Gupta S, Knight AG, Gupta S, Keller JN, Bruce-Keller AJ. Saturated long-chain fatty acids activate inflammatory signaling in astrocytes. *J Neurochem* 2012;120:1060-1071.

90) Thaler JP, Yi CX, Schur EA, Guyenet SJ, Hwang BH, Dietrich MO, et al. Obesity is associated with hypothalamic injury in rodents and humans. *J Clin Invest* 2012;122:153-162.

91) Carlin JL, Grissom N, Ying Z, Gomez-Pinilla F, Reyes TM. Voluntary exercise blocks Western diet-induced gene expression of the chemokines CXCL10 and CCL2 in the prefrontal cortex. *Brain Behav Immun* 2016;58:82-90.

92) Pace TW, Miller AH. Cytokines and glucocorticoid receptor signaling. Relevance to major

depression. *Ann N Y Acad Sci* 2009;1179:86-105.

93) Capuron L, Miller AH. Immune system to brain signaling: neuropsychopharmacological implications. *Pharmacol Ther* 2011;130:226-238.

94) Dantzer R, O'Connor JC, Lawson MA, Kelley KW. Inflammation-associated depression: from serotonin to kynurenine. *Psychoneuroendocrinology* 2011;36:426-436.

95) Capuron L, Lasselin J, Castanon N. Role of Adiposity-Driven Inflammation in Depressive Morbidity. *Neuropsychopharmacology* 2017;42:115-128.

96) Savitz J, Drevets WC, Smith CM, Victor TA, Wurfel BE, Bellgowan PS, et al. Putative neuroprotective and neurotoxic kynurenine pathway metabolites are associated with hippocampal and amygdalar volumes in subjects with major depressive disorder. *Neuropsychopharmacology* 2015;40:463-471.

97) Hashimoto R, Mizutani M, Ohta T, Nakazawa K, Nagatsu T. Changes in plasma tetrahydrobiopterin levels of depressives in depressive and remission phases: reconfirmed by measurement with an internal standard. *Neuropsychobiology* 1994;29:57-60.

98) Celik C, Erdem M, Cayci T, Ozdemir B, Ozgur Akgul E, Kurt YG, et al. The association between serum levels of neopterin and number of depressive episodes of major depression. *Prog Neuropsychopharmacol Biol Psychiatry* 2010;34:372-375.

99) Eyre H, Baune BT. Neuroplastic changes in depression: a role for the immune system. Psychoneuroendocrinology 2012;37:1397-1416.

100) Leonard B, Maes M. Mechanistic explanations how cell-mediated immune activation, inflammation and oxidative and nitrosative stress pathways and their sequels and concomitants play a role in the pathophysiology of unipolar depression. *Neurosci Biobehav Rev* 2012;36:764-785.

101) Shelton RC, Miller AH. Eating ourselves to death (and despair): the contribution of adiposity and inflammation to depression. *Prog Neurobiol* 2010;91:275-299.

102) McKay LI, Cidlowski JA. Molecular control of immune/inflammatory responses: interactions between nuclear factor-kappa B and steroid receptor-signaling pathways. *Endocr Rev* 1999;20:435-459.

103) Hu F, Pace TW, Miller AH. Interferon-alpha inhibits glucocorticoid receptor-mediated gene transcription via STAT5 activation in mouse HT22 cells. *Brain Behav Immun* 2009;23:455-463.

104) Kiecolt-Glaser JK, Derry HM, Fagundes CP. Inflammation: depression fans the flames and feasts on the heat. *Am J Psychiatry* 2015;172:1075-1091.

105) Raison CL, Miller AH. Is depression an inflammatory disorder? *Curr Psychiatry Rep* 2011;13:467-475.

106) Moylan S, Berk M, Dean OM, Samuni Y, Williams LJ, O'Neil A, et al. Oxidative & nitrosative stress in depression: why so much stress? *Neurosci Biobehav Rev* 2014;45:46−62.

107) Rani V, Deep G, Singh RK, Palle K, Yadav UC. Oxidative stress and metabolic disorders: Pathogenesis and therapeutic strategies. *Life Sci* 2016;148:183−193.

108) Bryan S, Baregzay B, Spicer D, Singal PK, Khaper N. Redox−inflammatory synergy in the metabolic syndrome. *Can J Physiol Pharmacol* 2013;91:22−30.

109) Berk M, Williams LJ, Jacka FN, O'Neil A, Pasco JA, Moylan S, et al. So depression is an inflammatory disease, but where does the inflammation come from? *BMC Med* 2013;11:200.

110) Vavakova M, Durackova Z, Trebaticka J. Markers of Oxidative Stress and Neuroprogression in Depression Disorder. *Oxid Med Cell Longev* 2015;2015:898393.

111) Maurya PK, Noto C, Rizzo LB, Rios AC, Nunes SO, Barbosa DS, et al. The role of oxidative and nitrosative stress in accelerated aging and major depressive disorder. *Prog Neuropsychopharmacol Biol Psychiatry* 2016;65:134−144.

112) Mansur RB, Brietzke E, McIntyre RS. Is there a "metabolic−mood syndrome"? A review of the relationship between obesity and mood disorders. *Neurosci Biobehav Rev* 2015;52:89−104.

113) Woo YS, Seo HJ, McIntyre RS, Bahk WM. Obesity and Its Potential Effects on Antidepressant Treatment Outcomes in Patients with Depressive Disorders: A Literature Review. *Int J Mol Sci* 2016;17.

114) Jantaratnotai N, Mosikanon K, Lee Y, McIntyre RS. The interface of depression and obesity. *Obes Res Clin Pract* 2017;11:1−10.

병적애도와 우울증
Complicated grief and depression

홍정완*, 정문용**
익산병원 정신건강의학과*, 근로복지공단 안산병원 정신건강의학과**

사 랑하는 사람의 죽음은 사람이 일생 경험하는 사건 중 가장 힘든 사건일 것이다. 사 랑하는 사람이 죽었을 때 사람들은 애도를 보이며, 이러한 애도는 시간이 지남에 따라 자연스럽게 해소된다. 애도의 해소란 애도의 소실이 아니라 애도의 정도가 줄어들면서 일상생활로의 복귀가 가능해지는 것을 말한다.[1] DSM-IV-TR에서는 주요우울증삽화의 증상이 있더라도 사랑하는 사람의 상실 이후 2개월 이내라면 주요우울증을 진단하지 못하게 하였으나,[2] DSM-5부터는 이러한 예외 규정을 삭제하였다.[3] 사랑하는 사람을 잃은 이들이 겪는 정상적인 슬픔을 정신질환으로 취급한다며 반대하는 입장을 표명한 이들도 있었다.[4] 그러나 이러한 변화는 애도의 양상과 정도가 사람에 따라 큰 차이를 보이며, 상실에 의한 고통이 주요우울장애를 유발할 수 있는 정신사회적 스트레스로 작용할 수 있다는 인식을 반영한 것이라 할 수 있다.[5]

용어 및 개념

사랑하는 사람의 상실에 대한 반응을 정의하는 용어들로는 사별, 애도, 애도반응 등이 있으며, 이러한 용어들은 서로 혼용되어 사용되고 있다. 정확한 의사소통을 위해서는 용어에 대한 명확한 정의가 필요할 것이다. **사별**은 중요한 사람을 잃은 객관적인 상황을 말한다. 애도는 사별에 대한 심리생물학적 반응으로 죽음에 대한 감정적, 인지적, 기능적, 행동적 반응을 말한다. 애도반응은 애도를 표현하는 행동이나 태도를 말하며 사회적, 문화적 영향을 받는 의례의 형태를 띠게 된다.[6]

최근에는 정상적인 반응으로써의 애도의 정도를 벗어난 병리적 애도를 **병적애도** (complicated grief)라고 표현하기도 한다. 병적애도란 사랑하는 사람의 사망 이후 과도한 애도로 일반적으로 예상되는 기간보다 오래 지속되며, 기능적 장애를 초래하는 것을 말한다.[7]

정상애도

애도를 경험하는 사람은 충격과 부정의 단계, 분노와 죄책감의 단계, 우울의 단계를 거쳐 최종적으로 수용의 단계에 이른다.[8] 그러나 모든 사람이 같은 단계를 거치는 것은 아니며, 이러한 애도를 단계적으로 설명한 이론들은 사랑하는 이를 잃은 사람들의 능동적인 대처보다는 수동적인 측면을 강조한다는 비판을 받는다. 사별에 대처하는 사람들의 적극적인 노력을 강조하는 이중과정모델[9]이 있다. 이중과정모델에 의하면 애도 과정은 사별과 관련된 슬픔을 극복하기 위한 감정중심의 대처가 주를 이루는 상실 지향 상태가 있고, 고인이 없는 상황에 재적응하기 위해 노력하는 문제중심의 대처가 주를 이루는 회복 지향 상태가 있다. 애도 과정의 개인은 상실 지향 상태와 회복 지향 상태를 왔다갔다하며 경험하고 어느 상태가 지배적이냐에 따라 개인의 적응 정도가 결정된다.

사람에 따라 애도의 양상과 정도가 다를 수 있으나 대체로 상실 이후 2개월 안에 충격과 부정의 단계는 정점을 지나며, 상실 이후 2년 정도까지 애도의 정도는 점차적으로 감소한다. 보통 상실 이후 2년이 지나면 새로운 생활 환경에 재적응하여 새로운 인간관계를 맺을 수 있다.[10] 대부분의 경우 애도의 완전한 해소를 위해서는 6개월에서 1년 정도의 기간이 필요하다는 의견이 일반적이다.[11]

병적애도

병적애도는 병리적 애도(pathologic grief), 비정상 애도(abnormal grief), 비전형 애도(atypical grief), 외상성 애도(traumatic grief) 등으로 다양하게 표현되었다. 애도 과정은 손상 또는 감염에 비유하여 설명할 수 있는데,[12] 상처에 감염이 발생하면 치유 과정이 지연되는 것처럼 사랑하는 이를 잃은 사람들도 다양한 합병증에 의하여 정상적인 애도가 지연된다. 애도 과정 중 경험하는 고통스러운 감정들도 상처에 의한 통증으로 비유할 수 있다. 병적애도란 애도의 해소를 위한 충분한 기간(12개월)이 지났음에도 불구하고 새로운 삶에 적응하지 못

표 1. 지속성 복합애도장애의 제안된 진단기준	
A	친밀한 관계에 있던 사람의 죽음을 경험함
B	죽음 이후 한 가지 이상을 경험함(성인의 경우 12개월 이상, 아동의 경우 6개월 이상) 1. 고인에 대한 지속적인 갈망 2. 강렬한 슬픔과 정서적 고통 3. 고인에 대한 집착 4. 죽음을 둘러싼 상황에 대한 집착
C	다음 중 6개 이상을 경험함(성인의 경우 12개월 이상, 아동의 경우 6개월 이상) 죽음에 대한 반응적 고통 1. 죽음을 수용하는 데 어려움 2. 상실에 관해 믿지 못함 또는 정서적 마비 3. 고인을 긍정적으로 추억하지 못함 4. 상실과 관련된 비통 또는 분노 5. 죽음과 관련한 자기 자신에 대한 부정적 평가 6. 상실을 상기시키는 것들에 대한 과도한 회피, 사회적 정체성 붕괴 7. 고인과 함께하기 위하여 죽고자 하는 소망 8. 타인을 신뢰하는 데 어려움 9. 혼자라고 느끼거나 타인으로부터 분리된 느낌 10. 고인 없이는 인생이 무의미하고 공허하다는 느낌 11. 정체성에 대한 혼란 12. 흥미를 추구하는 일에 대한 곤란
D	사회적, 직업적 영역에서의 기능상의 장애
E	문화적, 종교적, 연령적 기대 수준보다 과도한 애도
	명시할 것 : 외상성 사별의 경우

출처 : American Psychiatristic Association(2013)[3]에서 인용함.

하고, 애도 과정의 증상들로 인하여 기능상의 저하가 지속되는 것을 말한다.[7]

DSM-5에서는 공식진단명에 포함되지는 않았으나 향후 연구가 필요한 질환의 범주에 **지속성 복합애도장애**(persistent complex bereavement disorder)를 포함하였다.[3] 지속성 복합애도장애는 가까운 사람의 죽음을 경험한 사람(진단기준 A)이 성인의 경우 12개월 이상, 아동의 경우 6개월 이상 지속적인 갈망/그리움, 강렬한 슬픔과 정서적 고통, 고인에 대한 집착, 죽음과 관련된 상황에 관한 집착 중 하나 이상을 보이면서(진단기준 B), 진단기준 C의 12가지 증상 중 6가지 이상을 보이는 경우 진단할 수 있다고 하였다(표 1 참조).

병적애도의 유병률 및 위험요인

병적애도의 유병률은 약 2~3% 정도로 알려져 있었으나,[13,14] 최근 40개의 논문을 메타분석한 결과 9.8%의 유병률을 보인다는 보고도 있다.[15] 여성, 낮은 교육수준과 사회경제적 수준, 고령, 고인의 사망 전후 낮은 사회적 지지, 기분장애 또는 불안장애의 기왕력 등이 병적애도의 위험요인이다.[16~19] 또한 사별 초기에 우울증을 경험하거나[20] 간병기간 중 우울증을 경험한 경우[21] 병적애도의 위험성은 증가한다. 죽음의 형태로는 배우자나 자녀의 죽음, 사고나 범죄에 의한 죽음의 경우 병적애도의 위험이 높다.[22]

노인들이 삶의 경험이 많고, 사별을 자주 경험하였기 때문에 사별에 대처하는 능력이 젊은 사람에 비하여 뛰어날 것이라는 일반적인 믿음과는 달리 병적애도에 빠지기 쉽다는 연구결과들이 많다. 상실을 경험한 노인들은 영양상의 문제, 수면장애를 호소하며, 병원을 더 자주 찾고 사망률도 높았다.[23,24]

병적애도의 증상

병적애도는 신체건강 및 정신건강의 악화를 초래하며, 병적애도 환자의 경우 고혈압, 수면장애, 자살행동 등의 위험이 높다.[25~27] 또한 강렬한 침습적 사고, 강한 비통함, 고인에 대한 갈망, 외로움과 공허함, 고인을 떠올리게 하는 것을 회피, 수면장애, 흥미의 감소, 고인에 대한 몰두, 멍한 상태, 상실의 영향에 대한 부정, 가정이나 직장 생활의 어려움 등이 있다.[11,25,28]

병적애도의 평가척도

애도를 평가하기 위한 다양한 척도 중에서 병적애도를 평가하기에 가장 널리 사용되는 척도로는 Inventory of Complicated Grief(ICG)가 있다.[29] ICG는 19개 항목으로 구성된 자가보고형 설문지로, 각 항목은 0점에서 4점까지의 리커트 척도로 되어 있다. 최저 점수 0점에서 최고 점수 76점까지로 25점을 기준으로, 25점 이상의 점수를 받은 사람은 사회적, 일반적, 정신적, 신체적 기능의 손상과 신체적 통증이 높은 것으로 보고되고 있다. Prolonged Grief Disorder Diagnostic Inventory(PG-13)는 DSM-5에 병적애도의 진단을 제안하며 발표한 진단기준을 바탕으로 개발한 자가보고형 설문지이다.[30] PG-13은 애도 증상에 관한 11개 문항과 증상의 지속기간에 관한 1개 문항, 기능적 손상의 정도에 관한 1개 문항으로 구성 되었으며, 1점에서 5점까지의 리커트 척도로 구성되어 있다. 최저 점수는 11점이고 최고 점수는 55점으로, 24점 이상이면 복합성 애도장애를 진단할 수 있게 하였다.

병적애도의 감별진단

사별은 강력한 스트레스로서 우울장애, 외상후스트레스장애, 불안장애, 공황장애, 알코올

사용량 증가 등의 원인이 될 수 있다.[31~33] 사랑하는 이의 사망을 경험한 사람 중 2~4개월 후에 9~24%가 주요우울장애의 진단기준을 만족하고, 5.7~10%가 외상후스트레스장애의 진단기준을 만족한다는 보고들도 있다.[34,35] 특히 병적애도를 보이는 경우 주요우울장애와 외상후스트레스장애를 경험할 위험이 크게 증가한다.[36] 애도는 다른 정신질환을 유발하기도 하며 주요우울장애, 외상후스트레스장애 등과 증상이 유사하여 감별진단에 주의해야 한다(표 2 참조).

병적애도와 주요우울장애

병적애도 환자의 50~60%는 주요우울장애의 진단기준을 만족하나 약 40~50%의 환자는 주요우울장애와 구분되는 병적애도만의 증상을 보였다.[32] 병적애도와 주요우울장애는 슬픔, 불면과 식욕저하, 죄책감, 자살사고 등의 유사한 증상이 있으나 각 질환에서 보이는 증상의 양상은 다르다. 주요우울장애에서 보이는 증상들은 특정 인물에 초점이 맞추어져 있지 않고 전반적인 일상생활에 대한 흥미의 상실과 슬픔 등을 주로 호소하나 병적애도의 증상들은 사별한 대상에게 초점이 맞추어진다. 특히 죄책감의 경우 애도와 연관된 죄책감은 주로 사별한 대상에게 초점을 두고 있지 못한 일에 대한 죄책감이 주를 이루나, 주요우울장애에서 보이는 죄책감은 특정 대상이 있다기보다는 전반적인 영역에서 본인이 저지른 일에 대한 죄책감이 주를 이룬다. 또한 애도에서는 공허함과 상실의 느낌이 우세한 정동이라면 주요우울장애는 행복이나 재미를 느낄 수 없고 지속되는 우울감이 우세한 정동이라고 할 수 있다.

병적애도에서 보이는 흥미의 상실은 전반적인 활동에서의 흥미 상실이 아니라 사별한 대상과 같이했던 활동에 대한 흥미의 상실이며, 이러한 활동을 고인과 함께할 수 없다는 실망감을 특징으로 한다. 병적애도 환자들이 보이는 자살사고 및 자살행동은 사별한 대상과의 재결합을 소망하며 나타난다.

병적애도의 특이 증상으로는 고인에 대한 갈망이나 고인이 없는 삶으로 돌아가는 것에 대한 어려움, 고인의 사망을 받아들이는 것의 어려움, 고인의 사망 이후 다른 중요한 사람들과 멀어진 느낌, 고인의 죽음에 대한 울분 등이 있다.[25,37]

병적애도와 외상후스트레스장애

사별을 경험하는 사건 자체가 외상으로 작용하며, 외상성 사건으로 사별을 경험한 사람은 외상후스트레스장애와 유사한 증상을 보일 수 있어 병적애도를 외상후스트레스장애의 범주에 넣어야 한다는 주장도 있었다.[38] 그러나 대부분의 병적애도 환자들은 외상후스트레

표 2. 병적애도, 주요우울장애, 외상후스트레스장애의 감별진단			
	병적애도	주요우울장애	외상후스트레스장애
우울한 기분(슬픔)	두드러지며 상실에 초점을 둠(핵심증상)	두드러짐(진단기준)	있을 수 있음
불안	있을 수 있으며 고인과 함께 하지 못하는 것과 관련됨	있을 수 있음	두드러짐, 공포와 관련됨 (진단기준)
즐거움의 상실	보통 존재하지 않음	두드러지며 전반적임(진단기준)	있을 수 있음
그리움, 갈망	두드러짐(핵심증상)	보통 존재하지 않음	보통 존재하지 않음
죄책감	흔하며 고인과 관련된 후회, 하지 못한 일에 대한 죄책감	보통 존재하며 무가치함, 사랑받을 자격이 없다는 내용	있을 수 있으며 외상사건이나 사건의 결과와 관련됨
피로나 활력의 상실	보통 존재하지 않음	흔함(진단기준)	보통 존재하지 않음
자살사고 및 행동	종종 있을 수 있으며 고인과의 재결합을 소망	있을 수 있음(진단기준)	있을 수 있음
집중력 저하	있을 수 있음	흔함(진단기준)	흔함(진단기준)
침습적 사고	흔하며 고인에 대한 기억에 초점을 둠	있을 수 있음	흔함(진단기준)
회피행동	흔하며 고인을 떠올리는 상황이나 대인관계를 피함	있을 수 있으며 전반적인 사회적 위축	흔함(진단기준)
고인을 찾는 행동	흔함(진단기준)	보통 존재하지 않음	보통 존재하지 않음
비정상적인 식이행동	상실감을 떠올리지 않기 위해 특정 음식을 피하거나 고인과의 정서 유지를 위해 특정 음식을 선호	보통 존재하지 않음	보통 존재하지 않음
수면	있을 수 있으며, 고인과 관련된 꿈, 침상 회피행동	흔하며 불면뿐 아니라 과다수면도 있을 수 있음(진단기준)	불안과 관련된 수면장애(진단기준)
악몽	보통 존재하지 않음	있을 수 있음	흔함(진단기준)
물질남용	있을 수 있음	있을 수 있음	있을 수 있음

출처 : Song & Kim[10]에서 인용함.

스장애 진단기준을 만족하지 않고 임상경과도 서로 다르기 때문에 주 질환을 감별하는 것이 중요하다.

사별의 고통으로 고인을 갈망하고 그리워하거나 고인과의 추억에 몰두하는 증상은 외상후스트레스장애에는 나타나지 않는다. 병적애도의 대표적인 정서는 슬픔이며, 외상후스트레스장애의 대표적인 정서는 공포이다.[33] 두 질환 모두에서 침투사고와 고통스러운 기억에 대한 회피를 보일 수 있으나 침투사고의 경우 외상후스트레스장애에서 외상성 사건에 관한 생각이 주를 이루는 반면 병적애도에서는 고인과의 관계의 다양한 측면에 대한 생각이 주를 이룬다. 병적애도의 경우 고통스러운 기억의 회피를 보이면서 이와 함께 상실에 대한 집착과 고인에 대한 갈망이 함께 나타나는 것이 차이점이라고 할 수 있다.[3,32]

병적애도의 치료

약물치료

병적애도의 약물치료에는 대부분의 연구가 애도와 관련된 우울증상을 줄이기 위한 항우울제의 사용에 초점을 맞추고 있다. 항우울제를 사용하여 병적애도 증상을 효과적으로 줄였다는 연구들이 있으나,[39~41] 모두 소수의 환자를 대상으로 한 open-label study로 대규모 무작위 연구는 아직까지는 없다. 우울장애가 동반된 애도의 경우 대인관계치료와 항우울제의 사용을 비교한 연구에서도 항우울제의 사용이 우울증상을 호전시킬 수는 있으나 애도 강도를 약하게 한다는 증거는 없었다.[42] 다만 치료기간 중 꾸준한 항우울제의 사용은 치료 종결의 비율을 유의미하게 높였다.[43]

정신치료

환자의 무의식적 갈등과 외상사건 자체를 분석하고 해석하는 정신분석적 치료는 병적애도의 치료에 효과적이지 않으며, 일반적인 지지 상담이나 대인관계치료 또한 유의미한 치료효과를 보이지 못한다.[10] 병적애도의 치료에 효과가 있다고 알려진 치료법들은 대부분 인지행동치료의 원칙에 근거한 치료법들이다.[44] 인터넷 기반 인지행동치료를 받은 병적애도 환자들이 대조군에 비하여 침투사고, 회피, 부적응적 행동 등의 증상에서 의미 있는 호전을 보였고, 이러한 치료효과는 3개월 이상 유지되었다는 보고도 있다.[45]

애착이론을 기반으로 인지행동치료와 대인관계치료의 원칙과 기법을 활용한 **병적애도 치료**(complicated grief treatment)가 있다.[46] 병적애도치료는 16회기로 구성되어 있으며, 개인 정신치료에 비하여 치료효과가 좋으며 빠른 치료반응을 보인다고 보고되고 있다.[47] 병적애도치료에서 다루는 치료 주제는 (1) 고인의 죽음과 그 영향에 대해 이야기 나누기, (2) 정상애도와 병적애도 교육, (3) 환자의 애도반응 기록하기, (4) 지인을 치료시간에 초청하여 애도에 관한 이야기 나누기, (5) 향후 목표를 정하고 목표 실행에 따른 보상 결정하기, (6) 일상생활을 계획하고 실행하기, (7) 고인의 죽음과 그 영향에 대해 다시 이야기 나누기, (8) 고인과의 추억과 사진을 가져와 이야기 나누기, (9) 고인과 상상으로 대화나누기이다.

요약

사별은 누구나 겪는 자연스러운 삶의 경험이며, 대부분의 경우 정상애도 과정을 거쳐 고인이 없는 새로운 삶에 재적응하게 된다. 그러나 약 10%의 경우에서는 사별 이후 1년 이상이 지난 이후에도 애도가 해소되지 못하여 기능상의 장애를 초래하고, 삶의 질이 저하되기도 한다. 병적애도는 신체적 정신적 건강을 해치고 사망률을 높이는 결과를 초래하기도 한다. 이러한 병적애도는 주요우울장애, 외상후스트레스장애와 감별하는 것이 중요하며 고인에 대한 집착이 가장 중요한 감별점이라 할 수 있다. 항우울제 등을 이용한 약물치료는 병적애도와 병발한 우울증상의 조절에 도움이 되며 애착이론에 근거한 병적애도치료 등의 정신치료도 병행되어야 할 것이다.

참고 문헌

1) Shear MK, Simon N, Wall M, Zisook S, Neimeyer R, Duan N, et al. Complicated grief and related bereavement issues for DSM-5. *Depress Anxiety* 2011;28:103-117.

2) American Psychiatric Association. *Diagnostic and Statistical Manual of Mental Disorders,* Fourth Edition. Washinton DC: American Psychiatric Association;1994.

3) American Psychiatric Association. *Diagnostic and Statistical Manual of Mental Disorders*, Fifth Edition. Arlington, VA: American Psychiatristic Association;2013.

4) Frances AJ. Last Plea to DSM-5: Save Grief From the Drug Copanies. 2013 [cited; Available from: https://www.psychologytoday.com/blog/dsm5-in-distress/201301/last-plea-dsm-5-save-grief-the-drug-companies.

5) Pies RW. The Bereavement Exclusion and DSM-5: An Update and Commentary. *Innov Clin Neurosci* 2014;11:19-22.

6) Margaret S. Stroebe ROH, Stroebe W, Schut H. *Handbook of Bereavement Research:Consequences, Coping, and Care*. Washington DC: American Psychological Association;2001.

7) Shear MK. Clinical practice. Complicated grief. *N Engl J Med* 2015;372:153-160.

8) Kübler-Ross E. *On Death and Dying*. New York, NY: Macmillan;1969.

9) Stroebe M, Schut H. The dual process model of coping with bereavement: rationale and description. *Death Stud* 1999;23:197-224.

10) Song MK, Kim W. Grief and Complicated Grief:The New Diagnosis and Treatment are Needed? *Mood Emot* 2016;14:7.

11) Horowitz MJ, Siegel B, Holen A, Bonanno GA, Milbrath C, Stinson CH. Diagnostic criteria

for complicated grief disorder. *Am J Psychiatry* 1997;154:904-910.

12) Engel GL. Is grief a disease? A challenge for medical research. *Psychosom Med* 1961;23:18-22.

13) He L, Tang S, Yu W, Xu W, Xie Q, Wang J. The prevalence, comorbidity and risks of prolonged grief disorder among bereaved Chinese adults. *Psychiatry Res* 2014;219:347-352.

14) Kersting A, Brahler E, Glaesmer H, Wagner B. Prevalence of complicated grief in a representative population-based sample. *J Affect Disord* 2011;131:339-343.

15) Lundorff M, Holmgren H, Zachariae R, Farver-Vestergaard I, O'Connor M. Prevalence of prolonged grief disorder in adult bereavement: A systematic review and meta-analysis. *J Affect Disord* 2017;212:138-149.

16) Tomarken A, Holland J, Schachter S, Vanderwerker L, Zuckerman E, Nelson C, et al. Factors of complicated grief pre-death in caregivers of cancer patients. *Psychooncology* 2008;17:105-111.

17) Kristensen P, Weisaeth L, Heir T. Predictors of complicated grief after a natural disaster: a population study two years after the 2004 South-East Asian tsunami. *Death Stud* 2010;34:137-150.

18) Lobb EA, Kristjanson LJ, Aoun SM, Monterosso L, Halkett GK, Davies A. Predictors of complicated grief: a systematic review of empirical studies. *Death Stud* 2010;34:673-698.

19) Kramer BJ, Kavanaugh M, Trentham-Dietz A, Walsh M, Yonker JA. Complicated grief symptoms in caregivers of persons with lung cancer: the role of family conflict, intrapsychic strains, and hospice utilization. *Omega* (Westport) 2010;62:201-220.

20) Guldin MB, O'Connor M, Sokolowski I, Jensen AB, Vedsted P. Identifying bereaved subjects at risk of complicated grief: Predictive value of questionnaire items in a cohort study. *BMC Palliat Care* 2011;10:9.

21) Allen JY, Haley WE, Small BJ, Schonwetter RS, McMillan SC. Bereavement among hospice caregivers of cancer patients one year following loss: predictors of grief, complicated grief, and symptoms of depression. *J Palliat Med* 2013;16:745-751.

22) Fujisawa D, Miyashita M, Nakajima S, Ito M, Kato M, Kim Y. Prevalence and determinants of complicated grief in general population. *J Affect Disord* 2010;127:352-358.

23) Rosenbloom CA, Whittington FJ. The effects of bereavement on eating behaviors and nutrient intakes in elderly widowed persons. *J Gerontol* 1993;48:S223-229.

24) Hansson RO, Stoebe M. *Bereavement in Late Life: Coping, Adaptation, and Developmental Influences.* Washinton, DC: American Psychological Association;2007.

25) Prigerson HG, Frank E, Kasl SV, Reynolds CF, 3rd, Anderson B, Zubenko GS, et al. Complicated grief and bereavement-related depression as distinct disorders: preliminary empirical validation in elderly bereaved spouses. *Am J Psychiatry* 1995;152:22-30.

26) Prigerson HG, Bierhals AJ, Kasl SV, Reynolds CF, 3rd, Shear MK, Day N, et al. Traumatic grief as a risk factor for mental and physical morbidity. *Am J Psychiatry* 1997;154:616−623.

27) Szanto K, Prigerson H, Houck P, Ehrenpreis L, Reynolds CF, 3rd. Suicidal ideation in elderly bereaved: the role of complicated grief. *Suicide Life Threat Behav* 1997;27:194−207.

28) Horowitz MJ. A model of mourning: change in schemas of self and other. *J Am Psychoanal Assoc* 1990;38:297−324.

29) Prigerson HG, Maciejewski PK, Reynolds CF, 3rd, Bierhals AJ, Newsom JT, Fasiczka A, et al. Inventory of Complicated Grief: a scale to measure maladaptive symptoms of loss. *Psychiatry Res* 1995;59:65−79.

30) Margaret S. Stroebe ROH, Henk Schut, Wolfgang Stroebe. *Handbook of Bereavement Research and Practice:Advances in Theory and Intervention*. Washongton DC: American Psychological Association Press;2008.

31) Parkes CM, Prigerson HG. *Bereavement: Studies of Grief in Adult Life*, Fourth Edition. New York, NY: Routledge;2013.

32) Simon NM, Shear KM, Thompson EH, Zalta AK, Perlman C, Reynolds CF, et al. The prevalence and correlates of psychiatric comorbidity in individuals with complicated grief. *Compr Psychiatry* 2007;48:395−399.

33) Bonanno GA, Neria Y, Mancini A, Coifman KG, Litz B, Insel B. Is there more to complicated grief than depression and posttraumatic stress disorder? A test of incremental validity. *J Abnorm Psychol* 2007;116:342−351.

34) Zisook S, Shuchter SR. Depression through the first year after the death of a spouse. *Am J Psychiatry* 1991;148:1346−1352.

35) Barry LC, Kasl SV, Prigerson HG. Psychiatric disorders among bereaved persons: the role of perceived circumstances of death and preparedness for death. *Am J Geriatr Psychiatry* 2002;10:447−457.

36) Neria Y, Gross R, Litz B, Maguen S, Insel B, Seirmarco G, et al. Prevalence and psychological correlates of complicated grief among bereaved adults 2.5−3.5 years after September 11th attacks. *J Trauma Stress* 2007;20:251−262.

37) Prigerson HG, Bierhals AJ, Kasl SV, Reynolds CF, 3rd, Shear MK, Newsom JT, et al. Complicated grief as a disorder distinct from bereavement−related depression and anxiety: a replication study. *Am J Psychiatry* 1996;153:1484−1486.

38) O'Connor M, Lasgaard M, Shevlin M, Guldin MB. A confirmatory factor analysis of combined models of the Harvard Trauma Questionnaire and the Inventory of Complicated Grief−Revised: are we measuring complicated grief or posttraumatic stress? *J Anxiety Disord* 2010;24:672−679.

39) Zygmont M, Prigerson HG, Houck PR, Miller MD, Shear MK, Jacobs S, et al. A post hoc

comparison of paroxetine and nortriptyline for symptoms of traumatic grief. *J Clin Psychiatry* 1998;59:241-245.

40) Hensley PL, Slonimski CK, Uhlenhuth EH, Clayton PJ. Escitalopram: an open-label study of bereavement-related depression and grief. *J Affect Disord* 2009;113:142-149.

41) Simon NM. Treating complicated grief. *JAMA* 2013;310:416-423.

42) Reynolds CF, 3rd, Miller MD, Pasternak RE, Frank E, Perel JM, Cornes C, et al. Treatment of bereavement-related major depressive episodes in later life: a controlled study of acute and continuation treatment with nortriptyline and interpersonal psychotherapy. *Am J Psychiatry* 1999;156:202-208.

43) Simon NM, Shear MK, Fagiolini A, Frank E, Zalta A, Thompson EH, et al. Impact of concurrent naturalistic pharmacotherapy on psychotherapy of complicated grief. *Psychiatry Res* 2008;159:31-36.

44) Zhang B, El-Jawahri A, Prigerson HG. Update on bereavement research: evidence-based guidelines for the diagnosis and treatment of complicated bereavement. *J Palliat Med* 2006;9:1188-1203.

45) Wagner B, Knaevelsrud C, Maercker A. Internet-based cognitive-behavioral therapy for complicated grief: a randomized controlled trial. *Death Stud* 2006;30:429-453.

46) Shear MK. Complicated grief treatment: the theory, practice and outcomes. *Bereave Care* 2010;29:10-14.

47) Shear K, Frank E, Houck PR, Reynolds CF, 3rd. Treatment of complicated grief: a randomized controlled trial. *JAMA* 2005;293:2601-2608.

혼재성 양상
Mixed features

심인희*, 박원명**

동남권원자력의학원 암센터 정신건강의학과*, 가톨릭대학교 의과대학 여의도성모병원 정신건강의학과**

혼재성 양상의 개념

역사적 시각

조울병에 대한 개념은 Hippocrates와 Aretaeus 등 고대 의사들로부터 만들어졌다. 그중 Heinroth는 혼재성 상태를 묘사한 최초의 현대 정신과 의사로서 정신질환을 흥분, 우울, 혼재성 상태로 분류하였다.[1] 이후 Kraepelin은 기분장애를 'manic-depressive insanity'로 명명하고, 우울증과 조증 증상이 한 사람 내에 존재하는 '혼재성 상태'의 중요성을 역설하였다.[2] 그는 기분, 사고, 행동의 세 가지 요소가 서로 다른 주기로 변화하여 다양한 혼재성을 나타낼 수 있다고 하였다. 또한 이러한 상태를 사고의 비약을 동반한 우울증(depression with flight of ideas), 흥분성 우울증(excited depression), 우울-불안 조증(depressive-anxious mania), 사고의 빈곤을 동반한 비생산성 조증(unproductive mania with poverty of thought), 절제된 조증(inhibited mania), 무감각 조증(manic stupor) 등 여섯 가지로 구분하였다. 그의 동료이자 제자인 Weygandt는 혼재성 상태와 관련하여 **초조성 우울증**(agitated depression)이라는 개념을 소개하였다.

하지만 이들의 개념은 첫째, 신경생물학적 또는 다양한 임상적 인자를 포함하지 않고 임상적 관찰에만 의존하였고, 둘째, 당시에는 주요우울장애와 양극성장애의 이분법적 분류 및 우울증 또는 조증 상태를 평가할 수 있는 객관적 방법이 개발되지 않았으며, 셋째, 과도하게 세분화되어 있기 때문에 임상적으로 그대로 적용하기에는 무리가 있다.

진단기준의 발달

Berner 등[3]은 욕동 및 정서와 관련된 생물학적 기전을 바탕으로 비엔나연구기준(Vienna Research Criteria)을 제시하였다. 비엔나기준은 혼재성 상태를 지속적 불안정성, 즉 기분 상태와 모순되는 욕동이 지속되는 상태로 묘사하였다.

정신질환의 진단 및 통계편람(DSM) 제3판에 이르러 멜랑콜리아, 신경성우울증, 조울병 등이 주요우울장애라는 진단으로 모두 흡수되었다. 이후 현재의 DSM-5에 이르기까지 주요우울장애와 양극성장애의 양분화 체계가 유지되고 있다. 이러한 변화로 인하여 두 가지 극성이 섞여 있는 혼재성 상태에 대한 설명이 더욱 필요하게 되었다. 하지만 DSM-III, DSM-IV, 국제질병분류(ICD) 제10판에서는 현저한 우울 특징을 가진 조증삽화만을 주로 강조하였고, 이를 양극성장애와 관련되는 희귀한 상태 정도로 간주하였다. 따라서 DSM-IV-TR까지 각 삽화의 진단기준을 만족하는 조증과 우울증이 공존하는 완전한 증후군만 혼재성삽화로 인정하는 엄격한 범주형 기준이 적용되었으며, 이 역시 양극성장애에만 해당되었다. 이는 조증삽화를 포함하는 경우에만 한정되었고 임상적으로 더 흔한 혼재성 우울증에 대해서는 다루지 않았다. 실제로 이러한 기준에 부합하는 완벽한 증후군으로서 혼재성삽화는 매우 드물며, 조증과 우울증이 혼재되어 있지만 '조증이 더 우세한 상태' 또는 '우울증이 더 우세한 상태'가 흔하다는 비판이 있었다. 또한 DSM 기준에 따르면 임상적으로 진단이 제한적이고, 중요성이 과소평가된다는 지적이 축적되었다.

이에 2013년에 발표된 DSM-5에서는 혼재성삽화가 혼재성 양상으로 용어가 바뀌었고 주요우울장애와 양극성장애 모두에서, 특히 주요우울삽화, 경조증 및 조증삽화 등 다양한 삽화에서 특정 명시자로서 이를 붙일 수 있게 되었다. 진단기준은 조증 및 경조증삽화는 여섯 가지 우울증상 기준 중 세 가지 이상을 충족하거나, 우울삽화는 일곱 가지 조증증상 기준 중 세 가지 이상을 충족시키면 된다. 단 우울삽화와 조증삽화 모두에서 나타날 수 있는 비특이적이며 중첩되는 증상은 제외되었다. 그러나 중첩되는 증상(정신신체초조, 과민성, 산만함 등)에 대한 배제 기준은 기존 연구들을 통하여 축적된 혼재성 상태의 근본적인 특징을 배제했다는 점에서 과학적 근거가 약하며, 진단적인 면에서 다수의 혼재성 양상을 제외시킬 수 있어 논란의 여지가 있다.

반면에 연구기반 혼재성 우울증 진단기준(Research Based Diagnostic Criteria : RBDC)은 우울삽화에 세 가지 이상 조증/경조증증상을 동반하는 상태로 정의되는 점에서 DSM-5와 유사하나 중첩 증상을 포함한다는 점이 다르다. RBDC에 따른 혼재성 양상의 유병률은 주

표 1. 혼재성의 개념

	정의	해당 질환 및 삽화
(1) 혼재성 상태 또는 혼재성 조증		
Kraepelin	세 가지 요소(기분, 사고, 행동)의 변화에 따른 다양한 혼재성 상태를 제시	모든 기분장애 및 삽화
McElroy: Cincinatti	조증삽화+≥ 3 우울증상(중첩 증상 제외)	양극성장애, 조증삽화
WHO: ICD-10	조증삽화+우울삽화 공존 또는 급속순환, 2주 이상	양극성장애, 혼재성삽화
APA: DSM-III, IV	조증삽화+우울삽화 만족하는 완전한 증후군, 거의 매일, 1주일 이상	양극성장애, 혼재성삽화
APA: DSM-5	조증 또는 우울삽화+≥ 3 반대 극성 증상(중첩 증상 제외), 거의 매일, 삽화의 상당 기간	모든 기분장애 및 삽화
(2) 혼재성 우울증		
Benazzi: DMX2 또는 DMX3	우울삽화+≥ 2 또는 3 경조증 증상(중첩 증상 포함)	모든 기분장애, 우울삽화
Perugi et al.: RBDC	우울삽화+≥ 3 경조증 증상(중첩 증상 포함)	모든 기분장애, 우울삽화
Koukopoulos: mixed depression	우울삽화+정신운동초조를 제외한 ≥ 3 경조증 증상(중첩 증상 포함)	주요우울장애, 우울삽화

출처 : Kraepelin[2], Perugi et al.[4], Benazzi & Akiskal[9], Swann et al.[10], Shim et al.[11, 12], McElroy et al.[13], Koukopoulos & Sani[14], American Psychiatric Association[15]에서 인용함.

WHO: World Health Organization
ICD: International Statistical Classification of Diseases and Related Health Problems
APA: American Psychiatric Association
DSM: Diagnostic and Statistical Manual of Mental Disorders
DMX: Depressive Mixed State
RBDC: Research Based Diagnostic Criteria

요우울삽화 환자의 약 1/3을 차지하는 것으로 알려져 있다. 또한 이 기준은 혼재성 상태의 질병 경과와 가족력 등 임상적 인자에서 DSM-5 기준보다 더 강한 상관관계를 보인다는 연구도 있다.[4]

진단기준을 살펴보았을 때 범주형 정의는 삽화 구분 또는 치료 선택에 유용하다. 이는 우울증과 조증의 특징으로 구분되며 이들이 혼합되어 있는 상태를 혼재성 상태로 분류한다. 이와 달리 차원형 정의는 조작적으로 정의가 바뀔 수 있으며, 경우에 따라 범주형 정의와 매우 유사할 수도 있다. 혼재성 상태에 대한 경험적인 연구들은 증상이나 행동에 근거하여 차원형 정의를 지지하기도 한다.[5] 정서적 반응성에 기반한 차원형 정의도 있다.[6] 그러나 주요 극성 삽화에 대한 기준을 충족시키지 못해도 우울증 또는 조증의 중첩되지 않는 세 가지 증상을 가질 수 있다는 연구들도 있다.[7,8] 이는 우울증과 조증의 특징이 한 삽화 내에 결합될 수 있으며, 이때 기저삽화 유형에 관계없이 혼재성 상태 자체가 더 심각한 질병 경과 등 임상적 특성을 부여한다는 것을 보여준다.

고려해야 할 사항

불안과 초조는 우울증과 조증에 중첩될 수 있는데, 이는 혼재성 상태를 확인할 때 교란요인으로 작용할 수 있다. 그러나 이러한 증상은 혼재성 상태를 평가하는 데 유용할 뿐만 아니라 전형적인 기분증상보다 병태생리와 더 밀접한 관련이 있다. STEP-BD(Systematic Treatment Enhancement Program-Bipolar Disorder Study) 연구는 혼재성 우울증에서 가장 흔한 조증 증상으로 산만함, 사고 경주/비약, 초조를 꼽기도 했다.[16] 국내 연구 역시 고양된 자존감과 정신운동초조가 가장 흔한 증상이라고 보고했다.[12]

구체적으로 불안은 과각성과 관련되며 우울삽화에서 주로 나타나고 혼재성 조증과도 관련이 있지만 비혼재성 순수한 조증삽화에서는 드물다. 불안은 조증삽화에서 우울증상의 중증도와, 또한 우울삽화에서 조증 증상의 중증도와 상관관계가 있으며 모든 삽화에 걸쳐 혼재성 상태 지수와 관련된다.[17] 초조는 우울삽화와 조증삽화 모두에서 나타날 수 있지만, 삽화에 따라 다른 형태로 나타난다. 조증삽화에서는 목표 지향적 활동이 증가하고, 우울삽화에서는 심각한 내면의 긴장감으로 인하여 목표 지향적이지 않은 활동이 증가하며 이들은 모두 혼재성 상태로 표현될 수 있다. 일부 연구에서는 초조성 우울증과 혼재성 우울증이 매우 유사하며, 초조 증상이 체중감소 및 자살사고 등 심각한 임상 경과와 밀접한 관계가 있다고 하였다.[18] 그러나 경조증이나 조증 증상이 없는 초조성 우울증이 주요우울장애 또는 양극성장애의 일부인지는 논란의 여지가 있으며, DSM-5에 따르면 비혼재성으로 오진될 수도 있다는 지적이 있다.[14] 또한 혼재성 조증 환자들이 다른 조증 증상이 없는 초조성우울증 환자들과 비교하였을 때 불안, 초조, 과민성, 그리고 인지기능 저하 등 비슷한 임상적 특징을 보이기도 한다.[19] 이에 Koukopoulos 등은 "혼재성 상태는 중첩된 증상들일 뿐이다."라고 DSM-5의 새로운 정의에 문제점을 지적했다.[14] 혼재성 상태의 병태생리 및 치료법을 이해하려고 시도하는 경우 이러한 중첩 증상은 혼재성 상태의 기본이 되며, 이를 배제하면 과소진단으로 이어질 수도 있으므로 주의가 필요할 것이다.

역학

혼재성 상태의 유병률은 진단기준에 따라 다양하게 나타난다. Weygandt는 기분장애 환자의 60% 이상이 혼재성 상태에 있는 것으로 생각했다.[20] 혼재성 상태를 '우울삽화 +2 또는 3개 이상의 경조증 증상'으로 정의한 경우 제II형 양극성장애 우울삽화 환자에서는 46.3~73.1%, 주요우울장애에서는 7.8~42.1%의 유병률을 보였다.[21,22] 이러한 통계에 따르면 혼재성 우울증은 주요우울장애에서 드물지 않게 보고되며, 일부 환자는 가성 주요우울장애로서 실제로는 양극성 스펙트럼장애에 속한다는 분석도 있다. 대표적으로 Zimmermann은 주요우울장애에서 양극성 스펙트럼장애의 비율을 41.4%로 보고하였는데,[23] 순수한 주요우울삽화에 비하여 조증의 가족력, 물질사용장애 및 불안장애 공존, 범죄행동의 높은 경향성 등 임상 양상의 뚜렷한 차이를 제시했다.

양극성장애에서는 30% 내외에서 혼재성 상태가 관찰된다고 하였다.[24] 양극성장애 조증 및 혼재성삽화 환자들을 대상으로 24개월 전향적 관찰연구를 했을 때에는 66%에서 순수한 조증삽화, 34%에서 혼재성삽화의 유병률을 보였다.[25] 하지만 DSM-III 기준에 의하면 양극성장애 환자의 약 10%만이 혼재성 상태에 해당하는 것으로 추산되었다.[26] 또한 STEP-BD 연구에서도 DSM-IV-TR의 엄격한 진단기준에 의하면 14.8% 정도로 유병률이 낮은 편이었다.[16]

국내 자료에 따르면 양극성장애 우울삽화 환자에서 Benazzi의 '우울삽화 +3개 이상의 경조증 증상'을 혼재성 우울증으로 정의하였을 때, 전체 우울삽화 중 약 17.5% 환자가 혼재성 우울증으로 진단되었다.[12] 양극성장애 조증 환자에서 Cincinatti의 '조증삽화 +3개 이상의 우울증상'을 혼재성 조증으로 정의하였을 때, 전체 조증삽화 중 14.6%의 유병률을 보였다.[11] 이와 달리 DSM-IV-TR의 엄격한 기준에 의하여 혼재성삽화를 진단하였을 때 유병률은 6% 수준으로 매우 낮게 나타났다.[27]

병태생리

병태생리에 대한 초창기 설명은 관찰을 통한 생물학적 묘사에 기반을 두었지만 실험을 통해 검증되지는 못했다. 하지만 19세기 후반과 20세기 초반에 걸쳐 체계적인 의학적 관찰, 신경생리학, 그리고 약리학의 발전으로 질병관련 기분 상태의 고전적 모델이 뇌 및 전신질환의 병태생리에 기반한 모델로 변화하였다.[28]

혼재성 상태의 병태생리에 대하여 알려지지 않은 부분이 여전히 많지만 단가아민, 염증성 사이토카인, 코르티솔 또는 갑상선호르몬을 비롯한 내분비 호르몬 등에 대한 연구들이 진행되어 있다. 첫째, 혼재성 상태에서는 소변 내 노르에피네프린과 대사산물의 수치가 증가한다. 순수한 조증에서도 말초 및 중추에서 측정한 카테콜아민 기능이 증가할 수 있지만 혼재성 조증에서는 그보다 약 50% 이상 증가하는 것을 확인할 수 있었다.[29] 둘째, 혈청 TNF-α와 IL-6 등 염증성 사이토카인 수치가 대조군보다 유의하게 높았으며, 혈청 IL-6 농도는 혼재성 상태에서 YMRS(Young Mania Rating Scale) 척도점수와 유의한 양의 상관관계를 보였다.[30] 국내 연구에서는 심각한 불안 양상을 보이는 우울증이 C-반응성 단백질과 단핵구 증가 등 면역체계의 항진과 관련된다고 하였다.[31] 셋째, 혼재성 상태는 코르티솔 분비 증가와 관련이 있을 가능성이 있다. 혼재성 조증에서 시상하부-뇌하수체-부신피질 축 기능은 우울증상 정도와 유사하게 증가하고, 뇌척수액 내 코르티솔은 우울 지수와 상관관계가 있었다.[29] 하지만 일부 순수한 조증삽화에서도 덱사메타손 억제검사에서 비억제 양상을 보이므로 아직까지는 추가 연구가 필요한 상태이다.[29,32] 넷째, 외국 연구들에서는 갑상선 기능이상과 혼재성삽화가 관련된다는 보고가 있었으나, 국내 연구에서는 유의미한 상관관계가 나타나지 않았다.[33-35]

임상적 인자

혼재성 상태와 기저 정서적 기질이 관련된다는 연구들이 있다. 조증을 중심으로 한 혼재성 삽화에서는 감정의 고양과 과민성 기질이 관련되었으며, 혼재성 우울증에서는 불안과 우울성 기질이 자주 보였다.[36] 혼재성 조증은 비혼재성 조증에 비하여 우울삽화, 기분저하증, 불안장애, 물질사용장애, 그리고 인격장애의 평생유병률이 높고, 심각한 질병 경과를 보인다. 또한 조기발병, 여성, 자살 증가, 우울증의 가족력, 덱사메타손 억제검사에서 비억제, 리튬에 낮은 반응성, 그리고 조증과 우울증의 순환상태와 관련이 있었다.[11,13,37] 리튬치료에 대한 상대적인 저항성은 조증삽화와 두 가지 이상 우울증상이 겹쳐질 때 나타났다.[38]

우울삽화 동안 조증 증상이 증가할수록 조기발병, 빈번한 재발, 높은 동반이환율, 자살시도 증가, 양극성장애 가족력이 증가하였다. 양극성장애 우울삽화에서 혼재성 양상을 보이는 경우 비혼재성 우울삽화에 비하여 고양된 자존감 및 정신운동초조가 증가하였고, 관해까지 걸리는 삽화 기간이 길었다.[12] 이때 우울증상과 충동성이 결합되면서 물질사용장애, 두부외상, 그리고 자살시도가 증가한다.[39] 양극성장애 우울삽화는 주요우울장애의 우울삽화와 비교하였을 때 조기발병, 빈번한 삽화 재발, 비전형적 양상, 더 많은 양극성장애 가족력 등 임상적 인자에서 차이를 나타낸다. 하지만 주요우울장애에서 혼재성 양상이 있는 경우, 제II형 양극성장애 우울삽화와 발병연령, 비전형적 양상, 그리고 제II형 양극성장애 가족력 등 임상적 인자에서 유의미한 차이를 보이지 않았다.[21] 이는 양극성장애와 주요우울장애의 관계를 나타내는 중요한 연구결과로서 혼재성 양상이 이 두 질환의 연결고리 내지 연속선상에 있을 수 있음을 의미한다. 학자에 따라서는 주요우울장애 혼재성 양상을 양극성 스펙트럼장애와 관련지을 수도 있을 것이다. 우울삽화 중 조증 증상은 양극성장애에서 유병률이 높았으며, 이들은 결국 독립적인 조증 또는 경조증삽화를 경험할 가능성이 높은 것으로 나타났다. 제II형 양극성장애를 비롯한 양극성을 시사하는 인자로서는 조기발병, 특히 만 21세 미만의 초기 우울증으로 발병, 높은 재발(>4회 우울삽화) 및 그로 인한 잦은 입원, 특히 혼재성 우울증의 잦은 빈도, 양극성장애 가족력 등이 있다.[40,41] 또한 과거력상 우울삽화의 횟수와 우울삽화 내 조증 증상의 개수가 유의미한 상관관계를 보였다.[42] 특히 주요우울장애에서 제II형 양극성장애로 진단이 변경되는 환자들에서 기분 변동, 에너지 활성화, 그리고 공상 등의 자가 보고가 많았으며, 조기발병, 높은 비율의 물질사용장애 등이 관련이 있었다.[43]

양극성장애 환자 중에서 최초 삽화가 혼재성이었던 경우 장기적인 질병 경과에서 다른 삽화로 시작된 환자들과 차이가 있었다. 이들은 자살시도와 만성적인 경과를 보일 가능성이 높았으나, 급성 순환성과의 관련성은 연구마다 차이가 있었다.[44] 이들은 질병 경과상 더 오랫동안 혼재성 상태를 경험하고 혼재성 또는 우울삽화, 기분저하의 유병률이 상대적으로 높았다. 반면에 조증으로 첫 삽화를 경험한 환자들은 조증, 경조증, 정신병적 양상의 유병률이 높게 나타났다.[45] 혼재성 상태는 삽화 간 진단적 안정성을 나타내며 연속되는 삽화에서 초기 혼재성 상태를 경험한 환자들은 차기 삽화에서도 혼재성 상태를 경험하기 쉽다. 이는 DSM-IV-TR의 혼재성삽화 기준 또는 우울삽화를 주요 극성으로 한 혼재성 우울증 기준을 적용한 연구에서도 같은 결과를 보였다.[46,47]

결론적으로 기저삽화 유형에 관계없이 1~3가지 이상의 반대 극성 증상을 보일 경우 불안이 증가하고, 재발이 빈번해지며, 자살시도의 과거력을 보이는 등 심각한 질병 경과와 관련된다.[17] 또한 이러한 상태의 개념과 특성은 진단기준 및 평가방법을 떠나 안정성을 보인다는 점에서 의미가 있을 것이다.[10,48]

치료적 접근

새로운 치료법이 발견되면 이를 검증하기 위하여 우울증 또는 조증에 대한 조작적 기준과 평가척도를 개발해 왔다. 기분장애에 대한 현재 분류체계는 삽화 기반 치료법의 개발에 크게 영향을 받았다. 이는 진단을 위한 목적뿐만 아니라 치료 개발 및 반응을 평가하는 목적

과도 관련이 깊다. 우울증이나 조증에 특이적인 병태생리 기반 치료법을 찾아내기 위하여 삽화에 대한 구체적인 정의가 활용되었던 것이다. 따라서 우울증과 조증은 별개의 특정 실체로 간주되었으며, 혼재성 상태는 상대적으로 무시되기도 했다. 혼재성 상태에 다시 관심을 기울이게 된 것은 우울증상을 보이는 조증삽화에서 리튬에 대한 반응성이 낮고, 상대적으로 심각한 임상 결과를 나타냈기 때문이다.[49]

양극성장애에서 항우울제를 적용할 경우 그 효과가 상대적으로 적고 심지어 활성화된 우울증을 유발할 수 있다.[50] 또한 자살행동의 위험성을 증가시킬 수도 있다.[18] 주요우울장애에서 경조증 증상을 함께 보이면, 치료반응에서 양극성장애와 유사한 결과를 보인다는 연구들이 있다. 특히 이들은 항우울제에 의한 활성화에 민감하며 오히려 기분조절제에 더 잘 반응한다.[22,51] 따라서 혼재성 우울증의 가능성이 높은 환자들을 확인하고 이에 따라 치료전략을 조정하는 것이 중요하다. 이들에서 항우울제는 사용하지 않는 것이 권고된다.[52] 조증 및 혼재성삽화 환자들에서 항우울제 사용은 전체 36% 정도였는데, 혼재성삽화에서 순수한 조증삽화보다 더 많이 사용되었다.[25] 그러나 양극성장애 혼재성 조증에서 부가요법으로서 항우울제 사용은 3개월 추적관찰 시 조증의 중증도를 증가시키며, 관해 기간 단축에는 관련이 없었다.[51] 조증삽화에서 우울증상 정도는 리튬의 낮은 반응성, 그리고 divalproex의 상대적으로 높은 반응성과 관련이 있다.[38]

거의 모든 치료가 우울증이나 조증의 급성발작을 치료하기 위해 주로 개발되었기 때문에 혼재성 상태가 치료하기 어렵고 보다 복잡한 치료전략이 필요하다는 것은 놀라운 일이 아니다. 따라서 이에 대한 치료법을 개발하기 위해서는 혼재성 상태의 신경생리학을 비롯한 병태생리에 대한 더 나은 이해가 필요하다.

요약

기분장애에 대한 고전적 묘사는 우울삽화와 조증삽화가 체계적으로 구분되지 않은 상태에서 만성적으로 나타나는 전신질환으로 표현되었다. Kraepelin 이후 신경과학의 발전 및 삽화 기반 치료의 우연한 발견으로 기분삽화에 대한 더욱 분석적인 접근이 필요하게 되었다. 이로 인해 우울증과 조증에 대한 범주형 및 상호 배타적인 진단기준이 등장하였으며, 양극성장애와 주요우울장애의 구분에 있어 우울삽화와 조증삽화 간 차이에 대하여 중점적으로 인식하게 되었다. 또한 전신적인 메커니즘보다는 뇌 중심으로 기분장애에 접근하게 되었고, 전체적인 질병 경과보다 삽화의 특성을 중시하는 관점에 따르게 되었다. 따라서 혼재성 상태는 점점 더 예외적인 것으로 치부되었다.

하지만 혼재성 상태가 치료에 반응성이 낮고 심각한 질병 경과를 보이는 것으로 밝혀지면서 그것을 정의하려는 노력이 필요하게 되었다. 이때 우울삽화와 조증삽화가 완전한 증후군으로 혼재되는 상태에서부터 우울삽화 또는 조증삽화가 반대 극성의 일부 증상과 함께 나타나는 경우에 이르기까지 다양한 진단기준이 제시되었다. 현재 하나의 통합된 기준을 제시하지는 못하고 있지만, 일반적으로 주요 극성 삽화를 중심으로 세 가지 이상의 반대 극성 증상을 동반하는 경우로 정의된다. 하지만 혼재성 상태는 단순히 조증과 우울증의 일부 증상이 중첩된 상태의 관점에서만 이해될 수는 없을 것이다. DSM-5 기준은 우울 또는 조증삽화와 함께 반대 삽화 유형의 적어도 세 가지 증상을 요구하며, 불안과 초조 등 중첩 증상은 제외하였다. 이는 우울 및 조증삽화를 모두 포함한 완전한 증후군을 의미하는 이전 기준보다 개선된 것이다. 그러나 우울증과 조증이 중첩되는 증상이 있을 때 어떻게 판단해야 하는지, 주요 극성 삽화를 중심으로 혼재된 상태가 병합되어야만 한다는 기준에는 논란의 여지가 있다.

이를 종합해보면 혼재성 상태에 대해서는 아직까지 여러 가지 쟁점 사항이 남아 있다고 볼 수 있다. 첫째, 적절한 임상적 진단기준의 마련이 필요할 것이다. 둘째, 양극성장애 대 주요우울장애의 이분법적 구분에 있어 혼재성 상태의 역할에 대한 규명이 있어야 할 것이다. 셋째, 효과적인 치료제 개발 또는 치료전략 구축을 위한 노력이 필요할 것이다. 넷째, 진단기준 논란에 따른 과소진단에 주의해야 할 것이며, 다섯째, 항우울제 우선 적용으로 인한 질병 경과 악화에 대한 주의가 필요할 것이다. 이를 해결하기 위해서 병태생리 및 질병분류에 대한 연구 및 지속적인 논의가 있어야 할 것이다.

참고문헌

1) Heinroth JCA. Lehrbuch der Storungen des Seelenlebens oder der Seelenstorungen und ihrer Behandlung − aus rationaler Sicht. Leipzig: Vogel; 1818.

2) Kraepelin E. *Manic-Depressive Illness and Paranoia*. Edinburgh, Scotland: E & S Livingstone; 1921.

3) Berner GE, Katschnig H, Keiffer W, Koehler K, Lenz G, Simhandl C. *Diagnostic Criteria for Schizophrenia and Affective Psychoses* (World Psychiatric Association). Washington, DC: American Psychiatric Association; 1983.

4) Perugi G, Angst J, Azorin JM, Bowden CL, Mosolov S, Reis J, Vieta E, Young AH. Mixed

features in patients with a major depressive episode: the BRIDGE-II-MIX study. *J Clin Psychiatry* 2015; 76: e351-358.

5) Benazzi F. Mixed states in bipolar II disorder: should full hypomania always be required? *Psychiatry Res* 2004; 127: 247-257.

6) Henry C, M'Bailara K, Desage A, Gard S, Misdrahi D, Vieta E. Towards a reconceptualization of mixed states, based on an emotional-reactivity dimensional model. *J Affect Disord* 2007; 101: 35-41.

7) Sato T, Bottlender R, Sievers M, Schröter A, Kleindienst N, Möller HJ. Evaluating the inter-episode stability of depressive mixed states. *J Affect Disord* 2004; 81: 103-113.

8) Perugi G, Medda P, Swann AC, Reis J, Rizzato S, Mauri M. Phenomenological subtypes of severe bipolar mixed states: a factor analytic study. *Compr Psychiatry* 2014; 55: 799-806.

9) Benazzi F, Akiskal HS. Psychometric delineation of the most discriminant symptoms of depressive mixed states. *Psychiatry Res* 2006; 141: 81-88.

10) Swann AC, Lafer B, Perugi G, Frye MA, Bauer M, Bahk WM, Scott J, Ha K, Suppes T. Bipolar mixed states: an international society for bipolar disorders task force report of symptom structure, course of illness, and diagnosis. *Am J Psychiatry* 2013; 170: 31-42.

11) Shim IH, Woo YS, Jun TY, Bahk WM. A reevaluation of the possibility and characteristics in bipolar mania with mixed features: a retrospective chart review. *Psychiatry Res* 2014; 215: 335-340.

12) Shim IH, Woo YS, Jun TY, Bahk WM. Mixed-state bipolar I and II depression: time to remission and clinical characteristics. *J Affect Disord* 2014; 152-154: 340-346.

13) McElroy SL, Keck PE, Jr., Pope HG, Jr., Hudson JI, Faedda GL, Swann AC. Clinical and research implications of the diagnosis of dysphoric or mixed mania or hypomania. *Am J Psychiatry* 1992; 149: 1633-1644.

14) Koukopoulos A, Sani G. DSM-5 criteria for depression with mixed features: a farewell to mixed depression. *Acta Psychiatr Scand* 2014; 129: 4-16.

15) American Psychiatric Association. *Diagnostic and Statistical Manual of Mental Disorders.* 4th edition, text version (DSM-IV-TR). Washington, DC: American Psychiatric Association; 2000.

16) Goldberg JF, Perlis RH, Bowden CL, Thase ME, Miklowitz DJ, Marangell LB, Calabrese JR, Nierenberg AA, Sachs GS. Manic symptoms during depressive episodes in 1,380 patients with bipolar disorder: findings from the STEP-BD. *Am J Psychiatry* 2009; 166: 173-181.

17) Swann AC, Steinberg JL, Lijffijt M, Moeller GF. Continuum of depressive and manic mixed states in patients with bipolar disorder: quantitative measurement and clinical features. *World Psychiatry* 2009; 8: 166.

18) Akiskal HS, Benazzi F, Perugi G, Rihmer Z. Agitated "unipolar" depression re-conceptualized as a depressive mixed state: implications for the antidepressant-suicide controversy. *J Affect Disord* 2005; 85: 245-258.

19) Swann AC, Secunda SK, Katz MM, Croughan J, Bowden CL, Koslow SH, Berman N, Stokes PE. Specificity of mixed affective states: clinical comparison of dysphoric mania and agitated depression. *J Affect Disord* 1993; 28: 81-89.

20) Weygandt W. *Uber die Mischzustande des Manisch-Depressiven Irreseins.* Munich: Verlag von J.F. Lehmann; 1899.

21) Akiskal HS, Benazzi F. Family history validation of the bipolar nature of depressive mixed states. *J Affect Disord* 2003; 73: 113-122.

22) Benazzi F, Akiskal HS. Delineating bipolar II mixed states in the Ravenna-San Diego collaborative study: the relative prevalence and diagnostic significance of hypomanic features during major depressive episodes. *J Affect Disord* 2001; 67: 115-122.

23) Zimmermann P, Bruckl T, Nocon A, Pfister H, Lieb R, Wittchen HU, Holsboer F, Angst J. Heterogeneity of DSM-IV major depressive disorder as a consequence of subthreshold bipolarity. *Arch Gen Psychiatry* 2009; 66: 1341-1352.

24) Himmelhoch JM, Mulla D, Neil JF, Detre TP, Kupfer DJ. Incidence and signficiance of mixed affective states in a bipolar population. *Arch Gen Psychiatry* 1976; 33: 1062-1066.

25) Azorin JM, Aubrun E, Bertsch J, Reed C, Gerard S, Lukasiewicz M. Mixed states vs. pure mania in the French sample of the EMBLEM study: results at baseline and 24 months--European mania in bipolar longitudinal evaluation of medication. *BMC Psychiatry* 2009; 9: 33.

26) Goodwin FK JK. *Manic-Depressive Illness.* New York: Oxford University Press; 1990.

27) Shim IH, Woo YS, Bahk WM. Prevalence rates and clinical implications of bipolar disorder "with mixed features" as defined by DSM-5. *J Affect Disord* 2015; 173: 120-125.

28) Berk M, Kapczinski F, Andreazza AC, Dean OM, Giorlando F, Maes M, Yücel M, Gama CS, Dodd S, Dean B, Magalhães PV, Amminger P, McGorry P, Malhi GS. Pathways underlying neuroprogression in bipolar disorder: focus on inflammation, oxidative stress and neurotrophic factors. *Neurosci Biobehav Rev* 2011; 35: 804-817.

29) Swann AC, Stokes PE, Secunda SK, Maas JW, Bowden CL, Berman N, Koslow SH. Depressive mania versus agitated depression: biogenic amine and hypothalamic-pituitary-adrenocortical function. *Biol Psychiatry* 1994; 35: 803-813.

30) Luo Y, He H, Zhang M, Huang X, Fan N. Altered serum levels of TNF-alpha, IL-6 and IL-18 in manic, depressive, mixed state of bipolar disorder patients. *Psychiatry Res* 2016; 244: 19-23.

31) Shim IH, Woo YS, Bahk WM. Associations between immune activation and the current severity

of the "with anxious distress" specifier in patients with depressive disorders. *Gen Hosp Psychiatry* 2016; 42: 27-31.

32) Swann AC, Stokes PE, Casper R, Secunda SK, Bowden CL, Berman N, Katz MM, Robins E. Hypothalamic-pituitary-adrenocortical function in mixed and pure mania. *Acta Psychiatr Scand* 1992; 85: 270-274.

33) Shim IH, Woo YS, Bae DS, Bahk WM. Thyroid functioning in patients with bipolar disorder with mixed features. *Psychiatry Res* 2015; 225: 212-214.

34) Cassidy F, Ahearn E, Carroll B. Thyroid function in mixed and pure manic episodes. *Bipolar Disord* 2002; 4: 393-397.

35) Chang KD, Keck PE, Stanton SP, McElroy SL, Strakowski SM, Geracioti TD. Differences in thyroid function between bipolar manic and mixed states. *Biol Psychiatry* 1998; 43: 730-733.

36) Iasevoli F, Valchera A, Di Giovambattista E, Marconi M, Rapagnani MP, De Berardis D, Martinotti G, Fornaro M, Mazza M, Tomasetti C, Buonaguro EF, Di Giannantonio M, Perugi G, de Bartolomeis A. Affective temperaments are associated with specific clusters of symptoms and psychopathology: a cross-sectional study on bipolar disorder inpatients in acute manic, mixed, or depressive relapse. *J Affect Disord* 2013; 151: 540-550.

37) Suppes T, Mintz J, McElroy SL, Altshuler LL, Kupka RW, Frye MA, Keck PE Jr, Nolen WA, Leverich GS, Grunze H, Rush AJ, Post RM. Mixed hypomania in 908 patients with bipolar disorder evaluated prospectively in the Stanley Foundation Bipolar Treatment Network: a sex-specific phenomenon. *Arch Gen Psychiatry* 2005; 62: 1089-1096.

38) Swann AC, Bowden CL, Morris D, Calabrese JR, Petty F, Small J, Dilsaver SC, Davis JM. Depression during mania: treatment response to lithium or divalproex. *Arch Gen Psychiatry* 1997; 54: 37-42.

39) Swann AC, Moeller FG, Steinberg JL, Schneider L, Barratt ES, Dougherty DM. Manic symptoms and impulsivity during bipolar depressive episodes. *Bipolar Disord* 2007; 9: 206-212.

40) Benazzi F, Akiskal HS. How best to identify a bipolar-related subtype among major depressive patients without spontaneous hypomania: superiority of age at onset criterion over recurrence and polarity? *J Affect Disord* 2008; 107: 77-88.

41) Winokur G, Wesner R. From unipolar depression to bipolar illness: 29 who changed. *Acta Psychiatr Scand* 1987; 76: 59-63.

42) Benazzi F. Challenging the unipolar-bipolar division: does mixed depression bridge the gap? *Prog Neuropsychopharmacol Biol Psychiatry* 2007; 31: 97-103.

43) Akiskal HS, Maser JD, Zeller PJ, Endicott J, Coryell W, Keller M, Warshaw M, Clayton P, Goodwin F. Switching from 'unipolar' to bipolar II. An 11-year prospective study of clinical

and temperamental predictors in 559 patients. *Arch Gen Psychiatry* 1995; 52: 114–123.

44) Perugi G, Micheli C, Akiskal HS, Madaro D, Socci C, Quilici C, Musetti L. Polarity of the first episode, clinical characteristics, and course of manic depressive illness: a systematic retrospective investigation of 320 bipolar I patients. *Compr Psychiatry* 2000; 41: 13–18.

45) Baldessarini RJ, Salvatore P, Khalsa HM, Tohen M. Dissimilar morbidity following initial mania versus mixed–states in type–I bipolar disorder. *J Affect Disord* 2010; 126: 299–302.

46) Cassidy F, Ahearn E, Carroll BJ. A prospective study of inter–episode consistency of manic and mixed subtypes of bipolar disorder. *J Affect Disord* 2001; 67: 181–185.

47) Sato T, Bottlender R, Sievers M, Schroter A, Kleindienst N, Moller HJ. Evaluating the inter–episode stability of depressive mixed states. J Affect Disord 2004; 81: 103–113.

48) Perugi G, Medda P, Swann AC, Reis J, Rizzato S, Mauri M. Phenomenological subtypes of severe bipolar mixed states: a factor analytic study. *Compr Psychiatry* 2014; 55: 799–806.

49) Himmelhoch JM, Garfinkel ME. Sources of lithium resistance in mixed mania. *Psychopharmacol Bull* 1986; 22: 613–620.

50) Sani G, Napoletano F, Vohringer PA, Sullivan M, Simonetti A, Koukopoulos A, Danese E, Girardi P, Ghaemi N. Mixed depression: clinical features and predictors of its onset associated with antidepressant use. *Psychother Psychosom* 2014; 83: 213–221.

51) Goldberg JF, Perlis RH, Ghaemi SN, Calabrese JR, Bowden CL, Wisniewski S, Miklowitz DJ, Sachs GS, Thase ME. Adjunctive antidepressant use and symptomatic recovery among bipolar depressed patients with concomitant manic symptoms: findings from the STEP–BD. *Am J Psychiatry* 2007; 164: 1348–1355.

52) Ghaemi SN. Why antidepressants are not antidepressants: STEP–BD, STAR*D, and the return of neurotic depression. *Bipolar Disord* 2008; 10: 957–968.

찾아보기

편찬위원 소개

편찬위원장

박원명

가톨릭대학교 의과대학 여의도성모병원 정신건강의학과

미국 하버드 의대 방문교수

대한우울 · 조울병학회 이사장, 회장(전) 및 고문(현)

대한정신약물학회 이사장(전) 및 회장(현)

민경준

중앙대학교 의과대학 중앙대학교병원 정신건강의학과

중앙대학교 의과대학 졸업(의학박사)

중앙대학교 의과대학 정신건강의학과 교수

대한정신약물학회 부이사장(현)

편찬위원

전덕인

한림대학교 의과대학 성심병원 정신건강의학과

연세대학교 의과대학 졸업(의학박사)

Harvard Medical School 연수

Clinical Psychopharmacology and Neuroscience 간행위
원장

손인기

계요병원 정신건강의학과

중앙대학교 의과대학 졸업(의학박사)

동국대학교 의과대학 정신건강의학과 교수(전)

대한우울조울병학회 교육이사

남범우

건국대학교 충주병원 정신건강의학과

중앙대학교 의과대학 졸업(의학박사)

건국대학교 의학전문대학원 정신건강의학과 교수(현)

대한정신약물학회 학술이사(현)

정종현

가톨릭대학교 의과대학 성빈센트병원 정신건강의학과

가톨릭대학교 의과대학 졸업(의학박사)

가톨릭대학교 의과대학 정신건강의학과 교수

대한우울 · 조울병학회 총무이사(현)

이정구

인제대학교 의과대학 해운대백병원 정신건강의학과

인제대학교 의과대학 졸업(의학박사)

토론토의대 웨스턴병원 기분장애 및 정신약물연구소
연수

대한우울 · 조울병학회 간행이사

임은성

전북 신세계병원 정신건강의학과

대한 우울조울병학회 특임이사

대한정신약물학회 재무이사

군산교도소 정신건강증진센터 센터장

송후림

명지병원 정신건강의학과

중앙대학교 의과대학 졸업

가톨릭대학교 의과대학 정신건강의학과 임상조교수(전)

서남대학교 의과대학 정신건강의학과 조교수(전)

박성용

계요병원 정신건강의학과

부산대학교 의과대학 졸업

계요병원 정신건강의학과 과장

대한우울 · 조울병학회 학술간사, 교육간사

송민규

예산정신과의원

인제대학교 의과대학 서울백병원 진료교수(전)

예산정신과의원 진료원장(현)

저자 소개 (가나다순)

고영훈 고려대학교 의과대학 안산병원 정신건강의학과
구본훈 영남대학교 의과대학 영남대학교병원 정신의학과
권영준 순천향대학교 의과대학 천안병원 정신건강의학과
기백석 중앙대학교 의과대학 중앙대학교병원 정신건강의학과
김도훈 한림대학교 의과대학 춘천성심병원 정신건강의학과
김문두 제주대학교병원 정신건강의학과
김성곤 부산대학교 의과대학 양산부산대학교병원 정신건강의학과
김세주 연세대학교 의과대학 세브란스병원 정신건강의학과
김용구 고려대학교 의과대학 안산병원 정신건강의학과
김 원 인제대학교 의과대학 서울백병원 정신건강의학과
김희철 계명대학교 동산의료원 정신건강의학과
나경세 가천대학교 길병원 정신건강의학과
나 철 고창 석정 웰파크 병원
남범우 건국대학교 충주병원 정신건강의학과
민경준 중앙대학교 의과대학 중앙대학교병원 정신건강의학과
민성길 용인효자병원 정신건강의학과
민성호 연세대학교 원주의과대학 원주세브란스기독병원 정신건강의학과
박민철 신세계효병원 정신건강의학과
박성용 계요병원 정신건강의학과
박영민 인제대학교 의과대학 일산백병원 정신건강의학과
박원명 가톨릭대학교 의과대학 여의도성모병원 정신건강의학과
반건호 경희대학교 의과대학 경희대학교병원 정신건강의학과
배승오 김포 한강정신건강의학과의원
배치운 가톨릭대학교 의과대학 부천성모병원 정신건강의학과
서정석 건국대학교 충주병원 정신건강의학과
성형모 차의과학대학교부속 구미차병원 정신건강의학과
손인기 계요병원 정신건강의학과
송후림 명지병원 정신건강의학과

신영철 성균관대학교 의과대학 강북삼성병원 정신건강의학과
심세훈 순천향대학교 의과대학 천안병원 정신건강의학과
심인희 동남권원자력의학원 암센터 정신건강의학과
양종철 전북대학교 의과대학 전북대학교병원 정신건강의학과
왕희령 영등포구 정신건강복지센터
우영섭 가톨릭대학교 의과대학 여의도성모병원 정신건강의학과
육기환 차의과학대학교 의학전문대학원 차병원 정신건강의학과
윤보현 국립나주병원 정신건강의학과
이경욱 가톨릭대학교 의과대학 의정부성모병원 정신건강의학과
이광헌 동국대학교 의과대학 동국대학교 경주병원 정신건강의학과
이상열 원광대학교 의과대학 원광대학교병원 정신건강의학과
이정구 인제대학교 해운대백병원 정신건강의학과
이종훈 대구가톨릭대학교 의과대학 대구가톨릭대학교병원 정신건강의학과
이황빈 미시건 정신분석연구소
임은성 전북 신세계병원 정신건강의학과
장성만 경북대학교 의과대학 경북대학교병원 정신건강의학과
장세헌 김원묵기념 봉생병원 정신건강의학과
전덕인 한림대학교 의과대학 성심병원 정신건강의학과
전홍진 성균관대학교 의과대학 삼성서울병원 정신건강의학과
정문용 근로복지공단 안산병원 정신건강의학과
정상근 전북대학교 의과대학 전북대학교병원 정신건강의학과
정영은 제주대학교병원 정신건강의학과
정종현 가톨릭대학교 의과대학 성빈센트병원 정신건강의학과
제영묘 김원묵기념 봉생병원 정신건강의학과
한창수 고려대학교 의과대학 안산병원 정신건강의학과
함병주 고려대학교 의과대학 안암병원 정신건강의학과
홍정완 익산병원 정신건강의학과
홍진표 성균관대학교 의과대학 삼성서울병원 정신건강의학과
황태연 국립정신건강센터 정신건강사업부